Wissenschaftliche Untersuchungen
zum Neuen Testament

Herausgegeben von
Martin Hengel und Otfried Hofius

111

Franz Mußner

# Jesus von Nazareth im Umfeld Israels und der Urkirche

Gesammelte Aufsätze

herausgegeben von

Michael Theobald

Mohr Siebeck

*Franz Mußner:* Prof. Dr. Dr. h. c. Lic.bibl., emeritus, geb. 31. 1. 1916 in Feichten (Oberbayern); Schüler von Prof Dr. Friedrich-Wilhelm Maier, München; habilitiert 1952 bei Prof. Dr. Josef Schmid, München, von 1952 bis 1965 Professor für Neutestamentliche Exegese in Trier, von 1965 bis 1981 in Regensburg.

*Die Deutsche Bibliothek – CIP-Einheitsaufnahme*

*Mußner, Franz:*
Jesus von Nazareth im Umfeld Israels und der Urkirche: gesammelte Aufsätze / Franz Mußner. Hrsg. von Michael Theobald. – Tübingen: Mohr Siebeck, 1999
  (Wissenschaftliche Untersuchungen zum Neuen Testament; 111)
  ISBN 3-16-146973-9

© 1999 J.C.B. Mohr (Paul Siebeck) Tübingen.

Das Buch wurde von Gulde-Druck auf alterungsbeständiges Werkdruckpapier der Papierfabrik Niefern gedruckt und von der Großbuchbinderei Heinr. Koch in Tübingen gebunden.

ISSN 0512-1604

# Vorwort

Oftmals entfalten kleinere Studien von Autoren erst dann ihre Wirkung, wenn sie handlich greifbar zwischen zwei Buchdeckeln der interessierten Leserschaft zu erkennen geben, daß das, was über Jahre hinweg in vielerlei Bemühungen entstanden ist, ein inneres Ganzes bildet, zusammengehalten von der nicht nachlassenden Leidenschaft ihres Autors an der einen ihn immer wieder umtreibenden Sache. Bei der hier zu präsentierenden Sammlung von Aufsätzen trägt die Sache einen Namen: Jesus von Nazareth im Umfeld Israels und der Urkirche. Wenn der Herausgeber sich in Abstimmung mit dem Autor zur Bündelung dessen in den Jahren 1960–98 verfaßten exegetischen und bibeltheologischen Studien entschlossen hat, dann verbindet er damit die Erwartung, daß auf diesem Weg die teilweise an entlegenen Orten veröffentlichten und daher heute nur noch schwer zugängliche Arbeiten sowie bislang unveröffentlichte Studien zum Thema die Impulse freizusetzen vermögen, die sie durchweg bestimmen: für die Christologie durch Rückbesinnung auf das Jude-Sein Jesu von Nazareth eine Dimension zurückzugewinnen, die schon zeitig zum Schaden der Kirche verlorengegangen ist.

Zu danken habe ich an dieser Stelle vielfach: Frau Barbara Beck und Frau Waltraud Glock für ihre sorgfältige Arbeit am Computer – 10 von 22 Studien mußten neu erfaßt werden –, und meinen studentischen Mitarbeitern, den Herren Stefan Blaschke, Gregor Freisem und dipl. theol. Hans-Ulrich Weidemann für die Mühe, die sie auf die vereinheitlichende Durchsicht der Texte und mancherlei Korrekturarbeiten verwendet haben, Frau Petra Kappius und Herrn dipl. theol. H.-P. Lembeck schließlich für die Erstellung der Register.

Ein besonderer Dank gilt meinen Kollegen, Herrn Prof. Dr. Martin Hengel und Herrn Prof. Dr. Otfried Hofius, die den Aufsatzband ohne Zögern für die WUNT-Reihe angenommen haben. Herrn Verleger Georg Siebeck und seinen Mitarbeiterinnen und Mitarbeitern danke ich für die hervorragende Betreuung des Projekts im Verlag.

Tübingen, im Oktober 1998                                    Michael Theobald

# Inhalt

## IV. Die Evangelien und der einzige Lehrer

## V. Christliche Ökumene und Israel

## VI. Der kommende Christus und die Zukunft der Welt

## VII. Die Gottesfrage – die gemeinsame Leidenschaft Israels und der Kirche

# Die Entdeckung des Juden Jesus von Nazareth und die Christologie.
## Die Herausforderung im Werk von Franz Mußner

von

Michael Theobald

Wer die vorliegende Sammlung exegetischer Studien von Franz Mußner zur Jesus-Forschung und Entstehung der nachösterlichen Christologie abschreitet, der bekommt eine beeindruckende Wegstrecke neutestamentlicher Besinnung auf die jüdischen Wurzeln des christlichen Glaubens zu Gesicht. Seinen Ausgang nimmt der hier dokumentierte Weg bei dem im Gefolge der Shoa unabwendbar gewordenen Eingeständnis, daß im Laufe der Kirchen- und Theologiegeschichte der Antijudaismus selbst den Kern des christlichen Glaubens, das Bekenntnis zu Jesus von Nazareth, nicht verschont hat.[1] Einfallstor dafür war u.a. das folgenreiche Mißverständnis, man könne der *universalen* Bedeutsamkeit Jesu als des Erlösers der Menschheit nur so gerecht werden, daß man seine *kontingente* Herkunft minimalisiere, ihn folglich ent-judaisiere und seinem Volk entwinde. Infolgedessen verstand man die Inkulturation des Evangeliums unter den Völkern immer wieder auch als seine Herauslösung aus dem angeblich engen partikulär-nationalen Denkrahmen des Judentums, nicht gewärtigend, daß man auf diese Weise die Entwurzelung des Neuen aus dem Boden des Alten Testaments betrieb. Die damit gegebenen vielfältigen Prozesse historisch zu analysieren, sie mit ihren fatalen Konsequenzen für den christlichen Glauben ins Bewußtsein zu heben, um so ihren Richtungssinn für die Zukunft, wenn möglich, umzukehren, erfordert enorme Lernanstrengungen, die auf den unterschiedlichsten Feldern von Theologie und Kirche zu unternehmen sind. Die neutestamentliche Forschung hat hierfür, wie auch dieser Band zeigt, Pionierarbeit geleistet.

Zwei tendenziell gegenläufige, innerlich aber doch aufeinander bezogene Intentionen prägen die aus gut drei Jahrzehnten stammenden Studien dieses Bandes: Einerseits versuchen sie in immer neuen Anläufen, begleitet von der methodischen Reflexion auf die Kriterien der Rückfrage nach dem historischen Jesus (= Nr. 1), den *Weg vom nachösterlichen Christusbekenntnis zurück zum Juden Jesus von Nazareth* zu bahnen, in der Überzeugung, daß die Gründe für dessen

---

[1] Zur vieldiskutierten Frage, ob „Antijudaismus" nicht schon im Neuen Testament selbst, zumindest in Vorformen, enthalten ist, vgl. die ausgezeichnete Problemskizze (mit Lit.) von *R. Kampling*, Antijudaismus von Anfang an? Zur Diskussion um den neutestamentlichen Ursprung des christlichen Antijudaismus: rhs 40 (1997) 110–120.

„Christologisierung" bei *ihm selbst* liegen: „Die Auferweckung Jesu von den Toten erklärt allein die Entstehung der Christologie keineswegs, auch wenn sie gewiß mächtige Impulse zu ihrer Weiterentwicklung gegeben hat. Die nachösterliche Christologie der Urkirche hat vielmehr ihren Grund in dem unerhörten Anspruch, den Jesus von Nazareth erhoben hat". Mit ihm fiel er „für jüdisches Empfinden nicht bloß aus dem Rahmen des Judentums, sondern dieser nach Ostern in Christologie gefaßte Anspruch führte notwendig auch zu der bis heute währenden Trennung der Kirche von Israel. Der Jude Jesus verbindet uns Christen mit Israel; gleichzeitig trennt er uns von ihm" (Nr. 6 [S. 112 f.])[2]. Andererseits beschreitet Franz Mußner dann aber auch den Weg in der umgekehrten Richtung, wenn er die Frage stellt: *Was bedeutet dieses Jude-Sein des historischen Jesus für die Christologie?* – unter der Voraussetzung, daß die Verwurzelung seiner Person und seiner Botschaft in Israel keinesfalls zu einem durch seine österliche Inthronisation zum „Herrn der Völker" überholten und irrelevant gewordenen Merkmal seiner insgesamt ins österliche Licht getauchten Lebensspanne erklärt werden darf. Das führt ihn zu der in diesem Band mehrfach variierten These: „Die christologische Glaubensformel des Konzils von Chalzedon: Jesus Christus ‚vere deus – vere homo' ist im Hinblick auf den Juden Jesus und sein Jude-Sein ergänzungsbedürftig, nämlich so: Jesus Christus ‚vere deus – vere homo *iudaeus*'!" (Nr. 5 [S. 97]).

Beide Thesen, sowohl die Einschreibung des Jude-Seins Jesu in das Credo der Kirche wie umgekehrt die Verankerung dessen Grundes, also des nach jüdischem Empfinden[3] den Rahmen des Judentums überschreitenden christologischen Anspruchs im Wort und Tun des Juden Jesus selbst, stellen eine Herausforderung dar, gerichtet zum einen an die Adresse der systematischen Theologie, zum anderen an die der jüngeren Jesus-Forschung, insbesondere ihres jüngsten „Third Quest" genannten, von jüdischen wie christlichen Forschern gleichermaßen getragenen Zweiges[4]. Dabei hat Franz Mußner mit der auch von anderen Neutestamentlern geteilten Kritik, die er am sog. „Differenzkriterium" oder

---

[2] Vgl. dazu auch *U. Luz*, Jesus der Menschensohn zwischen Juden und Christen, in: M. Marcus (Hg.), Israel und Kirche heute. Beiträge zum christlich-jüdischen Dialog (FS E. L. Ehrlich), Freiburg 1991, 212–223, 223: „Daß Matthäus – und vor ihm die Jesusboten der Logienquelle – die Ablehnung Jesu als ein Ereignis von eschatologischer Tragweite beurteilen mußten, das unzweifelhaft seine Konsequenzen im letzten Gericht haben würde, ist auch ein jesuanisches Erbe. Es hängt mit dem unbedingten Anspruch, den Jesus für sich und seine Verkündigung stellte, direkt zusammen ... Seine Verkündigung enthält m. E. Spannungen, die erst im Laufe seiner (s. c. Jesu) Wirkungsgeschichte wirklich deutlich wurden."

[3] Hier beruft F. Mußner sich insbesondere auf das Werk des großen jüdischen Gelehrten *Josef Klausner*, vgl. unten in Nr. 6 S. 100–102.

[4] Zu den einzelnen Profilen dieser vor allem im angelsächsischen und amerikanischen Sprachraum beheimateten Forscher (J. H. Charlesworth, J. D. Crossan, J. P. Meier, J. Riches, E. P. Sanders, G. Vermes u. a.) vgl. *G. Theißen/D. Winter*, Die Kriterienfrage in der Jesusforschung. Vom Differenzkriterium zum Plausibilitätskriterium (NTOA 34), Göttingen 1997, 145–171. Zur Diskussion mit G. Vermes beachte man unten den Beitrag Nr. 6, insbes. S. 98–100. – Zur jüngsten Forschung *C. Breytenbach*, Jesusforschung 1990–1995: BThZ 12 (1995) 226–249; *D. Zeller*, Zwei neue Jesusbücher im Vergleich: ThQ 178 (1998) 52–60 (zu J. *Becker*, Jesus von

„kritischen Aussonderungsprinzip" 1974 geübt hat, dieser Forschungsrichtung erst den Weg gebahnt: „Es ist zu beachten", schrieb er damals, „daß ein Mensch sein Profil nicht bloß durch Abhebung von der ihn umgebenden Welt, sondern auch durch Identifizierung mit ihr gewinnt. Damit ist auch ein Kontinuum sowohl nach rückwärts (Tradition) wie auch nach vorne (Wirkungsgeschichte) gegeben. Mit dem Aussonderungsprinzip ist also nicht der ganze Jesus erreichbar." Außerdem, so fügte er hinzu, kann die Anwendung des Aussonderungskriteriums „leicht zu einer unbemerkten Verquickung von historischer Kritik und dogmatischen (Vor-)Urteilen führen. Das zeigt sich konkret darin, daß unter Anwendung dieses Kriteriums einerseits das Christentum einschließlich der Christologie bisweilen als ein absolutes Novum in der Geschichte erscheint, andererseits Jesus total isoliert wird in der Welt, aus der er gekommen ist (Altes Testament und Judentum), was auch Ausdruck der Wirksamkeit eines bewußt-unbewußten christlichen Antisemitismus sein kann" (Nr. 1 [S. 27]). Dieserart prägnant am Differenzkriterium angebrachte Kritik hat in den 70er Jahren den Paradigmenwechsel eingeläutet – weg von einer Jesusforschung, die sich im Gefolge E. Käsemanns aus christologischen Gründen an der geschichtlichen Rückbindung des so gegen den Gnosisverdacht abschirmbaren Christusbekenntnisses interessiert zeigte, hin zu einer Jesusforschung, die sich nun in erneuter Besinnung auf die *historischen* Prämissen ihrer Arbeit gezielt sogar vom *christologischen Apriori* freizumachen sucht[5]. Mit diesem Ansatz paart sich dann eine vielerorts aufblühende Erforschung des Frühjudentums, die für die Zeit vor 70 bzw. 135 n. Chr. trotz einiger Konstanten jüdischer Identität wie insbesondere des selbstverständlichen Torabezugs aller Gruppierungen mit einer Pluralität jüdischen Lebens und Denkens rechnet, was die Idee eines normativen Judentums zumindest für diese Phase seiner Geschichte ausschließt. Auf diesem Hintergrund mußte dann das Differenzkriterium bei einer Rekonstruktion der Botschaft des historischen Jesus erst recht als Zumutung empfunden werden, auch aus grundsätzlichen Gründen, insofern es mit seinem Interesse am Analogielosen, Unableitbaren in der Jesus-Überlieferung als Kennzeichen des Authentischen der *historischen* Forschung „unmögliche" Aufgaben aufbürdet[6]. Was die

---

Nazareth, Berlin 1996; *G. Theißen/A. Merz*, Der historische Jesus, Ein Lehrbuch, Göttingen 1996).

[5] Charakteristisch für das neue Paradigma ist die „(Re-)Emanzipation der historischen Frage nach Jesus vom theologisch-christologischen Feld. Jesusforschung dient weder der Legitimierung der Christologie noch ihrer Delegitimierung … Damit geht ein identitätsoffener Dialog über Jesus im Third Quest einher" (*G. Theißen/D. Winter*, Kriterienfrage, a. a. O. 146f.).

[6] So *Theißen/Winter*, Kriterienfrage, a. a. O. 188. „Unmöglich" ist, „1. universale Aussagen über das faktische Nicht-Vorkommen bestimmter Gedanken und Motive im Judentum zu treffen, darüber hinaus 2. die Unableitbarkeit von Gedanken aus anderen Ideen, Traditionen, Überzeugungen des Judentums nachzuweisen (womit selbst sachlich analogielose Traditionen ausgeschieden werden könnten) und manchmal – in Überbietung auch noch dieser Ansprüche – sogar 3. die prinzipielle Unvorstellbarkeit von bestimmten Motiven und Vorstellungen im Judentum behaupten zu müssen, was eine Aussage über potentielle geschichtliche Wirklichkeit wäre."

Kritik an derart überzogenen, dogmatisch gespeisten Erwartungen hinsichtlich
einer historisch zu erhebenden Einzigartigkeit Jesu natürlich nicht diskreditieren
will, das ist „die Suche nach individuellen Zügen des historischen Jesus", aber „im
Rahmen des damaligen geschichtlichen Kontextes – nicht nach singulären Elementen, die über jeden historischen Kontext hinausführen"[7]. Transformationen
des Jüdischen[8] wie überhaupt „Sonderprofile" sind somit alles andere als ausgeschlossen, werden im Gegenteil als solche erst durch derartige kontextuelle
Rückbindungen und Vergleiche historisch erkenn- und beschreibbar. Wenn aber
die methodisch gezielte Ausschaltung des christologischen Apriori bei der historischen Arbeit zum Verlust von deren *Offenheit gegenüber der christologischen
Potentialität des jesuanischen „Sonderprofils"* führt, dann muß Franz Mußners
*christologische* Perspektive auf den historischen Jesus unweigerlich als Provoka-
tion aufgefaßt werden. Er selbst hat in den hier vorgelegten Studien jenes jesuanische „Sonderprofil" in seinen christologischen Konturen gerade *nicht* unter
Absehen von jüdischen Denkmodellen erhoben, sondern streng unter Bezug auf
sie. Hingewiesen sei vor allem auf das von ihm mit Nachdruck ins Gespräch
gebrachte Modell einer in der ältesten Jesus-Überlieferung greifbaren „Prophetenchristologie", die einerseits dem frühjüdischen Erwartungshorizont entspro-
chen, andererseits aber die Keime der späteren „Sohneschristologie" schon in
sich getragen hätte; entscheidend sei „die vorösterliche Erfahrung des μᾶλλον
und μεῖζον [vgl. Mt 12,6; Mt 12,41f. par. Lk 11,31f.] und damit des ‚Offenen' an
Jesus" (S. 175) gewesen, die als Wahrnehmung der Lebensgestalt Jesu als ganzer
(wie z.B. auch der an ihn selbst gebundenen Nachfolge samt der darin steckenden
christologischen Implikationen) die Entwicklung der „Sohneschristologie" als
Transformation jener alten „Prophetenchristologie" aus sich hervorgetrieben
hätte. So kann Franz Mußner, freilich nicht unter Absehen von jener nachösterlichen Explikation dieser Jesus-Erfahrung, die These vertreten: *Jesus selbst* (nicht
etwa die erst später im Sinne einer Grundsatzfrage virulent gewordene Gesetzes-
problematik) trennt Christen und Juden voneinander, als Glied des jüdischen
Volkes und verwurzelt in dessen Glauben verbindet er sie gleichzeitig aber auch
miteinander.

Welche Bedeutung die zweite diesen Band durchziehende These von Franz
Mußner zur Ergänzungsbedürftigkeit des christologischen Bekenntnisses „vere
deus – vere homo" im Sinne eines „vere homo *iudaeus*" besitzt, sei zunächst via
negativa an einem Beispiel für den Ausfall dieser von Franz Mußner eingeklagten
Dimension in der Auslegungsgeschichte des Neuen Testaments dargetan. Dieses
Beispiel betrifft den Eröffnungstext des Römerbriefs, näherhin Röm 1,3f., wo
Paulus in traditionellem Sprachgewand den hermeneutischen Schlüssel seiner
Christologie abliefert, in der Überzeugung, daß seine Adressaten hier mit ihm
übereinstimmen werden: Sein Evangelium, zu dem Gott ihn berufen habe,

---

[7] Ebd. 189.
[8] Vgl. *J. Riches*, Jesus and the Transformation of Judaism, London 1980; vgl. auch *ders.*, Jesus,
der Jude. Sein Verhältnis zum Judentum seiner Zeit: Conc (D) 33 (1997) 47–55.

beinhalte, so sagt er, „Gottes Sohn, der *dem Fleisch nach* aus dem Samen Davids stamme, (und) *dem Geist der Heiligkeit nach* aufgrund der Auferstehung von den Toten zum Sohn Gottes in Vollmacht bestellten worden sei". Dem *Fleisch* nach (κατὰ σάρκα) – dem *Geist* der Heiligkeit nach (κατὰ πνεῦμα ἁγιωσύνης)! Seit der Frühzeit der Kirche, greifbar wohl schon bei Ignatius v. Antiochien[9], deutlich dann bei Origenes[10] bis in das 20. Jh. hinein ist man bei der Interpretation dieser christologischen Formel mit ihrer Fleisch-Geist-Polarität nicht von der dogmatischen Zweinaturenlehre losgekommen, hat sich also schon sehr zeitig „von den jüdischen Denkvoraussetzungen, die der Formel zugrunde liegen, entfernt", um ihren Sinn „mit den Kategorien des griechischen Substanz-Denkens" zu erfassen[11]. Nun wird man sich schon aus hermeneutischen Gründen davor hüten, einen geistesgeschichtlich begründeten und deswegen keinesfalls beliebigen Wechsel von Verstehensvoraussetzungen per se als Sündenfall zu bezeichnen, doch wenn dabei wie in unserem Beispiel die eigentliche Sinnspitze des Textes überhaupt zugedeckt wird, was freilich auch erst unter bestimmten, heute gegebenen Verstehensvoraussetzungen deutlich werden kann, dann ist Vorsicht angemahnt, selbst gegenüber einer so ehrwürdigen Auslegungstradition, wie sie gerade Röm 1,3 f. aufzuweisen hat[12]. Verlorengegangen ist aber in

---

[9] *Ignatius*, Eph 18,2; 20,2; Trall 9,1; Röm 7,3; Sm 1,1. Vgl. etwa Eph 20,2: „in Jesus Christus, der dem Fleische nach aus Davids Geschlecht stammt, dem *Menschensohn* und *Gottessohn* ...".

[10] *Origenes*, Comm. in epist. ad Rom I, 6 (FChr 2/1, S. 105).

[11] So *J. Blank*, Paulus und Jesus. Eine theologische Grundlegung (StANT 18), München 1968, 252 A4, der damit die Voraussetzung der Sinn-Verschiebung des Textes benennt, wie sie etwa noch bei *E. Schweizer*, Röm 1,3 f. und der Gegensatz von Fleisch und Geist vor und bei Paulus in: *ders.*, Neotestamentica. Deutsche und englische Aufsätze 1951–1963, Zürich-Stuttgart 1963, 189, zu beobachten ist: „Interpretiert man die Formel ... eher modal als Darstellung der beiden Seinsweisen, in denen er lebt, bezieht man zugleich damit σάρξ und πνεῦμα individuell auf ihn, dann werden seine beiden ‚Naturen' beschrieben, und es ist sachlich nur konsequent, wenn auch aus einem Nacheinander ein Miteinander der beiden Naturen wird in der kirchlichen Lehre". Vgl. auch *H. Schlier*, Zu Röm 1,3 f., in: Neues Testament und Geschichte (FS O. Cullmann), Zürich 1972, 207–218, der annimmt, daß schon die vorpaulinische Formel mit ihrem „strikten Gegensatz" des κατὰ σάρκα/κατὰ πνεῦμα einen „paradoxen Sachverhalt" zum Ausdruck bringen wolle, „ein Bekenntnis zum Irdischsein des dann in seine Macht eingesetzten Gottessohnes Jesus Christus" (213). Auf allen Stufen der Tradition gehe es um „Differenz und Identität der beiden Seinsweisen dieses Messias Jesus und die seiner Person" (216).

[12] Zu den sich schon zeitig einstellenden und notwendigerweise auch auf die Christologie zurückfallenden kulturellen Umbrüchen im frühen Christentum vgl. die erhellende Analyse von *J. Moingt*, Die Christologie der jungen Kirche – und der Preis für kulturelle Vermittlung: Conc (D) 33 (1997) 56–63, wo er die These vertritt: Der schon bald im Kontext der hellenistischen Frage nach dem Logos der Welt beim präexistenten Christus-Logos einsetzende und, vom biblischen Monotheismus dazu gezwungen, ständig um das Thema der „unbeschreiblichen Zeugung" jenes Logos aus Gott kreisende christologische Diskurs „lenkte ... den Namen des ‚Sohnes' in ein semantisches Feld, das nicht mehr seiner Anwendung auf Christus im Neuen Testament entsprach". „Die Konfrontation Christi mit den Gottessöhnen der Mythologie, die in einer noch heidnischen Welt unvermeidbar ist, führte dazu, daß seine Beziehung zu Gott in den Rahmen der göttlichen Abstammungen und der natürlichen Zeugungen gestellt wurde und man so aus der Welt und der Geschichte ausbrach. Der Begriff ‚Logos' gab aufgrund seiner Assimilierung an den Namen des ‚Sohnes' Anlaß für diese Abtrifte" (60). Freilich: „Wenn man

der Auslegungsgeschichte dieser Verse die hier noch in eine traditionelle Glaubensformel gefaßte Überzeugung des Paulus, daß Jesus als der dem Fleisch nach aus dem Samen Davids stammende Gottessohn *Israels Messias* ist, in welcher Funktion er bei seiner österlichen Inthronisation zum *"Herrn" der Völker* (vgl. Röm 1,4 f.) keinesfalls abgetreten ist, vielmehr um Gottes „Treue" (vgl. Röm 3,3) und „Wahrheit" (vgl. Röm 15,8) willen bestätigt wurde; in des Apostels eigenes Konzept umgesetzt, wie das programmatisch in 1,16 f. geschieht: Das Evangelium von Gottes in Israel inkarniertem Sohn gilt „dem Juden zuerst und auch dem Griechen", denn Gottes Gerechtigkeit (δικαιοσύνη θεοῦ) wird in ihm offenbar, sein unbedingter Heilswille für jeden, der glaubt[13]. Daß dieser sein Heilswille, gerade in seiner Unbedingtheit und Unbegrenztheit, auch die Dimension der *„Treue"*[14] bzw. der angesichts aller menschlichen Abgründe des Sich-Versagens standhaltenden *„Wahrheit"*[15] konstitutiv in sich birgt, das eschatologische *„Jetzt"* des Evangeliums (νῦν: 3,21; 8,1) also das *Einst* des gesprochenen Wortes an Israel (3,2; 9,6) nicht auslöscht, es vielmehr im Gedächtnis Gottes bleibend aufbe*wahrt*, damit dieser es – so die gewisse Hoffnung – am Ende der Zeit auch an Israel *wahr*macht –, das mit aus der Schrift gestützten Argumenten zu zeigen, ist dann das eigentliche Ziel, das Paulus in Röm 9–11 umtreibt. Wenn man im Eröffnungstext des Römerbriefs Jesu Einbindung in sein Volk, sein Jude-Sein, aber auch seine messianische Hoheit für Israel immer schon zugunsten einer diese Geschichte ausblendenden abstrakten Zweinaturenlehre verdrängt hat, dann sollte man sich nicht darüber wundern, daß man auch jene drei Kapitel, die programmatisch an Röm 1,3 anknüpfen (vgl. 9,5!)[16], im Verlauf ihrer langen Auslegungsgeschichte nur selten wirklich zur Kenntnis genommen bzw. sie nur allzu oft zu einem dogmatischen Lehrstück über die Prädestination Gottes umfunktioniert hat.

---

ihnen (s. c. den Theologen der frühen Kirche) einen Vorwurf machen kann, dann nicht wegen des Eingehens auf die Kultur ihrer Zeit – denn was tun wir heute anderes? –, sondern deswegen, weil man sich von all dem, was heute für uns die Historizität Jesu Christi, der Offenbarung und des Heils ausmacht, ablenken ließ. Hier liegt der echte ‚Preis' für diese Abtrift" (61 f.). Vgl. auch *ders.*, L'homme qui venait de Dieu (CFi 176), Paris 1993.

[13] Dazu vgl. *M. Theobald*, „Dem Juden zuerst und auch dem Heiden". Die paulinische Auslegung der Glaubensformel Röm 1,3 f., in: P.-G. Müller/W. Stenger (Hg.), Kontinuität und Einheit (FS F. Mußner), Freiburg 1981, 376–392.

[14] Vgl. neben 3,3 (πίστις θεοῦ) auch 3,5 (δικαιοσύνη θεοῦ)!

[15] Vgl. 3,4; 15,8: ἀλήθεια τοῦ θεοῦ = אֱמוּנָה!

[16] Röm 9,5: „aus ihnen (s. c. den Israeliten) stammt auch ὁ Χριστὸς τὸ κατὰ σάρκα." Dazu *F. W. Marquardt*, Das christliche Bekenntnis zu Jesus, dem Juden. Eine Christologie, Bd. 1, München 1990, 191: Dieser Satz, Röm 9,5, „veranlaßt zwar manche Exegeten, die Zusammengehörigkeit Jesu mit Israel nur ‚fleischlich', also nur genealogisch aufzufassen, nur als einen historischen, nicht als einen theologischen Tatbestand. Aber so wird der Zusammenhang überlesen … (Jesu) jüdische Herkunft sieht Paulus nicht als ‚zufällige Geschichtswahrheit' an, sondern als Wahrheit jener ‚ewigen Vernunft', die in der Erwählungsgeschichte Israels waltet." – Einen positiven Gebrauch von Röm 9,5 macht auch noch *Martin Luther* in seiner Schrift „Daß Jesus Christus ein geborener Jude sei" von 1523 (WA 11, 315), in der er auf den doppelten, von Altgläubigen gegen ihn in Umlauf gebrachten Häresievorwurf antwortet, er lehre, Maria sei „nicht Jungfrau gewesen vor und nach der Geburt" Jesu, und Jesus sei „Abrahams Same".

Mit der an der Auslegungsgeschichte von Röm 1,3 f. exemplarisch aufweisbaren Verdrängung des Jude-Seins Jesu aus dem christologischen Bekenntnis der Kirche[17] steht also – das zeigt uns mit Nachdruck der Römerbrief – nicht weniger auf dem Spiel als die „*Wahrheit*" Gottes selbst! Dies für ein vertieftes Verständnis des Glaubensbekenntnisses aufzugreifen und fruchtbar zu machen, das ist die Herausforderung an die Adresse der systematischen Theologie, die den Studien von Franz Mußner zur Christologie des Neuen Testaments zu entnehmen ist. Erste ermutigende Ansätze dazu liegen vor[18]. Dabei reicht der hier vertretene

---

[17] Eine unglückliche Rolle in diesem vielschichtigen Prozeß der Verdrängung spielte offensichtlich schon zeitig das *Johannesevangelium* (trotz Joh 4,22!), dessen hermeneutische Bedeutung für die Auslegung und Wahrnehmung auch der anderen, synoptischen Evangelien wie für die Ausbildung der späteren kirchlichen Christologie schlechterdings nicht überschätzt werden kann. Diesbezüglich ist aufschlußreich für die Neuzeit etwa die *Akkomodationstheorie* von Theologen der Aufklärung (vgl. bei *Theißen/Winter*, Kriterienfrage, a.a.O. [Anm. 4] 38 ff.), nach der Jesus sich „sozusagen wider besseres Wissen den Vorstellungen seiner Zeit bedient, um sich verständlich zu machen. In diesem Erklärungsmodell spiegelt sich das pädagogische Interesse der Aufklärung. Die hermeneutische Theorie der Akkomodation soll die Autorität Jesu retten, indem sie ihn den Niederungen jüdischen Glaubens enthebt" (39). Exponent dieser Richtung ist *J. S. Semler* (1725–1791), der seine Christologie auf das Johannesevangelium als das maßgebliche Zeugnis genuin christlichen Glaubens stützt und dessen präsentische Eschatologie „als eine direkte Kritik an dem Partikularismus der jüdischen Heilserwartung" begreift (*G. Hornig*, Die Anfänge der historisch-kritischen Theologie. Johann Salomo Semlers Schriftverständnis und seine Stellung zu Luther, Göttingen 1961, 228, zit. bei *Theißen/Winter* 40). Zu seiner Christologie vgl. zuletzt *G. Hornig*, Johann Salomo Semler. Studien zu Leben und Werk des Hallenser Aufklärungstheologen, Tübingen 1996, 136–159. – Bezeichnend für die weithin, auch im Deutschen Idealismus herrschende Einstellung ist das Diktum von *F. Schleiermacher*, der es für ausgemacht hielt, daß das vierte Evangelium die treueste Darstellung von Person und Wirken Jesu enthält: „Wie", so fragte er mit abschätzigem Blick auf die Synoptiker, sollte denn „ein jüdischer Rabbi mit menschenfreundlichen Gesinnungen, etwas sokratischer Moral, einigen Wundern ... und dem Talent, artige Gnomen und Parabeln vorzutragen, ... eine solche Wirkung wie eine neue Religion und Kirche habe hervorbringen können [?]" (Über die Religion. Reden an die Gebildeten unter ihren Verächtern [³1821], in: Sämtliche Werke. Erste Abteilung. Zur Theologie, 1. Bd., Berlin 1843, 448.). Bei einem solchen Urteil wundert es einen nicht, daß Schleiermacher das Alte Testament als für den christlichen Kanon irrelevant erklärt hat, vgl. *ders.*, Kurze Darstellung des theologischen Studiums zum Behuf einleitender Vorlesung (1811), in: Kritische Gesamtausgabe I. Abteilung, Bd. 6, Berlin New York 1998, 271–279, sowie die zweite, umgearbeitete Ausgabe von 1830 ebd. 365–379 („Die exegetische Theologie"), daraus bes. § 115.141. Zum Problem vgl. jetzt auch *H. Dembowski*, Schleiermacher und die Juden, in: K. Wengst u. a. (Hg.), Ja und nein. Christliche Theologie im Angesicht Israels (FS W. Schrage), Neukirchen-Vluyn 1998, 319–329.

[18] Zu nennen sind hier vor allem: *J. Moltmann*, Der Weg Jesu Christi. Christologie in messianischen Dimensionen, München 1989; *F. W. Marquardt*, Das christliche Bekenntnis zu Jesus, dem Juden. Eine Christologie, Bd. 1–2, München 1990/1991; *W. Breuning*, Grundzüge einer nicht antijüdischen Christologie: JBTh 8 (1993) 293–311; *H. H. Henrix*, Jüdische Messiashoffnung – Christusglaube der Christen: EuA 70 (1994) 279–291; *P. Petzel*, Was uns an Gott fehlt, wenn uns die Juden fehlen. Eine erkenntnistheologische Studie. Mit einem Vorwort von H. Waldenfels, Mainz 1994; *C. Thoma*, Das Messiasprojekt. Theologie jüdisch-christlicher Begegnung, Augsburg 1994; EvTh 55 (1995) Heft 1 (Jesus Christus zwischen Juden und Christen) (daraus v. a.: *R. Rendtorff*, Christliche Identität in Israels Gegenwart: 3–12; *M. Wyschogrod*, Inkarnation aus jüdischer Sicht: 13–28; *J. Moltmann*, Jesus zwischen Juden und Christen: 49–63; *B. Klappert*, Israel-Messias/Christus-Kirche. Kriterien einer nicht-antijüdi-

Anspruch über den ersten Schritt, das christologische Bekenntnis heute gegen
antijüdische Verfälschungen abzuschirmen, noch hinaus. Gewiß gilt es zunächst
einmal in diesem Sinne klarzustellen, daß das Bekenntnis zur Unüberbietbarkeit
der Selbstmitteilung Gottes in seinem Sohn die vielfältigen Weisen seines sonstigen Sprechens in Israel keineswegs entwertet oder gar negiert (vgl. Hebr 1,1–2),
und daß dies auch den theologischen Respekt vor der jüdischen Überlieferung
post Christum in Midrasch und Talmud und anderen religiösen Quellen mitein-
schließt, die ja von ihrer genuinen Zielsetzung her dem Aufschließen des *biblischen Wortes* für ein Leben aus Gott dienen. Desgleichen gilt es, die Unterschie-
denheit der beiden Wege, des jüdischen und christlichen, nicht nur zu tolerieren,
sondern auch positiv zu würdigen in der Überzeugung, daß ein Nein Israels zum
Glauben an Jesus Christus noch einmal umfangen ist von der stets größeren
Gnade Gottes und seinem geheimnisvollen Ratschluß, wie umgekehrt auch sein
Wirken in Christus keineswegs deckungsgleich ist mit dem Weg der Kirche; auch
hier gilt, daß Gottes Wege „unerforschlich" und „unergründlich" sind (Röm
11,33). Doch kann darüber hinaus die Selbstreinigung des christlichen Glaubens,
bei der es um ein besseres, der Schrift in ihren beiden Teilen gemäßeres Selbstverständnis geht, heute nur gelingen, wenn jener auch den Fragen der jüdischen
Theologen und Philosophen vor allem in unserem Jahrhundert ausgesetzt wird,
die zur Rechenschaft vor dem Forum des gemeinsamen biblischen Erbes zwin-
gen. Dann stehen Fragen an wie die, ob nicht die christliche Inkarnationstheolo-
gie eine Gefährdung göttlicher Transzendenz darstellt, die doch das jüdische
Bilderverbot schützen will[19], oder ob nicht die Behauptung eschatologisch-
endgültigen Sprechens Gottes in seinem Sohn zu einer vom Dogma ideologisch
bestimmten Begrenzung der Unendlichkeit Gottes führt[20], oder ob nicht jüdischer Messianismus, der an der Erwartung wirklicher Erneuerung des Antlitzes
dieser Erde keine Abstriche macht, gegenwärtige Realität in ihrer Brüchigkeit
ganz anders ernstzunehmen vermag, als dies christliche Behauptungen von Anti-

---

schen Christologie: 64–88); *B. Peterson*, Theologie nach Auschwitz? Jüdische und christliche
Versuche einer Antwort (VIKJ 24), Berlin 1996; *J. Wolmuth*, Im Geheimnis einander nahe.
Theologische Aufsätze zum Verhältnis von Judentum und Christentum, Paderborn 1996; *M.
Goldmann*, „Die große ökumenische Frage …". Zur Strukturverschiedenheit christlicher und
jüdischer Tradition mit ihrer Relevanz für die Begegnung der Kirche mit Israel (NBST 22),
Neukirchen-Vluyn 1997; *Th. Freyer*, Die Theodizeefrage – eine Herausforderung für eine
heutige Christologie. Anmerkungen zur gegenwärtigen Debatte im Kontext des christlich-
jüdischen Gesprächs: Cath 52 (1998) 200–228; *V. Jacobs*, Zur Frage des Messianischen bei
Emmanuel Levinas – Erträge einer Interpretation messianischer Texte, in: *J. Wolmuth (Hg.)*,
Emmanuel Levinas – eine Herausforderung für die christliche Theologie, Paderborn 1998,
175–199; *M. Poorthuis*, Asymmetrie, Messianismus, Inkarnation. Die Bedeutung von Emmanuel Levinas für die Christologie, in: *J. Wolmuth* (Hg.), Levinas, a.a.O. 201–213; *Th. Freyer*,
Emmanuel Levinas' Vorstellung vom Gott-Menschen – eine Herausforderung für die Christologie?: ThQ 179 (1999) Heft 1.
    [19] Dazu vgl. etwa *Wolmuth*, Geheimnis, a.a.O. (Anm. 18) 15–22; *Wyschogrod*, Inkarnation,
a.a.O. (Anm. 18).
    [20] Vgl. *Breuning*, Grundzüge, a.a.O. (Anm. 18) 298.

zipationen und Schon-Realisierungen des Heils vorgeben[21]. Stellt der christliche Glauben sich diesen und anderen Fragen in einem offenen und selbstkritischen Gespräch, dann geht es nicht mehr nur um die Überwindung von Antijudaismen, sondern um die Wahrnehmung des Jüdischen in der *eigenen* Glaubensgestalt, dann mag sich zeigen, was es heißt: Christus, vere deus – vere homo *iudaeus*.

Das sei abschließend noch an einem Punkt erläutert, wobei auf die diesbezügliche Bedeutung der Beiträge zur *Eschatologie* des Neuen Testaments (Nr. 19: „Weltherrschaft" als eschatologisches Thema der Johannesapokalypse; Nr. 20: Implikate der Parusie des Herrn) und zur *Gottesfrage* (Nr. 21: JHWH, der sub contrario handelnde Gott Israels) am Ende dieses Bandes eigens hingewiesen sei. *Schalom Ben-Chorin* brachte das Juden und Christen Verbindende und Trennende in die prägnante Formel: „Der Glaube Jesu einigt uns …, aber der Glaube an Jesus trennt uns"[22]. Nun ist aber im Glauben der Christen *an* Jesus der Glaube *Jesu*[23] selbst als Ermöglichungsgrund ihres Glaubens mitaufbewahrt. Nur weil Jesus radikal auf die in seinem Wirken als Heiland der Menschen zeichenhaft nahegekommene Herrschaft des Gottes Israels gesetzt hat und in diesem seinem Glauben gerade angesichts des ihn scheinbar widerlegenden Todes von Gott österlich gerechtfertigt wurde, vermag sich überhaupt der Glaube der Christen an Jesus festzumachen, wobei dieses Sich-Gründen auf ihn nur die eschatologisch-endgültige Gestalt ist, die der Glaube an Gott nun notwendigerweise annimmt, insofern dieser sich in seinem Heilswillen bleibend an Jesus gebunden hat. Von daher ist dann begreiflich zu machen, daß Christen „mit ihrem Glauben an Jesus nicht die Strukturgesetze verlassen, die für den Akt des Glaubens seit der Berufung Abrahams chrakterisisch sind. Glauben gehört in den Bereich des Ersten Gebotes. Nur Gott gegenüber ist er möglich. Darin ist die Einzigkeit Gottes erfaßt"[24]. Daß wir berufen sind, mit Christus und durch ihn zu glauben, fügt sich dem ein: Per Christum in Deum! Dies zu erkennen und systematisch auszubuchstabieren in der Überzeugung, daß Christologie die *Theozentrik* biblisch-jüdischen Denkens keineswegs aushöhlt, bewahrt dann das Jüdische als heilsames Ferment im christologischen Bekenntnis und schützt dieses davor, zu einer triumphalistischen Christusfrömmigkeit zu degenerieren, der in der Regel – das zeigt die Geschichte – ein kirchlicher Triumphalismus entspricht.

Meint Jesu österliche Rechtfertigung durch den Gott Israels seine Bestätigung als letztgültiger Bote der Gottesherrschaft, dann schließt das die Grundlegung der Hoffnung auf deren endgültigen Durchbruch am Ende der Zeiten mit ein. Darin aber eröffnet sich die Möglichkeit der Partnerschaft mit jüdischem Messia-

---

[21] Vgl. etwa *Wolmuth*, Geheimnis, a.a.O. (Anm. 18) 25–27.

[22] *Sch. Ben-Chorin*, Bruder Jesus. Der Nazarener in jüdischer Sicht, München 1967, 12.

[23] Ob man vom Glauben *Jesu* sprechen könne, wurde vielfach diskutiert. Vgl. v.a. *G. Ebeling*, Jesus und Glaube, in: *ders.*, Wort und Glaube I (Gesammelte Aufsätze), Tübingen ²1962, 203–254; *O.H. Pesch*, Rechenschaft über den Glauben, Mainz 1970, 82f.; *W. Thüsing*, Neutestamentliche Zugangswege zu einer transzendental-dialogischen Christologie, in: QD 55 (1972) 81–305: 211–226 („Jesus als der ‚Glaubende'").

[24] *Breuning*, Grundzüge, a.a.O. (Anm. 18) 299.

nismus: „Das Judentum schärft dem Christentum die Erfahrung der Unerlöstheit der Welt ein", während die Kirche „die Gegenwart der Versöhnung der Welt mit Gott (bezeugt), ohne die es keine begründete Hoffnung auf ihre Erlösung gibt. So ‚reizt' die Kirche Israel ‚zum Glauben', wie Paulus sagt (Röm 11,11.14). Und so reizt Israel die Kirche zur Hoffnung"[25]. Dieses durch Israel zur Hoffnung Gereiztwerden mag der christliche Glauben wiederum als in ihm selbst steckendes jüdisches Ferment begreifen. Es bezeichnet den Raum, in dem auch die in den Evangelien aufbewahrte Erinnerung an die *messianische Praxis Jesu*, die sich gegen ihre soteriologische Engführung in der in seinem Namen geschenkten Sündenvergebung wehrt, neu zum Zug kommen kann; sie gemahnt die Christen an die noch ausstehende Schalomisierung der Welt, die sie von der Parusie ihres Herrn erwarten dürfen. Diese bringt, wie Franz Mußner in seinem Gespräch mit W. Benjamin formuliert, „die endgültige Erlösung und Rehabilitierung der Unterdrückten, der Opfer der Herrschenden und der Armen in aller Welt, mit denen sich der wiederkommende Herr nach Mt 25,31–40 identifiziert"; sie „bedeutet den endgültigen Sieg über Haß und Gewalt in der Welt". Wer deshalb „die Parusie des Herrn auf die persönliche Begegnung Jesu beim individuellen Tod beschränkt, nimmt dem ntl. Parusiekerygma die ‚Welthaltigkeit', ihren Bezug auf die Welt- und Menschheitsgeschichte" (Nr. 20 [S. 329, 330f.]). Man darf hoffen, daß eine hiermit angestoßene christliche Besinnung auf das jüdische Erbe im eigenen christologischen Bekenntnis dieses ein gutes Stück besser verstehen lehrt.

---

[25] *J. Moltmann*, Kirche in der Kraft des Geistes. Ein Beitrag zur messianischen Ekklesiologie, München 1975, 170.

# I. Die Frage
## nach dem historischen Jesus

1. Methodologie der Frage
nach dem historischen Jesus
(1974)


Vorbemerkung

Die folgenden Arbeitspapiere sind das Ergebnis eines Hauptseminars
im WS 1972/73 über das Thema „Methodische Zugänge zum histori-
schen Jesus" und einer anschließenden Klausurtagung, die unter der
Federführung von Franz *Mußner* zusammen mit seinen Mitarbeitern
Dr. P.-G. *Müller,* Dr. F. *Schnider* und Dr. W. *Stenger* stattfand.
Hauptseminar und Klausurtagung dienten der Vorbereitung des
Arbeitskreises auf der Wiener Neutestamentler-Tagung vom 3. bis 5.
April 1973. Soweit sie auf der Tagung selbst durchdiskutiert wurden,
sind die Ergebnisse der Diskussion eingearbeitet und die Formulierungen der Papiere nochmals auf einer zweiten Klausurtagung durchre-
flektiert und verbessert worden. Im übrigen bedürfte die Vorlage einer
eingehenden Ausarbeitung, was im Rahmen dieser Publikation nicht
geschehen kann. Sie wird aber, so hoffen die Autoren, auch in dieser
Gestalt Anregungen vermitteln.


A. *„Jesus und der Text"*
Eine Vorüberlegung


I. Die Aufgabe, methodische Zugänge zum historischen Jesus zu erarbeiten, hängt zusammen mit dem gewöhnlich „Historischer Jesus –
Christus des Glaubens" formulierten Thema, hinter dem ein Zweitei-
lungsprinzip liegt. Dieser Formulierung gegenüber sind jedoch Bedenken anzumelden, weil sie zu einer simplifizierenden Auffassung der
historischen Tatbestände führen kann; es ist nämlich zu überlegen, ob
diese tatsächlich mit dem genannten Zweiteilungsschema zutreffend

erfaßt werden. Dieses Schema setzt vor allem voraus, daß es nur einen „Bruch", nämlich den von Karfreitag/Ostern markierten „garstigen Graben", gegeben hat. Demgegenüber muß überlegt werden, ob es nicht schon in der vorösterlichen Wirksamkeit Jesu zu einem weitaus folgenreicheren „Bruch" gekommen ist, der mit der „galiläischen Krise" zusammenhängt [1], so daß statt mit einem „Zweiteilungsschema" besser mit einem „Dreiteilungsschema" gearbeitet werden sollte. Das würde folgende Einteilung des historischen Ablaufs ergeben: 1. *Zeit des Angebots* („Galiläischer Frühling"); 2. *Zeit der Ablehnung* (beginnend mit der „Galiläischen Krise"), mit Karfreitag als Abschluß; 3. *die Zeit der Urkirche*, beginnend mit Ostern, die sich wieder teilt in das genuin apostolische Zeitalter der Urkirche und in das beginnende nachapostolische Zeitalter derselben [2]. Insofern könnte man sogar von einem „Vierteilungsschema" sprechen. Diese Sicht hat für die zeitliche und sachliche Zuteilung des Materials der Jesusüberlieferung, speziell von Jesuslogien, folgende Konsequenzen: Es erlaubt einmal eine gewisse Gliederungsmöglichkeit für die etwas amorph anmutende Masse der allgemein von der bisherigen Forschung für vorösterlich gehaltenen Stoffe, insofern sie der Periode des Angebots bzw. jener der Ablehnung zugeordnet werden könnten (Zweistufung des Materials) [3]; darüber hinaus ergibt sich die Möglichkeit, Logien, die häufig als Schöpfungen der nachösterlich missionierenden Gemeinde betrachtet werden, der

---

[1] Vgl. dazu *F. Mußner*, Gab es eine „galiläische Krise"? (= Nr. 4 in diesem Band); *A. Polag*, Die Christologie der Logienquelle (Neukirchen-Vluyn 1977).

[2] Siehe dazu Näheres bei *F. Mußner*, Die Ablösung des apostolischen durch das nachapostolische Zeitalter und ihre Konsequenzen, in: Wort Gottes in der Zeit (Festschr. für K. H. Schelkle) (Düsseldorf 1973) 166–177. Der Übergang vom apostolischen zum nachapostolischen Zeitalter der Urkirche hat den Rang eines „Bruches", der von der Urkirche bewältigt werden mußte. Aus dieser Aufgabe heraus sind die sogenannten frühkatholischen Schriften des neustamentlichen Kanons erwachsen.

[3] Wenn hier von einer „Amorphität" des Logienmaterials gesprochen wird, so will damit gesagt sein, daß dieses Material am Anfang der nachösterlichen Überlieferung ohne erkennbare Gliederungsprinzipien thematischer Art tradiert wurde, was damit zusammenhängt, daß Jesus seine Logien als „Gelegenheitslogien" produziert hat; erst die Erstredaktoren der „Logienquelle" haben die Logien (teilweise) thematisch zusammengestellt. Vgl. dazu *Th. Soiron*, Die Logia Jesu. Eine literarkritische und literargeschichtliche Untersuchung zum synoptischen Problem (Münster 1916); *J. Jeremias*, Zur Hypothese einer schriftlichen Logienquelle Q, in: ZNW 29 (1930) 147–149; *D. Lührmann*, Die Redaktion der Logienquelle (Neukirchen 1969); *P. Hoffmann*, Studien zur Theologie der Logienquelle (Münster 1972); *S. Schulz*, Q. Die Spruchquelle der Evangelisten (Zürich 1972).

vorösterlichen Ablehnungsstufe des Wirkens Jesu zuzuschreiben. Damit würden eventuell auch gewisse Ungereimtheiten in Logien, die bei Annahme ihrer nachösterlichen Bildung nicht zu verkennen sind, ausgeräumt (Beispiel: Chorazinlogion).

```
            „Generator"⁴                        „Text"


  ┌── Jesus ─────────────────────→ Logien des Angebots
  │   Zeugen ────────────────────→ Texte über den Jesus
  │                                  des Angebots
  │
  │   1. Bruch („galiläische Krise")
  │
  │   Jesus ─────────────────────→ Logien der Ablehnung
  │   Zeugen ────────────────────→ Anfänge der Logien-
  │                                  tradition⁵
  │
  │   2. Bruch (Karfreitag/Ostern)
  │
  │   Erstverkünder (αὐτόπται) ──→ Homologese und Jesus-
  │                                  erzählungen
  │   Tradenten („Diener des ───→ Tradition der Homolo-
  │   Wortes")                       gese und Vorredaktio-
  │                                  nen („Sammlungen",
  │                                  z. B. „Q")
  │
  │       Stadium der beginnenden Schrift-
  │       lichkeit und der Ausbildung der
  │       Evangelienstruktur
  │
  │   3. Bruch (Ende des apostolischen Zeitalters)⁶
  │
  │   Schlußredaktoren ──────────→ Evangelien
  ↓   Kirche ────────────────────→ Kanon
```

(left margin, vertical: Historischer Prozeß)
(right margin, vertical: Sprachlicher Prozeß)

---

⁴ Der Begriff „Generator" ist orientiert an der Generativen Grammatik, die von einem „generieren" von Sätzen bzw. Texten spricht. Der waagrechte Pfeil im Schaubild (→) bedeutet „generieren".

⁵ Vgl. dazu *H. Schürmann*, Die vorösterlichen Anfänge der Logientradition, in: *ders.*, Traditionsgeschichtliche Untersuchungen zu den synoptischen Evangelien (Düsseldorf 1968) 39–65.

⁶ Vgl. dazu *F. Mußner*, Die Ablösung des apostolischen durch das nachapostolische Zeitalter und ihre Konsequenzen (s. Anm. 2).

II. Die übliche Formel „Historischer Jesus – Christus des Glaubens" vermischt außerdem historische Prozesse mit sprachlichen, wodurch vielfach die ganze Problematik, die in Wirklichkeit hinter der Formulierung steckt, nicht genügend ins Bewußtsein kommt. Dagegen kann die Formulierung „Jesus und der Text" diese besser sichtbar machen. Das soll im Schaubild (S. 15) zur Darstellung kommen, das natürlich wie jedes derartige Schaubild simplifizierend ist:
Dieses Schaubild involviert folgende Transformationsprozesse:
1. In der historischen Linie: Von Jesus zu den Redaktoren.
2. In der sprachlichen Linie: Von den Erstlogien und Jesuserzählungen zu den Evangelien.
3. In der textgenerativen Linie: Vom Ereignis (Geschichte) zur Versprachlichung („Text").
Was „passiert" jeweils bei diesen Transformationsprozessen? Diese Frage muß in der Arbeit stärker als bisher ins Auge gefaßt werden.

III. Der im Schaubild verwendete Begriff „Text" umfaßt im Sinn der modernen Sprach- und Literaturwissenschaft sowohl mündliche als auch schriftliche Äußerungen. Zu bedenken ist dabei jedoch, daß uns im Neuen Testament nur schriftliche Texte als Zugänge zum historischen Jesus zur Verfügung stehen. Diese Tatsache ist von der bisherigen Formgeschichte nicht genügend beachtet worden, weil schriftliche Texte wie mündliche behandelt wurden. So wird z. B. in der formgeschichtlichen Arbeit der Rückgang von schriftlichen Texten zu ihrem „Sitz im Leben" im Stadium der Mündlichkeit unreflektiert vollzogen (s. dazu Näheres im Abschnitt „Sitz im Leben"). Deshalb ist eine neue Reflexion über die Möglichkeit, vom Niveau der schriftlichen Texte über die Barriere ihrer Verschriftlichung methodisch gesichert in das Stadium ihrer Mündlichkeit zu gelangen, vonnöten, was eine Voraussetzung für den richtigen Weg zurück zum historischen Jesus ist. Damit ist ein Postulat aufgestellt, das die Zuwendung der Exegese zur literatur- und sprachtheoretischen Diskussion verlangt[7]. Ferner ergibt sich als weiteres Postulat, in Zukunft die sprachlichen Transforma-

---

[7] Wichtige Ansätze dazu bei *E. Güttgemanns,* Offene Fragen zur Formgeschichte des Evangeliums (München ²1971).

tionsprozesse zwischen Ereignis („Existenz") und „Text" ganz anders als bisher zu bedenken, was die notwendige Voraussetzung ist, um aus dem „Text" wieder zurück zum historischen Ereignis zu gelangen[8]. Insofern bedürften auch die folgenden Überlegungen noch eines viel intensiveren theoretischen Unterbaus. Jedenfalls zeigt sich als eigentliche Aufgabe nun dies: *Wie gelingt es, in methodisch richtiger Weise aus dem Text zurück in die Geschichte zu springen?* Diese Frage hat die bisherige formgeschichtliche Arbeit nicht zu beantworten vermocht.

## B. Der Traditionsprozeß

I. Ein Traditionsprozeß ist ein komplizierter Vorgang, was auch für das Thema „Methodische Zugänge zum historischen Jesus" gilt. Der Wille etwa, eine Vergangenheit zu tradieren, kann sehr verschieden motiviert sein; darum ist nach der Eigenart des hinter dem evangelischen Traditionsprozeß stehenden Traditionswillens zu fragen. Es darf vermutet werden, daß hinter dem evangelischen Traditionswillen ein besonderes Interesse an der Person und Bedeutung Jesu stand, wobei aber noch nichts über die nähere Art dieses Interesses gesagt sein soll.

II. Die Rekonstruktion des evangelischen Traditionsprozesses wird weiterhin dadurch erschwert, daß im methodischen Vorgehen eine gesonderte Betrachtung der Logien- und Tatüberlieferung erfordert ist, was seinen Grund darin hat, daß der Traditionsprozeß hinsichtlich der Logienüberlieferung und hinsichtlich der Tatüberlieferung verschieden verlief. Dies wiederum ist auch dadurch bedingt, daß bei den beiden Überlieferungssträngen mit verschiedenen Autoren zu rechnen ist: Hinsichtlich der Logienüberlieferung ist oder gilt Jesus selbst als Autor des Textes, hinsichtlich der Tatüberlieferung geht der Text auf von Jesus verschiedene Erzähler zurück. Freilich liegen uns beide Überlieferungen im Neuen Testament nur in der Weise der „Erzählung" vor[9].

---

[8] Vgl. dazu etwa *R. Koselleck – W.-D. Stempel* (Hrsg.), Geschichte – Ereignis und Erzählung (München 1973).
[9] Zur Aporie einer erzählenden Beschreibung von Geschichte vgl. *W.-D. Stempel*, Möglichkeiten einer Darstellung der Diachronie in narrativen Texten, in: *ders.* (Hrsg.), Beiträge zur Textlinguistik (München 1971) 53–78; dazu auch noch *H. Weinrich*, Tempus. Besprochene und erzählte Welt (Stuttgart 1964, mit weiterer Literatur); *G. Müller*, Die Bedeutung der Zeit in der Erzählkunst (Bonn 1947); *ders.*, Erzählzeit und erzählte Zeit,

III. Logienüberlieferung:

Was die Logienüberlieferung angeht, müssen folgende Probleme bedacht werden:

1. Bei der Logienüberlieferung muß zwischen dem Stadium der Mündlichkeit und dem der Schriftlichkeit grundsätzlich unterschieden werden.

2. Der Traditionsprozeß verlief zwischen den beiden Polen: Jesus – Schlußredaktor bzw. Kanon.

3. Zwischen der Erstäußerung Jesu und der schriftlichen Fixierung durch den Endredaktor ist eine Reihe von Faktoren in Erwägung zu ziehen, die zur Veränderung eines Logions Jesu führen konnten:

a) Das Mißverstehen desselben durch die Ersthörer.

b) Die bewußte Veränderung desselben durch einen Zweitsprecher.

c) Das Mißverstehen desselben durch Zweit-, Dritthörer usw.

d) Der durch die Ostererfahrung initiierte neue Verstehenshorizont[9a].

e) Der Einfluß der Homologese auf die Form und den Inhalt eines Logions (deutlich erkennbar etwa am „Jonaslogion" Mt 12, 40 vgl. mit Lk 11, 30)[10].

f) Der Einfluß der Liturgie (Abendmahlsworte!).

g) Die Applikation eines Logions auf die neuen Gemeindesituationen:

     α) Neu entstehende Probleme der Ethik („Kasuistik").

     β) Probleme der Gemeindeordnung (s. Mt 18).

     γ) Missionsprobleme (z. B. neue Konnotationen eines Logions durch die Missionspredigt).

     δ) Verfolgungserfahrungen.

     ε) etc.

h) Die sich ausdifferenzierenden Gemeindetypen und die zunehmende geographische Streuung der Gemeinden.

---

in: Festschr. für Paul Kluckholm und Hermann Schneider (Tübingen 1948) 195–212; *E. Lämmert*, Bauformen des Erzählens (Stuttgart ⁴1970).

[9a] Vgl. dazu *F. Mußner*, Die Auferstehung Jesu (München 1969) 140–154; *K. Lehmann*, Die Erscheinungen des Herrn. Thesen zur hermeneutisch-theologischen Struktur der Ostererzählungen, in: *H. Feld / J. Nolte* (Hrsg.), Wort Gottes in der Zeit (Festschr. f. K. H. Schelkle) (Düsseldorf 1973) 361–377.

[10] Dazu Näheres bei *A. Vögtle*, Der Spruch vom Jonaszeichen, wieder abgedruckt in: *ders.*, Das Evangelium und die Evangelien. Beiträge zur Evangelienforschung (Düsseldorf 1971) 103–136.

i) Die interlinguistischen Vorgänge beim Übersetzen in eine andere Sprache.
k) Neue Kontextuierung durch Prediger und Redaktoren.
l) Das Schicksal des Textes (Lesarten!).
m) Der durch die Kanonisierung einsetzende Abstoßungsprozeß.

4. Die aufgeführten Faktoren, die Veränderungen eines Logions Jesu bedingen konnten, erweisen die Thesen der *Riesenfeldschule* als simplifizierend.

IV. Trotz der in III genannten Faktoren, die zu einer Veränderung eines Logions Jesu führen konnten, müssen auch jene berücksichtigt werden, die eine bewahrende Funktion ausgeübt haben können:
1. Die bewußte Rückbindung an die Person und die Autorität des vorösterlichen Jesus.
2. Die bewußte, aus dem Rahmen des Judentums mit seinen vielen „Lehrern" fallende Beschränkung auf einen einzigen Lehrer, nämlich Jesus („Die *Isolierung* der Jesustradition ist das Konstitutivum des Evangeliums": G. Kittel[11]), was mit der getroffenen christologischen Entscheidung der Urkirche zusammenhängt.
3. Das in jeder religiösen Gemeinschaft beobachtbare Festhalten am Ursprung. Damit hängt zusammen, daß im Unterschied zu Vorgängen, wie sie etwa in der Folkloreüberlieferung zu beobachten sind, bei der Weitergabe der Jesuslogien eine „imperative Zensur" bzw. eine „Präventivzensur" der Gemeinde[12] nicht stattgefunden hat. Das zeigt sich etwa darin, daß selbst unverständlich und „verschlüsselt" wirkende Logien Jesu auch nach Ostern nicht aus dem Überlieferungsgut ausgeschieden wurden, obwohl bei der Weitergabe der Logien ausschließlich auf die Bewahrung des Wortlauts zielende Traditionstechniken (vgl. Vedenüberlieferung)[13] kaum auszumachen sind.
4. Der Ursprung des Christentums in einem traditionspflegenden Milieu (Judentum), worauf die Riesenfeldschule mit einem gewissen Recht hingewiesen hat.

---

[11] Die Probleme des paläst. Spätjudentums und das Urchristentum (Stuttgart 1926) 69.
[12] Vgl. dazu *P. Bogatyrev – R. Jakobson*, Die Folklore als eine besondere Form des Schaffens, in: *H. Blumensath* (Hrsg.), Strukturalismus in der Literaturwissenschaft (Köln 1972) 13–24.
[13] Siehe dazu vorausgehende Anmerkung.

5. Die soziologische Kontinuität des Jüngerkreises als des Trägers einer gepflegten Tradition (die Augen- und Ohrenzeugen sind mit Jesus nicht mitgestorben!).
6. Die Kontrollfunktion der apostolischen Augen- und Ohrenzeugen nach Ostern.
7. Der Bewahrungswille, der sich in der *Sammlung* von Jesuslogien, in der den Berichten der „Augenzeugen und Diener des Wortes" nachgehenden schriftlichen *Fixierung* des „Evangeliums vor den Evangelien" (Easton)[14] und schließlich in der *Aufnahme* der Evangelien in den Kanon manifestiert, wobei apokryphes Material kritisch abgestoßen wurde[15].

## V. Tatüberlieferung

1. Was die Tatüberlieferung angeht, muß zwischen Ereignis und erzähltem Ereignis unterschieden werden. Grundsätzlich gilt, daß wir in den Evangelien nur erzählte Ereignisse vor uns haben. Dieser Tatbestand kompliziert die historisch-kritische Rückfrage nach den histori-

---

[14] Vgl. dazu *H. Schürmann,* Evangelienschrift und kirchliche Unterweisung. Die repräsentative Funktion der Schrift nach Lk 1, 1–4, in: *ders.,* Traditionsgeschichtliche Untersuchungen zu den synoptischen Evangelien (Düsseldorf 1968) 251–271.
[15] Zusätzlich ist auf die Untersuchungen von *J. A. Baird,* Audience Criticism and the Historical Jesus (Philadelphia 1969), hinzuweisen. B. versucht durch eine kritische Analyse der Angaben der synoptischen Evangelien über die Zuhörerschaft Jesu einen Beitrag zur Frage nach dem historischen Jesus zu liefern. Dabei macht er folgende Beobachtung (vgl. 90–152): Während der synoptische Vergleich beim *Erzählstoff* eine große Übereinstimmung in den Angaben der Akoluthie und des zeitlichen und geographischen Rahmens des „Lebens" Jesu, nicht aber der Hörerschaft aufweist, zeigt der *Logienstoff* eine auffallende Übereinstimmung im Wortlaut und in der Angabe der Hörerschaft, nicht aber in den anderen Faktoren. Der Tatbestand der Konservierung der Angabe der Hörerschaft beim Überlieferungsprozeß weist daraufhin, daß in der Tradition erkannt wurde, daß Form und Inhalt eines Logions nicht von der ursprünglichen Hörerschaft unabhängig sind (kommunikative Funktion der Sprache!). Deshalb hat die Überlieferung die Angabe der Hörerschaft bei den Worten Jesu bewahrt. Die Hörerschaft ist jedoch nicht eine einzige, so daß die Frage entsteht: Woher stammen die differenzierten Angaben der Hörerschaft? Sie stammen nicht von den die Logien produzierenden Gemeinden; denn diese hätten nicht zu einem solch erstaunlichen Konsens kommen können, wie er in den synoptischen Evangelien feststellbar ist, was vermuten läßt, daß sie auf eine markante Einzelpersönlichkeit zurückgehen. Audience Criticism zeigt also den historischen Jesus als „einen differenzierenden, auswählenden Lehrer, der so sprach, daß er vom Volk verstanden werden konnte, indem er seine Lehre an seine Hörerschaft anpaßte" (173).

schen Ereignissen stärker als jene nach der Echtheit der Logien. Denn
zwischen Ereignis und erzähltem Ereignis spielen sich Transformationsprozesse ab, die auf jeden Fall reflektiert werden müssen. Dabei
ist von der Grundfrage auszugehen: Auf welche Weise kommt ein
Ereignis im erzählten Ereignis zur Sprache? Grundsätzliche Antwort:
Durch Erzählen, wobei zu bedenken ist, daß es verschiedene Weisen
des Erzählens gibt, z. B. Reportage, Tonbandaufnahme, Protokoll,
Tatbericht, Kommentar, Propaganda, Fiktion usw. In allen Formen
des Erzählens gibt es verschiedene Grade der sprachlichen Präsenz des
Ereignisses. Deshalb ist hinsichtlich der evangelischen Tatüberlieferung zu fragen, in welchem Grad in einem erzählten Ereignis aus dem
Leben Jesu das Ereignis selbst noch präsent ist.
2. Die spezifische Eigenart der evangelischen Erzählungen über Ereignisse des Lebens Jesu:
  a) Die evangelischen Erzählungen sind von einer positiven Einstellung
     zu Jesus und seinen Taten getragen.
  b) Die Erzähler erzählen aus einem engagierten Glauben an Jesus he-
     raus
  c) Deshalb sind die evangelischen Erzählungen „Tendenzschriften".
  d) Die Grundtendenz ist die Schaffung von Glauben an Jesus (vgl.
     Joh 20,31).
  e) Eine weitere Tendenz zeigt sich in der Schaffung von „Sicherheit"
     hinsichtlich der in die apostolische Paradosis eingegangenen „Prag-
     mata" Jesu (s. Lk 1, 1–4).
  f) Daraus ergibt sich, daß wir in den evangelischen Erzählungen keine
     neutralen „Reportagen" über die Taten Jesu vor uns haben.
3. Diese Feststellung zwingt zu der Frage: Sind die evangelischen
Berichte über die Taten Jesu am Ende nicht ereignisverfälschende oder
gar ereignisungebundene literarische Bildungen? Um so dringender
wird die Suche nach Kriterien, mit deren Hilfe die Ereignisgebunden-
heit der evangelischen „Tendenzerzählungen" überprüft werden kann,
wobei diese Suche die Eigenart der verschiedenen Erzählformen
(„Textsorten", „Gattungen") berücksichtigen muß. Denn die Beziehung zwischen Ereignis und erzähltem Ereignis ist je nach der Erzähl-
form verschieden; z. B. kann ein Summarium weniger an Historischem
enthalten als ein Einzelerzählstück, aber auch umgekehrt[16].

---

[16] So müssen in dieser Hinsicht die Summarien des Markusevangeliums anders beurteilt
werden als jene der Apostelgeschichte.

4. An *Kriterien* sind dann zu nennen:

a) Das erzählte Milieu muß dem historisch verifizierbaren Milieu zur Zeit Jesu entsprechen. Das betrifft einmal die in den Erzählstücken von Jesu Taten betroffenen Gruppen – so tauchen in der Tat keine Gruppen auf, die es im Judentum zur Zeit Jesu nicht gegeben hat[17]; ferner die religiösen Institutionen des Judentums zur Zeit Jesu (z. B. Gesetz [Sabbat!]); das kulturelle Klima; die politischen Verhältnisse; die geographischen Angaben; d. h. also alles, was „Umweltreferenz" angeht. Es fällt auf, daß in sämtlichen Traditionsschichten und Textsorten der evangelischen Überlieferung dieses spezifische Milieu erhalten ist und die Gründe für eine in Einzelfällen begegnende „Hellenisierung" des Materials leicht erkennbar sind[18]. Diese Milieutreue ist um so beachtlicher, als sie nicht auf den absichtlichen Willen eines Historikers zurückzuführen ist, vielmehr bei primär kerygmatischer Zielsetzung unreflektiert erhalten blieb, was sich z. B. darin zeigt, daß bestimmte Gruppen, die zur Abfassungszeit der Evangelien nicht mehr existierten, in der evangelischen Jesusüberlieferung noch auftauchen (z. B. Sadduzäer).

b) Auch im Hinblick auf die Tatüberlieferung kann der „Querschnittsbeweis" angewendet werden, insofern als in den verschiedenen Traditionsschichten, in den verschiedenen Erzählformen und in den verschiedenen Szenen des erzählten Lebens Jesu gleichmäßige Verhaltensweisen Jesu sich zeigen.

c) Aus b) ergibt sich auch, daß diese gleichmäßigen Verhaltensweisen Jesu erzählerisch verschieden „individualisiert" sein können; z. B. das typische Verhalten Jesu gegenüber Zöllnern und Sündern wird in der literarischen Form der „Berufungsgeschichte" (z. B. Berufung des Levi), der „idealen Szene" (z. B. Zöllnermahl), des Streitgesprächs und des Gleichnisses erzählerisch in Szene gesetzt. Wir können daher zunächst auf der *Erzählebene* „Typen" von Verhaltensweisen Jesu feststellen, mit denen man in den Evangelien und in frühjüdischen Texten beobachtbare Typen von Verhaltensweisen im Judentum vergleichen kann, etwa Erzählungen oder Vorschriften über das Verhalten von Schriftgelehrten und Pharisäern zu Zöllnern und Sündern, zu Frauen usw. Der Vergleich zeigt, daß die Darstellung der Evangelien Verhal-

---

[17] Vgl. dazu etwa G. *Baumbach*, Jesus von Nazareth im Lichte der jüdischen Gruppenbildung (Berlin 1971).

[18] Bekanntlich beschreibt Lk das Haus in seiner „hellenistischen" Struktur.

tenstypen Jesu von solchen seiner Umgebung als gerade für ihn spezifisch abhebt. Wenn auch diese Abhebung Jesu von seiner Umgebung in der Darstellung der Evangelien häufig in kritischer Absicht geschieht, die den Historiker eine gewisse Tendenzdarstellung vermuten lassen könnte, darf unter Anwendung des Querschnittsbeweises mit hinlänglich genügender Sicherheit angenommen werden, daß sich im historischen Leben Jesu diese für ihn spezifischen Verhaltensweisen in der Tat gezeigt haben. Und deshalb darf man hier wieder mit dem kritischen Aussonderungsprinzip arbeiten (s. dazu weiter unten). Von *ipsissima facta Jesu* kann also nicht einfachhin im Hinblick auf ein konkretes Einzelfaktum der Vita Jesu gesprochen werden, sondern nur im Hinblick auf die in einer erzählerischen Konkretion erscheinenden unverwechselbaren *Typen* von Verhaltensweisen des historischen Jesu[19]. Daß im Einzelfall erzähltes Ereignis und historisches Faktum „sich decken" können, versteht sich dabei von selbst. Darum ist ein *ipsissimum factum Jesu* qua *ipsissimum factum* nicht durch den Nachweis kritisch erledigt, daß sich für bestimmte Taten Jesu ähnliche Erzählpattern auch in außerevangelischer Literatur (z. B. Altes Testament) finden. Soweit die jeweilige erzählerische Konkretion den ihr zugehörigen Typ der Verhaltensweise Jesu trifft (Text), schattet sich in ihr bei aller erzählerischen Freiheit im einzelnen und bei allen Modifizierungen im Überlieferungsprozeß der im Leben Jesu beobachtbare Typ seines Verhaltens ab (Geschichte).

d) Aufs Ganze der Tatüberlieferung hin gesehen, ist die Beobachtung von großer Bedeutung, daß beim Vergleich von Erzählstoffen und Logien kein Widerspruch zwischen Lehre und Verhalten Jesu festzustellen ist. Sowohl im Verhalten Jesu wie in seinen Logien zeigen sich grundlegende Strukturen, die sich zueinander konvergierend verhalten. Diese Beobachtung hat den Rang eines „Konvergenzbeweises"[20].

---

[19] So kann man z. B. die Kreuzigung Jesu als factum historicum bezeichnen, nicht jedoch als ein ipsissimum factum Jesu, weil auch andere gekreuzigt wurden, wie die beiden Schächer. Ein „ipsissimum" zeigt sich hier höchstens im *Verhalten* Jesu vor und an seinem Kreuz. Davon ist wieder zu unterscheiden die theologische Interpretation seines Kreuzestodes als eines Todes „für uns".

[20] Das Stichwort „Konvergenz" läßt freilich die Frage aufkommen, ob nicht im Leben Jesu sich oft auch eine *Divergenz* zwischen seiner Lehre und seinem Verhalten beobachten läßt, z. B. zwischen seiner universalen Liebesforderung und der Härte seines eigenen Verhaltens gegenüber seinen Gegnern, die man aber ebenfalls zu den für Jesus spezifischen Typen seines Verhaltens rechnen kann. Doch soll dieses Problem hier nicht weiter verfolgt werden.

VI. Die sich bis in die literarische Endgestalt der vier Evangelien fort-
setzende Konvergenz kann als Zeichen dafür gewertet werden, daß
Jesu Leben und Worte nicht eine chaotisch anmutende Wirklichkeit
darstellten, sondern aneignungsbare Strukturen aufwiesen. Das trägt
zur Erhellung der Frage nach der Erhaltung der Identität im Traditionsprozeß bei. Die Grundstrukturen von Jesu Leben und Worten
wurden von den Augen- und Ohrenzeugen rezipiert und in der nachösterlichen Überlieferung durchgehalten. Dabei waren die Träger der
im Traditionsprozeß durchgehaltenen Kontinuität einmal die apostolischen „Augenzeugen und Diener des Wortes" (Lk 1,2), die mit den
apostolischen Augen- und Ohrenzeugen in Verbindung stehende
„Gemeinschaft" der Glaubenden (vgl. 1 Joh 1, 1–3) und die Endredak-
toren selbst, die in der Zeit der Ablösung des apostolischen durch das
nachapostolische Zeitalter die Grundstrukturen von Worten und
Taten Jesu in den Evangelien aus dem zur apostolischen Zeit bestehenden Stadium der Mündlichkeit in die endgültig „objektivierende" und
bewahrende Form der Schriftlichkeit gebracht haben.

VII. Was das Thema „Jesus und der Text" im *Johannesevangelium*
angeht, sei hier nur folgendes gesagt:
1. Die joh. „Reden" Jesu sind den synoptischen Logienkompositio-
nen (z.B. Bergpredigt) nicht gleichzustellen. Die joh. Reden sind
„Kunstreden", besser: „Monologe", die jeweils um ein bestimmtes
Thema kreisen[20a].
2. Der Redaktor („Verfasser") ist an der Formulierung dieser
„Reden" in einem ganz anderen Ausmaß beteiligt als der synoptische
Redaktor.
3. Bei den Transformationsprozessen, die bei der joh. Traditionsbildung und bei der Schlußredaktion des vierten Evangeliums stattgefunden haben, ist besonders der sich dabei abspielende hermeneutische
Vorgang zu bedenken[21].

---

[20a] Vgl. dazu auch, was *E. Käsemann* in: Jesu letzter Wille nach Johannes 17 (Tübingen
31971) 57 f zu den johanneischen Reden sagt.
[21] Vgl. dazu *I. de la Potterie*, Οἶδα et γινώσκω. Les deux modes de la connaissance
dans le quatrième Évangile, in: Bibl 40 (1959) 709–725; *F. Mußner*, Die johanneische
Sehweise und die Frage nach dem historischen Jesus (Quaest. disput. 28) (Freiburg i. Br.
1965); *R. Schnackenburg*, Das Johannesevangelium als hermeneutische Frage, in: NTSt
13 (1966/67) 197–210; *F. Hahn*, Sehen und Glauben im Johannesevangelium, in: Neues
Testament und Geschichte (Festschr. für O. Cullmann) (Zürich-Tübingen 1972)
125–141.

4. Diese Umstände erschweren im vierten Evangelium die Rückfrage nach dem historischen Jesus außerordentlich.

5. Dennoch scheint auch im vierten Evangelium die *ipsissima intentio Jesu* erhalten zu sein[22].

## C. Grundsätze zu einer rechten Anwendung der Wort- und Stilstatistik

Die kritische Rückfrage nach dem historischen Jesus geht, methodisch richtig, gewöhnlich von dem vorgegebenen Text der Evangelien aus. Es werden zuerst die „Redaktionsdecke" abgehoben, dann mit Hilfe der Literar- und Quellenkritik die verschiedenen „Traditionsschichten" festgestellt und auf ihre „Tendenz" hin abgefragt; dann wird das Traditionsmaterial in „kleine Einheiten" zerlegt und an sie die historisch-kritische Frage gerichtet. Dabei spielen naturgemäß die Wort- und Stilstatistik eine wichtige Rolle. Was hat besonders der „Wortstatistiker" dabei zu beachten?

1. Der Wortstatistiker muß bedenken, daß ein Autor (z. B. Markus) nicht sein gesamtes Lexeminventar in ein einziges Literaturwerk investiert.

2. Er muß weiter bedenken, daß sowohl der Evangelist als auch die von ihm benutzten Traditionen weithin auch in ihrem Lexeminventar innerhalb des allgemein christlichen Sprachmilieus („christlicher Soziolekt") sprechen[23].

3. Dabei ist auch zu beachten, daß der Evangelist (und ebenso seine Traditionen) zunächst weitgehend unbewußt, jedoch auch in bewußter Nachahmung des vorgegebenen christlichen Lexeminventars sprechen können[24].

---

[22] Der Begriff *ipsissima intentio Jesu* wird von W. Thüsing verwendet (z. B. in: *K. Rahner – W. Thüsing*, Christologie – systematisch und exegetisch [Quaest. disput. 55] [Freiburg i. Br. 1972] 183).

[23] Eine umfassende Bibliographie zur Soziologie der Sprache, zusammengestellt von *R. Kjolseth* und *F. Sack*, findet sich in: Kölner Zeitschr. für Soziologie und Sozialpsychologie, Sonderheft 15 (1971) (Zur Soziologie der Sprache) 349–390.

[24] Bewußte Imitation eines Literaturwerkes durch einen ntl. Schriftsteller läßt sich am besten in der Apg studieren, in der Lk Sprache und Stil der Septuaginta nachahmt (vgl. dazu jetzt Näheres bei *E. Plümacher*, Lukas als hellenistischer Schriftsteller. Studien zur Apostelgeschichte [Göttingen 1972] 38–72).

4. Dasselbe gilt für die Verarbeitung literarischer Quellen durch den Evangelisten: Der Evangelist kann unter dem unbewußten Einfluß des Lexeminventars seiner Quelle stehen (z. B. Lukas unter dem Einfluß von Q) bzw. dieses Inventar bewußt aufnehmen.

5. Die Wortstatistik hat damit zu rechnen, daß sich das Lexeminventar eines Sprechers bzw. Autors ändert, verengt oder auch erweitert durch die konkreten Situationen und Probleme, mit denen er sich auseinanderzusetzen hat.

6. Die Wortstatistik berücksichtigt oft die semantischen Prozesse nicht, die sich durch die Verwendung eines Lexems in einem bestimmten „Kontext" vollziehen (ein Lexem des Lukas, das auch bei Markus vorkommt, kann bei Lukas eine andere semantische Valeur infolge der neuen Konnotationen besitzen: eine Grundeinsicht der modernen Semantik).

7. Die Thesen 1–6 gelten auch für verschiedene über die Lexemebene hinausgehende syntagmatische Einheiten, wie Topoi, Motive und Theologumena; sie gelten analog auch für die Stilstatistik (z. B. in der statistischen Erhebung bestimmter „Stilfiguren")[25].

---

[25] *E. Linnemann* beschäftigt sich in ihrem Buch „Studien zur Passionsgeschichte" (Göttingen 1970) 141–143 in bemerkenswerter Weise mit dem Problem der Wortstatistik. Nach ihr muß bei einem Wort gefragt werden: „1. Ist sein häufiges Vorkommen dadurch veranlaßt, daß die Sache, die es bezeichnet, häufig erwähnt wird? 2. Welche Äquivalente standen für das betreffende Wort zur Verfügung? ... 3. Wie verteilt sich der Gebrauch des Wortes auf Tradition und Redaktion?" Zur dritten Frage bemerkt Linnemann: „... Erst wenn das Vorkommen des Wortes in der Redaktion ein starkes Übergewicht hat oder sich eindeutig feststellen läßt, daß der Evangelist durch dasselbe des öfteren die Äquivalente in seinen Vorlagen ersetzt hat, ist ein Indiz dafür gegeben, daß dieses Wort auch an den übrigen Stellen des Evangeliums auf ihn zurückgehen *kann*. Im Einzelfalle läßt sich aber niemals mit Sicherheit sagen, daß die Verwendung dieses Wortes auf den Evangelisten zurückgehen *muß*. Eine Vorliebe des Evangelisten schließt die Möglichkeit, daß auch seine Tradition das Wort gebraucht hat, ebensowenig aus, wie umgekehrt das Vorkommen eines Wortes in der Tradition seine gelegentliche Verwendung durch den Evangelisten. Für die Unterscheidung von Tradition und Redaktion wirft deshalb die Vokabelstatistik wenig ab." Nach Linnemann sind für die Auswertung eines statistischen Befundes immer drei Möglichkeiten in Betracht zu ziehen:
„Der Evangelist kann ein Wort, obwohl es eine Vorzugsvokabel von ihm ist, bereits in der Tradition vorgefunden haben.
Der Evangelist kann durch das Wort ein Synonym ersetzt haben, das die Tradition an dieser Stelle bot.
Der Evangelist kann den Vers, in dem das Wort vorkommt, selber gebildet haben."
Auch „*Hapaxlegomena* ... besagen für sich genommen wenig und können allein noch keinen Beweis dafür liefern, daß ein Vers, in dem sie sich häufen, der Tradition entstammt", was Linnemann noch näher begründet.

### D. Zum „kritischen Aussonderungsprinzip"
### („Kriterium der Unähnlichkeit")

1. Das in der Frage nach dem historischen Jesus schon immer genannte Aussonderungskriterium hat E. Käsemann so formuliert: „Einigermaßen sicheren Boden haben wir in einem einzigen Fall unter den Füßen, wenn nämlich Tradition aus irgendwelchen Gründen weder aus dem Judentum abgeleitet noch der Urchristenheit zugeschrieben werden kann..."[26]

2. Die Beachtung der Differenzen, um die es im Aussonderungsprinzip geht, vermag zunächst das Sonderprofil Jesu gewiß in aller Deutlichkeit herauszustellen. Doch ist zu beachten, daß ein Mensch sein Profil nicht bloß durch Abhebung von der ihn umgebenden Welt, sondern auch durch Identifizierung mit ihr gewinnt. Damit ist auch ein Kontinuum sowohl nach rückwärts (Tradition) wie auch nach vorne (Wirkungsgeschichte) gegeben. Mit dem Aussonderungsprinzip ist also nicht der ganze Jesus erreichbar.

3. Die Anwendung des Aussonderungskriteriums kann leicht zu einer unbemerkten Verquickung von historischer Kritik und dogmatischen (Vor-)Urteilen führen. Das zeigt sich konkret darin, daß unter Anwendung dieses Kriteriums einerseits das Christentum einschließlich der Christologie bisweilen als ein absolutes Novum in der Geschichte erscheint, andererseits Jesus total isoliert wird von der Welt, aus der er gekommen ist (Altes Testament und Judentum), was auch Ausdruck der Wirksamkeit eines bewußt-unbewußten christlichen Antisemitismus sein kann[27].

4. Es erweist sich als vorteilhaft, wenn bei der Anwendung des kritischen Aussonderungsprinzips von vornherein Logien- und Tatüberlieferung wieder auseinandergehalten werden.

5. Anwendung auf die Logienüberlieferung:

a) Grundsätzlich ist hier zu unterscheiden zwischen formaler und inhaltlicher Differenz und Identität.

b) Die in den Logien („Performanz") Jesu beobachtbaren formalen

---

[26] Das Problem des historischen Jesus, in: ZThK 51 (1954) 125–153 (144).
[27] Vgl. dazu auch *F. Mußner*, Der Jude Jesus, in: Freiburger Rundbrief XXIII (1971) 3–7; *M. Brocke*, Das Judentumsbild neuer Jesusbücher: ebd. 50–59.

Unterschiede zu anderen Performanzen (Lehrformen des Alten Testaments und Judentums usw.) lassen Schlüsse auf eine spezifische „Kompetenz" Jesu zu[28].

c) Es ist jedoch mit der Möglichkeit zu rechnen, daß auch in formaler Hinsicht die Performanz Jesu von der nachösterlichen Gemeinde imitiert worden ist. Deshalb muß nach Kriterien gesucht werden, die eine derartige Nachahmung als solche erkennen lassen. Eine Entscheidung darüber kann nur gefällt werden, wenn dabei vom Inhalt eines Logions nicht abstrahiert wird. So zeigt sich bereits, daß zwar zunächst zwischen formaler und inhaltlicher Differenz und Identität methodisch unterschieden werden muß, aber in der konkreten Anwendung formale und inhaltliche Kriterien meist nicht zu trennen sind[29].

d) Was unter b) gesagt wird, gilt entsprechend auch für die inhaltliche Seite eines Logions.

e) Solche *Kriterien*, die uns ein Logion noch als genuin jesuanisch erkennen lassen, sind eventuell folgende:

   α) Offene, „vage" („indirekte") Christologie und Soteriologie.

   β) Kein Einfluß der nachösterlichen Homologese.

   γ) Ausschließliches Geprägtsein durch die einmalige, nicht wiederholbare Situation, in der Jesus sich vor Ostern Israel gegenüber befand[30].

   δ) Widersprüchlichkeit zur nachösterlichen Missionssituation.

   ε) Nicht aufgearbeitete „Rückstände" aus Jesuslogien in der nachösterlichen Adaption auf die Gemeindesituationen (z. B. Mt 10, 23).

   ζ) Bewahrung rätselhafter, d. h. von der Situation der nachösterlichen Gemeinde nicht mehr verstehbarer bzw. nicht verstandener Züge in Logien Jesu (z. B. Mk 3, 28 f; Lk 12, 10)[31].

---

[28] Die aus der generativen Grammatik stammenden Begriffe „Performanz" und „Kompetenz" werden hier so verstanden: „Performanz" ist die konkrete, sprachliche Äußerung; „Kompetenz" das Sprachvermögen, das jedoch, ontologisch begriffen, Rückschlüsse auf das Selbstverständnis des Sprechenden zuläßt.

[29] Vgl. auch *H. Braun*, Jesus. Der Mann aus Nazareth und seine Zeit (Stuttgart – Berlin 1969) 34 f.

[30] Vgl. zu den drei erstgenannten Kriterien *F. Mußner*, Wege zum Selbstbewußtsein Jesu. Ein Versuch, in: BZ NF 12 (1968) 161–172.

[31] Vgl. dazu auch *C. Colpe*, Der Spruch von der Lästerung des Geistes, in: *E. Lohse* (Hrsg.), Der Ruf Jesu und die Antwort der Gemeinde (J. Jeremias zum 70. Geburtstag) (Göttingen 1970) 63–79.

η) Bewahrung der sich sowohl von der jüdischen als auch von der gemeindlichen unterscheidenden Eschatologie Jesu.     [tes.

ϑ) Durchgehaltene Radikalität in der Auslegung des Willens Got-

6. Anwendung auf die Tatüberlieferung:

Bei der Gewinnung von Kriterien hinsichtlich der Tatüberlieferung werden hier die Wunder- und Passionsüberlieferung herausgehalten. Die Gewinnung von Kriterien beschränkt sich hier auf das „Verhalten" Jesu, wobei freilich das Verhalten Jesu sich gerade auch manchmal in Wundern zeigt[32]. Im Fall der Logienüberlieferung ist die Anwendung des Aussonderungsprinzips durch das Vorliegen von „Paralleltexten" (die zunächst als solche erscheinen) aus Judentum und Gemeinde möglich. Um hinsichtlich der Tatüberlieferung eine Vergleichsbasis zu gewinnen, ist es nötig, das Verhalten Jesu zunächst in bestimmte Verhaltenskomplexe mit ihren spezifischen „Adressaten" aufzugliedern. Als solche können genannt werden: „Zöllner und Sünder", „Unreine" und Kranke, Jünger, Frauen, Kinder, Obrigkeit, Staatsmacht, Volksfremde, Verwandte, Gesetz und Kult. Dabei gilt es zu prüfen, inwieweit Jesu Verhalten gegenüber den genannten „Adressaten" sich spezifisch unterscheidet vom Verhalten des offiziellen Judentums bzw. vom Verhalten der Gemeinde (wenn sich etwa in der Überlieferung eine deutliche Tendenz zur „Rejudaisierung" zeigt). Im übrigen ist zu prüfen, ob die oben unter 5e genannten Kriterien auch auf die Traditionen über das Verhalten Jesu anwendbar sind.

### E. Zum „Querschnittsbeweis"[33]

(„Breite der Überlieferung", „Kriterium vielfacher Bezeugung")

1. Mit dem sog. Querschnittsbeweis ist gemeint, die Überlieferung habe dann einen gewissen Anspruch auf Echtheit, wenn diese in den verschiedenen, voneinander unabhängig entstandenen Traditionen be-

[32] Vgl. dazu *F. Mußner*, Die Wunder Jesu. Eine Hinführung (München 1967) 33–44.
[33] Vgl. auch *N. Perrin*, Was lehrte Jesus wirklich? Rekonstruktion und Bedeutung (deutsch Göttingen 1972) 40–42.

zeugt ist (Q, Mk-Tradition, Sondergut, joh. Tradition, eventuell auch paulinische Bezeugung). Dabei ist jedoch zu beachten, daß „die Breite der Überlieferung" als Kriterium nur dann eingesetzt werden kann, wenn man mit ihm nicht wieder auf (wenn auch noch so frühe) „Gemeindetheologie" stößt, sondern auf eine Jesusüberlieferung, die auch durch andere Kriterien als genuin abgesichert werden kann.

2. Dieses Kriterium gewinnt dann an Überzeugungskraft, wenn eine breit bezeugte Überlieferung nicht bloß in den verschiedenen Traditionsschichten, sondern auch in verschiedenen in diesen Traditionsschichten verwendeten Formen anzutreffen ist. Beispiel: Ein in der Tatüberlieferung zuverlässig bezeugtes Verhalten Jesu begegnet auch in der „Theorie" Jesu, etwa das Verhalten Jesu zu Zöllnern und Sündern auch in seiner Lehre (vgl. Gleichnis vom verlorenen Sohn).

3. Daraus ergibt sich, daß dieses Kriterium mehr für die Bestimmung gewisser Verhaltensweisen Jesu geeignet ist als zum Erweis der Authentizität des Wortlauts von Logien.

## F. Das Kriterium der „Gegenkontrolle"

1. Jene Logien, die mit Hilfe der vorher genannten Kriterien sich nicht mit Sicherheit als genuin jesuanisch nachweisen lassen, werden gemeinhin der sogenannten Gemeinde als dem Ort ihrer Bildung zugeschrieben. Wie der synoptische Vergleich zeigt, gibt es in der Tat solche Logien bzw. Erweiterungen von ihnen, die zweifellos als Gemeindebildungen anzusprechen sind. Doch bleibt ein Rest von Logien, die nicht mit Sicherheit entweder Jesus oder der Gemeinde zugeschrieben werden können. Deshalb bleibt die Frage: Gibt es Kriterien, die ähnlich wie jene zur Sicherung genuin jesuanischer Logien angewendeten zur Sicherung echter Gemeindebildungen in der Logienüberlieferung dienen können. Denn es genügt nicht die Feststellung, daß ein Logion sicher nicht auf Jesus selbst zurückgeht, sondern es muß die Gegenfrage ebenso kritisch gestellt werden, ob es denn überhaupt eine Gemeindebildung sein *kann*.

2. Zunächst muß von der „Gemeinde" in einer viel differenzierteren Weise geredet werden, als es gewöhnlich geschieht. Dabei sind folgende Unterscheidungen grundlegend: Vorösterlicher Jüngerkreis[34],

---

[34] Auf seine Bedeutung für die Logientradition hat besonders *H. Schürmann* aufmerksam gemacht; s. den in Anm. 5 genannten Aufsatz.

palästinensisch-judenchristliche Gemeinde, palästinensisch-hellenistisch-judenchristliche Gemeinde, diaspora-judenchristliche Gemeinde, heidenchristliche Gemeinde.

3. Eine weitere Differenzierung ergibt sich daraus, daß auch noch der Redaktor Autor sogenannter Gemeindebildungen sein kann.

4. Das führt weiter zu der Frage, *wer* näherhin bei wirklicher Gemeindebildung der Autor von Logien und sonstigen Überlieferungen innerhalb dieser Gemeinden ist (z. B. sogenannte Gemeindepropheten)[35]. Hinsichtlich dieser Frage ist die Beobachtung von Bedeutung, daß im Neuen Testament außerhalb der Evangelien bei sogenannten Geistsprüchen der Empfänger mitgenannt wird[36], was Anlaß gibt, die von Käsemann aufgestellte These von der Logienbildung durch urchristliche Gemeindepropheten kritisch zu überprüfen.

5. Weiter ist zu überlegen, welche Rolle die Apostel Jesu als seine Augen- und Ohrenzeugen bei sogenannten Gemeindebildungen gespielt haben.

6. Logien, in denen Themata auftauchen, die für die „theologische Situation" der nachösterlichen Gemeinde typisch sind, stehen im Verdacht, in der Tat Gemeindebildungen zu sein. Ins Auge zu fassen sind hier jene Überlieferungen, bei denen folgende Faktoren deutlich ihren Einfluß geltend machen:

a) Einfluß der christologischen Homologese (Auftauchen von christologischen Würdenamen in einem Logion, evtl. abgesehen von „Menschensohn").

b) Spezifisch nachösterliche Soteriologie[37].

c) Deutlicher Einfluß des Passions- und Auferstehungskerygmas (z. B. Mt 12, 39 f).

---

[35] Vgl. dazu etwa *E. Käsemann*, Sätze heiligen Rechts im Neuen Testament, in: NTSt 1 (1954/55) 248–260.

[36] Darauf hat *F. Neugebauer* in seinem Aufsatz: Geistsprüche und Jesuslogien, in: ZNW 53 (1962) 218–228, hingewiesen.

[37] Wie schwierig es freilich ist, hier zu sicheren Ergebnissen zu kommen, zeigt sich etwa beim λύτρον-Logion Mk 10, 45 (Mt 20, 28); vgl. dazu *J. Jeremias*, Das Lösegeld für Viele (Mk. 10, 45), in: ABBA. Studien zur ntl. Theologie und Zeitgeschichte (Göttingen 1966) 216–229; *H. Patsch*, Abendmahl und historischer Jesus (Stuttgart 1972) 170–180; *H. Schürmann*, Wie hat Jesus seinen Tod bestanden und verstanden? Eine methodenkritische Besinnung, in: Orientierung an Jesus. Zur Theologie der Synoptiker (Festschr. für J. Schmid) (Regensburg 1973) 325–363; *J. Roloff*, Anfänge der soteriologischen Deutung des Todes Jesu (Mk X.45 und Lk XXII.27), in: NTSt 19 (1972/73) 38–64.

d) Deutlicher Einfluß der durch die nachösterliche Mission gegebenen Problematik.

e) Einfluß der nachösterlichen Verfolgungserfahrung.

f) Liturgisch-sakramentale Interessen.

g) Durch das Osterereignis transformierte Eschatologie.

h) Einfluß von Gemeindeordnungen und Kirchenzucht.

i) Veränderte Situation Israel gegenüber(?)[38].

k) Versuch der Enträtselung dunkler Jesuslogien.

l) Akkommodation radikaler Forderungen Jesu an die Gemeindegegebenheiten (z. B. in der Frage der Ehescheidung)[39].

m) Rejudaisierungstendenzen.

7. Wo in Logien die eben aufgeführten Tendenzen und theologischen Themata fehlen, muß man mit einer Zuteilung von Logien an die oben genannten nachösterlichen Gemeinden vorsichtig sein.

## G. Zum „Sitz im Leben"

### I. Zur Geschichte des Begriffs „Sitz im Leben" seit H. Gunkel (1906)[40]

1. „Jede alte literarische Gattung hat ursprünglich ihren Sitz im Volksleben Israels an ganz bestimmter Stelle" *(Gunkel)*[41]. „Zum Begriff einer antiken Gattung gehört nun, daß sie einen ganz bestimmten Sitz im Leben hat" (ders.)[42]. Gunkel hat immer nur das gesprochene Wort, nie einen literarischen Text im Auge; er betont grundsätzlich den Charakter der Mündlichkeit kleiner literarischer Einheiten, die zum situa-

---

[38] Das Fragezeichen will darauf aufmerksam machen, daß z. B. ein ablehnendes Verhalten Israels gegenüber der Botschaft sich sowohl vorösterlich als auch nachösterlich äußern konnte.

[39] Vgl. dazu etwa *B. Schaller,* Die Sprüche über Ehescheidung und Wiederheirat in der synoptischen Überlieferung, in: *E. Lohse* (Hrsg.), Der Ruf Jesu und die Antwort der Gemeinde (J. Jeremias zum 70. Geburtstag) (Göttingen 1970) 226–246.

[40] Zu Gunkels Lehre vom „Sitz im Leben" s. besonders die Ausführungen bei *W. Klatt,* Hermann Gunkel. Zu seiner Theologie der Religionsgeschichte und zur Entstehung der formgeschichtlichen Methode (Göttingen 1969) 144–148; dazu auch noch *K. Koch,* Was ist Formgeschichte? Neue Wege der Bibelexegese (Neukirchen ²1967) 34–48.

[41] *H. Gunkel,* Die Grundprobleme der israelitischen Literaturgeschichte, in: *ders.,* Reden und Aufsätze (Göttingen 1913) 29–38 (33); dazu vgl. *ders.,* Art. Literaturgeschichte II. AT, in: RGG ²III, 1679.

[42] *H. Gunkel,* Formen oder Hymnen, in: ThRsch 20 (1917) 265–304 (269).

tionsgebundenen Mitteilen und Hören gesprochen wurden. „Alle antike Literatur hat ursprünglich nicht in geschriebener, sondern in
gesprochener Form bestanden" (ders.)[43]. Der Begriff „Sitz im Leben"
bezieht sich bei Gunkel also nur auf die Formen und Gattungen der
oralen „Literatur", der Sprache im Zustand der Mündlichkeit.

2. M. *Dibelius*[44] erweitert den Begriff, insofern er darunter nun
auch den „Ort" von Texten (Formen, Hymnen, Logien) im Leben der
frühen christlichen Gemeinde versteht.

3. J. *Jeremias*[45] versucht in der Gleichnisforschung den Begriff „Sitz
im Leben" zu erweitern, indem er von einem „zweifachen historischen
Ort" spricht. Der erste ist für ihn „eine jeweilig einmalige Situation
im Rahmen der Wirksamkeit Jesu", der zweite, wie bei Dibelius, der
„Sitz im Leben und Denken der Urkirche".

4. H. *Schürmann*[46] macht demgegenüber wieder darauf aufmerksam (Logientradition, 47 f), daß der Begriff „Sitz im Leben" von seinem ursprünglichen Verständnis her eine soziologische Kategorie ist
und deshalb nicht auf die jeweilig einmalige Situation im Rahmen der
Wirksamkeit Jesu anwendbar ist, worauf auch schon R. *Bultmann* hingewiesen hat, wenn er formuliert, daß mit dem Begriff „Sitz im Leben"
„nicht der Ursprung eines einzelnen Berichts (als Berichtes über etwas)
in einer einzelnen geschichtlichen Situation oder Person gemeint (ist),
sondern die Beziehung eines literarischen Stücks (als literarischen) auf
eine allgemeine geschichtliche Situation (wie Krieg, Kult, Verkehr
usw.), aus der die Gattung erwuchs, der jenes Stück zugehört" (ThLZ
50 [1925] 316)[47]. Dagegen versucht Schürmann den Begriff „Sitz im
Leben" auch für den vorösterlichen Bereich fruchtbar zu machen, indem er einen „Sitz im Leben des vorösterlichen Jüngerkreises" konsta-
tieren will (37), mit dem man „mitten hinein ins Leben Jesu" kommt.

5. Trotz der oft unpräzisen Anwendung des Begriffs „Sitz im
Leben" in der Exegese[48] scheint sich seine Legitimität von daher zu

---

[43] *H. Gunkel* in: Die Schriften des AT in Auswahl, erkl. von H. Gunkel u. a. (Göttingen
²1920–25) I, 1, 6.
[44] *M. Dibelius*, Die Formgeschichte des Evangeliums (Tübingen ⁴1961) 9 ff.
[45] *J. Jeremias*, Die Gleichnisse Jesu (Göttingen ⁷1965) 17 ff.
[46] *H. Schürmann*, Die vorösterlichen Anfänge der Logientradition (s. Anm. 5) 39–65
[47] *R. Bultmann*, Rez. zu E. Fascher, in: ThLZ 50 (1925) 316.              [(47 f).
[48] Zum Ganzen vgl. *Güttgemanns*, Offene Fragen zur Formgeschichte des Evangeliums, 82–90 154–157 167–177. Außerdem: *K. Koch*, Was ist Formgeschichte? Neue
Wege der Bibelexegese (Neukirchen ²1967) 30 ff; *H. Zimmermann*, Neutestamentliche
Methodenlehre (Stuttgart ³1970) 172 ff.

zeigen, daß auch die moderne Sprach- und Literaturwissenschaft den mit diesem Begriff anvisierten Sachverhalt sieht, nur mit anderer Begrifflichkeit. Zur Konstruktion des „Sinnes" einer Literatur führt auch die Sprachwissenschaft Situationsanalysen, „Referenz"- und „Kontextermittlung" durch, wodurch sie denselben Rekurs einer „Bedeutung" auf ihre soziologische Ursprungssituation betreibt wie die Exegese mit Hilfe ihres Begriffs „Sitz im Leben".

## II. Transformationen

1. *Jesus.* Man spricht im Hinblick auf das Wirken Jesu gewöhnlich statt von „Sitz im Leben" von einmaliger „Situation" in der Wirksamkeit Jesu. Dennoch darf mit Blick auf den Umstand, daß Jesu Wirken in der Großgemeinschaft Israel bzw. häufig gegenüber Gemeinschaftsgruppen Israels verlaufen ist, erwogen werden, ob nicht auch hier besser von „Sitz im Leben" als von „Situation" gesprochen werden soll, weil es bei Jesus gegenüber Israel und seinen Gruppen oft nicht um einmalige Situationen, sondern um wiederholte und darum typische Rede- und Verhaltensweisen ging.

2. *Vorösterlicher Jüngerkreis.* Unter Annahme von erster Traditionsbildung schon im vorösterlichen Jüngerkreis ist auch hier mit Schürmann der Begriff „Sitz im Leben" durchaus am Platz. Die Folge davon ist, daß die Erstfunktion der Predigt und der Verhaltensweisen Jesu, d. h. ihr Sitz im Leben beim historischen Jesus, „aufgehoben" und in eine Zweitfunktion umgesetzt wird, um einen neuen Zweck im Jüngerkreis zu erfüllen (Erstkonservierung, Nachfolgeweisung usw.).

3. *Nachösterliche Gemeinde.* Beim Übergang der Stoffe in das Traditionsmilieu der nachösterlichen Gemeinde erfahren diese einen erneuten Funktionswechsel: sie haben jetzt ihren Sitz im konkreten Leben der Gemeinde. Auch dieser Funktionswechsel bedingt eine Akzentverschiebung und eine Veränderung der semantischen Gehalte durch den neuen „Kontext". Das ist naturgemäß kein einmaliger und geradliniger Vorgang gewesen, sondern ein laufender Prozeß über die eventuell beginnende Verschriftlichung bis hin zur Schlußredaktion.

4. *Schlußredaktion.* Mit der endgültigen Verschriftlichung in der Schlußredaktion wird dieser „Kontext" literarisch, was folgende Konsequenzen hat:

a) Die neue Kontextuierung bringt die Aufhebung der bisherigen Sitze im Leben mit sich.

b) Über die neue Kontextuierung partizipiert das Material an dem „Sitz im Leben" der literarischen Großform „Evangelium"[49].

c) Von einem „Sitz im Leben" der Großform „Evangelium" läßt sich deshalb sprechen, weil auch der Redaktor seine Redaktionsarbeit im Hinblick auf eine *Gemeinschaft,* nämlich seine Adressatengemeinde, leistet. Dabei ist jedoch zu bedenken, daß bei der Schlußredaktion der individuelle Sprachwille des Redaktors viel stärker sich durchsetzte als bei den vorausgehenden Trägern der Überlieferung.

5. Durch die Aufnahme der Evangelien in den Kanon wird die ursprüngliche geographische Limitierung der Adresse aufgehoben und die *Gesamtkirche* wird der neue und endgültige „Sitz im Leben".

III. Wege zurück zum historischen Jesus

Die vorausgehenden Reflexionen über die durch die verschiedenen Sitze im Leben bedingten vielfältigen Transformationen machen die großen Schwierigkeiten, den primären Sitz im Leben bei Jesus noch zu finden, bewußt. Doch können die unter B, D, E und F vorgelegten Kriterien eine Hilfe dabei bieten.

*H. Zur Methode des Vergleichs religionsgeschichtlicher „Analogien"*

Bei der Suche nach dem historischen Jesus spielt der religionsgeschichtliche Analogievergleich nicht selten eine wichtige Rolle. Häufig läßt sich jedoch beobachten, daß allzu rasch „Analogien" (etwa in der Richtung der Theios-Aner-Ideologie) und „Übertragungen" konstatiert werden, bevor überhaupt die komparatistische Methode kritisch

---

[49] Vgl. auch *Güttgemanns,* Offene Fragen zur Formgeschichte des Evangeliums, 257: „Die Form des Evangeliums ist als sprachliche ‚Gestalt' eine unlösbare dialektische Einheit von traditionsgeschichtlich überkommenem ‚Material' und intentional-akthafter Gestaltung der sprachlichen ‚Form', die das ‚Material' ‚aufhebt', indem sie es als Darstellungsmittel des mit dem neuen ‚Sinn'-Horizont gesetzten Bedeutungsgefüges der Form des Evangeliums dienen läßt ... und so auch den sprachlichen Zusammenhang des ‚Materials' (‚Sitz im Leben') verändert ...".

reflektiert wird. Dazu möchten die folgenden Überlegungen, die auch wieder Anregungen aus der modernen Sprach- und Literaturwissenschaft aufnehmen, eine Hilfe bieten.

1. Von „Analogien" wird in der Religionsgeschichte gewöhnlich gesprochen, wenn irgendeine gemeinsame Thematik sich zeigt. Solche Analogien können in verschiedenen Bereichen festgestellt werden, z. B. im Bereich von Archäologie oder von Texten. In den folgenden Thesen wird nur die Analogie berücksichtigt, die in Texten vorkommt.

2. Eine Grundeinsicht der modernen Sprach- und Literaturwissenschaft ist die, daß die Bedeutung eines sprachlichen Einzelelements (Lexem, Satz, Kleine Texteinheit) durch seine Position innerhalb eines textlichen Gesamtgefüges konstituiert wird. Das heißt z. B.: dasselbe Lexem (Satz, Kleine Texteinheit) hat in verschiedenen Texten häufig auch verschiedene Bedeutung, oder m. a. W.: das Gesamtgefüge eines Textes bestimmt die semantische Valeur eines Einzelelements[50]. Deshalb ist beim religionsgeschichtlichen Analogievergleich stets dieses jeweilige Gesamtgefüge im Auge zu behalten.

3. Das „Gesamtgefüge" ist für ein Einzelelement zunächst die sogenannte Kleine Einheit, die sich unter Beachtung makrosyntaktischer Signale von dem sie umgebenden Text abgrenzen läßt[51], dann aber auch der ganze umgebende Text (etwa ein Evangelium). Das hat zur Folge, daß über den Vergleich der jeweiligen „Kleinen Einheiten" hinaus auch ein Vergleich der jeweiligen Gesamttexte erfolgen muß. Denn selbst bei Feststellung von Ähnlichkeiten bei Kleinen Einheiten muß noch nicht eine religionsgeschichtliche Analogie vorliegen, da ja das weitere Eingebettetsein einer Kleinen Einheit in das große Gesamtgefüge (Syntagma) die semantische Valeur der ersteren färbt, wenn nicht ganz verändert.

4. Der religionsgeschichtliche Analogievergleich wird darüber hinaus dadurch erschwert, daß nach den Erkenntnissen der Sprachwissenschaft zwischen der „Oberflächenstruktur" und der „Tiefenstruktur" eines Satzes (Textes) unterschieden werden muß. Die „Oberflächenstruktur" zeigt sich am konkreten, phonematisch und graphematisch vorliegenden Satz (Text); bei der „Tiefenstruktur" wird von der Ober-

---

[50] Vgl. auch *Güttgemanns*, Offene Fragen zur Formgeschichte des Evangeliums, 54–56 (mit Literatur).
[51] Zur Gewinnung von „Kleinen Einheiten" s. die methodischen Hinweise bei *W. Richter*, Exegese als Literaturwissenschaft (Göttingen 1971) 66–72.

flächenstruktur eines Satzes (Textes) abstrahiert und nach dem bewuß-
ten und unbewußten Regelsystem gefragt, das die Generierung sinn-
voller Sätze ermöglicht. Um das tatsächliche Vorliegen einer
religionsgeschichtlichen Analogie feststellen zu können, genügen daher nicht Ähnlichkeiten in der Oberflächenstruktur, vielmehr muß
auch eine weitgehende Übereinstimmung in der aus den Oberflächen-
strukturen zweier (oder mehrerer) Sätze (Texte) zu erschließenden
Tiefenstruktur feststellbar sein. Denn die „Tiefenstruktur enthält alle
für die Bedeutung eines Satzes wesentlichen Informationen. Die
Repräsentation dieser Information in der Form eines konkreten Satzes
ist die Oberflächenstruktur."[51a] Die Basiskomponente der Tiefenstruktur besteht aus zwei Subkomponenten: einem Regelteil und
einem Lexikonteil, wobei der letztere die Formative mit bestimmten
Informationen liefert. So sind z. B. die Sätze: Jesus ist der Retter der
Welt, Hadrian ist der Retter der Welt, dem Regelteil nach zwar gleich
strukturiert, nicht jedoch dem Lexikonteil nach; denn Jesus von Nazareth ist ein anderer als Kaiser Hadrian, der sich gern „der Retter der
Welt" nennen ließ. Der Lexikonteil, hier das je andere „Paradigma"
Jesus bzw. Hadrian, ist aber mitbestimmend für die „Bedeutung" eines
Satzes. Im Fall unseres Satzbeispiels bestimmt das „Paradigma" die
semantische Valeur des von ihm ausgesagten Würdeprädikats, und
nicht umgekehrt[52]. Zudem steht der Satz „Jesus (bzw. Hadrian) ist
der Retter der Welt" je in einem anderen Kontext (Großsyntagma),
was seine hermeneutisch-semantische Erschließung entscheidend mit-
bestimmt (s. o. unter 3).

5. Trotz der in den obigen Thesen gemachten Feststellung, daß die
semantische Valeur eines sprachlichen Einzelelements primär von seiner synchronen Position bestimmt ist, muß beim religionsgeschichtli-

---

[51a] *F. Hundsnurscher*, Neuere Methoden der Semantik (Tübingen 1970) 4.
[52] Vgl. auch *J. M. Lotman*, Die Struktur literarischer Texte (UTB 103) (München 1972)
125: „Die phonologisch-grammatischen Elemente organisieren die semantisch hetero-
genen Einheiten zu äquivalenten Klassen, und bringen dabei in die Semantik der Verschiedenheit ein Element der Identität. Umgekehrt aktivieren die formalen Kategorien
bei Kongruenz der semantischen Elemente die Relation der Verschiedenheit, indem sie
in dem (auf der Ebene der natürlichen Sprache) semantisch Homogenen eine Sinndiffe-
renzierung (auf der Ebene der künstlerischen Struktur) hervortreten lassen." Die „die
Relation der Verschiedenheit" aktivierenden „Kategorien" sind im oben angeführten
Beispiel die nicht auswechselbaren „Paradigmen" Jesus bzw. Hadrian. Es spielt hier
auch das Problem der „Inkompatibilität" eine wichtige Rolle, über das in der modernen
Semantik viel diskutiert wird.

chen Analogievergleich auch beachtet werden, daß die sprachlichen
Einzelelemente, diachron gesehen, eine semantische Vorgeschichte haben, die in die „Bedeutung" miteinfließt, so z. B. bei den
Würdeprädikaten, die auf Jesus von Nazareth von der Gemeinde übertragen wurden (wie „Messias" oder „Herr").

6. Von einer solchen „Übertragung" kann in der religionsgeschichtlichen Komparatistik legitim gesprochen werden. Sie liegt in der
Tat im Fall Jesu vor, da auf ihn vorgegebene Hoheitstitel (alttesta-
mentlich-jüdischer oder hellenistischer Herkunft) übertragen worden
sind. Doch läßt sich methodisch zeigen, daß dadurch die Jesustradition
weder verfälscht worden noch verlorengegangen ist, vielmehr eine
sachgemäße Interpretation und Explikation des „Jesusphänomens"
erfolgt ist[53]. Trotz einer Fülle religionsgeschichtlicher Übertragungs-
möglichkeiten sind hierbei die interpretierenden Tradenten der Jesusüberlieferung selektierend und limitierend vorgegangen[54]. Dieser se-
lektierende und limitierende Übertragungswille motiviert sich aus
einem bestimmten Traditionswissen um Jesus, das aber seinerseits
durch die Sätze der Homologese in der Funktion einer „Gegenkon-
trolle" reguliert wird, weil die Homologese immer wieder den Versuch
verhindert, Jesus von Nazareth und seine „Sache" im Dienst einer bestimmten Ideologie zu interpretieren.

Als kritische Forderung ergibt sich daraus, daß bei der Annahme
von „Übertragungen" nach der hinter einer Übertragung liegenden
Absicht zu fragen ist, und zwar in folgender Richtung:

a) Soll Jesus und seine Sache erhalten bleiben?
b) Soll aus Jesus „etwas gemacht" werden?
c) Soll Jesus nur in gängige Schemata der religiösen Überlieferung,
   sei es Israels, sei es des Hellenismus, eingeordnet werden?
d) Oder was immer sonst?

Grundsätzlich bedeutet das, daß in der religionsgeschichtlichen

---

[53] Dies hat am Fall des Würdeprädikats ὁ ἀρχηγός für Jesus (vgl. Apg 3, 15; 5, 31;
Hebr 2, 10; 12, 2) *P.-G. Müller* in seiner Dissertation ΧΡΙΣΤΟΣ ΑΡΧΗΓΟΣ. Der religionsgeschichtliche und theologische Hintergrund einer neutestamentlichen Christusprädikation (Europäische Hochschulschriften XXIII/28) (Bern – Frankfurt a. M. 1973)
vorbildlich gezeigt.
[54] Vgl. dazu *H. Schlier*, Die Anfänge des christologischen Credo, in: *B. Welte* (Hrsg.),
Zur Frühgeschichte der Christologie. Ihre biblischen Anfänge und die Lehrformel von
Nikaia (Quaest. disput. 51) 13–58; *F. Mußner*, Christologische Homologese und evangelische Vita Jesu (= Nr. 8 in diesem Band).

Komparatistik die Frage nach der „Sprachintention" des konkreten „Generators" von Sätzen (Texten) nicht ohne Belang ist. Das gilt sowohl im Hinblick auf Jesus als auch auf die Gemeinde. Ohne die Berücksichtigung der Sprachintention kommt man beim religionsgeschichtlichen Analogievergleich zu Fehlurteilen[54a].

7. „Wer sicher gehen will, muß sehr mit den Analogien auf der Hut sein; es ist doch eine gar zu gefährliche Art" (*Platon*, Sophistes 231a).

## I. Weitere Probleme

Bei dem Thema „Methodologie der Frage nach dem historischen Jesus" wären noch einige Faktoren und Fragen zu bedenken, die in den vorausgehenden Vorlagen nicht oder kaum berücksichtigt worden sind. Dazu gehören folgende:

1. Das Verhältnis von „Text" und Existenz.
2. Das Verhältnis von „Text" und Geschichte[55].
3. Die „Transformation eines Objekts in Sprache" (R. Barthes).
4. „Erkenntnis und Interesse" (J. Habermas).
5. Ideolekt – Soziolekt (ihre jeweilige Eigenart).
6. Was heißt „Kontinuität"?[56]
7. Was heißt „Rezeption"?[57]
8. Geschichte und „Wirkungsgeschichte" (H.-G. Gadamer).

Der Hinweis auf diese Probleme soll ins Bewußtsein bringen, wie viele Dinge in der formgeschichtlichen Arbeit, die beim methodischen Vorgehen in der Frage nach dem historischen Jesus selbstverständlich auch weiterhin eine wichtige Rolle spielen wird, nicht oder nicht genügend bedacht worden sind. Es gibt im Hinblick auf unser Thema noch allzuviel „Ungedachtes".

---

[54a] Vgl. auch noch *C. Westermann*, Sinn und Grenze religionsgeschichtlicher Parallelen, in: ThLZ 90 (1965) 489–496.

[55] Vgl. dazu *E. Güttgemanns*, „Text" und „Geschichte" als Grundkategorien der Generativen Poetik. Thesen zur aktuellen Diskussion um die „Wirklichkeit" der Auferstehungstexte, in: Linguistica Biblica 11/12 (1972) 2–12; *S. J. Schmidt*, „Text" und „Geschichte" als Fundierungskategorien. Sprachphilosophische Grundlagen einer transphrastischen Analyse, in: *W. D. Stempel* (Hrsg.), Beiträge zur Textlinguistik (München 1971) 31–52; *R. Koselleck – W.-D. Stempel* (Hrsg.), Geschichte – Ereignis und Erzählung (München 1973).

[56] Vgl. dazu *H. M. Baumgartner*, Kontinuität und Geschichte. Zur Kritik und Metakritik der historischen Vernunft (Suhrkamp, Frankfurt a. M. 1972); *H. Trümpy* (Hrsg.), Kontinuität – Diskontinuität in den Geisteswissenschaften (Darmstadt 1973).

[57] Vgl. etwa *A. Grillmeier*, Konzil und Rezeption, in: ThPh 45 (1970) 321–352.

## Literatur

*I. Zum Thema (im wesentlichen nur Literatur zur Kriterienfrage)*

*Baird, J. A.*, Audience Criticism and the Historical Jesus (Philadelphia 1969).

*Calvert, D. G. A.*, An examination of the criteria for distinguishing the authentic words of Jesus, in: NTS 18 (1971/72) 209–218.

*Delling, G.*, Geprägte Jesus-Tradition im Urchristentum, in: Studien zum NT und zum hellenistischen Judentum (Göttingen 1970) 160–175.

*Gerhardsson, B.*, Memory and Manuscript. Oral Tradition and Written Transmission in Rabbinic Judaism and Early Christianity (Uppsala 1961).

*Gerhardsson, B.*, Tradition and Transmission in Early Christianity (Lund 1964).

*Grant, F. C.*, The Authenticity of Jesus' Sayings, in: *W. Eltester* (Hg.), Ntl. Studien für R. Bultmann (Berlin [2]1957) 137–143.

*Greenwood, D.*, Rhetorical Criticism and Formgeschichte. Some methodological Considerations, in: JBL 89 (1970) 418–426.

*Hahn, F.*, Methodenprobleme einer Christologie des NT, in: FuV 15 (1970/2) 3–41.

*Jeremias, J.*, Kennzeichen der ipsissima vox Jesu, in: ABBA (Göttingen 1966) 145–152.

*Käsemann, E.*, Das Problem des historischen Jesus, in: ZThK 51 (1954) 125–153.

*Kieffer, R.*, Essais de méthodologie néo-testamentaire (Lund 1972).

*Kremer, J.*, Die Methoden der historisch-kritischen Evangelienforschung und die Frage nach Jesus von Nazareth, in: BiLi 46 (1973) 83–91.

*Lehmann, M.*, Synoptische Quellenanalyse und die Frage nach dem historischen Jesus (Berlin 1970).

*Mußner, F.*, Wege zum Selbstbewußtsein Jesu. Ein Versuch, in: BZ 12 (1968) 161–172.

*Neugebauer, F.*, Geistsprüche und Jesuslogien, in: ZNW 53 (1962) 218–228.

*Perrin, N.*, Was lehrte Jesus wirklich? Rekonstruktion und Deutung (Göttingen 1972).

*Riesenfeld, H.*, The Gospel Tradition and its Beginnings. A study in the limits of the Formgeschichte, in: StEv (TU 73) (Berlin 1959) 43–65.

*Robinson, J. M.*, The Dismantling and Reassembling of the categories of New Testament Scholarship, in: Interp. 25 (1971) 63–77.

*Roloff, J.*, Das Kerygma und der irdische Jesus. Historische Motive in den Jesus-Erzählungen der Evangelien (Göttingen 1970).

*Schille, G.*, Literarische Quellenhypothesen im Licht der Wahrscheinlichkeitsfrage, in: ThLZ 97 (1972) 331–340.

*Simonsen, H.*, Zur Frage der grundlegenden Problematik in form- und redaktionsgeschichtlicher Evangelienforschung, in: StTh 27 (1972) 1–23.

*Schürmann, H.*, Die vorösterlichen Anfänge der Logientradition, in: *ders.*, Traditionsgeschichtliche Untersuchungen zu den synoptischen Evangelien (Düsseldorf 1968) 39–65.

*Schürmann, H.*, Wie hat Jesus seinen Tod bestanden und verstanden? Eine methodenkritische Besinnung, in: Orientierung an Jesus. Zur Theologie der Synoptiker (Freiburg i.Br. 1973) 325–363 (näherhin 325–332).

*Stein, R. H.*, The proper Methodology for ascertaining a Marcan Redaction History, in: NT 13 (1971) 181–198.

*Stuhlmacher, P.*, Kritische Marginalien zum gegenwärtigen Stand der Frage nach Jesus, in: Fides et Communicatio (FS für M. Doerne) (Göttingen 1970) 341–361.

*Walker, W. O.*, The Quest for the Historical Jesus: a discussion of Methodology, in: AThR 51, 38–56.

*Wiefel, W.*, Vätersprüche und Herrenworte. Ein Beitrag zur Frage der Bewahrung mündlicher Traditionssätze, in: NT 11 (1969) 105–120.

## II. Zur Sprach- und Literaturwissenschaft

*Antal, L.* (Hrsg.), Aspekte der Semantik. Zu ihrer Theorie und Geschichte 1962–1969 (Frankfurt a. M. 1972).

*Arens, H.,* Sprachwissenschaft. Der Gang ihrer Entwicklung von der Antike bis zur Gegenwart (Freiburg-München 1969).

*Barthes, R.,* Literatur oder Geschichte (Edition Suhrkamp) (Frankfurt a. M. 1969).

*Bechert, J.,* u. a., Einführung in die generative Transformationsgrammatik (München ²1971).

*Blumensath, H.,* Strukturalismus in der Literaturwissenschaft (Köln 1972).

*Bühler, H.,* u. a., Linguistik I. Lehr- und Übungsbuch zur Einführung in die Sprachwissenschaft (Tübingen ²1971).

*Bünting, K.-D.,* Einführung in die Linguistik (Frankfurt a. M. 1971).

*Chomsky, N.,* Aspekte der Syntax-Theorie (Frankfurt a. M. 1970).

*Coseriu, E.,* Einführung in die strukturelle Linguistik (Tübingen 1969).

*Coseriu, E.,* Synchronie, Diachronie und Geschichte. Das Problem des Sprachwandels (München 1971).

*Eco, U.,* Einführung in die Semiotik (München 1972).

*Glinz, H.* Linguistische Grundbegriffe und Methodenüberblick (Homburg 1970).

*Greimas, A. J.,* Strukturale Semantik (Braunschweig 1971).

*Güttgemanns, E.,* studia linguistica neotestamentica (München 1971).

*Hempfer, K. W.,* Gattungstheorie. Information und Synthese (München 1973).

*Hirsch, E. D.,* Prinzipien der Interpretation (München 1972).

*Hundsnurscher, F.,* Neuere Methoden der Semantik (Tübingen 1970).

*Koselleck, R., u. Stempel, W.-D.* (Hrsg.), Geschichte – Ereignis und Erzählung (München 1973).

*Kronasser, H.,* Handbuch der Semasiologie (Heidelberg ²1968).

*Lämmert, E.,* Bauformen des Erzählens (Stuttgart 1970).

*Leibfried, E.,* Kritische Wissenschaft vom Text (Stuttgart 1970).

*Lepschy, G. C.,* Die strukturale Sprachwissenschaft. Eine Einführung (München 1969).

*Lotman, J. M.,* Die Struktur literarischer Texte (München 1972).

*Lyons, J.,* Einführung in die moderne Linguistik (München 1971).

*Martinet, A.,* Grundzüge der Allgemeinen Sprachwissenschaft (Stuttgart ⁴1970).

*Martinet, A.* (Hrsg.), Linguistik. Ein Handbuch (Stuttgart 1973).

*Mecklenburg, N.,* Kritisches Interpretieren. Untersuchungen zur Theorie der Literaturkritik (München 1972).

*Müller, P. G.,* Die linguistische Kritik an der Bibelkritik, in: BiLi 46 (1973) 105–118 (mit reicher Literatur).

*Propp, W.,* Morphologie des Märchens (München 1972).

*Saumjan, S.,* Strukturale Linguistik (München 1971).

*de Saussure, F.,* Grundfragen der allgemeinen Sprachwissenschaft (Berlin ²1967).

*Schiwy, G.,* Der französische Strukturalismus (Reinbek ⁴1970).

*Schiwy, G.,* Neue Aspekte des Strukturalismus (München 1971).

*Stempel, W.-D.* (Hrsg.), Beiträge zur Textlinguistik (München 1971).

*Stiehl, U.,* Einführung in die allgemeine Semantik (München 1970).

*Ullmann, St.,* Grundzüge der Semantik. Die Bedeutung in sprachwissenschaftlicher Sicht (Berlin 1967).

*Vermeer, H. J.,* Einführung in die linguistische Terminologie (München 1971).

*Weinrich, H.,* Tempus. Besprochene und erzählte Welt (Stuttgart 1964).

*Winfried, U.,* Wörterbuch. Linguistische Grundbegriffe (Kiel 1972).

*Funk-Kolleg-Sprache:* Eine Einführung in die moderne Linguistik (Fischer Taschenbuch, 2 Bde.) (Frankfurt a. M. 1973) (Diese „Einführung" ersetzt eine ganze Bibliothek!)

Vgl. zu diesem Beitrag vor allem noch:

*W. Thüsing,* Die neutestamentlichen Theologien und Jesus Christus. Grundlegung einer Theologie des neuen Testaments. I: Kriterien aufgrund der Rückfrage nach Jesus und des Glaubens an seine Auferweckung (Münster [2]1996; umfangreiche Literatur)

*K. Scholtissek,* Ursprünge und Prozesse der Jesusüberlieferung. Wegmarken der neueren Forschungsgeschichte, in: Schrift und Tradition (FS J. Ernst) (Paderborn 1996) 179–198.

*G. Theißen/A. Merz,* Der historische Jesus. Ein Lehrbuch (Göttingen 1996) (viele Literaturhinweise)

Was den religionsgeschichtlichen Vergleich angeht (vgl. Abschnitt H), so ist mir unterdessen der von *D. Patte* verwendete Begriff „Semantisches Universum" wichtig geworden; vgl. dazu *F. Mußner,* Kommende Schwerpunkte Biblischer Theologie; in: *Chr. Dohmen/Th. Söding* (Hg.), Eine Bibel- zwei Testamente. Positionen Biblischer Theologie (Paderborn u.a. 1975) 237–251 (239f.).

## 2. Der „historische" Jesus
### (1960)

Das mit dem Thema, in dem die Anführungszeichen besondere Bedeutung haben, gegebene Problem ist nicht neu; es wurde in der protestantischen Theologie schon im 19. Jahrhundert viel erörtert[1]. Es ist aber nach dem 2. Weltkrieg erneut aufgebrochen, veranlaßt vor allem durch die kritische Arbeit des evangelischen Neutestamentlers Rudolf Bultmann, und hat unterdessen eine umfangreiche Literatur hervorgebracht. Da es sich bei der Frage nach dem „historischen" Jesus um ein wirkliches und schwieriges Problem handelt, muß sich auch die katholische Theologie mit ihm befassen. Der folgende Beitrag zeigt das Problem zunächst in seiner vollen Schärfe und versucht dann, Wege zu seiner Lösung zu bieten[2].

### I. Das Problem

Wenn jemand ausdrücklich vom „historischen" Napoleon oder vom „historischen" Alexander dem Großen redet, so geschieht das meist mit Absicht: um etwa den „historischen" Napoleon deutlich von einem legendenumsponnenen Napoleon abzuheben. Man sagt entsprechend manchmal auch: „Der Alexander der Geschichte" – „Der Alexander der Legende". Man trifft damit offenbar eine kritische Unterscheidung. Wenn nun heute in der sehr lebhaft und weltweit geführten theologischen Diskussion von einem „historischen" Jesus gesprochen wird, so hängt das auch mit einer *Unterscheidung* zusammen, manchmal sogar mit einer sehr kritischen, auf jeden Fall aber mit einer methodisch notwendigen.

---

[1] Zu erwähnen ist hier vor allem der heute noch wichtige Beitrag von *M. Kähler*, Der sogenannte historische Jesus und der geschichtliche biblische Christus (1. Aufl. 1892, 2. erweiterte Aufl. 1896. Eine Neuausgabe der 1. Aufl. mit den wesentlichsten Erweiterungen der 2. besorgte E. Wolf, München 1953).

[2] Dabei folge ich im wesentlichen meinen schon erschienenen Aufsätzen: Der historische Jesus und der Christus des Glaubens, in: BZ. NF 1 (1957) 224–252; Der „historische" Jesus, in: TThZ 69 (1960) 321–337. In diesen Beiträgen ist auch wichtige Literatur zum Thema genannt. Vgl. darüber hinaus das große Sammelwerk: Der historische Jesus und der kerygmatische Christus (Berlin 1960); *R. Bultmann*, Das Verhältnis der urchristlichen Christusbotschaft zum historischen Jesus (Heidelberg ²1961); *J. M. Robinson*, Kerygma und historischer Jesus (Zürich-Stuttgart 1960).

Wer heute in der theologischen Diskussion vom „historischen" Jesus | redet, hat mit diesem Ausdruck schon eine Unterscheidung getroffen. Welche? Etwa eine Unterscheidung im Sinn des vorher Dargelegten, also zwischen einem „Jesus der Geschichte" und einem „Jesus der Legende"? Vielleicht. Meist wird aber diese Unterscheidung anders formuliert, indem man den „Jesus der Geschichte" oder besser gesagt: den „geschichtlichen Jesus" abhebt vom „Jesus der Verkündigung" oder vom „Christus des Glaubens". Warum trifft man nun überhaupt im Hinblick auf Jesus solche Unterscheidungen?

Das sei zunächst kurz an einer sehr bekannten Formel des christlichen Bekenntnisses dargetan, an der Formel „Jesus Christus". Es handelt sich da wirklich um eine „Formel", genauer gesagt: um einen Satz. Wenn wir „Jesus Christus" sagen, so empfinden wir das als eine Doppelbezeichnung für Jesus von Nazareth, d. h. wir nehmen dabei das Wort „Christus" als zweiten Eigennamen für Jesus. Diese Empfindung bzw. dieser Sprachgebrauch ist im übrigen schon sehr alt; er findet sich bereits im Neuen Testament selbst. Aber das Neue Testament läßt auch noch deutlich erkennen, daß „Jesus Christus" ursprünglich kein Doppelname für Jesus von Nazareth war, sondern ein *Satz*, grammatisch genau gesagt: ein Nominalsatz – ein Satz also, in dem die Copula fehlt. Als Copula ist im Griechischen ἐστίν („ist") zu ergänzen, und der Nominalsatz Ἰησοῦς Χριστός (Jesus Christus) hat den Sinn:

*Jesus ist (der) Christus*, d. h. Jesus ist der Messias, da das griechische (ὁ) χριστός die Übersetzung des hebräischen *hamaschiach* bzw. des aramäischen *meschichā* (= der Gesalbte) ist. Wenn die Apostel bzw. die ersten Christen *Jeschua meschicha*, Ἰησοῦς Χριστός, „Jesus Christus" sagten, so legten sie damit ein Bekenntnis ab: Jesus von Nazareth ist der Messias, d. h. der von den Propheten verheißene Heilbringer Israels und der Welt. So bekennen die Christen bis heute. Die Juden aber sagen bis heute: dieses Bekenntnis der Christen nehmen wir nicht an; Jesus von Nazareth war nicht der Verheißene; der Messias kommt erst und anders, als Jesus gekommen ist. Und auch die Ungläubigen sagen: Jesus mag zwar ein religiöses Genie, ein *homo religiosus* oder dergleichen gewesen sein; der Messias war er nicht. Die Erwartung eines Messias sei zudem eine mythologische Vorstellung.

Nun sagen aber auch gewisse Theologen, etwa Rudolf Bultmann: Jesus von Nazareth war in der Tat nicht der Mes|sias, wollte das gar nicht sein. Dazu habe ihn erst die „Gemeinde" auf Grund der „Ostererlebnisse" der Jünger gemacht[3]. Erst die nachösterliche Gemeinde habe Jesus, um seine Bedeutung für die Gewinnung eines wahren Gottesverhältnisses bzw. eines wahren Selbstverständnisses zu unterstreichen, als den Messias, d. h. als den von der Schrift des Alten Testaments Verheißenen verkündet, später dann auch im hellenistischen Raum als den Sohn Gottes und „Herrn". Jesus selbst aber habe weder das eine noch das andere noch sonst etwas, was in den sogenannten Jesusprädikaten der nachösterlichen Verkündigung zum Ausdruck komme, sein wollen. Er war höchstens ein von

---

[3] *R. Bultmann*, Theologie des Neuen Testaments (Tübingen ⁹1984) 26–34.

einem starken eschatologischen Bewußtsein erfüllter Rabbi, im besten Fall ein Prophet gleich den alttestamentlichen Propheten.

Das urchristliche Bekenntnis „Jesus (ist der) Christus" ist dann kein analytisches Urteil (als ob Jesus von Nazareth „wesenhaft" der Messias sei), sondern nur ein synthetisches, und zwar auch nicht *a priori*, sondern nur *a posteriori*, weil man ihn *nachträglich* auf Grund von Glaubensurteilen als den Messias proklamiert. Wer Jesus von Nazareth als „Messias" oder „Sohn Gottes" bekennt, fällt Glaubens-Urteile über ihn, aber nicht historische! Denn das Leben Jesu ist, streng historisch gesehen, kein messianisches gewesen. Man müsse also, wenn man vom „wirklichen", „geschichtlichen" Jesus sprechen wolle, von den späteren Glaubensaussagen über ihn absehen bzw. diese kritisch interpretieren. Der „historische" Jesus sei nicht ohne weiteres identisch mit dem „Christus des Glaubens", mit dem verkündigten Christus.

Wer war dann aber eigentlich der „historische" Jesus? Können wir ihn überhaupt noch erkennen? Wer ernsthaft diese Frage stellt: „Wer war Jesus von Nazareth eigentlich?", ist zunächst an die zur Verfügung stehenden *Quellen* verwiesen, d.h. primär an die Evangelien. Denn außerhalb dieser Quellen wissen wir vom historischen Leben Jesu, von seinem Wirken und seiner Lehre, recht wenig. Wir besitzen zwar einige spärliche Hinweise auf Jesus in anderen antiken Quellen, so bei Plinius, Tacitus, Flavius Josephus und im Talmud, aus denen aber nicht viel mehr als die nackte Tatsache der Existenz Jesu entnommen werden kann. Wer mehr über ihn erfahren will, ist in erster Linie auf die Evangelien angewiesen. Was in der Apostelgeschichte über ihn zu lesen ist, stellt kaum eine Bereicherung dessen dar, was die Evan|gelien über Jesus berichten, und Paulus denkt ganz vom „Christus des Glaubens", von den Heilsfakten Tod, Auferweckung und Erhöhung Jesu her. Es bleiben also als eigentliche Quellen für das Leben Jesu die Evangelien.

Nun aber haben diese Quellen eine besondere Eigenart, die genau mit dem zusammenhängt, was oben über das Bekenntnis „Jesus (ist der) Christus" gesagt worden ist: in ihnen *wird Jesus immer schon im Lichte des Glaubens gesehen!* Die Evangelien sind von vornherein keine „neutralen" Dokumente, von irgendwelchen Unbeteiligten geschrieben, sondern sind *Glaubenszeugnisse*, von Männern geschrieben, die überzeugt sind, daß Jesus von Nazareth der eschatologische Heilbringer und König der Welt ist; d.h. die Evangelien sind im Grunde nichts anderes als die „biographische" Entfaltung des Urbekenntnisses: Jesus ist der Christus.

Dazu kommt noch eine andere Erkenntnis der modernen Evangelienforschung, wie sie vor allem durch die sogenannte *Formgeschichte* vertreten wird. Die Formgeschichte hat erkannt, daß unsere Evangelien, speziell die synoptischen, gar keine Biographien Jesu sein wollen, wenigstens nicht im eigentlichen Sinn. Man könnte sich fast wundern, daß dies erst heute richtig ins Bewußtsein kommt. Jeder, der etwa die 16 Kapitel des Markusevangeliums liest, müßte merken, daß man vom öffentlichen Leben Jesu doch mehr erzählen können müßte, als was man darüber in knapp einer Stunde lesen kann. Auch wenn die

beiden anderen Synoptiker mehr Stoffe bieten, sind auch ihre Evangelien keine
erschöpfenden Berichte über das Leben Jesu. Selbstverständlich bietet die evangelische Überlieferung nur eine Auswahl dessen, was über das Leben Jesu von
den Augenzeugen ursprünglich hätte erzählt werden können (vgl. Joh 20,30;
21,25). Ein genauer Vergleich der Evangelien zeigt zudem, daß der in ihnen
gebotene Stoff keineswegs nach streng chronologischen oder topographischen
Gesichtspunkten vorgelegt wird. Was man zunächst über Jesus erzählt hat, war
kein zusammenhängender biographischer Bericht über ihn, sondern waren Ein-
zelerzählungen, sozusagen Episoden aus seinem Leben, oder einzelne Sprüche,
Gleichnisse, Streitgespräche usw. Erst allmählich mit zunehmender zeitlicher
und räumlicher Entfernung von den Ereignissen und Stätten des Lebens Jesu hat
man die Einzelberichte zu größeren Einheiten und zuletzt zu einer „zusammen-
hängenden" Vita Jesu zusammengefaßt, | wie sie in den Evangelien in mehrfacher
Gestalt vorliegt. Dabei mag ein gewisser Grundrahmen dieser Vita sehr früh
entworfen worden sein, wie wir ihn etwa in Apg 10,37–40 (Petrusrede im Hause
des Cornelius in Cäsarea) noch greifen können, in dem die tatsächlichen Haupt-
stationen des öffentlichen Lebens Jesu und auch einige wichtige Ereignisse daraus
genannt sind („Ihr wißt ja, was nach der Taufe, die Johannes predigte, in Galiläa
anfing und sich im ganzen Judenland ereignete, wie Gott Jesus von Nazareth mit
dem Heiligen Geist und mit Kraft salbte, wie er umherzog, Wohltaten spendete
und alle vom Teufel Vergewaltigten heilte, weil Gott mit ihm war. Wir sind
Zeugen von allem, was er im Judenland und in Jerusalem getan hat. Ihn haben sie
zwar ans Kreuz geschlagen und getötet. Gott aber hat ihn am dritten Tag
auferweckt und erscheinen lassen.").

Die Feststellung der Formgeschichte, daß die Evangelien zwar eine Vita, aber
keine Biographie Jesu im historiographischen Sinne sind, könnte nochmals zur
Skepsis gegenüber dem „historischen" Jesus führen und die Frage aufkommen
lassen: Erreichen wir denn überhaupt noch den historischen Jesus?

Nun ist es in der Tat so, daß wir den historischen Jesus nur durch die
Vermittlung der Evangelien erreichen, die uns Jesus von Nazareth bereits als den
Messias vor Augen stellen. Ob wir wollen oder nicht: Der Weg zum historischen
Jesus führt über die Evangelien, d.h. über Dokumente, die keine „neutralen"
Urkunden sind, sondern mir von vornherein Jesus als den Messias verkündigen.
Es ist da also schon immer jemand zwischen mich und Jesus geschaltet, eine
*Zwischeninstanz*, die mir mit Entschiedenheit sagt: Dieser Jesus von Nazareth
war nicht irgendeiner, sondern der Messias und Sohn Gottes. Diese „Zwischen-
instanz" wird im Neuen Testament, besonders in der Apostelgeschichte, „Zeuge" genannt. Nach dem Verständnis der Apg sind mit den „Zeugen" die apostolischen Augen- und Ohrenzeugen des öffentlichen Lebens Jesu gemeint. So kom-
men wir zu einer zweiten Frage: Was bezeugen eigentlich die „Zeugen"? |

## II. Das Zeugnis der Apostolischen „Zeugen"

Diese Frage wird in der Apostelgeschichte ausdrücklich beantwortet. Die Stellen seien angeführt. Nach 1,21 f. kann an Stelle des Judas „zusammen mit uns", den übrigen Uraposteln, „Zeuge der Auferstehung" Jesu nur ein Mann sein, der „in der ganzen Zeit" des öffentlichen Lebens Jesu, „angefangen von der Taufe durch Johannes bis zu dem Tag, da er von uns weg (in den Himmel) aufgenommen wurde", mit den Aposteln zusammen war. Nach 2,32 erklärt Petrus in seiner Pfingstpredigt vor den Juden im Kreis seiner Mitapostel (vgl. 2,14): „Diesen, Jesus, hat Gott auferweckt; dessen sind wir alle *Zeugen.*" – 3,15 (aus einer Petruspredigt): „... den Anführer des Lebens aber habt ihr getötet, welchen Gott von den Toten erweckt hat; dessen sind wir *Zeugen.*" – 5,30–32: „Der Gott unserer Väter hat Jesus auferweckt, den ihr ans Holz gehängt und getötet habt. Diesen hat Gott zum Führer und Heiland durch seine Rechte erhöht, um Israel die Möglichkeit zur Umkehr und Vergebung der Sünden zu geben. Und wir sind *Zeugen* dieser Ereignisse, und der Heilige Geist, den Gott denen gegeben hat, die ihm gehorchen." – 10,39–41 (aus einer Petruspredigt): „Und wir sind *Zeugen* von allem, was er im Land der Juden und in Jerusalem getan hat. Diesen haben sie ans Holz gehängt und getötet, aber Gott hat ihn am dritten Tag auferweckt und sichtbar werden lassen, nicht dem ganzen Volk, sondern den von Gott vorbestimmten *Zeugen,* uns, die wir nach seiner Auferstehung von den Toten mit ihm gegessen und getrunken haben." – 13,30 f. (aus einer Pauluspredigt) : „Gott aber hat ihn von den Toten erweckt, und er ist eine Reihe von Tagen hindurch denen erschienen, die mit ihm von Galiläa nach Jerusalem hinaufgezogen waren. Diese sind jetzt seine *Zeugen* gegenüber dem Volk." Paulus rechnet sich selbst (und Barnabas) nicht zu diesen „Zeugen", da er ja nicht mit Jesus „von Galiläa nach Jerusalem hinaufgezogen" ist.

Kehren wir zu unserer Frage zurück: Was bezeugen die Zeugen, und zwar nach diesen Texten der Apostelgeschichte? Sie bezeugen als Erscheinungszeugen, daß der gekreuzigte Jesus von Nazareth von den Toten auferstanden ist – wobei in den Texten zwischen der Auferstehung Jesu und | seinen Erscheinungen vor den „Zeugen" unterschieden wird. Sie sind darüber hinaus „Zeugen von allem, was er im Land der Juden und in Jerusalem getan hat", d. h. sie sind Augen- und Ohrenzeugen des öffentlichen Lebens Jesu. Sie scheinen zudem dieses Leben als „messianisch" zu bezeugen (vgl. dazu besonders 10,37 f.: Gott hat Jesus bei seiner Taufe im Jordan „mit Heiligem Geist und mit Kraft *gesalbt":* deutliche Anspielung an die Messiaswürde; dazu Jes 11,2; 61,1).

Nun sind die Reden der Apostelgeschichte zwar von ihrem Verfasser Lukas stark geformt worden, dennoch spricht Lukas, wenn er die Apostel als „Zeugen" des öffentlichen Lebens Jesu bezeichnet, nichts Ungeschichtliches oder Unwahrscheinliches aus. Niemand zweifelt daran, daß Jesus tatsächlich einen engeren Kreis von Jüngern um sich gesammelt hat, die seine Begleiter auf seinen Wanderungen und damit Zeugen seines Wirkens waren. Auch nach Mk 3,14 hat Jesus sich Zwölf erwählt, die immer „mit ihm" sein sollten, und auch nach Joh 15,27 können die Apostel Zeugnis für Jesus ablegen, weil sie „von Anfang an" mit ihm waren (vgl. auch Joh 19,35; 1 Joh 1,2; 4,14). Nach Lk 1,2 sind nur jene „Augenzeugen", die „von Anfang an" dabei waren, die Garanten der echten Jesusüberlieferung. Auf ihre und „der Diener des Wortes" „Überlieferungen" stützt sich nach Lk 1,2–4 die „Zuverlässigkeit" der christlichen Unterweisung[4].

Doch muß hier gleich noch eine wichtige Unterscheidung getroffen werden, nämlich jene zwischen „Ereignis" und „Bericht" („Überlieferung"). Ein Ereignis ist nicht identisch mit dem Bericht darüber. Ein Ereignis läßt sich zwar beobachten, aber der Beobachter steht unter subjektiven Bedingungen, die mit seiner Herkunft, seiner Bildung, seiner Aufnahmefähigkeit und besonders mit seiner Absicht zusammenhängen. Ein Bericht kann so und so ausfallen, je nach der Absicht, die der Referent dabei verfolgt. Die evangelischen Berichte über Jesus von Nazareth sind erst nach Pfingsten entstanden, in einer Zeit also, in der die apostolischen Augenzeugen des Lebens Jesu schon zu dem festen Glauben gekommen waren, daß Jesus der verheißene Messias war[5]. Und so entsteht wiederum die mit unserem Thema gegebene Frage: Ist dieser „Christus des Glaubens", wie ihn die Zeugen verkünden, überhaupt identisch mit dem historischen Jesus, d.h. mit dem wirklichen Jesus von | Nazareth? Stellen die evangelischen Zeugenberichte nicht vielleicht eine nachträgliche *messianische* „Übermalung" eines Lebens dar, das in Wirklichkeit gar nicht messianisch verlaufen ist? Tragen die Apostel, etwa auf Grund der sogenannten Ostererlebnisse, die „Messiasdogmatik" in das irdische Leben Jesu nachträglich hinein? Diese Frage hängt darum wesentlich mit einer anderen zusammen, die es zunächst zu beantworten gilt, mit der Frage nämlich: *War das Leben des historischen Jesus messianisch oder nicht?*

Gehen wir zur Beantwortung dieser schwierigen Frage von zwei Berichten des Mk-Evangeliums aus, die zweifellos echt Geschichtliches wiedergeben. Da wird 6,14f. par von Meinungen des Volkes über Jesus berichtet. Die einen sagen von ihm – und diese Ansicht scheint sogar nach 6,14.16 zu Ohren des Landesherrn Jesu, Herodes Antipas, gedrungen und von ihm geteilt worden zu sein -: „Johannes der Täufer ist von den Toten auferstanden, und deshalb wirken die Wunderkräfte in ihm." „Andere aber sagten: Er ist Elias, wieder andere sagten: Er ist ein Prophet, wie einer von den Propheten." Nach 8,27f. par hat Jesus selbst die Jünger eines Tages gefragt: „Für wen halten mich die Leute? Sie aber sagten zu

---

[4] Aus Lk 1,4 ergibt sich übrigens, daß z.Z. der Abfassung des dritten Evangeliums (um das Jahr 70 herum) zur Grundkatechese für die Katechumenen schon eine Unterweisung über das Leben Jesu gehörte! Wahrscheinlich dürfen wir Derartiges schon für die vorausgehende Zeit annehmen.

[5] Sicherlich gilt das für einen Großteil der evangelischen Überlieferungen. Doch mag Jesus den Jüngern dann und wann gewisse Lehrresümees geboten haben (Mk 4,11!); vgl. dazu die vorzüglichen Überlegungen *von H. Schürmann*, Die vorösterlichen Anfänge der Logientradition. Versuch eines formgeschichtlichen Zugangs zum Leben Jesu, in: Der historische Jesus und der kerygmatische Christus (Anm. 2) 342–370; ferner *G. Delling*, Geprägte Jesus-Tradition im Urchristentum, in: *ders.*: Studien zum Neuen Testament und zum hellenistischen Judentum (Göttingen 1970) 160–175.

ihm: „Für Johannes den Täufer, und andere für Elias, wieder andere für irgendeinen von den Propheten." Diese teilweise abergläubischen (Jesus, der wiedererstandene Täufer!), teilweise mit der frühjüdischen Endzeiterwartung zusammenhängenden Ansichten (Jesus, der Elias redivivus!) lassen ein Doppeltes erkennen: 1. Die Meinungen im Volk, wer Jesus von Nazareth eigentlich sei, waren nicht einmütig; 2. Niemand im Volk hält Jesus für den Messias. Besonders die zweite Feststellung muß man im Auge behalten. – Dazu noch gleich ein anderer Bericht aus der „Logienquelle", also aus der ältesten Schicht der evangelischen Überlieferung, nach welchem Johannes der Täufer eines Tages, als er schon im Gefängnis war, einige Jünger zu Jesus schickte mit der Frage: „Bist du der Kommende oder sollen wir auf einen anderen warten?" (vgl. Mt 11,2 par). Eine solche Überlieferung scheint als Erfindung der „Gemeinde" unmöglich zu sein, da sie ja doch ein ganz eigentümliches Licht auf den Täufer wirft, das zu seinem sonstigen Bild in der evangelischen Überlieferung wenig paßt. Wie kam der Täufer zu diesem Vorgehen und zu dieser Frage? Offensichtlich auf Grund einer wirklichen Glaubens|krisis gegenüber Jesus wegen der „Unmessianität" seines Wirkens. Auch die Landsleute Jesu, die Nazarethaner, empören sich über seinen Anspruch in ihrer Synagoge und wenden dagegen ein: „Ist das nicht der Zimmermann, der Sohn der Maria und der Bruder des Jakobus, Joses, Judas und Simon? Und sind nicht seine Schwestern hier bei uns?" (Mk 6,3 par); und das Evangelium fügt hinzu: „Und sie nahmen Anstoß an ihm." Sein Anspruch in ihrer Synagoge und seine Herkunft ließen sich nach ihrer Meinung nicht miteinander vereinen.

Nach dem Dargelegten könnte man nun auf die Frage: War das Leben des historischen Jesus messianisch? zunächst mit einem „Nein" antworten. Denn sonst hätte ihn sein Volk als den Messias erkennen müssen. Sein Volk aber sagt bis heute: Er war es nicht! Dennoch verkünden die apostolischen Zeugen, und glaubt mit ihnen die Urkirche: „Jesus Christus", Jesus von Nazareth ist der verheißene Messias. Wie kamen sie zu dieser Überzeugung, wenn Jesu Wirken dem (zumindest äußeren) Anschein nach unmessianisch gewesen ist? Ergibt sich da nicht ein seltsamer Widerspruch zwischen dem „historischen Jesus" und dem „Christus des Glaubens", also zwischen Geschichte und Glauben?

Auf die Frage: Wie kamen die Jünger Jesu so kurz nach seinem gewaltsamen Tod, an dessen Geschichtlichkeit niemand zweifelt, zu der Überzeugung: Jesus ist der verheißene Messias, wird gewöhnlich die Antwort gegeben: Auf Grund der „Ostererlebnisse"[6]. Aber selbst wenn man diese „Ostererlebnisse" mit dem Neuen Testament als reale Erscheinungen des vom physischen Tod erstandenen Jesus von Nazareth und nicht bloß als „Visionen", in denen die Jünger irgendwie Jesus als dem Tode überlegen erlebt haben sollen, oder dergleichen betrachtet, ist nicht recht einzusehen, warum sie gerade den Glauben an die *Messianität* Jesu erweckt haben sollten, zumal sich die Meinung einer wunderbaren Erweckung des Messias vom Tod im Frühjudentum nicht findet, und Schriftaussagen über sie erst im Licht gläubig-christlicher Schriftauslegung als solche erkannt werden

---

6 Vgl. etwa *R. Bultmann*, Theologie des NT (Anm. 3) 45.

konnten (vgl. etwa Apg 2,25–28 = Ps 16,8–11). Man kann höchstens sagen: *Wenn Jesu Wirken trotz eines dagegen sprechenden Anscheins doch irgendwie messianisch war, konnten die Erscheinungen des Auferstandenen die Zeugen zu dem festen Glauben führen, daß er tatsächlich der Messias war.* |

Nun ist das urchristliche Bekenntnis „Jesus Christus" keine Tautologie, sondern „Christus" ist nach dem Neuen Testament eine Glaubensprädikation über *Jesus,* und zwar nicht bloß über den Auferstandenen. Wenn die Zeugen bezeugen: „Jesus ist der Christus", dann ist das in ihrem Verständnis vor allem ein Bekenntnis zum *Gekreuzigten.* Das ergibt sich aus den Formulierungen der Apostelgeschichte ganz eindeutig: „Diesen Jesus, den *ihr gekreuzigt habt,* den hat Gott auferweckt" (vgl. besonders 2,36!). *Der Gekreuzigte ist der Christus!*

Kehren wir von da zu unserer Ausgangsfrage zurück: Was bezeugen die apostolischen Zeugen? Sie bezeugen Jesus als den Messias, *aber in einem ganz eigentümlichen, mit dem Messiasverständnis des Frühjudentums nicht übereinstimmenden Sinn*[7]. Insofern sie den *Gekreuzigten* als den Messias bezeugen und verkünden, bezeugen sie und verkünden sie einen „unmessianischen" Messias![8] Und darin liegt die *eigentliche* Kontinuität zwischen dem verkündigten Christus und dem historischen Jesus; denn Jesus selbst verstand offensichtlich seine Messianität „unmessianisch" (im Sinne seiner Zeitgenossen). Zunächst steht einwandfrei fest, daß die apostolischen Augen- und Ohrenzeugen und mit ihnen die Evangelien das Leben Jesu nicht als messianisch im üblichen Sinn „ausweisen"[9]. Im Gegenteil: sie weisen – so muß man paradox formulieren – gerade das „unmessianische" Leben Jesu als messianisch aus, wobei sie offenbar ein Messiasverständnis aufnehmen, das ihnen in der Schule Jesu selbst gegen ihr eigenes Widerstreben erst vermittelt worden war (vgl. Mk 8,29. 31f. par) und wegen seiner Nichtkonformität mit dem frühjüdischen Messiasideal gar nicht Produkt einer „Gemeinde", die ja zunächst selbst aus dem Judentum hervorgegangen ist, sein kann. Wer kritisch feststellt: Jesu Leben war nicht messianisch, stellt dies immer schon fest von einem bestimmten Messiasbild aus. Der eigentliche „Widerspruch" liegt nicht zwischen dem „historischen Jesus" und dem „Christus des

---

[7] Man vergleiche nur die Übersicht über die frühjüdischen Messiasanschauungen bei *Billerbeck,* Kommentar zum Neuen Testament aus Midrasch und Talmud IV, Register *s. v. Messias* (hält sich gegenwärtig verborgen, und zwar in Rom; ist vor seinem Auftreten unbekannt; kommt unerwartet, in der Nacht vom 14. auf den 15. Nisan; wird von Elias gesalbt und als Messias bekanntgemacht; erscheint aus dem Norden; offenbart sich auf dem Dach des Tempels, usw.). Auch das Messiasbild des Alten Testaments ist nicht einheitlich, zumal es sich im Verlauf der Offenbarungsgeschichte immer mehr entfaltet (vgl. etwa *H. Groß,* Der Messias im Alten Testament, in: TThZ 71 [1962] 154–170). Wie differenziert auch im Frühjudentum die Messiasanschauung war, zeigen jetzt wieder die Qumrantexte (vgl. *K. Schubert,* Die Messiaslehre in den Texten von Chirbet Qumran, in: BZ. NF 1 [1957] 177–197).

[8] Dies gilt auch für das Johannesevangelium, fast noch mehr als für die synoptische Überlieferung. Denn Johannes sieht die „Herrlichkeit" des Messias Jesus paradoxerweise gerade in seiner Erhöhung am Kreuz sich offenbaren!

[9] Das betont auch *Bultmann;* vgl. Theologie des NT (Anm. 3) 28: „Daran, *daß Leben und Wirken Jesu,* gemessen am traditionellen Messiasgedanken, *kein messianisches war,* läßt im übrigen die synoptische Tradition keinen Zweifel … ."

Glaubens", in ihrer angeblichen Diskontinuität, sondern der eigentliche Widerspruch liegt zwischen dem historisch gesicherten Anspruch Jesu und der scheinbaren „Unmessianität" seines Wirkens. Dieser Widerspruch wurde offensichtlich von Freund und Feind als ärgerlich empfunden, von den Gegnern Jesu so sehr, daß sie seinen Anspruch als todeswürdige Gottes|lästerung betrachtet haben. Er kann nicht der Messias sein, weil er nicht so handelt, wie der wahre Messias handeln müßte[10]. Um so ärgerlicher ist es, daß er dennoch den Anspruch zu erheben scheint, als sei er doch der Messias oder gar noch mehr. Aber es gibt kritisch gesicherte Aussprüche und Taten Jesu, die seinen *messianischen* Anspruch noch deutlich durchhören lassen. E. Käsemann hat z. B. auf einige „Antithesen" der Bergpredigt hingewiesen, in denen Jesus mit seinem „ich aber" eine Autorität beansprucht, „welche neben und gegen diejenige des Moses tritt. Wer aber Autorität neben oder gegen Moses beansprucht, hat sich faktisch über Moses gestellt und aufgehört, ein Rabbi zu sein … der Jude, der tut, was hier geschieht, hat sich aus dem Verband des Judentums gelöst oder – er bringt die messianische Tora und das ist der Messias"; und so meint E. Käsemann: „Die einzige Kategorie, die seinem Anspruch gerecht wird, ist völlig unabhängig davon, ob er sie selber benutzt und gefordert hat oder nicht, diejenige, welche seine Jünger ihm denn auch beigemessen haben, nämlich die des Messias."[11] Auch Jesu Reich-Gottespredigt enthält deutlich Spuren seines messianischen Anspruchs und seines damit zusammenhängenden „heilsgeschichtlichen" Selbstbewußtseins, so etwa der „Stürmerspruch": „Von den Tagen des Täufers an *bis heute* wird das Himmelreich vergewaltigt und Gewalttäter reißen es an sich" (Mt 11,12; vgl. Lk 16,16), womit Jesus seine und des Täufers Einladung an die „notorischen" Sünder, wie etwa die Zöllner, zum Eintritt in das Reich Gottes gegenüber seinen Gegnern zu rechtfertigen scheint. An der Geschichtlichkeit dieses vieldiskutierten Logions ist nicht zu zweifeln, so wenig wie an jenem aus der Verteidigungsrede gegen den Vorwurf des Teufelsbündnisses: „Wenn *ich* aber mit dem Geist (Finger) Gottes die Dämonen austreibe, ist in der Tat das Reich Gottes bei euch (schon) angekommen" (Mt 12,28 par) ; das Reich Gottes ist, zum mindesten zeichenhaft, schon angebrochen, weil der Messias bereits da und am Werk ist! Zweifellos hat also Jesus die Ankunft der endzeitlichen Gottesherrschaft mit seinem persönlichen Auftreten in einen unlöslichen Zusammenhang gebracht. „Damit rückt aber die Frage nach Jesu Selbstbewußtsein an die Spitze der gesamten Rekonstruktion seiner Lehre; denn seine Eschatologie kann nicht mehr unter Absehung von demselben interpretiert werden" (H. Conzelmann)[12]. Dieses „Selbstbewußtsein" | Jesu kann, weil es unlösbar mit seiner

---

[10] Nach Targum Jes 9,5 nimmt z. B. der Messias die Tora auf sich, um sie zu beobachten (*Billerbeck*, III 570). Jesus dagegen scheint ein notorischer Gesetzesbrecher zu sein (Sabbatkonflikte!).

[11] *E. Käsemann*, Das Problem des historischen Jesus, in: ZThK 51 (1954) 125–153, hier 144 f. (wiederabgedruckt in: *ders.*, Exegetische Versuche und Besinnungen. Erster Band [Göttingen [6]1970] 187–214).

[12] *H. Conzelmann*, Zur Methode der Leben-Jesu-Forschung, in: ZThK 56 (1959) Beiheft 1,

Reichgottesbotschaft zusammenhängt und im Raum der alttestamentlich-jüdischen Tradition lebendig wurde, nur das messianische gewesen sein. Aber „unmessianisch" (im Verständnis des Frühjudentums) wie sein messianisches Tun war, entsprach auch seine Reich-Gottesanschauung nicht jener des Frühjudentums, sondern war in den Augen der Musterfrommen sogar ein sehr unfrommer Greuel (Einladung an die Zöllner und Sünder!). Jesu Messiasanschauung lag einerseits weit „unterhalb" der des Frühjudentums, andererseits weit darüber, wie etwa Jesu Frage nach der Davidssohnschaft des Messias (Mk 12,35 ff. par.) beweist, mit der er aufmerksam macht, daß der messianische Davidssohn zwar seiner irdischen Herkunft nach Nachkomme des Königs David ist, seinem verborgenen Wesen nach aber als Throngenosse Gottes „der Herr" Davids. Gerade die Selbstbezeichnung Jesu „Menschensohn", an deren Geschichtlichkeit man nicht zweifeln sollte, weil sie in allen Schichten der evangelischen Überlieferung nur im Mund Jesu vorkommt und in der christologischen Prädikation der Urkirche keine Rolle mehr spielt, offenbart die einzigartige und eigenartige Spannung im messianischen Selbstbewußtsein Jesu: die mit dieser Selbstbezeichnung verbundenen Hoheits- und Niedrigkeitsaussagen transzendieren die frühjüdische Messiasanschauung nach „unten" wie nach „oben". Wenn der Menschensohn so heimatlos ist, daß er nicht einmal einen Platz hat, wohin er sein Haupt legen kann (vgl. Mk 8, 20 par), so wirft ein solches Logion zusammen mit jenem von Wandern-*Müssen* Jesu (Lk 13, 33) das bezeichnendste Licht auf sein „messianisches" Berufsbewußtsein: Er geht als ein *Fremder* über die Welt, fast in Anonymität. *Dies* ist die eigentliche Ursache des so „unmessianischen" Charakters des Lebens Jesu![13] Aus ihr resultieren die so schwankenden Urteile des Volkes über Jesus und letzten Endes das „Skandalöse" seines Wesens und der eigentümliche „Widerspruch" zu seinem Anspruch. Der Einwand des Unglaubens gegen dieses Zeugnis bleibt bis heute; er resultiert selbst aus dem „Skandal", den der historische Jesus darstellt. Jesus hat nicht umsonst einmal, gerade im Hinblick auf das scheinbar „Unmessianische" seines Lebens, den Makarismus ausgesprochen: „Heil dem, der sich an mir nicht ärgert" (Mt 11,6 par).
Der protestantische Theologe G. Ebeling hat im Zusam|menhang mit unserem Thema die Frage aufgeworfen: „Was ist in Jesus zur Sprache gekommen?" und

---

2–13, hier 10 (wiederabgedruckt in: *ders.*, Theologie als Schriftauslegung. Aufsätze zum Neuen Testament [BEvTh 65] [München 1974], 18–29). Vgl. auch noch *H. Riesenfeld*, Bemerkungen zur Frage des Selbstbewußtseins Jesu, in: Der historische Jesus und der kerygmatische Christus (Anm. 2) 331–341.

[13] Angesichts des „unmessianischen" Eindrucks des Lebens Jesu entsteht die Frage: Warum gibt die apostolische Verkündigung Jesus von Nazareth dennoch den Würdenamen „Messias" („Christus")? Auf Grund seiner Davidssohnschaft? Doch fehlen in seinem Leben gerade die „Königlichen" Züge. Es scheint eher die Ausstattung Jesu mit dem Hl. Geist gewesen zu sein, worin seine messianische Würde besonders gesehen wurde (vgl. außer den Berichten über die Taufe Jesu besonders Mt 12,18; Lk 4,18; Apg 10,38: Gott hat Jesus „mit heiligem Geist und Kraft gesalbt"; dazu schon im AT Jes 11,2; 42,1; 61,1 und die vorzüglichen Überlegungen bei *W. C. van Unnik*, Jesus the Christ, in: NTS 8 [1961/1962] 101–116).

darauf die Antwort gegeben: *der Glaube!*[14] Das könnte, so es richtig verstanden ist, eine tiefe Einsicht sein, die genau mit dem zusammenhängt, was wir vorher dargelegt haben: In Jesus ist der Glaube zur Sprache gekommen, gerade weil sein Auftreten „unmessianisch" zu sein schien. *Die scheinbar so offenkundige „Unmessianität" des Lebens Jesu schuf Raum für den Glauben!* Man muß allerdings dabei das Wort „Glauben" so verstehen, wie es das Neue Testament tut; nach dem NT wird der Glaube konkret als Glaube „an Jesus". Und „an Jesus glauben" heißt im Sinn des NT: das Zeugnis der apostolischen Zeugen, daß Jesus trotz seines „unmessianischen" Wesens der verheißene Messias war, gläubig annehmen und in diesem Glauben stets das Ärgernis überwinden, das der historische Jesus dargestellt hat und darstellt. Das Zeugnis der Zeugen ist ein *Glaubens-Zeugnis*, aber nicht auf Grund der Ostererlebnisse, sondern auf Grund der in diesem Zeugnis zur Sprache kommenden *Eigenart* des historischen Jesus. Die „Ostererlebnisse" waren für die Zeugen eine göttliche Hilfe in der Überwindung jenes Ärgernisses, das man am historischen Jesus nehmen kann.

## III. Weitere Kriterien zur Lösung des Problems

Die an den Berichten der Evangelien selbst gewonnene Einsicht in die „Unmessianität" des Lebens Jesu (im Sinne seiner Volks- und Zeitgenossen) bedeutet schon eine entscheidende Hilfe in dem mit unserem Thema gegebenen Problem. Es gibt aber darüber hinaus noch eine Reihe von wichtigen Kriterien streng wissenschaftlicher Art, die es uns ermöglichen, in den Evangelien wirklich zum historischen Jesus vorzustoßen, und uns im Vertrauen in die Zuverlässigkeit ihrer Berichte bestärken können. Solche Kriterien sind in der Auseinander-setzung über unser Thema schon immer wieder genannt worden. Das Beste darüber scheint N. A. Dahl geschrieben zu haben[15]; seine Kriterien seien deshalb zunächst kurz zusammengefaßt und etwas verdeutlicht (1–5) und dann noch durch ein weiteres ergänzt (6). |

1. Es gibt eine absolut sichere Ausgangsbasis, die in ihrer historischen Tatsächlichkeit von niemand ernsthaft geleugnet werden kann: Das ist der gewaltsame Tod Jesu am Kreuz.

2. Mit diesem factum historicum des *gewaltsamen* Todes Jesu ist aber auch schon ein besonderer Anspruch Jesu historisch gesichert. Denn ohne einen solchen wäre das katastrophale Ende seines Lebens geschichtlich nicht verständlich[16].

---

[14] *G. Ebeling*, Die Frage nach dem historischen Jesus und das Problem der Christologie, in: ZThK 56 (1959) Beiheft 1, 14–30, hier 21–24 (wiederabgedruckt in: *ders.*, Wort und Glaube [Tübingen ³1967] 300–318).

[15] *N. A. Dahl*, Der historische Jesus als geschichtswissenschaftliches und theologisches Problem, in: KuD 1 (1955) 104–132 (vgl. besonders 114–122).

[16] Vgl. dazu auch noch *N. A. Dahl*, Der gekreuzigte Messias, in: Der historische Jesus und der kerygmatische Christus (Anm. 2) 149–169. Dahl weist in diesem wichtigen Beitrag auf die

3. Jesus begegnet uns in den Evv durchweg als ein ganz bestimmter, einmaliger „Charakter", und zwar sowohl bei den Synoptikern wie bei Johannes. Es gibt da viele Dinge, die gerade für ihn und nur für ihn typisch und bezeichnend sind, so seine Stellung zu verschiedenen Gruppen seines Volkes, etwa zu den Pharisäern und ihrer Theologie, zu den Zöllnern und „Sündern", zu den Armen. Man beobachtet an seiner Gestalt eine ganz bestimmte Reaktionsweise, die einmalig und nicht nachahmbar ist. Dieser „Charakter" kann keine Erfindung sein[17]. Es gibt, sagt Dahl, „für Jesus Bezeichnendes" (S. 117) ; das gilt bis in seine Sprache hinein.

4. Die „Umwelt" Jesu weist eindeutig auf den palästinensischen Raum. Jesus tritt uns in den Evangelien, und zwar wiederum sowohl bei den Synoptikern wie bei Johannes, entgegen als einer, der in der Umwelt des Frühjudentums lebt. Diese „Umwelt" Jesu bildet nicht bloß den Hintergrund, sondern überhaupt die Voraussetzung seines Auftretens und Wirkens. Im hellenistischen Raum außerhalb Palästinas hätte z.B. die Auseinandersetzung mit den Pharisäern, die in die Mitte der Verkündigung Jesu führt, gar nicht geboren werden können. Diese Auseinandersetzung mit der pharisäischen Theologie[18] bildet aber wiederum den Hintergrund für die Botschaft vieler Gleichnisse Jesu[19].

5. Der historische Jesus begegnet uns auch in der Art und Weise seiner „Predigt". Sie besteht weithin aus kurzen, prägnanten Sprüchen und bezieht sich vielfach auf charakteristische Episoden, die sich leicht der Erinnerung einprägen. So redet nicht der Systematiker, sondern der individuelle Weisheitslehrer. Der Apostel redet anders als Jesus!

6. Bei einer genauen Untersuchung von Spruch-Reihen in der synoptischen Überlieferung fällt häufig die inadäquate Verarbeitung der Einzelsprüche in der Komposition der Evv auf. Die Komposition vermag die „Nähte" nicht unsichtbar zu machen, die zwischen den Einzellogien in einer Spruchreihe liegen. Die Sprüche innerhalb einer Reihe fügen sich | nicht immer „logisch" genau aneinander. Häufig werden Sprüche nur auf Grund eines gemeinsamen Stichwortes aneinandergereiht, ohne daß eine innere Verbindungslinie sichtbar würde. Man kann deshalb von einer inadäquaten Spruchkomposition in den synoptischen Evangelien reden. Beispiele dafür sind etwa die Perikope vom Rangstreit (Mk 9,33–37 par), wie überhaupt der ganze Abschnitt Mk 9,33–50 dafür bezeichnend ist. R. Schnackenburg sagt zu diesem Abschnitt[20]: „Gerade im Belassen mancher Unebenheiten zeigt sich die Gebundenheit des Evangelisten an das Traditions-

---

Kreuzesinschrift „König der Juden" hin, die weder aus dem Weissagungsbeweis noch aus der Gemeindetheologie stammen könne: „Daß der Messiastitel unlösbar mit dem Namen Jesu verbunden wurde, läßt sich nur unter der Voraussetzung erklären, daß Jesus wirklich als Messias gekreuzigt worden ist" (160).

[17] Vgl. dazu auch meinen Aufsatz: Der „Charakter" Jesu nach dem Johannesevangelium, in: TThZ 62 (1953) 321–332.

[18] Vgl. auch meinen Aufsatz: Jesus und die Pharisäer, in: KatBl 84 (1959) 433–440.490–495.

[19] Vgl. auch *F. Mußner*, Die Botschaft der Gleichnisse Jesu (München 1961).

[20] *R. Schnackenburg*, Mk 9,33–50, in: Synoptische Studien (FS A. Wikenhauser) (München 1953) 184–206, hier 204.

gut." Ja, man kann noch mehr sagen: Hier zeigt sich die Gebundenheit der apostolischen Jesustradition an das Wort Jesu selbst. Man wagte eben häufig nicht – weder der Evangelist noch das Evangelium vor den Evangelien –, die Spruchweisheit Jesu so stark zu modifizieren, daß das zu einer Einbuße ihrer Substanz geführt hätte. Man hatte zuviel Ehrfurcht vor dem Wort des Meisters. Ja, die Ehrfurcht vor dem Wort Jesu geht soweit, daß man dunklen, schwer verständlichen Sprüchen Jesu keineswegs ihre Dunkelheit zu nehmen wagt, obwohl man versucht, sie mit Hilfe der Komposition zu interpretieren. Ein klassisches Beispiel dafür ist der in Mk 9,1 überlieferte Spruch Jesu: „Wahrlich, ich sage euch: Es sind hier einige unter den Umstehenden, die den Tod nicht schmecken werden, bis sie das Reich Gottes als ein in Macht gekommenes sehen." Es folgt in der Akoluthie des Evangeliums der Bericht von der Verklärung Jesu, weil man in diesem Ereignis eine Art von Erfüllung der im vorausgehenden Spruch Jesu enthaltenen Verheißung zu erkennen glaubte, obwohl in Wirklichkeit jener Spruch Jesu mit der Verklärung keineswegs restlos und befriedigend „erklärt" ist. Er bleibt weiterhin dunkel bis zum heutigen Tag. Nichts hätte nun nähergelegen, als den Spruch eben so abzuändern, daß der Bericht über die Verklärung tatsächlich eine adäquate „Erfüllung" jener Verheißung, wie sie im Spruch gegeben war, darstellt. Davor aber hat man sich gehütet; man ließ den Spruch in seiner Dunkelheit stehen – von einigen Modifizierungen durch die synoptischen Seitenreferenten in seinem zweiten Teil abgesehen.

*Zusammenfassend läßt sich sagen:* Es gibt eine Reihe von Kriterien, die es uns ermöglichen, in den Evangelien zum historischen Jesus durchzustoßen. Wenn wir aber auch erfolgreich nach solchen Kriterien suchen können, ist damit | noch nicht die mit unserem Thema wesentlich zusammenhängende Frage beantwortet: Warum wird in den Evangelien überhaupt eine Geschichte Jesu erzählt, so etwas wie eine „Biographie" Jesu geboten?

## IV. Das Interesse des Neuen Testaments an der Geschichte Jesu

Hatte denn die apostolische Verkündigung überhaupt ein Interesse am historischen Jesus? Es scheint doch so, als ob zunächst nur ein Interesse an den beiden entscheidenden Heilsfakten Tod und Auferweckung Jesu bestanden hätte, keineswegs jedoch an den Details seines Lebens. Aber schon die *Petruspredigten* der Apostelgeschichte, in denen sicher sehr altes Überlieferungsgut erhalten ist, verraten deutlich ein Interesse am vorösterlichen Jesus. Hier fällt schon einmal auf, daß der, an den man glaubt und den man anruft, nicht „Herr", „Retter" o. ä., sondern immer „Jesus" oder „Jesus von Nazareth" genannt wird. Das Glaubensinteresse richtet sich also auf eine konkrete Gestalt der Geschichte, die Jesus von Nazareth heißt. Apg 2,22 wird dieser Jesus als ein Mann verkündigt, den „Gott legitimiert hat bei euch *durch Krafttaten und Wunder und Zeichen,* die Gott durch ihn getan hat in eurer Mitte". Hier findet sich schon ein bescheidener

Hinweis auf das vorösterliche Wirken Jesu. Noch mehr wird in der Petruspredigt 10,34–43 die Verkündigung über Jesus schon ausgeweitet auf bestimmte Daten und Stationen seines Lebens: so wird die Tätigkeit des Täufers erwähnt, Galiläa als Ausgangspunkt der öffentlichen Tätigkeit Jesu genannt, wiederum auf seine Wundertätigkeit hingewiesen, ebenso auf seine Begleiter als Zeugen seines Werkes. Dann erst erfolgt der Hinweis auf seinen gewaltsamen Tod und seine Auferweckung. Und nun folgt erst im V. 42 das eigentliche „Kerygma": „Dieser ist der von Gott bestimmte Richter der Lebenden und Toten!", wobei das Pronomen „dieser" die Einheit des historischen Jesus mit dem Christus des Glaubens herstellt. Selbst wenn man in dieser Petruspredigt im Hause des Cornelius ein Produkt des Lk sähe – was wohl nicht richtig ist, da wenigstens ein überliefertes Grund|schema der Rede zugrunde liegen dürfte –, so bliebe dennoch die Frage: Warum in einer *Predigt,* die Entscheidendes über den „Christus des Glaubens" verkündet, ein solches Interesse am historischen Jesus? Dafür lassen sich eine Reihe von Gründen nennen.

    1. In der apostolischen Predigt wird der Kreuzestod Jesu nicht bloß als Heilsfaktor verkündigt, sondern als ein historisches Ereignis. Als solches aber steht das Kreuz Jesu in einem bestimmten Kausalzusammenhang, der offensichtlich auch der christlichen Gemeinde nicht ganz gleichgültig ist.

    Die urapostolische Heilspredigt nennt zwei Ursachen für den Tod Jesu: einen „vordergründig"-geschichtlichen: die Tat der Juden (und gottlosen Heiden), die Jesus ans Kreuz brachten (vgl. Apg 2,23b; 3,13.15; 4,27; 5,30; 10,39b; 13,28), und einen „hintergründig"-übergeschichtlichen: den in der Schrift schon geoffenbarten Willen Gottes (vgl. Apg 2,23a; 3,18; 4,28; 13,27b; 1 Kor 15,3). Warum begnügt sich also die apostolische Predigt nicht mit einem bloßen Kerygma (etwa der Art: „Christus ist für uns gestorben und auferstanden; ihr seid gerettet, wenn ihr an ihn glaubt"), sondern bringt das Heilskerygma in einen Kausalkonnex mit den historischen Vorgängen um den Tod Jesu und mit dem in der Schrift des AT sich bekundenden Willen Gottes? Anscheinend zunächst aus apologetischen Gründen, um Einwände abzuwehren, die gegen die Messianität Jesu trotz der Verkündigung seiner Auferstehung von den Toten gebracht werden konnten („scandalum crucis"). Nicht bloß gegenüber dem Juden, der ja einen gewaltsamen Tod seines Messias nicht erwartete, war eine „Erklärung" des Todes Jesu nötig, auch der gläubig gewordene Heidenchrist wollte wissen: „Wie ist es denn überhaupt zum gewaltsamen Tod dessen gekommen, den wir als unseren Herrn verehren?" Darauf mußte die apostolische Predigt Antwort geben. Sie tut es, indem sie einerseits den Tod Jesu als „gemäß der Schrift" geschehen und damit dem Willen Gottes entsprechend hinstellt, und andererseits berichtet, wie es zum Tode Jesu, geschichtlich gesehen, gekommen ist. *Dies führte aber notwendig dazu, die Geschichte Jesu zu* erzählen, besonders jene Vorgänge, die zum todbringenden Zusammenstoß Jesu mit seinen Gegnern geführt hatten. Das erforderte zwar nicht sofort eine zusammenhängende Erzählung des Lebens Jesu; es genügte zunächst, charakteristische Situationsberichte, bestimmte „herausfordernde" und | „anspruchsvolle" Logien, Streitgespräche, den Anspruch Jesu wenn auch verhüllende, so doch deutlich genug enthaltende Gleichnisse, und die Passionsgeschichte selbst zu erzählen. Doch war ein gewisser bescheidener Wille zu einer zusammenhängenden „Biographie" Jesu wohl schon sehr früh da, wie Apg 10,37–43 zeigt. Das Drama der Passion Jesu bedurfte einer Exposition. Schon M. Kähler hat in seinem Vortrag von den Evangelien gesagt: „Etwas herausfordernd könnte man sie Passionsgeschichten mit ausführlicher Einleitung nennen."[21] Diese Formulierung beruht auf einer richtigen Beobachtung, wenn sie auch nicht den einzigen Grund nennt, warum man schon in der Urkirche ein besonderes Interesse an der Geschichte Jesu hatte. Aber schon jetzt sehen wir, daß gerade das apostolische Heilskerygma über Tod und Auferweckung Jesu, wenn es nicht in einem geschichtslosen Raum verbleiben und als Mythos verstanden sein wollte, nach der Geschichte Jesu geradezu rief. Es war kein „zufälliger" Tod, den Jesus gestorben ist; dieser Tod hatte seine Gründe, die genannt werden mußten.

2. Das vitale Interesse des NT am historischen Jesus hängt nun auch damit zusammen, daß Jesus von Nazareth im NT als *das entscheidende eschatologische Ereignis* verkündet wird. Auch E. Käsemann, der zwar alle Stellen in den Evangelien, „in denen irgendein Messiasprädikat erscheint", für „Gemeindekerygma" hält, meint, daß keinem alttestamentlichen „Propheten die eschatologische Bedeutung" zukomme, „die Jesus offensichtlich seinem Tun beigemessen hat"[22]. Er verweist dafür auf das „vielumrätselte" Logion Mt 11,12f. und bemerkt dazu: „Jesus hat gemeint, daß mit seinem Worte die Basileia zu seinen Hörern komme." Und selbst wenn man mit Käsemann meint, Jesus habe „nicht die verwirklichte, sondern … die sich von jetzt ab verwirklichende Gottesherrschaft gepredigt", so schließt dieses „von jetzt ab" doch schon eine Christologie ein, und Bultmanns Anschauung, daß die Bedeutung Jesu als des Messias-Menschensohn „überhaupt nicht in dem" liege, „was er in der Vergangenheit getan hat, sondern in dem, was man für die Zukunft von ihm erwartet"[23], bedarf deshalb einer Revision.

In diesem Zusammenhang muß auch auf Mk 1,15 hingewiesen werden („Erfüllt ist die Zeit und nahegekommen die Herrschaft Gottes"), ein Logion, das Mk als programmatisch für sein „Evangelium von Jesus Christus" (vgl. Mk 1,1) zu | verstehen scheint[24]. Die *perfektischen* Aussagen dieses Rufes besagen im Zusammenhang, in den dieses Logion im Evangelium gestellt ist: Erfüllt ist die Zeit (gekommen der Augenblick); denn jetzt steht die Herrschaft Gottes unmittelbar vor der Tür. Die Satansherrschaft wird schon gebrochen, und *zwar durch Jesus* (vgl. 1, 23–26). „Eine neue Lehre voll Macht! Und den unreinen Geistern befiehlt er, und sie gehorchen ihm. Und ausging die Kunde von ihm allsogleich in die ganze Umgegend von Galiläa" (1, 27f.). Was Jesus als „gute Nachricht von Gott" verkündet, ist der Anbruch der Gottesherrschaft, und zwar weil er, der Messias,

---

21 Der sog. historische Jesus (Anm. 1) 59.

22 A.a.O. (Anm. 11) 150.

23 Theologie des NT (Anm. 3) 37.

24 Vgl. dazu Näheres in meinem Aufsatz: Die Bedeutung von Mk 1,14f. für die Reichsgottesverkündigung Jesu, in: TThZ 66 (1957) 257–275, sowie in diesem Band die Nr. 13.

da und am Werke ist. Diese aus der Verkündigung des historischen Jesus sich ergebende Glaubensüberzeugung, daß *er* das entscheidende eschatologische Ereignis sei, scheint ganz besonders das Interesse an seinem geschichtlichen Leben gefördert zu haben. Hat sich aber Jesus selbst als das eschatologische Ereignis verstanden, dann geschah es durchaus legitim, daß in der apostolischen Predigt aus dem Verkünder der Verkündigte, aus dem historischen Jesus der Christus des Glaubens wurde.

3. Auch der Wille, das paränetische Spruchgut Jesu zu sammeln, wie es vor allem in jener Überlieferungsschichte vorliegt, die man in der Exegese als „Q" (Logienquelle) bezeichnet, läßt sich befriedigend nur erklären, wenn man in Jesus von Nazareth mehr als nur einen jüdischen Weisheitslehrer sieht. Denn anscheinend fungierte dieses Spruchgut von vornherein nicht als Sammlung von Weisheitssprüchen *neben* anderen Traditionen, *sondern an Stelle einer anderen Tradition,* nämlich der jüdisch-rabbinischen „Väterüberlieferung". Es erhielt den Rang einer messianischen Tora nicht erst im Mt-Evangelium. Es wurde schon deshalb sehr früh gesammelt, und zwar, wie es scheint, in judenchristlichen Kreisen, weil man in ihrem Urheber den *messianischen* Lehrer der Gemeinde sah.

4. Der Glaube gibt sich mit einem bloßen Kerygma nicht zufrieden; er will geschichtliche Gewißheit dafür haben, worüber er unterrichtet worden ist (vgl. Lk 1,4). „Das Festhalten an der Historie ist eine Weise, in welcher das extra nos des Heiles seinen Ausdruck findet" (Käsemann)[25]. Ein solches „extra nos" des Heiles ist eine notwendige, nicht aufgebbare Vorgegebenheit des Glaubens! Sie wird gegenüber dem „Christus des Glaubens" eben erreicht durch den Rekurs | auf den historischen Jesus. Das Kerygma und der darauf antwortende Glaube gründen auf *Geschichte,* oder das Kerygma bleibt irrelevant.

5. Hat auch das Joh-Ev. Interesse am geschichtlichen Jesus? Ist es nicht eher ein „Jesusroman"? Auf jeden Fall durchdringen sich darin Geschichte und Kerygma, sich erinnernde Augenzeugenschaft und Meditation des Verfassers vielfach so sehr, daß eine Scheidung oft nicht mehr oder nur mit großer Mühe möglich ist. Ist schon einmal die Fülle von konkreten Ortsangaben – etwa 33 – in diesem „pneumatischen" Ev. auffällig, so ist im Zusammenhang unseres Themas eine andere Beobachtung viel wichtiger, nämlich die, daß das Joh-Ev. ein geradezu leidenschaftliches Interesse an der *Fleischwerdung* des himmlischen Erlösers hat; das läuft faktisch auf ein besonderes Interesse am historischen Jesus hinaus. Warum hat Joh überhaupt ein Evangelium geschrieben? Deutlicher formuliert: „Warum hat er, nachdem die Evangelienschreibung doch schon seit 30 Jahren abgeschlossen zu sein schien, seine Anliegen nochmals gerade in *der Form eines Evangeliums* vorgetragen?" Aus Gründen der Opposition gegen eine doketisch-gnostische Erweichung des Christuskerygmas! Das geht auch deutlich aus seinen Briefen hervor, in denen Joh für die Identität des (historischen) Jesus mit dem himmlischen Erlöser kämpft (vgl. 1 Joh 2,22f; 4,2f.15; 5,1.5).

Der Kampf geht offensichtlich um den geschichtlichen Jesus und seine Heils-

---

[25] A.a.O. (Anm. 11) 141.

bedeutung für die Welt. Und dies, so scheint es, war der eigentliche Anstoß für Joh, seine theologischen Anliegen gegenüber der Irrlehre neben seinen brieflichen Äußerungen auch nochmals *in Form eines „Lebens Jesu"* zur Geltung zu bringen, obwohl die Evangelienschreibung längst abgeschlossen zu sein schien. Johannes wußte sehr genau: der „Christus des Glaubens" löst sich in einen ungeschichtlichen Mythos, eine philosophische Idee, ein Existenzial auf, wenn ihm seine Grundlage, der historische Jesus, entzogen wird.

*Zusammenfassend läßt sich sagen:* Es lassen sich eine ganze Reihe von Gründen erkennen, die in der Urkirche dazu führten, das Leben Jesu zu erzählen. Es geschah nicht aus Freude am Fabulieren, aus geschichtlicher Neugierde, sondern aus theologischer Notwendigkeit. |

## V.  Unser Glaube an Jesus von Nazareth

Glauben an Jesus im Sinne des Neuen Testaments heißt bis heute: das Zeugnis der apostolischen Zeugen annehmen, daß Jesus der Christus ist. Wir nehmen dieses Zeugnis nicht einfach hin, sondern nehmen es an, weil wir das begründete Vertrauen haben, daß im Zeugnis der Zeugen der wirkliche Jesus anwesend ist und zur Sprache kommt[26]. Wir sprechen dabei nicht einfach Glaubensformeln nach (außer aus Gedankenlosigkeit), sondern nehmen das Zeugnis als Zeugnis *wirklichen Geschehens*, obwohl wir selbst nicht in der Lage sind, das Zeugnis der Zeugen persönlich zu verifizieren. Man kann freilich folgendes tun: man kann von dem Zeugnis der Zeugen absehen, in ihrem Zeugnis nur Dokumente sehen, die Zeugnis vom Glauben *anderer* ablegen und an sie die historisch-kritische Frage stellen: Wer war Jesus „eigentlich", wenn ich ihn einmal „unbefangen", also nicht mit den gläubigen Augen der Zeugen, sehe? Mit anderen Worten: ich kann den Versuch machen, mir aus den Dokumenten des urchristlichen Christuszeugnisses einen „historischen" Jesus kritisch zu erarbeiten, indem ich das evangelische Christusbild von seinen nachösterlichen „Übermalungen" wieder „befreie". Man könnte solchen Versuchen gegenüber auf die verborgene *Vorentscheidung* hinweisen, mit der hier das Jesusbild erarbeitet ist oder im Hinblick auf das so *verschiedene* Ergebnis solcher Versuche, wie etwa im Fall der Jesusbücher von Bultmann[27] und Stauffer[28] auf die *Fragwürdigkeit* der angewandten Methode. Aber wir wollen lieber fragen: „Welche normative Geltung besitzt ein solch „kritisch" erarbeiteter „historischer" Jesus für mein Glaubensbewußtsein?" Darauf gibt es nur die Antwort: Keine! Darum lieber eine andere Frage: Warum sind überhaupt *verschiedene* Urteile über Jesus von Nazareth möglich, damals wie

---

[26] Vgl. dazu auch die sehr erwägenswerten Darlegungen von *B. Welte*, Vom historischen Zeugnis zum christlichen Glauben, in: ThQ 134 (1954) 1–18.

[27] *R. Bultmann*, Jesus (Tübingen 1988 [Berlin [1]1926; Neuausgaben Tübingen 1951 und 1983]).

[28] *E. Stauffer*, Jesus. Gestalt und Geschichte (Bern 1957); *ders.*, Die Botschaft Jesu. Damals und heute (Bern 1959).

heute? Das liegt nicht, wie wir sahen, am Zeugnis der apostolischen Zeugen, sondern am *Wesen* des historischen Jesus. Dieses Wesen ist eine eigenartige Dialektik oder Spannung zwischen Enthüllung und Verhüllung: eben wieder die „heimlichen Epiphanien" der messianischen Doxa Jesu, im nächsten Augenblick wieder totale Anonymität (vgl. etwa Mk 9,8 par)! Das bezeugen die Zeugen. „Was tun demgegenüber die modernen Jesus|bücher?" Sie verringern trotz aller bedeutsamen Einzeleinsichten und treffenden Formulierungen mehr oder weniger die eben genannte, von den apostolischen Zeugen bezeugte „Dialektik" des Lebens Jesu. Es kommt gewöhnlich ein recht „einspuriger" Jesus zutage, besonders etwa bei Bultmann. Dies allein schon spricht gegen den „historischen" Jesus dieser Jesusbücher. Ihrem Jesusbild fehlen zwar gewiß nicht pathetische oder sogar dramatische Züge (Stauffer!), aber etwas fehlt ihnen: *Das Geheimnis!* Und dies ist es, was der Schrift grundsätzlich widerspricht: Wenn Gott nach dem Zeugnis der Schrift aus seiner Verborgenheit hervortritt, so bleibt der *deus revelatus* dennoch der *deus absconditus.* Das unmessianisch-messianische Leben Jesu bestätigt das am allerbesten.

Aber ist es überhaupt möglich, das Zeugnis der apostolischen Zeugen zu umgehen? Grundsätzlich schon deswegen nicht, weil ich zum historischen Jesus nur über die neutestamentlichen Dokumente vorstoßen kann, in denen das Zeugnis der Zeugen aufbewahrt ist. Gegenüber dieser Tatsache könnte jedoch, wie es in den oben genannten Jesusbüchern geschieht, zur Not die historische Kritik zu Hilfe kommen. „Wie ist es aber mit dem theologischen Rang des Zeugnisses der Zeugen[29]? Ist das Zeugnis der Zeugen für meinen eigenen Jesusglauben normativ?" Es scheint, daß man diese Frage nach dem Verständnis des Neuen Testament bejahen muß. Das Leben Jesu war, so sahen wir, nicht „eindeutig"; die Urteile seiner Zeitgenossen über ihn waren widersprechend. Das Leben Jesu, ja Jesu Wesen selbst, *bedurfte notwendig einer Auslegung,* die seinem Geheimnis entsprach. Wir brauchen nun nicht zu zweifeln, daß dazu niemand mehr in der Lage war als jene apostolischen Augen- und Ohrenzeugen, die „von Anfang an" in die Schule Jesu gegangen waren, die auch Zeugen seiner Erscheinungen nach der Auferstehung waren. Gerade auch ihr Messiasbild mußte in der harten Schule Jesu seine Wandlungen durchmachen, und endgültig ging ihnen das Geheimnis Jesu erst auf, als sie Pfingsten mit dem „Geist der Wahrheit" ausgestattet wurden. Ohne ihre Berichte wären die evangelischen Biographien Jesu nie entstanden oder mindestens ganz anders ausgefallen, wie die später entstandenen apokryphen Evangelien zeigen; da bemächtigt sich der Mythos und die Legende des Lebens Jesu. Wir können überzeugt sein, daß im evangelischen Zeugnis der | Zeugen der historische Jesus wirklich noch anwesend ist, darin jedenfalls so anwesend ist wie sonst nirgends. Umgekehrt muß man mit Recht bezweifeln, ob er in den modernen Jesusbüchern wirklich anwesend ist. Der „historische" Jesus der modernen Jesusbücher ist ein Produkt des *menschli-*

---

[29] Vgl. zu dieser Frage auch die ausführlichen Darlegungen in meinem Aufsatz: Der historische Jesus und der Christus des Glaubens (Anm. 2) 240–250.

*chen* Geistes, nicht jenes Geistes, der sich nach dem Neuen Testament mit dem Zeugnis der Zeugen verband und es erst ganz zum Glaubenszeugnis für Jesus von Nazareth werden ließ. Unser Glaube an Jesus hat sich darum am Zeugnis der apostolischen Zeugen zu normieren. Nur dann habe ich Gewißheit, daß mein Glaube an Jesus sich auf den wirklichen, historischen Jesus richtet und nicht auf ein Phantom oder Wunschbild des menschlichen Geistes. Der Glaube richtet sich auf Reales, im Falle unseres Themas besser gesagt: auf *Geschichte*[30]. Der eigentliche *Grund* meines Glaubens ist zwar nicht der historische „Beweis", auch nicht das Zeugnis der Zeugen, sondern jener Geist, von dem Paulus gesagt hat: „Niemand kann sagen: *Jesus* ist der Herr, als nur im Heiligen Geist" (1 Kor 12,3). Dieses innere Zeugnis des Geistes, das mir meinen Jesusglauben zur Gewißheit macht, ist aber kein anderes als das Zeugnis der Zeugen (vgl. Apg 5,32; Joh 15,26f.). Beide, der Geist und die apostolischen Zeugen, bezeugen mir: *Jesus von Nazareth ist der Messias und Herr.*

---

[30] Selbstverständlich sind historische Aussagen und Glaubensaussagen nicht einfach identisch. Aber mit dieser Feststellung darf man sich nicht begnügen. Denn die Glaubensaussage richtet sich auf Reales (das sichtbar und unsichtbar sein kann) und Geschichtliches, oder auf einen Nonsens. Ein Drittes gibt es nicht. Was die christliche Glaubensaussage von der historischen Aussage unterscheidet, ist dies, daß die erste über die zweite hinaus eine Feststellung an ihrem Gegenstand macht, die dem „neutralen" Beobachter nicht ohne weiteres sichtbar ist. So „sah" und „sieht" es nur der Glaube Jesus „an", daß er mehr ist als der Zimmermann von Nazareth. Dieses „Mehr", das der Glaube über ihn aussagt, meint aber dennoch eine Wirklichkeit in und an Jesus, die dem Auge des Ungläubigen verborgen bleibt (vgl. Joh 1,14). Die Glaubensaussage bildet keinen ideologischen „Überbau" über der Geschichte. Die ganze heutige Problematik, die mit dem Thema „Der historische Jesus" gegeben ist, leidet vielfach an der Ungeklärtheit fundamentaltheologischer und philosophischer Vorfragen, wie jener nach dem Verhältnis von Glauben und Geschichte, Glauben und Wissen. Es wird viel zu rasch mit Schlagwörtern wie „Objektivierung", „Sicherung", „Kerygma" usw. herumgeworfen, die die wirkliche Sicht des Problems nur erschweren. Vgl. zu diesen Fragen auch *W. Kamlah*, Wissenschaft, Wahrheit, Existenz (Stuttgart 1960).

## 3. Wege zum Selbstbewußtsein Jesu*
(1968)


### I. Die neutestamentliche Christologie
### und die Frage nach dem Selbstbewußtsein Jesu

Daß die Christologie das Schicksal des Christentums ist, kann kaum bezweifelt werden, aber ebensowenig, daß die Christologie «in der Luft hängt», wenn sie nicht ihren Grund im Selbstbewußtsein Jesu hat. Hat sie darin nicht ihren Grund, dann ist die Christologie die größte «Ideologie», die es je in der Geschichte gegeben hat; marxistisch gesprochen: ein «Überbau». «Wäre zu erweisen», sagt G. Ebeling, «daß die Christologie keinen Anhalt habe am historischen Jesus, vielmehr eine Mißdeutung Jesu sei, so wäre die Christologie damit erledigt»[1]. Deshalb ist die Frage nach dem Selbstbewußtsein Jesu eine Schicksalsfrage für das Christentum und dem Exegeten zur wissenschaftlichen Bearbeitung gestellt.

Nun ist aber durch die Erkenntnisse der Formgeschichte der Weg zum Selbstbewußtsein Jesu von Nazareth schwierig geworden. Den historischen Jesus und den Christus des nachösterlichen Kerygmas scheint ein «Graben» zu trennen, der nicht mehr zu überspringen ist. Denn die gesamte evangelische Jesustradition scheint ja so sehr vom Glauben und der Verkündigung der Urkirche und der Evangelisten geprägt zu sein, daß es nicht mehr möglich zu sein scheint, zum genuinen Selbstbewußtsein Jesu durchzustoßen. Nicht bloß das Wort *über* Jesus, sondern das Wort Jesu selbst scheint in den Evangelien so gesprochen zu sein, wie es eben der nachösterliche Glaube der Kirche Jesus sprechen läßt. Und selbst wenn die ipsissima vox Jesu noch im evangelischen Wort Jesu anwesend sein sollte, sei es, so sagen manche, ein ziemlich zweckloses Unterfangen, zwischen den «beiden» kritisch zu scheiden. Jesus sei eben radikal in die Überlieferung

---

* Referat auf der Tagung Katholischer Neutestamentler in Beuron vom 27.–29. September 1967.
[1] ZThK 56 (1959, Beiheft 1) 15.

eingegangen und eben nur noch darin anwesend. Der «Sitz im Leben» sei an die Stelle der ursprünglichen Situation getreten. Das genuine Selbstbewußtsein Jesu sei durch die Transposition ins nachösterliche Kerygma so sehr christologisch überlagert, daß man es nicht mehr fassen könne. Wer es dennoch versuche, könne höchstens zu einem hypothetischen Selbstbewußtsein Jesu vorstoßen; in Wirklichkeit stoße er immer auf «Christologie».

Dennoch haben auch nach den Entdeckungen der Formgeschichte die Geister nicht davon abgelassen, nach dem Selbstbewußtsein Jesu zu fragen, offensichtlich aus dem Gefühl heraus, daß sonst die ntl Christologie ein ideologischer Überbau ist, auch wenn man diesem den wohlklingenden Namen «Kerygma» gibt. E. Käsemann hat dieses Unterfangen in seinem bekannten Aufsatz «Das Problem des historischen Jesus» besonders damit begründet: «Das Festhalten an der Historie ist eine Weise, in welcher das extra nos des Heiles seinen Ausdruck findet»[2], und er selbst glaubt, in einigen Antithesen der Bergpredigt auf ein *messianisches* Selbstbewußtsein Jesu zu stoßen[3]. Da Jesus unbestreitbar die Nähe der βασιλεία τοῦ θεοῦ angekündigt hat, rückt nach H. Conzelmann die Frage nach seinem Selbstbewußtsein «an die Spitze der gesamten Rekonstruktion seiner Lehre»[4]. Die Frage ist aber: *Gibt es einen methodischen Weg, auf dem das genuine Selbstbewußtsein Jesu noch zu erreichen ist?* Einen solchen Weg, oder besser: solche Wege scheint es zu geben, und zwar gerade auf Grund bestimmter Erkenntnisse der Formgeschichte.

## II. Wege zum Selbstbewußtsein Jesu

1. Die Formgeschichte des NT sucht nicht bloß nach den Lehrformen der nachösterlichen, missionierenden Kirche und nach dem jeweiligen «Sitz im Leben» für diese Lehrformen; sie hat auch in der Predigt Jesu selber, wie sie in den synoptischen Evangelien überliefert ist, verschiedene Lehrformen erkannt, so etwa den Heilsruf, das Befehls- und Machtwort, prophetische und apokalyptische Worte, den Drohspruch, den Weisheitsspruch, die kurze Unterweisung (Jünger- und Gemeinderegeln), das Streitgespräch, das Gleichnis[5]. Die Formgeschichte hat aber auch er-

---

2 ZThK 51 (1954) 125–153 (141).
3 Vgl. ebd. 144f.
4 ZThK 56 (1959, Beiheft 1) 10.
5 Vgl. dazu etwa *F. Mußner*, Aus den synoptischen Evangelien ist uns bekannt, in welcher Form Jesus lehrte und welchen Inhalt seine Botschaft hatte, in: WARUM GLAUBEN? (Würzburg ³1967) 220–231; *R. Bultmann*, Die Geschichte der synoptischen Tradition (Göttingen ²1931) 8–222.

kannt, daß Jesus eigentlich in keinem Fall eine neue, bisher unbekannte Lehrform verwendet hat; das gilt selbst für die Ich-Worte, da die Wendung «ich aber sage ...» auch in der Diskussionsweise der Rabbinen sich findet. Vergleicht man aber die Lehrformen Jesu näherhin mit den alttestamentlichen und rabbinischen Lehrformen, dann zeigen sich entscheidende Unterschiede nicht bloß im Inhaltlichen – was selbstverständlich sein dürfte –, sondern eben auch in der formalen Struktur. Gerade dieser zweite Unterschied scheint mit dem Selbstbewußtsein Jesu zusammenzuhängen, so daß sich über die Lehrformen Jesu ein Zugang zu seinem Selbstbewußtsein eröffnet. Doch gehe ich heute diesem Weg nicht weiter nach. Vorarbeiten dazu finden sich vor allem in dem oben erwähnten Aufsatz von E. Käsemann und in E. Neuhäuslers Aufsatz: Beobachtungen zur Form der synoptischen Jesusethik[6]. Mir kommt es in diesem Referat auf einen anderen Weg an, der zum Selbstbewußtsein Jesu führen kann, und zwar über einige Sprüche der Logienquelle.

2. Ein Vergleich bestimmter alter Logien mit den Sätzen der ntl Homologese zeigt, daß die ersteren christologisch «offener» sind als die letzteren. Nehmen wir als Beispiel etwa die alte Formel κύριος Ἰησοῦς (1 Kor 12, 3; Röm 10, 9; Phil 2, 11) oder das alte christologische Exposé in Röm 1, 3f vom «Sohn, der geworden ist aus dem Samen Davids dem Fleische nach, der eingesetzt wurde zum Sohne Gottes in Macht gemäß dem Geist der Heiligung seit der Auferweckung von den Toten», oder das alte Bekenntnislied in 1 Tim 3, 16 («der erschienen ist im Fleisch, gerechtfertigt im Geist; erschienen den Engeln, verkündigt unter den Völkern; geglaubt im Kosmos, aufgenommen in Herrlichkeit») und besonders das «Urevangelium» von 1 Kor 15, 3–5 («Christus ist gestorben für unsere Sünden gemäß den Schriften, und er wurde begraben, und er wurde auferweckt am dritten Tage gemäß den Schriften, und er erschien dem Kephas, hierauf den Zwölfen»), so zeigt sich jedem sofort, daß in diesen Formeln die «Christologie» das Feld beherrscht, sei es in direkten christologischen Würdenamen (wie κύριος oder Χριστός), sei es in der Form des nachösterlichen christologisch-soteriologischen Kerygmas, das von Fleischwerdung, Sühnetod und Auferweckung Jesu redet. Stellt man daneben ein Logion wie etwa dieses: «Ich bin nicht gekommen, den Frieden zu bringen, sondern das Schwert», so ist dieses im Vergleich mit den Sätzen der Homologese christologisch noch vollkommen

---

[6] Lebendiges Zeugnis 1965, 1–17.

«offen», d. h. noch in keiner Weise beeinflußt oder geprägt von der nachösterlichen Christologie (oder auch Soteriologie). Aus dieser Beobachtung scheint aber der grundsätzliche Schluß gezogen werden zu dürfen, *daß das Logion älter ist als die Homologese*, d. h. aber auch bereits, daß es Logien gibt, die noch in keiner Weise vom nachösterlichen Christusglauben der Kirche überfärbt sind, was um so beachtlicher ist, als es einige Sätze der Homologese zu geben scheint, die in sehr frühe Zeiten der Kirche und in ihren Ursprungsraum (nach Palästina) zurückweisen (wie etwa 1 Kor 15, 3–5 oder 1 Tim 3, 16). Obwohl also eine christologische Homologese offensichtlich sich schon sehr früh in der Urkirche gebildet hat, blieb sie ohne Einfluß auf die Gestaltung vieler Logien Jesu! Kann das anders erklärt werden – das nur einmal als Frage gestellt – als so: Diese Logien liegen, entstehungsgeschichtlich gesehen, zum mindesten *vor* den Sätzen der alten Homologese, was noch nicht unbedingt heißen muß, daß sie deswegen schon vorösterlich sein müßten; das ist eine andere Frage. Soweit ich sehe, hat auf diesen Sachverhalt zum ersten Mal B. M. F. van Iersel in seinem Buch « ‹Der Sohn› in den synoptischen Jesusworten»[7] hingewiesen. Er sagt: «Es erweist sich . . ., daß die Predigt und die Glaubensbekenntnisse in bezug auf die Logien – und nicht umgekehrt – sekundär sind». Im Gegensatz zu den Sätzen der Homologese «klingen die Logien vage . . . enthalten keine stereotypen Elemente und kennen keine festumrissenen Assoziationen mit den bestimmten Texten des ATs . . . Vertritt man die These einer entgegengesetzten Entwicklung, und hält man also die Logien gegenüber der Verkündigung für sekundär, so muß man annehmen, daß sich die Formulierung zurückentwickelte – und das klingt höchst unwahrscheinlich».

Damit könnte sich uns *ein erstes Kriterium* ergeben, nämlich dieses: Jene Logien stehen «im Verdacht», noch das genuine Selbstbewußtsein Jesu zu spiegeln, die christologisch offen und vage sind.

Dazu kommt folgende Überlegung: Gibt es Logien, die noch eindeutig «die ursprüngliche Unmittelbarkeit» (um einen Ausdruck W. Marxens zu gebrauchen)[8] jener Situation Jesu spiegeln, in der er sich vor Ostern Israel gegenüber befand. Marxsen sagt: «Der Anfang der Christologie läßt sich nicht so bestimmen, daß man sich entweder für die Urgemeinde oder für den historischen

---

[7] Leiden [2]1964 (180f).
[8] Anfangsprobleme der Christologie (Gütersloh 1960) 28.

Jesus entscheidet, sondern er liegt da, wo erstmalig die Relation
Jesus/Glaubender sichtbar wird»[9]. Diese Relation zeigt sich erstmalig in der Begegnung Jesu von Nazareth mit Israel. Das ist ein
historischer Tatbestand, der sich nicht leugnen läßt: Jesus trat in
Israel auf und nicht anderswo. Gibt es nun Logien, die noch deutlich diese spezifische Situation Jesu Israel gegenüber wider-
spiegeln, so haben wir damit möglicherweise *ein zweites Kriterium*
gewonnen, mit dessen Hilfe wir in bestimmten Sprüchen Jesu zu
seinem genuinen Selbstbewußtsein vorstoßen können. R. Bultmann hat bekanntlich den Satz formuliert: «Jesus war kein
‹Christ›, sondern ein Jude»[10]. Diese zunächst überraschende Formulierung ist durchaus richtig, gerade von unseren Überlegungen
her gesehen. Jesus weiß sich zu Israel gesandt[11]; er verkündet
die Nähe der βασιλεία τοῦ θεοῦ in seinem Heimatland Galiläa; er ruft
Israel zur Entscheidung auf. Ich sage nun: Wo sich diese besondere Situation noch in einem Logion Jesu spiegelt, steht dieses
«unter dem Verdacht», aus seinem genuinen Selbstbewußtsein
geboren zu sein und nicht aus dem «christologischen» Bewußtsein
der christlichen Gemeinde nach Ostern.

Diese mehr allgemeinen Überlegungen über die Möglichkeit,
Kriterien zu finden, mit deren Hilfe man zum Selbstbewußtsein des
vorösterlichen Jesus durchstoßen kann, sollen nun an drei Beispielen aus der Logienquelle in ihrer Brauchbarkeit geprüft
werden.

### III. Ausgeführte Beispiele aus der Logienquelle

1. *Mt 10,34 = Lk 12,51* (Das Schwert-Logion). Bei Mt findet
sich das Schwert–Logion innerhalb der Aussendungsrede, bei Lk
mitten im Reisebericht. Beide Evangelisten haben den Spruch
offensichtlich bearbeitet. So ist sicher die Einleitung bei Mt (μὴ
νομίσητε) auf das Konto des Evangelisten zu setzen (vgl. Mt 5, 17).
Aber die Formulierung βαλεῖν εἰρήνην bei Mt anstelle von εἰρήνην
... δοῦναι bei Lk dürfte die ursprüngliche sein (vgl. die ähnliche
Formulierung in Lk 12, 49: πῦρ ἦλθον βαλεῖν ἐπὶ τὴν γῆν). Vor allem
aber ist im zweiten Teil des Logions der Terminus μάχαιρα
(«Schwert») bei Mt gegenüber dem διαμερισμός («Uneinigkeit») des
Lk sicher der Ausdruck, der ursprünglich im Logion stand. Der

---

[9] Ebd. 20.
[10] Das Urchristentum im Rahmen der antiken Religionen (Zürich 1949) 78.
[11] Vgl. auch *J. Jeremias*, Jesu Verheißung für die Völker (Stuttgart 1956)
22–33.

Begriff «Schwert» konnte zu einem gefährlichen Mißverständnis
des Wollens Jesu führen: Wenn er nicht den Frieden bringt,
sondern das Schwert, so könnte er so etwas wie ein Sikarier gewesen sein, ein Gewalttäter und Aufrührer! Das Logion könnte
also politisch mißverstanden werden, und so spricht Lukas lieber
von einem διαμερισμός, den Jesus in die Familien bringt. Daß der
Spruch von Jesus nicht «politisch» gemeint war, bringt zwar auch
Matthäus durch das folgende, mit einem begründenden γάρ ange-
schlossene Logion von der Entzweiung in der *Familie* zum Ausdruck, das er ganz im Anschluß an Mich 7, 6 formuliert. Angesichts der besonders in der Apg zu beobachtenden Tendenz, das
Christentum als politisch ungefährlich hinzustellen, scheint es
vollkommen ausgeschlossen zu sein, daß das μάχαιρα-Logion eine
Bildung der christlichen Gemeinde ist. Solch «mißverständliche»
Logien gehen auf Jesus selbst zurück.

Was war aber der Sinn des Logions bei Jesus selbst? Möglicherweise bringt Jesus mit ihm jene Erfahrung zur Sprache, die
im nachfolgenden Spruch zum Ausdruck kommt: «von jetzt an»
(ἀπὸ τοῦ νῦν, wie es bei Lk im V. 52 ausdrücklich heißt), d. h. vom
Auftreten Jesu an und verursacht durch sein Auftreten kommt
es zur Entzweiung in den Familien, nämlich durch die je verschiedene Stellungnahme zu ihm. Wahrscheinlicher bringt aber
Jesus mit dem Logion die Erfahrung zur Sprache, die sein Auftreten in Israel überhaupt an den Tag brachte: Sein Auftreten und
seine Predigt wirken in Israel *wie ein «Schwert», das die Geister
scheidet.* Die Entscheidung für oder gegen ihn bedingt eine Scheidung. Ob auch noch mitgesagt ist, daß diese Entscheidung harte
Konsequenzen (wie Verfolgung, Gefängnis und Tod) für jene
haben kann, die sich Jesus anschließen, ist möglich. Jedenfalls
weist das Schwert-Logion deutlich zurück auf die Situation, in die
Israel durch Jesus gestellt worden war und in die er selbst Israel
stellte.

Was das Logion ausspricht, steht auch in einem eigentümlichen
Widerspruch zu der sowohl atl wie auch ntl Verkündigung, daß
der Messias vor allem Friedensfürst und Friedensbringer ist (vgl.
Is 9, 5f; Zach 9, 10; Lk 2, 14; Apg 10, 36; Eph 2, 14ff). Auch diese Beobachtung macht es höchst unwahrscheinlich, daß das Schwert-
Logion eine nachösterliche Bildung ist; es ist nicht Ausdruck der
nachösterlichen Christusverkündigung der christlichen Gemeinde.
Dennoch spricht aus ihm ein besonderes Selbstbewußtsein Jesu,
und, wie es scheint, ein eschatologisches. Denn zu den messianischen «Wehen», die das Spätjudentum für die Endzeit erwartete,

gehört auch die Vorstellung einer Zerrüttung der irdischen Verhältnisse (vgl. besonders Hen 100, 1f) [12]. Jesu Auftreten führt, wie
das anschließende Logion ja sagt, zu einer «Zerrüttung» der irdischen Verhältnisse, zum διχάζειν in den Familien. So darf vermutet werden, daß Jesus sich mit dem Schwert-Logion als den
verstanden hat, mit dem die Endzeit schon anbricht, in der die
irdischen Verhältnisse zerrüttet werden. Er führt selber durch
sein Auftreten in Israel solche Verhältnisse herbei; Israel spaltet
sich durch sein Auftreten. Aber das Schwert-Logion ist christologisch «offen» und vage. Es erscheint kein christologischer
Würdename noch ist ein ganz bestimmter Anspruch ausgesprochen, der in eine eindeutige Richtung weisen würde. Und dennoch
ist ein Anspruch enthalten, der auf ein bestimmtes Selbstbewußtsein Jesu schließen läßt: *Er versteht sich als den, der eine Scheidung in Israel herbeiführt* [12a], so daß ihm gegenüber in Israel die
Frage sich erheben mußte: Wer ist dieser?

2. *Mt 11, 25f = Lk 10, 21* (Die Seligpreisung der νήπιοι). Dieser
Makarismus auf die νήπιοι ist in die Form eines Dankgebetes ge-
kleidet (ἐξομολογοῦμαί σοι, πάτερ ...) [13] und sowohl bei Mt wie bei
Lk mit einem Offenbarungswort verbunden (Mt 11, 27 = Lk 10, 22).
Beide Evangelisten haben den Makarismus mit einer redaktionellen Einleitung versehen. Das Corpus desselben stimmt bei den
beiden Tradenten mit der Ausnahme einer einzigen Silbe (Lk hat
das Kompositum ἀπέκρυψας statt des Simplex bei Mt) wortwörtlich
überein: immer ein Zeichen sehr alter Überlieferung. Terminologie
und Struktur des Makarismus weisen in den palästinensisch-
jüdischen Raum (so die Gottesanrede «Herr des Himmels und der
Erde», der Ausdruck «Weise und Verständige» [14], die ganze Formulierung in dem ὅτι-Satz des V. 26 [ὅτι οὕτως εὐδοκία ἐγένετο ἔμπροσθέν
σου]). W. Grundmann machte darauf aufmerksam, daß in der ur-

---

[12] Dazu W. *Bousset* – H. *Greßmann*, Die Religion des Judentums im spät-
hellenistischen Zeitalter (Tübingen ³1926) 250f. Hen 100, 1f: «In jenen Tagen
werden die Väter mit ihren Söhnen an einem Ort erschlagen werden, und
Brüder einer mit dem anderen getötet fallen, bis es von ihrem Blute strömt dem
Strome gleich. Denn ein Mann wird seine Hand nicht mitleidig zurückhalten,
seinen Sohn oder Enkel zu erschlagen; der Sünder wird seine Hand nicht zurückhalten, seinen verehrtesten Bruder zu töten. Vom Morgengrauen bis
Sonnenuntergang werden sie einander hinmorden.»
[12a] Dies gilt auch, wenn der Begriff «Schwert» im Munde Jesu nur Symbol-
wort der durch ihn heraufgerufenen Entscheidung sein wollte und nicht
«apokalyptisch» zu verstehen war.
[13] Vgl. auch Ps 32, 2; 75, 2; 111, 1; 138, 1; Sir 51, 1; 1 QH VII, 26f.
[14] Vgl. syr Bar 46, 5: «Bereitet eure Herzen darauf vor, daß ihr dem Gesetz
gehorcht und euch denen unterwerft, die in Furcht *Wissende und Verständige*
sind»: Das sind die Lehrer Israels! In 1 QH I, 35 heißen sie «Weise und mit Erkenntnis Befaßte».

christlichen Paränese der Ausdruck νήπιοι anders verwendet wird
als in unserem Logion. Dort sind die νήπιοι jene Unmündigen, die
aufgefordert werden müssen, endlich τέλειοι zu werden (vgl.
1 Kor 3, 1; 13, 11; Gal 4, 3; Eph 4, 14 ἵνα μηκέτι ὦμειν νήπιοι).
Im Makarismus auf die νήπιοι sind diese dagegen die alleinigen Empfänger der
Offenbarung, die «den Weisen und Klugen» verborgen bleibt [15].
Hier ist also der Begriff νήπιοι ganz positiv gebraucht, ähnlich wie
bei den Qumranessenern, wenn sich diese als die «Einfältigen
Judas» [16] verstehen. Gemeint sind konkret mit den νήπιοι jene aus
dem am-ha-arez, die sich Jesus und seinem Wort öffnen. Dazu
kommt die typisch jesuanische Gottesanrede πάτερ bzw. ὁ πατήρ
(= abbā) in unserem Makarismus [17]. So darf mit großer Sicherheit
gesagt werden, daß der Makarismus auf die νήπιοι auf Jesus selbst
zurückgeht. Er spiegelt genau die Erfahrung wider, die Jesus bei
seinem Auftreten in Israel gemacht hat: Die νήπιοι nehmen sein
Wort an, «die Weisen und Verständigen» in Israel dagegen nicht,
so daß sich das Gegenteil von dem zeigt, was in einem Spruch des
Rabbi Hillel zum Ausdruck kommt: «Ein Ungebildeter ist nicht
sündenscheu, und ein am-ha-arez nicht fromm» (Abot 2, 5).

Aber wiederum ist der Spruch Jesu christologisch vollkommen
offen; der Sprecher selbst, Jesus, erscheint nur in der Person
dessen, der den Makarismus spricht (ἐξομολογοῦμαι). Der Spruch
hat eine beachtliche Parallele in 1QH VII, 26f: «Ich preise dich,
Herr, daß du mich einsichtig gemacht hast durch deine Wahrheit,
und durch deine wunderbaren Geheimnisse hast du mir Erkenntnis gewährt». Dennoch zeigt sich bei einem genauen Vergleich ein
entscheidender Unterschied: Der Lehrer der Gerechtigkeit von
Qumran preist Gott, daß *ihm selbst* von Gott Einsicht in seine
Wahrheit gegeben worden ist; Jesus dagegen preist Gott, weil er
diese Einsicht den νήπιοι gegeben hat. W. Grundmann meint zwar,
daß sich hier Jesus mit den νήπιοι zusammenschließt [18], doch geht
das aus dem Text eigentlich nicht hervor; die νήπιοι stehen vielmehr Jesus, dem Beter, gegenüber. Das scheint auf ein anderes
Selbstbewußtsein bei ihm zu weisen als beim Lehrer der Gerechtigkeit. Er scheint in einem ganz anderen Sinne Offenbarungs-

---

[15] Vgl. W. *Grundmann*, Die νήπιοι in der urchristlichen Paränese: NTS 6
(1958/59) 188–205; vgl. auch noch *S. Legasse*, La Révélation aux NHIIIOI, in:
RB 26 (1961) 321–348.
[16] 1QpHab XII, 1f.
[17] Vgl. dazu *J. Jeremias*, Abba, in: ABBA. Studien zur ntl Theologie und
Zeitgeschichte (Göttingen 1966) 15–67, nach dem es «ohne Parallele» im Judentum ist, «daß Jesus ἐξομολογοῦμαί σοι, π ά τ ε ρ , κύριε τοῦ οὐρανοῦ καὶ τῆς γῆς
sagt ...» (59).
[18] NTSt 5 (1958/59) 202f.

empfänger als der Lehrer der Gerechtigkeit zu sein. Aber in welchem anderen Sinne, wird im Makarismus auf die νήπιοι nicht ausgesprochen, so daß das Logion wieder christologisch offen bleibt, was auf vorösterliche Bildung desselben schließen läßt.

Eine gewisse Präzisierung gewinnt das Selbstbewußtsein Jesu, wie es im Makarismus auf die νήπιοι sich zeigt, im angeschlossenen Offenbarungslogion (Mt 11, 27 = Lk 10, 22); doch ist dieses selbst für unsere spezielle Thematik so kompliziert, daß es für unsere Untersuchung zunächst ausscheiden soll, wenn es auch wie kein anderes Logion Jesu auf das «hermeneutische Hauptproblem der Verkündigung Jesu» hinweist, auf das H. Schürmann aufmerksam gemacht hat[19].

3. *Mt 12, 41f = Lk 11, 31f* (Das Salomon- und Jonaslogion). Die beiden Logien stimmen bei den beiden Evangelisten fast wortwörtlich überein: wieder ein Beweis, daß sie ihre endgültige Form schon sehr früh bekommen haben. Die ursprüngliche Reihenfolge dürfte bei Lk erhalten sein; Mt hat sie umgestellt, um auf diese Weise einen Stichwortanschluß an die vorausgehende Perikope vom Jonaszeichen zu bekommen, was aber anderseits erkennen läßt, daß das Salomon- und Jonaslogion ursprünglich sehr wahrscheinlich nicht mit dem Spruch vom Jonaszeichen verbunden waren[20]. Das bedeutet für ihre Auslegung, daß sie auch nicht vom Jonaszeichen her interpretiert werden dürfen, wenn man ihren ursprünglichen Aussagesinn erkennen will. Dadurch entsteht aber sofort die für unser Thema wichtige Frage: Worauf bezieht sich eigentlich in den beiden Logien das geheimnisvoll klingende ὧδε in den Aussagen: «mehr als Salomon ist *hier*», «mehr als Jonas ist *hier*». Wen oder was hat ὧδε im Auge? Der christliche Leser des Evangeliums glaubt es sofort zu wissen, wer und was damit gemeint ist: niemand anderer als der Menschensohn Jesus. Und es ist kein Zweifel, daß er damit die Intentionen der Evangelisten richtig trifft. Konnte aber auch ein Jude, etwa ein Pharisäer, der diese Logien aus dem Munde Jesu gehört hat, sie ohne weiteres auf Jesus beziehen? Aber diese Frage hängt bereits mit der anderen zusammen: Stammen diese Logien überhaupt von Jesus selber oder sind sie christliche Gemeindebildungen? Die präsentisch gemeinte, also auf die Gegenwart bezogene Formulierung der Sätze: «mehr als Salomon (bzw. Jonas) (ist) hier», zeigt ein im

---

[19] Das hermeneutische Hauptproblem der Verkündigung Jesu. Eschato-logie und Theo-logie im gegenseitigen Verhältnis, in: Gott in Welt (Festschr. f. K. Rahner) (Freiburg 1964) I, 579–607.
[20] Vgl. auch *A. Vögtle*, Der Spruch vom Jonaszeichen, in: Synoptische Studien (Festschrift f. A. Wikenhauser) (Freiburg 1953) 230–277 (240).

Vergleich mit dem Judentum neues eschatologisches Selbstbewußtsein an, und insofern sind solche Logien «jedenfalls unjüdisch», wie R. Bultmann bemerkt[21]; sie predigen «den Ernst der
Entscheidungsstunde» (ders.). Und so könnte die Möglichkeit bestehen, daß solche Logien von christlichen Propheten gebildet
sind[22]. «Demgemäß ist es unerläßlich», sagt Bultmann[23], «auch bei
den Stücken, die es von vornherein nicht nahelegen, die Frage
nach der Möglichkeit christlichen Ursprungs zu stellen. Sie wird
um so mehr zu verneinen sein, je weniger die Beziehung auf die
Person Jesu und auf die Geschicke und Interessen der Gemeinde
wahrzunehmen sind, je mehr andererseits ein charakteristisch in-
dividueller Geist sich zeigt. Das gilt von den ... Stücken, die das
hochgespannte eschatologische Bewußtsein mit seinem Gefühl der
Freude wie des Ernstes angesichts der Entscheidung zum Ausdruck bringen». Bultmann nennt unter solchen Stücken ausdrücklich auch unsere Logien. Bultmanns Kriterium: «je weniger die
Beziehung auf die Person Jesu ... wahrzunehmen» ist, meint im
Grunde dasselbe, was wir die offene und vage Christologie nennen. Eine derartige Christologie begegnet in unseren Logien, speziell in dem rätselhaften und dunklen ὧδε[24]. Zugleich begegnet
in ihnen wieder die besondere Situation, in der Jesus sich Israel
gegenüber befand und umgekehrt; denn Israel bzw. seine geistlichen Führer sind mit «diesem Geschlecht» gemeint, das nicht
auf Jesu Weisheitswort und μετάνοια-Predigt hört. Versucht man
die historische Situation, aus der heraus und in die hinein unsere
Logien von Jesus gesprochen wurden, zu rekonstruieren, so war
es wohl der Zusammenbruch des «galiläischen Frühlings», der
zum Anlaß für diese Logien wurde, also jener Punkt, an dem sich
der eigentliche «Bruch» im Wirken Jesu in Israel zeigte, der viel
einschneidender war als Kreuz und Ostern, die ja mit jenem
Bruch unlöslich zusammenhängen.

Und fragt man nach dem «Selbstbewußtsein», das sich speziell
aus dem Salomon- und Jonasspruch für Jesus ergibt, so zeigt sich
immerhin, daß mit ihnen das Bewußtsein eines Weisheitslehrers
und Propheten in Israel stark transzendiert wird (πλεῖον!). Worin
dieses πλεῖον näherhin besteht, bleibt eben unausgesprochen. Man

---

[21] Die Geschichte der synoptischen Tradition, 133.
[22] Vgl. dazu ebd. 135. Doch beachte man, was über diese Möglichkeit
*Fr. Neugebauer* in seinem Aufsatz «Geistsprüche und Jesuslogien» in ZNW 53
(1962) 218–228 kritisch bemerkt hat.
[23] A. a. O.
[24] Die christliche Gemeinde hätte sehr wahrscheinlich formuliert: «mehr als
Salomon (bzw. Jonas) ist Jesus, den ihr gekreuzigt habt, den Gott aber von den
Toten erweckt hat».

beachte dabei mit K.-H. Rengstorf, daß *alle* derartigen πλεῖον-Worte im Munde Jesu «den Komparativ im Neutrum haben und dadurch etwas eigentümlich Rätselvolles an sich tragen!»[25] Dieses «Rätselhafte» in der Gestalt Jesu ist ein Konstitutivum der vorösterlichen «Christologie»; es entspricht dem Eindruck, den Jesus nach dem Zeugnis des Evangeliums (besonders bei Mk) selbst auf seine Jünger vor Ostern gemacht hat.

## IV. Zusammenfassung

Wir haben versucht, Kriterien zu formulieren, mit deren Hilfe man zum vorösterlichen Selbstbewußtsein Jesu von Nazareth vorzustoßen vermag. An drei ausgeführten Beispielen aus der Logienquelle wurden diese Kriterien auf ihre Brauchbarkeit hin durchexerziert. Es dürfte sich dabei immerhin gezeigt haben, daß sie brauchbar sind und daß wir uns mit unserem Versuch auf einen gangbaren Weg begeben haben. Ob wir gerade die geeignetsten Logien für unser exercitium gewählt haben, ist eine andere Frage. Sie wurden ziemlich rasch und willkürlich aus der Masse von Sprüchen Jesu in der Logienquelle ausgesucht. Und zweifellos bedarf die angewandte Methode noch der Verbesserung.

Grundsätzlich hat sich aber wohl ergeben, daß man vor dem Graben, der den Christus des Kerygmas vom vorösterlichen Jesus gerade nach den Erkenntnissen der Formgeschichte zu trennen scheint, nicht zu kapitulieren braucht. Er kann überschritten werden, und zwar gerade auch mit Hilfe formgeschichtlicher Überlegungen. Es ist noch möglich, das besondere Selbstbewußtsein Jesu aus bestimmten Logien der synoptischen Tradition zu eruieren, und schon die wenigen in diesem Versuch durchgeführten Beispiele lassen erkennen, daß die nachösterliche Christologie mit ihren Würdenamen für Jesus von Nazareth nicht zu einer völligen «Verfremdung» seines genuinen Selbstbewußtseins geführt hat. Wer in Israel auftrat mit dem Bewußtsein, der eschatologische Heilsansager und Entscheidungsrufer zu sein und dabei diese Heilsansage und diesen Entscheidungsruf unlösbar an seine Person band, konnte, ja mußte auf Grund der ganzen alttestamentlich-jüdischen Heilserwartung nach Ostern mit dem Würdenamen ὁ Χριστός bedacht werden. Man kann mit Marxsen sagen: «Das eschatologische Moment der ursprünglichen Unmittelbarkeit verobjektiviert sich in einem Titel»[26]. Eine Analyse aller für unser

---

[25] ThWbzNT VII, 232.
[26] Anfangsprobleme der Christologie, 29.

Thema in Frage kommenden Logien, Gleichnisse und Streitgespräche würde vermutlich zu dem Ergebnis führen, daß auch die übrigen Christusprädikate der Urkirche legitime kategoriale Explikationen des «rätselhaften», eigenartigen und einmaligen Selbstbewußtseins Jesu sind. Dabei kann man mit Marxsen durchaus
der Meinung sein, «daß die explizite Christologie sachlich weniger
sei als die sogenannte implizite Christologie»[27]. Das göttliche
Heilsmysterium, wie es in Jesus von Nazareth hervortrat, kann
mit keinem Titel adäquat zur Sprache gebracht werden. Denn
alles Reden über Gott geschieht nur in analoger Weise; auch alle
christologischen Würdenamen für Jesus sind letztlich nur analoge
«Chiffren», mit denen wir an ein mysterium stricte dictum stoßen;
das gilt speziell für das höchste Christusprädikat: ὁ υἱὸς τοῦ θεοῦ.
Aber analoge Redeweise ist keine ideologische Redeweise. Ist die
nachösterliche Christologie im Selbstbewußtsein Jesu von Nazareth fundiert, so ist sie keine Ideologie, kein «Überbau».

---

[27] Ebd. 48.

# 4. Gab es eine „galiläische Krise"?
## (1973)

### I. Das Problem

Dieser Beitrag für die Festschrift eines gerade um die Synoptikerforschung hochverdienten Gelehrten[1] möchte eine Frage aufnehmen, die besonders die Leben-Jesu-Forschung des 19. Jahrhunderts beschäftigt hat: Gab es im Leben des vorösterlichen Jesus so etwas wie eine „galiläische Krise", die mit der andern zusammenhängt: Gab es einen „galiläischen Frühling"? G. Bornkamm bemerkt dazu in seinem Jesus-Buch[2]: „Schon die Zeit der galiläischen Wirksamkeit Jesu ist nicht nur eine Zeit des Erfolges, sondern auch des Mißerfolges. Romantisch von einem galiläischen Frühling zu reden, dem bald genug die Katastrophe in Jerusalem folgen sollte, wie es ältere Leben-Jesu-Darstellungen tun, haben wir keinen Anlaß. Andere rechnen mit einer Krise schon innerhalb dieser ersten großen Periode der Geschichte Jesu: Der Argwohn der Gegner verstärkte sich; das Volk enttäuschte ihn durch seine Unbußfertigkeit, und der Landesherr Herodes Antipas ... wurde auf ihn aufmerksam und beschloß, den ‚wiederer-standenen' Täufer zu beseitigen. Aber die Texte bieten für solche Darstellung einer Entwicklung im Leben Jesu keinen sicheren Anhalt ... Die Evangelien berichten darin doch wohl historisch getreu, daß Erfolg und Mißerfolg, Zulauf und Feindschaft von Anfang an zu Jesu Geschichte gehören, auch wenn die nicht selten schematische Darstellung die Tendenz erkennen läßt, von Anfang an diese Geschichte als Leidensgeschichte zu schildern und auf die Passion am Ende auszurichten."

Damit ist auch das Problem schon angesprochen, das mit unserer Themafrage zusammenhängt: Gab es im Leben Jesu eine „Entwicklung"? Nun scheint es in der Tat so zu sein, daß die Evangelien eine „Entwicklung" im Leben des irdischen Jesus – gemeint ist natürlich mit dem | „irdischen Jesus" immer der Jesus zwischen seiner Taufe und seinem Tod – nicht mehr recht erkennen lassen. A. Schweitzer hat zu den Synoptikern bemerkt: „Sie reihen die Erzählungen aus seiner öffentlichen Wirksamkeit aneinander, ohne den Versuch zu machen, sie in

---

[1] *J. Schmids* wichtige Habilitationsschrift „Matthäus und Lukas" hat in der Fachwelt nicht die Beachtung gefunden, die sie verdient. Zu den bibliographischen Angaben vgl. das Literaturver-zeichnis am Ende dieses Beitrags.

[2] *G. Bornkamm*, Jesus 141.

ihrer Aufeinanderfolge und in ihrem Zusammenhang begreiflich zu machen und uns die ‚Entwicklung' Jesu erkennen zu lassen"[3], und W. Wrede hat ähnlich zum Markus-Evangelium gesagt, daß aus ihm „ein widerspruchloses Bild der Entwicklung nicht mehr entnommen werden kann …"[4]; „Markus hat keine wirkliche Anschauung mehr vom geschichtlichen Leben Jesu"[5]. Unterdessen hat die formgeschichtliche Betrachtung der Evangelien noch deutlicher die Gründe genannt, warum die Evangelien uns keine wirkliche Anschauung vom geschichtlichen Leben Jesu vermitteln: weil sie im Grunde gar nicht darauf aus sind, dem Leser eine historiographisch gemeinte Biographie über Jesus von Nazareth zu bieten; sie redigieren und interpretieren das überkommene Material in souveräner Weise.

Bleibt man zunächst auf der Ebene der Redaktion, so zeigt sich bei Markus innerhalb der Kapitel 1–6 jedoch ein Befund, den man durchaus mit dem Etikett „Galiläischer Frühling" versehen könnte. Verwiesen sei auf folgende Aussagen: 1,14f.: Jesus kommt „nach Galiläa" und verkündet dort als Evangelium Gottes: „Erfüllt ist die Zeit und nahegekommen die Herrschaft Gottes"; 1,28: „Sein Ruf verbreitete sich sofort überallhin über die ganze Gegend von Galiläa"; 1,33f.: „Die ganze Stadt hatte sich an der Tür eingefunden. Er heilte viele, die an allerlei Krankheiten litten, und trieb viele Dämonen aus"; 1,38f.: „‚Laßt uns anderswohin gehen, in die benachbarten Ortschaften, damit ich auch dort predige; denn dazu bin ich gekommen'. Da ging er, predigte in ganz Galiläa in ihren Synagogen und trieb die Dämonen aus"; 1,40: „Von allen Seiten aber kam man zu ihm"; 2,1b: „Da strömten viele zusammen, so daß nicht einmal vor der Tür Platz war, und er verkündete ihnen das Wort"; 2,12b: „Da gerieten alle in Staunen, priesen Gott und sagten: ‚Noch nie haben wir so etwas gesehen'"; 2,13: „Er ging wieder hinaus an den See; und das ganze Volk kam zu ihm, und er unterwies sie"; 3,7–11: „Und Jesus zog sich mit seinen Jüngern an den See zurück. Aber eine große Volksmenge aus Galiläa folgte ihm. Auch aus Judäa, aus Jerusalem, Idumäa, vom jenseitigen Jordanufer, aus der Umgegend von Tyrus und Sidon strömte viel Volk (sc. nach Galiläa), das von seinen Taten ge|hört hatte, zu ihm. Und er sagte zu seinen Jüngern, es solle ein Boot für ihn bereitliegen wegen der Menge, damit sie ihn nicht drängten. Denn er heilte viele, so daß alle, die von Leiden geplagt waren, sich auf ihn stürzten, um ihn anzurühren"; 3,20: „Und er kam nach Hause. Und wieder lief das Volk zusammen, so daß sie nicht einmal essen konnten"; 4,1: „Und wieder lehrte er am See. Sehr viel Volk strömte bei ihm zusammen, so daß er in ein Boot stieg und sich auf dem See niederließ. Das ganze Volk befand sich am See auf dem Land"; 5,21: „Und als Jesus mit dem Schiff wieder zum jenseitigen Ufer hinübergefahren war, versammelte sich am Seeufer viel Volk bei ihm"; 5,24: „Und viel Volk begleitete und umdrängte ihn"; 6,6b: „Und er zog ringsum durch die Dörfer und lehrte"; 6,12f. (nach der

---

[3] *A. Schweitzer*, Messianitäts- und Leidensgeheimnis VIII.

[4] *W. Wrede*, Messiasgeheimnis 21.

[5] Ebd. 129.

Aussendung der Jünger in Galiläa): „Und sie zogen aus und predigten, man soll Buße tun, trieben viele Dämonen aus und salbten viele Kranke mit Öl und heilten sie"; 6,33 f.: „Aber man hatte sie (Jesus und die Apostel) abfahren sehen, viele erfuhren es, liefen zu Fuß aus allen Städten dort zusammen und überholten sie. Und als er ausstieg, sah er eine große Volksmenge, und er hatte Mitleid mit ihnen, denn sie waren wie Schafe, die keinen Hirten haben. Und er fing an, sie vieles zu lehren"; 6,44: „Und derer, die von den Broten gegessen hatten, waren fünftausend Mann"; 6,55 f.: „Sie liefen in jener ganzen Gegend umher und fingen an, auf Tragbahren die Kranken herbeizutragen, wo sie hörten, daß er sei. Und wo er auf die Dörfer oder in die Städte oder auf die Gehöfte hinauskam, stellte man die Kranken auf den Plätzen hin und bat ihn, er möge sie auch nur die Quaste seines Mantels berühren lassen. Und alle, die sie berührten, wurden gesund."

Diese Texte sprechen eine sehr eindrückliche Sprache. Markus schildert das galiläische Wirken Jesu als eine gewaltige Bewegung, die das ganze Volk bis über die Grenzen Galiläas hinaus erfaßt. Bedenkt man zudem, daß eine Reihe der angeführten Texte sogenannte Summarien sind, dann kommt die Absicht des Markus-Evangelisten noch stärker ins Bewußtsein; denn die Summarien „sind Verallgemeinerungen, in denen, was in einzelnen Geschichten individuell belegt war, ohne alle Individualisierung von einer Mehrheit von Fällen ausgesagt wird. Sie wollen nichts weiter besagen als dies, daß Jesus in der vorher geschilderten Weise nun auch sonst zu wirken pflegte"[6]. Gerade die Summarien also dienen der Schilderung des „galiläischen Frühlings". Haben außerdem jene Exegeten recht, die, wie etwa G. Bornkamm[7], Mk 1,15 als eine | Zusammenfassung der ganzen galiläischen Botschaft Jesu betrachten[8], so wäre auch diese Stelle noch eine besondere Stütze für die These vom „galiläischen Frühling"[9].

Zudem zeigt sich bereits, daß die Definition, die einst M. Kähler vom Evangelium zu geben versuchte („etwas herausfordernd könnte man die Evangelien Passionsgeschichten mit ausführlicher Einleitung nennen")[10] der Revision bedarf. Markus zäumt das Pferd nicht vom Schwanz her auf! Er versteht seine Vita Jesu primär als εὐ-αγγέλιον (s. Mk 1,1.14 f.)[11].

Durchprüft man das Material ab Kapitel 7, so verringert sich die Zahl jener Bemerkungen des Evangelisten über einen großen Konflux des Volkes und über eine positive Reaktion desselben auf das Wirken Jesu ganz auffällig. Es heißt in 7,37: „Über die Maßen gerieten sie in Staunen und sagten: Er macht alles gut, die Tauben macht er hören und die Stummen reden". In 8,1 (zu Beginn des Berichtes über die zweite Brotvermehrung, der höchst wahrscheinlich eine Dublette zum

---

[6] *M. Dibelius*, Formgeschichte 226.
[7] *G. Bornkamm*, Jesus 58.
[8] Was der Verfasser dieses Beitrags selbst nicht tut; vgl. *F. Mußner*, Gottesherrschaft 90 f.
[9] Dabei kommt es nicht darauf an, ob die Formulierung von Mk 1,15 markinisch oder vormarkinisch ist. Der Evangelist Markus bekennt sich auf jeden Fall zu dieser Aussage.
[10] *M. Kähler*, Der sogenannte historische Jesus 60.
[11] S. dazu Näheres bei *F. Mußner*, Gottesherrschaft 97 f.

Bericht über die erste Brotvermehrung darstellt)[12], ist wieder von „viel Volk" die Rede, dessen Zahl in 8,4 auf „an viertausend" angegeben wird. „Viel Volk" erscheint dann noch einmal in 9,14, das nach 9,15 in Staunen gerät, als es Jesus sieht, und hineilt, ihn zu begrüßen. Als Jesus nach 10,1a „in das Gebiet von Judäa und des jenseitigen Jordanlandes" gekommen war, „strömten wieder die Volksscharen bei ihm zusammen, und er lehrte sie wieder in der gewohnten Weise" (10,1b). Und als er nach 10,46 mit seinen Jüngern Jericho verläßt, um nach Jerusalem hinaufzuziehen, war auch „viel Volk" mit dabei – gedacht ist vermutlich an die Festpilger aus Galiläa; wahrscheinlich hat Markus diese auch im Auge, wenn er in 11,8–10 von den Ovationen erzählt, die dem in Jerusalem einziehenden Jesus vom Volk bereitet wurden. Nach 11,18b „staunt alles Volk über seine Lehre".

Ist dieses Material im Vergleich zu jenem der Kapitel 1–6 schon recht spärlich, so fällt vor allem auf, daß die Summarien sich auf diese beschränken. Das scheint kein Zufall zu sein, sondern für Markus scheint in der Tat Galiläa „das Land des ‚Evangeliums Gottes'" zu sein, „das Er | sich für den Tag der eschatologischen Vollendung Seines Volkes erkoren hat ..."[13].

Hält aber diese von Markus vertretene Sicht des öffentlichen Wirkens Jesu in seinem Heimatland Galiläa auch der historischen Kritik stand? Das ist die Frage, die nicht leicht zu beantworten ist.

## II. Jesu Heilsangebot an Israel und seine Ablehnung

Ob nun „das Evangelium Gottes", das Jesus nach Mk 1,14f. in Galiläa ausgerichtet hat, eine Zusammenfassung seiner ganzen galiläischen Botschaft ist oder ein sein öffentliches Wirken eröffnender Heroldsruf[14], so geht aus dem Inhalt von Mk 1,15 auf jeden Fall dies hervor, daß Jesus in seinem Heimatland den Anbruch der eschatologischen Herrschaft Gottes ausgerufen hat. *Die Gottesherrschaft war das große Angebot, das Gott durch Jesus Israel gemacht hat!* Die Forschung ist sich auch darüber einig, daß nach Jesu Verständnis „Gottesherrschaft" primär Herrschaft des Heils und nicht des Gerichts ist; „Gottesherrschaft" ist ein

---

[12] Vgl. dazu *F. Mußner*, Brotvermehrung, in: Bibel-Lexikon (Einsiedeln [2]1968), Sp. 262f.(mit Literatur).

[13] *E. Lohmeyer*, Markus 29. Nach *J. Schmid*, Markus 119, ist bei Mk 8,27 „der Rückzug Jesu vom Volk vollzogen". Nach *J. Roloff* spricht Mk 10,1 zwar „von der Gewohnheit Jesu, das Volk zu lehren, das ihm zuströmt, ihn bedrängt und von ihm Hilfe fordert. Allerdings tritt das Volk von 8,27 bis zum Beginn der Jerusalemer Tage zumindest in den redaktionellen Versen ganz zurück, und bereits vorher, zwischen der Verwerfung in Nazareth (6,1–6a) und der Blindenheilung von Bethsaida (8,22–26), scheint die Distanz zwischen Jesus und dem Volk zu wachsen. Manches spricht für die Annahme, als hätte Markus zwischen 7,31–37 und 8,22–26 das Volk allmählich ,ausblenden' wollen" (Markusevangelium 82).

[14] Es läßt sich auf keinen Fall bestreiten, daß auf der markinischen Redaktionsebene Mk 1,15 ein einmaliges Eröffnungslogion ist.

positiver Begriff[15]. Wenn Gott Israel durch Jesus das Heil der eschatologischen Gottesherrschaft anbietet, so war dieses Angebot ernsthaft gemeint. Gottes Angebote sind keine Farce; Gott macht durch Jesus Israel kein frommes Theater vor! Das darf grundsätzlich vorausgesetzt werden und gilt selbstverständlich auch für das Angebot der Gottesherrschaft durch Jesus, das er der Öffentlichkeit Israels unterbreitet hat. Aber ebenso ist historisch sicher, daß Jesu Angebot an Israel in Israel nicht zum Zuge kam. Sonst wäre sein Unternehmen nicht gescheitert. Das Angebot Jesu wurde abgelehnt, vor allem auch deshalb, weil es von Jesus an seine Person gebunden wurde: „Wenn ich mit dem Geiste [Finger] Gottes die Dämonen austreibe, ist folglich die Herrschaft Gottes bei euch angelangt" (Mt 12,28 = Lk | 11,20). So entstand die Jesus schließlich den Tod bringende Spannung von Angebot und Ablehnung.

Diese Spannung ist schon deutlich angesprochen in dem alten Q-Material, wie A. Polag in seiner Arbeit „Die Christologie der Logienquelle" gezeigt hat. A. Polag kommt zu dem Ergebnis, „daß das Vorstellungsfeld der Primärtradition von Q zu Sendung und Bedeutung Jesu in seiner Struktur und den wesentlichen Aussagen die Überzeugung des vorösterlichen Jüngerkreises wiedergibt ... Auch die Gegebenheit zweier Aussageebenen (vor und nach der vollzogenen Ablehnung) geht auf den vorösterlichen Bereich zurück"[16]. Weiter: „Die Verkündigung Jesu hat eine *Entwicklung* vollzogen. Die Verschiedenheit der Aussageebenen [Angebot/Ablehnung mit Gerichtsdrohung] muß in einem konkreten Geschehen begründet sein. Es scheint demnach nicht der Wirklichkeit zu entsprechen, wenn der historische Verlauf der Verkündigungstätigkeit so geschildert wird, als ob Jesus mit einem eschatologischen Entscheidungsruf umherzog, bis er schließlich einen entscheidenden Versuch in Jerusalem wagte und dort scheiterte. Vielmehr stellt die Verkündigung Jesu ein konkretes Geschehen in Israel dar, das eine historische Entwicklung aufweist; die Ablehnung durch das Volk ist bereits vor dem mit seinem Tod endenden Wirken in Jerusalem ein Tatbestand und modifiziert die Verkündigung Jesu bedeutend."[17] Im Vorstellungsmaterial von Q spiegelt sich noch deutlich die Erfahrung, die Jesus von Nazareth in seinem vorösterlichen Wirken gemacht hat: Er macht als Bote Gottes ein Angebot, aber dieses Angebot wird immer mehr abgelehnt.

Die Evangelisten haben diesen Tatbestand nicht verwischt, wenn auch Markus das „Volk" dabei schont und in den Schriftgelehrten, Herodianern, Hohenpriestern und Pharisäern die treibenden Kräfte in der Ablehnung des Angebotes sieht, vgl. etwa 2,6; 3,6 („Da gingen die Pharisäer sogleich hinaus und beratschlagten wider ihn zusammen mit den Herodianern, wie sie ihn vernichten könnten"); 11,18 („Die Hohenpriester und Schriftgelehrten hörten davon und überlegten, wie sie ihn vernichten könnten. Aber sie hatten Furcht vor ihm, denn alles | Volk staunte über seine Lehre"); 12,12a. Aber die der Logienquelle

---

[15] Vgl. dazu *R. Schnackenburg*, Gottesherrschaft 56–62; *J. Becker*, Heil 206f.; 213f.
[16] *A. Polag*, Die Christologie der Logienquelle 194.
[17] Ebd. 195f.

angehörigen Wehesprüche über die Städte Chorazin, Kapharnaum und Bethsaida (Mt 11,20–24 = Lk 10,13–15) scheinen ein Hinweis zu sein, daß Jesu Angebot nicht bloß von den führenden Schichten des Volkes, sondern von ganzen „Städten" abgelehnt worden ist, die am Nordufer des Sees oder in seiner Nähe lagen. Besonders dieses Logion, an dessen Echtheit nicht gut gezweifelt werden kann[18], könnte bestätigen, daß es so etwas wie eine „galiläische Krise" gegeben hat. Jesu Angebot kam in diesen Städten nicht zum Zuge. Und der gewaltsame Tod Jesu in Jerusalem läßt keinen Zweifel darüber, daß Jesu Unternehmen gescheitert ist. Freilich läßt sich die Frage kaum beantworten, ob Jesu letzter Zug nach Jerusalem zum Todespascha ursächlich mit der Ablehnung seines Angebotes in Galiläa zusammenhängt. Doch etwas anderes scheint damit ursächlich zusammenzuhängen: der immer stärkere Rückzug Jesu auf den engeren Jüngerkreis, der seinen abschließenden Höhepunkt im Abendmahlssaal zu Jerusalem erreicht.

## III. „Umfunktionierung" des Jüngerkreises?

Die Schwierigkeiten bei der Erhebung des historischen Tatbestandes sind auch hier bedingt durch die Eigenart der Evangelien. Kennen sie eigentlich so etwas wie einen allmählichen Rückzug Jesu auf den engeren Jüngerkreis? Nach den synoptischen Evangelien zieht Jesus sich auch schon im Galiläa-Abschnitt seines Wirkens wiederholt mit den Jüngern zurück, tritt aber immer wieder in die Öffentlichkeit; dasselbe läßt sich auch noch nach dem Weggang Jesu aus seinem Heimatland beobachten, wenn die Jüngerbelehrung hier auch den größeren Platz eingeräumt bekommt. Aber wie war es historisch? Bei der Beantwortung dieser Frage kann, wie es scheint, nur Folgendes festgestellt werden: Der Jüngerkreis wird deutlich im Verlauf des öffentlichen Wirkens Jesu „umfunktioniert": Aus den „Multiplikatoren" der Ansage wird der (engere) Jüngerkreis, der Jesus schließlich auch nach Jerusalem begleitet. Diese These ist freilich nur dann richtig angegangen, wenn die „Aussendung" der Jünger durch Jesus tatsächlich erfolgt ist, von der die Synoptiker erzählen (vgl. Mk 6,7–13; Mt 10,1–42; Lk 9,1–6; 10,1–16), was bekanntlich umstritten ist. H. Schürmann kommt in seiner sorgfältigen Untersuchung über die Vorgeschichte des synoptischen Aussendungsberichtes[19] zu dem Ergebnis: „Hinter Lk 10,1 u. Mt 10,5b–6 u. Lk 10,8–11(12)ff. wird ein | altes Erzählungsstück sichtbar, das von einer großen messianischen Tat Jesu an Israel berichtet. Jesu ,Aussendung' ist geschildert wie ein Großangriff auf Israel, das noch einmal vor die messianische Entscheidung gestellt werden soll."[20] Damit sind wir aber immer erst noch auf der Ebene der nachösterlichen Tradition: die früheste palästinische Urgemeinde sucht im Licht dieses Berichtes von einer einmaligen Aussendungstat Jesu „ihre eigenen Aufgaben an

---

[18] Vgl. dazu *F. Mußner,* Wunder 24–28; *W. Grundmann,* Matthäus 312f.
[19] *H. Schürmann,* Vorgeschichte.
[20] Ebd. 147.

Israel zu erkennen"[21]. Nun ist zu beachten, daß sich ein derartiger Aussendungs-
bericht nicht bloß in Q, sondern auch in Mk (6,7–13) findet, was doch wohl als
Kriterium genommen werden darf, daß diesen unabhängig voneinander entstandenen Berichten ein historischer Vorgang aus dem vorösterlichen Leben Jesu
zugrundeliegt. E. Schweizer macht darauf aufmerksam, daß 6,11 („wenn man
euch an einem Ort nicht aufnimmt und nicht auf euch hört, dann geht von da fort
und schüttelt den Staub von euren Füßen zum Zeugnis wider sie") „nicht mehr
der Situation der Gemeinde" entspricht, „da der Satz nur einen einmaligen
kurzen Bußruf voraussetzt, nach dessen Ablehnung das Gericht eintritt"; dazu
kommt Folgendes: „Lk 10,1–16 hat dabei einige altertümliche Züge bewahrt:
Das Verbot der Sandalen und des Grüßens unterwegs (damit keine Zeit verloren-
gehe) in V. 4, den Ausdruck ‚Sohn des Friedens' und die Vorstellung von Ruhen
des Friedens auf dem Menschen bzw. vom Zurückkehren zu Jüngern V. 6, den
Hinweis auf das Reich Gottes V. 9.11 und den Schluß, nach dem die Jünger ihre
Macht über die Dämonen erst nachträglich entdecken, V. 17. Im ganzen findet
sich also hier eher die ältere Gestalt der Anweisungen. Nun erscheinen aber auch
Mk 6,8f. in Q in einer Gestalt, die durchaus in die Situation Jesu paßt: ‚Erwerbet
euch nicht …' … Auch die eschatologische Spannung und der unerhörte Ernst
von V. 11 (vgl. Lk 10,11) könnten auf Jesus selbst zurückgehen".[22] Hat Schürmann mit seiner These recht, daß hinter Lk 10,1 u. Mt 10,5b–6 u. Lk
10,8–11(12)ff. „ein altes Erzählungsstück sichtbar" wird (s.o.), dann lautete
dieses ungefähr so: „Hierauf aber bestimmte Jesus noch andere (Zweiund)siebzig
und sandte sie paarweise vor sich her in jede Stadt und (jeden) Ort, wohin er
selbst kommen wollte. Er trug ihnen dabei auf: Geht nicht auf den Weg zu den
Heiden und betretet keine Stadt der Samariter. Geht vielmehr zu den verlorenen
Schafen des Hauses Israel. Und wenn ihr eine Stadt betretet und man euch
aufnimmt, so eßt, was euch vorgesetzt wird, heilt die Kranken in ihr und sagt:
Das Reich Gottes ist zu euch nahe herbeigekommen. Wenn ihr aber eine | Stadt
betretet und man euch nicht aufnimmt, so geht hinaus auf ihre Straßen und
sprecht: Selbst den Staub, der von eurer Stadt an unseren Füßen haftet, wischen
wir (auf) euch ab. Aber das sollt ihr wissen: Das Reich Gottes ist nahe herbeige-
kommen. Ich sage euch: Sodom wird es an jenem Tag erträglicher ergehen als
jener Stadt." Was bei Lukas noch folgt (10,13–15), „entstammt Q und ist hier
nach der Stichwortmethode eingefügt"[23]. Achtet man auf die Thematik des alten
Stückes, so fällt das Fehlen christologischer Verkündigungsgehalte auf, wie sie
für die nachösterliche Missionspredigt bezeichnend sind; es geht um das vorösterliche Thema „Gottesherrschaft". Das ausdrückliche Verbot der Samariter-
mission widerspricht der nachösterlichen Missionspraxis, aber entspricht dem
Spruch Jesu in Mt 15,24: „Ich bin nur zu den verlorenen Schafen des Hauses
Israel gesandt."[24] Auch die Aussendung von 70 (72) Jüngern dürfte der ältesten

---

[21] Ebd. 148.
[22] *E. Schweizer*, Markus 72.
[23] *H. Schürmann*, Lukas 208.
[24] *W. Grundmann*, vgl. dazu auch *J. Jeremias*, Verheißung 16f; *A. Vögtle*, Der Einzelne 66:

Tradition entsprechen[25]. So kann man dem Urteil von T. W. Manson zustimmen: „The mission of the disciples is one of the best-attested facts in the life of Jesus."[26] Sie kann am besten gegen Ende der galiläischen Tätigkeit Jesu situiert werden[27]. „Die Weisung, nicht nach Samaria zu gehen, sperrt ihnen den Süden ab, das Verbot, zu den Heiden zu gehen, die drei anderen Himmelsrichtungen: sie sollen sich auf Galiläa beschränken"[28]. So könnte in der Tat die Aussendung der Jünger so etwas wie ein letzter „Großangriff auf Israel" gewesen sein, besser formuliert: ein letztes Großangebot an Israel seitens Jesu[29].

Die ausgesandten Jünger fungieren als Multiplikatoren der galiläischen Predigt und Tätigkeit Jesu; ihre Arbeit ist „die Fortsetzung und Erweiterung der ,Sendung' Jesu selbst"[30]. |

In der Aussendungsrede selbst ist aber auch die Möglichkeit der Ablehnung des durch die Jünger „vervielfältigten" Angebots Jesu deutlich genug angesprochen (vgl. Lk 10,10–12), und in den (von Lukas angehängten) Wehesprüchen über die drei Städte Chorazin, Bethsaida und Kapharnaum ist sie bereits als vollendete Tatsache von Jesus konstatiert. Wie A. Polag gezeigt hat, spiegelt sich in dem alten Traditionsmaterial der Logienquelle noch deutlich die ursprüngliche Spannung von Angebot und Ablehnung (s. o.). Daß Jesu Angebot abgelehnt worden ist, bezeugen alle Evangelien einmütig und wird durch seinen gewaltsamen Tod bestätigt. Welche Folge aber hatte die Ablehnung des Angebots für den Jüngerkreis? Wie uns scheint: eben den seiner „Umfunktionierung", wobei jedoch ein Kontinuum bleibt, wenigstens im Hinblick auf die „Zwölf": ihre Repräsentationsfunktion; sie vertreten Israel als „Zwölfstämmeverband". Die Entstehung des „Zwölferkreises" ist zwar historisch exakt nicht mehr aufzuhellen[31]; auch das Verhältnis dieses Kreises zu der größeren Jüngerschar läßt sich auf Grund der Quellenlage kaum noch bestimmen[32]. Aber auch A. Vögtle meint:

---

„Die Echtheit dieser Logien ist nicht zu bezweifeln. Nicht umsonst fehlen sie bei Mk und Lk. Nachdem die Kirche schon seit vorpaulinischer Zeit zur Heidenmission übergegangen war, konnten sie vom Standpunkt dieser späteren Entwicklung als anstößig empfunden werden"; W. *Trilling*, Israel 99–105 (Trilling sieht allerdings Mt 15,24 „als Eigenbildung des Matthäus" an; seine Argumente sind freilich nicht überzeugend).

25 Mit *J. Schmid*, Lukas 183f., gegen *W. Grundmann* (z. St.).

26 *T. W. Manson*, Sayings 73.

27 Vgl. auch *J. Roloff*, Apostolat 151.

28 *J. Jeremias*, Verheißung 17.

29 *J. Schmid*, Markus 120, fragt nach der Bedeutung der Aussendung: „Zieht sich Jesus selbst von der Arbeit an seinem Volk zurück und überläßt sie seinen Jüngern (*Hauk*)? Oder bedeutet sie umgekehrt die höchstmögliche Steigerung der Tätigkeit Jesu (*Schweitzer*)?"; er antwortet: „Die erstere Annahme würde sich in offenkundigem Widerspruch zu V. 6b setzen. Die einzig richtige Annahme ist die, daß Jesus auch die Zwölf, entsprechend dem Zweck ihrer Auswahl zu ,Aposteln' …, aussandte, damit sie neben ihm das Evangelium vom Kommen der Gottesherrschaft verkündigten".

30 *J. Schmid*, Lukas 184.

31 Vgl. *A. Vögtle*, Art. „Zwölf", in: LThK² X, Sp. 1443–1445 (Literatur); dazu noch *J. Schneider*, Apostel (weitere Literatur besonders 42, Anm. 5); *K. Kertelge*, Funktion (Literatur).

32 Vgl. dazu Näheres bei *A. Vögtle*, Der Einzelne 67–75. Besonders Markus hat die Jüngerperikopen „in einem überragend hohen Maße … geprägt" (*K.-G. Reploh*, Markus 228).

„Unter Berücksichtigung der verschiedenen Daten der Überlieferung ist ... ernstlich mit der Möglichkeit zu rechnen, daß die Aussonderung des engeren Kreises der Zwölf erst nach der Galiläamission der Jünger erfolgte, nämlich mit dem zusammenhängt, was man die in der Leben-Jesu-Forschung so umstrittene ‚galiläische Krise' nennt, also mit der zunehmenden Erfahrung, daß sich Israel als Ganzes der Botschaft Jesu versagte. Darauf könnte auch Joh 6 hinweisen." [33]

Hatte der Jüngerkreis (einschließlich der „Zwölf") während der Angebotzeit die wichtige Funktion der „Multiplikatoren", so bekommt er nach der Ablehnung des Angebotes eine neue Funktion, genauer gesagt, wie uns scheint, eine Doppelfunktion, die aber in sich zusammenhängt. Zunächst besteht die neue Funktion darin, daß der Jüngerkreis zum Kern der kommenden Heilsgemeinde des Messias Jesus wird – wobei zu bedenken ist, daß dieser „Kern" nicht im Sinne des „heiligen Rests" verstanden werden darf, wie A. Vögtle mit Recht betont [34]. Es besteht aber dennoch ein Kontinuum: Der Zwölferkreis repräsentierte schon vor dem | Ende der Angebotzeit Israel als Zwölfstämmeverband, das Jesus als Ganzes um sich sammeln wollte; diese Funktion haben die Zwölf auch jetzt noch, nach dem Ende der Angebotzeit.

Die zweite Funktion des Jüngerkreises nach dem Ende der Angebotzeit besteht darin: Er wird nun zum Erstträger der Jesusüberlieferung, die er nach Ostern in die Kirche einbringen wird. Faktisch ist der Jüngerkreis zwar auch der Träger jener Jesustraditionen, die der Angebotzeit entstammen; denn diese sind ja auch nur über das Medium des Jüngerkreises in den Raum der nachösterlichen Gemeinde gekommen [35]. Jetzt aber, nach der Angebotzeit, wird der engere Jüngerkreis sozuagen der *programmatische* Träger der Überlieferung, oder anders gesagt: deren erster „Sitz im Leben", jedenfalls dann, wenn H. Schürmanns These von den vorösterlichen Anfängen der Logientradition richtig ist – und für ihre Richtigkeit spricht sehr viel. Seine Argumente brauchen hier nicht wiederholt zu werden [36].

Sollte unsere „Umfunktionierungs"-These richtig sein, wäre mit ihr immerhin eine erste Antwort auf die Frage nach einer erkennbaren „Entwicklung" im vorösterlichen Leben Jesu schon gewonnen. Eine solche würde noch greifbarer werden, wenn der Zusammenbruch der Angebotzeit auch Folgen für das Selbstbewußtsein Jesu gehabt hat.

---

[33] *A. Vögtle*, Der Einzelne 73.

[34] Vgl. ebd. 80–82.

[35] Für Markus jedenfalls liegt die Bedeutung des Jüngerthemas vor allem auch „darin, daß die Jünger die geschichtliche Verbindung zwischen dem Erdenwirken Jesu und der Kirche darstellten. Jesu große Taten in Galiläa waren vergangen; was jedoch blieb bis in die Gegenwart hinein, war seine Botschaft und die Gemeinschaft mit ihm. Markus sieht die Jünger darum als Träger der Botschaft, als die, die bei Jesus sind und seine Worte hören und bewahren (3,14), auch wenn sie sie zunächst nicht verstehen" (*J. Roloff*, Markusevangelium 91).

[36] Vgl. *H. Schürmann*, Anfänge (mit Literaturnachtrag).

## IV. Vorösterliche „Zweistufenchristologie"?

Der Ausdruck „Zweistufenchristologie" wurde von E. Schweizer geprägt[37], vor allem mit Blick auf die Struktur des alten Christusbekenntnisses in Röm 1,3 f.[38]. Unsere Frage ist: Erlaubt es die beobachtete Abfolge Angebot/Ablehnung im Hinblick auf das vorösterliche Leben Jesu von einer (natürlich dann nur „indirekten") „Zweistufenchristologie" zu sprechen? Bleibt man zunächst auf der Redaktions|ebene der synoptischen Evangelien, so kann man etwa hinsichtlich des Lukasevangeliums mit H. Conzelmann sagen, daß Jesus auf seiner vom Evangelisten im „Reisebericht" ausgearbeiteten Wanderung zum Todespascha nach Jerusalem „zunächst gar nicht anderswo als bisher (wandert) – aber er wandert anders"[39], auf einer neuen Bewußtseinsstufe, die mit seinem kommenden Leiden zusammenzuhängen scheint. Durch Lk 13,13 ff. „wird die Reise zum christologisch notwendigen Zustand erklärt. Anders ausgedrückt: *Jesu Leidensbewußtsein wird als Reise ausgedrückt*"[40]. Von da her gesehen gehören die „Leidensweissagungen" nun nicht bloß auf der Redaktionsebene, sondern auch auf der historischen Ebene Jesu in die Zeit hinein, da das Angebot schon abgelehnt ist; die Leidensankündigungen sind zwar dann noch lange nicht als ipsissima vox Jesu deklariert, aber doch gestaltet in Erinnerung an derartige Ansagen Jesu selbst. Jedenfalls sind bei allen drei Synoptikern die Leidensweissagungen Jesu in der Zeit untergebracht, da das Angebot schon weithin abgelehnt ist, bei Matthäus sogar scharf als Zäsur in seiner Vita Jesu ins Bewußtsein gerückt durch ein ἀπὸ τότε zu Beginn der ersten Leidensweissagung (vgl. 16,21)[41]. Das Kreuz ist deswegen noch lange nicht aus historischer Ursächlichkeit erklärt, sozusagen als notwendige geschichtliche Folge der Ablehnung des Angebots, sondern Markus (und sich ihm anschließend Matthäus und Lukas) führt die Passion auf ein göttliches δεῖ zurück (vgl. Mk 8,31 par)[42].

Wir fragen: Ist das alles nur redaktionelle Konstruktion? Wird der Verlauf des öffentlichen Lebens Jesu in der Spannung Angebot/Ablehnung gesehen, die zu den nicht leugbaren Gegebenheiten seines Lebens gehört hat, so läßt sich nun der ganze Sachverhalt vielleicht so formulieren: *Zuerst wandert Jesus als der die*

---

[37] *E. Schweizer,* Glaube 11.

[38] Vgl. auch *F. Hahn,* Hoheitstitel 251–259; *Chr. Burger,* Jesus 25–33 (Literatur).

[39] *H. Conzelmann,* Mitte 57.

[40] Ebd.

[41] „Bezeichnete ἀπὸ τότε in 4,17 den Beginn des galiläischen Wirkens Jesu, in dem das Licht aufleht über dem Land in Finsternis (4,12–17), so zeigt dieses zweite ἀπὸ τότε sein Ende an" (*W. Grundmann,* Matthäus 397).

[42] Außerdem muß bei „Kreuz" unterschieden werden zwischen dem gewaltsamen Tod Jesu am Kreuz und der theologischen Deutung dieses Todes. Die „Leidensweissagungen" enthalten bekanntlich keine Deutung der „Verwerfung" Jesu, etwa im Sinne des Stellvertretungs- und Sühnegedankens, was bei der Annahme ihrer exklusiv nachösterlichen Bildung mehr als erstaunlich ist. Ohne Zuflucht zur Psychologie zu nehmen, darf gesagt werden, daß Jesus auf Grund der erfahrenen Ablehnung des Angebots, die zweifellos auch mit schweren Zusammenstößen mit seinen Gegnern verbunden war, allmählich mit seiner gewaltsamen Liquidierung rechnen konnte, ja mußte.

*eschatologische Gottesherschaft Anbietende; jetzt, nach der Ablehnung des Ange-*
*bots durch Israel, wandert er als der mit der Ableh|nung des Angebots selbst*
*Abgelehnte.* Mit dieser Formulierung ist dann auch verständlich gemacht, was
wir unter der „indirekten Zweistufenchristologie" der vorösterlichen Zeit Jesu
verstehen möchten. Dabei sind wir uns bewußt, daß sich der Umschlag vom
Angebot zur Ablehnung (was dann auch die Gerichtsansagen zur Folge hatte)
chronologisch nicht fixieren läßt; der „Umschlag" muß selbstverständlich als ein
länger währender Prozeß verstanden werden – und angelegt war er im Grunde
schon im Angebot, weil dieses an die Person Jesu gebunden war und zudem die
Umkehrforderung enthielt. Die Art des Angebots rief Israel notwendig in eine
Entscheidungssituation! In topographischer Hinsicht kann aber sicher gesagt
werden: Der Schauplatz dieses Umschlags war Galiläa, das Heimatland Jesu;
dort sind die eigentlichen Entscheidungen gefallen, wenn auch nicht auf einmal.
So verstanden ist es nicht bloße Romantik, von einem „galiläischen Frühling"
und einer „galiläischen Krise" zu reden. Und ist an unserer Formel „indirekte
Zweistufenchristologie" etwas Richtiges, dann impliziert diese auch, so meinen
wir, eine wirkliche, ernstzunehmende *Entwicklung* im vorösterlichen Bewußtsein Jesu[43], die sich in „direkter" Christologie vielleicht so artikulieren läßt: *Vom*
*Messias zum Leidensmessias*[44]

Wir sind uns des hypothetischen und fragmentarischen Charakters unserer
Ausführungen wohl bewußt. Wir wollten mit ihnen nur auf ein altes Problem der
Leben-Jesu-Forschung hinweisen, das vielleicht verdient, neu von den Exegeten
aufgenommen zu werden. Dabei hoffen wir, daß unsere Hinweise die Bedeutung
des Problems sowohl für die Leben-Jesu-Forschung als auch für die Christologie
(und Ekklesiologie) genügend ins Bewußtsein bringen konnten. |

*Literatur*

*Becker, J.*, Das Heil Gottes (Göttingen 1964).
*Bornkamm, G.*, Jesus von Nazareth (Stuttgart ¹1956 [¹⁵1995]).
*Burger, Chr.*, Jesus als Davidssohn. Eine traditionsgeschichtliche Untersuchung (Göttingen
    1970).

---

[43] Ernsthaft angenommen wurde eine Entwicklung im Selbstbewußtsein Jesu unter den
Exegeten besonders von *A. Vögtle*, Exegetische Erwägungen; unter den Dogmatikern von *K.
Rahner*, Dogmatische Erwägungen, und *H. Riedlinger*, Geschichtlichkeit.

[44] Man kann sich gegen diese Anschauung des Lebens Jesu nicht auf das Johannesevangelium
berufen; denn im Blick auf dieses Evangelium kann von einer derartigen Entwicklung in der Tat
keine Rede sein. Schon der Täufer kündigt nach Joh 1,29 Jesus als „das Lamm Gottes" an, „das
wegträgt die Schuld der Welt", und der johanneische Christus (oder ist es wieder der Täufer?)
weist schon in 3,14–16 auf seine Erhöhung (am Kreuz) und auf seine Hingabe (in den Tod) hin!
Im vierten Evangelium wird in der reflektierenden Rückschau das ganze Leben Jesu, von seinem
Anfang an, noch viel stärker als bei den Synoptikern im Licht von Karfreitag und Ostern
gesehen; da gibt es in der Tat keine Entwicklung. Der Evangelist Johannes gestaltet vielmehr
seine Vita weithin als einen „Vorprozeßbericht", der seinen Höhepunkt im eigentlichen Prozeß-
bericht erreicht.

*Conzelmann, H.*, Die Mitte der Zeit. Studien zur Theologie des Lukas (Tübingen [7]1993).

*Dibelius, M.*, Die Formgeschichte des Evangeliums (Tübingen [3]1959 [[6]1971]).

*Grundmann, W.*, Das Evangelium nach Lukas (ThHKNT 3) (Berlin [10]1984).

– Das Evangelium nach Matthäus (ThHKNT 1) (Berlin [6]1986).

*Hahn, F.*, Christologische Hoheitstitel. Ihre Geschichte im frühen Christentum (Göttingen 1963 [[5]1995]).

*Jeremias, J.*, Jesu Verheißung für die Völker (Stuttgart 1956).

*Kähler, M.*, Der sogenannte historische Jesus und der geschichtliche, biblische Christus. Neu herausgegeben von W. Wolf (München 1953).

*Kertelge, K.*, Die Funktion der „Zwölf" im Markusevangelium, in: TThZ 78 (1969) 193–206.

*Lohmeyer, E.*, Das Evangelium nach Markus (KEK 1,2) (Göttingen [17]1967).

*Manson, T. W.*, The Sayings of Jesus (London [5]1957).

*Mußner, F.*, Gottesherrschaft und Sendung Jesu nach Mk 1,14 f. Zugleich ein Beitrag über die innere Struktur des Markusevangeliums, in: PRAESENTIA SALUTIS. Gesammelte Studien zu Fragen und Themen des Neuen Testaments (Düsseldorf 1967) 81–98.

– Die Wunder Jesu. Eine Hinführung (München 1967).

*Oberlinner. L.*, Todeserwartung und Todesgewißheit Jesu. Zum Problem einer historischen Begründung (SBB 10) (Stuttgart 1980) 79–112 („Die ‚galiläische Krise' als historisch relevanter Ansatzpunkt für die Begründung der Leidensgewißheit Jesu?").

*Polag, A.*, Die Christologie der Logienquelle (Neukirchen-Vluyn 1977).

*Rahner, K.*, Dogmatische Erwägungen über das Wissen und Selbstbewußtsein Christi, in: *ders.:* Schriften zur Theologie V (Einsiedeln 1962) 222–245.

*Reploh, K.-G.*, Markus – Lehrer der Gemeinde. Eine redaktionsgeschichtliche Studie zu den Jüngerperikopen des Markus-Evangeliums (Stuttgart 1969).

*Riedlinger, H.*, Geschichtlichkeit und Vollendung des Wissens Christi (Freiburg 1966).

*Roloff, J.*, Apostolat – Verkündigung – Kirche. Ursprung, Inhalt und Funktion des kirchlichen Apostelamtes nach Paulus, Lukas und den Pastoralbriefen (Gütersloh 1965).

– Das Markusevangelium als Geschichtsdarstellung, in: EvTh 29 (1969) 73–93.

*Schmid, J.*, Das Evangelium nach Lukas (RNT 3) (Regensburg [3]1955).

– Das Evangelium nach Markus (RNT 2) (Regensburg [3]1954).

– Matthäus und Lukas. Eine Untersuchung des Verhältnisses ihrer Evangelien (Freiburg 1930).

*Schnackenburg, R.*, Gottesherrschaft und Reich (Freiburg [3]1965).

*Schneider, G.*, Die zwölf Apostel als Zeugen. Wesen, Ursprung und Funktion einer lukanischen Konzeption, in: Christuszeugnis der Kirche. FS Bischof Hengsbach (Essen 1970) 51–65.

*Schürmann, H.*, Mt 10,5b–6 und die Vorgeschichte des synoptischen Aussendungsberichtes, in: Traditionsgeschichtliche Untersuchungen zu den synoptischen Evangelien (Düsseldorf 1968) 137–149.

– Die vorösterlichen Anfänge der Logientradition, in: Traditionsgeschichtliche Untersuchungen zu den synoptischen Evangelien (Düsseldorf 1968) 39–65 (mit Literaturnachtrag).

*Schweitzer, A.*, Das Messianitäts- und Leidensgeheimnis. Eine Skizze des Lebens Jesu (Tübingen [3]1956).

*Schweizer, E.*, Das Evangelium nach Markus (NTD 1) (Göttingen [16]1983).

– Der Glaube an Jesus den „Herrn" in seiner Entwicklung von den ersten Nachfolgern bis zur hellenistischen Gemeinde, in: EvTh 17 (1957) 7–21.

*Trilling, W.*: Das wahre Israel. Studien zur Theologie des Matthäus-Evangeliums (München [3]1964).

*Vögtle, A.*, Der Einzelne und die Gemeinschaft in der Stufenfolge der Christusoffenbarung, in: Sentire Ecclesiam. Das Bewußtsein von der Kirche als gestaltende Kraft der Frömmigkeit. Hg. von J. Daniélou und H. Vorgrimler (Freiburg 1961) 50–91.

– Exegetische Erwägungen über das Wissen und Selbstbewußtsein Jesu, in: Gott in Welt. FS K. Rahner ( Freiburg 1964) Bd. I, 608–667.

*Wrede, W.*, Das Messiasgeheimnis in den Evangelien. Zugleich ein Beitrag zum Verständnis des Markusevangeliums. Nachdruck der Ausgabe von 1912 (Göttingen 1963).

## II. Der Jude Jesus und Israel

## 5. Der „Jude" Jesus
(1971)

Wer vom „Juden Jesus" spricht, muß diese Redeweise aus den zuständigen Quellen verifizieren. Jüdische Leben-Jesu-Forscher betrachten Jesus von Nazareth als ihren „großen Bruder" (M. Buber)[1]. Den Erweis erbringen sie häufig dadurch, daß sie Jesus von Nazareth entweder in seine jüdische Zeitgeschichte hineinstellen und aus ihr heraus zu verstehen suchen (so besonders J. Klausner)[2] oder zeigen, daß sich für die wichtigsten Lehren Jesu, besonders in seiner Ethik, ähnliche Aussagen auch im frühjüdischen Schrifttum finden (vgl. dafür etwa das Jesusbuch von D. Flusser[3], in dem auf S. 70 die interessante Bemerkung zu lesen ist: „Man könnte aus dem antiken jüdischen Schrifttum leicht ein ganzes Evangelium zusammenstellen, ohne daß darin ein Wort von Jesus stammen würde. Dies könnte man aber nur darum tun, weil wir ja die Exemplare tatsächlich besitzen").

Wir selbst versuchen das Jude-Sein Jesu aus der Beobachtung heraus zu erkennen, daß Jesus von Nazareth nicht bloß ein geborener Jude war, daß er vielmehr auch die großen religiösen Traditionen vertreten hat, die uns in den Heiligen Schriften Israels, im Alten Testament, begegnen.[4] |

---

[1] Zur jüdischen Leben-Jesu Forschung vgl. besonders G. *Lindeskog*, Die Jesusfrage im neuzeitlichen Judentum (Leipzig 1938); *ders.*, Jesus als religionsgeschichtliches und religiöses Problem in der modernen jüdischen Theologie, in: Jud. 6 (1950) 190–229. 241–268; G. *Jasper*, Stimmen aus dem neureligiösen Judentum in seiner Stellung zum Christentum und Jesus (Hamburg-Bergstedt 1958); *Schalom Ben Chorin*, Jesus im Judentum (Wuppertal 1970); *E.L. Ehrlich*, Die Evangelien in jüdischer Sicht, in: FrRu XXII (1970) 61–68; *W. Vogler*, Jüdische Jesusinterpretationen in christlicher Sicht (Weimar 1988) (mit umfassendem Literaturverzeichnis).
[2] *J. Klausner*, Jesus von Nazareth. Seine Zeit, sein Leben und seine Lehre (Jerusalem ³1952).
[3] *D. Flusser*, Jesus in Selbstzeugnissen und Bilddokumenten (Hamburg 1968).
[4] In gewisser Weise bewegen wir uns dabei auf den Spuren des Juden *Claude G. Montefiore*, der in seinem zweibändigen Werk „The Synoptic Gospels" (1909) Jesus in die Reihe der großen Propheten Israels einzuordnen versuchte (s. dazu *Ehrlich*, Die Evangelien der jüdischen Sicht [Anm. 1] 62f.)

## 1. Der Gott Jesu ist der Gott Israels

Wenn hier vom „Gott Israels" die Rede ist, dann so, wie sich Gott für Israel in der Zeit des Alten Bundes geoffenbart hat. Es ist also, wenn man so sagen darf, vom „spezifischen" Gott Israels die Rede, wie er als solcher vom Alten Testament bezeugt und von der theologischen Forschung immer deutlicher erkannt wird[5]. Über diesen Gott lassen sich besonders folgende Aussagen machen: Er ist der König, der Richter, der Unvergleichbare, der Eifersüchtige, der Fordernde, der Widersprechende und dennoch der Retter, der Hirt, der Liebende, der Vater, der die Zukunft Heraufführende. Darin zeigt sich nach dem Alten Testament das Wesen und die Gottheit Gottes. Kennt und verkündigt Jesus einen anderen Gott? Marcion hat das bekanntlich behauptet, und wenn ihm die Kirchenväter darin heftig widersprachen, dann taten sie es gewiß auch aus der Überzeugung heraus, daß der Gott Jesu kein anderer ist als der Gott des AT. Der Gott, der unser Vater im Himmel ist, dessen Name geheiligt werden soll, dessen Reich kommen soll, dessen Wille geschehen soll im Himmel und auf Erden, ist der Gott Abrahams, Isaaks und Jakobs, der Gott der Väter. Es gibt wohl keine Gottesaussage Jesu, die nicht durch das Alte Testament gedeckt ist oder zu decken wäre. Wenn Jesus sagt: „Niemand kann zwei Herren dienen. Entweder wird er den einen hassen und den anderen lieben, oder zu dem einen halten und den andern verachten. Ihr könnt nicht Gott dienen und dem Mammon" (Mt 6,24), so bringt er damit nur den „eifersüchtigen" Gott Israels zur Geltung. Und selbst wenn Jesus sog. Religionskritik treibt, so setzt er damit nur jene Religionskritik fort, die sich bei den Propheten Israels findet, in schärferer Form sogar als bei Jesus; es sei etwa erinnert an das Wort bei Amos 5,21–24: „Ich hasse, verwerfe eure Feste, eure Feiern mag ich nicht riechen. Wenn ihr mir Brandopfer darbringt, nehme ich eure Spenden nicht an, und auf eure fetten Mahlopfer blicke ich nicht. Weg von mir mit dem Geplärr deiner Lieder, das Spiel deiner Harfen mag ich nicht hören! Vielmehr wälze sich dahin wie Wasser das Recht und die Gerechtigkeit wie ein Dauerbach!"; oder bei Hosea 6,6: „Brudersinn will ich, nicht Schlachtopfer!", von Jesus wiederholt (Mt 9,13 und 12,7). Noch wichtiger als Billerbecks Kommentar aus Midrasch und Talmud wäre deshalb ein Kommentar zu den Evangelien aus dem Alten Testament. Dann würde sich zeigen, aus *welchen* Traditionen Jesus von Nazareth her gekommen ist und redet. Merkwürdigerweise gibt es einen solchen Kommentar nicht.

Daß Gott König ist, ist eine Grundüberzeugung der atl. Gottesverkündi-

---

[5] Verwiesen sei hier besonders auf folgende Arbeiten: *K. H. Miskotte,* Wenn die Götter schweigen. Vom Sinn des Alten Testaments (dtsch. München 1963); *C. J. Labuschagne,* The Incomparability of Yahweh in the Old Testament (Leiden 1966); *N. Lohfink,* Gott und die Götter im Alten Testament, in: ThAk 6 (Frankfurt 1969) 50–71; *W. H. Schmidt,* Alttestamentlicher Glaube und seine Umwelt. Zur Geschichte des atl. Gottesverständnisses (Neukirchen 1968); *A. Deißler,* Antworten des Alten Testaments, in: Wer ist das eigentlich – Gott? (Hg. v. H. J. Schultz) (München 1969) 101–110. Vgl. ferner die „Theologien des Alten Testaments".

gung[6]; sie verdichtete sich im Frühjudentum in dem bekannten Begriff „Reich Gottes", ἡ βασιλεία τοῦ θεοῦ: ein Thema, das zum Wesensinhalt der Predigt Jesu gehört[7]. Zu den entscheidenden Zügen der Reichgottespredigt Jesu gehört gerade jener, der auch schon bei späteren Propheten in ihrer Botschaft vom Königsein Gottes sich findet: der totalitäre Zug in dem Sinn, daß nichts von der Herrschaft Gottes ausgenommen sein darf. Das führt schon zu unserer zweiten These.

## 2. Die Bibel Israels ist auch die Bibel Jesu

Dafür nur drei Belege, die sich nacheinander im Mk-Evangelium finden:

a) Im Streitgespräch mit den Sadduzäern bemerkt Jesus: „Ihr irrt euch, ihr kennt weder die Schrift noch die Macht Gottes". Er zitiert dabei aus „der Geschichte vom Dornbusch", in der Gott zu Mose sagt: „Ich bin der Gott Abrahams, der Gott Isaaks und der Gott Jakobs" (Ex 3,6), und argumentiert mit diesem Gottesspruch gegen die Sadduzäer (Mk 12,18–27).
b) Auf die Frage des Schriftgelehrten: „Welches Gebot ist das erste von allen?" antwortet Jesus mit dem Doppelgebot der Liebe, wie es sich im Dtn 6,4f. und Lev 19,18 findet (Mk 12,28–31).
c) In der Frage nach der Davidssohnschaft des Messias problematisiert Jesus die Lehre der Schriftgelehrten, „der Messias sei der Sohn Davids", mit einem Zitat aus Ps 110,1, nach dem David, „vom Heiligen Geist erfüllt, selbst sagte: ‚Es sprach der Herr zu meinem Herrn: Setze dich zu meiner Rechten, bis ich deine Feinde unter deine Füße lege'. David selbst nennt ihn ‚Herr', und woher ist er sein Sohn?" (Mk 12,35–37).

## 3. Jesus ruft den Menschen radikal unter den Willen Gottes

Der König und sein Wille sind nach altorientalischer Auffassung beinahe identisch. So äußert sich auch nach atl. Verkündigung das Königtum Gottes als seine Willensherrschaft. „Daß Gott der gebietende Herr ist, das ist der eine und grundlegende Satz der Theologie des ATs ... Aus ihm fließt alles andere hervor. An ihn lehnt sich alles andere an. Von ihm aus und nur von ihm aus kann alles verstanden werden. Ihm ordnet sich alles andere unter" (L. Köhler)[8]. Unter den Willen dieses gebietenden Herrn ruft Jesus von Nazareth den Menschen in so

6 Vgl. etwa 1 Sam 12,12 („JHWH, euer Gott, ist euer König"); Jes 33,22 („JHWH ist unser König"); 43,15 („Ich J. bin euer König"); Ez 20,33 („Ich will König sein über euch"); dazu *E. Lipinski*, Yahweh Malak, in: Bib. 44 (1963) 405–460.
7 Vgl. dazu etwa *G. Dalman*, Die Worte Jesu (Leipzig ²1930) 75–119; *R. Schnackenburg*, Gottes Herrschaft und Reich (Freiburg 1959) 1–180 (Lit.); *G. Klein*, „Reich Gottes" als biblischer Zentralbegriff, in: EvTh 30 (1970) 642–670; *J. Jeremias*, Neutestamentliche Theologie I: Die Verkündigung Jesu (Gütersloh 1971) 40–43.
8 *L. Köhler*, Theologie des Alten Testaments (Tübingen ²1947) 12.

entschiedener Weise, wie es vor ihm wohl niemand in Israel getan hat. Jesu Ethik ist eine Ethik des Gehorsams[9]. „Jesu Meinung … ist, daß der menschliche Wille vor Gott keinen freien Spielraum hat, sondern daß er radikal beansprucht ist" (Bultmann)[10]. „Die Forderungen der Bergpredigt vertreten … nicht einen sittlichen Idealismus, sondern sie stellen den *absoluten Charakter der Forderung Gottes* ans Licht"[11]. Hat man erkannt, was man den „Widerspruchscharakter" der atl. Ethik nennen könnte („Du sollst nicht …"!), so sieht man auch, daß Jesu ethische Forderungen auf der Linie solcher „Widerspruchsethik" liegen, einschließlich der sogenannten Antithesen der Bergpredigt. Wenn Jesus den Menschen noch radikaler unter den Willen Gottes ruft, als es das Alte Testament tut, so schert er deswegen nicht aus Israel aus, wie gerade auch die jüdische Leben-Jesu-Forschung mit Recht betont. Sch. Ben-Chorin bemerkt in seinem Buch „Bruder Jesus. Die Nazarener in jüdischer Sicht"[12]: „Erst eine der jüdischen Wurzel entfremdete christliche Theologie hat einen Antagonismus in die Bergpredigt hineininterpretiert: ‚Jesus stellt der Forderung des Rechtes die Forderung Gottes gegenüber' (Bultmann). Nein: Er stellt der kasuistischen Verflachung des Gesetzes durch gewisse Schulen der Pharisäer die Urabsicht des Gesetzes gegenüber. Die Radikalität Jesu, die hier immer ‚lechumra', zur Erschwerung hin, interpretiert, trennt ihn auch wieder von Hillel, mit dem ihn in bezug auf die Friedensliebe so viel verbindet. Darüber hinaus ist bei Jesus eine gewisse Introversion des Gesetzes festzustellen. Nicht allein die vollzogene Handlung, sondern die Intention, Kawana, entscheidet. Das wiederum ist aber durchaus kein Sondergut Jesu.

Wenn man gerade, wie Bultmann das betont, den Blick auf das richtet, was Jesus *gewollt* hat (nicht nur auf das, was er war), muß uns diese Radikalität als totale Erfüllung des Gesetzes, das als *Gottes* Wille und Forderung erkannt wird, klarwerden." |

## 4. Jesus vertritt den atl. Schöpfungsgedanken

Vielleicht könnte jemand als Einwand gegen diesen Satz die Frage stellen: Wann und wo hat sich Jesus von Nazareth mit der Schöpfungslehre beschäftigt? Die Frage ist berechtigt, und die Antwort auf sie lautet zunächst: Jesus geht in der Tat auf die Probleme der Schöpfungslehre nicht ein, aber – und das ist etwas anderes und, wie mir scheint, sehr Wichtiges: Jesus setzt den atl. Schöpfungsglauben als etwas Selbstverständliches voraus; dieser ist eine Vorgegebenheit in seiner Predigt. „Selbstverständlichkeiten" werden nur gewöhnlich nicht beachtet. Für Jesus ist es mit dem AT eine Selbstverständlichkeit, daß die Welt von Gott erschaffen ist, daß damit eine unaufhebbare Differenz und Distanz zwischen

---

[9] Vgl. *R. Bultmann*, Jesus (Tübingen 1951 [¹1926]) 64.
[10] Ebd. 80.
[11] Ebd. 82.
[12] *Sch. Ben-Chorin*, Bruder Jesus. Die Nazarener in jüdischer Sicht (München 1967) 76.

creator und creatura besteht, daß Gott „im Himmel" wohnt und dennoch seinen
Geschöpfen der nahe Gott ist, der die Geschichte nach seinem Willen lenkt; daß
er der ist, der seine Sonne über Gerechte und Ungerechte aufgehen läßt (Mt 5,45).
Jesus rekurriert ausdrücklich auf die Schöpfungserzählung der Genesis nach Mk
10,6 (= Mt 19,4) und 13,19 (ἀπ᾽ ἀρχῆς κτίσεως ἣν ἔκτισεν ὁ θεὸς); Jesus tut das,
um seine Verkündigung von der Schöpfung her zu begründen, ähnlich wie das
vor ihm Deutero-Jesaia getan hat (vgl. Jes 40,12 ff.; 43,1; 54,4 f. u. a.)[13].

## 5. Jesus vertritt die atl. (-frühjüdische) Stellvertretungs- und Sühneidee

Zu den Grundgedanken, die Israel in der exilischen und nachexilischen Zeit
entwickelt hat, gehört neben der Idee der kommenden Auferweckung der Toten
besonders jene vom stellvertretenden Sühneleiden[14]. Jesus teilt diese Anschauung; es sei verwiesen auf seinen Spruch in Mk 10,45: „Der Menschensohn ist
nicht gekommen sich bedienen zu lassen, vielmehr zu dienen und zu geben sein
Leben als Lösegeld an Stelle der Vielen"[15], und auf Mk 14,24: „Das ist mein
Bundesblut, das vergossen wird für die Vielen". Die im griechischen Urtext
verwendeten Präpositionen „an Stelle" und „für" drücken den Stellvertretungs-
und Sühnegedanken aus[16]. Und beide Aussagen Jesu sind nach allgemeiner
Überzeugung der Exegese orientiert am „Gottesknechtslied" Jes 53.
     Nun ist es gewiß so, daß zwischen Juden und Christen kein Konsens herzustel-
len ist über die Frage, ob Jesus von Nazareth sich mit Recht als der Gottesknecht
von Jes 53 verstanden hat oder nicht. Aber darum geht es jetzt nicht. Jetzt sei nur
festgestellt: Jesus von Nazareth ist Vertreter des Stellvertretungs- und Sühnegedankens, wie er in Israel, besonders seit dem Exil, erwachsen war. Damit hängt,
jedenfalls bei Jesus, die folgende These zusammen.

## 6. Jesus vertritt den Bundesgedanken

Der Bundesgedanke gehört zu den tragenden Ideen des Alten Testaments überhaupt: Gott hat einen Bund mit seinem Volk geschlossen. Besonders W. Eichrodt
hat in seiner Theologie des AT den atl. Bundesgedanken herausgearbeitet, und K.
Barth ihn für die christliche Glaubenslehre in seiner „Kirchlichen Dogmatik"
wieder fruchtbar zu machen versucht. Jesus nimmt in der Kelchformel den

---

[13] Vgl. *W. H. Schmidt*, Atl. Glaube und seine Umwelt (Anm. 5) 163.

[14] Vgl. dazu besonders *E. Lohse*, Märtyrer und Gottesknecht. Untersuchungen zur urchristlichen Verkündigung vom Sühntod Jesu Christi (Göttingen 1955); *J. Jeremias*, Παῖς (θεοῦ) im
Neuen Testament, in: *ders.*, ABBA. Studien zur ntl. Theologie und Zeitgeschichte (Göttingen
1966) 191–216; *ders.*, Das Lösegeld für Viele (Mk 10,45): ebd. 216–229; *ders.*, Die Abendmahlsworte Jesu (Göttingen ³1960) 221 f.

[15] Zur Echtheitsfrage vgl. *J. Jeremias*, Das Lösegeld für Viele (s. vorausgehende Anm.)
224–227.

[16] Vgl. *K. H. Schelkle*, Die Passion Jesu (Heidelberg 1949) 131–135.

Gedanken des Bundes auf, wenn auch vielleicht mit Blick auf den in Jer 31,31 f.
angesagten „Neuen Bund" (vgl. Lk 22,20; 1 Kor 11,25). Auch darüber wird
zwischen Juden und Christen ein Konsens nicht möglich sein. Aber wieder gilt,
was ich ähnlich vorher gesagt habe: Es steht fest, daß Jesus von Nazareth den
Bundesgedanken aufgenommen hat, und zwar in einem der entscheidendsten
Augenblicke seines Lebens, beim letzten Mahl mit seinen Jüngern[17]. Immerhin
sei an dieser Stelle daran erinnert, daß Petrus nach Apg 3,25 *nachösterlich* zu
seinen jüdischen Zuhörern im Tempel zu Jerusalem sagt: „Ihr seid die Söhne …
des Bundes, den Gott mit euren Vätern geschlossen hat"; damit wird von Petrus
(bzw. Lukas) ausgesprochen, daß die Juden „die Söhne des Bundes" sind (vgl.
auch Röm 9,4).

## 7. Jesus ist entschiedener Vertreter der „Armenfrömmigkeit"

Es gibt eine in alte Zeiten Israels zurückreichende „Armenfrömmigkeit", über
die schon viel geschrieben worden ist[18]. Wie ihre Geschichte zeigt, ist sie im alten
Israel immer lebendig geblieben, z. Z. Jesu besonders bei den Essenern, wie die
Qumrantexte beweisen. Auch Jesus von Nazareth, der selber aus einer armen
Familie hervorgegangen ist (vgl. Lk 1,52 f.; 2,7.24)[19], weiß sich dazu gesandt, den
Armen sein Evangelium zu verkündigen (Mt 11,5 = Lk 7,22); er hat die Armen
selig gepriesen (Lk 6,20; Mt 5,3); er ruft den Reichen sein „Wehe" entgegen (Lk
6,24) und spricht von der Schwierigkeit des Eingangs der Reichen in das Reich
Gottes (Mk 10,23 ff. par). Reichtum erstickt nur allzu leicht das Wort Gottes (Mk
4,19) und gefährdet die eschatologische Existenz (vgl. Mt 6,19 f. par; Lk
12,15−21: Gleichnis vom törichten Großbauern). Das Reich Gottes ist nach Jesus
jene kostbare Perle und jener Schatz im Acker, die den irdischen Besitz wesenlos
machen (Mt 13,44 ff.). Allzu große Sorgen um diesen ist heidnisch, da Gott dem
alles hinzugibt, der sein Reich sucht (Mt 6,33 par).
   Mit unserem Satz 7 hängt der folgende unmittelbar zusammen.

## 8. Jesus tritt für eine bessere Gerechtigkeit ein

Ich verstehe jetzt den Ausdruck „bessere Gerechtigkeit" nicht religiös – auch
dieses Verständnis gibt es bei Jesus, wie Mt 5,20 zeigt –, sondern sozial. Jesus von
Nazareth trat für die Armen ein; besonders die lukanische Tradition legt dafür

---

[17] Mt 26,28; Mk 14,24; Lk 22,20; 1 Kor 11,25. Vgl. dazu auch *H. Schürmann*, Das Weiterle-
ben der Sache Jesu im nachösterlichen Herrenmahl, in: Jesu Abendmahlshandlung als Zeichen
für die Welt (Leipzig 1970) 63–101 (bes. 84–100).
[18] Vgl. dazu *F. Mußner*, Der Jakobusbrief (HThK.NT XIII/1) (Freiburg/Basel/Wien ⁵1987)
76–84 (mit Literatur). Es hat den Verfasser außerordentlich gefreut, daß dieser Kommentar
gerade von jüdischen Rezensenten so positiv aufgenommen worden ist.
[19] Vgl. dazu und zum Folgenden ebd. 83.

Zeugnis ab. Ich nenne besondere Beispiele: | Jesus preist „die Armen" (ohne
Zusatz!) selig (Lk 6,20); Jesus fordert Hilfe für den notleidenden Nächsten (Lk
16,9: „Macht euch Freunde mit dem ungerechten Mammon!"; Lk 10,25–37:
Gleichnis vom barmherzigen Samariter; Lk 16,19–21: Gleichnis vom reichen
Prasser und dem armen Lazarus). Wer ein Gastmahl gibt, soll dazu die Armen,
Krüppel, Lahmen und Blinden einladen (Lk 14,13). Jesus war ein Freund der
Armen und der im Leben zu kurz Gekommenen und stellte sich entschieden auf
ihre Seite!

## 9. Jesus ist Ansager der Zukunft Gottes

Die Ursprünge der Eschatologie des Alten Testaments sind nur noch schwer
aufzuhellen, wie uns die Alttestamentler sagen, z.B. ab wann man im Judentum
an eine kommende Auferstehung der Toten glaubte, woher diese Glaubensüberzeugung eigentlich stammt, usw. Aber mit Sicherheit kann gesagt werden, daß
Jesu Lehre über die Eschata (ewiges Leben, Auferstehung der Toten, Gericht,
Stellung des „Menschensohnes" im Heilsgeschehen) nichts Neues bringt im
Vergleich mit dem, was das späte Israel und das Frühjudentum darüber gelehrt
haben[20]. Gewiß hat D. Flusser recht, wenn er schreibt: „Er ist der einzige uns
bekannte antike Jude, der nicht nur verkündet hat, daß man am Rande der
Endzeit steht, sondern gleichzeitig, daß die neue Zeit des Heils schon begonnen
hat"[21]. Dies hängt zusammen mit dem messianischen Bewußtsein Jesu. Wichtig
ist dabei, daß Jesus das Heil nicht von einer innerweltlich sich ereignenden
Vollendung der Geschichte erwartete, sondern allein von Gott, der für ihn der
Schöpfer der Welt, der Herr der Geschichte und ihre wahre Zukunft ist. Jesus
half entscheidend mit, daß das eschatologische Denken unter die Völker kam, das
von Israel schon in seiner altbundlichen Zeit entwickelt worden ist und das
gerade z.Z. Jesu eine große Rolle spielte, wie uns das reiche apokalyptische
Schrifttum ins Bewußtsein bringt.

## 10. Jesus ist Vertreter der Emuna

M. Buber hat bekanntlich ein Buch geschrieben mit dem Titel „Zwei Glaubensweisen"[22]. Buber versteht unter den „zwei Glaubensweisen" zwei verschiedene
Grundtypen des Glaubens: die hebräische Emuna = das radikale Sich-Ausliefern
des Menschen an Gott, und die griechische Pistis, die vor allem ein „fides quae
creditur" sei. M.a.W. (nach Wachinger):[23]

---

[20] Vgl. auch *J. Theissing*, Die Lehre Jesu von der ewigen Seligkeit (Breslau 1940).
[21] *D. Flusser*, Jesus (Anm. 3) 87.
[22] *M. Buber*, Zwei Glaubensweisen (Zürich 1950); vgl. dazu auch *L. Wachinger*, Der Glaubensbegriff Martin Bubers (München 1970); *U. Tal*, Martin Buber und das christlich-jüdische
Zwiegespräch, in: FrRu XXII (1970) 3–7.
[23] *L. Wachinger*, Der Glaubensbegriff Martin Bubers 147.

Die Emuna „ist das Vertrauen zu jemand, es beruht auf dem Status des Kontaktes, in dem man sich findet. Dieses Vertauen ist nicht exakt begründbar; es zieht seine Kraft aus der Kontinuität der Gemeinschaft, die hier den Vorrang hat. Im religiösen Bereich ergibt sich daraus die Glaubensform der Frühzeit Israels: das Beharren im Bund Gottes mit dem Volk."

Die Pistis dagegen „ist die, letztlich ebensowenig begründbare, Anerkennung eines Sachverhalts als wahr; sie beruht auf dem Akt der Akzeption, der, eben als Akt, nicht Beharren, sondern Wendung zu etwas Neuem ist. Dieser Akt des ‚Nun-mehr-für-wahr-Haltens' ... ist griechischen Ursprungs; nicht die Kontinuität, sondern der Sprung in seine Grundgestalt, nicht die Gemeinschaft ist führend, sondern der Akt des einzelnen, und nicht Nähe, sondern Distanz zum Objekt bestimmt ihn."

Wie dem auch sei, M. Buber zögert nicht, Jesus von Nazareth auf die Seite der Emuna zu stellen, und dies zweifellos mit Recht. Glaube ist für Jesus primär Vertrauen zu Gott, „ein Vertrauen, das sich nicht beirren läßt" (J. Jeremias)[24]. Dieser Emuna-Glaube kommt etwa zur Geltung in der wiederholten Zusage Jesu an von ihm Geheilte: „Dein Glaube hat dich gerettet" (Mt 9,22; Mk 10,52; Lk 17,19). „Alles ist dem möglich, der glaubt" (Mk 9,23). Jesus spricht von dem Glauben, der, auch wenn er nur die Größe eines Senfkorns hat (Mt 17,20 par; Lk 17,6), Berge (Mk 11,23 par; Mt 21,21; 17,20) bzw. Bäume (Lk 17,6) versetzen kann[25]. Das ist die Emuna, der Jesus solche Kraft zutraut[26].

Unser Thema lautet: Der Jude Jesus. Das Jude-Sein Jesu habe ich zu zeigen versucht, indem ich folgende zehn Sätze aufstellte: Der Gott Jesu ist der Gott Israels; die Bibel Israels ist auch die Bibel Jesu; Jesus ruft den Menschen radikal unter den Willen Gottes; Jesus vertritt den atl. Schöpfungsgedanken; Jesus vertritt die atl. Stellvertretungs- und Sühneidee; Jesus vertritt den Bundesgedanken; Jesus ist entschiedener Vertreter der „Armenfrömmigkeit"; Jesus tritt für eine bessere Gerechtigkeit ein; Jesus ist Ansager der Zukunft Gottes; Jesus ist Vertreter der Emuna. Das zu diesen zehn Sätzen Gesagte bedürfte noch einer weiteren Ausarbeitung; sie könnten sicher noch vermehrt werden. Was mit diesen zehn Sätzen bewußt gemacht werden sollte, ist dies, was ich eingangs schon sagte: Jesus kennt nicht bloß das große atl. Erbe Israels, sondern vertritt es auch selbst in seiner Lehre. Das brachte aber *Konsequenzen von weltweiten und welthistorischen Ausmaßen* mit sich: Jesu Lehre, befrachtet mit diesem großen Erbe Israels, blieb nicht im Raume Israels stecken; sie verbreitete sich in der christlichen Mission *in die Völkerwelt hinein*, ein Prozeß, der immer noch weitergeht. Die Völker werden dadurch mit dem großen Erbe Israels bekannt; es wirkt wie ein Sauerteig in ihnen, vielfach auch noch im säkularisierten Bewußtsein unserer Zeit. Was aber weithin nicht bewußt ist,

---

[24] *J. Jeremias*, Theologie (Anm. 7) 160.

[25] Vgl. dazu ebd. 159.

[26] Vgl. dazu auch noch *F. Lentzen-Deis*, Der Glaube Jesu. Das Gottesverhältnis Jesu von Nazareth als Erfüllung atl. Glaubens, in: TThZ 80 (1971) 141–155.

gerade auch nicht in den christlichen Kirchen, ist dies: dieses Erbe Israels wurde den Völkern *durch den Juden Jesus* vermittelt, und zwar über das Evangelium. Meine abschließende These lautet deshalb: *Der Jude Jesus stellt das große „feed back", die große „Rückkoppelung" der Kirche zu Israel dar.* Das ist der Christenheit leider nicht genügend bewußt. Die Christenheit sieht (oder sah) in Jesus von Nazareth immer primär den von Israel abgelehnten und verworfenen Messias – und der christliche Antisemitismus hat bekanntlich darin seine Legitimation zu finden gesucht –, sie sieht oder sah aber nicht, daß es gerade dieser Jesus war, durch den das große, | nicht überholbare Erbe Israels, von dem Israel selber lebt, in die Völkerwelt gekommen ist. Aber auch der Jude sollte bedenken, was Leo Baeck so formuliert hat: „Das Judentum darf an ihm [dem Evangelium] nicht vorübergehen, es nicht verkennen, noch hier verzichten wollen. Auch hier soll das Judentum sein Eigenes begreifen, um sein Eigenes wissen."[27] Die christologische Glaubensformel des Konzils von Chalzedon: Jesus Christus „vere deus-vere homo" ist im Hinblick auf den Juden Jesus und sein Jude-Sein ergänzungbedürftig, nämlich so: Jesus Christus „vere deus-vere homo *judaeus"!*

## *Literaturergänzungen*

*Baumbach, G.,* Randbemerkungen zu Jesu Judaizität, in: Christus bezeugen (FS W. Trilling) (Leipzig 1989) 74–83.

*Frankemölle, H.,* Der „ungekündigte Bund" im Matthäusevangelium?, in: *ders.* (Hg.), Der ungekündigte Bund. Antworten des Neuen Testaments (QD 172) (Freiburg/Basel/Wien 1998) 171–210 (184–186: Die biblische Identität des Jesus von Nazareth).

*Hagner, D.A.,* The Jewish Reclamation of Jesus. An Analysis and Critique of Modern Jewish Study of Jesus (Grand Rapids/Michigan 1984).

*Harrington, D.J.,* The Jewishness of Jesus, in: CBQ 49 (1987) 1–13.

*Thoma, C.,* Jüdische Zugänge zu Jesus Christus, in: J. Blank/G. Hasenhüttl (Hg.), Glaube an Jesus Christus (Düsseldorf 1980) 145–174.

*Vermes, G.,* Jesus der Jude. Ein Historiker liest die Evangelien (Neukirchen-Vluyn 1993).

*Volken, L.,* Jesus der Jude und das Jüdische im Christentum. Mit einem Geleitwort von Erich Zenger (Düsseldorf ²1985).

---

[27] *L. Baeck,* Das Evangelium als Urkunde der jüdischen Glaubensgeschichte (Berlin 1938) 70. Vgl. zu diesem Beitrag auch noch *F. Mußner,* Traktat über die Juden (München ²1988) 176–211.

# 6. Fiel Jesus von Nazareth aus dem Rahmen des Judentums?

Ein Beitrag zur „Jesusfrage" in der neutestamentlichen Jesustradition
(1996)

## I. Das Problem

Jesus von Nazareth war Jude. Es erhebt sich aber sofort die Frage: Wenn Jesus von Nazareth Jude war, wieso ist er doch für sehr viele Juden bis zum heutigen Tag „Tabu" und zwar nicht bloß mit Blick auf den „christologisierten" Jesus? Schon der „historische" Jesus ist für viele Juden „tabu". Wo liegen die Gründe dafür? Fiel etwa bereits der „historische" („vorösterliche") Jesus aus dem Rahmen des Judentums, also nicht bloß der „christologisierte" Jesus, als den ihn die christliche Gemeinde verkündet und verehrt? Noch weiter gefragt: Liegen etwa die Gründe für die „Christologisierung" Jesu beim „vorösterlichen" Jesus selbst, so daß ein Jude ihn deshalb ablehnt oder sogar meint, ihn deshalb ablehnen zu *müssen*? Und für den Fall, daß Jesus von Nazareth gar nicht der war, als den ihn die christliche Gemeinde verkündet und verehrt (etwa als den von den Propheten Israels angesagten Messias), entsteht die brisante Frage: *Wer war er dann?* Dieser Frage ist in besonders beachtlicher Weise der jüdische Gelehrte Geza Vermes in seinem Buch „Jesus der Jude. Ein Historiker liest die Evangelien"[1] nachgegangen. Von diesem Werk gehen meine Überlegungen aus.

## II. Der Jude Jesus nach Geza Vermes

Vermes beansprucht, als „Historiker" an die Jesusfrage heranzugehen, und er meint damit: nicht mit der „dogmatischen" Brille des Christen. Dabei beruft er sich für seine Erkenntnisse und Ergebnisse durchge|hend auch auf christliche Gelehrte, allen voran auf R. Bultmann, und er kann sich auf sie berufen.

Wer war für Vermes Jesus von Nazareth? Im Rahmen dieses Beitrags kann ich nur kurz über die Ergebnisse Vermes' referieren. Für ihn war Jesus von Nazareth:

---

[1] Vor mir liegt die von Alexander Samely übersetzte und von Volker Hampel bearbeitete Ausgabe des englischen Originals von 1973, in die unter dem Titel „Das Evangelium nach Jesus dem Juden" ein „dritter Teil" aufgenommen wurde, der aus Vorlesungen hervorgegangen ist, die Vermes 1981 an der Universität Newcastle gehalten hat. Die deutsche Übersetzung erschien im Neukirchener Verlag (Neukirchen-Vluyn 1993).

- Heiler
- Exorzist
- Lehrer von eschatologischer Dringlichkeit (272 f.). Freilich: „Jesus, der Lehrer
  kann nur dann verstanden werden, wenn er zugleich als Jesus, der Mann
  Gottes, als Jesus, der heilige Mann aus Galiläa, und als Jesus, der Chassid im
  Blick bleibt" (230)
- Helfer
- Mann der Emuna (Vertrauender)
- Eine charismatische, prophetische Gestalt (wie Chanina ben Dosa oder Choni
  der Kreis-Zieher)
- Ein Mann der gegenwärtigen Stunde: „Jesus war ein Mensch, für den die
  Gegenwart, das Hier und Jetzt, von einmaliger und unendlicher Wichtigkeit
  war" (264). „Worauf es ankommt, ist das Handeln – *jetzt*. Es darf kein
  Hinauszögern geben, kein Bummeln" (266)
- Ein Ethiker mit radikalen Forderungen und „maximale(r) Übertreibung, um
  das, was vermittelt werden soll, besonders eindrücklich zu machen" (269),
  etwa mit seiner Weisung an die Jünger, ihre Feinde zu lieben
- Ein Freund der Ausgestoßenen (270)
- Ein imitator Dei: „Wir haben … Jesu Denkart ein wenig kennengelernt und
  einen Eindruck gewonnen von den immensen Ansprüchen, die er an sich
  gestellt hat, und von den Werten, auf die er selbst den größten Nachdruck
  legte. Jetzt stellt sich eine fundamentale Frage: Was war das leitende, von ihm
  vertretene und verkörperte Prinzip bei seinem Versuch, das Leben als Sohn
  Gottes[2] zur Perfektion zu bringen? Die Antwort muß lauten: das im biblischen wie nachbiblischen Judentum oft zu findende Prinzip der imitatio Dei,
  das Nacheifern Gottes" (267).

Nach Vermes (und bekanntlich nicht bloß nach ihm) war es vor allem Paulus,
durch den „die ursprüngliche Ausrichtung des Wirkens Jesu radikal umgeformt
wurde" (271). „Stück für Stück löste der Christus | der paulinischen Theologie
den heiligen Mann aus Galiläa ab" (274). Es ist also nach Vermes vor allem dem
Einfluß des Paulus zuzuschreiben, daß Jesus von Nazareth aus dem Rahmen des
Judentums gefallen ist, sozusagen aus dem Judentum auswanderte. Und wenn
auch in den Evangelien „eine gewisse Kontinuität erhalten blieb", insofern sich
aus ihnen für den Historiker die wahre Gestalt des Jesus von Nazareth und sein
genuines Wollen noch eruieren lassen, so war doch durch die „Auswanderung
des Christentums aus dem jüdischen Milieu in die heidnischen Religionen" „die
Entwurzelung so radikal …, daß die nichtjüdische Kirche und Schriften, die für
sie verfaßt wurden, als verläßliche Quellen für ein historisches Verständnis Jesu
von Nazareth ausgeschlossen werden müssen" (227). Das „Lehrgebäude", das
die Kirche in ihrer Christologie über den Juden Jesus von Nazareth aufrichtete,
kann durch Vermes nach seiner Überzeugung „durch begründete Kritik ins

---

[2] Natürlich ist Jesus für Vermes nicht der „Sohn Gottes" im christologischen Sinn der Kirche;
dazu das Nähere bei G. *Vermes*, Jesus (Anm. 1)175–204.

Wanken gebracht werden. Dies erklärt, warum heute zahlreiche christliche Neutestamentler die Frage nach der Authentizität der meisten dieser Worte [‚der von den Evangelisten aufgezeichneten Worte'] offenlassen. Manche gehen sogar so weit, selbst die Möglichkeit, historisch irgend etwas über Jesus selbst zu wissen, von sich zu weisen" (206). Josef Ernst, dem diese Festschrift gewidmet ist, und der Verfasser dieses Beitrags gehören ganz gewiß nicht zu diesen[3].

## III. Der Jude Jesus nach Joseph Klausner

J. Klausner gehört zweifellos zu den anerkanntesten jüdischen Leben-Jesu-Forschern. Sein großes Werk „Jesus von Nazareth. Seine Zeit, sein Leben und seine Lehre"[4] gilt als ein Standardwerk der jüdischen Leben-Jesu-Forschung[5]. „Jesus war Jude und blieb es bis zu seinem letzten Atemzug", schreibt Klausner[6]. Vor allem war Jesus Ethiker. „Einen Mann wie Jesus, dem die Ethik *Ein* und *Alles* bedeutete, hatte | das Judentum bisher nicht hervorgebracht" (541). „Er ist geradezu der Lehrer der Sittlichkeit, die für ihn im religiösen Bereiche alles bedeutete" (573). Freilich „wurde seine Ethik infolge ihrer extremen Einstellung nur ein Ideal für Einzelne, ein Vorklang der künftigen Welt: der ‚Tage des Messias', wenn das ‚Ende' über die ‚alte Welt' und die gegenwärtige Gesellschaftsordnung hereingebrochen sein wird. Sie ist keine Ethik für die Völker und Ordnungen dieser Welt ..." (574). Dennoch „ist seine Sittenlehre eine erhabene, gewählter und originaler in der Form als jedes andere hebräische ethische System." (ebd.) Jedoch: „Das Judentum ... ist ganz ‚von dieser Welt' und strebt danach, ‚diese Welt zum Reiche Gottes zu verbessern' – die ganze Menschheit, und nicht nur einzelne Individuen" (563).

Nach Klausner hielt sich Jesus von Nazareth für den Messias und verkündete die Nähe des Reiches Gottes. „Dieser doppelte Irrtum in Jesu Gedankengang, daß das Gottesreich nahe und er der Messias sei, hat sein Andenken verewigt und das Christentum geschaffen". Das Judentum dagegen „kann nicht den Messias mit Gott auf eine Stufe stellen und jenem eine *entscheidende* Aufgabe bei der Erlösung einräumen, und es weiß nichts von einer Erlösung durch einen Vermittler oder ‚Paräkleten' zwischen Gott und Mensch. Die Juden als solche konnten deshalb Jesus nicht anerkennen: zwar hat er sich, da er ja Jude blieb, zweifellos nicht selbst zum Gott erhoben und hat sein Leiden auch nicht als ein ‚stellvertretendes Opfer' angesehen; aber er gab durch seine Worte und sein Verhalten

---

[3] Vgl. zu dem Jesusbuch von Vermes G. *Schille,* in: ThLZ 119 (1994) 422f., und die scharfe Kritik von K. *Berger* in der FAZ vom 5. August 1993, S. 27. Aber Bergers Kritik richtet sich noch mehr gegen christliche Exegeten, die Vermes die Munition geliefert haben. „Und kein Exeget soll aufschreien und sagen, man habe das ja nicht gewollt. Nein, der Schaden, den ein solches Buch anrichten kann, trifft zumindest die Exegeten verdientermaßen" (Berger).

[4] Hebr. Jerusalem 1922; deutsch Jerusalem [3]1952.

[5] Zu J. Klausners Leben Jesu-Werk vgl. etwa W. *Vogler,* Jüdische Jesusinterpretationen in christlicher Sicht (Weimar 1988) 28–31.

[6] Jesus (Anm. 4) 512.

anderen Veranlassung, ihn schon nach verhältnismäßig kurzer Zeit in diesem Lichte zu sehen" (563). Aber für „das jüdische Volk kann er natürlich weder ein Gott noch Gottes Sohn im Sinne des Trinitätsdogmas sein: beides ist für den Juden nicht nur blasphemisch, sondern auch unbegreifbar. Auch der Messias kann er dem jüdischen Volk nicht sein: das Gottesreich, die ‚Tage des Messias‘, sind ihm immer noch nicht gekommen. Ebensowenig kann er als ‚Prophet‘ anerkannt werden: dazu fehlte ihm das politische Verständnis und die Gabe der nationalen Tröstung und Aufrichtung" (573).

Obwohl für Klausner Jesus von Nazareth ganz und gar Jude war und seine Lehre „sich durch das biblische und pharisäische Judentum seiner Zeit vollkommen und ausnahmslos erklären" läßt (505), bemerkt er interessanterweise, daß in Jesus „etwas" war, „aus dem sich ‚Un-Judentum‘ entwickelte" (573), und daß seine Lehre einen Keim enthielt, „aus dem die Heidenchristen die spätchristliche Doktrin der Dreieinigkeit entwickeln konnten" (527). Und: „Ex nihilo nihil fit. Enthielte die Lehre Jesu nicht auch einen Gegensatz zum Judentum, so | wäre es Paulus unmöglich gewesen, in ihrem Namen die Zeremonialgesetze abzuschaffen und die Schranken des nationalen Judentums zu durchbrechen" (513). Paulus hatte „Anhaltspunkte, um sich auf Jesus zu berufen, als er ... an die Vernichtung des von Simon-Petrus und Jakobus begründeten ‚Judenchristentums‘ ging" (515).

„So entsteht vor uns das merkwürdige Bild: das Judentum brachte das Christentum in seiner ursprünglichen Form (als Lehre Jesu) zur Welt, aber es verstieß seine Tochter, als diese die Mutter in einer tödlichen Umarmung ersticken wollte" (523).

Ist für Klausner und Leo Baeck Jesus von Nazareth der exemplarische Jude, so für Claude Goldsmid Montefiore der mahnende Prophet, für Robert Eisler und Joel Carmichael der jüdische Freiheitskämpfer, für Martin Buber und Schalom Ben-Chorin der große Bruder, für Pinchas E. Lapide der messianische Zionist, für Hans-Joachim Schoeps der scharfe Kritiker, für David Flusser der prophetische Künder, für Robert Raphael Geis der endzeitliche Revolutionär, für Samuel Sandmei und Ernst Ludwig Ehrlich der uneinreihbare Prophet[7].

Angeregt durch Klausners Bemerkung, daß in Jesus von Nazareth „etwas" war, „aus dem sich ‚Un-Judentum‘ entwickelte", frage ich: War es dieses „etwas", wodurch Jesus für jüdisches Empfinden aus dem Rahmen des Judentums fiel und das zum Anlaß für die nachösterliche „Christologisierung" Jesu wurde? Mit dieser Frage habe ich mich schon in meinem „Traktat über die Juden" beschäftigt[8]. Wenn man allerdings mit Vermes alles, was nicht in sein Konzept vom Juden Jesus paßt, aus den Evangelien „quellenkritisch" ausscheidet, gewinnt

---

man natürlich einen Jesus, in dem sich kein „etwas" mehr findet, das nach „Un-Judentum" aussehen könnte; es bleibt nur der „reine Jude" Jesus[9]. Ist dieser aber identisch mit dem Jesus, wie er wirklich war? In der Festschrift für Joseph Ernst solche Fragen zu stellen dürfte am Platz sein, da Ernst sich eingehend mit dem Problem der Anfänge der Christologie beschäftigt hat[10]. |

## IV. Das ‚Un-Judentum' in Jesu Anspruch und die Entstehung der Christologie[11]

Die Impulse zur „Christologisierung" Jesu gingen nicht allein vom Osterereignis aus, sondern finden sich beim vorösterlichen Jesus. J. Ernst drückt das so aus: „Wenn Ostern nicht absoluter Anfang ist im Sinne einer jetzt erst und nur jetzt einsetzenden völlig neuen und auf nichts zurückzuführenden Wirkmacht, dann muß es doch wohl eine ‚Vorgeschichte' geben, die in ganz bestimmten, historisch greifbaren Fakten der ‚Geschichte Jesu' sich ausweist. Das österliche Geschehen ist persongebunden, nicht nur in dem Sinne, daß es auf die Person des Auferstandenen zu beziehen ist, sondern es steht geradezu in der geschichtlichen Kontinuität der Person Jesu. Anders ausgedrückt: Auferstehung ist nicht möglich ohne eine wie immer auch geartete christologische ‚Vorahnung'"[12]. „Ostern hat … freigegeben, was implizit schon vorher vorhanden war"[13]. Ernst nennt als vorösterliche Elemente der Christologie: I. Jüngerschaft und Nachfolge, und II. Der Nonkonformismus Jesu (1. Jesus – Stein des Anstoßes, 2. Jesu Kritik an der jüdischen Religiosität, 3. Jesu Kritik an der Ehescheidung, 4. Jesu Kritik am Ritualgesetz, 5. Jesus und die neue Sittlichkeit)[14]. Gerade der von Ernst vorgeführte II. Punkt („Der Nonkonformismus Jesu") geht in die Richtung dessen, was ich im Anschluß an Klausner „Un-Judentum" in Jesus von Nazareth nenne. Mir scheint sich dieses „Un-Judentum" in Jesus, wie es als solches von Juden empfunden wird, vor allem in *seinem in Israel bisher so nicht gehörten Anspruch zu manifestieren.* Dabei will ich genauso wie Vermes als „Historiker" arbeiten, wobei ich mit J. Ernst u. a. überzeugt bin, daß es Kriterien gibt, die es ermöglichen, sich zum vorösterlichen Jesus durchzuarbeiten[15]. |

---

[9] Auf einer internationalen christlich-jüdischen Tagung in Wien wies Vermes meine Einwände gegen seine Ergebnisse mit dem Satz zurück, ich hätte ein unkritisches Verhältnis zu den Quellen.

[10] *J. Ernst*, Anfänge der Christologie (SBS 57) (Stuttgart 1972).

[11] Ich nehme im folgenden die Überlegungen meines in Anm. 8 genannten Beitrags wieder auf und entwickle sie weiter.

[12] Anfänge (Anm. 10) 79.

[13] Ebd. 160.

[14] Vgl. ebd. 125–161.

[15] Vgl. zur Kriterienfrage v.a. *K. Kertelge* (Hg.), Rückfrage nach Jesus. Zur Methodik und Bedeutung der Frage nach dem historischen Jesus (QD 63) (Freiburg/Basel/Wien ²1977) (darin auch der Beitrag von mir und meinen ehemaligen Mitarbeitern: Methodologie der Frage nach

An drei Überlieferungen aus der synoptischen Tradition soll der Anspruch, den Jesus von Nazareth in Israel erhoben hat, vorgeführt werden[16]: Sein Anspruch auf die Vollmacht zur Sündenvergebung; das Logion „Größeres als der Tempel ist hier"; das Bekenntnis Jesu vor dem Synedrium bei seinem Prozeß.

## 1. Jesus Anspruch auf die Vollmacht zur Sündenvergebung (Mk 2,1–12 parr.)[17]

Die Perikope dient in der Exegese vielfach als exercitium der Quellenscheidung: eine Heilungswundererzählung sei mit einer Erzählung über den Anspruch Jesu auf die Vollmacht zur Sündenvergebung verbunden worden, wobei die letztere Erzählung vielfach als „unhistorisch" deklariert wird, da der Jude Jesus vom Glaubensverständnis des Judentums her – nur Gott kann Sünden vergeben – unmöglich einen solchen Anspruch erhoben haben könnte, vielmehr habe die nachösterliche „Gemeinde" mit dieser erfundenen Überlieferung „ihr Recht der Sündenvergebung auf Jesus zurückführen" wollen[18]. Die Debatte, die in den VV. 5b–10 vorliegt, sei „eingeschoben; sie ist deutlich auf die Wundergeschichte hin komponiert und nicht ursprünglich selbständig gewesen. Entstanden ist sie offenbar aus dem Streit über das Recht (die ἐξουσία) der Sündenvergebung,

---

dem historischen Jesus [= Nr. 1 im vorliegenden Band]). Vgl. auch *J. Ernst*, Anfänge (Anm. 10) 81–124; *H.K. Nielsen*, Kriterien zur Bestimmung authentischer Jesusworte, in: SNTU 4 (1979) 5–26 (mit vielen Literaturhinweisen); *H. Schürmann*, Kritische Jesuserkenntnis. Zur Handhabung des ‚Unähnlichkeitskriteriums', in: *ders.*, Jesus – Gestalt und Geheimnis. Gesammelte Beiträge. Hg. von *K. Scholtissek* (Paderborn 1994) 420–434 (Lit.).

[16]  Ich habe mich zwar mit diesen drei Überlieferungen schon in meinem Buch „Die Kraft der Wurzel" (Anm. 8) 104–124, beschäftigt; ich nehme die Beschäftigung mit ihnen hier nochmals auf, eben jetzt ganz unter dem Gesichtspunkt: „Un-Judentum" im Anspruch Jesu von Nazareth.

[17]  Aus der Literatur: *I. Maisch*, Die Heilung des Gelähmten. Eine exegetisch-traditionsgeschichtliche Untersuchung zu Mk 2,1–12 (SBS 52) (Stuttgart 1971); *H.J. Klauck*, Die Frage der Sündenvergebung in der Perikope von der Heilung des Gelähmten (Mk 2,1–12 parr.), in: BZ 25 (1981) 223–248; *P. Fiedler*, Jesus und die Sünder (BET 3) (Frankfurt a.M. 1976) 103–118; *O. Hofius*, Vergebungszuspruch und Vollmachtsfrage. Mk 2,1–12 und das Problem priesterlicher Absolution im antiken Judentum, in: „Wenn nicht jetzt, wann dann?" (FS H.-J. Kraus) (Neukirchen-Vluyn 1983) 115–127; *I. Broer*, Jesus und das Gesetz – Anmerkungen zur Geschichte des Problems und zur Frage der Sündenvergebung durch den historischen Jesus, in: *ders.* (Hg.), Jesus und das jüdische Gesetz (Stuttgart 1992) 61–104 (mit reicher Literatur); *Chong-Hyon Sung*, Vergebung der Sünden. Jesu Praxis der Sündenvergebung nach den Synoptikern und ihre Voraussetzungen im Alten Testament und frühen Judentum (WUNT II/57) (Tübingen 1993) 208–221; *K. Scholtissek*, Die Vollmacht Jesu. Traditions- und redaktionsgeschichtliche Analysen zu einem Leitmotiv markinischer Christologie (NTA 25) (Münster 1992) 137–173; *M. Trautmann*, Zeichenhafte Handlungen Jesu. Ein Beitrag zur Frage nach dem geschichtlichen Jesus (FzB 37) (Würzburg 1980) 234–255; *R. Kampling*, Israel unter dem Anspruch des Messias. Studien zur Israelthematik im Markusevangelium (SBB 25) (Stuttgart 1992) 66–89.

[18]  *R. Bultmann*, Die Geschichte der synoptischen Tradition (FRLANT 29) (Göttingen [8]1970) 13.

deren Recht durch die Kraft zur | Wunderheilung bewiesen wird"[19]. Daß in Mk 2,1–12 zwei ursprünglich getrennte Überlieferungen (Quellen) ineinandergeschachtelt seien, wobei die Spannungen und Brüche im Text noch gut zu erkennen seien, ist die Meinung vieler Exegeten[20].

K. Berger bringt in seinem Werk „Exegese des Neuen Testaments"[21] in § 5 (Fragen der Literarkritik) ausdrücklich auch Mk 2,1–12 als Paradigma zur Sprache. Grundsätzlich bemerkt er: „Doppelungen, Parallelen und Spannungen sind … keineswegs bereits an sich Hinweise auf die Tätigkeit verschiedener Hände. Vielmehr hat der Exeget zunächst die Pflicht, … den vorliegenden Text als Einheit anzusehen und zu versuchen, auffällige Unebenheiten zunächst auf das eigene Vorurteil zurückzuführen."[22] Mit Blick auf das Stichwort „leichter" in Mk 2,9 weist Berger auf Mk 10,25 („leichter geht ein Kamel durch ein Nadelöhr, als daß ein Reicher in das Reich Gottes eingeht") und auf Texte bei Philo und im „Hirten des Hermas" hin[23], in denen sich eine Steigerung vom Leichteren zum Schwereren findet. „Der innere Zusammenhang von Mk 2,1–12 ist also keineswegs künstlich oder nur assoziativ komponiert"[24], zumal wenn man beachtet, daß ein „innerer Zusammenhang" von Sündenvergebung und Heilung sich auch anderswo in der Bibel findet, etwa in Ps 103, 2.3: „Lobe den Herrn, meine Seele, und vergiß nicht, was er dir Gutes getan hat: der dir all deine Schuld *vergibt* und all deine Gebrechen *heilt*"[25] (Vgl. auch Ps 32; Ex 15,26). Nach Berger muß die „Frage nach der Kohärenz [in einer Perikope] … der Frage nach Brüchen und Spannungen vorgeordnet werden"[26]. Die Kohärenz in Mk 2,1–12 zeigt sich besonders auch deutlich bei einer Aktantenanalyse der Perikope, die nach den Adjuvanten und Opponenten fragt, die als „Akteure" in ihr auftreten[27]. Dazu folgendes Schaubild.

Ähnliche Aktantenstruktur begegnet auch in anderen Erzählungen des Mk: m.E. ein gewichtiges Argument gegen alle Quellenscheidungshypothesen bei Mk 2,1–12. Im Grunde ist das Mk-Evangelium als Ganzes nach dem Strukturgesetz Adjuvanten/Opponenten aufgebaut, wobei dieses Strukturgesetz nicht ein rein literarisches Mittel ist, vielmehr in der Geschichte des öffentlichen Lebens Jesu ihr historisches Fundament hat bis hin zum Prozeß: Es gab todbringende Zusammenstöße zwischen Jesus von Nazareth und seinen Gegnern (vgl. Mk 3,1–6). Zur Kohärenz gehört auch der Vorwurf der „Blasphemie", der Gotteslästerung (Mk

---

[19] Ebd. 12f.

[20] Darüber referieren ausführlich *I. Broer*, Jesus (Anm. 17), und *K. Scholtissek*, Vollmacht (Anm. 17).

[21] *K. Berger*, Exegese des Neuen Testaments (Heidelberg 1977).

[22] Ebd. 29.

[23] Ebd. 30.

[24] Ebd.

[25] Vgl. dazu *Chong-Hyon Sung*, Vergebung (Anm. 17) 213, mit Hinweis auf *O. Betz*, Jesu Lieblingspsalm, in: *ders.*, Jesus. Der Messias Israels (WUNT 42) (Tübingen 1987) 185–201.

[26] *K. Berger*, Exegese (Anm. 21) 32.

[27] Zur „Aktantenanalyse" vgl. *A.J. Greimas*, Strukturale Semantik. Methodologische Untersuchungen, (deutsch: Braunschweig 1971).

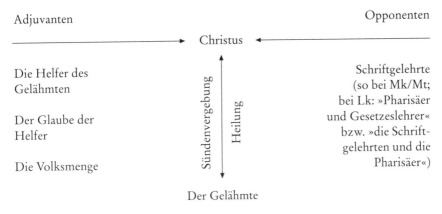

2,7; 14,64a)[28]. „Gotteslästerung ist eine der schwersten Sünden, die zu Steinigung (Lev 24,14ff.; vgl. San 7,4; SifreLev zu 24,11ff.), zur Ausrottung aus dem Volk (Num 15,30f.) und zur Vernichtung durch Jahwe führt (Num 16,30, vgl. Ex 22,27)"[29].

Dazu kommt die topographische Einheit der Perikope (Kapharnaum: V. 1), ihre szenische Einheit und der das Ganze abschließende Chorschluß („sie preisen Gott": V. 12b): die Perikope ist ein kohärentes Ganzes[30].

Ich bin überzeugt, daß das in Mk 2,1–12 über die Heilung des Gelähmten Erzählte von Anfang an eine Überlieferungseinheit bildete, die auf einer historischen Begebenheit im Leben Jesu beruht, wobei | kleine redaktionelle Eingriffe natürlich nicht ausgeschlossen sind und auch zu bedenken ist, daß uns die Überlieferung nur griechisch erhalten ist.

Der Vorwurf der Blasphemie gegen Jesus „wird nur dann verständlich, wenn Jesus tatsächlich oder nach der Meinung jener Männer göttliche Prärogativen für sich beansprucht. Die jüdische Religion kennt die kollektive Versöhnung aufgrund des Opfers, das der Hohepriester am Versöhnungstage für das Volk darbringt. Jesus setzt neue Zeichen, indem er ‚außerhalb der Ordnung' einem einzelnen kraft eigener Autorität etwas gewährt, das von Gott allein geschenkt werden kann"[31]. So tritt uns in der Erzählung über die Heilung des Gelähmten in Mk 2,1–12 parr. *der unerhörte Anspruch Jesu von Nazareth* entgegen, der sich zwar nicht gegen das Judentum als solches gerichtet hat, mit dem er aber eindeutig *nach der Meinung seiner schriftgelehrten Gegner,* aber gewiß nicht nach seiner

---

[28] Zu βλασφημέω vgl. *O. Hofius* in: EWNT I, 527–532 (bes. 529f.).

[29] *Chong-Hyon Sung,* Vergebung (Anm. 17) 218.

[30] *K. Berger* bemerkt mit Recht, „daß Literarkritik offenbar weithin viel zu leichtfertig als Mittel zur Quellenscheidung verwendet wird. Dieser Eindruck ist direkt mit der Grundeinsicht der modernen Linguistik zu verbinden, daß vor der traditionsgeschichtlichen Aufteilung des Textes in Einzelelemente (die dann historisch untersucht werden) eine Beachtung des Textes in seiner gegenwärtigen Gestalt als Ganzheit stehen müsse" (Exegese [Anm. 21] 30).

[31] *J. Ernst,* Das Evangelium nach Lukas (RNT) (Regensburg ²1993) 150.

eigenen Meinung, aus dem Rahmen des Judentums gefallen ist. Ein wahrer Jude kann und darf einen solchen Anspruch nicht erheben! „Er lästert". Es mag sein, daß Jesus mit seinem Anspruch auf die Vollmacht zur Sündenvergebung, den er als „der Menschensohn" erhoben hat, auch für den Evangelisten und seine Lesergemeinde, wahrscheinlich aber auch schon für die Traditionsträger, denen Mk sein Jesus-Material verdankt, aus dem Rahmen des Judentums gefallen ist.

## 2. „Ich sage euch aber: Größeres als der Tempel ist hier" (Mt 12,6 – Sondergut)

Die entscheidende Frage scheint mir gegenüber diesem Logion Jesu die zu sein: Auf wen oder was bezieht sich in ihm das Adverb ὧδε? Auf Jesus (in der Weise indirekter Christologie) oder auf die „Barmherzigkeit", von der Jesus im folgenden V. 7 redet (so etwa U. Luz)?[32] Ist Jesus „größer als der Tempel" oder die Barmherzigkeit? Die Frage kann nur das Studium des ganzen Relationsgefüges in der Perikope Mt 12,1–8 entscheiden[33].

Zunächst ist aber zu beachten, daß in dem Logion komparativisch vom „Größeren" die Rede ist; es findet sich also ein Vergleich. Ferner | ist zu beachten, daß Mt mit diesem Logion Jesu nicht gegen den Tempel polemisiert. Nicht um Polemik geht es, sondern um einen überraschenden Vergleich, der erst sekundär als Polemik gegen den Tempel verstanden werden konnte und vielleicht vom Evangelisten und seiner Adressatengemeinde so verstanden wurde, zumal nach der Zerstörung des Tempels im Jahr 70 n. Chr. Aber das Logion als solches schaut nicht auf den *zerstörten* Tempel; das scheint mir wichtig zu sein. Wäre trotzdem das Logion ein nachösterliches „Gemeindeprodukt" (gebildet zwischen der Auferstehung Jesu und dem Jahr 70), so wäre es gewiß nicht „rätselhaft" formuliert worden, vielmehr nach der Weise direkter Christologie: „Größeres als der Tempel ist Jesus", der himmlische Menschensohn.

Mt hat in 12,1–8 Mk 2,23–28 verarbeitet und dabei Veränderungen vorgenommen[34]. Durch das Tempellogion im V. 6, das mt. Sondergut ist, bekommen die Erwähnung des Tempels in der Perikope (ebenfalls mt. Sondergut) und zugleich die Person Jesu stärkeres Gewicht als bei Mk (Lk); Jesus rückt bei Mt als der normative, kritische Lehrer in den Vordergrund.

Jesus, Subjekt in Mt 12,1a, wird in der Erzählung bei Mt in Relation gesetzt:
– zu „seinen Jüngern"
– zu den „Pharisäern"
– zum „Sabbat"

---

[32] *U. Luz*, Das Evangelium nach Matthäus II (EKK 1/2) (Zürich/Neukirchen-Vluyn 1990) 231 („Das, was größer ist als der Tempel, ist … die Barmherzigkeit, die in Jesu Auslegung des Willens Gottes das Größte geworden ist").

[33] Dieses Studium geht über das hinaus, was ich zu dem Logion Mt 12,6 in meinem Buch „Die Kraft der Wurzel" (Anm. 8) 105–107, bemerkt habe.

[34] *J. Gnilka* führt sie in seinem Kommentar zum Matthäusevangelium (HThK.NT I/1) (Freiburg/Basel/Wien ²1992) 443, vor.

– zu „David und seinen Gefährten"
– „zur Tora" („habt ihr nicht gelesen"; „im Gesetz")
– zum „Tempel" (vgl. auch „Haus Gottes" im V. 4)
– zum „Menschensohn" (für Mt sicher identisch mit Jesus).
Das Subjekt Jesus bestimmt also das Relationsgefüge der Perikope. Die „Barmherzigkeit", die Jesus im Anschluß an Hos 6,6 von den Kritik übenden Pharisäern fordert, gilt den „Unschuldigen" (V. 7b), d. h. seinen hungernden Jüngern, die am Sabbat Ähren reiben und die Körner essen. Diese Belehrung gegenüber den Pharisäern kann sich Jesus erlauben, weil er mehr als David (vgl. dazu Mk 12,35–37 parr.)³⁵ und „Größeres als der Tempel" ist, so daß er als „der Menschensohn" auch „Herr über den Sabbat" ist. Woher Mt das Tempellogion in V. 6 hat, wissen wir nicht; es ist Sondergut, das wegen seiner indirekten Christo|logie kein Produkt der nachösterlichen Gemeinde sein kann – das rätselhaft klingende ὧδε, auf dem der Ton liegt, weist auf den vorösterlichen Raum³⁶ und läßt darüber hinaus den unerhörten Anspruch Jesu erkennen, in dem sich wieder „Unjudentum" bei ihm zeigt, weil ein Jude niemals den Anspruch erhoben haben könnte, „Größeres" *im Vergleich mit dem Tempel* zu sein³⁷, wozu man auch noch Rolle und Rang des Tempels zur Zeit Jesu mitbedenken muß³⁸. Mt kann mit dem Sondergut, das ihm mit dem Tempellogion vorlag, den hohen Rang Jesu und seinen unerhörten Anspruch, den er erhoben hat, zu Gehör bringen. Mit diesem Anspruch aber fiel Jesus, jedenfalls für jüdisches Bewußtsein, aus dem Rahmen des Judentums.

## 3. Das Bekenntnis Jesu vor dem Hohen Rat

Ich gehe nochmals von der Frage aus, die ich schon in meinem Buch „Die Kraft der Wurzel" (125) gestellt habe: Warum kamen die Synedristen zu der Überzeugung, Jesus von Nazareth „sei des Todes schuldig" (Mk 14,64)? Es geht also nochmals um die „Prozeßmaterie"³⁹.

Zunächst steht fest, daß nach Mk/Mt Jesu bejahende Antwort auf die Frage des

---

³⁵ Vgl. dazu *F. Mußner*, in: Die Kraft der Wurzel (Anm. 8) 107 f.

³⁶ Vgl. dazu *F. Mußner*, ebd., 105; *K. H. Rengstorf*, in: ThWNT VII, 232.

³⁷ Das bestätigte mir auf der Tagung in Wien (dazu Anm. 9) der jüdische Philosoph und Theologe M. Wyschogrod ausdrücklich.

³⁸ Vgl. dazu *F. Mußner*, Kraft (Anm. 8) 106 (Lit.); dazu jetzt besonders *J. Maier*, Beobachtungen zum Konfliktpotential in neutestamentlichen Aussagen über den Tempel, in: *I. Broer* (Hg.), Jesus (Anm. 17) 173–213 f.

³⁹ Vgl. *F. Mußner*, Glaubensüberzeugung gegen Glaubensüberzeugung. Bemerkungen zum Prozeß Jesu, in: *ders.*, Kraft (Anm. 8) 125–136 (Lit.). Dazu noch *K. Kertelge* (Hg.), Der Prozeß gegen Jesus. Historische Rückfrage und theologische Deutung (QD 112) (Freiburg/Basel/Wien 1988), Rezension von *F. Mußner*, in: ThRv 84 (1988) 353–360; *R. Pesch*, Der Prozeß Jesu geht weiter (Freiburg/Basel/Wien 1988); *G. Dautzenberg*, Über die Eigenart des Konfliktes, der von jüdischer Seite im Prozeß Jesu ausgetragen wurde, in: *I. Broer* (Hg.), Jesus (Anm. 17) 147–172 (mit umfassendem Literaturverzeichnis); *U. Sommer*, Die Passionsgeschichte des Markusevangeliums (WUNT 58) (Tübingen 1993) (ebenfalls mit umfassendem Literaturverzeichnis); *W.*

Hohenpriesters „alle" (so nach Mk 14,64b) Synedristen Jesus wegen seiner
„Lästerung", die nach dem Urteil des Hohenpriesters mit Jesu Antwort gegeben
war, des Todes schuldig erachteten. Ist die Antwort Jesu, er sei in der Tat das,
wonach ihn der Hohepriester gefragt hatte, nämlich der Messias, der Sohn des
Hochgelobten, historisch, also beim Verhör so oder ähnlich von ihm wirklich
gegeben worden, oder sind Frage des Hohenpriesters und Antwort Jesu ein
nachösterliches Gemeindeprodukt? Das ist bekanntlich kontrovers. Die Vertre-
ter der zweiten Meinung sagen gern: Die Frage des Hohenprie|sters an Jesus sei
deutlich im nachösterlichen christologischen „Bekenntnisstil" der Urkirche formuliert, was eben der Beweis für die Nachösterlichkeit des dramatischen Frage-
Antwort-Spiels zwischen dem Hohenpriester und Jesus sei. Nun liegt aber hier in
Wirklichkeit die Gattung „Bekenntnisstil" gar nicht vor, vielmehr die Gattung:
gerichtliche „Verhörszene", mit Aufrufung von Zeugen, Fragen des Anklägers
und Antworten des Angeklagten. Im übrigen gilt auch hier: „Die Frage nach der
*Historizität* des Berichteten ist ... *formgeschichtlich* nicht zu entscheiden"[40].
Versucht man die Frage des Hohenpriesters ins Aramäische zurückzuüberset-
zen, so ist das zwar leicht möglich, aber operiert wird in der oben genannten
Kontroverse mit dem griechischen Text, und da gibt es – was zu beachten ist –
durchaus zwei Möglichkeiten der Interpretation der Apposition „der Sohn des
Hochgelobten [Gottes]". Die Apposition könnte als Synonym zu „der Messias"
verstanden werden, was höchst unwahrscheinlich ist; denn die Apposition „dient
der zusätzlichen Benennung und Spezifizierung, der Hervorhebung bestimmter
Eigenarten und Eigenschaften, der Bestimmung einer Person, hinsichtlich ihrer
soziologischen Stellung, nach Herkunft ..."[41]. Der Sinn der Prädikationen in der
Frage des Hohenpriesters an Jesus ist also der: „Bist du der Messias" und (zwar
darüber hinaus) in dem Sinn, „der Sohn des Hochgelobten" zu sein, was du zu
beanspruchen scheinst? Dabei ist auch noch zu beachten, daß die Formulierung
„Sohn des Hochgelobten" typisch „jüdisch" ist: Vermeidung des Gottesnamens
– Mt setzt dafür schon für die griechisch lesenden Adressaten seines Evangeliums
das verdeutlichende τοῦ θεοῦ ein. Die markinische Formulierung wird aus alter
Überlieferung über den Prozeß Jesu stammen, die den Ereignissen nahestand.

Bis heute konnte niemand einen überzeugenden Beweis erbringen, daß das
todbringende Frage-Antwort-Spiel zwischen Hohenpriester und Jesus „unhistorisch" sei.

Welche Rolle aber spielten die „Tempelreinigung" – ein höchst unglücklicher

*Bösen*, Der letzte Tag des Jesus von Nazareth. Was wirklich geschah (Freiburg/Basel/Wien
1994) 156–190.
[40] *K. Berger*, Einführung in die Formgeschichte (Tübingen 1987) 185. Vgl. auch *ders.*,
Formgeschichte des Neuen Testaments (Heidelberg 1984) 259: Bei derartigen Ich-Prädikatio-
nen, wie eine solche in Mk 14,16 („ich bin es") vorliegt, handelt es sich nicht „um eine spezifische
Offenbarungsformel, sondern um eine *sprachliche Erscheinung*, die aus dem jeweiligen Kontext
... zu erklären ist", und Berger bemerkt dazu mit Blick auf Mk 14,62: „Der zugehörige Titel
wurde bereits *im vorausgehenden Text* genannt, und das ,ich bin es' *bezieht sich* auf diesen Titel
*zurück* ...".
[41] *Th. Lewandowski*, Linguistisches Wörterbuch (Heidelberg ²1976) 56f.

Ausdruck! – und ein gewisses Tempel-Logion beim Verhör | Jesu vor dem Hohen Rat[42]? J. Maier: „Die Szene der ‚Tempelreinigung‘ in Verbindung mit ‚prophetischen‘ Aussagen in Bezug auf den Tempel konnte als prophetische Symbolhandlung und somit publikumswirksame Demonstration empfunden werden, die auf der priesterlichen Seite entsprechende theologische und politische Befürchtungen wachrufen mußte. Zumindest emotional konnte auch der Vorwurf der Gotteslästerung daraus erwachsen. Aber zur Zeit des Prozesses Jesu bot dieses kulttheologische Unbehagen angesichts des schillernden Menschensohn-Begriffs kaum eine Handhabe zu einer strafrechtlich relevanten Definition. Hingegen wäre eine emotionale Komponente gerade auf priesterlicher Seite begreiflich, wenn man all die [in den vorausgehenden Erörterungen von J. Maier] aufgezeigten Faktoren einkalkuliert. Wobei das theologische Unbehagen zugleich das Bewußtsein überdecken konnte, nicht zuletzt im persönlichen und institutionellen Interesse dem römischen Statthalter juristisch-politisch in die Hand gearbeitet zu haben"[43].

Dazu Folgendes:

1. In den Prozeßerzählungen der Evangelien spielt die „Tempelreinigung" keine Rolle (übrigens auch Gesetzesfragen nicht), wohl ein Tempelwort Jesu.

2. Die „Tempelreinigung" Jesu bedeutete keine Bedrohung des Tempels oder Infragestellung der Heiligkeit desselben, im Gegenteil: Jesus kämpft mit ihr für die Heiligkeit des Tempels.[44] |

3. Mk bringt unmittelbar nach seiner Erzählung über die „Tempelreinigung" die Bemerkung: „Und die Hohenpriester und die Schriftgelehrten hörten (das) und suchten, wie sie ihn töten könnten. Sie fürchteten ihn nämlich; denn das ganze Volk staunte *über seine Lehre*. Und als es gegen Abend ging, verließen sie die Stadt" (Mk 11,18 f.). Lk, der Mk folgt, schaltet vor diesen Text des Mk noch den Satz ein: „Und er *lehrte* täglich im Tempel" (Lk 19,47a), und Mk selbst spricht im Zusammenhang der Perikope über die „Tempelreinigung" in 11,17b

---

[42] Vgl. dazu auch *F. Mußner*, in: Die Kraft der Wurzel (Anm. 8) 127 f (Lit.); ferner *Th. Söding*, Die Tempelaktion Jesu. Redaktionskritik – Überlieferungsgeschichte – historische Rückfrage (Mk 11,15–19; Mt 21,12–17; Lk 19,45–48; Joh 2,13–22), in: TTHZ 101 (1992) 36–64 (mit umfassenden Literaturhinweisen); *D. Selley*, Jesus' Temple Act, in: CBQ 55 (1993) 263–283. Zu den Tempel-Logien Jesu bei Mk vgl. besonders auch *A. Vögtle*, Das markinische Verständnis der Tempelworte, in: ders., Offenbarungsgeschehen und Wirkungsgeschichte. Neutestamentliche Beiträge (Freiburg/Basel/Wien 1985) 168–188.

[43] Beobachtungen (Anm. 38) 211.

[44] *Th. Söding* meint (Tempelaktion [Anm. 42] 63): „Die prophetische Zeichenhandlung Jesu [wie sie in der ‚Tempelaktion‘ Jesu vorzuliegen scheint] stellt ebenso wie seine Tempelworte in der eschatologischen Perspektive der Basileia-Botschaft den Tempel, wie er sich ihm präsentiert, radikal in Frage". Die „Tempelreinigung" Jesu stellt in keiner Weise den Tempel „radikal in Frage"! Jesus will vielmehr, daß er nicht zu einer „Räuberhöhle" gemacht wird. Nach *G. Dautzenberg*, Eigenart (Anm. 39), ist die „Tempelreinigung" „der Absicht Jesu nach Fortsetzung seines Wirkens in Galiläa, hat ganz Israel als ideellen Adressaten und ist wie das Wirken in Galiläa von der Naherwartung des Reiches Gottes bestimmt" (169). In Wirklichkeit will Jesus mit seiner Zeichenaktion die Heiligkeit des Tempels wiederherstellen; das hat mit „Naherwartung" nichts zu tun.

auch von einem „Lehren" Jesu. Bei Mk/Mt folgt dann die Belehrung der Jünger über die Kraft des Glaubens (Mk 11,20–24/Mt 21,20–22); erst dann bringen sie die Frage nach Jesu Vollmacht (Mk 11,27–33/Mt 21,23–27), während Lk so aufbaut: Jesus weint über die Stadt Jerusalem und sagt ihre Zerstörung an (also nicht bloß die Zerstörung des Tempels) (vgl. Lk 19,41–44); Lk bringt unmittelbar daran anschließend eine Kurzerzählung über die „Tempelreinigung" (19,45 f.) und dann sofort ein Summarium über ein tägliches „Lehren" Jesu im Tempel (19,47a); erst dann bringt er den Entschluß der Hohenpriester und Schriftgelehrten, Jesus zu vernichten (19,47b.48). Es folgt dann auch bei Lk die Vollmachtsfrage. Um welches Thema geht es eigentlich bei ihr? Die Perikope über die Vollmachtsfrage an Jesus wird bei den drei Synoptikern verschieden eingeleitet: „Und sie kommen wieder nach Jerusalem. Und als er im Tempel umherging …" (so Mk in 11,27a); „Und als er in den Tempel kam, traten zu ihm, als er lehrte …" (so Mt in 21,23a), „Und es geschah an einem der Tage, als er das Volk im Tempel lehrte und das Evangelium verkündete, traten auf …" (so Lk in 20,1a). Die Vollmachtsfrage an Jesus wird also bei allen drei Synoptikern nicht unmittelbar nach der Erzählung über die „Tempelreinigung" gestellt, so daß die Frage der Hohenpriester, Schriftgelehrten und Ältesten und speziell das Demonstrativum „dies" in ihrer Frage: „Kraft welcher Vollmacht tust du dies? Oder wer hat dir diese Vollmacht gegeben (, dies zu tun: Mk)?" sich keineswegs nur auf die „Tempelreinigung" bezieht, vielmehr vor allem die von Jesus beanspruchte Lehr-Vollmacht im Auge hat, zu der ihm nach der Meinung seiner Befrager niemand die Befugnis erteilt hat, zumal der Tempel als die offizielle Lehrstätte schlechthin galt. Bei allen drei Synoptikern ist ja ausdrücklich zuvor von einem „Lehren" Jesu *im Tempel* die Rede! Auf jeden Fall richtet sich die Vollmachtsfrage primär gegen einen in den Augen der für den Tempel und für die Lehre dort Zuständigen illegitimen Anspruch Jesu, wie er sich nach ihrer Meinung besonders auch in seinem „Lehren" im Tempel manifestierte. |

4. Die „neue Lehre mit Vollmacht" (Mk 1,27), die „Vollmacht" des Menschensohnes, auf Erden Sünden zu vergeben (Mk 2,10), und die Frage nach der Lehr-„Vollmacht" Jesu im Tempel bilden ein kohärentes Ganzes, resultierend aus dem unerhörten Anspruch, den Jesus von Nazareth erhoben hat und der beim Verhör vor dem Synedrium seinen nicht mehr überbietbaren Höhepunkt erreicht: „ich bin es", und Jesus fügt hinzu (nach Mk): „und ihr werdet den Menschensohn sehen ‚sitzend zur Rechten' der Kraft [Ps 110,1] und ‚kommend mit den Wolken des Himmels' [Dan 7,13]". Diese Antwort Jesu wertet der Hohepriester als eine Gotteslästerung, die nach der Meinung der Synedristen die Todesstrafe verdient. Jesus beantwortet die Frage des Hohenpriesters „mit einem Doppelsatz, der zunächst Ps 110 anklingen läßt und dann Dan 7,13, gewissermaßen Dan 7,9 ‚Throne' implizit als zwei verstehend und mit Ps 110 ausdeutend. Das ist etwas wie eine messianologisch und theologisch geballte Ladung, die ihren Eindruck auf der Gegenseite nach Darstellung dieser Evangelien [Mk und Mt] nicht verfehlte: Der Hohepriester soll sein Gewand zerrissen haben … Sofern diese Texte bei Mk und Mt den Sachverhalt der Gotteslästerung berühren

sollten, hängt es also an der Kombination der Motive aus Ps 110 und Dan 7,13 (und implizit 7,9)"[45].

5. Es könnte sein, daß die „Tempelreinigung" Jesu in den Augen der für den Tempel Zuständigen ein Konfliktpotential enthielt[46], zumal auch in diesem Fall die Frage nach der „Vollmacht" auftauchen konnte: Wieso kann er sich das erlauben? Noch mehr Konfliktpotential bot aber ein bestimmtes Tempellogion Jesu, auf das die Zeugen beim Verhör anspielen: „Wir haben ihn sagen gehört: Ich werde diesen mit Händen gemachten Tempel niederreißen und in drei Tagen einen anderen, nicht mit Händen gemachten, erbauen" (so nach Mk 14,58). Auch wenn es, historisch gesehen, so war, daß „auch in diesem Fall ihr Zeugnis nicht übereinstimmte", wie Mk in 14,59 bemerkt, so konnte gerade diese Zeugenaussage den Hohenpriester veranlaßt haben, an Jesus die Frage zu stellen: „Bist du der Messias, der Sohn des Hochgelobten?" Nach Joh 2,19 soll Jesus nach der „Tempelreinigung" (Joh 2,14–16) gesagt haben: „Zerstört diesen Tempel, und in drei Tagen werde ich ihn errichten". Das ist in doppelsinniger Redeweise formu|liert, wie sie für den johanneischen Christus typisch ist[47]. Der Imperativ λύσατε ist an „die Juden" adressiert, also keine Ich-Aussage Jesu („ich zerstöre diesen Tempel")! Wann sollen „die Juden" „diesen Tempel" zerstören? Welchen Tempel? Und welcher Tempel „wird" in drei Tagen „errichtet" werden? Die Antwort des Evangelisten auf diese letztere Frage lautet (Joh 2,21): „der Tempel" des Leibes Jesu (in seiner Auferstehung von den Toten). Ein solch rätselhaft klingendes Logion Jesu, wie es in Joh 2,19 vorliegt, konnte leicht zu seinen Ungunsten verdreht werden und wurde offensichtlich entsprechend verdreht. Aber das Logion Jesu enthielt einen prophetischen Anspruch, der „hier mit einem messianischen insofern verbunden (ist), als Tempelbau von Alters her zu den Königspflichten und somit auch zu den Aufgaben des Gesalbten der Heilszukunft gehört"[48], d.h. zu den Aufgaben des Messias. Deshalb konnte die (wenn auch falsche) Zeugenaussage den Hohenpriester zu seiner Frage an Jesus veranlassen. Und da in der Zeugenaussage von einem „Niederreißen" (Zerstören) des Tempels die Rede ist, konnte das für Jesus gefährlich werden. „Wer dergleichen aufgriff und – noch dazu demonstrativ öffentlich – verwendete, riskierte eini-

---

[45] *J. Maier*, Beobachtungen (Anm. 38) 206. Zu dieser „Kombination" s. Näheres ebd. 195–206.

[46] Zu diesem Konfliktpotential s. das Nähere bei *J. Maier*, ebd. 186–191.

[47] Vgl. dazu *H. Leroy*, Rätsel und Mißverständnis. Ein Beitrag zur Formgeschichte des Johannesevangeliums (BBB 30) (Bonn 1968).

[48] *J. Maier*, Beobachtungen (Anm. 38) 190. Vgl. auch *O. Betz*, Jesus. (Anm. 25) 155f. In 4Q flor I, 10–13 wird 2Sam 7,11–14 („Und JHWH hat dir kundgetan, daß er dir ein Haus bauen wird; und ich werde deinen Samen aufrichten nach dir und den Thron seines Königtums in Ewigkeit. Ich werde ihm Vater sein, und er wird mir Sohn sein'") so interpretiert: „Das ist der Sproß Davids [= der Messias], der mit dem Erforscher des Gesetzes auftreten wird, der [...] in Zi[on am En]de der Tage, wie geschrieben steht [bei Am 9,11]: ,Und ich will die zerfallene Hütte Davids wieder aufrichten'. Das ist die zerfalle[ne] Hütte Davids, [d]ie stehen wird, um Israel zu retten" (Übersetzung nach E. Lohse). Eine andere Interpretation von Am 9,11 findet sich in CD VII, 15f: „die Hütte des Königs" sind hier „die Bücher der Tora".

ges"[49]. Die mit dem Anspruch Jesu, er sei in der Tat der Messias, der Sohn des
Hochgelobten, mitgegebenen Konnotationen konnten so mitbeitragen, in seinem Anspruch, der mit seiner ganzen Antwort vorlag, eine todeswürdige „Gotteslästerung" zu sehen[50]. Da Jesus von Nazareth in den Augen seiner Prozeßgeg-
ner nur „ein | Mensch" war (vgl. Joh 10,33b)[51], nicht jedoch der Messias,
geschweige denn der himmlische Menschensohn und Sohn Gottes, war sein
Anspruch für sie eine eklatante Gotteslästerung und fiel er mit ihm, jedenfalls
wieder für jüdisches Bewußtsein, aus dem Rahmen des Judentums und zwar bis
zum heutigen Tag, außer man erklärt mit Geza Vermes u. a. den in den Evangelien behaupteten Anspruch Jesu für „unhistorisch".

Für mich bleibt das ganze Vorgehen des Synedriums gegen Jesus ohne diesen
höheren Anspruch rätselhaft, wenn nicht unverständlich. Aber ich stimme J.
Ernst grundsätzlich zu, wenn er schreibt: „Der Mk-Bericht gibt, auch wenn er
kein Protokoll sein will und kann, doch Einblick in den tiefen Gegensatz zwischen Jesus und den jüdischen Führern seiner Zeit, aber auch in das Weiterwirken
dieses Gegensatzes in der Zeit der nachösterlichen Gemeinde"[52].

Wenn man Jesus von Nazareth mit Vermes u. a. alles abspricht, was nach
„Anspruch" aussieht, z. B.
– die Vollmacht zur Sündenvergebung
– Größeres zu sein im Vergleich zum Tempel
– seine bejahende Antwort auf die Frage des Hohenpriesters und ihre Erweiterung durch Jesus selbst bei seinem Verhör,
       entsteht für mich auch die Frage: *Was war dann eigentlich Jesus von Nazareth?*
Dann war er nicht viel mehr als das, was ihm etwa J. Klausner und G. Vermes
zuerkennen. Oder war er nur der Katalysator zur Gewinnung eines wahren
Selbstverständnisses vor Gott (R. Bultmann!)? Oder höchstens ein charismati-
scher, mit einem besonderen Endzeitbewußtsein begabter Prophet? Dann ist
aber auch die ganze nachösterliche Christologie nicht viel mehr als ein „ideologischer Überbau", der Jesus von Nazareth von seinen Anhängern, von der „Gemeinde" – ein höchst fragwürdiger, weil nebuloser Begriff! – übergestülpt wurde.
Die Auferweckung Jesu von den Toten erklärt allein die Entstehung der Christologie keineswegs, auch wenn sie gewiß mächtige Impulse zu ihrer Weiterentwicklung gegeben hat. Die nachösterliche Christologie der Urkirche hat vielmehr ihren Grund in dem unerhörten Anspruch, den Jesus von Nazareth erho-

---

[49] *J. Maier*, Beobachtungen (Anm. 38) 191.

[50] Was die Antwort Jesu vor dem Synedrium angeht, so meint *J. Ernst*, "die mk Christologie
… [sei in sie] eingetragen worden" (Das Evangelium nach Markus [RNT] [Regensburg 1981]
442). Zwar liegt sowohl in der Frage des Hohenpriesters als auch in der Antwort Jesu nicht
*ipsissima vox* vor, schon deswegen nicht, weil beide dabei ja nicht griechisch gesprochen haben.
Die Juden hätten aber sicher von Pontius Pilatus nicht die Hinrichtung Jesu gefordert, wenn
dieser nicht vor Israel einen Anspruch erhoben hätte, der in ihren Ohren gotteslästerlich klang.

[51] Vgl. überhaupt Joh 10,30–39 (auch hier der Vorwurf der „Blasphemie"); 5,18; 19,7. Vgl.
dazu auch *E. Ruckstuhl*, Jesus und der geschichtliche Mutterboden im vierten Evangelium, in:
Vom Urchristentum zu Jesus (FS J. Gnilka) (Freiburg/Basel/Wien 1989) 256–286.

[52] Markus (Anm. 50) 444.

ben hat und in dem | nach J. Klausner sich „Un-Judentum" in Jesus zeigte[53]. „Dabei spielt es gar keine Rolle, ob bereits der irdische Jesus sich in irgendeiner Form mit dem kommenden Menschensohn-Weltrichter identifizierte oder nicht – der Anspruch, den Jesus für sich selbst stellte, ist auch ohne dies ungeheuerlich. ,Wer meine Worte hört und sie tut', dessen Haus wird Bestand haben (vgl. [Mt] 7,24–27)! So haben jüdische Lehrer nur von der Tora, nie aber von sich selbst gesprochen"[54].

Hat Jesus den Anspruch erhoben, den die Evangelien von ihm behaupten, dann war er konsequenterweise in den Augen seiner Gegner ein Gotteslästerer, Abfallsprediger und „Verführer" seines Volkes[55]. „Herr, wir erinnerten uns, daß *jener Verführer*, als er noch lebte, sagte: Nach drei Tagen werde ich auferweckt": so sagen nach Mt 27,62 die Hohenpriester und Pharisäer nach dem Begräbnis Jesu zu Pontius Pilatus. Nach Lk 23,2 bemerken die Ankläger zu Pilatus: Dieser Jesus „macht unser Volk abwendig"; διαστϱέφειν klingt hier doppelsinnig: Jesus macht mit seinem Anspruch das Volk Israel von seinen Überlieferungen (Tora etc.) „abwendig" bzw. vom Gehorsam gegen den römischen Kaiser; in beiden Fällen ein Verführer!

Mit seinem Anspruch fiel Jesus von Nazareth für jüdisches Empfinden nicht bloß aus dem Rahmen des Judentums, sondern dieser nach Ostern in Christologie gefaßte Anspruch führte notwendig auch zu der bis heute währenden Trennung der Kirche von Israel. Der Jude Jesus verbindet uns Christen mit Israel; gleichzeitig trennt er uns von ihm. |

*Abschließend noch eine Bemerkung zur Methodik:*

1. Jeder Text, auch der Bibeltext, ist „offen" und enthält verschiedene Möglichkeiten der Auslegung.[56] Der Bibeltext (das AT) enthält vor allem zwei Möglichkeiten:

---

[53] Vgl. auch *U. Luz*, Jesus der Menschensohn zwischen Juden und Christen, in: Israel und Kirche heute (FS E. L. Ehrlich) (Freiburg/Basel/Wien 1991) 212–223 (223: „Daß Matthäus – und vor ihm die Jesusboten der Logienquelle – die Ablehnung Israels als ein Ereignis von eschatologischer Tragweite beurteilen mußten, das unzweifelhaft seine Konsequenzen im letzten Gericht haben würde, ist auch jesuanisches Erbe. Es hängt mit dem unbedingten Anspruch, den Jesus für sich und seine Verkündigung stellte, direkt zusammen").

[54] *U. Luz*, Die Jesusgeschichte des Matthäus (Neukirchen-Vluyn 1993) 162. – „Jesus erhebt vor dem Synedrium in welchen Formulierungen auch immer einen *einzigartigen hoheitlichen Anspruch* ... Der entscheidende Konfliktpunkt Jesu mit den jüdischen Autoritäten im Verhör vor dem Synedrium ist sein *hoheitlicher, quasi-göttlicher Anspruch*" (*W. Bösen*, Der letzte Tag des Jesus von Nazareth [Anm. 39] 186).

[55] Vgl. dazu *A. Strobel*, Die Stunde der Wahrheit, Untersuchungen zum Strafverfahren gegen Jesus (WUNT 21) (Tübingen 1980); *O. Betz*, Probleme des Prozesses Jesu, in: ANRW II.25.1 (1982) 565–647; *R. Pesch*, Prozeß (Anm. 39); *F. Mußner*, Glaubensüberzeugung (Anm. 39) 131–134.

[56] Vgl. dazu besonders *T. Holtz*, Das Alte Testament und das Bekenntnis der frühen Gemeinde zu Jesus Christus, in: *ders.*, Geschichte und Theologie des Urchristentums. Gesammelte Aufsätze (Tübingen 1991) 92–105; ferner *K. Koch*, Der doppelte Ausgang des Alten Testamen-

a) die „jüdische" Möglichkeit der Auslegung: die Tora wird in der Halacha ausgelegt und zwar mit dem Anspruch, daß die Halacha denselben Offenbarungsrang besitzt wie die Tora selbst.

b) die „christliche" Möglichkeit der Auslegung: die Tora („Das erste Testament") wird „christologisch" ausgelegt, wie es das NT tut, und auch diese Auslegung beansprucht, den Rang von Offenbarung zu besitzen, ja noch mehr: eine überbietende Offenbarung zu sein (Musterbeispiel dafür: der Hebräerbrief).

2. Darüber hinaus ist die Innovation zu beachten, die verhindert, die Semantik des Neuen (etwa der Person Jesu) allein vom Alten, Bisherigen her zu bestimmen. „Der je vorliegende Kontext ist keineswegs allein maßgeblich für die Bedeutung eines Begriffs. Es besteht immer eine mehr oder weniger große Spannung zwischen der traditionellen Basis und der Innovation, die jeden Text etwas Neues sagen läßt"[57]. Das Neue schlechthin, das durch Jesus von Nazareth in die Welt gekommen ist, ist er selbst[58]. Er ist der neue „Text" in der Geschichte Israels und der Menschheit. Und wie die Evangelien erkennen lassen, besaß Jesu Selbstbewußtsein innovierenden Charakter, was Konsequenzen für die Semantik von Jesus übernommener Begriffe wie „Messias", „Menschensohn", „Sohn Gottes", „Reich Gottes" usw. mit sich brachte. Ihre bisherige, vom alten Judentum bestimmte Semantik wurde durch Jesus erweitert. Sein Selbstbewußtsein ist der mächtige Impulsator eines Neuverständnisses etwa der alten Würdenamen, wie das NT erkennen läßt. Man darf also niemals sagen: Jesus von Nazareth war nicht der Messias, Menschensohn, Gottessohn, weil das Judentum vor seiner Zeit und in seiner Zeit diese Würdenamen so nicht verstand, wie sie von Jesus und den Evangelien verstanden werden. Der Maßstab für Urteile semantischer Art mit Blick auf Jesus | von Nazareth darf nicht das alte Verständnis, die bisherige Semantik der im Judentum überlieferten und verwendeten Begriffe sein, vielmehr das innovierende Selbstverständnis Jesu, das sich in *seinem* Gebrauch der überlieferten Begriffe manifestiert, wenn deren Semantik aufgrund des Osterglaubens der Urkirche auch noch weiter entwickelt wurde, da das Osterereignis, das ja wesentlich mit Jesus zu tun hat, nochmals innovierende Impulse mit sich brachte, aber in Aufnahme der innovierenden semantischen Impulse Jesu selbst[59]. Ist das richtig, dann erweist sich z. B. das Argument als methodisch falsch: Jesus von

---

tes in Judentum und Christentum, in: JBTh 6 (1991) 215–242; *E. Zenger*, Am Fuß des Sinai. Gottesbilder des Ersten Testaments (Düsseldorf 1993) 67–84.

[57] *K. Berger*, Exegese (Anm. 21) 141.

[58] Vgl. dazu *F. Mußner*, Kraft (Anm. 8) 140–150 (Was ist durch Jesus von Nazareth Neues in die Welt gekommen?), bes. 143.

[59] „Jesus ist der *Christus* auch für die Evangelisten – und das in einem Sinne, der das jüdische Messiasverständnis in all seine Vielfältigkeit ein für allemal durchbricht" (*J. J. Petuchowski*, Mein Judesein. Wege und Erfahrungen eines deutschen Rabbiners [Freiburg/Basel/Wien 1992] 133). Vgl. auch noch *H. Frankemölle*, Jüdische Messiaserwartung und christlicher Messiasglaube. Hermeneutische Anmerkungen im Kontext des Petrusbekenntnisses Mk 8,29, in: Kairos 20 (1978) 97–109, hier: 100.104. *M. Hengel* formuliert den gemeinten Sachverhalt so: Jesu Messianität ist „nicht mit Hilfe der traditionellen jüdischen Messiasbilder auszulegen, er selbst definiert unüberholbar neu, was messianisch ist" (in: ThBeitr 9 [1978] 157).

Nazareth, der „Menschensohn", könne nicht den Anspruch auf die Vollmacht zur Sündenvergebung erhoben haben, weil nach der Anschauung des Judentums niemand Sünden vergeben könne „außer dem Einzigen". Jesus verwendete dabei einen semantisch *innovierenden* Begriff „Menschensohn", wie er so im Judentum nicht vorlag.

3. Ontologisch gesehen, lag die Möglichkeit zu solcher Innovation in seinem Sein: Vere homo *et vere Deus.* Die Evangelien bezeugen dieses „zweifache" Sein. Darf der Exeget vom christologischen „vere Deus" absehen? M. E. nicht, auch wenn er dann der „dogmatischen Gebundenheit" bezichtigt wird. Wer das christologische „vere Deus" nicht ernstnimmt, versteht Jesus von Nazareth nie, in dessen vorösterlichen Leben nach dem Zeugnis der Evangelien immer wieder sein *göttliches* Geheimnis aufleuchtete. Das kann nur der bestreiten, der meint, er müsse in der Auslegung der Evangelien dieses Aufleuchten quellenkritisch ausscheiden und zum hellenistisch beeinflußten „Gemeindeprodukt" deklarieren, um so zum wahren „historischen Jesus" durchzustoßen. G. Vermes' Jesus ist nicht der wirkliche historische Jesus.

# 7. War Jesus von Nazareth für Israel erkennbar?
## (1979)

Damit wird eine Frage aufgenommen, die, soweit ich sehe, noch nie wirklich von der christlichen Theologie durchreflektiert worden ist, die jedoch von grundlegender Bedeutung für das jüdisch-christliche Gespräch ist, auch wenn die Antwort wegen der Schwierigkeit des Gegenstandes letztlich über Hypothesen nicht hinauskommt, weil die Frage mit dem undurchschaubaren Geheimnis der göttlichen Heilsführung zu tun hat. Aber ein Versuch zu einer Antwort muß gewagt werden. Unsere Frage meint natürlich: War Jesus für Israel in seinem messianisch-göttlichen Geheimnis erkennbar?

1. Wir gehen in unseren Überlegungen von der sog. Nazarethperikope (Mk 6,1–6a; Mt 13,53–58; Lk 4,16–30)[1]aus, die häufig in Übersetzungen und Kommentaren die Überschrift trägt: „Jesu Verwerfung in seiner Vaterstadt"[2], während *H. Schürmann* von „Jesu Selbstoffenbarung in Nazareth" spricht[3]. Nach *H. Schürmann* rückt Lukas die Nazarethperikope „mit Überlegung an den Anfang seines Berichts über das Wirken Jesu, weil sie in gewisser Weise das Ganze des Evangeliums enthält und weil in ihr in besonders gültiger Weise etwas Typisches aufleuchtet"[4]. „In ihrem ersten Teil 4,16–22 spricht sich die ἀρχή [„der Anfang"] Jesu ... aus, durch die das ‚erfüllte' σήμερον [„heute"] konstituiert, | wird (V. 21); in ihrem zweiten Teil (4,23–30) dann der Ausgang Jesu: die Ablehnung in seiner Heimat und in Israel und das kommende Heil für die Heiden"[5]. Um so mehr entsteht dadurch für uns die Frage: Wenn sich in dem in der Perikope erzählten Vorgang der Weg Jesu und des Evangeliums beispielhaft spiegelt – und nach *R. Pesch* bietet die Perikope „wichtiges historisches Material"[6] –, können dann aus

---

[1] Die Literatur ist zusammengestellt bei *R. Pesch*, Das Markusevangelium I (HThK.NT II/1) (Freiburg/Basel/Wien [5]1989) 325. Dazu noch *B. Mayer*, Überlieferungs- und redaktionsgeschichtliche Überlegungen zu Mk 6,1–6a, in: BZ. NF 1 22 (1978) 187–198; *O. Betz*, Jesus in Nazareth. Bemerkungen zu Markus 6,1–6, in: Israel hat dennoch Gott zum Trost (FS S. Ben-Chorin) (Trier 1978) 44–60.

[2] So auch bei *R. Pesch*.

[3] *H. Schürmann*, Das Lukasevangelium I (HThK.NT III/1) (Freiburg/Basel/Wien [4]1990) 225.

[4] Ebd. Vgl. auch *U. Busse*, Das Nazareth-Manifest Jesu. Eine Einführung in das lukanische Jesusbild nach Lk 4,16–30 (SBS 91) (Stuttgart 1978).

[5] *H. Schürmann*, a.a.O.

[6] S. die Zusammenstellung desselben a.a.O. 322.

ihr noch die Gründe abgelesen werden, die Israel zur Ablehnung Jesu und seiner Botschaft und den Weg des Evangeliums zu den Heiden bestimmten? Nach Mk 6,3b (= Mt 13,57a) nehmen die Landsleute Jesu „Anstoß an ihm", während Lukas dieses Anstoßnehmen an Jesus folgendermaßen am Ende seiner Erzählung dramatisiert: „Da wurden alle in der Synagoge, als sie das hörten [was Jesus zuvor in seiner „Homilie" gesagt hatte], voller Zorn, standen auf und stießen ihn zur Stadt hinaus und führten ihn an den Rand des Berges, auf dem ihre Stadt erbaut war, um ihn hinabzustürzen" (4,28 f.). Worin liegen die Gründe für den „Anstoß" und den „Zorn" der Nazarethaner, die hier Israel repräsentieren? Bei Mk ist der Grund dafür nicht ganz so deutlich wie bei Lk zu erkennen. Bei Mk ist es die Unfähigkeit der Landsleute Jesu, die „Weisheit und die Wundertaten", genauer gesagt: das „Woher" derselben, mit dem Tatbestand in Zusammenhang zu bringen, daß Jesus der Sohn des (ihnen bekannten, wenn auch vielleicht schon verstorbenen) Zimmermanns Joseph ist und seine übrige Verwandtschaft (seine Mutter, seine Brüder und Schwestern) bei ihnen wohnen. Sie denken offensichtlich: Von diesen einfachen Leuten, von seinem Elternhaus her, kann er doch nicht die Weisheit und die Wunderkraft haben, mit der er spricht und wirkt. Bei Lk dagegen geht es ganz deutlich um das „heute" (4,21), das Jesus in seiner „Homilie" als jenes „heute" bestimmt, an dem sich *in seinem Auftreten* die Ansage des Propheten Jesaja erfüllt: „Der Geist des Herrn ruht auf mir, weil er mich gesalbt hat. Den Armen die Frohbotschaft zu verkünden, hat er mich gesandt, den Gefangenen die Befreiung, den Blinden das Augenlicht, Mißhandelte in Freiheit zu setzen, das angenehme Jahr des Herrn zu verkünden" (Jes 61,1 f.; 58,6). Zwar spenden ihm die Nazarethaner nach Lk | zunächst Beifall und staunen über seine „lieblichen Worte", aber dann kommt auch bei Lk die kritisch klingende Frage: „Ist das nicht der Sohn Josephs?" (4,22b). „Das angenehme Jahr des Herrn" wird im „heute", das Jesus proklamiert, „aktuelle Gegenwärtigkeit" *(H. Schürmann)*[7]. Nach *R. Pesch* weisen die Landsleute Jesu mit ihrer Frage nach dem „Woher" seiner Weisheit und seiner Wunderkraft „einen sich aus Jesu Lehre aufdrängenden Messiasanspruch zurück. Wenn Jesus die Weisheit aus sich selbst hat, ist er ein Pseudochristus"[8]. Ein ähnlicher Anspruch spricht aus dem „heute", das sich nach Jesus jetzt in ihm erfüllt[9]. Jetzt, „heute", ist Erfüllungszeit, jetzt ist Heilszeit[10]! Diesem Anspruch aber steht für das Empfinden der Nazarethaner Jesu „gewöhnliche" und „bekannte" Abstammung entgegen. Schon in 3,23 bemerkt Lk, daß man Jesus, als dieser öffentlich auftrat, „für einen Sohn Josephs" hielt (vgl. auch Joh 1,45; 6,42). Wie konnte dann dieser jetzt auf einmal einen solchen Anspruch erheben, als sei er der von den Propheten Israels Angesagte, in dem sich die messianischen Verheißungen erfüllen? Das leuchtete ihnen nicht

---

[7] A.a.O. 233.
[8] *R. Pesch*, Markusevangelium 318.
[9] Vgl. dazu Näheres bei *H. Schürmann*, Lukasevangelium 233, mit Verweis auf *B. Prete*, Prospettive messianiche nell'espressione *semeron* dal Vangelo di Luca, in: II Messianismo (Brescia 1966) 269–284.
[10] Wir kommen darauf gegen Ende unserer Überlegungen (unter 11) wieder zurück.

ein, und so kam es zum Anstoß an ihm, zu seiner „Verwerfung" durch die
Nazarethaner, von der Lk ausführlich erzählt, wodurch im zweiten Teil der
Perikope bei ihm bereits „das Evangelium zur Passionsgeschichte wird" *(A.
Schlatter)*[11], ja die Hinwendung des Evangeliums von Israel zur Völkerwelt sich
schon ankündigt. In Lk 4,23 „heißt der Gegensatz Nazareth-Kapharnaum, in
VV. 25 ff. Israel – Völkerwelt" *(H. Schürmann)*.[12]

Natürlich ist das von Lk schon alles, trotz verschiedener historischer Elemente
auch in seiner Erzählung, post eventum so interpretiert, aber zweifellos spielte in
der Ablehnung Jesu als Messias durch Israel die Frage nach seiner Herkunft eine
entscheidende Rolle, also die Frage nach dem „Woher". Denn | dieses „Woher"
konnte „verschieden beantwortet werden (vgl. Mk 11,27–33 par Mt): vom
Himmel oder von Menschen (11,30), vom Satan (3,22.30). Der [bei Mk] dreifach
wiederholte Gebrauch des Demonstrativpronomens (τούτῳ-τούτῳ-οὗτος; vgl.
4,41!) gerät von V. 3 her auch ins Zwielicht ungläubigen (V. 6) Staunens und
verstärkt den skeptischen Charakter der Fragen, die ‚diesem da' (vgl. 2,7) gelten"
*(R. Pesch)*[13].

Die „obskure" Herkunft Jesu aus Nazareth scheint auch sonst in der Auseinandersetzung um ihn eine wichtige Rolle gespielt zu haben und zwar weit über
Ostern hinüber, wie die Evangelien noch erkennen lassen, besonders das Johannesevangelium. Hier fragt Nathanael: „Kann denn aus Nazareth etwas Gutes
kommen?" (1,46). Nach 6,42 fragen „die Juden": „Ist das nicht Jesus, der Sohn
Josephs, dessen Vater und Mutter wir kennen? Wie kann er jetzt sagen: Ich bin
vom Himmel herabgekommen?" Auch Leute aus Jerusalem bewegt nach Joh
7,25–27 dieses Problem der Herkunft des Messias. Von Jesus glauben sie zu
wissen, „woher er ist" (eben aus Nazareth). „Wenn aber der Messias kommt,
weiß keiner, woher er ist" (7,27). Als einige meinen, Jesus sei vielleicht der
Messias, „sagten andere: Kommt denn der Messias aus Galiläa? Sagt nicht die
Schrift: Aus Davids Geschlecht und aus dem Dorf Bethlehem, wo David war,
kommt der Messias?" Vgl. auch 8,14; 9,29f. Von der Abfassungszeit des vierten
Evangeliums her gesehen, scheint diese Frage nach dem „Woher" Jesu im Streit-
gespräch zwischen Juden und Christen eine wichtige Rolle gespielt zu haben.
Und die Kindheitsgeschichten des Mt und Lk scheinen u. a. auch diesem Zweck
zu dienen, die Herkunft Jesu aus der „Davidsstadt" Bethlehem zu erweisen.
Jedenfalls hat die Frage der Herkunft Jesu aus Nazareth in Galiläa sowohl vor
Ostern wie auch nach Ostern eine wichtige Rolle im Streitgespräch gespielt.

2. „Er antwortete ihnen: Warum habt ihr mich gesucht? Wußtet ihr nicht, daß
ich im Haus meines Vaters sein muß? Sie [Joseph und Maria] aber verstanden das
Wort nicht, das er zu ihnen sprach" (Lk 2,49f.). Gerade das „muß", das Jesus hier
in seiner Antwort verwendet, „trennt Jesus selbst von den Eltern | – gerade von
den Eltern". Jesu geheimnisvoll klingende Frage deutet auf „die Radikalität

---

[11] Zitiert bei *H. Schürmann*, Lukasevangelium 136.
[12] Ebd. 243.
[13] *R. Pesch*, Markusevangelium 317.

seines Sohnesgehorsams gegenüber dem Vater" hin[14], die Joseph und Maria nicht „verstehen". Die eigenartige Distanz, in die er mit seinen Worten zu ihnen tritt, wirkt auf sie rätselhaft und unverständlich. Wir stoßen hier auf die eigenartige Erfahrung, die sich sowohl in Mk 3,21.31–35 noch „skandalöser" zeigt, als auch auf andere Weise im „Unverständnismotiv" bei den Synoptikern zur Sprache kommt (s. dazu unter 5.).

3. Als nach Mk 3,21 „die Seinen" vom Wirken Jesu hörten, „zogen sie aus, um sich seiner zu bemächtigen; sie sagten nämlich: ,Er ist von Sinnen'"[15]. In 3,31–34 wird dann folgendes von Mk weitererzählt: „Und es kommt seine Mutter und seine Brüder; und sie standen draußen, sandten zu ihm und ließen ihn rufen. Und es saß um ihn eine Volksmenge; und sie sagten: ,Siehe, deine Mutter und deine Brüder und deine Schwestern, draußen suchen sie dich!' Und er antwortete ihnen und sagt: ,Wer ist meine Mutter und die Brüder?' Und ringsum die im Kreis um ihn Sitzenden anblickend, sagt er: ,Da, meine Mutter und meine Brüder! Wer den Willen Gottes tut, dieser ist mir Bruder und Schwester und Mutter!'" Zweifellos handelt es sich hier um eine der härtesten Szenen, die Mk aus ältestem Jesusmaterial kannte und in seine Vita Jesu aufnahm – Lk hat ihr bereits viel von ihrer Härte genommen (vgl. Lk 8,19–21)[16], was erkennen läßt, daß er die bei Mk erzählte Szene historisch verstanden hat, obwohl sie vermutlich schon in dem dem Mk vorliegenden Material „geistlich" verstanden sein wollte: Jesu Hörerschaft, die bereit ist, dem | Willen Gottes zu gehorchen, bildet seine wahre, die „geistliche" Familie. Daß aber diese neue, „geistliche" Verwandtschaft so stark und so dramatisch von der natürlichen Sippschaft Jesu abgehoben wird, gehört zum Rätselhaften des Lebens Jesu, in dem sich doch irgendwie „Unjudentum" auf seiten Jesu zeigt[17]. Die Perikope läßt auf jeden Fall erkennen, daß Jesus sogar für seine engste „Sippschaft" ein „Unbekannter" war, sein messianisch-göttliches Geheimnis ihnen verborgen blieb[18]. Wie sollte ihn dann erst ganz Israel erkennen?

4. Wie „mehrdeutig" Jesu Auftreten und Anspruch für Israel war, geht auch noch deutlich aus zwei anderen Erzählungen des Markusevangeliums hervor[19].

---

[14]  *H. Schürmann*, Lukasevangelium 136.

[15]  Wie die Angehörigen Jesu zu diesem harten Urteil kommen und wie sie es genau verstehen, läßt sich nicht mehr erkennen. Jedenfalls wird ihr Entschluß, „sich seiner zu bemächtigen" (κρατῆσαι) damit begründet, daß er nach ihrer Meinung „von Sinnen ist" (ἐξέστη). Vgl. dazu *H. Wansbrough*, Mark III.21 – Was Jesus out of his mind?, in: NTS 18 (1971/72) 233–235; *D. Wenham*, The Meaning of Mark III.21, in: NTS 21 (1974/75) 295–300. Nach Joh 10,20 sagen „viele" von den Juden: „Er ist besessen und rast!". *R. Pesch* meint, die Verwandten Jesu seien offenbar der Meinung, daß Jesus durch sein anspruchsvolles Auftreten in der Öffentlichkeit Israels seine Familie in Schande bringe (a.a.O. 221).

[16]  Dazu *F. Mußner*, Lk 1,48 f.; 11,27 f. und die Anfänge der Marienverehrung in der Urkirche, in: Cath (M) 21 (1967) 287–294.

[17]  Dazu paßt auch die Härte der Nachfolgeforderung Jesu, mit der eigenen Familie zu brechen (vgl. Lk 14,26; Mt 10,37).

[18]  Vgl. dazu auch die Bemerkung des Johannesevangelisten: „Denn auch seine Brüder glaubten nicht an ihn" (Joh 7,5).

[19]  Vgl. dazu *F. Mußner*, Der „historische" Jesus (= Nr. 2 in diesem Band).

Da wird in 6,14 f. von Meinungen des Volkes über Jesus berichtet. Die einen sagen von ihm – und diese Ansicht scheint nach 6,14.16 auch zu Ohren des Landesherrn Jesu, Herodes Antipas, gedrungen und von ihm geteilt worden zu sein –: „Johannes der Täufer ist von den Toten auferstanden, und deshalb wirken die Wunderkräfte in ihm. Andere aber sagten: Er ist Elia; wieder andere sagten: Er ist ein Prophet wie einer von den Propheten."[20] Nach 8,27 f. hat Jesus selbst die Jünger eines Tages gefragt: „Für wen halten mich die Leute?" Sie antworteten: „Für Johannes den Täufer und andere für Elia, wieder andere für irgendeinen von den Propheten." Diese teilweise abergläubischen (Jesus, der wiedererstandene Täufer!), teilweise mit der frühjüdischen Endzeiterwartung zusammenhängenden (Jesus, der Elia redivivus) Ansichten lassen ein Doppeltes erkennen: 1. Die Meinungen im Volk, wer Jesus von Nazareth eigentlich sei, waren nicht einmütig. 2. Niemand im | Volk hält Jesus für den Messias[21]. Besonders die zweite Feststellung ist wichtig[22].

Nach einer Überlieferung der „Logienquelle" schickte eines Tages Johannes der Täufer aus dem Gefängnis einige Jünger zu Jesus mit der Frage: „Bist du der Kommende, oder sollen wir auf einen anderen warten?" (Mt 11,2 f. par). Eine solche Überlieferung scheint als Produkt der „Gemeinde" unmöglich zu sein, da sie doch ein ganz eigenartiges Licht auf die Gestalt des Täufers wirft, das zu seinem sonstigen Bild in den Evangelien wenig paßt[23]. Wie kam der Täufer zu diesem Vorgehen und zu dieser Frage? Offensichtlich auf Grund einer echten Glaubenskrisis gegenüber Jesus von Nazareth wegen der scheinbaren „Unmessianität" seines Wirkens. Wir kommen auf die Anfrage des Täufers weiter unten nochmals zurück.

Man muß die Frage: War das Wirken Jesu von Nazareth „messianisch", zunächst mit einem „Nein" beantworten, jedenfalls von den Erwartungen seines Volkes her. Wäre sein Wirken eindeutig messianisch gewesen, hätte ihn sein Volk als den Verheißenen erkennen müssen. Die Juden aber sagen bis heute: Er war es nicht! Petrus legt zwar nach Mk 8,29 ein eindeutiges Bekenntnis ab: „Du bist der Christus", aber hier wird der Christustitel bereits in dem Sinn verstanden, wie ihn dann die christliche Gemeinde nach Ostern versteht. *Ihr* Verständnis aber geht auf die Selbstauslegung Jesu zurück, die er seinem Wirken gab, nicht auf einen bestimmten vom Judentum vorgegebenen Begriff vom Messias, der dort „ein Polysem par excellence [war], wie seine Verwendung etwa bei den Pharisä-

---

[20] Dazu, daß „die drei referierten Volksmeinungen, die das aufsehenerregende Wirken Jeus in seiner prophetischen Kontur spiegeln, nicht christliche Erfindung, sondern alte, historisch glaubwürdige Traditionen sind", vgl. *R. Pesch*, a.a.O., 335 f.

[21] Vgl. auch *J. Schmid*, Das Evangelium nach Markus (RNT) (Regensburg ³1954) zu Mk 6,15.

[22] Der Befund im Johannesevangelium ist ähnlich; vgl. dazu *R. Schnackenburg*, Die Messiasfrage im Johannesevangelium, in: Neutestamentliche Aufsätze (FS J. Schmid) (Regensburg 1963) 240–264; *M. de Jonge*, Jewish Exspectations about the ‚Messiah' according to the Fourth Gospel, in: NTS 19 (1972/73) 246–270.

[23] Vgl. auch *W. G. Kümmel*, Jesu Antwort an Johannes den Täufer. Ein Beispiel zum Methodenproblem in der Jesusforschung, in: *ders.*, Heilsgeschehen und Geschichte II (Marburg 1978) 177–200.

ern, Sadduzäern, Apokalyptikern und in Qumran beweist", auch wenn jüdische
Erwartungsinhalte aus dem christlichen Christusbekenntnis keineswegs völlig
ausgeschaltet wurden[24]. Besonders das christliche | „Dogma", der *gekreuzigte*
Jesus von Nazareth sei der verheißene Messias, ist und bleibt für den Juden ein
„Skandal" (vgl. 1 Kor 1,24). Dafür muß der Christ Verständnis haben.

5. Auch das „Jüngerunverständnismotiv" darf hier nicht unerwähnt bleiben,
das besonders im Markusevangelium eine durchgehende Rolle spielt (vgl. Mk
4,40; 7,18; 8,17.21; 8,31 [bezogen auf Petrus]; 9,6 [wieder bezogen auf Petrus];
9,10; 9,19; 9,32)[25]. Zur zweiten Leidensankündigung Jesu (9,31) bemerkt der
Evangelist: „Sie aber verstanden die Rede nicht und fürchteten sich, ihn zu
fragen" (9,32). Als die Jünger nach der zweiten Brotvermehrung und der anschließenden Zeichenforderung der Pharisäer mit Jesus über den See fahren und
nur einiges Brot im Boot haben, und Jesus sie dabei vor dem Sauerteig der
Pharisäer und vor dem Sauerteig des Herodes warnt (8,16–15), erzählt der
Evangelist weiter: „Da redeten sie untereinander: [Das sagt er], weil wir kein
Brot haben. Jesus merkte es und sagte zu ihnen: Was redet ihr, daß ihr kein Brot
habt? Begreift ihr immer noch nicht und habt ihr keine Einsicht? Ist denn euer
Herz verhärtet? Augen habt ihr und seht nicht, Ohren und hört nicht. Errinnert
ihr euch denn nicht?" (8,16–18). Nun könnte gerade die letzte Frage („erinnert
ihr euch denn nicht?") bestätigen, was *R. Pesch* zum „Jüngerunverständnis" bei
Mk meint[26]: „Das aus verschiedenartigen Motiven entstehende Bild vom Unver-
ständnis der mit dem Geheimnis der Gottesherrschaft Beschenkten (4,11) ist in
der Komposition des Markus, eine ‚Predigt gegen den Unglauben der Gemeinde'
*[Wendling]":* Die christliche Gemeinde soll sich erinnern, was Jesus gesagt und
getan hat, und so zum Verständnis der Gottesherrschaft und des Geheimnisses
Jesu kommen. Die Erinnerung zielt *„auf die Überwindung* des Nicht|verste-
hens"[27]. Zweifellos kann hier die Erinnerung diese Funktion für die christliche
Gemeinde ausüben. Doch scheint uns das „Jüngerunverständnismotiv" auf vorösterliche Reaktionen des Jüngerkreises auf Wort und Werk Jesu zurückzuver-
weisen und nicht erst nachösterlich als Warnung der Gemeinde vor Unglauben
eingeführt worden zu sein. Die Jünger haben sich zwar Jesus von Nazareth
angeschlossen und zogen mit ihm, wirkten sogar als „Multiplikatoren" seiner
Reichsbotschaft, aber man darf nie vergessen, aus welchem Milieu und aus
welchen Traditionen sie stammten, eben aus dem Milieu und den Traditionen des
jüdischen Volkes z.Z. Jesu. Es darf ja nicht übersehen werden, daß das „Jünge-

---

[24] Vgl. dazu *H. Frankemölle,* Jüdische Messiaserwartung und christlicher Messiasglaube.
Hermeneutische Anmerkungen im Kontext des Petrusbekenntnisses Mk 8,29, in: Kairos 20
(1978) 97–109 (Zitat 103). *M. Hengel* formuliert den Sachverhalt so: Jesu Messianität ist „nicht
mit Hilfe der traditionellen jüdischen Messiasbilder auszulegen, er selbst definiert unüberholbar
neu, was messianisch ist" (in: ThBeitr 9 [1978] 157).
[25] Vgl. dazu auch *D.H. Hawkin,* The Incomprehension of the Disciples in the Marcan
Redaction, in: JBL 91 (1972) 491–500; *C. Focant,* L'imcompréhension des Disciples dans le
deuxième évangile, in: RB 82 (1975) 161–185.
[26] A.a.O. 276.
[27] Ebd. 415.

runverständnismotiv" bei den synoptischen Kollegen des Mk, bei Mt und Lk, weithin unterdrückt ist, vermutlich gerade aus der entgegengesetzten Überlegung heraus: Das Unverständnismotiv könnte die Gemeinde in ihrem Christusglauben verunsichern.

In diesem Zusammenhang muß auch auf die „Parabeltheorie" hingewiesen werden, die häufig, ähnlich wie das „Jüngerunverständnismotiv", die Schweigegebote Jesu an die Dämonen und die Geheimhaltungsgebote an Geheilte und die Jünger, mit dem „Messiasgeheimnis" der synoptischen Evangelien, über das seit *W. Wrede*[28] schon eine ganze Bibliothek geschrieben wurde, in Zusammenhang gebracht wird[29]. Jedenfalls hat die „Parabeltheorie" mit dem „Verstockungs"-Problem zu tun, wie Mk 10–12 par beweist[30], wobei Mk das Verstockungslogion 4,11 f.) eingefügt haben mag, wie etwa *R. Pesch* annimmt[31]. Aber warum hat er es überhaupt eingefügt und warum gerade in einem Zusammenhang, in dem es um das Verständnis der | Gleichnisse Jesu geht? Das Gleichnis gehört zur Gattung metaphorischer Redeweise[32], und die Metapher als solche ist polysemant und darum „verschlüsselt" und läßt deshalb Raum für verschiedene Deutungen und damit auch für verschiedene Entscheidungen sowohl gegenüber dem Sprecher des Gleichnisses als auch gegenüber dem Inhalt des Gesprochenen. Wenn die Augen und Ohren der Hörer von Gott nicht geöffnet werden, bleiben der Sprecher und sein Wort rätselhaft, vermögen sie den Relationszusammenhang mit dem Ganzen (τὰ πάντα: Mk 4,11!) nicht zu erkennen, und es kommt darum auch nicht zum Glauben. Die „Verstockungstheorie", die sich nicht bloß bei den Synoptikern (Mk 4,10–12; Mt 13,10–15; Lk 8,9f.; Apg 28,25–28), sondern auch bei Johannes (vgl. Joh 12,37–41) und Paulus (vgl. Röm 11,8) findet, war vermutlich die Antwort, die die Urkirche auf das sie beschäftigende Problem gab: Wieso hat Israel ihn nicht erkannt, und warum lehnt es das Evangelium ab? Die „Verstockungstheorie" enthält deutlich zwei Komponenten: Einmal den Vorwurf des schuldhaften Verhaltens Israels, zum anderen ein prädestinatorisches Element: „Euch ist das Geheimnis der Gottesherrschaft gegeben [sc. von Gott!], jenen aber, denen draußen" nicht! Paulus hat in Röm 9–11 die rational letztlich

---

[28] *W. Wrede,* Das Messiasgeheimnis in den Evangelien. Zugleich ein Beitrag zum Verständnis des Markusevangeliums (Nachdruck der Ausgabe von 1912, Göttingen 1963).

[29] Die Literatur zum „Messiasgeheimnis" ist umfassend zusammengestellt bei *R. Pesch,* Das Markusevangelium I,241; II,46 f. Pesch selber hält nicht viel von einem eigenen „Messiasgeheimnis des Markusevangeliums"; nach *R. Pesch* hat Markus nie „eigenständige christologische Konzeption" entworfen (Markusevangelium, II, 41). Das wird gründlich nachzuprüfen sein.

[30] Vgl. dazu auch *J. Gnilka,* Die Verstockung Israels. Isaias 6,9–10 in der Theologie der Synoptiker (München 1961).

[31] *R. Pesch,* Markusevangelium, I, 237.

[32] Diese Thematik wird z. Z. viel erörtert, angeregt durch die moderne Literaturwissenschaft. Vgl. *T. Aurelio,* Disclosures in den Gleichnissen Jesu. Eine Anwendung der disclosure-Theorie von L T. Ramsey, der modernen Metaphorik und der Theorie der Sprechakte (RSTh 8) (Frankfurt/Bern/Las Vegas 1977); *H. Weder,* Die Gleichnisse Jesu als Metaphern. Traditions- und redaktionsgeschichtliche Analysen und Interpretationen (FRLANT 120) (Göttingen/Zürich 1978); *H.-J. Klauck,* Allegorie und Allegorese in synoptischen Gleichnistexten (Münster 1978).

nicht auflösbare Spannung zwischen Schuld und von Gott verfügter „Verstokkung" näher ausgearbeitet[33], Lukas hat, im Unterschied von Mk, das Verstokkungsgeschehen „als ein bedingtes verstanden" *(H. Schürmann)*[34]. Nach *H. Schürmann* kann dem Verstockungslogion | auch nicht „jegliche Grundlage in der Verkündigung Jesu" abgesprochen werden. Es ist, meint *H. Schürmann*[35], als „Aufmunterung an den Jüngerkreis selbst denkbar, dem die Erfolglosigkeit der Verkündigung [Jesu] eine bedrückende Frage wird". Vielleicht hat es seinen „Sitz im Leben" in der bitteren Erfahrung Jesu, daß die Hauptmasse Israels ihn und sein Angebot ablehnt, aus Gründen, die wir oben schon bei der Behandlung der Nazarethperikope besprochen haben: Israel konnte seine Herkunft und seinen Anspruch nicht miteinander vereinbaren. Hat das Gott so gewollt? Warum hat er Israel „das Geheimnis des Gottesreiches" nicht „gegeben", wie nach Mk 4,11a den Jüngern? That is the question. Wer kann sie lösen? Wichtig ist jedenfalls, daß die Frage nach der „Verstockung" Israels im Neuen Testament theologisch, nicht psychologisch gelöst wird. Das gilt es im Auge zu behalten.

6. Als Petrus nach Mt 16,16 das Bekenntnis ablegt: „Du bist der Messias, der Sohn des lebendigen Gottes", antwortet ihm Jesus: „Selig bist du, Simon Barjona; denn nicht Fleisch und Blut hat [dir] das geoffenbart, *sondern mein Vater im Himmel*" (16,17). Mit der Beifügung „der Sohn des lebendigen Gottes"[36], auf der ein besonderer Ton liegt, „wird die Selbstoffenbarung Jesu als des Sohnes (11,27) aufgenommen" *(W. Grundmann)*[37], und Petrus wird wegen seines Bekenntnisses von Jesus selig gepriesen, aber von Jesus dabei zugleich erklärt, daß die Erkenntnis, er sei „der Sohn des lebendigen Gottes" nicht durch menschliche Einsicht und Reflexion gewonnen werden könne („nicht Fleisch und Blut haben das geoffenbart"), sondern nur durch eine Offenbarung Gottes selbst. Wie es auch um die Herkunft des matthäischen Sondergutes in Mt 16,16b-19 bestellt sein mag[38], es ist in ihm | eindeutig ausgesprochen, daß niemand Jesus von

[33] Dazu Näheres unter 10.

[34] *H. Schürmann*, Lukasevangelium I, 460. Wie Lukas in seinem Doppelwerk zeigt, wird Israel auch nach Ostern nochmals die Chance der Bekehrung zum Messias Jesus angeboten, bis am Ende, als Paulus in Rom den dortigen Juden das Evangelium predigt, endgültig offenbar wird, daß die meisten von ihnen „verstockt" bleiben, während die Heiden dem Evangelium gehorchen (vgl. Apg 28,17–28). Darin spiegelt sich selbstverständlich die Situation der Abfassungszeit der Apostelgeschichte: Jetzt sind Kirche und Israel zwei voneinander getrennte Gemeinschaften. Vgl. dazu *F. Mußner*, Die Erzählintention des Lukas in der Apostelgeschichte, in: *ders.*, Dieses Geschlecht wird nicht vergehen. Judentum und Kirche (Freiburg/Basel/Wien 1991) 101–14. Vgl. auch *P.-G. Müller*, Die jüdische Entscheidung gegen Jesus nach der Apostelgeschichte, in: Les Actes des Apôtres. Traditions, Rédaction, Théologie (Gembloux/Löwen 1978) 523–531.

[35] *H. Schürmann*, Lukasevangelium, I, 461.

[36] Zur Prädikation „lebendiger Gott" im NT vgl. *W. Stenger*, Die Gottesbezeichnung „lebendiger Gott" im Neuen Testament, in: TThZ 87 (1978) 61–69.

[37] *W. Grundmann*, Das Evangelium nach Matthäus (ThHKNT 1) (Berlin 1968) 386.

[38] Vgl. dazu etwa *F. Obrist*, Echtheitsfrage und Deutung der Primatsstelle Mt 16,18f. in der deutschen protestantischen Theologie der letzten dreißig Jahre (Münster 1961) 22–67; *A. Vögtle*, Zum Problem der Herkunft von „Mt 16,17–19", in: Orientierung an Jesus. Zur Theolo

Nazareth als „Sohn Gottes" bekennen könne, wenn es ihm Gott nicht ausdrücklich „offenbart". Nichts anderes sagt Paulus mit seinem Satz in 1 Kor 12,3:
„Niemand kann sagen: ‚Herr [ist] Jesus', als nur im Heiligen Geist", d.h. nur
durch das gnadenhafte Einwirken des Gottesgeistes ist das „christologische"
Geheimnis Jesu im Glauben erkennbar, sonst nicht. Paulus wußte das aus seiner
eigenen „Bekehrungs"-Erfahrung, die er in Gal 1,15f. als einen genuinen Offenbarungsvorgang interpretiert: „Als es aber dem, der mich vom Mutterschoß an
ausgesondert und mich durch seine Gnade berufen hat, gefiel, *seinen Sohn in mir
zu offenbaren* …"[39] Für unser Thema entsteht aber dadurch wieder die Frage:
Wie sollte ihn Israel erkennen, wenn Israel diese Offenbarungs- und Glaubens-
gnade von Gott nicht gewährt wurde? Welcher christliche Theologe kann mit
Sicherheit sagen: Gott hat diese Gnade Israel gewährt!? Konnte der als Zimmermann verhüllte „Sohn Gottes", genannt Jesus von Nazareth, infolge seiner
„Fleischesgestalt" aus Sehenden nicht eher Nicht-Sehende machen, wenn nicht
Gott selbst die Hülle lüftete?

7. Haben die Juden „unwissend" gehandelt, als ihre Führer Jesus des Todes
würdig erachteten und seine Hinrichtung von Pontius Pilatus forderten?

Nach Lk 23,34a hat Jesus selbst am Kreuz noch für seine Gegner gebetet:
„Vater, vergib ihnen, *denn sie wissen nicht, was sie tun*". Das Versstück fehlt zwar
bei einer Reihe von Textzeugen[40]; als Gründe dafür werden etwa genannt: Diese
Bitte Jesu stehe „im Widerspruch zu den ersten Worten von V. 28–31", oder sie
sei sekundär aus dem Schriftbeweis entstanden (Jes 53,12)[41]. Am besten erklärt
sich aber das Fehlen dieses Versstückes bei den unten genannten Textzeugen „aus
Gründen der aktuellen Pole|mik" (*J. Ernst*)[42], nämlich christlicher Gemeinden
gegen Juden, denen der „Gottesmord" niemals vergeben werden könne und
dürfe[43]. Die Vergebungsbitte Jesu in Lk 23,34a darf deshalb zum ursprünglichen
Textbestand gerechnet werden. Es geht in ihr aber nicht bloß um Vergebung;
diese wird vielmehr ausdrücklich begründet: *„denn* sie wissen nicht, was sie tun",
Dadurch wird Schuld, trotz deutlicher Schuldsprüche Jesu über seine Gegner
(vgl. Lk 21,22–24; 23,28–31), erheblich herabgemindert; denn das „Tun" der
Gegner wird auf „Unwissenheit" zurückgeführt. Das geht weit über das von
Jesus geforderte Gebot der Feindesliebe hinaus, auf das in den Kommentaren
gern hingewiesen wird. Warum „wissen" die Gegner nicht, was sie an Jesus mit
seiner Hinrichtung tun? Darauf gibt es m.E. nur die Antwort: Weil ihnen Jesu

---

gie der Synoptiker (FS J. Schmid) (Freiburg/Basel/Wien 1973) 372–393; *Chr. Kähler*, Zur Form-
und Traditionsgeschichte von Matth XVI. 17–19, in: NTS 23 (1976/77) 36–58.

[39] Vgl. dazu Näheres bei *F. Mußner*, Der Galaterbrief (HThK.NT IX) (Freiburg/Basel/Wien
⁵1988) 83–87.

[40] P⁷⁵, א¹, B, D*, W, Θ, u.a.

[41] Vgl. dazu *W. Grundmann*, Das Evangelium nach Lukas (Berlin o.J.) 432f.

[42] *J. Ernst*, Das Evangelium nach Lukas (RNT) (Regensburg 1977) 634.

[43] Vgl. auch *D. Flusser*, Der Gekreuzigte und die Juden, in: FrRu 28 (1976) 152–157. *D.
Flusser* zeigt, daß der lukanische Kreuzigungsbericht viel judenfreundlicher gestaltet ist als jener
des Markus. Er vermutet mit Recht, daß dabei dem Lukas eine alte, nichtmarkinische Vorlage
zur Verfügung stand (wie auch sonst im Passionsbericht).

messianisch-göttliches Geheimnis verborgen blieb. Sie erkannten ihn nicht! Und darum wissen sie auch nicht, *wen* sie in Wirklichkeit kreuzigen,

Lukas nimmt das Motiv der „Unwissenheit" hinsichtlich des gewaltsamen Todes Jesu nochmals in der Apostelgeschichte auf. Zwar läßt er Petrus in Apg 3,13–15 zu den Juden in seiner Predigt auf dem Tempelplatz sagen: „Der Gott Abrahams, Isaaks und Jacobs, der Gott unserer Väter, hat seinen Knecht Jesus verherrlicht, den ihr ausgeliefert und vor Pilatus verleugnet habt, obwohl dieser entschieden hatte, ihn freizulassen. Ihr habt den Heiligen und den Gerechten verleugnet und die Freilassung eines Mörders gefordert. Den Urheber des Lebens habt ihr getötet, Gott aber hat ihn von den Toten erweckt: Dafür sind wir Zeugen". Aber dann läßt er Petrus zu seinen jüdischen Zuhörern folgendes sagen: „Und jetzt, Brüder, ich weiß, *ihr habt aus Unwissenheit gehandelt, wie auch eure Führer. Vielmehr hat Gott das,* was er im Voraus durch den Mund aller Propheten angemeldet hat, [nämlich] daß sein Gesalbter leide, *so zur Erfüllung gebracht"* (3,17 f.). Wie kann jetzt Petrus von „Unwissenheit" sprechen, nachdem zuvor doch die Schuld der Juden an der Tötung Jesu von ihm eindeutig | ausgesprochen wurde? *E. Haenchen* gibt dazu die Auskunft[44]: „Zur Antwort wird man darauf hinweisen dürfen, daß Lukas Traditionen von mancherlei Art aufgenommen hat, die nicht immer spannungslos waren; aber das hat er nicht empfunden." Das würde plausibel klingen, wenn nicht das im V. 18 Gesagte folgen würde, mit dem Gott selbst als die wahre Causa dieses furchtbaren Geschehens („so"!)[45] hingestellt wird, wobei der Satz mit einem heraushebenden „vielmehr" (δέ) eingeleitet wird[46]. Der Hinweis des Petrus auf die „Unwissenheit" (auch der „Führer" des jüdischen Volkes!) mag für christliche *piae aures* ärgerlich klingen und wird gern als *captatio benevolentiae* des Petrus erklärt, um seine jüdischen Zuhörer leichter für das Evangelium zu gewinnen. Mit der Zurückführung des furchtbaren Geschehens auf Gott, der seinen geheimnisvollen Heilswillen schon „durch den Mund aller Propheten" kundgetan hat, „droht das σκάνδαλον τοῦ σταυροῦ [das Ärgernis des Kreuzes] zu verschwinden" *(E. Haenchen)*[47]*;* in Wirklichkeit wird damit das Ärgernis des Kreuzes in ein letztlich undurchdringliches *mysterium Dei* verwandelt.

Und wieder entsteht die Frage: Worin bestand „die Unwissenheit" der Juden und ihrer Führer? Die Antwort kann nur wieder lauten: In der Unmöglichkeit, Jesus von Nazareth in seinem messianisch-göttlichen Geheimnis zu erkennen. Es wird von Petrus nicht bestritten, wie wir oben sahen, daß die Juden, speziell ihre „Führer", bei der Liquidierung Jesu mitgeholfen haben, aber sie werden von der Schuld entlastet, die sie auf sich geladen zu haben scheinen. Gott hat sie als

---

[44] *E. Haenchen,* Die Apostelgeschichte (KEK 3) (Göttingen [7]1977) 206.

[45] Das „so" (οὕτως) bezieht sich auf das Geschehen des Leidens und der Tötung Jesu.

[46] Wie kann *E. Haenchen* sagen, der V. 18 sei „äußerlich unverbunden" mit dem vorausgehenden verknüpft? Gerade in einem so problemreichen und schwierigen Text muß das kleinste Lexem beachtet werden, wenn man den wirklichen Aussagegehalt eruieren will. Hier die Partikel (δέ).

[47] A.a.O. 206

„unwissende" Werkzeuge seines geheimnisvollen Ratschlusses benutzt[48] – und der Ratschluß Gottes ist in der Bibel wesentlich mehr als „Zulassung" oder „Fügung"; er ist Verfügung. Gott hat es so verfügt, daß sein | Messias leiden müsse[49]. *E. Haenchen* meint: „In Wahrheit liegt ... gerade in der ἄγνοια [Unwissenheit] die eigentliche Schuld: hätte man sich nicht gegen Gott verschlossen, dann hätte man Jesus erkannt."[50] In Wirklichkeit muß man formulieren: Hätte man Jesus erkannt, dann hätte man sich auch nicht gegen Gott verschlossen. In Wirklichkeit wollten die Juden sich gerade nicht gegen Gott verschließen!

8. Wie ist der Sachverhalt im Johannesevangelium? Am Ende der Perikope von der Heilung des Blindgeborenen sagt Jesus: „Zum Gericht bin ich in diese Welt gekommen, damit die Blinden sehend und die Sehenden blind werden. Einige von den Pharisäern, die bei ihm waren, hörten das und sagten: Sind etwa auch wir Blinde? Jesus antwortete ihnen: Wenn ihr blind wäret, hättet ihr keine Sünde. Jetzt aber sagt ihr: Wir sehen, [darum] bleibt eure Sünde" (Joh 9,40f.). Hier ist ausdrücklich von Sünde (ἁμαρτία) die Rede, bezogen auf den Unglauben der Pharisäer Jesus gegenüber. Ebenso deutlich wird diese Sünde des Unglaubens vom johanneischen Christus in 15,22.24 angesprochen: „Wäre ich nicht gekommen und hätte zu ihnen gesprochen, hätten sie keine Sünde. Jetzt aber haben sie keine Ausrede für ihre Sünde ... Hätte ich unter ihnen nicht die Werke getan, die kein anderer getan hat, so hätten sie keine Sünde. Jetzt aber haben sie gesehen und haben mich [trotzdem] gehaßt und meinen Vater". Damit ist eindeutig Schuld ausgesprochen. Dem stehen jedoch anders klingende Aussagen desselben Evangeliums gegenüber, die mit dem johanneischen Prädestinationsgedanken zusammenhängen[51]. Wichtig sind hier vor allem Texte aus Joh 6,28–44. Die Juden sagen zu Jesus: „Was sollen wir tun, um die Werke Gottes zu wirken? Jesus antwortete ihnen darauf: Das ist das Werk Gottes, daß ihr an den glaubt, den jener gesandt hat" (6,28f.). Die Juden haben zwar „gesehen" (nämlich „die Zeichen", die Jesus gewirkt hat), aber glauben nicht (6,36). Die Juden „murren" über Jesus, weil er sagte: „Ich bin das Brot, das vom Himmel | herabgestiegen ist" (6,41); ihr Einwand gegen den Anspruch Jesu lautet nach dem folgenden V. 42: „Ist das nicht Jesus, *der Sohn Josephs, dessen Vater und Mutter wir kennen?* Wie kann er jetzt sagen: Ich bin vom Himmel herabgekommen?" „Jesus entgegnete ihnen und sagte: Murret nicht untereinander! Niemand kann zu mir kommen, *wenn nicht der Vater, der mich gesandt hat, ihn zieht* ..." (6,32f.). Diese Texte sind aufschlußreich: Deutlich wird in ihnen der „Unglaube" der Juden als Schuld angesprochen (besonders im V. 36). Ihr Unvermögen, in Jesus den vom Himmel herabgestiegenen Gesandten Gottes zu sehen, gründet aufschlußreicherweise

---

[48] Vgl. auch Apg 13,27!

[49] Vgl. besonders Apg 2,23: Der gekreuzigte Jesus ist der *„nach dem bestimmten Ratschluß und Vorsatz Gottes Dahingegebene"*!

[50] A.a.O., Anm. 2.

[51] Vgl. dazu besonders *R. Schnackenburg*, Das Johannesevangelium II (HThK.NT IV/2) (Freiburg/Basel/Wien [5]1990) 328–346 (Exkurs 11: Selbstentscheidung und -verantwortung. Prädestination und Verstockung).

wieder in der Bekanntheit der Abstammung Jesu: sie kennen seinen Vater Joseph und seine Mutter (V. 42), also genau darin, worin auch die Landsleute Jesu von Nazareth zum Anstoß an seinem unerhörten Anspruch kamen. Demgegenüber dezidiert der johanneische Christus, daß niemand zu ihm „kommen", d. h. an ihn als den Gottgesandten glauben könne, „wenn nicht der Vater ihn zieht" (V. 44; vgl. auch 6,65); das heißt doch: *Der Unglaube ist von Gott determiniert.* Diese paradox klingende Dialektik zwischen schuldhaftem Unglauben und von Gott verfügtem Blindsein gegenüber Jesus psychologisch aufzulösen, ist schlechthin unmöglich[52]. Was in den zitierten Versen aus Joh 6 zur Sprache gebracht ist, ist vielmehr ein allgemeines Phänomen, das *R. Bultmann* mit Blick auf 6,42 so formuliert: „Der Anspruch der Offenbarung ruft den Widerspruch der Welt hervor; sie nimmt gerade daran Anstoß, daß ihr die Offenbarung in der Geschichte, in der Sphäre, in der sie vertraut und zu Hause ist, begegnet, daß *der* der Offenbarer sein will, über dessen Woher sie Bescheid wissen."[53] Damit hat Bultmann deutlich gesehen, daß es in den Auseinandersetzungen in Joh 6 um wesentlich mehr geht als um einstmalige Streitreden in Kapharnaum, wohin sie lokalisiert sind (vgl. 6,24.59). Es geht freilich dabei nicht bloß um ein „Weltphä- |nomen", das auf die historische Ebene von Kapharnaum zurückprojiziert wird, sondern höchst wahrscheinlich auch um ganz konkrete Auseinandersetzungen zwischen Juden und Christen um das „christologische" Geheimnis Jesu zur Zeit der Abfassung des Evangeliums, d. h. um die Grundfrage aller Christologie: „Wer ist dieser?", die auch im Johannesevangelium ausdrücklich als solche erscheint (vgl. 8,25). Nach *R. Schnackenburg* ist im Hinblick auf die „prädestina- tianischen" Aussagen „der zeitgeschichtliche Hintergrund und Anlaß offenkun- dig"[54]; die „von Gott erwählte Schar der Glaubenden" weiß sich „inmitten einer ungläubigen Welt" und schließt sich „unter dem Druck von Angriffen und Nachstellungen stärker zusammen" und entwickelt dabei „ihr Selbstverständ- nis"[55]. Dabei beschäftigt die johanneische Gemeinde wie die übrige Urkirche auch das Problem der „Verstockung" Israels gegenüber Jesus und dem Evange- lium, wie aus Joh 12,37–40 klar hervorgeht: „Obwohl er so viele Zeichen vor ihren Augen gewirkt hatte, glaubten sie nicht an ihn, auf daß das Wort des Propheten Jesaja erfüllt werde, das er gesprochen hat: Herr, wer hat unserer Kunde geglaubt, und wem ist des Herrn Arm offenbar geworden? *Darum konnten sie nicht glauben,* weil wiederum Jesaja gesagt hat: Er hat ihre Augen

---

[52] Nach *R. Schnackenburg* „scheint vielmehr, daß der Evangelist ihm bekannte Anschauun- gen aufnimmt und anwendet, ohne aber die Grenze zu eine prinzipiellen und unabwendbaren Reprobation zu überschreiten. Von einer Festsetzung von Ewigkeit her, nach der Gott die Menschen von vornherein in zwei Klassen – Gute und Böse, Erwählte und Verworfene – eingeteilt hätte, hören wir bei Joh nirgends etwas. Aber es läßt sich nicht leugnen, daß wir hart an den Rand einer solchen Vorstellung geführt werden" (334). Dem muß man zustimmen.

[53] *R. Bultmann,* Das Evangelium des Johannes (KEK 2) (Göttingen [21]1986) 170.

[54] *R. Schnackenburg,* Johannesevangelium II 343.

[55] Ebd. 335.

geblendet und ihr Herz verhärtet, damit sie nicht mit den Augen sehen, mit dem Herzen verstehen und umkehren und ich sie heile."[56]

9. Gewiß machten die Jünger, die Jesus nachfolgten, schon vor Ostern bestimmte „Erfahrungen" mit Jesus und zweifellos bewegte auch sie die Frage, wer er eigentlich sei. Aus ihrer Erfahrung, ihrem Sehakt kam es zur Reflexion über Jesus[57]. Aber ganz gewiß kann man sagen, daß ihre vorösterliche Erfahrung und ihr vorösterlicher Sehakt sie nicht zur Erkenntnis des „christologischen" Geheimnisses Jesu geführt hätte, wenn nicht die „Ostererfahrung" dazu gekommen wäre, wenn ihnen also nicht der | gekreuzigte und auferstandene Jesus „erschienen" wäre. Die Erscheinungen machten Jesus „verkündbar", erschlossen die christologischen Dimensionen der Schrift, machten das vorösterliche Leben Jesu für den Glauben transparent und vermittelten ein neues Geschichtsbewußtsein[58]. Nun hat der Jude *J. Isaac* bemerkt: Wie sollte denn ganz Israel ihn als den erkennen, als den ihn nach Ostern die Jünger und mit ihnen die Kirche bekennen und verkünden, nachdem er nicht ganz Israel erschienen ist, sondern „nur den von Gott vorherbestimmten Zeugen", wie im Neuen Testament selbst zu lesen ist (vgl. Apg 10,41)? Zwar wird der gekreuzigte und auferstandene Christus nach Ostern dem „ganzen Haus" und dem „ganzen Volk" Israel verkündet (vgl. 2,36; 4,10), und viele Juden bekehren sich auch, angestoßen durch die urapostolische Missionspredigt, nach den Erzählungen der Apostelgeschichte zum Messias Jesus, aber die Hauptmasse verhält sich ablehnend. Die Verkündigung führt zur „Verstockung" Israels, was für die Urkirche, wie das Neue Testament zeigt, zum großen Problem wurde: Warum kam es so? Davon haben wir schon gehandelt[59], kommen aber darauf gleich nochmals zu sprechen und zwar mit Blick auf Paulus. Jedenfalls scheint uns die Einrede *J. Isaacs* bedenkenswert zu sein. Denn wäre Jesus nach der Auferstehung von den Toten ganz Israel erschienen, dann wäre ganz Israel wohl ebenso von ihm „überwältigt" worden, wie die Apostel und die übrigen Erscheinungszeugen, unter ihnen der Jude und Pharisäer Paulus. Wir kennen aus dem Neuen Testament kein Beispiel dafür, daß ein Erscheinungszeuge nicht zum Glauben an Jesus gekommen wäre. Warum die Heiden dem Kerygma glauben, ohne daß ihnen Jesus erschienen ist, ein Großteil der Juden aber nicht, ist und bleibt ein Geheimnis, mit dem sich unter den Männern des Neuen Testaments besonders der Apostel Paulus beschäftigt hat.

10. Paulus hat sich diesem Problem in Röm 9–11 gewidmet; deshalb müssen wir auf diese Kapitel des Römerbriefes nochmals zurückkommen und zwar nun unter dem besonderen Gesichtspunkt: Schuldhafter Unglaube – von Gott verfügte Verstockung, | was für Paulus unlösbar mit der Frage verbunden ist: Warum sind die Heiden dem Evangelium gehorsam, die Juden aber nicht? Die Gedankengänge des Apostels sind schwierig, und können, wie die exegetische

56 Dazu vgl. nochmals weiter oben unter 5.
57 Vgl. dazu Näheres bei *F. Mußner*, Ursprünge und Entfaltung der neutestamentlichen Sohneschristologie. Versuch einer Rekonstruktion (= Nr. 9 in diesem Band).
58 Dazu Näheres bei *F. Mußner*, Die Auferstehung Jesu (München 1969) 140–154.
59 Siehe oben unter 5.

Erfahrung zeigt, höchstens approximativ dem Verstehen nähergebracht werden. Selbst ein vollständiger Kommentar zu Röm 9–11 vermag nicht mehr[60].

Von den Aussagen über Gott ist gleich die erste von großer Bedeutung, weil sie die Souveränität der Gnadenwahl Gottes hervorhebt und zwar anhand eines Beispiels aus der Schrift, nämlich aus der Esau-Jakobgeschichte: Gott hat Jakob, den Jüngeren geliebt, Esau dagegen, den Älteren gehaßt (Gen 25,23); das entwickelt der Apostel in Röm 9,6–13. Er bereitet damit vom „Gottesbegriff" her einerseits bereits die Berufung der Heiden zum Evangelium vor, andererseits die Verstockung Israels diesem gegenüber: Gott führt beides herbei, *„damit die Vorherbestimmung Gottes nach freier Wahl bestehenbleibe"* (9,12). Er wählt, wen er will, „nicht aus Werken", also nicht auf Grund eigener Gerechtigkeit[61]. „Von da aus kommt es in den folgenden Versen zu Aussagen über die göttliche Erwählung, die in ihrer Schroffheit alle anderen Äußerungen dazu weit übertreffen" *(E. Käsemann).* Hier Psychologie oder einen heilsgeschichtlichen „Entwicklungsgedanken" zum Verständnis zu Hilfe zu rufen, wäre vergebliches Bemühen. Zwar hat Paulus die „Privilegien" Israels in Röm 9,4 f. anerkannt[62], doch weist er jeden Anspruch, den Israel aus ihnen Gott gegenüber ableiten könnte, zurück. Die Abkunft von den Vätern impliziert keine fortlaufende Kontinuität des Heils. Was allein Kontinuität setzt, ist Gottes verheißendes Wort. Deshalb kann Heilsgeschichte „immer wieder abbrechen und sich gerade auch im Bereich des irdisch legitimen und aus der Geschichte der Verheißung herkommenden Israels – wie nach 1 Kor 10,1–13 der Kirche! – in Unheilsgeschichte verwandeln" *(E. Käsemann)*[63]. Diese mit der Rechtfertigungslehre des Apostels zusammenhän|gende „Prädestinationslehre", die nicht aus abstrakten Obersätzen deduziert wird, sondern aus der Schrift selbst, bildet den Schlüssel zum Verständnis der weiteren Ausführungen des Apostels über Israel und die Heiden in ihrem verschiedenen Verhalten gegenüber dem Evangelium, wobei Israels Verhalten gegenüber dem „vorösterlichen" Jesus keine Rolle spielt. Die Frage des Paulus war nicht die: Wieso kam es zum todbringenden Zusammenstoß zwischen Israel und Jesus von Nazareth?, vielmehr: Wieso gehorchen Heiden dem Evangelium, das von den Missionaren verkündet wird, die Hauptmasse Israels dagegen nicht? Aber Gottes Handeln nach seiner freien Wahl ist kein sphinxhaftes Handeln in dämonischer Willkür, wie der Apostel in Röm 9,14–23 darlegt. Paulus weiß durchaus, welche Einwände gegen seine Theologie hier vorgebracht werden könnten: Wenn Gott so handle, dann handle er doch seinem Volk Israel gegenüber ungerecht! Gott zeige hier ein dämonisches Gesicht! Darum fragt er: „Gibt es etwa Unrecht bei Gott?", und antwortet gleich:

---

[60] Vgl. dazu nur die Kommentare.

[61] *E. Käsemann* bemerkt dazu: „Anders als bei Isaak und Israel handelt es sich bei Jakob und Esau um legitime Söhne, die zudem als Zwillinge keinen Anhalt für unterschiedliche Behandlung bieten. Das Rätsel göttlicher Erwählung tritt auf solchem Hintergrund um so greller heraus" (An die Römer [HNT 8a] [Tübingen ³1974] 254).

[62] Vgl. dazu die Kommentare.

[63] *E. Käsemann*, An die Römer 256f.

„Das sei fern!" (9,15a). Unrecht gibt es deswegen nicht bei Gott, weil Gottes treibendes Motiv für sein Handeln die Barmherzigkeit ist, wie Gott selbst schon nach Ex 33,19 zu Mose gesagt hat: „Erbarmen werde ich mich, dessen ich mich erbarme, und Mitleid haben, mit wem ich Mitleid habe" (9,15b). Gewiß, er erbarmt sich nicht nur, wessen er will, sondern verstockt auch, wen er will (9,18). Er läßt „die Gefäße des Zorns", die Hauptmasse der Juden, dem Evangelium gegenüber verstockt bleiben, aber nicht, um sie am Ende, wie einst den Pharao, dem engültigen Verderben auszuliefern, vielmehr „erträgt er sie mit viel Lang-mut", die sich in der endgültigen Rettung definitiv zeigen wird (vgl. 11,26), und einstweilen „den Reichtum seiner Herrlichkeit an den Gefäßen des Erbarmens", d.h. an den Heiden und an dem dem Evangelium gehorchenden Teil Israels, „kundzutun" (9,22)[64]. Das Motiv vom erbarmenden Gott, das in dem Abschnitt 9,14–23 viermal begegnet, wird er am Ende seiner Ausführungen in 11,32 wieder aufnehmen, aber nun unter Einbezug des „verstockten" Israels: „Denn Gott hat alle [Juden und Heiden] in den Ungehorsam eingeschlossen, *damit er sich aller erbarme*". Zu|nächst aber macht Gott in seiner souveränen Heilsführung „das Volk, das nicht mein Volk war", die Heiden, zu seinem Volk und zu seiner Geliebten (9,25), während die Hauptmasse Israels dem Evangelium gegenüber verstockt bleibt. Der Apostel deutet an, warum Israel sich so schwer mit dem Evangelium tut: Es bemüht sich mit Eifer um die Gerechtigkeit, die aus dem Toragehorsam kommt, dabei aber unterwirft es sich nicht jener Gottesgerechtig-keit, die aus dem Glauben an Christus kommt, der „das Ende des Gesetzes zur Gerechtigkeit für jeden Glaubenden" ist (10,4)[65]; vgl. dazu 9,31–10,11. Überdies stieß Israel „an den Stein des Anstoßes", den Gott in Sion für Israel hingelegt hat; es stolperte darüber (9,32f.). „Der Stein des Anstoßes" ist zwar niemand anderer als Jesus Christus, der Gekreuzigte und Auferstandene, aber der „Nachdruck liegt dabei keineswegs primär auf Jesu Tod oder dem historischen Jesus, sondern darauf, daß Israel an dem ihm von Gott gegebenen Messias, folglich an der Erfüllung der Verheißung scheiterte und nach Gottes Plan scheitern mußte. In Zion wurde jener Stein von Gott selbst aufgerichtet, der von vornherein dazu bestimmt war, Anstoß und Ärgernis zu wirken ..." (*E. Käsemann*)[66].

Warum stieß und stößt sich Israel an Christus, auch wenn Juden bis heute sagen, sie stießen nicht auf Jesus? Aus dem Kontext von 9,33 geht die Antwort hervor: Israel stößt sich an Christus, „sofern die Glaubensforderung den Bruch mit seiner religiösen Vergangenheit verlangt" *(E. Käsemann)*, den Bruch mit dem gesetzlichen Leben nach der Tora (vgl. 10,2–5), den Israel nicht vollziehen kann, weil es glaubt, dann Gott ungehorsam zu werden. Die Ausführungen des Apo-stels in Röm 10 sind deutlich von der Spannung Gesetz/Evangelium bestimmt

---

[64] Den besten Kommentar zu den schwierigen Versen Röm 9,22f. schrieb m.E. *F. W. Maier*, in: Israel in der Heilsgeschichte nach Röm 9–11 (Münster 1929) 44–53.

[65] Vgl. dazu *F. Mußner*, „Christus (ist) des Gesetzes Ende zur Gerechtigkeit für jeden, der glaubt" (Röm 10,4), wieder abgedruckt in: *ders.*, Dieses Geschlecht wird nicht vergehen (Freiburg 1991) 77–86.

[66] *E. Käsemann*, An die Römer 269.

(vgl. 10,4 f. mit 10,16). Aber weil das Evangelium (paulinisch verstanden) Jesus Christus als den Grund des Heils verkündet, darum setzt sich unsere Ausgangsfrage: War Jesus für Israel erkennbar? nachösterlich fort in der Frage: War das Evangelium für Israel erkennbar und annehmbar? Zwar hört auch Israel die Predigt des Evangeliums, | aus der der Glaube hervorgeht (10,17 f.), aber es könnte ja sein, so fragt Paulus weiter, daß „Israel nicht verstanden hat" (10,19a). Die Frage selbst wird aber, genau gesehen, vom Apostel nicht beantwortet, vielmehr rekurriert er wieder auf die Schrift, die den Gehorsam der Heiden gegenüber der Evangeliumspredigt ansagt (Dtn 32,21 = Röm 10,19b), aber ebenso den Ungehorsam und den Widerspruch Israels, nach dem Gott den ganzen Tag seine Hände ausstreckt (Jes 65,1 = Röm 10,20). Schaut man genauer hin, so sieht man: Der Apostel konstatiert zwar den Ungehorsam Israels gegenüber dem Evangelium, aber von einem eigentlichen Schuldnachweis für Israel, der seine Bestrafung durch Gott fordern würde, ist keine Rede. Es geht vielmehr um Konstatierungen: Heiden gehorchen dem Evangelium, Israel dagegen nicht. Die Frage, die sich konsequenterweise aus der Verstockung der Juden gegenüber dem Evangelium ergibt, kann nur die sein, die der Apostel sofort in 11,1 stellt: „Hat Gott sein Volk verworfen?" Hat er sein Volk Israel verworfen, weil es dem Evangelium nicht zu gehorchen vermag? Etwa gar für immer verworfen, wie christliche Theologen bis heute behaupten? Der Apostel antwortet wieder: „Nimmermehr!" Daß Gott Israel nicht verworfen hat, zeigt sich einmal schon in der Missionserfahrung, daß ein erwählter „Rest" zum Evangelium gefunden hat (die Judenchristen), zum anderen wird es sich darin zeigen, daß Gott „die übrigen" einst durch den Retter aus Zion retten wird, so daß am Ende „ganz Israel gerettet werden wird" (11,26b). Diese „übrigen" wurden dem Evangelium gegenüber „verstockt"; denn Gott selber gab ihnen nach der Schriftansage (Dtn 29,3) „einen Geist der Umnachtung", so daß sie „bis zum heutigen Tag" nicht sehen und hören können (Röm 11,8). Die passivische Formulierung „sie wurden verstockt" sowohl als auch die aktive mit dem Subjekt Gott als jenem, der auf Israel „einen Geist der Umnachtung" legte, lassen keinen Zweifel daran, daß der Apostel die Verstockung Israels gegenüber dem Evangelium letztlich auf Gott als den eigentlich Handelnden zurückführt, d. h. Paulus bleibt seiner schon in Röm 9 entwickelten Prädestinationstheologie treu. Gott ist es, der verstockt, wen er will![67] „Du wirst mir einwenden: | Wozu tadelt (Gott dann) noch? Denn wer

---

[67] *F. W. Maier* bemerkt zu Röm 11,8: „Gott selbst hat diesen Zustand über die von ihm Betroffenen verhängt zur Strafe, wie Paulus wohl meint, für ihr starres Festhalten am Werkwesen (V. 6)" (Israel in der Heilsgeschichte, 113), aber von Strafe ist weder hier noch sonstwo in Röm 9–11 die Rede! Wohl ist in 11,11 f. von einer „Verfehlung" (παράπτωμα) und in 11,20 vom „Unglauben" Israels die Rede und insofern auf Schuld abgehoben, aber zu dem Zweck, um von da aus um so intensiver auf die Heilszuwendung zu den Heiden und auf die kommende Rettung ganz Israels als den Erweisen der Barmherzigkeit Gottes hinweisen zu können. Die Spannung von schuldhafter Verfehlung und von Gott verfügter Verstockung wird vom Apostel nicht wirklich gelöst. Sein doxologischer Hinweis in 11,33–36 auf „die Tiefe des Reichtums und der Weisheit und der Erkenntnis Gottes etc." läßt vielmehr deutlich das eigene Unvermögen des Apostels, die genannte Spannung zu lösen, erkennen. Er „flüchtet" am Ende zum Deus abscon-

vermag seinem Ratschluß zu widerstehen? O Mensch, wer aber bist du denn, daß du Gott in Widerrede entgegentrittst?" (9,17f.)

Konkret wird die Verstockung Israels durch Gott erkennbar in dem Ungehorsam Israels gegenüber dem Evangelium. Die Verstockung Israels hat also nach Ostern ihren Ort im Evangelium; das Evangelium trennt Israel, das der Tora treu bleibt, von den Völkern. Damit gibt sich aber Paulus nicht zufrieden. Er fragt weiter: „Sind sie gestrauchelt, um zu fallen?" (11,11), nämlich für immer. Wieder kommt die Antwort: „Nimmermehr!". Vielmehr, so erkennt der Apostel, wurde „ihr Fall Reichtum für die Welt und ihr Fehltritt Reichtum für die Heiden" (11,12). In diesem Satz spiegelt sich die eigene Missionserfahrung des Apostels. Dennoch bleibt die Frage: „Was wird aus dem ‚gefallenen' Israel?" Der Apostel geht auch dieser Frage nicht aus dem Weg, sondern kündet „die Annahme" Israels an, die für Israel „Leben aus den Toten" bedeuten wird (11,15), auch für die Toten von Auschwitz, für alle Opfer des „Holocaust". Die Kirche wird vom Apostel dabei gemahnt, sich nicht über Israel zu erheben, sondern sich zu fürchten, nämlich vor Gott, der auch die Kirche nicht schont, wie er Israel nicht geschont hat (11,20f.). Paulus verbindet so in Röm 11 das Geschick der Völker mit dem Geschick Israels in einer seltsam anmutenden Weise, die dem Profanhistoriker verborgen bleibt. Gerade aus der Verstockung Israels ist Heil für die Völker | gekommen, und wenn deren „Vollzahl" erreicht ist, „wird ganz Israel gerettet werden". So siegen am Ende die Macht und das Erbarmen Gottes, indem er Juden und Heiden in sein Heil bringt, freilich auf Wegen, die für das Denken und Spekulieren des Menschen „unergründlich" sind (11,33).

Was ist mit diesen eigenartigen „Wegen" der Heilsführung Gottes erreicht? Jedenfalls dies: *Damit bleibt der Jude bis zum Ende der Zeiten:* als Zeuge für die Konkretheit der Heilsgeschichte, aber auch für die Undurchschaubarkeit der göttlichen Heilsführung. Die Tora hilft dem Juden dabei, Jude zu bleiben. Gott hat nach Ex 9,16 (= Röm 9,17) einst den Pharao verstockt, „damit ich an dir (dem Pharao) meine Macht erweise und damit mein Name bekannt gemacht werde auf der ganzen Erde". Er hat auch Israel verstockt, damit am Ende seine sich aller erbarmende Macht und damit „die Gottheit Gottes" vor aller Welt offenbar werden.

11. Was es dem Juden bis heute schwer macht, Jesus von Nazareth als den Verheißenen zu erkennen, ist besonders auch der Umstand, daß es da einen großen „Verheißungsüberschuß" gibt, den Jesus noch nicht erfüllt hat. Von diesem Einwand muß der Christ Kenntnis nehmen, weil er begründet ist: Es gibt noch viele unerfüllte Verheißungen. Der Jude aber muß davon Kenntnis nehmen, daß nach der Überzeugung der Christen in Jesus von Nazareth, dem Gekreuzig-

---

ditus! Immerhin läßt aber doch der Hinweis des Apostels auf „Verfehlung" und „Unglaube" Israels auch erkennen, daß verfügte „Verstockung" nicht Determinismus ist. Wie könnte sonst der Apostel hoffen, daß er auch jetzt noch „einige seines Fleisches" für das Evangelium gewinnen könne (vgl. 11,14)? Die Freiheit des Menschen bleibt gewahrt, wenn sie auch letztlich ähnlich wie der „Ratschluß" Gottes ein Geheimnis bleibt. Vgl. dazu auch *B. Mayer*, Unter Gottes Heilsratschluß. Prädestinationsaussagen bei Paulus (Würzburg 1974) 317.

ten und Auferstandenen, eine Teilerfüllung stattfand und zwar keine geringe. Jesus selber kommt auf diese „Erfüllung" zu sprechen: Nach der Nazarethperikope erfüllt sich „heute", in seinem Wort und in seinem Wirken, das vom Propheten Angesagte. Die Wartezeit ist „erfüllt" und „das Reich Gottes unmittelbar nahegekommen" (Mk 1,15): in seiner mit Vollmacht vorgetragenen Lehre und in seinen Machttaten bricht es schon herein. „Wenn ich mit dem Finger Gottes die Dämonen austreibe, ist folglich (ἄρα) das Reich Gottes bei euch angelangt" (Mt 12,28 = Lk 11,20). Auf die Anfrage des Täufers: „Bist du der Kommende oder sollen wir auf einen anderen warten?", gibt Jesus die Antwort: „Geht hin und meldet dem Johannes, *was ihr hört und seht:* Blinde sehen und Lahme gehen, Aussätzige werden rein, Taube hören, Tote stehen auf, und Armen wird das | Evangelium verkündigt" (Mt 11,2–5; vgl. dazu Jes 29,18f.: 5,5f.; 61,1). Jesus ist auch nicht gekommen, das Gesetz oder die Propheten aufzulösen, sondern „zu erfüllen" (Mt 5,17). Jesus von Nazareth selber besaß also ein „Erfüllungsbewußtsein". Auch die nachösterliche, über Jesus, sein Wort und Werk, seinen gewaltsamen Tod und seine Auferweckung von den Toten reflektierende Kirche war in ihrem Glauben überzeugt, daß sich an Jesus, seinem Werk und seinem Geschick, die Schrift „erfüllt" hat (vgl. z. B. die sog. Reflexionszitate in den Evangelien: „Dies ist geschehen, damit die Schrift erfüllt werde …", „hier erfüllte sich das Wort der Schrift"). Selbst wenn man (mit Recht) darauf hinweisen kann, daß in dieser Hinsicht die erleuchtende „Ostergnade" (johanneisch gesprochen: „der Paraklet") am Werk war, läßt sich doch nicht leugnen, daß schon der vorösterliche Jesus ein „Erfüllungsbewußtsein" besaß, und daß sein Wirken „offen" war für die (freilich weithin nachösterliche) Erkenntnis, daß in ihm sich Verheißungen des Alten Testaments erfüllten, so daß die Kirche ihn als den Verheißenen verkündigen konnte und kann. Damit war und ist für die Kirche zugleich die Kontinuität des Alten, wie es im Alten Testament zur Sprache gekommen war, mit dem Neuen, wie es in Jesus sich offenbarte, gesichert: Der Gott, der an Israel gehandelt hat und handelt, hat auch an Jesus gehandelt. In diesem an Jesus von Nazareth sich offenbarenden Handeln Gottes, besonders im Sterben und in der Auferstehung Jesu, hat dann auch die Kirche ihren legitimen Ort neben Israel, auch wenn der Jude die Kontinuität des Heils und des Heilshandelns Gottes anders sieht als der Christ. Aber darob darf der Christ nicht den Stab über den Juden brechen. Denn Gott allein weiß letztlich, warum der Jude die Dinge anders sieht als der Christ und warum für ihn Jesus von Nazareth nicht erkennbar und darum auch nicht annehmbar war und ist. Jesu Angebot der Gottesherrschaft an Israel war zwar zweifellos ernsthaft gemeint, und Jesus hat über Chorazin, Bethsaida und Kapharnaum sein „Wehe" ausgerufen (Mt 11,20–24 = Lk 10,13–15) und damit Schuld konstatiert, dennoch bleibt die Tatsache, daß die Hauptmasse Israels ihn nicht erkannt hat, aus Gründen, von denen wir einige wichtige nannten. Denn sieht man auf das, was wir zu unserer Ausgangsfrage: War Jesus von Nazareth für Israel erkennbar? zu sagen versuchten – und es war in der Tat nur ein | Versuch –, so muß geantwortet werden: Es war für Israel schwer, Jesus und das Evangelium zu erkennen. Die

Enthüllung des Wortes im fleischgewordenen Christus war zugleich eine Verhüllung. Die Herrlichkeit des Einziggezeugten vom Vater in Jesus zu sehen, ist
nur dem vom Heiligen Geist erleuchteten Glaubenden möglich. *Sören Kierkegaard* hat durchaus mit seiner Forderung recht gehabt: Wer seinen Glauben
prüfen will, übe sich in der „Gleichzeitigkeit", er mache sich im Geist zum
Volksgenossen und Landsmann Jesu von Nazareth; er versetze sich im Geist in
die Synagoge von Nazareth und er höre dort aus dem Mund des Zimmermanns
Jesus das anspruchsvolle „Heute" („Heute hat sich vor euren Ohren dieses
Schriftwort erfüllt": Lk 4,21), und wenn er dann sagen kann: Selbstverständlich
hätte ich ihn als den Verheißenen erkannt und hätte ihn als den Messias begrüßt,
dann erst kann er auch ehrlichen Gewissens sagen: „Ich glaube". Aber wer von
uns Christen kann so „selbstverständlich" reden? Vermutlich keiner. Darum soll
auch niemand Steine auf das „verstockte" Israel werfen, sondern lieber die
verschlungenen Wege Gottes preisen, wie es Paulus in Röm 11,33–36 am Ende
seiner schwierigen Ausführungen über die Verstockung und das Endheil Israels
tut. Denn auch kein Christ war Gottes „Ratgeber"[68].

„„Abgrundtief' erscheint [dem Paulus] der ‚Reichtum', die Weisheit und die
Erkenntnis Gottes, die alles von Ewigkeit her bedenkt, weisheitsvoll leitet und
lenkt und alles wider Erwarten zum guten Ende führt. ‚Unerforschlich' sind
‚Gottes Gerichte', d.h. sein Walten in der Heilsgeschichte, insbesondere sein
geheimnisvolles Walten an Israel. Undurchdringliches Dunkel umgibt Gottes
ewigen Ratschluß…, ‚keiner hat je des Herrn Sinn erkannt', denn keiner hat je als
sein ‚Berater' in seinem Rate gesessen. Keinen Zugang gibt's für den Menschen zu
Gottes letzten Gedanken. Sie sind und bleiben uns vorenthalten. Denn wäre Gott
in dieser Hinsicht etwas zu erstatten schuldig, wo keiner etwas zuvor gegeben
hat?" *(F. W. Maier)*[69].

---

[68] Vgl. dazu auch *F. Mußner*, Israel in der „Logik" Gottes nach Röm 9–11 und im Denkgebirge Hegels, in: W.M. Neidl/F. Hartl (Hg.), Person und Funktion (Gedenkschrift zum 100.
Geburtstag von Jakob Hommes) (Regensburg 1998) 63–78.
[69] *F. W. Maier,* Israel in der Heilsgeschichte 150f.

# III. Zur Entstehung der Christologie

## 8. Christologische Homologese und evangelische Vita Jesu
(1970)

Für Heinrich Schlier
zum 70. Geburtstag

Heinrich Schlier hat auf der Dogmatiker-Tagung in Untermarchtal (2.–5. Januar 1969) mit dem Gesamtthema „Die Christologie von Nikaia-Chalzedon und die moderne Exegese als Aufgabe
für die Dogmatik heute" ein umfang- und inhaltsreiches Referat
über die christologische Homologese im Neuen Testament gehalten. In der Diskussion über dieses und die anderen Referate der
Tagung kam immer wieder das Verhältnis der nachösterlichen
Homologese bzw. Christologie zum vorösterlichen Jesus zur
Sprache. Der Verfasser dieses Beitrags beteiligte sich an diesen
Diskussionen und versucht im Folgenden, seine damaligen Dis-
kussionsbeiträge zusammenfassend in vertiefter Reflexion vorzulegen.

### I

Die Urkirche hat ihren Glauben an Christus auf kurze Formeln
gebracht, wie sie uns in der neutestamentlichen Homologese (Ho-
mologie)[1] erhalten sind: z. B. κύριος Ἰησοῦς („Herr [ist] Jesus").
Schlier hat das ganze Material vorgelegt. Die Formgeschichte der
homologischen Sätze des Neuen Testaments hat längst das hohe
Alter vieler dieser Sätze erkannt[2]. Sie sind großenteils älter als
die ungefähr zwischen 65 und 100 n. Chr. geschriebenen vier
Evangelien. Die Sätze der Homologese und die Berichte der vier
Evangelien sind also im Neuen Testament zwei besondere

---

[1] Zu den griechischen Termini ὁμολογία und ὁμολογεῖν vgl. besonders O. Michel
in: ThWbzNT V, 199–220.
[2] Vgl. etwa V. H. Neufeld, The earliest Christian confessions (Leiden 1963);
J. Gnilka, Jesus Christus nach frühen Zeugnissen des Glaubens (München 1970).

Weisen des urkirchlichen Zeugnisses über Jesus Christus. Es entstehen ihnen gegenüber Fragen wie diese: Was haben sie miteinander zu tun? Besonders aber: Warum sind überhaupt neben der christologischen Homologese in der Urkirche noch Evangelien, evangelische Berichte über Jesus von Nazareth entstanden? Warum begnügte man sich nicht mit der Homologese und ihrer im homologischen Genus bleibenden Explikation?

## II

Die christologische Homologese gibt Antwort auf jene Frage, von der die Christologie überhaupt lebt: „Wer ist dieser?" (vgl. Mk 4,41; 8,27; Joh 4,10; 5,12; 8,25; 9,36; 12,34). Sie antwortet auf diese Frage etwa: Dieser (Jesus) ist der Christus; er ist der Herr; er ist der Sohn Gottes usw. Das sind Glaubensbekenntnisse über Jesus von Nazareth, mit denen die Urkirche ihren Christusglauben für sich selbst und auch gegenüber der Öffentlichkeit der Welt sprachlich artikuliert hat. Den urkirchlichen Sätzen der christologischen Homologese gegenüber entstand und entsteht jedoch die Frage: Bestehen diese Sätze über Jesus von Nazareth zu Recht? Wie konnte diese, gewiß nicht belanglose Frage am besten beantwortet werden? Am besten, so muß man sagen, durch Rekurs auf das Leben Jesu: Jesus von Nazareth ist der Christus, der Herr, der Sohn Gottes usw., weil er „eine neue Lehre mit Vollmacht" vorgetragen hat (vgl. Mk 1,27); weil ihm selbst Wind und Meer gehorchen (vgl. Mk 4,41); weil er von den Toten auferstanden ist usf. Man kann also sagen: In der Urkirche sind deshalb Evangelien, evangelische Jesusviten geschrieben worden, weil mit ihrer Hilfe die Sätze der christologischen Homologese am besten verifiziert werden konnten. Die Evangelien zeigen, daß die homologischen Sätze über Jesus von Nazareth zu Recht bestehen. Man darf sogar annehmen, daß nicht erst die schriftlichen Evangelien diesem Zweck dienen wollten, sondern schon „das Evangelium vor den Evangelien", d.h., daß auch schon die evangelischen Überlieferungen über Jesus von Nazareth, wie sie sich in der Zeit vor ihrer schriftlichen Fixierung durch die Evangelisten herausgeformt hatten, in einem bestimmten Zusammenhang mit der Homologese standen; denn der sogenannte **gospel pattern** scheint seine Urstruktur aus der Homologese heraus entwickelt zu haben[3]. Hier waltet ein Zirkelgeschehen, das freilich seine Grenzen hat, wie vor allem die sogenannte Logienquelle zeigt (s. w. u.).

## III

Die christologische Homologese mußte aber nicht bloß verifiziert, sondern auch interpretiert werden; es mußte also nicht bloß die Frage beantwortet werden: Warum ist Jesus der Christus, der Herr, der Gottessohn usw., sondern auch: **In welchem Sinn** ist er denn der Christus, der Herr, der Sohn Gottes? Die Interpretation der Homologese war notwendig, weil nicht bloß sie, sondern Jesus selbst „mehrdeutig" waren[4] und deshalb in verschiedener Richtung hin ausgelegt werden konnten. Man denke etwa an das Χριστός- oder κύριος-Prädikat in der Homologese. Die Erwartungen und Hoffnungen, die man im Spätjudentum an die Gestalt des verheißenen Heilbringers, des sogenannten Messias, band, waren keineswegs gleichartig; die verschiedenen Gruppen des Spätjudentums hatten darüber je ihre eigene Meinung[5]. In welchem Sinn versteht die Urkirche ihr Bekenntnis zur Messiaswürde Jesu? Etwa in politischem Sinn? Oder in welchem Sinn ist für sie Jesus der κύριος? Im selben Sinn wie für Griechen und Römer Götter und Kaiser? Diese Fragen mußten nach innen und außen geklärt werden, d. h., die christologische Homologese be-

---

3 Vgl. dazu Näheres bei *O. A. Piper*, The Origin of the Gospel Pattern, in: JBL 78 (1959) 115–124.
4 Vgl. dazu Näheres bei *F. Mußner*, Der historische Jesus und der Christus des Glaubens, in: Praesentia Salutis. Gesammelte Studien zu Fragen und Themen des Neuen Testaments (Düsseldorf 1967) 42–66 (57f.); *ders.*, Der „historische" Jesus: ebd. 67–80 (72f.); *W. Marxsen*, Jesus hat viele Namen, in: Der Exeget als Theologe. Vorträge zum Neuen Testament (Gütersloh 1968) 214–225.
5 Vgl. dazu etwa *J.-B. Frey*, Le conflict entre le Messianisme de Jésus et le Messianisme de Juifs de son temps, in: Bibl 14 (1933) 113–149; 269-293; *K. Schubert*, Die Messiaslehre in den Texten von Chirbet Qumran, in: BZ, NF 1 (1957) 177–197; *K. Weiß*, Messianismus in Qumran und im Neuen Testament, in: Qumran-Probleme (Berlin 1963) 353–366; *K. Schubert* (Hrsg.), Vom Messias zum Christus (Wien 1964) passim. Auch das Messiasbild des AT war keineswegs einheitlich; vgl. dazu *H. Groß*, Der Messias im Alten Testament, in: TrThZ 71 (1962) 154–170.

durfte dringend einer maßgebenden und für immer gültigen Interpretation. Wiederum konnte das am besten durch Rekurs auf das
Leben Jesu geschehen. Denn dadurch konnte die Frage geklärt
werden: In welchem Sinn ist Jesus als der Christus, der Herr,
„der Sohn Davids" usw. zu verstehen? Gerade der zuletzt genannte Würdename der christologischen Homologese „Sohn Davids" (vgl. dazu Mt 1,1; Röm 1,3; 2 Tim 2,8), der auch im Spätjudentum aufgrund der prophetischen Verheißungen für den
Messias viel verwendet wurde[6], konnte sehr leicht im Sinn einer
politischen Messianologie verstanden werden[7]. Zwar transzendiert bereits die alte homologische Formel in Röm 1,3f. durch ihr
Bekenntnis zur Gottessohnschaft des Auferweckten in V. 4 jenes
zur Davidssohnschaft Jesu im V. 3[8], aber geklärt wird der Sinn
seiner Davidssohnschaft erst durch jene Traditionen aus dem
vorösterlichen Leben Jesu, die insbesondere das Mt-Evangelium
zu bringen weiß: mit ihnen wird gezeigt, daß Jesu Davidssohnschaft religiös zu verstehen ist, nicht politisch[9]. So sieht man an
diesem Beispiel, wie die christologische Homologese der nachösterlichen Kirche durch den Rekurs auf das Leben Jesu interpretiert wird. Diese Interpretation durch die Vita Jesu war notwendig, sollte die Homologese vor Fehldeutung geschützt werden.

Hier kann auch auf Lk 1,1–4 hingewiesen werden. Wie H.
Schürmann in einer sorgfältigen Analyse des Lk-Prologs gezeigt
hat[10], geht es Lukas mit seiner Evangelienschrift auch darum, die
apostolischen Überlieferungen über Jesus (vgl. 1,2) in seinem
Evangelium zu vergegenwärtigen, um auf diese Weise die theologische Übereinstimmung der katechetischen λόγοι, in denen Theo-

---

6  Vgl. *E. Lohse* in: ThW VIII, 483–486; 487f.
7  Man denke auch an Lk 1,32 (Gott wird Jesus „den Thron seines Vaters David"
geben).
8  Vgl. auch *E. Schweizer* in: ThW VIII, 367f.; *J. Blank*, Paulus und Jesus. Eine
theologische Grundlegung (München 1968) 250ff.
9  Vgl. dazu besonders *E. Lohmeyer*, Gottesknecht und Davidssohn (Göttingen
²1953) 64–84; *Chr. Burger*, Jesus als Davidssohn. Eine traditionsgeschichtliche
Untersuchung (Göttingen 1970).
10  Evangelienschrift und kirchliche Unterweisung. Die repräsentative Funktion
der Schrift nach Lk 1,1–4, wieder abgedruckt in: *H. Schürmann*, Traditionsgeschichtliche Untersuchungen zu den synoptischen Evangelien (Düsseldorf 1968)
251–271.

philus unterrichtet worden ist und zu denen ja auch die Haupt-
sätze der Homologese gehören[11], mit den apostolischen Jesusüberlieferungen sicherzustellen. Die „Zuverlässigkeit" (ἀσφάλεια), die Theophilus nach 1,4 hinsichtlich der katechetischen
Unterweisung „erkennen" soll, wird gewonnen durch Rekurs auf
die apostolischen Jesustraditionen, wie sie in das Evangelium
vor den Evangelien überliefert worden waren und denen Lk nachgegangen ist, um sie für die Kirche seiner Zeit aufzuschreiben. So
erfüllt die Evangelienschreibung auch hier die Aufgabe, die Homologese ein für allemal vor Fehlinterpretationen abzusichern.
Der Rekurs auf das Leben Jesu vermittelt zugleich das apostolische und damit das normative Verständnis des urkirchlichen
Christusglaubens, wie er in der Homologese sich zur Sprache
brachte. Das Evangelium wird also auch deshalb geschrieben,
um gewissermaßen einen „Schriftbeweis" für die Wahrheit der
Homologese zu führen[12]. Der „Schriftbeweis" liegt in diesem Fall
in den apostolischen Berichten über das Leben Jesu, auf die zurückgegriffen wird, um die Homologese verständlich zu machen.
Das war um so nötiger, als zur Zeit der Evangelienschreibung die
Generation der „Augenzeugen und (ersten) Diener des Wortes"
(Lk 1,2) schon ausgestorben und die Homologese der Gefahr der
Fehldeutung durch Irrlehrer ausgesetzt war. Wie aus Apg 20,
28–31 hervorgeht, war Lk besorgt, daß die apostolische Überlieferung nicht durch Irrlehrer verfälscht würde[13]. Er geht nach
dem Prolog zu seinem Evangelium „allem" (πᾶσιν) nach (Lk 1,3),
was die apostolischen Augenzeugen über Jesus überliefert haben,
und ebenso läßt er Paulus nach Apg 20,27 sagen, er habe in seinen
Missionsgemeinden „den ganzen Ratschluß Gottes "(πᾶσαν τὴν
βουλὴν τοῦ θεοῦ) verkündet. Dahinter steht nicht bloß das Bestre-
ben, nichts von den genuinen apostolischen Jesusüberlieferungen
verlorengehen zu lassen (πάντα!), sondern, wie aus Lk 1,4 hervor-

---

11 Vgl. Röm 6,17 (ὑπηκούσατε . . . εἰς ὃν παρεδόθητε τύπον διδαχῆς); der τύπος
διδαχῆς konnte in einem kurzen Glaubenssymbolum, also in Sätzen der Homologese, bestehen (vgl. dazu *J. Kürzinger*, ΤΥΠΟΣ ΔΙΔΑΧΗΣ und der Sinn von
Röm 6,17f., in: Biblica 39 [1958] 156–176).
12 Vgl. auch *Schürmann*, a. a. O. 266.
13 Vgl. dazu *H. Schürmann*, Das Testament des Paulus für die Kirche. Apg 20,
18–35, in: Traditionsgeschichtliche Untersuchungen (s. Anm. 10) 310–340.

geht, auch die Sorge, die katechetischen λόγοι, zu denen die Homologese gehört, durch Rekurs auf die Vita Jesu abzusichern,
wie oben schon betont wurde. Wie ist es mit der joh. Vita Jesu in ihrem Verhältnis zur
christologischen Homologese? In Joh 20,31 steht zu lesen:
„Dies ist aufgeschrieben worden, damit ihr glaubt, daß Jesus ist
der Christus, der Sohn Gottes." Hier wird also der Zweck der
letzten Evangelienschrift ausdrücklich genannt: sie will zu dem
Glauben an Jesus als den Messias und Sohn Gottes führen. Der
Satz: Ἰησοῦς ἐστιν ὁ Χριστὸς ὁ υἱὸς τοῦ θεοῦ ist typisch homologisch
formuliert. Ähnliche homologische Formulierungen begegnen
auch im ersten Johannesbrief (vgl. 2,22; 5,1: Ἰησοῦς ἐστιν ὁ χρι
στός; 4,15; 5,5: Ἰησοῦς ἐστιν ὁ υἱὸς τοῦ θεοῦ). Die Irrlehrer, gegen
die Johannes kämpft, verweigern diesem Bekenntnis die Anerkennung. Sie leugnen nicht einen Erlöser und auch nicht die Notwendigkeit einer Erlösung; was sie leugnen, ist die Identität des
Erlösers (= „der Christus"; „der Sohn Gottes") mit Jesus von
Nazareth[14]. Darum führt ihre Anschauung zum λύειν τὸν Ἰησοῦν
(wie es in einer wichtigen, vielleicht ursprünglichen Lesart zu 1
Joh 4,3 heißt)[15], d. h. zur „Auflösung" des historischen Jesus.
Und diese Gefahr war offensichtlich mit ein Grund, der Johannes
veranlaßt hat, seine theologischen Anliegen nicht bloß in Briefen,
sondern in der Form einer evangelischen Vita Jesu vorzulegen und
zu vertreten[16]. Dadurch konnte die christologische, ἀπ' ἀρχῆς in
der Kirche geltende Homologese durch Rekurs auf die Geschichte
Jesu verifiziert und im Sinne der „von Anfang" in der Kirche geltenden Lehre über Jesus Christus[17] interpretiert werden. Die
Sinn-Sicherung der christologischen Homologese rief also gerade-

---

14 In Joh 20,31 liegt der Ton auf Ἰησοῦς, und ebenso in den Sätzen der christologischen Homologese des 1. Johannesbriefes.
15 Vgl. dazu Näheres bei *R. Schnackenburg*, Die Johannesbriefe (Freiburg ²1963)
zu 1 Joh 4,3.
16 Vgl. dazu auch *F. Mußner*, Der historische Jesus und der Christus des Glaubens, in: Praesentia Salutis, 42–66 (52ff.); *ders.*, Die johanneische Sehweise und
die Frage nach dem historischen Jesus (Quaest. disp. 28) (Freiburg 1965) 12–14;
71f.
17 Vgl. dazu 1 Joh 1,1; 2,24 („Was ihr von Anfang an gehört habt, soll in euch
bleiben!"); 3,11; dazu noch *H. Conzelmann*, „Was von Anfang war", in: Neutestamentliche Studien für R. Bultmann (BZNW 21) (Berlin ²1957) 194–201.

zu nach der Evangelienschreibung! Ein wichtiger Sinn der „Kanonisierung" der vier „normativen" Evangelien, die im Neuen Testament vorliegen, ist auch der gewesen: durch sie konnte auch weiterhin gegen jede Falschauslegung der Homologese, wie sie etwa durch die Gnostiker und andere Häretiker (Arius!) vorgelegt wurde, der von der maßgeblichen apostolischen Tradition gemeinte Sinn festgehalten werden. Diese Funktion üben die kanonischen Evangelien bis zum heutigen Tag aus.

Zurückschauend auf Abschnitt II und III kann gesagt werden: Die christologische Homologese erforderte zu ihrer Verifizierung und rechten Interpretation den Rekurs auf die Geschichte Jesu; sie rief geradezu nach der Vita Jesu. Aber ebenso gilt: Die evangelische Vita Jesu rechtfertigt die Homologese; sie weist, wie es besonders im Johannesevangelium deutlich wird, auf die Homologese hin. Christologische Homologese und evangelische Vita Jesu stehen zueinander, könnte man sagen, in einem reziproken Verhältnis; in ihnen waltet d e r  h e r m e n e u t i s c h e  Z i r k e l, ohne den es kein rechtes Verstehen gibt, wie die Hermeneutik seit Schleiermacher weiß[18]. Die evangelische Vita Jesu läßt erkennen, warum etwa die in der christologischen Homologese des Neuen Testaments anzutreffenden Würdenamen für Jesus das Ergebnis einer kritischen Auswahl aus den zur Verfügung stehenden Würdetiteln war, worauf Schlier hingewiesen hat. Jesus konnte nicht mit beliebigen Würdenamen bedacht werden (s. dazu noch Näheres unter VI). Und sowohl die Homologese als auch die evangelische Vita Jesu geben Antwort auf die Urfrage der Christologie: Wer war und ist Jesus von Nazareth, der Gekreuzigte und von den Toten Auferstandene?

Van A. Harvey und Schubert M. Ogden haben die Frage gestellt: „Wie neu ist die ‚Neue Frage nach dem historischen Jesus'?"[19] Ihre Antwort lautet: Diese Frage ist keineswegs erst in der Leben-Jesu-Forschung der Zeit nach dem zweiten Weltkrieg

---

18 Vgl. *R. Bultmann*, Das Problem der Hermeneutik, in: Glauben und Verstehen. Gesammelte Aufsätze II (Tübingen 1952) 211–235; *H.-G. Gadamer*, Vom Zirkel des Verstehens, in: Festschrift f. M. Heidegger zum 70. Geburtstag (Pfullingen 1959) 24–34; *E. Coreth*, Grundfragen der Hermeneutik (Freiburg 1969) 27, 32f., 94ff., 187.
19 ZThK 59 (1962) 46–87.

gestellt worden, sondern schon in der vorausgehenden Leben-Jesu-Forschung bis ins 19. Jahrhundert zurück. Gibt es überhaupt eine „neue" Frage nach dem historischen Jesus? Uns scheint nicht; diese Frage gibt es nur je in modifizierter Weise. Man muß vielmehr formulieren: Wie alt ist die Frage nach dem historischen Jesus? Die Antwort lautet: Sie ist so alt wie die Christologie selbst, noch genauer gesagt: Sie reicht über Ostern zurück an den Anfang des öffentlichen Lebens Jesu, weil schon dem „historischen" Jesus gegenüber die Frage auftauchte: „Wer ist dieser?", und die nachösterliche Homologese bereits eine Antwort auf diese „alte" Frage darstellt.

## IV

Die Antworten der Homologese auf die christologische Urfrage: „Wer ist (und war) dieser?" waren jedoch, gerade weil sie in Form homologischer Sätze vorgelegt wurden, der Gefahr der Isolierung ausgesetzt, auch wenn ihr Ursprungsort eine Gemeinschaft war und die Homologese insofern „eine soziologische Tatsache" (K. L. Schmidt)[20] ist. Die Homologese war nämlich der Isolierung vom konkreten Leben Jesu ausgesetzt, und deshalb bedurfte sie zu ihrer Verifizierung und Interpretation der Vita Jesu, wie unter II und III ausgeführt worden ist. Die Isolierung der christologischen Homologese brachte aber noch eine weitere Gefahr mit sich, nämlich jene der Mythologisierung. Neutestamentlich bezeugte Explikationen der Grund-Sätze der christologischen Homologese, wie wir sie etwa in den Christushymnen in Phil 2, 6–11 und in Kol 1,15–20 vor uns haben, sind nach der Meinung mancher Forscher schon erfolgt mit Hilfe gnostisch-mythologischer Vorstellungsschemata; ob dem so ist, sei hier nicht untersucht[21]. Jedenfalls birgt die Homologese, wenn sie von der Vita Jesu isoliert wird, die Gefahr der Mythologisierung (und Ideologisierung) in sich; das heißt zugleich: die Gefahr der Enthistorisierung. Die Werke der Gnostiker zeigen jedenfalls, wie

---

[20] RGG ²II, 639.
[21] Vgl. Näheres für Phil 2,6–11 bei *J. Gnilka*, Der Philipperbrief (Freiburg 1968) 131–147 und für Kol 1,15–20 bei *N. Kehl*, Der Christushymnus im Kolosserbrief. Eine motivgeschichtliche Untersuchung zu Kol 1,12–20 (Stuttgart 1967).

leicht die christologische Homologese in ein mythologisches System eingebracht werden konnte. Der beste Schutz gegen diese
Gefahr war wiederum der Rekurs auf die Vita Jesu, weil dadurch
die Homologese an die Geschichte gebunden wird. Als erster bedeutender Versuch solcher Bindung an die konkrete Geschichte
des Lebens Jesu ist uns aus der Zeit der Urkirche das Markusevangelium erhalten[22]. Diese evangelische Vita Jesu versteht sich
nach Mk 1,1 selbst als Evangelium „von Jesus Christus, dem
Sohn Gottes"[23], wie die christologische Homologese verkündet.
Es identifiziert diesen „Christus" und „Sohn Gottes" mit Jesus
von Nazareth; vgl. 1,9: „Und es geschah in jenen Tagen, daß
Jesus von Nazareth in Galiläa kam und sich taufen ließ im Jordan
von Johannes": der Christus bleibt an J e s u s gebunden, den
Zimmermann aus Nazareth[24].

Und warum kam es zur Sammlung der Sprüche Jesu in der
„Logienquelle" und zu deren Aufnahme in die evangelische Vita
Jesu durch Mt und Lk? Wenn die christliche Gemeinde Jesus, den
Gekreuzigten und Auferstandenen, als ihren „Messias" und
„Herrn" bekannt und verkündet hat, konnte es ihr nicht gleichgültig bleiben, was dieser Jesus ihr an Lebensweisung hinterlassen
hat. Sie mußte gerade aufgrund ihrer christologischen Homologese an der Lebensweisung Jesu leidenschaftlich interessiert sein,
zumal da die jüdische Thora und ihre Auslegung immer mehr in
den Hintergrund traten, wenn nicht ganz ihre Geltung verloren,
wie in den heidenchristlichen Gemeinden. Dabei läßt sich sogar
beobachten, daß viele Sprüche der Logienquelle trotz ihrer Aufnahme in die evangelische Vita Jesu christologisch vage und
offen sind[25]; es finden sich in ihr außer dem rätselhaften Würdenamen „Menschensohn" keine christologischen Titel! Im Falle
der Logienquelle kann also sogar gesagt werden, daß die Homo-

---

22 Vgl. auch *R. Bultmann*, Die Geschichte der synoptischen Tradition (Göttingen ⁴1958) 372f.
23 υἱοῦ θεοῦ gehört u. E. zum ursprünglichen Text (bezeugt von sehr vielen und
guten Textzeugen).
24 Vgl. auch noch *J. Roloff*, Das Markusevangelium als Geschichtsdarstellung,
in: EvTh 29 (1969) 73–93; *ders.*, Das Kerygma und der irdische Jesus. Historische Motive in den Jesus-Erzählungen der Evangelien (Göttingen 1970).
25 S. dazu Näheres bei *F. Mußner*, Wege zum Selbstbewußtsein Jesu, in: BZ 12
(1968) 161–172.

logese auf die Ausformung des Stoffes wenig Einfluß genommen
hat; dieser Stoff ist vielmehr geprägt von der „indirekten" Christologie der vorösterlichen Zeit Jesu (s. dazu Weiteres unter VI).
Gerade diese geringe Überformung der Traditionen der Logienquelle durch die nachösterliche Homologese belegt das Bedürfnis
der Urkirche, die Sätze der christologischen Homologese nicht
wieder durch eine durch die Homologese schon geprägte Jesustradition zu verifizieren, sondern lieber auf eine Jesustradition zu-
rückzugreifen, die christologisch noch nicht eindeutig festgelegt
war. Gerade dadurch aber wird die Homologese wieder stärkstens
an die Geschichte gebunden und so vor einer mythologisierenden
Transposition in einen ungeschichtlichen Raum bewahrt[26].

G. Bornkamm hat auf einen ähnlichen Sachverhalt mit Blick
auf das Mt-Evangelium aufmerksam gemacht[27]. Er erkennt mit
anderen Forschern Mt 28,18–20 „als einen Schlüsseltext und eine
Art Summarium des ganzen Matthäus-Evangeliums"[28]. Es fällt
auf, daß Mt 28,12 „seine beherrschende Mitte einzig und allein in
dem Begriff ἐξουσία hat. Dieser kennzeichnet im Evangelium jedoch immer schon die Vollmacht auch des Irdischen, bezogen
auf seine Lehre (7,29), seine heilende Tat (8,9) oder auch das
Wort der Sündenvergebung (9,6.8). Das Vollmachtswort als solches dient also noch nicht der Unterscheidung des Auferstandenen vom Irdischen, sondern verbindet sie gerade"[29]. Nun fehlt
zwar in Mt 28,18–20 ein christologischer Würdename, aber Jesu
ἐξουσία-Wort in V. 18b impliziert eindeutig seine κυριότης. Diese
wird näherhin in ihrem Recht erwiesen durch Rekurs auf die
ἐξουσία des v o r ö s t e r l i c h e n Jesus, was sich auch in dem P r ä -
t e r i t u m ἐνετειλάμην zeigt, wie Bornkamm mit Recht betont.
Der Satz des Auferstandenen „. . . was ich euch geboten habe"
ist ein bewußter „Rückverweis auf die Lehre des Irdischen"[30].
„Das bedeutet: der Auferstandene und Erhöhte macht das Wort
des irdischen Jesus für die Kirche auf Erden für alle Zeiten bis
zum Ende der Welt verpflichtend"[31], und das bedeutet ferner für

---

[26] Vgl. auch noch *A. Vögtle*, Die hermeneutische Relevanz des geschichtlichen
Charakters der Christusoffenbarung, in: EphThLov 43 (1967) 470–487.
[27] Der Auferstandene und der Irdische. Mt 28,16–20, in: Zeit und Geschichte.
Dankesgabe an Rudolf Bultmann zum 80. Geburtstag (Tübingen 1964) 171–191.
[28] Ebd. 173.    [29] Ebd. 174.    [30] Ebd. 186f.    [31] Ebd. 187.

unseren Zusammenhang: Was der Glaube in der christologischen Homologese nach Ostern bekennt — nach Mt 28,18b das Herrentum des Auferstandenen und Erhöhten „über Himmel und Erde" —, wird durch die evangelische Vita Jesu des Mt an die Geschichte des Irdischen gebunden. Der κύριος und Χριστός bleibt so für immer der Jesus und die Christologie auf diese Weise vor der stets drohenden Gefahr ihrer Doketisierung bewahrt[32].

## V

„Jesus hat viele Namen" (W. Marxsen); sogar sehr viele, schaut man etwa auf die Joh-Apk[33]. Hat er aber deswegen x-beliebige Namen? Schlier hat betont, daß die christologische Homologese das Ergebnis einer kritischen Auswahl aus den zur Verfügung stehenden Würdenamen war. Und Marxsen sagt, daß die Namen, die man Jesus vor oder nach Ostern gegeben hat — „und zwar alle Namen: die negativen, die neutralen und die positiven" —, „das Ergebnis einer Reflexion (waren), die man anstellte aufgrund der mit Jesus gemachten Erfahrungen"[34]. Schlier sprach auch davon, daß die Homologese das Phänomen Jesus erfassen und sprachlich formulieren, sein Wesen durchdringen und erhellen wollte. In der Diskussion tauchte die Frage auf: Warum wurde nach Ostern das Phänomen Jesus durch die Urkirche gerade s o expliziert, wie es in ihrer christologischen Homologese geschah? Stand dahinter Sachzwang oder (religionsgeschichtlich bedingter) Analogiezwang? „Sachzwang" würde besagen: Wesen und Funktion Jesu selbst führten in der nachträglichen Reflexion dazu, ihm diese und gerade diese Würdenamen in der Homologese zu geben. (Religionsgeschichtlich bedingter) „Analogiezwang" würde besagen, man habe Jesus seine Würdenamen gegeben, weil er

---

[32] *E. Käsemann* sagt: „. . . wenn die Urchristenheit den erniedrigten mit dem erhöhten Herrn identifiziert, so bekundet sie damit zwar, daß sie nicht fähig ist, bei der Darstellung seiner Geschichte von ihrem Glauben zu abstrahieren. Gleichzeitig bekundet sie jedoch damit, daß sie nicht willens ist, einen Mythos an die Stelle der Geschichte, ein Himmelswesen an die Stelle des Nazareners treten zu lassen" (Das Problem des historischen Jesus, in: Exegetische Versuche und Besinnungen I [Göttingen 1960] 196).
[33] Vgl. etwa *F. Mußner*, Art. Jesusprädikate, in: LThK V (Freiburg ²1960) 967.
[34] A. a. O. (s. Anm. 4) 217.

Dinge sagte und tat, die „irgendwie" mit dem zusammenhingen,
was an Hoffnungen und Erwartungen an jene Würdetitel gebunden war, die zur damaligen Zeit in Judentum und Heidentum be-
reitlagen. M. a. W.: Warum nannte man Jesus nach Ostern
„Christus", „Herr", „Sohn Gottes", „Retter der Welt" usw.?
Hat er Dinge getan und gesagt, die ihn jeweils als solchen erwiesen, oder hat die nachösterliche Verkündigung ihm deshalb die
im NT bezeugten Würdetitel gegeben, um auf diese Weise Jesus
und seine „Sache" besser zu Gehör bringen zu können? Der Jude
konnte ja aufgrund seiner Traditionen verstehen, welchen Anspruch man mit Jesus von Nazareth in Zusammenhang brachte,
wenn man ihn als den „Messias" verkündete. Und der Heide
konnte ebenso aufgrund seiner Traditionen verstehen, welchen
Anspruch man mit Jesus in Zusammenhang brachte, wenn man
ihn als „Sohn Gottes" und „Herr" verkündete. Man könnte also
sagen: Die Mission unter Juden und Heiden habe die Urkirche
dazu getrieben, Jesus in ihrer Homologese mit Würdenamen zu
bedenken, die aus der religionsgeschichtlichen Umwelt stammten.

Nun stammen in der Tat die christologischen Würdenamen aus
der jüdischen und heidnischen Umwelt Jesu und der Urkirche.
Dennoch scheint gerade der Blick auf die evangelische Vita Jesu
zu zeigen, daß man ihm mit Bedacht die in der Homologese
sich findenden Würdenamen gegeben hat, und zwar aufgrund
eines „Sachzwanges". So hat zweifellos Jesus die unmittelbare
Nähe der eschatologischen Gottesherrschaft angekündigt und
diese mit seinem Auftreten in Israel in Zusammenhang gebracht
(vgl. etwa Mt 12,28 = Lk 11,20: ein Spruch der Logienquelle).
Jesu Predigt war also entschieden eschatologisch orientiert. Und
deshalb kann man mit W. Marxsen sagen: „Das eschatologische
Moment der ursprünglichen Unmittelbarkeit verobjektiviert sich
in einem Titel"[35], nämlich im Titel ὁ Χριστός in der christologischen Homologese. Auch gibt Mk 1,22.27 mit dem Hinweis auf
die ἐξουσία Jesu zweifellos den Eindruck richtig wieder, den das
Auftreten Jesu in Israel gemacht hat; hier aber liegt dann einer
der Ansätze für das spätere Würdeprädikat κύριος. So läßt die

---

[35] Anfangsprobleme der Christologie (Gütersloh 1960) 29.

evangelische Vita Jesu, auch wenn in ihr z. T. der „Zirkel"
herrscht, wie unter III betont wurde, durchaus noch erkennen,
daß Jesus von Nazareth jene Würdetitel, die in der christologischen Homologese des Neuen Testaments bezeugt werden, nicht
aufgrund von religionsgeschichtlich bedingtem Analogiezwang
gegeben wurden, sondern aus „Sachzwang", wobei natürlich die
Titel als solche von der religiösen Umgebung mit ihren Traditionen bereitgestellt wurden und mit ihnen zugleich die religiöse
Erwartung Israels und der Völker als in Jesus erfüllt gesehen und
verkündet werden konnte. In der christologischen Homologese
wurde also das „Phänomen Jesus" erfaßt und sprachlich formuliert. Wie diese Erfassung und sprachliche Formulierung aber
näherhin zu verstehen ist, zeigt die evangelische Vita Jesu. Ohne
sie bliebe die Homologese unverstanden bzw. wäre sie der dauern-
den Gefahr der Fehldeutung ausgesetzt, wie unter II und III ausgeführt wurde.

## VI

Da die evangelische Vita Jesu christologisch offener ist als die
Homologese und immer wieder die Würdenamen der Homologese
durch den in den Evangelien vorliegenden Rekurs auf Wort und
Tat des historischen Jesus funktional, d. h. im Hinblick auf die
„Funktionen" Jesu, aufzulockern vermag, bewahrt sie die Homologese auch vor ontologischer Erstarrung. Die evangelische Vita
Jesu hilft, die Seinstitel Jesu (wie „Sohn Gottes") immer wieder
auch als Funktionstitel zu verstehen, d. h. nicht bloß als Aussagen über das Sein Jesu, sondern primär als Aussagen über sein
Heilshandeln[36]. Damit kommen wir zuletzt auf ein Anliegen zu
sprechen, das vor allem B. Welte in Untermarchtal vertreten hat.
Nach Welte kam in der christologischen Entscheidung des Konzils
von Nikaia das Seins-Verständnis der abendländischen Metaphy-
sik in der Theologie zur Herrschaft, während das biblische Denken, besonders mit Blick auf Jesus, ursprünglicher, „vormetaphy-
sischer" Natur, weil viel stärker am Ereignis orientiert, war.

---

36 Vgl. auch *O. Cullmann*, Die Christologie des Neuen Testaments (Tübingen
1957) 325—338.

Nun ist es in der Tat so, daß die Ontologisierung der Christologie
zu einer gewissen Sterilität führen könnte, nicht bloß in der Christologie selbst, sondern auch in ihren Wirkungen. Es entsteht
dann allzuleicht eine „überzeitliche", ungeschichtliche Christologie, die mit den von der jeweiligen Epoche gegebenen Problemen des Menschen und der Welt nichts oder nur wenig zu tun
hat; dann können z. B. Christologie und Bergpredigt ganz aus-
einandertreten, während sie in Wirklichkeit unlösbar zusammengehören, wie schon der Mt-Evangelist erkannt hat, für den Jesus
seine Christusqualität gerade auch in der Bergpredigt geoffenbart
hat und offenbart. Die Gefahr einer nur „überzeitlichen" und
nur ontologisch verstandenen Christologie war aber nicht erst
durch das ὁμοούσιος von Nikaia gegeben, sondern schon in der
christologischen Homologese der Urkirche³⁷. Die evangelische
Vita Jesu vermag dieser Gefahr zu steuern; ihre „indirekte"
Christologie, die sich nie durch noch so viele christologische
Würdenamen restlos und adäquat in „direkte" Christologie transformieren läßt, stellt die christologische Homologese der nachösterlichen Zeit zwar nicht in Frage, aber läßt sie auch nie als das
immobile im perpetuum mobile der Geschichte sehen. Die
indirekte Christologie des Lebens Jesu verweist die direkte der
Homologese, angefangen von ihren frühesten Sätzen bis hin zu
Nikaia, in ihre Grenzen. Wir stimmen deshalb Marxsen zu, wenn
er meint, „daß die explicite Christologie sachlich weniger sei als
die sogenannte implicite [besser: indirekte] Christologie"³⁸. Die
indirekte Christologie der evangelischen Vita Jesu läßt die direkte
der christologischen Homologese nie zur Ruhe kommen. Die Vita
Jesu bleibt der notwendige Kontext der Homologese. Die Christologie kann von der Homologese allein her nicht aufgebaut
werden; denn das Jesusphänomen kann nicht ausgeschöpft werden. Das zeigt im übrigen auch die Tatsache, daß in der Urkirche
nicht nur eine Vita Jesu geschrieben worden ist, sondern vier.

---

³⁷ Das gilt auch angesichts der Forschungsergebnisse, die *Fr. Ricken* in Untermarchtal in seinem in diesem Band wieder vorgelegten Referat „Nikaia als Krisis
des altchristlichen Platonismus — Zur Frage der Hellenisierung des biblischen
Gottesbildes" hinsichtlich des Weges gezeigt hat, den der Begriff ὁμοούσιος bis
zum Konzil gegangen ist.
³⁸ Anfangsprobleme der Christologie, 48.

Unser Beitrag ist ein Echo auf das in Untermarchtal Gehörte.
Der Verfasser ist sich bewußt, daß dieses Echo viel nachhaltiger
klingen müßte, d. h., daß die mit dem Thema „Christologische
Homologese und evangelische Vita Jesu" gegebenen und gewiß
sehr schwierigen Probleme in einer viel umfassenderen Weise,
als es hier geschehen ist, angegangen werden müßten.[39] Immerhin
sind vielleicht seine Bemerkungen eine Anregung, die christologische Frage als ein Thema zu betrachten, das von der Theologie
niemals zu Ende gebracht werden kann.

*Literaturergänzungen*

*H. v. Camphausen*, Das Bekenntnis im Urchristentum, in: ZNW 63 (1972) 210–253.
*G. Schneider*, Christologische Aussagen des „Credo" im Lichte des Neuen Testaments, in:
TThZ 89 (1980) 282–292.
*G. Strecker*, Die historische und theologische Problematik der Jesusfrage, in: EvTh 29 (1969)
453–476.
*H. F. Weiß*, Bekenntnis und Überlieferung im Neuen Testament, in: ThLZ 99 (1974) 321–330.

---

[39] So müßten dabei z. B. auch die methodologischen Probleme näher ins Auge
genommen werden, auf die jüngst *E. Güttgemanns* in seinem wichtigen Buch
„Offene Fragen zur Formgeschichte des Evangeliums. Eine methodologische
Skizze der Grundlagenproblematik der Form- und Redaktionsgeschichte" (München 1970) so eindringlich hingewiesen hat.

## 9. Ursprünge und Entfaltung
## der neutestamentlichen Sohneschristologie
### Versuch einer Rekonstruktion
### (1978)

## I. URSPRÜNGE

### 1. Zwei Möglichkeiten des methodischen Vorgehens

Man könnte das Thema „Ursprünge und Entfaltung der ntl. Sohneschristologie" auf zweierlei Weise angehen, entweder mit Ausgang
beim Johannesevangelium und sich zurücktastend bis zum vorösterlichen Jesus oder, umgekehrt: mit dem vorösterlichen Jesus beginnend
und sich vorantastend bis zum Johannesevangelium mit seiner im
Bereich des Neuen Testaments vollentfalteten Christologie. Wir schlagen im folgenden den zweiten Weg ein und versuchen den Prozeß der
tatsächlichen Entwicklung von den Ursprüngen zur Vollentfaltung zu
rekonstruieren. Man könnte das Thema also auch formulieren: Die
Sohneschristologie von Jesus zu Johannes. Weil es sich dabei aner-
kanntermaßen um eine ungemein schwierige Materie handelt, möchte
das, was wir vorlegen, nur als ein Versuch gewertet werden, der noch
einer eingehenden Ausarbeitung bedürfte[1].

### 2. Stufen der christologischen „Gnosis"

Rekonstruiert man die Stufen der christologischen Erkenntnis, angefangen beim vorösterlichen Jüngerkreis bis hin zur Vollentfaltung bei
Johannes, so sind folgende vier zu nennen: Erfahrung, Reflexion, Ver-

---

[1] Zuletzt haben sich zur neutestamentlichen Sohneschristologie geäußert *H. Leroy*,
Jesus von Nazareth – Sohn Gottes. Zur Verkündigung des Apostels Paulus und der
Evangelisten: ThQ 154 (1974) 232–249 (mit Literatur); *A. Weiser*, Jesus – Gottes Sohn.
Antwort auf eine Herausforderung (Stuttgart 1973); *J. Muschalek*, Gott in Jesus. Dog-
matische Überlegungen zur heutigen Fremdheit des menschgewordenen Sohnes Gottes:
ZKTh 94 (1972) 145–157; *M. Hengel*, Der Sohn Gottes. Die Entstehung der Christo-
logie und die jüdisch-hellenistische Religionsgeschichte (Tübingen 1975).

sprachlichung, Objektivierung. Begleitet sind diese vier Stufen von den Fragen: Welche Erfahrungen machten die Jünger mit Jesus? Wann setzte ihre Reflexion über die gemachten Erfahrungen ein? Was brachte die Reflexion zutage? Welche Rolle spielte dabei die Ostererfahrung? In welcher Weise versprachlichte sich die Reflexion? Welche vorgegebenen Sprachmodelle wurden dabei benutzt? In welche Texte verobjektivierte sich die Versprachlichung der Reflexion? In welchen Kontexten erscheinen die christologischen Grundtexte? Welche Funktion haben sie darin? Aus welchen Grunderfahrungen mit Jesus leben Reflexion, Versprachlichung und Objektivierung? Läßt sich die Vielfalt von Erfahrung, Reflexion, Versprachlichung und Objektivierung auf einen Einheitsgrund zurückführen, der die verschiedenen christologischen „Entwürfe" des Neuen Testaments zusammenhält?

Jedenfalls sind wir der Überzeugung, daß ohne die Berücksichtigung der genannten vier Stufen der Prozeß der „Christusgnosis", wie er sich von Jesus bis hin zu Johannes vollzog, nicht rekonstruiert werden kann. Ob man unser Vorgehen als eine „Christologie von unten" bezeichnen kann, sei nebenbei zur Diskussion gestellt. Mit einer „transzendentalen Christologie" hat unser Versuch vermutlich nichts zu tun, eher schon mit einer „dialogischen" oder einer Christologie des „Miteinander". Dies sei durch ein Schaubild illustriert:

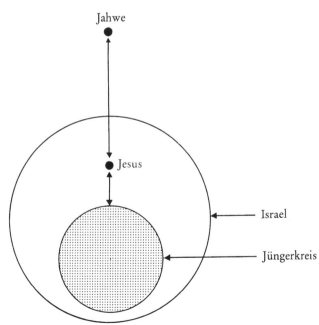

Die „dialogische Christologie" wird im Hinblick auf die genannten Stufen entwickelt in der Relation Jesus – Jüngerkreis, die einen „Kommunikationsfall" darstellt[2], der auf dem Sprecher-Hörer-Modell beruht[3].

## 3. Der vorösterliche „Sehakt" der Jünger

Die Stufe der Erfahrung nennen wir jetzt den „Sehakt" der Jünger. Denn die Erfahrung beruht auf einem Sehakt, natürlich „Sehakt" nicht bloß im Sinn einer an der Oberfläche haftendbleibenden Beobachtung verstanden, sondern als ein Akt, in den schon Verstehen oder wenigstens der Versuch von Verstehen miteinfließt[4]. Schlicht gesagt: Der Beobachtende macht sich Gedanken über das Beobachtete, wenn ihm dabei auch das meiste noch rätselhaft bleibt und es zu keiner eindeutigen Erkenntnis kommt. Auf jeden Fall geht aus dem Sehakt die Frage hervor, und sie kann Jesus von Nazareth gegenüber dann nur lauten: *Wer ist dieser?*, und diese Frage ist ja schon die Grundfrage, von der die Christologie bis heute lebt, und sie begegnet als solche ausdrücklich wiederholt in den Evangelien. Exemplarisch sei dafür Mk 4,41 genannt: τίς ἄρα οὗτός ἐστιν; οὗτός bezieht sich auf Jesus, und die Folgerungspartikel ἄρα steht nach W. Bauer[5] „häufig bei Fragen, die sich als Folgerung aus dem Vorhergehenden ergeben". Im Vorhergehenden wird von der Sturmstillung erzählt, und aus der Beobachtung dieses Vorgangs ergibt sich die Frage der Jünger: „Wer ist also dieser, weil auch der Sturm und das Meer ihm gehorchen?" Selbstverständlich ist die Formulierung der Frage auf das Konto des Redaktors oder der vormarkinischen Überlieferung zu setzen, aber die Szene bringt dennoch die Situation, in der sich die Jünger vor Ostern Jesus gegenüber befanden, ausgezeichnet zur Sprache: Sie beobachten einen Vorgang, und aus dem Sehakt wird die Frage geboren. Die Frage selbst bleibt unbe-

---

[2] Deshalb hat unser Versuch auch wenig mit einer „Deszendenz-" oder „Aszendenzchristologie" zu tun. Vgl. dazu *K. Rahner*, Zur Selbstkritik der systematischen Christologie im Dienst der Exegese: *H. Feld – J. Nolte* (Hrsg.), Wort Gottes in der Zeit (Festschr. f. K. H. Schelkle) (Düsseldorf 1973) 333–346.
[3] Vgl. dazu auch Anm. 32.
[4] Vgl. dazu auch *F. Mußner*, Die johanneische Sehweise und die Frage nach dem historischen Jesus (QD 28) (Freiburg i. Br. 1965).
[5] Wb s. v. 2.

antwortet, und sie konnte vor Ostern noch gar nicht beantwortet werden, weil Ostern erst eine Antwort möglich machte. Mt setzt in der Parallele statt des Fragepronomens τίς bei Mk das Fragepronomen ποταπός („von welcher Beschaffenheit, von welcher Art") ein. Dahinter scheint ein noch intensiveres Fragen zu stehen: nicht bloß: „*Wer* ist dieser?", sondern: „*Von welcher Art* ist dieser?" Damit wird schon der eigenartige Eindruck anvisiert, den das Auftreten Jesu auf die Jünger machte. Im Sehakt begegnet ihnen das Geheimnis Jesu, ohne daß sie schon in der Lage wären, die Erfahrung dieses Geheimnisses auf eine glatte christologische Formel zu bringen. Der Sehakt entläßt zunächst nur eine Frage aus sich, die aber das, was sich im Sehakt der Erfahrung zeigte, schon anvisiert. Wichtig ist dabei grundsätzlich dies: Aus dem Sehakt gingen Fragen hervor, die sich auf das Geheimnis der Person Jesu richteten. H. G. Gadamer hat in seinem Werk „Wahrheit und Methode"[6] auf den Zusammenhang von Erfahrung und Frage im hermeneutischen Prozeß aufmerksam gemacht. Nach Gadamer ist, so seltsam das aufs erste klingen mag, „der eigentliche Prozeß der Erfahrung... ein wesentlich negativer"[7]. „Wenn wir an einem Gegenstand eine Erfahrung machen, so heißt das, daß wir die Dinge bisher nicht richtig gesehen haben und nun besser wissen, wie es damit steht. Die Negativität der Erfahrung hat also einen eigentümlichen produktiven Sinn."[8] Die Richtigkeit dieser Theorie scheint sich gerade im Hinblick auf die Erfahrung zu bestätigen, die die Jünger mit Jesus von Nazareth machten. Zunächst wußten sie über ihn nicht viel mehr als dies, daß er ein Zimmermann aus dem Dorf Nazareth in Galiläa war. In der fortschreitenden Erweiterung des Sehakts Jesus gegenüber erwies sich diese Erfahrung als völlig ungenügend; sie mußte immer mehr einer neuen Erfahrung Platz machen, die man kurz so formulieren könnte: Dieser Jesus ist *mehr* als nur ein Zimmermann aus Nazareth. So kommt es allmählich zu jener „Offenheit für Erfahrung, die durch die Erfahrung selbst freigespielt wird"[9]. Man kann außerdem sagen: Das Verhältnis der Jünger zu Jesus beruhte auf dem Ich-Du-Verhältnis. Dazu bemerkt Gadamer: „Das Ich-Du-Verhältnis ist... kein unmittelbares, sondern ein Reflexionsverhältnis."[10] Die Erfahrungen, die der

---

[6] Tübingen ²1965.
[7] Ebd. 335.     [8] Ebd. 336.
[9] Ebd. 338.     [10] Ebd. 341.

Umgang mit Jesus mit sich brachte, setzte sich um in Reflexion über das „Du", das „Jesus" heißt, und zwar zunächst in der Weise, daß die Erfahrung Fragen aus sich entließ, wie die oben genannte: „Von welcher Art ist dieser?" „Man macht keine Erfahrungen ohne die Aktivität des Fragens. Die Erkenntnis, daß die Sache anders ist und nicht so, wie man zuerst glaubte, setzt offenbar den Durchgang durch die Frage voraus, ob es so oder so ist. Die Offenheit, die im Wesen der Erfahrung liegt, ist logisch gesehen eben diese Offenheit des So oder So. Sie hat die Struktur der Frage."[11] Weiter: „Mit der Frage wird das Befragte in eine bestimmte Hinsicht gerückt. Das Aufkommen einer Frage bricht gleichsam das Sein des Befragten auf. Der Logos, der dieses aufgebrochene Sein entfaltet, ist insofern immer schon Antwort."[12] Die Begegnung der Jünger mit Jesus ließ in ihnen Fragen aufkommen, wie wir gesehen haben, und diese Fragen versuchen das Sein des Befragten aufzubrechen. Das Sein Jesu aber widerstand zunächst diesem Aufbrechen, so daß die Jünger immer wieder vor Ostern vor einem Rätsel standen. Auch dies und gerade dies gehörte zur vorösterlichen Erfahrung der Jünger. Fragen heißt nach Gadamer „ins Offene stellen. Die Offenheit des Gefragten besteht in dem Nichtfestgelegtsein der Antwort. Das Gefragte muß für den feststellenden und entscheidenden Spruch noch in der Schwebe sein. Das macht den Sinn des Fragens aus, das Gefragte so in seiner Fraglichkeit offenzulegen. Es muß in die Schwebe gebracht werden, so daß dem Pro das Contra das Gleichgewicht hält. Jede Frage vollendet erst ihren Sinn im Durchgang durch solche Schwebe, in der sie eine offene Frage wird. Jede echte Frage verlangt diese Offenheit... Falsch nennen wir eine Fragestellung, die das Offene nicht erreicht, sondern dasselbe durch Festhalten falscher Voraussetzungen verstellt."[13] Damit vermittelt uns Gadamer eine Kategorie, nämlich die Kategorie „das Offene", die hilfreich für unser Thema („Ursprünge der Sohneschristologie") zu sein scheint. Zur Erfahrung der Jünger im Umgang mit Jesus gehörte das „Offene" seiner Person. In welcher Hinsicht „offen", wird uns noch beschäftigen müssen. Zunächst zeigt sich für uns der Umstand, daß das Fragen der Jünger ins „Offene" stieß, im „Unverständnismotiv", das bei Mk bekanntlich eine große Rolle spielt (vgl. Mk 6,1–6; 3,20–22.31–35; 8,31–33; 6,14f; 8,27f; 9,32 – es begegnet auch bei Joh: 7,12.26f.36.43;

---

[11] Ebd. 344.    [12] Ebd. 345.    [13] Ebd. 345f.

8,25; 9,16; 10,19–21; 12,34; 16,18; nur bei Joh auf das Volk bezogen).
Selbstverständlich gehört das „Unverständnismotiv" der Redaktion
an, aber es bringt zweifellos die Erfahrung zur Geltung, die den Jüngern vor Ostern der Umgang mit Jesus einbrachte: er war für sie ein
unverstandenes Rätsel, das zunächst nicht auflösbar war. Das Rätselhafte an der Gestalt Jesu wurde noch verstärkt durch bestimmte Logien
Jesu, die m. E. zum sicheren Bestand der ipsissima verba Jesu gehören;
ich meine z. b. die zu Q gehörigen πλεῖον ὧδε-Logien (Mt 12,41 =
Lk 11,32 [„Hier ist mehr als Jonas"]; Mt 12,42 = Lk 11,31 [„Hier
ist mehr als Salomon"])[14] bzw. das μεῖζον ὧδε-Logion im mt.
Sondergut (Mt 12,6 [„Mehr als der Tempel ist hier"]). Es entsteht ja
diesen Logien gegenüber die Frage: Was ist mit dem geheimnisvoll
klingenden ὧδε gemeint? Wo „hier"? K.-H. Rengstorf hat darauf aufmerksam gemacht, daß alle derartigen πλεῖον-Worte im Mund Jesu
„den Komparativ im Neutrum haben und dadurch etwas eigentümlich
Rätselvolles an sich tragen"[15]. Dieses „Rätselvolle" scheint geradezu
ein Konstitutivum der vorösterlichen „indirekten Christologie" zu
sein. Nach Ostern wußte selbstverständlich die christliche Gemeinde,
daß mit dem ὧδε, an dem sich ein „Größeres" und ein „mehr" gezeigt
hatten, niemand anderer als Jesus selbst gemeint ist[16]. Vor Ostern dagegen war dieser Bezug für die „Außenstehenden" kaum möglich, für
den Jüngerkreis höchstens ahnungsweise. Es fehlte gewiß vor Ostern
nicht an Versuchen, das, was sich an Jesus von Nazareth für Jünger
und Volk gezeigt hat, in feste Kategorien zu fassen. Darauf weisen besonders zwei Berichte im Mk-Evangelium hin, die echt Geschichtliches
wiederzugeben scheinen[17]. Da wird in 6,14 f par. von Meinungen des

---

[14] Zur jesuanischen Authentizität dieser Logien vgl. *F. Mußner*, Wege zum Selbstbewußtsein Jesu. Ein Versuch: BZ, NF 12 (1968) 161–172 (169–171).

[15] ThWbzNT VII, 232.

[16] Man kann demgegenüber nicht auf das Logion Jesu über Johannes den Täufer in
Mt 11,9 hinweisen: „Aber wozu seid ihr hinausgegangen? Einen Propheten zu sehen?
Ja, ich sage euch, mehr noch als einen Propheten (καὶ περισσότερον προφήτου)". Wer
mehr noch ist als ein Prophet, bleibt nicht in einem rätselhaften ὧδε verhüllt, sondern
der Spruch ist durch den Kontext eindeutig auf den Täufer bezogen, wie auch die unmittelbare Fortsetzung im V. 10 zeigt (οὗτός ἐστιν →Täufer) und wo dann auch gesagt
wird, warum Johannes „noch mehr" ist als die Propheten des Alten Bundes: Weil er der
in Mal 3,1 angesagte „Vorläufer" des Messias ist! Das gibt ihm eine einzigartige Aus-
zeichnung.

[17] Vgl. dazu auch *F. Mußner*, Der „historische" Jesus: Praesentia Salutis. Gesammelte
Studien zu Fragen und Themen des Neuen Testaments (Düsseldorf 1967) 67–80 (72f).

Volkes über Jesus berichtet. Die einen sagen von ihm: „Johannes der
Täufer ist von den Toten auferstanden, und deshalb wirken die Wunderkräfte in ihm. Andere aber sagten: Er ist Elias; wieder andere sagten: Er ist ein Prophet wie einer von den Propheten". Nach 8,27f par.
hat Jesus selbst die Jünger eines Tages gefragt: „Für wen halten mich
die Leute?" Sie aber sagten zu ihm: „Für Johannes den Täufer und
andere für Elias, wieder andere für irgendeinen von den Propheten".
Diese teilweise abergläubischen, teilweise mit der frühjüdischen End-
zeiterwartung zusammenhängenden Ansichten lassen uns ein Doppel-
tes erkennen: 1. Die Meinung in Israel, wer Jesus von Nazareth eigentlich sei, waren nicht einmütig; 2. niemand im Volk hält Jesus für den
Messias[18]. Dieser Befund trifft im wesentlichen auch für das Joh-
Evangelium zu: Die Samariterin kommt nur zu der Vermutung: „Ist
dieser etwa der Christus?" (4,29.) Nach 7,26 fragen einige Jerusalemer: „Haben etwa die Oberen in Wahrheit erkannt, daß dieser der
Christus ist?", wenden dann aber selber sofort ein, daß Jesu Herkunft
aus Galiläa gegen eine solche Annahme spreche. Aus der Bemerkung
des Volkes in 7,31: „Der Christus, wenn er kommt, kann er mehr Zeichen tun, als dieser tut?" geht auch keineswegs hervor, daß es in Jesus
wirklich den Messias sieht. Nach 7,40ff gehen die Meinungen des Volkes über Jesu Wesen und Würde völlig auseinander, so daß „eine Spal-
tung in der Menge seinetwegen" entsteht, die nur beweist, daß Jesu
Wirken nicht eindeutig „messianisch" war. Und nach 12,34 ist gerade
Jesu Hinweis auf seine kommende „Erhöhung" (am Kreuz) für das
Volk der große Einwand gegen seine Messianität[19]. Mögen die Formulierungen des vierten Evangeliums auch auf das Konto seines Verfassers
gehen, so bestätigen sie auf jeden Fall den von der synoptischen Tradition festgehaltenen Sachverhalt, daß Jesus für seine Zeitgenossen ein
Rätsel darstellte, das nur schwer mit Hilfe gewohnter Kategorien auflösbar war. Jesus von Nazareth war „mehrdeutig". Das hing auch damit zusammen, daß sein Leben weithin „unmessianisch" zu verlaufen
schien, weil es vielfach nicht den Erwartungen entsprach, die man in

---

[18] Vgl. auch *J. Schmid*, Das Evangelium nach Markus (Regensburg ³1954) zu Mk 6,15.
[19] Vgl. dazu auch *R. Schnackenburg*, Die Messiasfrage im Johannesevangelium: Neutestamentliche Aufsätze (Festschr. f. J. Schmid) (Regensburg 1963) 240–264; *M. de Jonge*,
Jewish Expectations about the ‚Messiah‘ according to the Fourth Gospel: NTSt 19
(1972/73) 246–270.

Israel vom Messias hegte[20]. Diese Feststellung ist ganz unabhängig davon, ob Jesus ein messianisches Selbstbewußtsein besaß oder nicht[21]. Es geht jetzt ständig darum: Was war an Jesus von Nazareth für Jünger und Volk *erfahrbar*, und in welche Richtung ging die vorösterliche Reflexion? Immerhin könnten die oben angeführten Antworten der Jünger auf die Frage Jesu, für wen ihn die Leute halten, einen wichtigen Fingerzeig geben für eine erste Beantwortung der Frage: In welche Richtung ging die Reflexion auf Grund der mit Jesus gemachten Erfahrung? Man kann antworten: in Richtung einer Prophetenchristologie (wiedergekommener Elias, wiedererstandener Täufer „oder irgendeiner der Propheten" fallen ja letztlich alle unter die Kategorie „Prophet"). Wir werden noch sehen, welch enorme Rolle gerade die (direkte oder indirekte) Prophetenchristologie in der nachösterlichen Reflexion und Versprachlichung des „Jesusphänomens" gespielt hat.

Versuchen wir jetzt die Erfahrung, die die Jünger vor Ostern mit Jesus von Nazareth machten, noch mehr zu konkretisieren. Fragt man: Was haben die Augen- und Ohrenzeugen am Menschen Jesus von Nazareth erfahren, so kann man zunächst grundsätzlich antworten: Ein bestimmtes Verhalten, ein bestimmtes Reden, Jesu Weg zum Leiden und Sterben und Jesu Erscheinungen nach seiner Auferstehung von den Toten. Diese Grund-Erfahrungen lassen sich noch weiter spezifizieren in Richtung einer sogenannten „Bedeutungserfahrung". Die Jünger erfuhren Jesus als ihren Anführer (Nachfolge!), später sprachlich artikuliert im christologischen ἀρχηγός-Prädikat[22]; als „den Freund der Zöllner und Sünder" (Mt 11,19); als Thorakritiker und „Thoraverschärfer"[23] (freilich nicht als „Thoraverschärfer" im jüdi-

---

[20] Vgl. dazu Näheres bei *Mußner*, Der „historische" Jesus, 72–77.

[21] Vgl. dazu O. *Betz*, Die Frage nach dem messianischen Bewußtsein Jesu: NT 6 (1963) 20–48; N. *Brox*, Das messianische Selbstverständnis des historischen Jesus: Vom Messias zum Christus, hrsg. von K. Schubert (Wien 1964) 165–201; E. *Dinkler*, Petrusbekenntnis und Satanswort. Das Problem der Messianität Jesu: Zeit und Geschichte (Dankesgabe an R. Bultmann) (Tübingen 1964) 127–153. Hingewiesen sei auch auf K. *Berger*, Die königlichen Messiastraditionen des Neuen Testaments: NTSt 20 (1973/74) 1–44; R. *Pesch*, Das Messiasbekenntnis des Petrus (Mk 8,27–30). Neuverhandlung einer alten Frage: BZ, NF 17 (1973) 178–195; 18 (1974) 20–31; K. *Berger*, Zum Problem der Messianität Jesu: ZThK 71 (1974) 1–30.

[22] Vgl. dazu P.-G. *Müller*, ΧΡΙΣΤΟΣ ΑΡΧΗΓΟΣ. Der religionsgeschichtliche und theologische Hintergrund einer ntl. Christusprädikation (Bern/Frankfurt 1973).

[23] Vgl. dazu H. *Braun*, Spätjüdischer-häretischer und frühchristlicher Radikalismus II (Die Synoptiker) (Tübingen 1957).

schen Sinn, sondern im Sinn der harten Forderungen der „Bergpredigt"); als einen, der über ἐξουσία verfügt (Mk 1,22); als einen, der
über Gott mehr als andere Bescheid zu wissen scheint (Gleichnisse!),
als „Weisheitslehrer" (weil manche seiner Logien in Zusammenhang
mit der überlieferten Spruchweisheit Israels gesehen werden konnten);
als einen, der einfach zu Gott „abbā" sagt; als den, der Wunder wirkt;
als διάκονος aller (Lk 22,27); als den Ansager der eschatologischen
Gottesherrschaft; als den Rufer zur μετάνοια; als einen zum Leiden
Bereiten; als einen Propheten „mächtig in Wort und Tat" (Lk 24,19).
    Damit ist gewiß nicht das gesamte Erfahrungsmaterial erfaßt, aber
vermutlich doch das Wesentlichste. Eine Frage stellt sich dabei ein:
Erfuhren die Jünger Jesus auch als den Sohn? Zunächst muß man dar-
auf antworten: Auf keinen Fall erfuhren sie ihn weder vor Ostern
noch bei den Erscheinungen nach seiner Auferweckung von den
Toten so als „Sohn", daß sich daraufhin wie von selbst das Prädikat
„Sohn Gottes" einstellte. Wohl werden die Jünger gemerkt haben, daß
Jesus ein sehr unmittelbares Verhältnis zu Gott besaß und in Gottes
Nähe lebte. Ein Hinweis auf die Stimme Gottes, die bei der Taufe und
„Verklärung" Jesu vom Himmel erscholl: „Dies ist mein geliebter
Sohn", führt nicht viel weiter. Denn einmal sind die Berichte darüber
in der historisch-kritischen Exegese sehr umstritten [24], zum andern
führen sie in Wirklichkeit nicht zum Sohnesprädikat im Sinn der nach-
österlichen Christologie, weil nicht auszumachen ist, welche semantische Valeur das Prädikat „Sohn" in der Himmelsstimme hatte. „Mein
Sohn" konnte in Israel in vielfachem Sinn gedeutet werden, auch wenn
die Anrede sich im Mund Gottes fand [25]. Ich glaube formulieren zu

---

[24] Vgl. dazu etwa *F. Lentzen-Deis*, Die Taufe Jesu nach den Synoptikern. Literarkritische und gattungsgeschichtliche Untersuchungen (FThSt 4) (Frankfurt a. M. 1970); *A.
Vögtle*, Die sogenannte Taufperikope Mk 1,9–11. Zur Problematik der Herkunft und
des ursprünglichen Sinnes: EKK (Vorarbeiten 4; (Zürich 1972) 195–139; *J. M. Nützel*,
Die Verklärungserzählung im Markusevangelium. Eine redaktionsgeschichtliche Untersuchung (Würzburg 1973).
[25] Jetzt kann auch hingewiesen werden auf einen Text aus der Höhle 4 von Qumran
(4QpsDan Aᵃ), in dem der Titel „Sohn Gottes" erstmals in einem Qumrantext erscheint
(vgl. dazu *J. A. Fitzmyer*, The Contribution of Qumran Aramaic to the Study of the
New Testament: NTSt 20,1973/74, 382–407 [391–394]). Der Text lautet nach den
Ergänzungen und der Übersetzung von Fitzmyer: „[But your son] shall be great upon
the earth, [O King! All (men) shall] make [peace], and all shall serve [him. He shall be
called the son of] the [G]reat [God], and by his name shall he be named. He shall be
hailed (as) *the Son of God* (ברה די אל), and they shall call him *Son of the Most High*

dürfen, daß die vorösterliche Bedeutungserfahrung der Jünger Jesus von Nazareth gegenüber nicht unmittelbar zum christologischen Soh- nesprädikat führen konnte noch gar führen mußte, trotz gewisser, frei- lich von vielen Exegeten in ihrer „Echtheit" umstrittener Selbstaussa- gen Jesu (wie das „Sohneslogion" in Mt 11,27 = Lk 10,22)[26], der Hinweis auf den „Sohn" im Gleichnis von den bösen Winzern[27] oder in der bejahenden Antwort Jesu auf die Frage der Synedristen bei sei- nem Prozeß „Bist du der Sohn Gottes?" (Lk 22,70)[28]. Auch die Erscheinungen des Auferstandenen führten nicht unmittelbar zum „Sohn". Wohl implizierten die Erscheinungen des Auferstandenen eine enorme hermeneutische Funktion, auf die schon oft hingewiesen worden ist[29]. In keiner der alten Formeln heißt es: „Der Sohn Gottes

---

(בר עליון). As comets (flash) to the sight, so shall be their kingdom …" Vermutlich handelt es sich um einen messianischen Text (vgl. auch Lk 1,32–35).
[26] Vgl. dazu *P. Hoffmann,* Die Offenbarung des Sohnes: Kairos 12 (1970) 270–288; *ders.,* Studien zur Theologie der Logienquelle (Ntl.Abh.NF, 8) (Münster 1971) 102–141 (Lit.). M. E. ist es bis jetzt trotz allen Aufwands an Gelehrsamkeit nicht gelungen, das „Sohneslogion" als nachösterliches Gemeindeprodukt zu erweisen. Denn nachösterlich müßte es so lauten: „Alles ist mir von meinem Vater übergeben (vgl. dazu Mt 28,18) und niemand kennt den Vater außer der Sohn (vgl. dazu Joh 1,18), und niemand kennt den Sohn außer der Vater und wem es der Vater offenbaren will" (vgl. dazu Mt 16,16f; Gal 1,15f). Vgl. auch *J. Jeremias,* ABBA. Studien zur ntl. Theologie und Zeitgeschichte (Göttingen 1966) 47–54; *ders.,* Ntl. Theologie. I: Die Verkündigung Jesu (Gütersloh 1971) 62–67. Zum Begriff ἐπιγινώσκειν im „Sohneslogion" vgl. *S. Wagner,* ידע in den Lobliedern von Qumran: Bibel und Qumran (Berlin 1968) 232–252 (bes. 239f; 250f). Zur Kriterienfrage hinsichtlich „Echtheit" bzw. „Unechtheit" einer Jesusüberlieferung vgl. *F. Mußner* (und Mitarbeiter), Methodologie der Frage nach dem historischen Jesus: *K. Kertelge* (Hrsg.), Rückfrage nach Jesus (QD 63) (Freiburg i. Br. 1974) 118–147.
[27] Vgl. dazu *F. Mußner,* Die bösen Winzer nach Matthäus 21,33–46: Antijudaismus im Neuen Testament? (München 1967) 129–134; *J. Blank,* Die Sendung des Sohnes. Zur christologischen Bedeutung des Gleichnisses von den bösen Winzern Mk 12,1–12: *J. Gnilka* (Hrsg.), Neues Testament und Kirche (für R. Schnackenburg zum 60. Geburtstag) (Freiburg i. Br. 1974) 11–41 (Lit.). In Blanks Aufsatz finden sich auch be- deutsame Hinweise über den Zusammenhang von Propheten- und Sohneschristologie.
[28] Vgl. *G. Schneider,* Verleugnung, Verspottung und Verhör Jesu nach Lk 22,54–71. Studien zur lukanischen Darstellung der Passion (Studien zum A und NT, 22) (München 1969) 122–129 (dazu *F. Mußner* in: BZ, NF 17 [1973] 270–272). – Selbstverständlich hat die Urkirche alsbald den Begriff „Sohn" in den oben angeführten Überlieferungen im Sinn der wesenhaften Gottessohnschaft Jesu verstanden.
[29] Vgl. *F. Mußner,* Die Auferstehung Jesu (München 1969) 140–154; *K. Lehmann,* Die Erscheinungen des Herrn. Thesen zur hermeneutisch-theologischen Struktur der Oster- erzählungen: *H. Feld/J. Nolte* (Hrsg.), Wort Gottes in der Zeit (Festschrift für K. H. Schelkle) (Düsseldorf 1973) 361–377; *J. Ernst,* Schriftauslegung und Auferstehungs- glaube bei Lukas: *ders.* (Hrsg.), Schriftauslegung. Beiträge zur Hermeneutik des NT und im NT (München 1972) 177–192.

ist auferstanden" oder: „Gott hat ihn von den Toten erweckt und damit als seinen Sohn ausgewiesen." Auch in dem wohl vorpaulinischen christologischen Exposé in Röm 1, 3 f mit seiner „Zweistufenchristologie" verweist die Formulierung der 2. Stufe τοῦ ὁρισθέντος υἱοῦ θεοῦ ἐν δυνάμει κατὰ πνεῦμα ἁγιωσύνης ἐξ ἀναστάσεως νεκρῶν zunächst nur auf eine Adoptionschristologie, auch wenn Paulus selbst durch das als „Eröffnungstext" vorangestellte περὶ τοῦ υἱοῦ αὐτοῦ eine „isotope Ebene" schafft, von der aus gesehen dann das zweite Glied der Formel sekundär als Aussage auf die wesenhafte Gottessohnschaft des Auferweckten interpretiert wird[30]. Dennoch muß gesagt werden, daß die Erscheinungen des Auferstandenen nicht bloß die Bedeutungserfahrung der Jünger enorm angereichert haben, sondern die christologische Reflexion so vorantrieben, daß es alsbald zu Versprachlichungsprozessen kam, wobei auf vorhandene „Sprachmodelle" zurückgegriffen werden konnte.

## 4. Sprachmodelle zur nachösterlichen Deutung der Jüngererfahrung mit Jesus

Ostern trieb zweifellos die christologische Reflexion der Jünger voran. Aber sie trieb nicht sofort auf einen christologischen Einheitsgrund hin mit einem einzigen Sprachmodell. Es stellten sich für die Reflexion auch nach Ostern mehrere vorgegebene Sprachmodelle ein. Ich nenne die wichtigsten: „Messias" („Sohn Davids"), „Prophet", „Knecht Gottes", „Gerechter", „Herr", „Menschensohn" (von Jesus selbst schon verwendet), „Weisheit Gottes", „Sohn Gottes". Alle diese Sprachmodelle stammen bekanntlich aus der alttestamentlich-jüdischen Überlieferung. Dazu kamen noch weitere Sprachmodelle, ebenfalls aus der Schrift des Alten Testaments, wie jene, die Aussagen enthielten über „Erhöhung", „Inthronisation" (in christologischer Auslegung des Ps 110,1), Sohnesadoption (im Anschluß an die Nathanverheißung 2 Sam 7,12 ff und Ps 2,7)[31], „Leiden des Gerechten"

---

[30] Vgl. zu Röm 1,3 f zuletzt *H. Schlier*, Zu Röm 1,3: Neues Testament und Geschichte (O. Cullmann zum 70. Geburtstag) (Zürich – Tübingen 1972) 207–218; *M. Hengel*, Der Sohn Gottes (s. Anm. 1) 93–104.

[31] Auf die noch nicht monographisch dargestellte enorme Wirkungsgeschichte des „Nathanspruches" im Neuen Testament hat besonders hingewiesen *O. Betz*, Was wissen wir von Jesus? (Stuttgart/Berlin 1965) 59–62; 64–68.

(Leidenspsalmen!) usw. Dazu kam auch noch das Denkschema: Verheißung – Erfüllung. Alle diese Sprach- und Denkmodelle stellten sich
in der Reflexion ein und boten sich für die Versprachlichung an – und
„Christologie" ist ja nichts anderes als Versprachlichung Jesu![32] Sie
begegnen im NT in großer Zahl, und auf diesem Befund beruht ja die
These von den verschiedenen christologischen „Entwürfen" im NT
und (damit zusammenhängend) vom christologischen „Pluralismus"
im NT, auf den wir noch zu sprechen kommen werden.

Welche Hilfe konnten die diversen Sprachmodelle für die Gnosis
des „Jesusphänomens" leisten? Warum griff man überhaupt auf sie
zurück? Sicher könnte man zunächst antworten: um ein heilsgeschichtliches Kontinuum, jedenfalls im sprachlichen Bereich, herzu-
stellen. Das war schon nichts Geringes. Mehr jedoch scheint man auf
diese vorliegenden Sprachmodelle deswegen zurückgegriffen zu haben, weil sie „irgendwie" – wie ich bewußt zunächst sage – geeignet
waren, die mit Jesus gemachten Erfahrungen sprachlich zu artikulieren. Man wollte die gemachten Erfahrungen aus dem Bereich vager
Reflexion herausholen und in festen Formulierungen, wie Würdetiteln,

---

[32] Deshalb muß die Frage nach der Entstehung der neutestamentlichen Christologie
einer kommunikationstheoretischen Analyse unterzogen werden, um die Primärfakto-
ren in der Produktion christologischer „Texte" zu erhellen. Der eigentliche „Primärfak-
tor" ist naturgemäß dabei Jesus selbst. Als homo loquens (J. Habermas) steht er im
gesellschaftlichen Gefüge Israels und des Jüngerkreises. Nicht erst Ostern brachte Jesus
zum „Sprechen", sondern er befand sich zuvor schon in einem dialogischen Kommuni-
kationsfeld, und „Christologie" ist auch ein Echo auf die primären Sprechakte Jesu
selbst, und zwar nicht bloß auf das „Daß", das nackte Existieren des Sprechers, sondern
auch auf das „Was", den Inhalt seiner Sprechakte. Aus dem „Daß" und dem „Was"
zusammen bildete sich die „Bedeutungserfahrung" mit Jesus von Nazareth, die in der
nachösterlichen Reflexion die „objektivierte" Christologie aus sich entließ. Diese ver-
sprachlichende Reflexion nach Ostern darf aber nicht verwechselt werden mit der
Genese primärer Sprechakte über Jesus als Folge der auch im vorösterlichen Raum bereits christologisch sich einfärbenden Erfahrungen seiner Augen- und Ohrenzeugen.
Jedenfalls muß das „Selbstreferat" Jesu als das „Erstreferat" neutestamentlicher Christologie verstanden werden; Jesus selbst lieferte die „Initialsprache" für die spätere
Christologie. Weil also die neutestamentliche Christologie die Bedeutungserfahrung der
Primärzeugen mit dem Primärsprecher in „objektivierte" Sprache umsetzt, wie sie in
den nachösterlichen Würdeprädikaten für Jesus und den Sätzen der Christologie vorliegt, darum ist Christologie im Grunde nichts anderes als *Versprachlichung Jesu.* – Ich
folge in dieser Anm. dankbar Anregungen und Formulierungen aus einem Referat meines Schülers *P.-G. Müller,* das er in einem von mir veranstalteten Hauptseminar im
WS 1973/74 über die ntl. Sohngotteschristologie gehalten hat. Vgl. auch noch *F. Mußner,*
Christologische Homologese und evangelische Vita Jesu (= Nr. 8 in diesem Band).

fixieren und als feste Verkündigungssätze weitergeben. Das ist das Berechtigte an der Formulierung: „Jesus ist in das Kerygma auferstanden." Das „Jesusphänomen" wurde „satzhaft". Und ohne die Ostererfahrung hätte dieser Versprachlichungsprozeß vermutlich nicht eingesetzt. Gerade darin liegt die hermeneutische Bedeutung von Ostern.

Wir fragen nun weiter: Welche Erfahrungen, die man mit Jesus gemacht hatte, gingen in die christologischen Würdenamen und Sätze ein? Und warum versprachlichte und verobjektivierte sich die Reflexion über die gemachten Erfahrungen nicht bloß in einem einzigen Titel oder einem einzigen Satz? Antwort: weil auch die „Bedeutungserfahrung" mit Jesus keine einzige und einlinige war. Man hatte mit Jesus von Nazareth eine Fülle von Erfahrungen gemacht, und jeweils ein Teilaspekt aus dieser Fülle verobjektivierte sich in der versprachlichenden Reflexion in einem bestimmten Würdenamen oder Satz[33], so z.B. die von den Jüngern aus dem Mund Jesu gehörte Ansage der Nähe der Gottesherrschaft im Messiastitel, weil „Reich Gottes" und „Messias" zusammengehörige Dinge sind; die Nachfolge-Erfahrung im ἀρχηγός-Titel usw.

Im Zusammenhang dieses Referats gehe ich jetzt nur näher auf den Titel „Prophet" bzw. „der Prophet" für Jesus von Nazareth ein, weil das für unser Thema von besonderer Bedeutung ist. In der Bemerkung der „Emmausjünger" über Jesus, ὃς ἐγένετο ἀνὴρ προφήτης δυνατὸς ἐν ἔργῳ καὶ λόγῳ ἐναντίον τοῦ θεοῦ καὶ παντὸς τοῦ λαοῦ (Lk 24,19), versprachlichte sich zweifellos ein Haupteindruck, den Jesus vor Ostern auf Jünger und Volk gemacht hat. Sein Wirken erinnerte Israel und die Jünger in vielfacher Hinsicht an das Wirken der Propheten. Das ganze Material der indirekten und direkten „Prophetenchristologie" hat mein Schüler F. Schnider in seiner Dissertation „Jesus, der Prophet" vorgelegt und formgeschichtlich analysiert[34]. Ich war selber erstaunt, wie umfangreich das ntl. Material der „Prophetenchristologie" ist. Fast alle Performanzen Jesu können unter „Prophetenchristologie" subsumiert werden – wir erinnern uns dabei auch wieder an den

---

[33] Vgl. dazu auch *W. Marxsen*, Anfangsprobleme der Christologie (Gütersloh ⁶1969).
[34] Freiburg i. d. Schw./Göttingen 1973 (= Orbis Biblicus et Orientalis 2). Dazu jetzt noch *E. Boismard*, Jésus, le Prophète par excellence, d'après Jean 10,24–39: *J. Gnilka* (Hrsg.), Neues Testament und Kirche (Festschrift für R. Schnackenburg) (Freiburg i. Br. 1974) 160–171; *J. Coppens*, Le Messianisme et sa Relève prophétique. Les anticipations vétérotestamentaires. Leur accomplissement en Jésus (Gembloux 1974).

Eindruck des Volkes, Jesus sei der Elias redivivus, der wiedererstandene Täufer oder einer der Propheten. In die prophetische Tradition hinein gehören, um das Wichtigste zu nennen, die Berufung Jesu, sein Sendungsbewußtsein, seine Tora- und Kultkritik[35], seine Nachfolgeweisungen, seine Unheilsansagen (Drohworte und Weherufe), seine Zeichenhandlungen und Wundertaten, seine Geistbegabung, und schließlich sein gewaltsames Todesgeschick[36]. Gewiß gibt es da auch „Überschüsse" über die Analogie mit den atl. Propheten hinaus, etwa im Hinblick auf die Nachfolgeweisungen[37]. Darum ist es zu verstehen, daß am Anfang, besonders im palästina-judenchristlichen Bereich der Urkirche, die Prophetenchristologie das Feld weithin beherrscht hat. Ist sie später durch die Sohneschristologie verdrängt worden? Etwa unter dem Einfluß des Hellenismus, als die christliche Mission die Grenzen des Heiligen Landes überschritt, und in Abwehr sich evtl. früh zeigender Tendenzen im Judenchristentum, in Jesus nichts anderes als *nur* einen Propheten zu sehen (s. Pseudoklementinen)?[38] Oder gab es die Möglichkeit einer organischen Transposition der Prophetenchristologie in die Sohneschristologie? O. Cullmann meint, daß die Darstellung Jesu als „des Propheten" im NT nur als Volksmeinung angeführt sei, die vielleicht „besonders in Galiläa verbreitet gewesen ist"[39]. F. Hahn sieht zwar, „daß Person und Wirken Jesu in einem frühen Stadium der Überlieferung ebenfalls mit Hilfe dieser Vorstellung [nämlich vom eschatologischen Propheten] beschrieben worden ist", doch sei dies „von späteren christologischen Aussagen verwischt und überdeckt worden", freilich lassen sich „noch Eigentümlichkeiten dieser altertümlichen Christologie erkennen"[40]. Dieser Meinung war ich selber lange Zeit, bis mir das Buch von U. Mauser „Gottesbild und Menschwerdung"[41] in die Hände kam. Dieses Werk half mir, nicht

---

[35] Zum Verhältnis der atl. Propheten zum Gesetz vgl. *W. Zimmerli*, Das Gesetz und die Propheten. Zum Verständnis des AT (Göttingen 1963).
[36] Vgl. zum letzteren *O. H. Steck*, Israel und das gewaltsame Geschick der Propheten (Neukirchen 1967).
[37] Vgl. *M. Hengel*, Nachfolge und Charisma (Berlin 1968) 96–98.
[38] Vgl. dazu *Schnider*, a.a.O. 241–255; *H. J. Schoeps*, Theologie und Geschichte des Judenchristentums (Tübingen 1949) 71–118.
[39] Christologie des Neuen Testaments (Tübingen ⁴1966) 34f.
[40] Christologische Hoheitstitel (Göttingen ³1966) 351.
[41] Eine Untersuchung zur Einheit des Alten und des Neuen Testaments (Tübingen 1971).

bloß die „Prophetenchristologie" in einem neuen Licht zu sehen, sondern sie auch als die entscheidende Vorstufe der „Sohneschristologie" zu erkennen und die letztere überhaupt erst nicht bloß in ihrem Ursprung, sondern auch in ihrem Aussagesinn zu begreifen. Es muß ja jedem beim Studium der Evangelien auffallen, daß die alte Prophetenchristologie aus der Anfangszeit der Urkirche von der evangelischen Redaktion keineswegs unterdrückt worden ist. Die Evangelien sind ja unsere Hauptquelle für ihre Kenntnis. Daraus entsteht aber die Frage: Warum haben die Evangelisten dieselbe nicht unterdrückt, sondern mit der Sohneschristologie verbunden, freilich so, daß die letztere die erstere umfaßt und in dieser Umfassung interpretiert und überbietet auf ein Höheres hin? Bevor wir uns mit dieser Interpretation und Überbietung befassen, seien zunächst die Untersuchungsergebnisse U. Mausers vorgelegt.

## 5. Die Ergebnisse U. Mausers

Mauser geht aus von einem Aufsatz des Alttestamentlers W. Zimmerli „Verheißung und Erfüllung"[42], in dem Zimmerli einen doppelten Tatbestand festgestellt hat (ich formuliere nach Mauser): „Einmal kann nachgewiesen werden, daß scheinbare Erfüllungen einer konkreten Verheißung im Alten Testament selbst der Finalität beraubt und ihrerseits von neuem zur Basis für eine über die anscheinend schon erreichte Erfüllung weit hinausgehende neue Verheißung werden"; zum andern, „daß sich das Erwarten Israels im Grunde überall nicht auf dies oder jenes hinwendet, sondern auf das Kommen Gottes selbst"[43]. Zimmerli zitiert das Wort des Propheten Amos (4,12): „Bereite dich, deinem Gott zu begegnen, Israel!"; er sagt, „daß die Mitte alles Verheißenen der kommende Herr selber ist"[44], *also eine Person*. Mauser bringt diese Verheißung dann schon vorläufig in einen Zusammenhang mit ihrer Erfüllung in Jesus Christus: „Das Kommen Gottes im Neuen Testament ist ja konkret sein Kommen in die *Geschichte eines Menschen*, und das ist das Einmalige der neutestamentlichen Botschaft, daß Gott

---

[42] EvTh 12 (1952/53) 34–59, wieder abgedruckt: *C. Westermann*, (Hrsg.), Probleme atl. Hermeneutik (München 1960) 69–101 (wir zitieren hiernach).
[43] *Mauser,* Gottesbild, 4 f.
[44] A. a. O. 90.

in einer *Menschengeschichte* sein ganzes Werk tut."⁴⁵ Von da her stellt
dann Mauser die Frage: „Ist es möglich, ja vom Wesen alttestamentlicher Verheißung aus gefordert, das Erwarten des Kommens Gottes
als Mensch im Alten Testament bezeugt zu finden?"⁴⁶ Während für
Bultmann jenes Menschenleben, das mit dem Namen „Jesus von
Nazareth" verbunden ist, nur insofern Bedeutung besitzt, „als es Voraussetzung zum Kommen des Kerygmas ist" (Mauser)⁴⁷, kommt es
Mauser darauf an, das eschatologische, von den Propheten angesagte
Kommen Jahwes gerade *in der Menschengeschichte Jesu*, in seinem
vorösterlichen Leben bis hin zu seinem gewaltsamen Tod und seiner
Auferweckung zu sehen. „Die Menschengeschichte Jesu Christi ist,
als Grund des christlichen Kerygmas, das Wort Gottes. Diese Menschengeschichte erweist sich also als der Konvergenzpunkt von Fragerichtungen, die sich vom Alten wie vom Neuen Testament her stellen."
Dabei fragt es sich, „ob es nicht möglich wäre, von diesem Konvergenzpunkt aus das Problem des Verhältnisses zwischen Altem und
Neuem Testament neu zu durchdenken. In Richtung auf das Alte
Testament stellt sich die Frage in dieser Form: Wenn das Alte Testament als Verheißung verstanden werden soll, die das Kommen Gottes
konkret als sein Kommen in Gestalt einer menschlichen Geschichte
erwartet, so muß danach gefragt werden, ob das Gottesbild des Alten
Testaments Züge aufweist, die die Neigung Gottes zur Menschwerdung bezeugen. Dem müßte gleichzeitig ein Menschenbild entsprechen, das menschliches Leben dazu bestimmt erweist, sich als Menschengeschichte gewordenes Wort Gottes zu vollenden. Vom Neuen
Testament aus gesehen ist aber zu fragen, ob die Geschichte, die die
christliche Theologie Jahrhundertelang als die Menschwerdung Gottes
beschrieb, als eine echte menschliche Geschichte so verstanden werden
kann, daß sie Grundstrukturen des alttestamentlichen Gottes- und
Menschenbildes entspricht."⁴⁸

Um sein Programm für den Leser zu verdeutlichen, verweist Mauser
auf die sogenannten Anthropomorphismen des Alten Testaments, die
für ihn „Anzeigen eines Gottes" sind, „der dem Menschlichen nicht
fremd ist, sondern in Teilnahme an der Geschichte des Menschen sich

---

⁴⁵ Ebd. 7.
⁴⁶ Ebd. 8.
⁴⁷ Ebd. 15.
⁴⁸ Ebd. 16f.

Menschliches zugesellt. Dem entspricht gleichzeitig das Menschenbild des Alten Testaments, das... in bestimmten Sinne theomorph ist", eben weil nach der Schöpfungsgeschichte der Mensch „Abbild und Gleichnis" Gottes ist. Unter Anspielung auf eine Formulierung des Christushymnus im Philipperbrief sagt Mauser: „Der alttestamentliche Gott ἐν μορφῇ ἀνθρώπου ist die Ankündigung des Deus incarnatus. Und der Mensch des Alten Testaments, der in gewissem Sinn sein Leben ἐν μορφῇ θεοῦ erfährt, ist der Bote des Menschen Jesus, dem das christliche Bekenntnis vere Deus entspricht."[49] Damit hat Mauser sich sein Thema gestellt. Er führt es in dem Teil seines Buches, der dem Alten Testament gewidmet ist, in einem dreifachen Schritt so durch, daß er zunächst noch weiter den theologischen Sinn der „Anthropomorphismen" herausarbeitet, dann das Geschick der Propheten Hosea und Jeremia anhand ihrer Texte so interpretiert, daß in deren Geschick das Geschick Jahwes selbst im leidvollen und schmerzerfüllten Gespräch mit seinem Volk Israel sichtbar wird und die Propheten des Alten Bundes nicht bloß als Kritiker des Bestehenden in Israel und als Ansager von Heil und Unheil, sondern als *repraesentatio* Jahwes erkennbar werden. „Der Gott Israels ist ein Gott voll von Pathos, und Prophetie ist inspirierte Kommunikation des göttlichen Pathos an das Bewußtsein des Propheten", so formuliert Mauser im Anschluß an das Buch des jüdischen Forschers Abraham J. Heschel „Die Prophetie" (erschienen 1936, erweiterte amerikanische Fassung „The Prophets", 1962)[50].

Zu den Anthropomorphismen bemerkt Mauser: „Die Anthropomorphismen Jahwes stehen in einem Korrespondenzverhältnis zu der Erschaffung des Menschen im Bilde Gottes und erklären sich gegenseitig."[51] Mauser zitiert J. Hempel: „Bild Gottes sein heißt für den Menschen... Gottes Wesir sein."[52] Die alttestamentlichen Anthropomorphismen waren „nicht nur keine zeitlich bedingte Naivität...", sondern enthalten „umgekehrt bewußte Theologie" (Mauser)[53]. Mauser verweist dann auf das Buch des Alttestamentlers H. Wheeler Robinson, „The Cross of Hosea" (1949), in dem R. den Propheten

---

[49] Ebd. 17.
[50] Ebd. 41.
[51] Ebd. 38.
[52] Das Ethos des Alten Testaments (Berlin ²1964) 201.
[53] A.a.O. 39.

Hosea, besonders im Hinblick auf die ersten drei Kapitel über die Ehe des Propheten, „auf eine Weise auslegt, die dem Problem des Anthropomorphismus eine ganz neue Dimension öffnet"[54]. Die Geschichte der Ehe des Propheten dient „als menschliche Illustration einer göttlichen Wahrheit". „Das hat zuerst einmal für den Begriff der Offenbarung seine Bedeutung. Solange Offenbarung als Mitteilung von Wahrheit angesehen wird, bleibt der Offenbarungsvorgang mechanisch gedacht: Der die Offenbarung empfangende Mensch ist lediglich ein Schreiber, der ein Diktat niederschreibt. Das Buch Hosea erlaubt aber das Urteil, daß eine solch mechanische Vorstellung dem wirklichen Vorgang der Offenbarung nicht entspricht. Denn in Hosea – Mauser zitiert nun Robinson wörtlich – ,we see that the revelation is made in and through a human experience, in which experience the thruth to be revealed is first created' und daraus folgt ,that human experience is capable of representing the divine … revelation is made through the unity of fellowship between God and man and is born of their intercourse'. Das heißt nicht weniger, als daß Offenbarung schon im Alten Testament der Inkarnation insofern wesensverwandt ist, als der Offenbarungsmittler [der Prophet] mit seiner eigenen Existenz an der Offenbarung Anteil hat, ja daß sein Leben der Ort ist, an dem Offenbarung entsteht und das Mittel, wodurch sie sich mitteilt."[55] Für die Anthropomorphismenfrage folgt daraus, daß die alttestamentlichen Anthropomorphismen keineswegs „bloße Akkomodationen an menschliche Schwachheit ohne ausdrucksvolle Bilder für die Wahrheit eines lebendigen Gottes sind"; vielmehr spricht sich Gottes Sorge und Liebe nicht bloß in menschlicher Rede aus, sondern in der Lebenserfahrung, und im Geschick des Propheten *spiegelt sich repräsentativ* die Liebe und Sorge Gottes. Die Liebe und Sorge des Hosea sind „nicht nur Symbole eines göttlichen Verhaltens zur Welt, sondern reale Entsprechungen zu einer ebenfalls ganz realen Liebe und Sorge Gottes. Ist aber allen Ernstes von realer Liebe und Sorge in Gott zu reden, so kann offensichtlich das Dogma von der Leidensunfähigkeit Gottes nicht gehalten werden"[56] (was heute ja auch schon katholische Dogmatiker sagen)[57].

---

[54] Ebd. 39.     [55] Ebd. 40.     [56] Ebd.

[57] Vgl. etwa W. *Kasper: A. Schilson* – W. *Kasper*, Christologie im Präsens. Kritische Sichtung neuer Entwürfe (Freiburg i. Br. 1974) 141; H. *Küng*, Menschwerdung Gottes. Eine Einführung in Hegels theologisches Denken als Prolegomena zu einer künftigen Christologie (Freiburg i. Br. 1970) 622–631.

„Anthropomorphismus" in diesem Sinn ist darum „die Ankündigung von Gottes Menschwerdung"[58]... und der Prophet „ist der Mensch, der das Pathos Gottes nicht nur kennt, so daß er es mitteilen kann, sondern es in und an sich erfährt, so daß er von ihm in seiner Existenz affiziert wird"[59]. Das eigentliche Geheimnis der Prophetie darf dann so formuliert werden: es ist „Sym-pathie mit dem göttlichen Pathos"[60]. „Gibt es [aber] ein Pathos Gottes, so gibt es auch, aus ihm fließend und von ihm hervorgerufen, ein Pathos des Propheten, das sich zum Pathos Gottes wie ein Spiegel verhält. Der Prophet ist darum keineswegs nur der Künder von Gottes Entscheidung und Weisung; er ist zugleich und zuerst eine Darstellung von Gottes eigenem Zustand in der Geschichte mit seiner Welt."[61] Dazu kommt, daß der Prophet sich von seinen Zeitgenossen dadurch unterscheidet, „daß er weiß, welche Zeit es ist und die Zeit ansagt als Gotteszeit"[62]. Das „Herz-stück" der prophetischen Existenz „ist die Teilnahme an der Beziehung Gottes zu seinen Menschen in der Geschichte, die durch die konkrete Stunde Gottes bestimmt ist"[63]. Gott wird im Propheten „menschenförmig", er erscheint in ihm ἐν μορφῇ ἀνθρώπου, was natürlich nicht heißt, daß die göttliche Natur sich mit der menschlichen „vermischen" oder Gott im Propheten „aufgehen" würde.

Damit hat uns Mauser einen wichtigen Weg gewiesen. Er selber führt seine Thesen dann noch weiter an den Prophetengestalten Hosea und Jeremia aus. Hosea „kann zeichenhaft handeln, weil er selbst zuvor schon zum Zeichen Gottes geworden ist"[64]. „Der Auftrag Jahwes macht den Propheten nicht nur zum Boten, der Gehörtes weitersagt. Vielmehr schafft sich das Gotteswort ein menschliches Leben, das in menschlicher Weise die Geschichte Gottes teilt."[65] Die anthropomorphe Sprache des Alten Testaments „will einen Gott erschließen, der sich des Menschlichen so annimmt, daß er selbst von einem konkreten Menschen vertreten werden kann"[66]. Der Prophet „nimmt die Stelle ein, die Gott in seiner Geschichte mit dem Volk einnimmt und er teilt das Geschick Gottes, das Jahwe zu der konkreten Zeit seiner Zuwendung erfährt. Er ist deshalb nicht nur Sprecher Gottes, sondern Stellvertreter und Gleichnis Jahwes."[67] Auf diese Weise wird „die

---

[58] A.a.O. 41.        [59] Ebd. 42.        [60] Ebd.        [61] Ebd. 43.
[62] Ebd. 42.        [63] Ebd.        [64] Ebd. 74.
[65] Ebd. 76.        [66] Ebd.        [67] Ebd. 115f.

Menschwerdung Gottes in den Dokumenten des Glaubens Israels vor-
bereitet"[68].

Das Neue Testament liegt ganz auf dieser Linie. Denn es beschreibt
„im Wirken Jesu von Nazareth, in seinem Wort wie in seinem Werk,
das Wirken Gottes..."[69] Das Neue Testament identifiziert geradezu
„das Ereignis eines Menschenlebens mit Wort und Tat Gottes... Es
hat dadurch von Gott noch viel breiter und nachdrücklicher in Form
menschlicher Sprache und Aktion, menschlichen Willens und Ent-
schließens geredet, als das je im Alten Testament geschehen ist. Die
Anthropomorphie Gottes im Alten Testament wird im Neuen Testament so auf die Spitze getrieben, daß man das Neue Testament nur
als ihren unüberbietbaren Kulminationspunkt begreifen kann."[70]

Mauser hebt aber am Schluß seines Buches mit Recht hervor, daß
die Stellvertretung Gottes durch den Propheten im Alten Testament
„nirgends die Spitze erreicht" hat, „daß man berechtigt wäre, von einer
Identität der Tat Gottes mit dem Ereignis eines menschlichen Lebens
zu reden". Es handelt „sich stets um eine fragmentarische Stellvertretung"[71]. „Gerade diese Grenze ist aber im Neuen Testament besei-
tigt."[72] Es ist nun nicht bloß so, daß Gott nur nach paulinischer Christologie „entscheidend, umfassend und in Ewigkeit verbindlich in der
Geschichte des Menschen Jesus Christus handelt" und hier das
„Heilsgeschehen... in seiner inneren Struktur vollkommen bestimmt

---

[68] Ebd. 116.
[69] Ebd. 117.
[70] Ebd. In diesem Zusammenhang sei auch hingewiesen auf das viel zu wenig beachtete
Buch von *P. Kuhn*, Gottes Selbsterniedrigung in der Theologie der Rabbinen (Stud.
zum A und NT, 17) (München 1968). K. zeigt anhand eines reichen Textmaterials,
welche Rolle die Idee vom „Pathos" Gottes im rabbinischen Denken gespielt hat; er
gliedert die vorgelegten Texte folgendermaßen: 1. Gott verzichtet auf seine Ehre; 2.
Gott als Diener der Menschen; 3. Gottes Selbsthingabe an die Menschen; 4. Gottes Her-
absteigen vom Himmel auf die Erde; 5. Gottes Selbstbeschränkung auf einen Raum in
der Welt. Es handelt sich hier um eine rabbinische „praeparatio evangelica" ohneglei-
chen. Vgl. auch *Kuhns* (noch unveröffentlichte theol.) Dissertation „Gottes Trauer und
Klage in der rabbinischen Überlieferung" (Regensburg 1974), ferner *K. Kitamori*, Theologie des Schmerzes Gottes (deutsch [Göttingen 1972] 32: „Der Schmerz Gottes ist der
tiefste Hintergrund des geschichtlichen Jesus. Ohne diesen Hintergrund haben alle Lehren über Jesus keine Tiefe"; Zitat bei *H. Schürmann*, Jesu ureigener Tod. Exegetische
Besinnungen und Ausblick [Freiburg i. Br. 1975] 144); *M. Ginsberger*, Die Anthropomorphismen in den Thargumim: Jahrbücher f. prot. Theol. 17 (1891) 262–280; 430
bis 458.
[71] A. a. O. 186.        [72] Ebd.

(ist) durch die in ihm gegebene Einheit von Gottestat und Menschengeschichte"[73] – Mauser verifiziert nämlich seine Thesen am Beispiel
der paulinischen Theologie und seltsamerweise nicht an den Evangelien selbst, obwohl das evangelische Jesusmaterial dazu geradezu auf-
fordern würde. Damit kommen wir wieder zur Frage nach dem
Ursprung der ntl. Sohneschristologie zurück.

## 6. *Von der Prophetenchristologie zur Sohneschristologie*

Wer dem bisher Ausgeführten zustimmen kann, wird nun auch meiner
*These* zustimmen: Die sogenannte Prophetenchristologie der Evangelien ist im Neuen Testament kein christologischer „Nebenkrater", der
alsbald verdrängt wurde, sondern sie führte *von ihrem Wesen her* in
der weiteren christologischen Reflexion der Urkirche konsequent zur
Sohneschristologie. Was hatte der Jüngerkreis in seinem Sehakt letztlich an Jesus von Nazareth erfahren? Ich möchte jetzt antworten: *Eine*
*bis zur Deckungsgleichheit gehende Aktionseinheit Jesu mit Jahwe.*
Um diese Erfahrung in der nachösterlichen Reflexion sprachlich zu artikulieren, stellte sich das Sohnesprädikat allmählich wie von selbst ein.
Denn die „Deckungsgleichheit" zwischen Jesus und Jahwe impliziert
nicht bloß totale Aktionseinheit im Handeln, Sprechen und Denken,
sondern (als Grund für sie) eine vorgegebene Einheit auch im Sein.
Agere sequitur esse! Vergleicht man in der synoptischen Überlieferung
das Material für eine Messiaschristologie mit jenem für eine Prophetenchristologie, so hat das letztere bei weitem das Übergewicht, wie
die Arbeit von F. Schnider zeigt[74]. Wie ich schon weiter oben betonte,
konnten fast alle Performanzen Jesu unter „Prophetenchristologie"
subsumiert werden. „Ein großer Prophet ist unter uns erweckt worden, und Gott hat sein Volk heimgesucht" (Lk 7,16); „ein Prophet
mächtig in Wort und Tat" (24,19): das sind die Eindrücke, die man
von Jesus hatte. Selbst im Johannesevangelium mit seiner durchreflek-
tierten Sohneschristologie spielt das christologische Propheten-Modell

---

[73] Ebd. 187.
[74] Dies ist auch das Ergebnis der in Anm. 34 genannten Arbeit von *Coppens*, Le Messianisme et sa Relève prophétique. C. spricht geradezu von einer „Ablösung" des „königlichen Messianismus" durch die Prophetenchristologie.

noch eine große Rolle[75] (vgl. Joh 4,19; 9,17; 1,21.25; 6,14; 7,40.52;
8,52f). Handelte es sich bei den alttestamentlichen Propheten stets nur
um eine „fragmentarische Stellvertretung", wie Mauser betont, so bei
Jesus um die totale[76]. Die prophetische Aktionseinheit geht also bei
Jesus bis zur Deckungsgleichheit mit Jahwe. Darin besteht das eschatologische, nicht mehr überbietbare Novum des „Jesusphänomens".
In Joh 10,30 wird diese Erfahrung und Einsicht auf die Formel gebracht: ἐγὼ καὶ ὁ πατὴρ ἕν ἐσμεν. Man beachte, daß es nicht heißt:
εἷς ἐσμεν, sondern in neutrischer Formulierung: ἕν ἐσμεν. Ich und
der Vater sind nicht eine einzige Person, sondern eine totale Aktionseinheit im Sprechen und Handeln. R. Schnackenburg bemerkt dazu[77]:
„Die Formulierung ist kräftiger als an den früheren Stellen, wo Jesus
von seinem Zusammenwirken mit dem Vater (5,17.19), seiner Übereinstimmung mit dem Vater (vgl. 5,30; 8,16.18), seinem Handeln nach
dem Willen und der Weisung des Vaters (6,38; 8,26.28; 10,18) sprach.
Dies alles ist inbegriffen…" Der Satz in Joh 10,30 darf zunächst noch
nicht trinitarisch verstanden werden, obwohl er naturgemäß in den tri-
nitarischen Auseinandersetzungen eine große Rolle gespielt hat[78]. Es
handelt sich bei dem neutrischen ἕν vielmehr um die Deckungsgleichheit zwischen Jesus und dem Vater.

[75] Vgl. dazu *Schnider*, Jesus, der Prophet, 191–230; R. *Schnackenburg*, Die Erwartung
des „Propheten" nach dem Neuen Testament und den Qumran-Texten: Stud. Ev. (TU
73) (Berlin 1959) 622–639.

[76] Diese zeigt sich etwa (um Beispiele zu nennen) im spontanen Wissen Jesu um Gottes
Denkart, das er zuvor schon in seinem konkreten Handeln offenbart (vgl. etwa in Lk
15 den Zusammenhang des Handelns Jesu an „Zöllnern und Sündern" mit seiner in
den folgenden Gleichnissen vorgelegten „Theorie"; „Jesu Verhalten erklärt den Willen
Gottes mit einer an Jesu Verhalten ablesbaren Parabel" [*E. Fuchs*, Zur Frage nach dem
historischen Jesus, Tübingen 1960, 154]); im Lehren Jesu, das in „Vollmacht" geschieht
und nicht „nach Art der Schriftgelehrten" (Mk 1,21) und das sich nicht als „Spruch
Jahwes" wie bei den Propheten ausgibt, sondern in eigener Machtvollkommenheit geschieht; in der von ihm beanspruchten Vollmacht zur Sündenvergebung (Mk 2,10); in
seinem συνεσθίειν „zusammen mit Zöllnern und Sündern" (vgl. dazu *F. Mußner*, „Das
Wesen des Christentums ist συνεσθίειν". Ein authentischer Kommentar: Mysterium
der Gnade [Festschr. für J. Auer] [Regensburg 1975]; in der „Proexistenz" Jesu (dazu
*H. Schürmann*, Jesu ureigener Tod, 143–149). „… Jesus macht Gottes Willen so
geltend, wie das ein Mensch tun müßte, wenn er an Gottes Stelle wäre" (*E. Fuchs*,
a.a.O.). Natürlich gibt es auch „Differenzen" im Hinblick auf Jesus und Jahwe (etwa
in Jesu Nichtwissen der „Stunde" des Endes, vgl. Mk 13,32); diese bringen auf jeden
Fall die Personverschiedenheit von Vater und Sohn zur Geltung.

[77] Das Johannesevangelium II (Freiburg i. Br. 1971) 386f.

[78] Vgl. *T. E. Pollard*, The Exegesis of John X. 30 in the Early Trinitarian Controversies,
in: NTSt 3 (1956/57) 334–349.

In diesen Zusammenhang gehört auch die frühe παῖς-Christologie, wenn diese auch eine verhältnismäßig geringe Rolle gespielt hat[79]. Jesus wird im Neuen Testament fünfmal als παῖς Gottes bezeichnet (Mt 12,18; Apg 3,13.26; 4,27.30). Es ist zwar umstritten, ob der christologische παῖς-Titel aus der Reflexion über den stellvertretenden Sühnetod Jesu hervorgegangen ist oder ob mit ihm Jesus nur als der gehorsame Gerechte hingestellt werden sollte, der den Willen Gottes restlos erfüllt (vgl. auch Mt 3,15). Diese Alternative ist aber im Grunde keine wirklich fundierte. Denn die restlose Erfüllung des Willens Gottes führt Jesus ja schließlich in den Tod „für uns". Für den Zusammenhang unserer Überlegungen zur Prophetenchristologie ist von Bedeutung, daß die παῖς-Christologie selber ein wichtiger Teil der Prophetenchristologie zu sein scheint. Manche Alttestamentler sagen bekanntlich, der Gottesknecht von Jes 53 sei der Prophet selber, der aber, wie Mauser gezeigt hat, das „Pathos" Gottes existentiell und repräsentativ zur Darstellung bringt. So gehört die παῖς-Christologie einerseits direkt in die Prophetenchristologie hinein, zum andern konnte gerade sie ohne weiteres in die Sohnes-Christologie transformiert werden, weil der griechische Term παῖς ja auch die Bedeutung „Sohn" hat.

Es muß also gesagt werden: Die neutestamentliche Sohneschristologie ist nicht *nur* die transformierte Prophetenchristologie, wenn diese auch zur Bedeutungserschließung der ersteren ganz Wesentliches beizutragen vermag. Es bleibt da ein bedeutender Rest. Denn wie die ntl. Sohneschristologie erkennen läßt, kommen in ihr noch Aspekte zur Geltung, die aus der Prophetenchristologie allein nicht erklärbar sind. Da ist einmal die Exklusivität, mit der im Neuen Testament Jesus Christus als der Sohn Gottes deklariert wird; da ist ferner der zur Soh-

---

[79] Vgl. dazu *J. Jeremias*, Παῖς (θεοῦ) im Neuen Testament: *ders.*, ABBA. Studien zur ntl. Theologie und Zeitgeschichte (Göttingen 1966) 191–216; *F. Mußner*, Art. Ebed Jahwe: LThK III, 624f (Literatur); *L. Ruppert*, Jesus als der leidende Gerechte. Der Weg Jesu im Lichte eines alt- und zwischentestamentlichen Motivs (SBS 59) (Stuttgart 1972); *B. Gerhardsson*, Gottessohn als Diener Gottes. Messias, Agape und Himmelsherrschaft nach dem Matthäusevangelium: StTh 27 (1973) 73–106; *K. Berger*, Die königlichen Messiastraditionen des Neuen Testaments: NTSt 20 (1973/74) 40 (Anm. 154: „Jesus qua παῖς bei Lk geht zurück auf die Gleichsetzung des prophetischen παῖς mit dem weisheitlichen υἱός in der Weisheitslit.", und B. meint sogar: „Der παῖς-Titel hat so die Brücke zwischen Prophet und Sohn Gottes geschlagen"); *P. Benoit*, Jésus et le Serviteur de Dieu: *J. Dupont* (Hrsg.), Jésus aux Origines de la Christologie (Gembloux 1974).

neschristologie gehörige Präexistenzgedanke, und da ist schließlich
überhaupt die Sohnestitulatur für Jesus von Nazareth[80]. Man hat gerade im Hinblick auf diese Sohnestitulatur auf alttestamentliche (und
auch hellenistische) Sprachmodelle verwiesen oder auf das im Alten
Orient verbreitete Adoptions- und Inthronisationsmodell oder die
„Legitimationsformel". Das braucht hier nicht näher ausgeführt zu
werden[81]. Wir stellen die Frage so: Was veranlaßte die urkirchliche
Reflexion über das „Jesusphänomen", die hochbedeutsame Prophetenchristologie sehr bald – höchst wahrscheinlich schon in vorpaulinischer Zeit[82] – in die Sohneschristologie zu transformieren? Im Rahmen
dieses Referats kann die Antwort auf diese Frage nur in Andeutungen
erfolgen. Ich möchte folgende Anlässe nennen:

a) Die vorösterliche Erfahrung des μᾶλλον und μεῖζον und damit
des „Offenen" an Jesus, was eine bestimmte „disclosure" bei den Jüngern auslöste[83] und sich an bestimmten Worten und Taten Jesu mani-

---

[80] Wie sich die totale Stellvertretung Gottes durch Jesus konkret in seinem Wirken
äußerte, wurde in Anm. 76 an Beispielen dargelegt.
[81] Vgl. dazu etwa *G. Fohrer:* ThWbzNt VIII, 349ff; *W. Schlißke,* Gottessöhne und
Gottessohn im Alten Testament (Stuttgart – Berlin – Köln – Mainz 1973); *H. Haag,*
Sohn Gottes im Alten Testament: ThQ 154 (1974) 223–231 (mit Literatur); *M. Hengel,*
Der Sohn Gottes (s. Anm. 1) 35–39.
[82] Vgl. dazu etwa *M. Hengel,* Christologie und ntl. Chronologie. Zu einer Aporie in
der Geschichte des Urchristentums (Festschrift für O. Cullmann) (Zürich – Tübingen
1972) 43–67 (45); *ders.,* Der Sohn Gottes, 103.
[83] Wir führen hier einen Begriff des englischen Sprachtheoretikers *I. T. Ramsey* ein,
nämlich „disclosure", den man am besten mit „Erschließung" ins Deutsche übersetzt
(vgl. dazu *Wim A. de Pater,* Theologische Sprachlogik [München 1971] 11–49). Eine derartige disclosure-Erfahrung (etwa anläßlich eines bestimmten Wunders oder bestimmten Logions Jesu) löst eine unerwartete Erkenntnis aus (ein „Aha-Erlebnis"), die in der
folgenden Reflexion zu einer bestimmten Versprachlichung („Modell") führt, die als
Echo auf die ursprüngliche Situation, in der die disclosure passierte, zu verstehen ist.
Ein Schaubild soll das Gemeinte verdeutlichen:

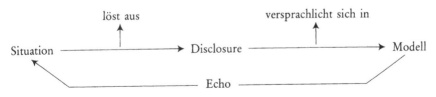

Ramseys Theorie scheint für die Erfassung des christologischen Erkenntnisprozesses
hilfreich zu sein. Mit Hilfe des „Endmodells" im Versprachlichungsprozeß „kommuni-
zieren" die Hörer (die Kirche) an der durch die ursprüngliche Disclosure-Situation aus-
gelösten Primärerfahrung der Jünger. Religiöse Sprache impliziert nach Ramsey immer

festierte, ja Jesus als die eschatologische „disclosure" Gottes erkennen ließ, so daß man „vom Leben Jesu nicht adäquat sprechen kann, ohne von Gott zu sprechen" (Wim A. de Pater)[84], aber auch umgekehrt nicht von Gott sprechen kann, ohne vom Leben Jesu zu sprechen.

b) Die ebenfalls vorösterliche Erfahrung des „Rätselhaften" an Jesus, das die bisher in Israel entwickelten Deutungsschemata sprengte[85].

c) Die nachösterliche Erinnerung an bestimmte „Weisheits"-Logien Jesu[86].

d) Die mit dem zuletzt genannten Punkt zusammenhängende nachösterliche Reflexion über die Jesuserfahrung, die aus dem im Alten Testament vorgegebenen Weisheitsmodell sehr früh eine Weisheitschristologie entwickelte, deren Spuren sich vor allem in der paulinischen und johanneischen Christologie finden[87].

Die Auferweckung Jesu von den Toten dagegen kann man hier nicht nennen, da sie weder unmittelbar zu einer Messiaschristologie und erst recht nicht unmittelbar zu einer Sohneschristologie führte. Sie trieb vielmehr den hermeneutischen Prozeß voran. Sie brachte den „Erfahrungsüberschuß", der sich in der Reflexion der Jünger über das „Jesus-

---

ein „mehr", aber ständig beruhend auf ursprünglicher Erfahrung. Vgl. dazu jetzt auch *Wim A. de Pater*, Erschließungssituationen und religiöse Sprache: Linguistica Biblica, H. 33 (1974) 64–88.

[84] Ebd. 77.

[85] Das „Rätselhafte" an Jesus von Nazareth zeigte sich nicht bloß in bestimmten Logien Jesu, sondern auch in einem bestimmten, ärgerniserregenden Verhalten, so etwa bei seinem öffentlichen Auftreten in Nazareth (Mk 6, 1–6 parr.) oder bei der Behandlung seiner Verwandten (Mk 3, 31–35 parr.), nach Lk 2, 49 auch in der Antwort des zwölfjährigen Jesus auf die Frage seiner Eltern.

[86] Vgl. auch *F. Christ*, Jesus Sophia. Die Sophia-Christologie bei den Synoptikern (AThANT) (Zürich 1970).

[87] Vgl. *E. Schweizer*, Aufnahme und Korrektur jüdischer Sophiatheologie im NT: *ders.*, Neotestamentica (Zürich/Stuttgart 1963) 110–121; *A. Feuillet*, Jésus et la sagesse divine d'après les évangiles synoptiques, in: RB 62 (1955) 161–196; *ders.*, Le Christ, sagesse de Dieu d'après les épîtres pauliniennes (Paris 1966); *U. Wilckens*, Weisheit und Torheit. Eine exegetisch-religionsgeschichtliche Untersuchung zu 1 Kor 1 u. 2 (Tübingen 1959); *M. J. Suggs*, Wisdom, Christology and Law in Matthew's Gospel (Cambridge/Mass. 1970); *K. Berger*, Die königlichen Messiastraditionen des Neuen Testaments: NTSt 20 (1973/74) 1–44 (28–37: „Die Bedeutung weisheitlicher Traditionen über den Sohn Gottes"); *A. van Roon*, The Relation between Christ and the Wisdom of God according to Paul: NT 16 (1974) 207–239; *M. Hengel*, Der Sohn Gottes, 78–81; 116ff. Dazu noch *L. Mack*, Logos und Sophia. Untersuchungen zur Weisheitstheologie im hellenistischen Judentum (Studien zur Umwelt des NT, 10) (Göttingen 1973).

phänomen" eingestellt hatte, zur Geltung, der unter anderen Kategorien und Sprachmodellen nicht untergebracht werden konnte als nur im Sohnesprädikat. Weil aber Ostern eine Tat *Gottes* ist, darum ist der hermeneutische Prozeß, den es auslöste, selbst letztlich eine Wirkung dieser Tat Gottes, beruht auf dem *Offenbarung* implizierenden Handeln Gottes in der Auferweckung Jesu von den Toten. Das ὤφθη des Urcredo von 1 Kor 15,3–5 schließt Offenbarung in sich[88]. Damit leugnen wir nicht, daß Ostern auch seinshafte Folgen für Jesus Christus in sich schloß, deren sich die christologische Reflexion der Urkirche alsbald annahm; aber Ostern führte nicht unmittelbar zum Sohnesprädikat. Nicht Ostern machte Jesus zum Sohn, wenn auch Ostern als „Überschuß" über die Prophetenchristologie hinaus betrachtet werden muß; denn im Osterereignis handelte Gott an dem *toten* Jesus, was er bei den Propheten nicht tat.

   Die Weisheitschristologie brachte vor allem den Präexistenzgedanken ein, der sich aber auch mit der Prophetenchristologie, wie sie uns Mauser interpretiert hat, in Zusammenhang bringen läßt: In der Sendung des Propheten west Jahwe selbst an.

   W. Thüsing hat versucht, den christologischen Präexistenzgedanken so zu bestimmen[89]: „*Präexistenz bedeutet: Gott ist von vornherein so, daß er Selbstmitteilung in diesem intensivsten Sinn der Jesusoffenbarung wollen kann: Er ist ,Jahwe' – in dem Sinn, wie dieser Name von der Selbstmitteilung in Jesus her verstanden werden kann.*"[90] Thüsing kommt alles darauf an, den Präexistenzgedanken nicht von einer isolierten Christologie her zu entwickeln, sondern ihn von der christologischen Theo-logie aus anzugehen. Nach Th. ist also der „Sinn des

---

[88] Die Urkirche war sich bewußt, daß das Sohnesgeheimnis Jesu sich letztlich den Glaubenden nur durch eine Offenbarung Gottes erschließt (vgl. Mt 16,17; Gal 1,16). Das dispensierte aber weder die Urkirche noch dispensiert es die Theologie, nach den Anhalten des Sohnesgeheimnisses und Sohnesprädikats beim historischen Jesus zu suchen. Das vorliegende Referat ist ein Versuch dafür.
[89] Vgl. *K. Rahner – W. Thüsing*, Christologie – systematisch und exegetisch (QD 55) (Freiburg i. Br. 1972) 243–253; dazu noch *E. Schweizer*, Zur Herkunft der Präexistenzvorstellung bei Paulus: *ders.*, Neotestamentica (Zürich – Stuttgart 1936) 105–109; *G. Schneider*, Präexistenz Christi. Der Ursprung einer neutestamentlichen Vorstellung und das Problem ihrer Auslegung: *J. Gnilka* (Hrsg.), Neues Testament und Kirche (Festschrift für R. Schnackenburg) (Freiburg i. Br. 1974) 399–412 Lit.); *R. G. Hamerton-Kelly*, Pre-existence, Wisdom and the Son of Man. A study of the Idea of Pre-existence in the New Testament (Cambridge 1973); *M. Hengel*, Der Sohn Gottes, 108 ff.
[90] A.a.O. 249.

Präexistenzbegriffs... vom biblischen Gottesbegriff her zu erschließen: Gott ist nicht nur der ‚unbewegte Beweger' des Aristoteles, sondern er ist Jahwe – er ist der Gott, der *da* ist und der kommt, der Gott,
der auf Selbstmitteilung hin ist und der seine ruᵃḥ (seinen Geist) als
Kraft des Sich-selbst-Erschließens bei sich hat". „Sendung des Sohnes"
setzt nach Th. „nicht voraus, daß der zu Sendende als solcher vor der
Sendung existiert hat, d. h. präexistent im temporalen Sinn gewesen
ist"[91]. Th. betont mit Recht, daß die christologische Präexistenzlehre
vor allem der Sicherung der *Singularität* des Menschen Jesus als des
absoluten und definitiven Heilbringers dienen will. Diese Singularität
Jesu aber beruht vor allem darin, daß Gott und sein Heilswille wie
nie zuvor im Menschen Jesus von Nazareth manifest wurden. Das
heißt, Jesu „Präexistenz" ist unlösbar von seiner „Pro-Existenz" (H.
Schürmann)[92]. Das prae impliziert das pro! Und das pro setzt das prae
voraus! Denn Jahwe ist der Gott, der da ist „für". Man könnte also
sagen: Die christologische Präexistenzlehre über den Menschen und
Propheten Jesus von Nazareth verkündigt nichts anderes als das schon
immer, „seit Ewigkeit" vorhandene *Da-Sein-für* Jahwes, das sich definitiv in dem Menschen Jesus von Nazareth geoffenbart hat – „offenbaren" dabei im strengsten Sinne des Wortes verstanden. Dieses radikale
Da-Sein-für Jahwes in Jesus wurde vom Jüngerkreis Jesu zunächst
schon in ihrem vorösterlichen Sehakt erfahren, für den Jesus sich als
der διάκονος aller zeigte (vgl. Lk 22,27), der „für die Welt" in den
Tod ging, und wurde von ihnen endgültig erfahren in der Auferstehung
Jesu von den Toten, die ihn als den „Endmenschen" offenbarte, mit
dem die Reihe der endgültig Geretteten eröffnet wird (1 Kor 15,45.23),
da dieser zum πνεῦμα ζῳοποιοῦν für die übrigen wurde (15,45). Da
aber Jesus von Nazareth keine „Marionette" Gottes war, sondern eine
konkrete, historische *Person,* darum muß die definitive Offenbarung
Jahwes in Jesus trinitarisch begriffen werden. Die alttestamentliche
Weisheitslehre half als Sprachmodell entscheidend mit, Jahwes in Jesus
endgültig und personal sich offenbarendes Da-Sein-für als Präexistenzlehre zu artikulieren. Denn die Weisheit ist die seit „Ewigkeit"
bestehende Weltzugewandtheit Jahwes; sie schlug ihr Zelt in Israel und

---

[91] Ebd. 250.
[92] Der proexistente Christus – die Mitte des Glaubens von morgen? Diakonia 3 (1972)
147–160; jetzt stark erweitert: *ders.,* Jesu ureigener Tod, 121–155.

endgültig in Jesus von Nazareth auf (Joh 1,14)[93]. In ihrem endgültigen Anwesen in Jesus von Nazareth offenbarte sie ihren Personcharakter.

## II. ENTFALTUNG

### 1. Die vielfältige Interpretation des christologischen Sohnesprädikats im Neuen Testament

Die christologische Sohnesprädikation hatte sich ziemlich früh in der Urkirche durchgesetzt, jedenfalls schon in vorpaulinischer Zeit (s. o.) – man darf annehmen: zwischen 40–50 n. Chr. Paulus setzt eindeutig die Sohneshomologese voraus (vgl. z. B. Röm 1,3f; 8,3; Gal 4,4)[94], sie ist für Mk eine Selbstverständlichkeit (Mk 1,1.11 [Taufe Jesu]; 9,7 [Verklärung Jesu]; 15,39), für Joh ohnehin (vgl. nur Joh 3,16f; 20,31; 1 Joh 4,15; 5,5), auch für Hebr (1,4ff; 4,14). Gerade aber Hebr 1,1f läßt deutlich erkennen, daß man – jedenfalls zu der Zeit der Abfassung dieses Briefes – deutlich zwischen den Propheten und dem Sohn unterschied, aber sie doch in die eine Offenbarungsgeschichte einordnete, deren tätiges Subjekt der „sprechende" Gott ist (ὁ θεὸς λαλήσας). Aber die Sohneshomologese als solche war, wie das Neue Testament zeigt, verschieden interpretierbar[95]. Die Bekenntnisformel als solche („Jesus ist der Sohn Gottes") klingt zwar aufs erste eindeutig und prägnant, wie alle derartigen Bekenntnisformeln, aber es können sich mit ihr sehr viele Vorstellungen verbinden, nicht bloß religionsgeschichtlich, sondern auch in jener Gemeinschaft selbst, die sich zu der Formel bekennt. Das läßt das Neue Testament erkennen. Die Formel wird in den verschiedenen Schriften des NT unter vielfältigen Aspekten verwendet. Deshalb können die oben angeführten Schriften aus dem

---

[93] Vgl. dazu auch *F. Mußner*, „Kultische" Aspekte im johanneischen Christusbild: *ders.*, Praesentia Salutis. Gesammelte Studien zu Fragen und Themen des Neuen Testaments (Düsseldorf 1967) 133–145 (133–136).

[94] Gal 4,4 klingt fast wie ein Credosatz mit festen Stichworten und einem festen, bereits aus der Überlieferung stammenden Formschema (vgl. dazu *F. Mußner*, Der Galaterbrief [Freiburg i. Br. ²1974] 271f).

[95] Vgl. dazu auch *H. F. Weiß*, Bekenntnis und Überlieferung im Neuen Testament: ThLZ 99 (1974) 321–330 (326f).

NT „geradezu als Kommentare zum überlieferten Bekenntnis zu Jesus als ‚Sohn Gottes' gelten" (Weiß)[96]. Häufig ist im NT die Sohnesprädikation mit der Sendungsformel verbunden, so in Röm 8,3f; Gal 4,4f; Joh 3,16f; 1 Joh 4,9. Worin liegt die hermeneutische Funktion der Sendungsaussage? Nach J. Blank darin, „daß sie es erlaubt, die Bedeutung auch des irdischen Jesus in die umfassende christologisch-soteriologische Aussage einzubeziehen"[97]. Denn die Sendung des Sohnes ist kein abstrakt-metahistorischer Vorgang, sondern sie konkretisiert sich in Jesus von Nazareth. Deutlich wird das etwa in Gal 4,4f: Gott sandte seinen Sohn, „damit er die unter dem Gesetz loskaufe, damit wir die υἱοθεσία empfangen". Hier zeigt sich ein „teleologisches Schema" (N. A. Dahl)[98]; es begegnet nämlich ebenso in den vorher schon erwähnten Aussagen von Röm 8,3f, Joh 3,16f und 1 Joh 4,9: Voraus geht immer der „Sendungssatz", es folgt der finale „Heilssatz"[99]. So bestätigt sich an diesen Texten des NT unsere obige These, daß die im Sendungsgedanken zum Ausdruck kommende Präexistenzchristologie eine Pro-existenzchristologie impliziert, d. h.: *der Sohn ist ganz Sohn für uns!* Dies ist *ein* wesentlicher Aspekt der ntl. Sohneschristologie[100]. Mk interpretiert die Sohneshomologese „im Sinn seiner Passionstheologie: ‚Sohn Gottes' ist Jesus hier gerade als der ‚Christus passus', und das sachgemäße Bekenntnis zu Jesus als ‚Sohn Gottes' ist das Bekenntnis angesichts des Gekreuzigten (15,29)."[101] Joh interpretiert im Evangelium das Sohnesbekenntnis „im Rahmen und Zusammenhang des für ihn charakteristischen Offenbarungsgedankens"[102] (vgl. besonders Joh 1,18). Nach 1 Joh wird die Sohneshomologese anscheinend auch von den christologischen Irrlehrern vertreten, aber sie leugnen dabei etwas ganz Entscheidendes, nämlich daß der Mensch Jesus „aus Gott" ist (1 Joh 4,4) und wirklich der „im Fleisch

---

[96] Ebd. 326.
[97] Paulus und Jesus (München 1968) 267.
[98] Formgeschichtliche Beobachtungen zur Christusverkündigung in der Gemeindepredigt: Ntl. Studien für R. Bultmann (Berlin ²1957) 3–9 (7f).
[99] Vgl. dazu *Mußner*, Galaterbrief, 271–273.
[100] Im übrigen läßt sich beobachten, daß selbst in einem einzigen Buch des Neuen Testaments das Sohnesprädikat sehr differenziert gebraucht wird, so etwa im Galaterbrief (vgl. dazu *Mußner*, Galaterbrief, 86, Anm. 43).
[101] *Weiß*, a.a.O. 326. Vgl. auch noch *H. Leroy*, Jesus von Nazareth – Sohn Gottes (s. Anm. 1) 240–242.
[102] *Weiß*, a.a.O.

gekommene" Christus ist (1 Joh 4,2f; 2 Joh 7), wobei in 1 Joh die Prädikationen χριστός und ὁ υἱὸς τοῦ θεοῦ beinahe semantisch schon gleichwertig sind. Das Bekenntnis als solches garantiert also noch nicht den rechten Glauben! Es kommt auf seine Interpretation an. Im Hebr wird „das überlieferte Bekenntnis aktualisiert, indem es im Sinne der diesem Brief eigenen ‚Hohepriester'-Christologie interpretiert wird"[103].

Diese Beispiele aus dem NT sollen genügen. Sie lassen uns mit aller Deutlichkeit erkennen, daß die Sohneshomologese durch ihren jeweiligen Kontext, in dem sie erscheint, verschiedene Funktionen ausübt, die das Bekenntnis aspektereich machen. Im Hinblick auf diese verschiedenen Funktionen und Aspekte der Sohneshomologese könnte man von einem „Pluralismus" derselben im NT sprechen: Gewiß die eine Sohneshomologese, aber in pluralistischer „Interpretation", so daß es etwa im Hinblick auf „Christologie heute" durchaus legitim, weil schriftgemäß sei, die ntl. Sohneschristologie so oder so auszulegen, je nach dem persönlichen Geschmack oder dem Geist der Epoche. Wie verhält es sich damit? 1 Joh sollte darauf aufmerksam machen, daß das christologische Sohnesprädikat nicht x-beliebig ausgelegt werden darf. Gerade der enge genetische Zusammenhang von Prophetenchristologie und Sohneschristologie im NT könnte eine „Christologie von unten" dazu verführen, die Sohneschristologie auf eine radikalisierte (und dann mißverstandene) Prophetenchristologie zu reduzieren, im Sinn des häretischen Judenchristentums der Pseudoklementinen oder des Islams. Die Neigung dazu scheint heute vorhanden zu sein, wie Beobachtungen zeigen. Auch Interpretationsversuche haben ihre Grenzen! Heute ist zwar nicht die Gefahr des λύειν τὸν Ἰησοῦν[104] gegeben, wenistens nicht im kirchlichen Bereich, wohl aber die Gefahr der Auflösung des „metaphysischen" Geheimnisses Jesu, wie es sich dem Sehakt der Jünger in dem μᾶλλον und μεῖζον, das sie an Jesus von Nazareth erfuhren, zeigte. Jesus durchbrach nicht bloß die Transzendenz in einer Bewegung von unten nach oben, sondern ließ auch in der Gegenbewegung von oben nach unten den Vater für uns sichtbar werden: „Wer mich gesehen hat, hat den Vater gesehen" (Joh 14,9).

---

103 *Ders.*, ebd. Vgl. auch noch *M. Hengel*, Der Sohn Gottes, 131–136. Und zum Ganzen noch *R. Schnackenburg*, Christologie des NT: Mysterium Salutis III/1 (Einsiedeln/Zürich/Köln 1970) 227–388.
104 Formuliert nach einer Lesart zu 1 Joh 4,3.

In dem, was ich die „Aktionseinheit" und „Deckungsgleichheit" zwischen Jesus und Jahwe nannte, kommen beide Bewegungen zur Geltung und zur Deckung.

## 2. Das Sohnesprädikat und die Einheitlichkeit der neutestamentlichen Christologie

Das Sohnesprädikat begegnet in fast allen Schriften des NT; ein Zeichen, daß sich die Sohneshomologese im ganzen Umkreis der Urkirche durchgesetzt hat. Am häufigsten begegnet es im Joh-Evangelium, nämlich 26mal. Das überrascht nicht, hängt aber wohl nicht bloß mit dem speziellen Interesse des Verfassers an der Sohneschristologie zusammen, sondern auch mit einem im Verlauf des 1. Jahrhunderts zunehmenden Interesse der Gesamtkirche an ihr. Man kann eindeutig sagen: Gesiegt hat unter den christologischen Prädikaten in der Urkirche das Sohnesprädikat. Der Grund dafür kann nur der gewesen sein: Die Glaubensreflexion erkennt im Sohnesprädikat die zutreffendste christologische Versprachlichung des „Jesusphänomens"[105]. So darf man die *These* aufstellen: *Gerade die Sohneshomologese hält die verschiedenen christologischen „Entwürfe" des NT zusammen;* sie alle konvergieren in der Sohneschristologie. Das scheint keine Selbstverständlichkeit zu sein. Es gab christologische Prädikate, die sehr aussagestark waren, wie das Messias- oder auch das κύριος-Prädikat. Die alte „religionsgeschichtliche Schule" hatte eine rasche Erklärung zur Hand: der Sieg der Sohneschristologie in der Urkirche ist bedingt durch wirksame Einflüsse des Hellenismus oder allgemein semitischer Ideen auf die Entwicklung der Christologie. Nach W. Bousset kann man sich denken, „daß unsere synoptischen Evangelien einem solchen Zeitalter nicht mehr genügten. Die Gestalt Jesu von Nazareth, wie sie hier gezeichnet, war viel zu irdisch und konkret, viel zu menschlich-jüdisch und beschränkt, viel zu wenig im Wunder und in der Idee aufgelöst ... Da kam der Verfasser des vierten Evangeliums und versuchte es mit einem großartigen Neubau.

---

[105] Man sollte deshalb eine Darstellung der Christologie nicht betiteln: „Jesus der Christus" (so *W. Kasper*), sondern „Jesus der Sohn". Denn das Novum, das mit Jesus von Nazareth in die Welt gekommen ist, *ist der Sohn* (Mk 1,1; Gal 4,4; Joh 3,16) und nichts anderes.

Der große Gedanke, den er natürlich nicht mit Bewußtsein, sondern
instinktiv erfaßte, war der, Mythos und Dogma in die Geschichte ganz
zurückzutragen. Im kleinen Maßstabe war das schon geschehen, als
die Urgemeinde ihr Menschensohndogma und ihren Wunder- und
Weissagungsbeweis in das Leben Jesu zurücktrug; aber nun galt es,
die Geschichte ganz im Mythos aufzulösen und für diesen transparent
werden zu lassen.

Das ist dem Verfasser des vierten Evangeliums gelungen. Was er
zeichnet in seinem neuen Leben Jesu, das ist der auf Erden wandelnde
Gottessohn oder Gott."[106] E. Käsemanns Johannesdeutung geht in
dieselbe Richtung[107]. Zwar betont auch Käsemann, daß „die Einheit
des Sohnes mit dem Vater das zentrale Thema der johanneischen Verkündigung" ist[108], aber Johannes ist für K. zugleich auch jener „erste Christ, welcher Jesu Erdenleben nur als Folie des durch die Menschenwelt schreitenden Gottessohnes benutzt und als Raum des
Einbruchs himmlischer Herrlichkeit beschreibt"[109]. Und so spricht K.
von dem „naiven Doketismus" des vierten Evangeliums[110]. Mir
scheint es kein größeres Mißverständnis der christologischen Absich-
ten des Joh-Evangeliums zu geben als die Auffassung Käsemanns.
Benutzt der vierte Evangelist Jesu Erdenleben wirklich „nur als Folie
des durch die Menschenwelt schreitenden Gottessohnes"? War es
nicht viel eher so, daß er das, was der Sehakt der Jünger nach der synoptischen Überlieferung an Jesus von Nazareth wahrgenommen hatte,
nämlich seine bis zur Deckungsgleichheit mit Jahwe gehende totale
Aktionseinheit, die zunächst in der nachösterlichen Prophetenchristologie ihren sprachlichen Ausdruck gefunden hatte, in vertiefter Reflexion neu formulierte? Die christologischen Grundaussagen des vierten
Evangeliums gehen durchgehend auf diese Aktionseinheit bis Dek-
kungsgleichheit Jesu mit dem Vater. Ich stelle im folgenden das Material zusammen: 3,32 („was er gesehen und gehört hat, bezeugt er");
3,34 („denn der, den Gott gesandt hat, redet Gottes Worte, ohne Maß
spendet er [ihm] ja den Geist. Der Vater liebt den Sohn, und alles hat

---

[106] Kyrios Christos. Geschichte des Christusglaubens von den Anfängen des Christentums bis Irenäus (Göttingen ⁴1935) 159.
[107] Jesu letzter Wille nach Johannes 17 (Tübingen ³1971).
[108] Ebd. 59.
[109] Ebd. 35.
[110] Ebd. 62.

er in seine Hände gegeben"); 5,16 („mein Vater wirkt bis auf diese
Stunde, und auch ich wirke"); 5,19f („der Sohn kann nichts aus sich
selbst tun, wenn er es nicht den Vater hat tun sehen. Denn was immer
jener tut, das tut in gleicher Weise [ὁμοίως] auch der Sohn. Denn der
Vater liebt den Sohn und zeigt ihm alles, was er selbst tut, und noch
größere Werke als diese wird er ihm zeigen" ...); 5,22 („denn der Vater
richtet keinen, sondern er hat das Gericht ganz dem Sohn übergeben,
auf daß alle den Sohn ebenso ehren, wie sie den Vater ehren. Wer den
Sohn nicht ehrt, ehrt auch den Vater nicht, der ihn gesandt hat"); 5,30
(„aus mir selbst kann ich nichts tun; wie ich höre, richte ich. Mein
Gericht ist gerecht, weil ich nicht meinen Willen suche, sondern den
Willen dessen, der mich gesandt hat"); 5,36 („ich aber habe ein größeres Zeugnis als das des Johannes. Denn die Werke, die der Vater mir
zu vollenden gegeben hat, gerade die Werke, die ich tue, legen über
mich Zeugnis ab, daß mich der Vater gesandt hat"); 5,43 („ich bin
im Namen meines Vaters gekommen"); 6,38 („ich bin vom Himmel
herabgestiegen, nicht um meinen Willen zu tun, sondern den Willen
dessen, der mich gesandt hat"); 7,16 („meine Lehre ist nicht die meine,
sondern die Lehre dessen, der mich gesandt hat"); 7,29 („ich aber
kenne ihn [den Vater], weil ich bei ihm bin und weil er [es ist, der]
mich gesandt hat"); 8,16 („aber wenn ich urteile, ist mein Urteil richtig, weil ich nicht allein bin, sondern ich und der, der mich gesandt
hat"); 8,19b („wenn ihr mich kennen würdet, würdet ihr auch meinen
Vater kennen"); 8,26 („aber der mich gesandt hat, ist wahrhaftig, und
ich spreche [nur] das zur Welt, was ich von ihm gehört habe"); 8,28ff
(„wenn ihr den Menschensohn erhöht habt, dann werdet ihr erkennen,
daß ich es bin und daß ich nichts aus mir selbst tue, vielmehr das sage,
was mich der Vater gelehrt hat. Und der, der mich gesandt hat, ist
mit mir. Er hat mich nicht allein gelassen, weil ich überall [nur]
das tue, was ihm gefällt"); 8,38 („was ich beim Vater geschaut habe,
das rede ich ..."); 8,42b („ich bin nicht von mir selbst gekommen, sondern jener hat mich gesandt"); 9,4 („ich muß die Werke dessen wirken,
der mich gesandt hat, solange es Tag ist"); 10,30 („ich und der Vater
sind eins"); 10,32 („viele gute Werke habe ich euch gezeigt aus meines
Vaters [Vollmacht]"); 10,38b („glaubt den Werken, damit ihr für allemal erkennt, daß in mir der Vater [ist] und ich im Vater [bin]"); 12,49ff
(„ich habe nicht aus mir selbst gesprochen, sondern der Vater, der mich
gesandt hat, hat mir Auftrag gegeben, was ich reden und was ich sagen

[soll]… Was ich also sage, sage ich so, wie der Vater es mir gesagt hat"); 14,10 („glaubst du nicht, daß ich im Vater [bin] und daß der Vater in mir ist? Die Worte, die ich zu euch rede, rede ich nicht von mir selbst: der Vater aber, der in mir bleibt, tut die Werke"); 14, 24b („das Wort aber, das ihr hört, ist nicht mein, sondern des Vaters, der mich gesandt hat"); 17,7f („jetzt haben sie erkannt, daß alles, was du mir gegeben hast, von dir ist. Denn die Worte, die du mir gegeben hast, habe ich ihnen gegeben; sie haben sie angenommen und in Wahrheit erkannt, daß ich von dir ausgegangen bin, und sie haben geglaubt, daß du mich gesandt hast").

Hält man Ausschau nach geeigneten Kategorien, die diese Äußerungen des johanneischen Christus und des 4. Evangeliums einzufangen vermögen, dann stellen sich wie von selbst jene schon genannten ein: „Aktionseinheit" und „Deckungsgleichheit". Jesus lebt mit dem Vater und der Vater mit ihm in totaler Aktionseinheit im Denken, Handeln und Sein, das bis zur Deckungsgleichheit zwischen den beiden führt („ich und der Vater sind eins")[111]. Sendungsgedanke; Nachsprechen dessen, was der Sohn vom Vater gehört hat; Tun der Werke, die der Vater aufgetragen hat, führen aber schon von der Terminologie her zurück auf Prophetenchristologie – und die Reaktion des Volkes mit dem Ruf: „Das ist wahrhaftig der Prophet, der in die Welt kommen soll" (6,14; vgl. 7,40), läßt diese Spur noch deutlich genug erkennen. Wie uns Mauser gezeigt hat, lebt der Prophet in Aktionseinheit mit Jahwe. Aber Mauser macht auch, wie wir uns erinnern, auf das „Fragmentarische" der Stellvertretung Jahwes durch die alttestamentlichen Propheten aufmerksam. In Jesus dagegen blieb es nicht beim „Frag-

---

[111] Dem widerspricht keineswegs die Aussage von Joh 14,28: „Der Vater ist größer als ich"; denn es handelt sich bei ihr nicht um Reste einer „Adoptionschristologie" (vgl. dazu C. K. *Barrett*, „The Father is greater than I" (Jo 14,28): Subordinationist Christology in the New Testament: *J. Gnilka* [Hrsg.], Neues Testament und Kirche [Freiburg i. Br. 1974] 144–159), vielmehr um eine „Gehorsamschristologie", die sich konsequent aus jener Aktionseinheit und Deckungsgleichheit Jesu mit seinem Vater ergibt, deren Ansätze in der „Prophetenchristologie" zu suchen sind: Der Prophet kommt zur Aktionseinheit mit Jahwe durch seinen Gehorsam gegen Jahwes Auftrag und durch die freiwillige Übernahme des „Pathos" Jahwes. Die Spannung, die zwischen dem Satz des joh. Christus „ich und der Vater sind eins" und jenem „der Vater ist größer als ich" zweifellos vorliegt, bringt die *Personenverschiedenheit in der Deckungsgleichheit* zur Geltung. So kann man die joh. Christologie mit *H. U. von Balthasar* als Auslegung des Sohnesgehorsams Jesu verstehen (dazu Näheres bei *A. Schilson*, Christologie im Präsens, 63–70).

mentarischen"; die Aktionseinheit ging über in die volle und durchgehaltene Deckungsgleichheit, für die in der versprachlichenden Reflexion sich schließlich kein anderes Prädikat mehr einstellen konnte als das Sohnesprädikat. Der μονογενής tut nur, was er den Vater tun sieht: das hatte sich dem vorösterlichen Sehakt der Jünger im Blick auf Jesus von Nazareth gezeigt. Im reflektierenden Rückblick darauf nannten sie ihn nach Ostern alsbald den „Sohn"; denn wahre Sohnschaft zeigt sich, gerade für altorientalisches Empfinden, in der gehorsamen Nachahmung des Vaters durch den Erstgeborenen. Es war der anfängliche Sehakt selbst, in dem sich die Erfahrung der Jünger sammelte, der dann in der späteren, durch die Osteroffenbarung vorangetriebenen Reflexion das Leben Jesu als Manifestation seiner totalen bis zur Deckungsgleichheit führenden Aktionseinheit mit Gott erkennen ließ, am meisten dann durchreflektiert im Joh-Evangelium, wie die oben zitierten „christologischen" Sätze des joh. Christus zeigen, die ja nur den kommentierenden Kontext zum Sohnesprädikat bilden – Käsemanns These vom „naiven Doketismus" des vierten Evangeliums redet also vollkommen praeter rem [112]. Das Sohnesprädikat zog mit der Zeit alle an-

---

[112] Zur Kritik an Käsemanns Johannesauffassung vgl. auch *G. Bornkamm*, Zur Interpretation des Johannes-Evangeliums: EvTh 28 (1968) 8–25; *H. Hegermann*, Er kam in sein Eigentum. Zur Bedeutung des Erdenwirkens Jesu im vierten Evangelium, in: *E. Lohse* (Hrsg.), Der Ruf Jesu und die Antwort der Gemeinde (Festschr. für *J. Jeremias*) (Göttingen 1970) 112–131. Wir stimmen der Bemerkung *J. Robinsons* über die Debatte zwischen Bornkamm und Käsemann zu: Diese Debatte „veranschaulicht, wie weit eine neutestamentliche Schrift … nicht ausreichend bestimmt werden kann, wenn sie isoliert von der christlichen Entwicklungslinie, in der sie sich bewegt, und außerhalb des breiteren Zusammenhanges jener Gesamtentwicklung behandelt wird. Vielmehr müssen die Umrisse einer neutestamentlichen Schrift klargemacht werden, indem man bestimmt, woher sie kam und in welcher Richtung sie sich bewegte. Das heißt: neutestamentliche Theologie kann nicht außerhalb einer Rekonstruktion der Geschichte der Weitergabe von Überlieferungen betrieben werden. Denn außerhalb einer solchen Rekonstruktion kann die hermeneutische Arbeit, die innerhalb einer Schrift geleistet wird, nicht bestimmt werden" (Die johanneische Entwicklungslinie: *H. Köster – J. Robinson*, Entwicklungslinien durch die Welt des frühen Christentums [Tübingen 1971] 241). Die „Entwicklungslinie", in der sich die johanneische Christologie bewegt, scheint uns auf die alte Prophetenchristologie zurückzuführen, die Joh ganz als Sohneschristologie interpretiert. Dabei ist es nach Joh der „Paraklet", der den hermeneutischen Prozeß in der christologischen „Gnosis" des „Jesusphänomens" vorantreibt: „Jener wird mich verherrlichen, weil er von dem Meinigen nehmen und (es) euch verkündigen wird" (Joh 16, 14); vgl. dazu *F. Mußner*, Die johanneischen Parakletsprüche und die apostolische Tradition: *ders.*, Praesentia Salutis, 146–158; *E. Haenchen*, Vom Wandel des Jesusbildes in der frühen Gemeinde: *O. Böcher – K. Haacker* (Hrsg.), Verborum Veritas (Festschrift für *G. Stählin*) (Wuppertal 1970) 3–14 (13f). Auch *A. von Harnacks* berühmter Satz

deren christologischen Prädikate an sich wie „Prophet", „Knecht Gottes", „Messias", „Herr", „Weisheit" und (speziell bei Joh) „Menschensohn"[113]. Die Sohneshomologese bedeutet die Einheit aller christologischen „Entwürfe" im Neuen Testament. Denn das Sohnesprädikat wurde im Verlauf des 1. Jahrhunderts zur christologischen Auslegungsnorm und – wenn I. Frank in seinem Buch „Der Sinn der Kanonbildung"[114] Recht hat – im Verlauf der anschließenden Zeit zur kanonkritischen Instanz. Frank sagt: „Das Johannesevangelium ist ... nicht nur der Katalysator der Kanonbildung, es ist auch der maßgebende ‚Kanon im Kanon' für die Auslegung der übrigen kanonischen Schriften, und diese Aussage gilt nicht nur für die synoptischen Evangelien und sonstigen Schriften, sie gilt auch für die Paulusbriefe."[115] „Kanon im Kanon" wurde das Johannesevangelium speziell im Hinblick auf seine Sohneschristologie. Und so muß wohl die Sohneshomologese auch für eine „Christologie heute" die maßgebende Norm bleiben, und dies auch im Sinn einer „homo-exemplaris"-Christologie. Denn Christentum wird sich in Zukunft nur behaupten können, wenn es in radikaler Weise in Aktionseinheit mit Gott bleibt, darin dem Beispiel Jesu folgend. Die Kirche muß „sohnhaft" sein oder sie ist nicht mehr die Kirche Jesu Christi. Nur so findet sie ihre Identität und damit auch ihre Relevanz[116].

---

„Nicht der Sohn, sondern allein der Vater gehört in das Evangelium, wie es Jesus verkündet hat, hinein" (Das Wesen des Christentums [Leipzig 1921] 91) erweist sich als ein völliges Fehlverständnis des „Jesusphänomens", wie es uns in den Evangelien entgegentritt.

[113] Über die weltweite johanneische Menschensohnforschung in den Jahren 1957–1969 orientiert vorzüglich *E. Ruckstuhl:* Theol. Berichte (hrsg. v. J. Pfammatter u. F. Furger) 1 (Zürich 1972) 171–284; R.s. eigene Meinung geht vor allem dahin, „daß der ewige Gottessohn durch seine Fleischwerdung und sein Auftreten als Menschensohn zum eschatologischen Ereignis wurde" (276). *R. Schnackenburg* urteilt: „In der Sache berührt sich die Menschensohn-Thematik zum Teil eng mit der Rede vom ‚Sohn', nämlich in der Beschreibung des Erlöserweges, im Gedanken der Präexistenz und in den Aussagen über die ‚Verherrlichung' (vgl. 13,31f mit 17,1f)" (Das Johannesevangelium II [Freiburg i. Br. 1971] 166f).

[114] Eine historisch-theologische Untersuchung der Zeit vom 1. Clemensbrief bis Irenäus von Lyon (FrThSt 90) (Freiburg i. Br. 1971).

[115] Ebd. 210.

[116] „Eine Besinnung auf die Christologie stellt den heute geforderten Dienst dar, den die Theologie ... der heutigen Gesellschaft und Kirche zu deren Identitätsfindung leisten kann" (*W. Kasper,* Jesus der Christus [Mainz 1974] 15).

Abschließend noch folgende Bemerkungen:

1. Wenn etwas in diesem Referat deutlich wurde, dann auf jeden Fall dies, daß eine „Entmythologisierung" des ntl. Sohnesprädikats in keiner Weise weiterhilft. Es geht für die heutige Theologie nicht um „Entmythologisierung", sondern um Erschließung des Prädikats mit Hilfe der Stufen: Erfahrung, Reflexion, Versprachlichung, Objektivierung. Diese Aufgabe erfordert aber zu ihrer Lösung den Gebrauch der Mittel der modernen Hermeneutik, Linguistik (einschließlich Kommunikationstheorie) und Sprachtheologie.

2. Christologie kann nicht ohne Blick auf das Alte Testament entwickelt werden, und dies nicht bloß in dem Sinn, daß das Alte Testament Sprachmodelle bereitstellte, sondern auch im Sinn einer entscheidend wichtigen Offenbarungsstufe auf dem Weg zur Christologie des Neuen Bundes[117].

3. Eine Alternative „ontologische" *oder* „funktionale" Christologie führt zu christologischen Fehlurteilen. Gerade die Sohneschristologie ist beides in unlösbarer Einheit.

4. Wird die Sohneschristologie entwickelt mit Hilfe der Kategorien „Aktionseinheit" und „Deckungsgleichheit", so könnte damit evtl. auch für einen Juden eine Verstehenshilfe gegenüber der für ihn so skandalösen Sohneschristologie[118] geboten werden, weil es dem gläubigen Juden vor allem darum geht, in der totalen Erfüllung des im Gesetz geoffenbarten Willens Gottes gewissermaßen zur „Deckungsgleichheit" mit Gott zu kommen, auf daß sich so Israel als „der erstgeborene Sohn Gottes" (Ex 4,22) bewährt. „Meine Speise ist es, den Willen dessen zu tun, der mich gesandt hat": so spricht der Sohn nach Joh 4,34.

---

[117] Vgl. dazu auch *H. Gese,* Erwägungen zur Einheit der biblischen Theologie: ZThK 67 (1970) 417–436; *F. Hahn,* Das Problem „Schrift und Tradition" im Urchristentum: EvTh 30 (1970) 449–468; *F. Mußner,* Der Jude Jesus: Freiburger Rundbrief XXIII (1971) 3–7; *H. Frankemölle,* Neutestamentliche Christologien vor dem Anspruch alttestamentlicher Theologie: BL 15 (1974) 258–273.
[118] Vgl. dazu etwa *H. J. Schoeps,* Paulus. Die Theologie des Apostels im Lichte der jüdischen Religionsgeschichte (Tübingen 1959) 166–173 („Der jüdische Protest gegen die Christologie").

*Literaturergänzungen*

*Zu Anm. 25:*
*J. A. Fitzmyer*, 4Q 246: The „Son of God" Document from Qumran, in: Bibl 74 (1993) 153–174.

*Zu Anm. 70:*
*P. Kuhn*, Gottes Trauer und Klage in der rabbinischen Überlieferung (AGJU XII) (Leiden 1978).

*Zur Präexistenzchristologie (102–104):*
*J. Habermann*, Präexistenazussagen im Neuen Testament (Frankfurt/M. u. a. 1990).
*K.-J. Kuschel*, Geboren vor aller Zeit? Der Streit um Christi Urspung (München/Zürich 1990).
*R. Laufen* (Hg.), Gottes ewiger Sohn. Die Präexistenz Christi in der Diskussion (Paderborn 1997).
*H. Merklein*, Zur Entstehung der urchristlichen Aussage vom präexistenten Sohn Gottes, in: G. Dautzenberg u. a. (Hg.), Zur Geschichte des Urchristentums (QD 87) (Freiburg 1979) 33–62.

# 10. Zur stilistischen und semantischen Struktur der Formel von 1Kor 15,3–5
## (1977)

Heinz Schürmann hat sich in seinem umfangreichen Werk auch mit Problemen des „Stils" befaßt; vgl. besonders seinen Aufsatz „Die Überwältigung der antiken Stilregel durch die Geschichte Jesu".[1] So ist es angebracht, in dieser Festschrift für den großen Gelehrten sich in einem Beitrag mit „Stilfragen" zu beschäftigen, und zwar im Hinblick auf die alte Credoformel von 1 Kor 15,3–5. Es wird sich zeigen, daß darüber noch lange nicht schon alles gesagt worden ist.

## I. Parallele Strukturen in der Formel

| Glied | A | B | C | D | E |
|---|---|---|---|---|---|
| I | – | ὅτι | Χριστὸς | ἀπέθανεν | ὑπὲρ τῶν ἁμαρτιῶν ἡμῶν κατὰ τὰς γραφάς |
| II | καὶ | ὅτι | (Χριστὸς) | ἐτάφη | – |
| III | καὶ | ὅτι | (Χριστὸς) | ἐγήγερται | τῇ ἡμέρᾳ τῇ τρίτῃ κατὰ τὰς γραφάς |
| IV | καὶ | ὅτι | (Χριστὸς) | ὤφθη | Κηφᾷ, εἶτα τοῖς δώδεκα |

Es ist schon längst aufgefallen, daß die Formel des Urcredo von 1 Kor 15,3–5 weithin einen parallelen Aufbau aufweist. J. Jeremias spricht im Hinblick auf die Formel sogar von einem „synthetischen Parallelismus membrorum".[2] Andere folgten ihm darin.[3] Wir haben in den Formelgliedern II, III | und IV zu Beginn

---

[1] In: *H. Schürmann*, Ursprung 326–332.
[2] Abendmahlsworte 96 f.
[3] So etwa *K. Lehmann*, Auferweckt 68–70. Auch *J. Kremer* spricht im Hinblick auf die Formel von „Parallelismus membrorum" (Zeugnis 25 f.). Mit der „Konstruktion" der Formel von 1 Kor 15,3–5 hat sich am eingehendsten *J.P. Charlot* in seiner umfangreichen Münchener Dissertation: The Construction of the Formula in 1 Corinthians 15,3–5 (München 1968) beschäftigt (mit reicher Literatur). Die Arbeit ist leider nicht durchpaginiert. Charlot berichtet

jeweils ein parataktisches καί (Reihe A) – beim Glied I muß es naturgemäß fehlen. Wir haben viermal in derselben Position stehend das deklarative ὅτι (Reihe B). Subjekt der ganzen Formel ist Χριστός, wenn es auch nur im Glied I erscheint (Reihe C). Die vier Verbalaussagen der Formel stehen in derselben Position (Reihe D). Wir haben schließlich in der Schlußposition (Reihe E) drei Attributive: Im Glied I eine Präpositionalphrase, im Glied III eine Zeitbestimmung, im Glied IV Dativobjekte; nur im Glied II fehlt ein Attributiv, wodurch der Parallelismus der Formel im Grunde empfindlich gestört wird. Die am Ende des Gliedes I und III erscheinende Präpositionalphrase κατὰ τὰς γραφάς steht in derselben Position (am Ende des jeweiligen Gliedes der Formel) und ist zudem gleichlautend.

Wir haben also zweifellos weithin eine parallele Struktur im Aufbau der Formel. Man kann in der Tat mit J. Jeremias von einem „Parallelismus membrorum" in der Formel sprechen; ob allerdings von einem „synthetischen", ist zu bezweifeln (s. u.). Man kann darüber hinaus die Formelglieder I und II bzw. III und IV im Hinblick auf die Verbalaussagen zunächst zusammen sehen und die Glieder I und II dem „Todesbereich" (ἀπέθανεν, ἐτάφη), die Glieder III und IV dem „Lebensbereich" (ἐγήγερται, ὤφθη) zuteilen und insofern von einer Zweigliedrigkeit der Formel sprechen bzw. von einem antithetischen Parallelismus membrorum in ihr (Tod vs. Leben und umgekehrt); doch auch hier werden sich Zweifel einstellen (s. u.).

Ist damit die Struktur der Formel stilistisch völlig erfaßt? Begibt man sich von der rein formal-syntaktischen Ebene auf die lexematisch-semantische, so fällt in der Reihe D (Verbalaussagen der Formel) nicht bloß der Wechsel der Lexeme, sondern auch die sukzessive Stufung des erzählten Geschehens auf: Christus *starb*, er wurde *begraben*, er ist *auferweckt* worden, er *erschien:* Das ist eindeutig ein Nacheinander. Die Stufen des sukzessiven Geschehens sind miteinander durch ein parataktisches καί verbunden – *dieses καί reiht die Stufen aneinander.* Diese Beobachtung führt uns zu einer zweiten Stilfigur in der Formel, nämlich zu der in der Stilistik nicht unbekannten Stilfigur der „enumerativen Redeweise".[4] |

---

eingehend über die Forschungsgeschichte und faßt sein eigenes Ergebnis so zusammen: die Formel ist „an expandable formula constructed by means of a series of ὅτι-clauses, in verses 3 f; later become fixed to it; it is also typically expanded by means of free and stereotyped terms, phrases, and clauses, in verse 55 ff." (V. 1.). Auf die der Formel zugrundeliegende Stilfigur geht Charlot leider nicht ein. – Eine umfassende Bibliographie (1920–1973) zum Thema „Ostern" im Neuen Testament hat G. *Ghiberti* unter dem Titel „Bibliografia sulla Risurrezione di Gesù" zusammengestellt in: É. *Dhanis* (Hg.), Resurrexit 651–745.

[4] Ich habe auf diese Stilfigur in der Formel bereits in meinem Buch: Die Auferstehung Jesu 60–64, angeregt durch E. *Pax*, Die syntaktischen Semitismen im Neuen Testament, in: LASBF XIII (1962/63) 163–162, bes. 156, kurz hingewiesen.

## II. „Enumerative Redeweise" in der Formel

Die „enumerative Redeweise" hat es mit dem „sukzessiven Denken" zu tun. Mit dem sukzessiven Denken im Stil hat sich einst der Professor für vergleichende Sprachwissenschaft an der Universität Breslau, W. Havers, beschäftigt.[5] Zum sukzessiven Denken gehört auch die parataktische Zerlegung logisch subordinierter Begriffe, „ein weites Gebiet, das auch die sog. Appositio partitiva und distributiva ... in sich schließt" oder sich „in der *lockeren Art der Satzfügung*" zeigt.[6] „Kunstvolle Perioden liebt die Volks- und Umgangssprache nicht, und wo die Schriftsprache eine logische Gliederung des Satzgefüges in Haupt- und Nebensatz hat, da stellt die lebendige Rede die Sätze oft gleichberechtigt nebeneinander, man überläßt es dem Hörer, sich ihre gedankliche Beziehung zurecht zu legen. Wenn Cato Or. fragm. 37,3 mit kunstloser Parataxis schreibt: *homines defoderunt in terram dimidiatos ignemque circumposuerunt, ita interfecerunt*, so hätte Cicero denselben Gedanken folgendermaßen ausgedrückt: *homines in terram defossos igni circumposito interfecerunt.*"[7]

Auch die alte Credoformel von 1 Kor 15,3–5 ist ganz deutlich nach der Stilfigur der „enumerativen Redeweise" aufgebaut, mit deren Hilfe die Etappen eines sukzessiven Geschehens nacheinander genannt werden: „Christus starb, und er wurde begraben, und er ist auferweckt worden, und er erschien". Die nacheinander folgenden „Etappen" dieses erzählten Geschehens werden mit Hilfe des parataktischen καί enumerativ aneinandergereiht.[8] Diese Stilfigur in der Formel *überlagert* jene des Parallelismus membrorum, was für die Semantik der Formel nicht ohne Bedeutung ist, wie sich zeigen wird. Nochmals sei darauf hingewiesen, daß, rein formal-syntaktisch gesehen, auch in der | Reihe D unseres Schemas eine Parallelität vorliegt, nicht jedoch auf der lexematisch-semantischen Ebene; das gleiche gilt für die Reihe E. Wir haben in der Formel zwar einen strukturellen Parallelismus vor uns, aber keinen semantischen.[9] Das viermalige ὅτι erlaubt zusammen mit dem parataktischen καί eigentlich auch nicht, die

---

[5] Handbuch der erklärenden Syntax. Ein Versuch zur Erforschung der Bedingungen und Triebkräfte in Syntax und Stilistik (Indogerm. Bibliothek, I. Reihe, Bd. 20), Breslau 1931, 43–48 (freilich allzu knapp).

[6] Ebd. 45 f.

[7] Ebd. 47 (unter Verweis auf *E. Norden*, Antike Kunstprosa I, 166). Vgl. auch *W. Havers*, in : IGF 45 (1927) 229: Der Ausdruck „enumerative Redeweise" stammt von *W. Planerts* (Die syntaktischen Verhältnisse des Suaheli, Diss. Leipzig 1907; Hinweis bei Havers).

[8] Vgl. auch *J. Blank*, Paulus 143: „Geht man von der Voraussetzung der Einheitlichkeit der Formel aus, dann ist zur *Form* derselben zu sagen, daß sie die Form des Berichtes hat, die Form ,heilsgeschichtlicher Erzählung' in konzentriertester Weise. Verschiedene Begebenheiten werden aneinandergereiht, doch so, daß sie untereinander in einem Geschehenszusammenhang stehen; sie wollen als ein einziges Geschehen verstanden sein. Das ,Gestorben-Begraben, Auferweckt-Erschienen' stellt sich als eine klare Geschehensfolge heraus, und dies verbietet von vornherein eine Zerstückelung. Dies um so mehr, als von Anfang bis zum Ende die Einheit des Subjekts festgehalten wird, von dem die Begebenheiten ausgesagt werden: Christus".

[9] Vgl. dazu auch *M. Z. Kaddari*, A Semantic Approach to Biblical Parallelism, in: JJSt 24 (1973) 167–175.

Glieder I und II („Todesbereich") und die Glieder III und IV („Lebensbereich")
als die beiden Teile eines antithetischen Parallelismus membrorum zu sehen;
denn die Etappen des vierstufigen Geschehens werden durch die stereotype
Wiederholung des καὶ ὅτι enumerativ und gleichwertig aneinandergereiht.[10] Im
übrigen begegnet die Stilfigur der „enumerativen Redeweise" auch häufig in der
Septuaginta.

## III. Enumerative Redeweise in der Septuaginta

Im folgenden wird ausgewähltes Material aus der Septuaginta vorgelegt, das nach
der Stilfigur der enumerativen, parataktischen Redeweise aufgebaut ist, die die
einzelnen Etappen eines sukzessiven Geschehens aufzählt.[11]

Gen 18,2b.3:     καὶ ἰδὼν προσέδραμεν . . . καὶ προσεκύνησεν ἐπὶ τὴν γῆν καὶ εἶπεν
. . .

Gen 18,7:     καὶ εἰς βόας ἔδραμεν Ἀβρααμ καὶ ἔλαβεν . . . καὶ ἔδωκεν τῷ παιδί

Gen 28,11b.12:     καὶ ἔλαβεν . . . καὶ ἔθηκεν . . . καὶ ἐκοιμήθη . . . καὶ ἐνυπίασθη . . .

Gen 28,18:     καὶ ἔστησεν . . . καὶ ἐπέχεεν . . . καὶ ἐκάλεσεν . . .

Gen 42,24:     καὶ εἶπεν αὐτοῖς καὶ ἔλαβεν . . . καὶ ἔδησεν . . . |

Dtn 11,3–6:     καὶ τὰ σημεῖα αὐτοῦ καὶ τὰ τέρατα αὐτοῦ, ὅσε ἐποίησεν . . . καὶ
ὅσα ἐποίησεν . . . καὶ ὅσα ἐποίησεν . . . καὶ ὅσα ἐποίησεν . . .[12]

Dtn 26,8.9:     καὶ ἐξήγαγεν ἡμᾶς ὁ κύριος ἐξ Αἰγύπτου . . . καὶ εἰσήγαγεν ἡμᾶς
εἰς τὸν τόπον τοῦτον καὶ ἔδωκεν ἡμῖν τὴν γῆν ταύτην . . .

Jos 24,25.26:     καὶ διέθετο Ἰησοῦς διαθήκην . . . καὶ ἔδωκεν . . . καὶ ἔγραψεν . . . καὶ
ἔλαβεν . . . καὶ ἔστησεν . . .

Ri 8,32:     καὶ ἀπέθανεν Γεδεων . . . καὶ ἐτάφη . . .

Ri 9,43a:     καὶ παρέλαβεν τὸν λαὸν καὶ διεῖλεν αὐτὸν τρεῖς ἀρχὰς καὶ ἐνή-
δρευσεν ἐν αὐτῷ

Ri 9,48:     καὶ ἀνέβη Ἀβιμελεχ . . . καὶ ἔλαβεν Ἀβιμελεχ . . . καὶ ἔλαβεν . . . καὶ
ἐπέθηκεν . . . καὶ εἶπεν . . .

---

[10] *J. Jeremias* vertrat bis einschließlich der 3. Auflage seines Werkes die These, die Partikel καί
vor dem Formelglied ἐγήγερται κτλ. sei adversativ; in der 4. Auflage ließ er sie fallen, unter dem
Eindruck der Gegenargumente *H. Conzelmanns*, Analyse 6. *K. Lehmann* verteidigt die ursprüngliche Auffassung Jeremias' und meint, der Parallelismus membrorum habe „zwischen vv.
3–4a und vv. 4b–5" eine antithetische Funktion: „Die polaren Aussagen des Sterbens bzw.
Begrabenwerdens *und* des Auferwecktwerdens bzw. Erscheinens bilden einen äußersten Wechsel in der Situation" (Auferweckt 72; mit weiteren Vertretern dieser Anschauung). Natürlich
wechselt die Situation vom Tod zum Leben, aber deswegen ist das καί vor ἐγήγερται noch lange
nicht adversativ zu verstehen. *J. P. Charlot* (Construction III. 131.) bemerkt sehr gut: „If I and II
were antithetical to III and IV, a simple particle, a simple δέ would have suffice to make this
clear." Die These vom „antithetischen Parallelismus membrorum" in der Formel scheitert an
stereotypen, aneinanderreihenden καὶ ὅτι. Vgl. auch noch Anm. 16.

[11] Für die Erstellung des Materials danke ich meinen ehemaligen studentischen Mitarbeitern
Tullio *Aurelio* und P. Luis *Rosario*.

[12] Es handelt sich hier um einen sogenannten Rückblick, in dem die Heilstaten Jahwes an
Israel in enumerativer Redeweise aufgezählt werden (ὅσα . . . καὶ ὅσα . . .).).

| Ri 12,7: | καὶ ἀπέθανεν Ιεφθαε ... καὶ ἐτάφη ... |
|---|---|
| Ri 12,10: | καὶ ἀπέθανεν ᾿Εσεβων ... καὶ ἐτάφη ... |
| Ri 12,15: | καὶ ἀπέθανεν Λαβδων ... καὶ ἐτάφη ... |
| Ri 14,19: | καὶ κατέβη ... καὶ ἔπαισεν ... καὶ ἔλαβεν καὶ ἔδωκεν ... |
| Ri 19,27: | καὶ ἀνέστη ὁ κύριος ... καὶ ἤνοιξεν ... καὶ ἐξῆλθεν ... |
| Ri 19,29: | καὶ εἰσῆλθεν ... καὶ ἔλαβεν ... καὶ ἐπελάβετο ... καὶ ἐμέλισεν ... καὶ ἐξαπέστειλεν |
| 1 Sam 1,19: | καὶ ὀρθρίζουσιν ... καὶ προσκυνοῦσιν ... καὶ πορεύοντο ... |
| 1 Sam 10,1: | καὶ ἔλαβεν Σαμουηλ ... καὶ ἐπέχεεν ... καὶ ἐφίλησεν ... καὶ εἶπεν ... |
| 2 Sam 12,20: | καὶ ἀνέστη Δαυὶδ ... καὶ ἐλούσατο καὶ ἠλείψατο καὶ ἤλλαξεν ... καὶ εἰσῆλθεν ... καὶ προσεκύνησεν ... |
| 1 Kön 2,10: | καὶ ἐκοιμήθη Δαυὶδ ... καὶ ἐτάφη ... |
| 1 Kön 11,43: | καὶ ἐκοιμήθη Σαλωμων ... καὶ ἔθαψαν αὐτόν ... |
| 2 Chron 31,1: | ἐξῆλθεν πᾶς Ισραηλ ... καὶ συνέτριψαν ... καὶ ἐξέκοψαν ... καὶ κατέσπασαν ... |
| Est 4,1: | ὁ δὲ Μαρδοχαῖος ἐπιγνοὺς ... καὶ ἐνεδύσατο ... καὶ κατεπάσατο ... καὶ ... ἐβόα ... |
| 1 Makk 1,1.2: | ... ᾿Αλέξανδρον ... καὶ ἐπάταξεν ... καὶ ἐβασίλευσεν ... καὶ συνεστήσατο ... καὶ ἐκράτησεν ... καὶ ἔσφαξεν ... etc. | |

In diesem LXX-Material liegt überall die Stilfigur der „enumerativen Redeweise" vor; die sukzessiven Etappen eines Vorgangs werden nacheinander, verbunden mit dem parataktischen καί, aufgezählt. Das Material ließe sich stark vermehren. Wir stoßen mit der enumerativen Redeweise auf eine weit verbreitete Stilfigur. Die ersten beiden Verbalphrasen der alten Credoformel von 1Kor 15,3–5 (ἀπέθανεν, ἐτάφη) begegnen als Etappen eines sukzessiven Geschehens ausdrücklich in Ri 8,32; 12,7.10.15; 1Kön 2,10; 11,43 (hier statt: ἐτάφη: ἐκοιμήθη). Beachtenswert ist in dem vorgelegten Material besonders Dtn 26,8f.; denn hier liegt die Stilfigur in einem Text vor, der homologetischen Charakter besitzt; es handelt sich um ein bekenntnismäßiges Summarium geschehener Heilstaten Jahwes.[13] Ähnlich nennt auch die alte Credoformel von 1Kor 15,3–5 die Heilsereignisse, die mit Tod und Auferweckung Jesu zusammenhängen, aber nicht in beliebiger, sondern in sukzessiver Folge. Welcher hermeneutische Wille steht dahinter? Die Frage wird uns noch beschäftigen. Jedenfalls zeigt sich, daß die alte Formel nach einer bestimmten, in der LXX häufig anzutreffenden *Stilfigur* aufgebaut ist, die die formale Parallelstruktur der Formel überlagert. Was die Entstehungsgeschichte der Formel angeht, so läßt sich diese nicht mehr mit Sicherheit rekonstruieren. Es kann sein, daß sie aus einer ursprünglich zweigliedrigen Fassung mit

---

[13] *G. von Rad* sieht „in diesen heilsgeschichtlichen Summieren die ältere und ursprünglichere Form eines Geschichtsbildes erhalten ..., das uns in einer viel weiter ausgestalteten Form in den Pentateuchquellen vorliegt" (Das fünfte Buch Mose. Deuteronomium [ATD 8] [Göttingen ⁴1983] 113).

der grundlegenden Doppelaussage ‚gestorben – auferweckt' entstand.[14] Sie wurde dann aus dem Überlieferungswissen um das Geschehen, das mit Jesu gewaltsamem Tod und seiner Auferweckung zusammenhing, und den dazu gehörigen Deutungen einschließlich der Schriftgemäßheit[15] nach der Stilfigur der „enumerativen Redeweise" aufgefüllt, wodurch aber die sukzessiven Etappen des Geschehens, vor allem durch die Wiederholung des deklativen ὅτι, stark herausgestellt wurden.[16] Die Formel wurde | besonders durch das viermalige ὅτι *ein* „*rezitierfähiger" heiliger Text.*[17]

## IV. Vergleich mit Apg. 2,29 und 13,29

*1. Apg 2,29:* Ἄνδρες ἀδελφοί, ἐξὸν εἰπεῖν μετὰ παρρησίας πρὸς ὑμᾶς περὶ τοῦ πατριάρχου Δαυίδ, *ὅτι καὶ* ἐτελεύτησεν *καὶ* ἐτάφη *καὶ* τὸ μνῆμα αὐτοῦ ἔστιν ἐν ἡμῖν ἄχρι τῆς ἡμέρας ταύτης. Auch in diesem Text haben wir die Stilfigur der enumerativen Redeweise vor uns: Davids Tod, sein Begräbnis, die Existenz seines Grabes „bei uns bis zu diesem Tag". Eingeleitet wird die Aufzählung des sukzessiven Geschehens mit einem deklarativen ὅτι (abhängig von εἰπεῖν), ähnlich wie in 1Kor 15,3–5; dieses ὅτι wird nicht vor jedem Glied der Aufzählung des Geschehens wiederholt, weil die einzelnen Glieder hier nicht so herausgestellt werden wie in 1Kor 15,3–5.

*2. Apg 13,29b–31:* ... καθέλοντες (sc. αὐτόν = Jesus) ἀπὸ τοῦ ξύλου ἔθηκαν εἰς μνημεῖον. ὁ δὲ θεὸς *ἤγειρεν* αὐτὸν ἐκ νεκρῶν, ὃς *ὤφθη* ἐπὶ ἡμέρας πλείους τοῖς συναναβᾶσιν αὐτῷ ἀπὸ τῆς Γαλιλαίας εἰς Ἰερουσαλήμ... H. Conzelmann meint, die „Form" dieses Textes sei „kerygmatisch, nicht erzählerisch".[18] Aber im Vergleich mit 1Kor 15,3–5 tritt das *erzählerische* Element gegenüber dem kerygmatischen doch stärker in den Vordergrund. Es wird *erzählt,* was mit dem

---

[14] Vgl. dazu *J. Schmidt,* Le „Milieu" littéraire de la „Tradition" citée dans I Cor., XV, 3b–5, in: *É. Dhanis* (Hg.), Resurrexit 169–180.

[15] Vgl. dazu *A. Schmitt,* Ps 16,8–11 als Zeugnis der Auferstehung in der Apg, in: BZ. NF 17 (1973) 229–248.

[16] Die Wiederholung des deklativen ὅτι zu Beginn der Glieder der Formel läßt die Verbalphrasen in ihrer Aussagebedeutung stark hervortreten und macht eine Unterbewertung einer von ihnen oder ihre Umstellung unmöglich. „Einleitendes ὅτι ist bei Formeln im Anschluß an πιστεύειν usw. stilgemäß ... Das gilt aber nicht für in der Formel wiederholtes ὅτι. Von dem an unserer Stelle wiederholten ὅτι auf urspr. selbständige Formeln zu schließen, wie das Wilckens ... tut, widerspricht allen formgeschichtlichen Untersuchungen der Pistisformel. Das ὅτι spiegelt hier kein früheres Stadium, sondern ist an unserer Stelle ad hoc eingefügt, um die einzelnen Aussagen reihenartig zu betonen. Es hat etwa dieselbe Funktion wie unser ‚erstens', ‚zweitens' usw." *(W. Kramer,* Christos 15, Anm. 9). Zur Diskussion über das ὅτι in der Formel vgl. auch *J. P. Charlot,* Construction II.48ff.

[17] Insofern ist das richtig, was *A. Vögtle* bemerkt (Osterglauben 59, Anm. 87), daß die Formel von 1 Kor 15,3b–5 „schon einen hohen Grad von Reflexion" voraussetzt, jedoch nicht, wie uns scheint, „in geradezu jeder Hinsicht", wie *Vögtle* meint; das versucht Paulus erst im anschließenden Text (vgl. dazu *F. Mußner,* Schichten 178–188).

[18] Apostelgeschichte 84.

gekreuzigten Jesus nach dessen Tod geschehen ist: Man legte ihn in ein Grab;
Gott hat ihn von den Toten erweckt; er erschien seinen vorösterlichen Begleitern.
Freilich ist der Erzählstil z. T. kerygmatisiert, am deutlichsten erkennbar an der
Formulierung: ὁ δὲ θεὸς ἤγειρεν αὐτὸν ἐκ νεκρῶν. Auffällig ist für unseren
Zusammenhang wieder die Sequenz des Geschehens: Begräbnis, Auferweckung,
Erscheinungen des Auferweckten vor den Zeugen, genau wie in der alten Formel
von 1 Kor 15,3–5. Die Sequenz der Etappen des Geschehens ist keine willkürli-
che, sondern entspricht dem faktischen Geschehen: Zuerst muß einer gestorben
sein, bevor er ins Grab gelegt wird. Niemand zweifelt, daß es auch bei Jesus von
Nazaret so war.[19] | Es taucht die Frage auf, was, traditionsgeschichtlich gesehen,
älter ist: die Credoformel oder die Erzählung. Vermutlich ist die Erzählung älter
als das Credo. Das Credo ist die kerygmatische Zusammenfassung der Geschehnisse für den Glauben der Gemeinde, weil diese Geschehnisse Heilsrang besitzen. Die erzählerischen Elemente sind weithin gestrichen. Der kerygmatische
Charakter des Credo war aber schon in den ersten Berichten mitgegeben, weil zu
ihnen, wie die Evangelien noch erkennen lassen, die Oster-*Botschaft* gehörte:
„Wirklich ist der Herr auferweckt worden und dem Simon erschienen": Dieses
„Kerygma" *erzählen* nach Lk 24,34 die Elf den nach Jerusalem zurückgekehrten
Emmausjüngern. Die Erzählung ist in diesem Fall von vornherein kerygmatisch
stilisiert.

Jedenfalls zeigt ein Vergleich der alten Credoformel von 1 Kor 15,3–5 mit den
beiden Texten aus der Apg, daß die mit Tod und Auferstehung Jesu zusammenhängenden Ereignisse in der Stilfigur der enumerativen, parataktischen Redeweise erzählt wurden, wenn auch im Fall von Apg 13,29b-31 die Figur dem „höheren
Stil" schon angeglichen ist (adversatives δέ statt enumeratives καί; Relativan-
schluß mit ὅς). Die Stilfigur der enumerativen Redeweise war dafür besonders
geeignet, weil in ihr die Erzählung dem tatsächlichen Geschehen folgen kann: die
*erzählten* Etappen entsprechen den *faktischen* Etappen des Geschehens.

## V. Zur semantischen Struktur der Formel

*(Wie verstand die alte Formel von 1 Kor 15,3–5 die „Auferweckung Jesu von den
Toten"?)*

In der Hermeneutik geht es um Verstehen. Es kann für Kirche und Theologie
nicht gleichgültig sein, zu erkennen, wie jene Männer der Urkirche, auf die die
alte Formel von 1 Kor 15,3–5 zurückgeht, diese verstanden haben. Die Stilfigur
selbst, in der die Formel vorliegt, ist dabei die beste Hilfe; sie vermag auch zur
richtigen Antwort auf die Frage zu führen: Wie verstand die alte Formel von
1 Kor 15,3–5 die „Auferweckung Jesu von den Toten"?

In der Formel werden Stufen des Geschehens sukzessiv aufgezählt: Χριστὸς

---

[19] Vgl. zum Begräbnis Jesu auch *J. Blinzler,* Die Grablegung Jesu in historischer Sicht, in: *É.
Dhanis* (Hg.), Resurrexit 56–103.

... ἀπέθανεν ... ἐτάφη ... ἐγήγερται ... ὤφθη. In meinem Buch über die Auferstehung Jesu habe ich dazu bemerkt:[20] „Löst man die in der Paradosisformel vorliegende grammatische Parataxe in eine logische Hypotaxe auf, so kann diese nur temporal formuliert werden, wobei entweder von ὤφθη ausgegangen wird: Christus erschien, *nachdem* er auferweckt worden ist; er wurde auferweckt, *nachdem* er begraben war; er wurde begraben, | *nachdem* er gestorben war. Oder man kann die Hypotaxe auch umkehren und von ἀπέθανεν ausgehen: Nachdem Christus gestorben war, wurde er begraben; und nachdem er begraben war, ist er auferweckt worden; und nachdem er auferweckt worden ist, erschien er. Das in der Formel zur Sprache kommende Geschehen wird also in seinen sukzessiven Etappen vorgelegt". Das kann von niemand geleugnet werden. Was uns jetzt in hermeneutischer Hinsicht bewegt, sind *die semantischen Relationen,* in denen die vier Verbalphrasen der Formel, zueinander stehen. Nach der Lehre der Semantik erhält ein Term in einem Satz seine semantische Valeur („Bedeutung") durch die Position, in der er sich im ganzen Satzgefüge befindet. Selbstverständlich gibt es, diachronisch gesehen, für jeden Term auch eine semantische Vorgeschichte, aber zur vollen semantischen Eindeutigkeit (Monosemierung) kommt er jeweils erst durch die Relationen, die ihm seine Position im Satzgefüge zuweist. Dabei darf nicht aus dem Auge verloren werden, daß die Stilfigur der enumerativen Redeweise, nach der unsere Formel gebaut ist, die Etappen eines Geschehens *sukzessiv,* also in ihrer Aufeinanderfolge, aufzählt. Das schließt in semantischer Hinsicht die Konsequenz in sich, daß die *maßgebende* Relation der vier Verbalphrasen der Formel primär „nach links", also in Richtung zum *vorausgehenden* Textteil, zu suchen ist: Χριστὸς ← ἀπέθανεν ← ἐτάφη ← ἐγήγερται ← ὤφθη, und erst in einem zweiten Schritt in umgekehrter Richtung: Χριστὸς → ἀπέθανεν → ἐτάφη → ἐγήγερται → ὤφθη. Eine semantische Relationsanalyse der Formel führt dann zu folgenden Ergebnissen:

Das Subjekt der Formel ist Christus. Das hat zur Folge, daß ihre Verbalphrasen sich auf eine *Person* beziehen, also Aussagen über ein „personales Geschehen" darstellen. Von Christus wird im ersten Glied der Formel gesagt, daß er „starb" (ἀπέθανεν). Die dazugehörige Präpositionalphrase „für unsere Sünden" deutet den Tod Jesu als Heilstod. Damit bekommt der Term „sterben" in der Formel in semantischer Hinsicht eine theologische Valeur, die er sonst nicht besitzt. Dieser Heilstod des Christus ist in der Schrift schon angesagt („gemäß den Schriften").

Die zweite Verbalphrase ἐτάφη hat ihre Position zwischen ἀπέθανεν und ἐγήγερται. Man könnte das Glied ἐτάφη als kerygmatisch überflüssig betrachten; denn es würde genügen, auf ἀπέθανεν sofort ἐγήγερται folgen zu lassen (vgl. 1Thess 4,14: ὅτι Ἰησοῦς ἀπέθανεν καὶ ἀνέστη). Man hat mit Recht darauf hingewiesen, daß das ἐτάφη in der Formel „die Realität der vorhergegangenen Aussage", also des Todes Jesu, „sichern" soll.[21] Ob das freilich genügt, bedarf der

---

[20] A.a.O. 61f.
[21] Vgl. *J. Jeremias,* Abendmahlsworte 97; *H. Conzelmann,* Apostelgeschichte 85; u. a.

weiteren Reflexion. | Die dritte Verbalphrase ἐγήγερται hat ihre Position zwi-
schen ἐτάφη und ὤφθη, steht also in einer Relation „nach links" (zu ἐτάφη) und in
einer „nach rechts" (zu ὤφθη). Die Stilfigur der Formel gibt der Relation „nach
links" den Vorrang (s. o.). ἐγήγερται steht in Relation „nach links"' zu ἐτάφη.
Also kann seine semantische Valeur nicht durch eine isolierte Betrachtung des
Terms ἐγείρειν als solchen gewonnen werden, sondern nur in der Berücksichtigung seiner Relation zum vorausgehenden Glied ἐτάφη, das selber wiederum in
Relation zum Glied ἀπέθανεν steht.[22] „Auferweckt am dritten Tag" wurde – so
ist dann die eiserne Konsequenz – nicht irgendeiner und auch nicht „irgendein"
Christus, *sondern der gestorbene und dann begrabene Christus.* Das wiederum
impliziert folgendes: 1. Auferweckt wurde am dritten Tag der gekreuzigte und
begrabene *Leib* des Christus – denn begraben wurde ja sein getöteter Leib und
nicht irgendsonst etwas. 2. Wenn der getötete und begrabene Leib des Christus
auferweckt worden ist, war folglich sein Grab nach seiner Auferweckung leer.
Wenn also das leere Grab Jesu in der Formel auch nicht erwähnt wird, so
impliziert die Formel dennoch auf Grund der durch die verwendete Stilfigur der
„enumerativen Redeweise" gegebenen semantischen Relationen in ihr das Leer-
sein des Grabes Jesu. Das ist nicht ein theologisches Postulat, sondern das
Ergebnis einer semantischen Relationsanalyse der Formel.[23] Die Relation des
Gliedes ἐγήγερται „nach rechts" (zu ὤφθη) bringt folgende Erkenntnis mit sich:
Weil der Auferweckte „erschienen" ist, darum mußte sein Auferweckungsleib so
geartet sein, daß er „erscheinen" konnte. |
     Die vierte Verbalphrase ὤφθη steht „nach links" in Relation zu dem Glied
ἐγήγερται (und dieses wiederum zu ἐτάφη und ἀπέθανεν). Wer ist also „erschie-
nen"? Wiederum nicht irgendeiner oder „irgendein" Christus, *sondern jener
Christus, der am dritten Tag von den Toten auferweckt worden ist,* nachdem er
zuvor gestorben war und begraben wurde. Wie das ὤφθη sonst zu verstehen ist, ist

---

[22] Erst durch seinen Kontext wird der Term ἐγείρειν jeweils in seiner spezifischen Bedeutung
erkennbar; so heißt es etwa in Mt 1,24: „Auferweckt aber Josef vom Schlaf" (ἐγερθεὶς δὲ Ἰωσὴφ
ἀπὸ τοῦ ὕπνου). Weitere Beispiele bei *J. Molitor,* Jesusüberlieferung 45–91; *R. Schnackenburg,*
Aussageweise 13–15.
[23] Im übrigen gehen wir in unserem Beitrag auf das Problem des leeren Grabes nicht ein. Vgl.
dazu etwa *F. Mußner,* Auferstehung 128–135; *K. Lehmann,* Auferweckt 78–86 (Exkurs: 1 Kor
15,4a und das leere Grab); *J. Kremer,* Zur Diskussion über „das leere Grab", in: *É. Dhanis* (Hg.);
Resurrexit 137–161. *H. Conzelmann* meint (Korinther 301): „ἐτάφη ist dem Sterben zugeordnet, nicht der Auferstehung. Es liegt daher keine Anspielung auf das leere Grab vor". Gewiß ist
ἐτάφη „dem Sterben zugeordnet", aber infolge der nach der enumerativen Redeweise aufgebau-
ten Formel ebenso der Auferweckung; ἐτάφη hat eine Relation sowohl „nach links" als auch
„nach rechts": Auferweckt wurde der gestorbene und begrabene Christus und kein anderer.
Vgl. auch *U. Wilckens,* Auferstehung 20: „Daß der kurze Satz über die Bestattung Jesu … die
entsprechende Erzählung der Evangelien voraussetzt, läßt sich zwar nicht stringent nachweisen,
ist aber die wahrscheinlichste Annahme. Denn daß die Erwähnung der Bestattung nur die
Realität des Todes unterstreichen solle, so daß Tod und Begräbnis aufs engste zusammengehören (vgl. Apg 2,29; Luk 16,22; Jes 53,9), ist dadurch ausgeschlossen, daß dem Satz in der Reihe
der Aussageformel trotz seiner Kürze das gleiche, selbständige Gewicht zukommt wie den
anderen drei Sätzen". Dieses selbständige Gewicht bringt die Wiederholung des ὅτι zur Geltung.

eine Frage, auf die hier nicht eingegangen wird.[24] Jedenfalls muß diese Frage im Kontext aller Aussagen des NT über die Erscheinungen des Auferweckten beantwortet werden; sie kann weder bloß philologisch noch spekulativ einer Antwort entgegengeführt werden.

Wie haben also die Männer, auf die die alte Credoformel von 1 Kor 15,3–5 zurückgeht, „die Auferweckung Jesu von den Toten" verstanden? Die Frage kann nun eindeutig beantwortet werden: *Sie verstanden die Auferweckung Jesu von den Toten als die Auferweckung des gekreuzigten und begrabenen Leibes Jesu.* Wie wichtig ihnen die einzelnen Etappen des Geschehens, das mit Tod, Begräbnis, Auferweckung und Erscheinungen Jesu zu tun hatte, waren, zeigt innerhalb der Formel „das monotone viermalige ὅτι" (Jeremias)[25]: es erlaubt nicht, eine Etappe des Geschehens bzw. eine Verbalphrase der Formel unterzubewerten oder gar zu unterschlagen oder die Formel in zwei voneinander unabhängige Bekenntnissätze (Glieder I und II; Glieder III und IV) aufzulösen. Die Formel selbst bietet durch ihre Struktur die hermeneutisch-semantische Hilfe zu ihrem Verständnis. Die Formel beantwortet auch die Frage: Wie kam es in der Urkirche zum Osterglauben? Ihre Antwort lautet: Weil der getötete, begrabene und auferweckte Christus „dem Kephas, hierauf den Zwölfen *erschienen* ist". Kann die Kirche heute die Formel anders verstehen als die Kirche des Anfangs? Heinz Schürmann wird vermutlich antworten: Sie kann das nicht.

## Literatur

*Blank, J.*, Paulus und Jesus. Eine theologische Grundlegung (StANT 18) (München 1968).

*Charlot, J. P.*, The Construction of the Formula in 1 Corinthians 15,3–5 (Diss. München 1968).

*Conzelmann, H.*; Zur Analyse der Bekenntnisformel 1 Kor 15,3–5, in: EvTh 25 (1965) 1–11.

ders., Der erste Brief an die Korinther (KEK V) (Göttingen [12]1981).

ders., Die Apostelgeschichte (HNT 7) (Tübingen [2]1972).

*Dhanis, É.(Hg.)*, Resurrexit. Actes du Symposium International sur la Résurrection de Jésus (Rom 1970) (Rom 1974).

*Jeremias, J.*, Die Abendmahlsworte Jesu (Göttingen [4]1967. Nachdr. der 3. Aufl. Berlin 1963).

*Kramer, W.*, Christos Kyrios Gottessohn (AThANT 44) (Zürich 1963. Nachdr. Berlin 1970).

*Kremer, J.*, Das älteste Zeugnis von der Auferstehung Christi (SBS 17) (Stuttgart 1966. Nachdr. Leipzig 1968).

*Lehmann, K.*, Auferweckt am dritten Tag nach der Schrift (QD 38) (Freiburg-Basel-Wien [2]1969).

*Molitor, J.*, Grundbegriffe der Jesusüberlieferung im Lichte ihrer orientalischen Sprachgeschichte (Düsseldorf 1968).

*Mußner, F.*, Die Auferstehung Jesu (München 1969).

ders., Schichten in der paulinischen Theologie. Dargetan an 1 Kor 15, in: ders., PRAESENTIA SALUTIS. Gesammelte Studien zu Fragen und Themen des Neuen Testaments (Düsseldorf 1967).

---

[24] Vgl. dazu etwa *K. Lehmann*, Zur Frage nach dem „Wesen" der Erscheinungen des Herrn. Thesen zur hermeneutisch-theologischen Struktur der Ostererzählungen, in: *É. Dhanis* (Hg.), Resurrexit 297–315.

[25] Abendmahlsworte 97.

*Schenk, W.*, Textlinguistische Aspekte der Strukturanalyse, dargestellt am Beispiel von 1 Kor XV. 1–11, in: NTS 23 (1976/77) 469–477.

*Schnackenburg, R.*, Zur Aussageweise „Jesus ist (von den Toten) auferstanden", in: BZ. NF 13 (1969) 1–17.

*Schürmann, H.*, Ursprung und Gestalt. Erörterungen und Besinnungen zum Neuen Testament (Düsseldorf 1970).

*Vögtle, A./Pesch, R.*, Wie kam es zum Osterglauben? (Düsseldorf 1975).

*Wilckens, U.*, Auferstehung. Das biblische Auferstehungszeugnis historisch untersucht und erklärt (Stuttgart/Berlin 1970).

# IV. Die Evangelien und der einzige Lehrer

# 11. Israel und die Entstehung der Evangelien
## (1979)

Warum sind überhaupt in der Zeit der Urkirche Evangelien geschrieben worden, also Berichte und Erzählungen über Jesus von Nazareth? Dafür können verschiedene Gründe genannt werden, z.b.: Man wollte Näheres über den „Stifter" wissen, und diesem Bedürfnis seien die Evangelisten nachgekommen. Oder: Mit dem Aussterben der „ersten Generation", speziell der Generation der Augen- und Ohrenzeugen des Lebens Jesu („Apostel"), sei die Gefahr der Verfälschung des authentischen Jesusmaterials durch die Einschleusung apokryphen Materials gegeben gewesen und darum die „Fixierung" des authentischen Materials in den Evangelien[1]. Oder: Die christologische Homologese der Urkirche, die Antwort auf die Frage gab: „Wer ist dieser?" (vgl. Mk 4,41; 8,27; Joh 4,10; 5,12; 8,25; 9,36; 12,34), bedurfte zu ihrer historischen Verifizierung und rechten Interpretation des erzählerischen Rekurses auf das Leben Jesu; die Evangelien seien der erzählerische „Begleittext" der Homologese, des christologischen Bekenntnisses[2]. Ist aber damit die Frage, | warum eigentlich in der Urkirche Evangelien geschrieben wurden, schon erschöpfend beantwortet? Besonders dann, wenn man diese Frage verbindet mit der anderen: Wo hat eigentlich die Evangelienschreibung ihren „Sitz im Leben" der Urkirche? Bei ihrer Beantwortung stößt man, wie uns scheint, auf das Thema: Israel und die Entstehung der Evangelien.

Wir gehen für die folgenden Überlegungen von Texten aus, die der Jude *Jules Isaac* in seinem Buch „Jesus und Israel"[3] geschrieben hat: „... vom Standpunkt der historischen Kritik wissen wir, daß die Evangelien zu einer Zeit abgefaßt wurden, wo sich schon zwischen den Juden, die dem mosaischen Gesetz treu blieben, und denen, die den neuen Glauben annahmen, eine Kluft auftat, zu einer Zeit, wo letztere bei den Heiden gegen die heftige Feindseligkeit des offiziellen Judentums Schutz suchten und wo die Zusammensetzung der christlichen Gemeinschaften aus Juden und Heiden nach und nach aufhörte" (454). Die christlichen Ankläger des Judentums „sind wissenschaftlich oder unwissentlich von einer Verwechslung ausgegangen. Einer grundlegenden Verwechs-

---

[1] Vgl. dazu etwa *F. Mußner*, Die Gemeinde des Lukasprologs (= Nr. 14 in diesem Band).
[2] Vgl. dazu *F. Mußner*, Christologische Homologese und evangelische Vita Jesu (= Nr. 8 in diesem Band).
[3] *J. Isaac*, Jesus und Israel (in deutscher Übersetzung Wien/Zürich 1968).

lung, die sich über Jahrhunderte hinaus erhalten hat, die noch besteht und das Denken der Menschen beherrscht.

Verwechslung zweier historischer Probleme, zweier historischer, völlig unterschiedlicher Tatsachen. Das erste (dieser Probleme) ist das, welches wir untersucht haben: Jesus und Israel, Jesus und sein Volk. In der zahlenmäßig ziemlich eingeschränkten jüdischen Umgebung, in der Jesus gelebt und sein Evangelium verkündet hat, fand er Gegner, Feinde, Jünger und die Sympathie der Massen. Das sind Tatsachen. Von einer Verstoßung des jüdischen Volkes durch Jesus und umgekehrt kann nicht die Rede sein.

Das zweite Problem ist ganz anderer Art: Judentum und Christentum ... Auch das ist eine Tatsache, doch liegt sie zeitlich gesehen später. Denn nach einer starken Flut von Bekehrungen versammelte sich das jüdische Volk neuerlich um seine Lehrer und wurde der christlichen Lehre untreu. Was das jüdische Volk in diesem Moment ablehnte, war nicht Jesus, selbst nicht der Messias, sondern der christliche Glaube mit seinen Bestimmungen, so wie sie die neue Kirche festlegte. Übrigens war die Ablehnung gegenseitig, das Christentum wurde vom Judentum, | das Judentum vom Christentum abgelehnt; bei dieser beidseitigen Ablehnung war die eine solidarisch mit der anderen. Was war die Ursache, und welche Folgen zog sie nach sich? Wir dürfen nicht vergessen, das Urchristentum war ein jüdisches Christentum[4]. An dem Tag, wo es aufgehört hat zu bestehen, wo das jüdische Christentum auf die Stufe einer Sekte gestellt und später dann zur Häresie wurde[5], tat sich eine Kluft zwischen diesen beiden Konfessionen auf: Wahrlich, vom jüdischen Volk zu verlangen, daß es ein Gesetz leugnet, das es als von Gott selbst gegeben betrachtet, das zu verlangen, was Jesus niemals gefordert hatte, war ein unmögliches Verlangen. Die wachsende gegenseitige Feindschaft der Lehrer [der jüdischen und christlichen Lehrer], und die Entwicklung des christlichen Dogmas gaben den Rest: Die Kluft wurde zu einem Abgrund.

Für die christlichen Lehrer war es leicht und verlockend, diese beiden Tatsachen, obwohl sie voneinander auch in zeitlicher Hinsicht getrennt waren, zu vermengen. Dies geschah, und zwar schon zu einer Zeit, in die die Abfassung der Evangelien fällt. In der Folge wurde sie noch verstärkt. Daraus resultieren gewisse redaktionelle Verfahren und gewisse tendenziöse und zweideutige Formulierungen in den Evangelien ... Daraus und in Verbindung mit der unablässigen jüdisch-christlichen Polemik entsteht eine noch tendenziösere Überlieferung, die die Evangelien in gewisser Hinsicht jeder historischen Substanz beraubte, und der Mythos der Verstoßung, der Verwerfung und der des Gottesmordes trat an die Stelle einer gänzlich verschiedenen Wirklichkeit ... Man

---

[4] *J. Isaac* meint damit das Judenchristentum.

[5] *J. Isaac* denkt hier an das „heterodoxe" Judenchristentum. Vgl. dazu etwa *H.J. Schoeps*, Theologie und Geschichte des Judenchristentums (Tübingen 1949); *G. Strecker*, Das Judenchristentum in den Pseudoklementinen (Berlin 1958); *J. Daniélou*, Théologie du Judeo-Christianisme (Tournai 1958); *G. Schille*, Das vorsynoptische Judenchristentum (Berlin 1970); *B. Bagatti*, The Church from the Circumcision. History and Archaeology of the Judaeo-Christians (Jerusalem 1971); *A.F. Klijn/G.J. Reinink*, Patristic Evidence for Jewish-Christian Sects (Leiden 1973).

begann … im Arsenal der Verwerfung Verteidigungswaffen zu suchen, die gleichzeitig einen Angriff ermöglichen konnten. Dann, als das Judentum verfallen, herabgewürdigt und verhetzt war und außer Gefecht gesetzt erschien, war die Richtung schon | gegeben und die Überlieferung festgelegt. Der Mythos des Verbrechens erzeugte den Mythos der Strafe: Der eine sowie der andere erklärte, bemäntelte und rechtfertigte sogar das Martyrium Israels. Sie waren beide dazu angetan, das Gewissen der Christen zu besänftigen und einzuschläfern" (461 f.).

Das scheinen immerhin wichtige Bemerkungen eines Juden zu sein, die ein neues Licht auf die Entstehungsgeschichte der Evangelien werfen können: Die Sammlung des evangelischen Jesusmaterials hat einen ihrer „Sitze im Leben" auch in dem allmählichen, sehr differenzierten und mit vielen Problemen behafteten Prozeß der Loslösung der Kirche von der Gemeinschaft Israel, in ihrem allmählichen Auseinanderleben[6]. Dieser Prozeß war im wesentlichen mit der Zerstörung Jerusalems und des Tempels im Jahr 70 n. Chr. abgeschlossen[7]. Jetzt existieren Kirche und Israel bis zum heutigen Tag nebeneinander.

Sicher ist, daß es „sich beim Evangelium um eine originale Schöpfung des frühen Christentums handelt" (*W. Feneberg*)[8]. Welche Triebkräfte stehen hinter dieser originalen Schöpfung? Jesus war Jude und lebte sein Leben im Volksverband Israels mit seinen religiös-kultischen Bräuchen und Institutionen. Er sagte die Nähe der eschatologischen Gottesherrschaft an und rief Israel zur Umkehr auf (vgl. Mk 1,14f.). Er sammelte einen Jüngerkreis um sich, die als „Multiplikatoren" seiner Botschaft fungierten, wie aus der „Aussendungsperikope" hervorgeht (Mk 6,7–13; Mt 10,1–42; Lk 9,1–6; 10,1–16). Er wollte mit seiner Hilfe ganz Israel sammeln und ihm das Heil der Gottesherrschaft vermitteln. Er wußte sich „zu den verlorenen Schafen des Hauses Israel gesandt" (Mt 15,24)[9]. Er wandte sich nicht bloß an die „Ausgestoßenen", | „religiös Deklassierten", wie oft behauptet wird, sondern an alle Schichten seines Volkes. Es ging um die Herstellung der „Ganzheit" Israels[10]. Jesus aber hatte mit seinem Bemühen nur einen Teilerfolg. Es kam zur „galiläischen Krise", was zur Folge hatte, daß sich Jesus mehr und mehr auf den engeren Jüngerkreis zurückzog, aber dennoch sein Wirken in der Öffentlichkeit seines Volkes bis zuletzt nicht aufgab. Es läßt sich

---

6  Unter den christlichen Forschern hat auf diesen „Sitz im Leben" im Entstehungsprozeß der Evangelien besonders *W. Feneberg* in seinem Buch „Der Markusprolog. Studien zur Formbestimmung des Evangeliums" (München 1974) in bedeutender Weise hingewiesen (vgl. hier vor allem 121–144), inspiriert z. T. durch *K. L. Schmidt*, Die Stellung der Evangelien in der allgemeinen Literaturgeschichte, in: Eucharisterion II: Zur Religion und Literatur des Neuen Testaments (FS H. Gunkel) (Göttingen 1923) 50–134. Vgl. auch noch *F. Mußner*, Die Erzählintention des Lukas in der Apostelgeschichte, in: *ders.*, Dieses Geschlecht wird nicht vergehen. Judentum und Kirche (Freiburg/Basel/Wien 1991) 101–114.

7  Vgl. auch *C. Thoma*, Auswirkungen des jüdischen Krieges gegen Rom (66–70/73 n. Chr.) auf das rabbinische Judentum, in: BZ. NF 12 (1968) 30–54; 186–210.

8  *W. Feneberg*, Markusprolog 123.

9  Vgl. dazu *J. Jeremias*, Jesu Verheißung für die Völker (Stuttgart 1956).

10  Dies hat *F. Schnider* am Überlieferungsmaterial von Lk 15 exemplarisch gezeigt: Die verlorenen Söhne. Strukturanalytische und historisch-kritische Untersuchungen zu Lk 15 (Freiburg/Göttingen 1977).

nicht leugnen, daß Jesus mit seiner Mission in Israel letztlich Schiffbruch erlitten hat[11].

Seine Anhängerschaft sammelte sich bald nach Ostern auf Grund der Erscheinungen des Auferstandenen wieder um seinen Namen und bildete allmählich eine eigene Kultgemeinschaft in Jerusalem, die aber noch in enger Verbindung mit dem Tempel blieb (vgl. Apg 2,46: „Tag für Tag verharrten sie einmütig im Tempel, brachen in ihren Häusern das Brot und aßen miteinander in Freude und Einfalt des Herzens. Sie lobten Gott und waren beim ganzen Volk beliebt"). Die Apostel boten auch jetzt wieder „dem ganzen Haus" Israel das Heil an, das sie mit dem Namen Jesu in Verbindung bringen (vgl. etwa Apg 2,36; 3,26). Ihre Mission blieb nicht ohne Erfolg: „Immer mehr wurden im Glauben zum Herrn geführt, Scharen von Männer und Frauen" (Apg 5,14). „Tag um Tag lehrten sie unermüdlich im Tempel und in den Häusern und verkündeten das Evangelium von Jesus, dem Christus" (Apg 5,42). Es kam freilich auch zu heftigen Zusammenstößen mit der geistlichen Behörde des Judentums; ebenso kam es zu inneren Zwistigkeiten in der Gemeinde Jesu. Allmählich breitete sich die Mission über Jerusalem hinaus aus, auch über Palästina hinaus; die Missionare verkündeten „das Wort" Juden und Griechen (vgl. Apg 11,19f.). „Die Hand des Herrn war mit ihnen, und eine große Zahl wurde gläubig und bekehrte sich zum Herrn" (Apg 11,21). Vor allem Paulus gründete dann christliche Gemeinden in Kleinasien und Griechenland. Auch in Rom entstand eine christliche Gemeinde. |

Zwei historische Tatsachen sind dabei jedoch festzuhalten: 1. Ein Großteil der Judenschaft wollte vom Evangelium nichts wissen, ein Teil von ihr trat sogar in scharfe Opposition zur christlichen Gemeinde. 2. Der heidenchristliche Anteil an der christlichen Gemeinde wurde immer größer; die Kirche verlor allmählich ihren judenchristlichen Teil, der sich von der „Großkirche" abspaltete. Der Loslösungsprozeß der christlichen Gemeinde von Israel kam in Gang und das Ergebnis war schließlich die Trennung der Kirche von Israel. Mit diesem Loslösungsprozeß scheint nun auch, wie oben schon kurz angedeutet wurde, die Entstehung der Evangelien zusammenzuhängen. Denn dieser Prozeß war vor allem mit einem wichtigen Vorgang verbunden: mit der Beschränkung auf einen einzigen Lehrer, nämlich auf Jesus von Nazareth[12]. Diese „Beschränkung" setzte in ihren ersten Anfängen, wie es scheint, schon ein mit dem Zusammenbruch des „galiläischen Frühlings", der großen „Angebotszeit" im öffentlichen Leben Jesu. Hatte der Jüngerkreis Jesu während der „Angebotszeit" die wichtige Funktion der „Multiplikatoren", so bekam er nach der Ablehnung des Angebots eine neue Funktion, genauer gesagt, eine Doppelfunktion[13], die aber in sich zusammenhängt. Zunächst bestand seine neue Funktion darin, den Kern der kommenden Heilsgemeinde des Messias Jesus zu bilden, aus dem dann nach Ostern die Kirche hervorging. Seine zweite Funktion bestand darin, daß er nun zum Erstträger der

---

[11]  Vgl. dazu *F. Mußner*, Gab es eine „galiläische Krise"? (= Nr. 4 in diesem Band).

[12]  Vgl. dazu *F. Mußner*, Die Beschränkung auf einen einzigen Lehrer (= Nr. 12 in diesem Band).

[13]  Vgl. *F. Mußner*, Gab es eine „galiläische Krise" (= Nr. 4 in diesem Band).

Jesusüberlieferung wurde, die er dann nach Ostern in die Kirche einbrachte, was zu den Anfängen der Evangelientradition führte[14].

Die allmähliche Loslösung der Jesusgruppe aus dem Verband Israels, die damit zusammenhängende Beschränkung auf einen einzigen normativen Lehrer, der allmähliche Übergang von der Juden- zur Heidenmission führte aber notwendigerweise dazu, *daß sich die christliche Gemeinde, versammelt um den Namen Jesu, um ein eigenes Selbstverständnis neben dem Israels bemühen mußte* | *und bemühte.* Solches Bemühen um ein neues Selbstverständnis stand zugleich im Dienst der Gewinnung der eigenen Identität. Theologisch entscheidend mitgeholfen hat dabei der ebenfalls aus dem Judentum zur christlichen Gemeinde „konvertierte" Apostel Paulus mit seiner Lehre, daß der Mensch nicht aus den Werken des Gesetzes, sondern nur aus dem Glauben an Jesus Christus „gerechtfertigt" wird, womit naturgemäß das gesetzliche Leben des Juden einschließlich der Beschneidung abgewertet, wenn nicht gar häufig der Verachtung preisgegeben wurde. Man hielt zwar weiterhin an der „Schrift" Israels fest – gerade auch Paulus –, aber die jüdischen Lehrautoritäten schied man aus; man beschränkte sich auf Jesus von Nazareth als den einzigen normativen „Rabbi". Man sah seine „Lehre" nicht mehr als eine Stimme unter den vielen Stimmen der großen Lehrer Israels, wie sie etwa in der Mischna oder im Talmud in großer Zahl anzutreffen sind. Natürlich hing diese Beschränkung auf Jesus auch mit seinem „Geschick" zusammen, durch das er aus Israel „hinauskatapultiert" schien. Umgekehrt wurde seitens des Judentums Jesu Name nicht in die Reihe der Namen der großen Lehrer Israels mitaufgenommen, sondern beinahe als „tabu" behandelt[15]. Jesus gehörte nicht mehr dem Judentum, sondern der Kirche. Es kam zum „Exodus" Jesu aus Israel. Seine Lehre wurde von der Kirche für sich „vereinnahmt", selbstverständlich auch aus der Glaubensüberzeugung heraus, daß Jesus, der Gekreuzigte und von den Toten Auferstandene, der von den Propheten verheißene Messias, ja der Sohn Gottes ist. Diesen Glauben konnte und kann das Judentum bis heute nicht teilen.

Die exklusive Beschränkung auf einen einzigen Lehrer, in dem man zugleich den Messias und Sohn Gottes verehrte, führte „von selbst" dazu, daß man auch *nach* Ostern seine „Lehre" weitergab und schließlich in den Evangelien „fixierte", weil man mit Hilfe dieser Lehre nun auch am besten ein eigenes Selbstverständnis | aufbauen konnte, nachdem man das Selbstverständnis Israels nicht mehr zu teilen vermochte, besonders nicht mehr im heidenchristlichen Bereich der Kirche. Natürlich ging es bei der Sammlung des Jesusmaterials nicht bloß um die Gewinnung des eigenen Selbstverständnisses und der eigenen Identität, sondern auch um die Beantwortung der christologischen Grundfrage: „Wer ist dieser?", wie wir oben schon betonten. Aber weil die Sammlung und Redaktion des Jesusmaterials *auch* im Dienst der Gewinnung eines eigenen Selbstverständ-

---

14 Vgl. dazu *H. Schürmann*, Die vorösterliche Anfänge der Logientradition, in: *ders.*, Traditionsgeschichtliche Untersuchungen zu den synoptischen Evangelien (Düsseldorf 1968) 39–65.
15 Vgl. dazu *J. Maier*, Jesus im Talmud (Darmstadt 1977).

nisses der christlichen Gemeinde in Abhebung von dem Israels stand, führte das fast naturnotwendig dazu, *daß dieses Material mehr und mehr antijüdisch akzentuiert wurde und „Feindbilder" aufgebaut wurden* (wie besonders das des „Pharisäers"). Das sind Vorgänge, um die die moderne Soziologie weiß. Natürlich gewann man das neue Selbstverständnis auch in Abhebung von jenem des umgebenden Heidentums, doch viel mehr in Abhebung von dem Israels. Und so wurde die Limitierung gegenüber Israel zu einem der „Sitze im Leben" bei der Ausformung der Evangelientradition, was aber in der Konsequenz dazu führte, daß die Kirche ihre „Wurzel" Israel nicht bloß vergaß, sondern ihr häufig feindselig gegenüberstand. Aus der Limitierung wurde der Antijudaismus, wie er z. B. im Johannesevangelium vorliegt. Die Trennung von Israel führte zur folgenschweren „Israelvergessenheit" in der Kirche, die erst heute allmählich und unter Widerständen rückgängig gemacht wird.

Lag diese Entwicklung im Sinn Jesu? Wollte er selbst den „Exodus" aus Israel? Entwickelte er sich selber zum „Antijudaisten"? Jesus wollte ganz Israel um sich sammeln und ihm das Heil der Gottesherrschaft vermitteln. „Wie oft habe ich deine Kinder sammeln wollen, wie eine Henne ihre Brut unter ihre Flügel sammelt, aber ihr habt nicht gewollt!" (Lk 13,34b). Es folgt der Gerichtsspruch, formuliert von Jesus im Anschluß an Jer 22,5: „Siehe, ‚euer Haus wird euch überlassen'" (Lk 13,35a). Daraus geht ein Dreifaches hervor: 1. Jesus will die Kinder Israels um sich sammeln, 2. Jesus ist von Schmerz erfüllt über die Weigerung Israels, 3. Jesus droht ein hartes Gericht an. Damit bleibt Jesus ganz im Rahmen der vom Alten Testament bezeugten Predigt der Propheten Israels: Die Propheten verkünden Israel das Heil | JHWHs, sie sind von Schmerz über das Versagen Israels erfüllt (Klagelieder des Jeremia!), sie drohen Israel das Gericht Gottes an[16]. Niemand käme auf die Idee, die Propheten seien wegen der Art ihrer Predigt „Antijudaisten" oder gar Feinde Israels gewesen. Ebensowenig war Jesus ein „Antijudaist". Er liebte sein Volk mehr als alles andere auf Erden. Und selbst Drohsprüche Jesu wie dieser: „Ich sage euch aber: Viele werden von Osten und Westen kommen und mit Abraham, Isaak und Jakob im Himmelreich zu Tisch liegen; die Söhne des Reiches aber werden hinausgestoßen werden in die Finsternis draußen; dort wird Heulen und Zähneknirschen herrschen" (Mt 8,11 f.), oder jener: „Deshalb sage ich euch: Das Reich Gottes wird von euch genommen und einem Volk gegeben werden, das seine Früchte bringt" (Mt 21,43), durchbrechen nicht die Art und Weise der prophetischen Predigt. Der letztere Text findet sich innerhalb des Gleichnisses von den bösen Weinbergspächtern (Mt 21,33–46); er fehlt bei Mk und Lk. Mt bemerkt abschließend: „Und als die Hohenpriester und Pharisäer seine Gleichnisse hörten, verstanden sie, daß er sie meinte" (21,45). Mt bezieht also den Drohspruch Jesu keineswegs auf das ganze Volk Israel, sondern auf seine geistlichen Führer, die er für die Ablehnung seiner Botschaft verantwortlich macht. Auch ist keineswegs gesagt, daß mit dem „Volk", dem nun das Reich gegeben werden wird, die Kirche gemeint sei (so viele

---

[16] Dazu Weiteres bei *F. Schnider*, Jesus, der Prophet (Freiburg/Göttingen 1973).

christliche Exegeten), so wenig wie mit den „anderen Bauern", an die nun der Weinberg vom Besitzer verpachtet werden wird. Es bleibt verhüllt, wer mit dem „Volk" und mit den „anderen Bauern" konkret gemeint ist. So entspricht es prophetischem Stil. Auch der Evangelist Mt denkt dabei nicht an die Kirche, sondern an jenes „Volk", das Jesu Botschaft heilsbegierig aufgenommen hat. Das ergibt sich aus dem Kontext unseres Gleichnisses: Vorausgeht das Gleichnis von den beiden Söhnen (Mt 21,18–32), nach dem „die Zöllner und Dirnen" in das Reich Gottes eingehen, nicht die in 21,45 ausdrücklich angesprochenen Gegner Jesu. Es folgt das Gleichnis vom großen Gastmahl (Mt 22,1–14), nach dem an Stelle der Erstgeladenen, die die Einladung abwiesen, alle geladen werden, „welche immer ihr findet", „Böse und Gute". Damit sind nicht die Glieder der | Kirche gemeint, auch wenn die christliche Exegese in ihrer Selbstgerechtigkeit das immer wieder bis zum heutigen Tag hineingelesen hat. Mt geht es um die „Früchte" (21,45.43), d.h. es geht ihm um die Verwirklichung des Willens Gottes, wie er durch die Propheten Israels und durch den Propheten Jesus verkündet worden ist[17].

Die wirklich antijüdischen Akzente wurden erst nach Ostern allmählich dem „Jesusmaterial" aufgesetzt und zwar im Zusammenhang der Ausbildung eines eigenen Selbstverständnisses, mit der ja auch eine Veränderung des „Geschichtsbildes" verbunden war. Die nachösterliche Sammlung des Jesusmaterials und seine endgültige Fixierung in den schriftlich vorliegenden Evangelien übernimmt so auch „die Funktion, in eigenständiger Weise eine Lebensgemeinschaft zu begründen" (*W. Feneberg*)[18], die sich auch ein neues Geschichtsbild schuf. *W. Feneberg* formuliert den Sachverhalt so: „Der Übergang der Christenheit in den evangelischen Traditionskreisen vom kultisch sich absetzenden Zusammenschluß zur kirchenbildenden Lebensgemeinschaft bewirkt die Evangelienbildung. Anderseits ist die Evangelienbildung der Übergang der bisherigen christlichen Sondertraditionen [wie sie sich in der Zeit des „Evangeliums vor den Evangelien" allmählich herausgestaltet hatten] zur eigenen Vorgeschichte. Notwendig wird so das Evangelium für die Gemeinde zur einzig legitimen Fortsetzung der Geschichte des Volkes Israel. Das Evangelium enthält im Kern ein Geschichtsbild, in dem ‚der Sohn' in seiner heilsbegründenden Funktion dargestellt ist. So ist das Evangelium jene literarische Gattung, die Gemeinde gründet und die aus der sich gründenden Gemeinde erwächst."[19]

Dieser ganze Prozeß, den man als tragisch empfinden mag, zeitigte am Ende zwei Tatbestände aus: 1. Israel und die Kirche trennten sich schon in der Zeit der Urkirche vollständig voneinander und entwickelten dabei je ihr besonders Selbstverständnis und ihr | eigenes Geschichtsbild[20]. 2. Der Jude Jesus wurde

[17] Vgl. dazu F. *Mußner*, Die bösen Winzer nach Matthäus 21,33–46; in: *W.P. Eckert/N.P. Levinson/M. Stöhr* (Hg.), Antijudaismus im Neuen Testament? (München 1976) 129–134.

[18] *W. Feneberg*, Markusprolog (Anm. 6) 139.

[19] Ebd. 140. *W. Feneberg* exemplifiziert dann diese Sachverhalte am „Markusprolog" (Mk 1,1–11) mit seinem neuen Geschichtsbild, wie es die Urkirche allmählich entwickelt hat.

[20] Vgl. dazu auch E. *Janssen*, Das Gottesvolk und seine Geschichte. Geschichtsbild und

ausschließlich Eigentum der Kirche und wird erst heute allmählich wieder von den Juden als einer der ihrigen erkannt; er wird zur Brücke zwischen Kirche und Judentum. Dies sei auch noch an einem Schaubild ins Bewußtsein gebracht, weil nur im Bewußtwerden dieser „Lebensprozesse" jener „Antijudaismus" verständlich wird, wie er sich in der Tat in den Evangelien antreffen läßt[21].

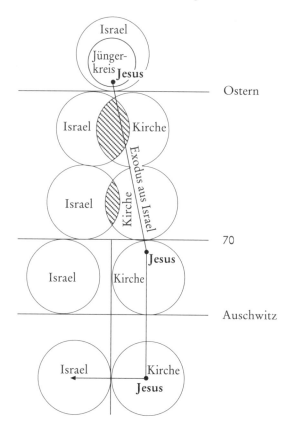

| Diese Prozesse können zwar nicht mehr rückgängig gemacht werden – die Kirche kann zwar ihr Geschichtsbild selbstkritisch revidieren, indem sie Israel positiv in den Blick nimmt, aber sie kann auf Grund ihrer christologischen Glaubensüberzeugungen nicht mehr ins Judentum zurücktreten. Doch ermög-

Selbstverständnis im palästinensischen Schrifttum von Jesus Sirach bis Jehuda ha-Nasi (Neukirchen 1971); K. *Hruby*, Die Stellung der jüdischen Gesetzeslehrer zur werdenden Kirche (Zürich 1971); G. *Lindeskog*, Anfänge des jüdisch-christlichen Problems. Ein programmatischer Entwurf, in: Donum Gentilicum. New Testament Studies in Honour of David Daube (Oxford 1978) 255–275.
[21] Vgl. dazu z.B. F. *Mußner*, Die Stellung zum Judentum in der „Redenquelle" und in ihrer Verarbeitung bei Matthäus, in: *ders.*, Dieses Geschlecht wird nicht vergehen 87–100.

licht die Reflexion über diese Lebensprozesse, die zur Trennung der Kirche von Israel führten, das, was wir „theologische Wiedergutmachung" nennen[22], durch die jene Verzerrungen des Judentums, die bis zu seiner Verteufelung geführt haben, und jene „Feindbilder", die schon in der Zeit der Urkirche aufgebaut wurden und an denen vielfach bis zum heutigen Tag festgehalten wird, endlich abgebaut werden und so dem Judentum Gerechtigkeit widerfährt, und der Blick der Christenheit für den älteren Bruder wieder frei wird. Die Vatikanischen Richtlinien vom 3. Januar 1975 zu „Nostra Aetate" verlangen diese Wiedergutmachung, so z.B. ausdrücklich im Hinblick auf den Ausdruck „die Juden" im Johannesevangelium oder „die Pharisäer".

## Literaturergänzungen

Zu diesem Beitrag sei ergänzend noch verwiesen auf folgende Arbeiten des Verfassers:
*Mußner, Franz:* Israels „Verstockung" und Rettung nach Röm 9–11, in: *ders.,* Die Kraft der Wurzel. Judentum – Jesus – Kirche (Freiburg [2]1989) 39–54 (mit weiterer Literatur zu Röm 9–11).
–  Was ist durch Jesus von Nazareth Neues in die Welt gekommen? Die Antwort des Neuen Testaments, ebd. 140–150.
–  „Mitteilhaberin an der Wurzel". Zur Ekklesiologie von Röm 11,11–24, ebd. 153–159.
–  Heil für alle. Der Grundgedanke des Römerbriefes, in: *ders.,* Dieses Geschlecht wird nicht vergehen. Judentum und Kirche (Freiburg 1991) 29–38.
–  Warum muß es den Juden post Christum noch geben? Reflexionen im Ausschluß an Röm 9–11, ebd. 51–59.
–  Israel in der „Logik" Gottes nach Röm 9–11 und im Denkgebirge Hegels, in: W. M. Neidl/F. Hartl (Hg.), Person und Funktion (Gedenkschrift zum 100. Geburtstag von Jakob Hommes) (Regensburg 1998) 63–78.

---

[22] Vgl. dazu *F. Mußner,* Theologische „Wiedergutmachung" am Beispiel der Auslegung des Galaterbriefs, in: *ders.,* Die Kraft der Wurzel. Judentum – Jesus – Kirche (Freiburg/Basel/Wien [2]1989) 55–64.

## 12. Die Beschränkung auf einen einzigen Lehrer

Zu einer wenig beachteten differentia specifica
zwischen Judentum und Christentum
(1978)

»Die Isolierung der Jesustradition ist das Konstitutivum des Evangeliums.« Ist dieser Satz, den G. Kittel schon vor vielen Jahren geschrieben hat[1], richtig und verifizierbar? Gemeint ist mit ihm der Sachverhalt, daß die evangelische Jesustradition von der frühjüdischen Überlieferung isoliert und die letztere nicht von der Urkirche rezipiert worden ist, vielmehr eine Beschränkung auf einen einzigen Lehrer, nämlich auf Jesus von Nazareth, stattfand. Wenn die Beobachtung Kittels richtig ist, dann signifiziert das eine besondere differentia specifica zwischen Judentum und Christentum.

### I. Der Sachverhalt »einziger Lehrer« im Judentum

Gibt es für den von Kittel konstatierten Sachverhalt Analogien im Judentum? Es scheint zunächst solche zu geben. Man könnte etwa auf den Mischnatraktrat »Abōt« verweisen[2]. Der Traktat beginnt so: »Mosche empfing die Tora vom Sinai und überlieferte sie Jehoschua (Josua) und Jehoschua den Ältesten und die Ältesten den Propheten, und die Propheten überlieferten sie den Männern der Großen Synagoge.« Josua war der unmittelbare Nachfolger des Mose (vgl. Num 27, 18 ff.; Jos 1, 7 ff.); den »Ältesten« kam nach dem Tod des Josua die Führung des Volkes zu (vgl. Jos 24, 31; Ri 2, 7). Nach ihnen werden »die Propheten« genannt, »wobei natürlich gemäß der Anordnung des alttestamentlichen Kanons an die רישונים und die אחרונים gedacht ist« (Marti/Beer)[3]. Zu den »Männern der Großen Synagoge« sind Esra, Nehemia und die ersten Schriftgelehrten zu rechnen, unter ihnen auch

---

[1] Die Probleme des palästinischen Spätjudentums und das Urchristentum (Stuttgart 1926), 69.
[2] Wir benutzen die Ausgabe mit Text, Übersetzung und Kommentar von K. *Marti*/G. *Beer* (Gießen 1927).
[3] Ebd. 3 (Kommentar).

Schim'on der Gerechte, der nach Abōt I, 2 »zu den Überresten der
Großen Synagoge« gehörte. Es folgen dann sechs Generationen: Anti-
gonos von Sokho und fünf Gelehrtenpaare (Jose ben Joe'zer und Jose
ben Jochanan; Jehoschua ben Perachja und Mattaj von Arbela; Jehuda
ben Tabaj und Schim'on ben Schatach; Schemaja und Abtoljon; Hillel
und Schammaj). Das ist von Mose an eine zwölfgliedrige Traditionskette. Es folgt dann eine Familienliste der Hilleliten bis auf »Rabbi«
Jehuda ha-Nasi und seinen Sohn[4].

Es kann keine Rede davon sein, daß in dieser mit Mose beginnenden
Reihe dieser zum einzigen, normativen Lehrer Israels deklariert wird.
Die Absicht geht vielmehr einmal dahin, die Tora auf Gott als ihren
Urheber zurückzuführen (»Mose erhielt die Tora vom Sinai«, d. h. von
Gott), zum anderen dahin, eine Überlieferungskette aufzubauen, die
bei Mose beginnt und bis »Rabbi«, den »Redaktor« der Mischna, führt.
Im übrigen ist der Traktat Abōt eine Auswahl von Sprüchen, »nur daß
diese nicht wie bei Jesus Sirach das Werk eines einzelnen Mannes,
sondern eine Sammlung von Aussprüchen von zirka 70 mit Namen
genannten und auch sonst bekannten hervorragenden Toralehrern
darstellen« (Marti/Beer)[5], und die sich im wesentlichen auf den Ursprung und die Bedeutung der Tora und ihre Auslegung beziehen,
wobei die aufgeführte Traditionskette den Zweck hat, die Auslegungs-
arbeit der großen Tannaim durch die Rückführung der Traditionskette
bis auf Mose bzw. Gott zu legitimieren.

Natürlich hängt diese Rückführung auf Mose damit zusammen, daß
man im Frühjudentum in Mose den ersten Lehrer und Gesetzgeber
Israels sah, wie schon in Sir 45, 5 zu lesen ist: »(Gott) legte in seine
Hand das Gesetz, die Lehre des Lebens und der Einsicht, damit er
Jakob seine Satzungen lehre und seine Gebote und Rechtsbestimmun-
gen Israel.« Mose ist »der Lehrer Israels schlechthin« (J. Jeremias)[6].
Häufig begegnet die Wendung »Mose unser Lehrer[7]«. Dennoch hat
sich das Judentum später weder auf Mose als auf seinen einzigen
Lehrer beschränkt, sondern sich viele Lehrer in der Nachfolge des
Mose geschaffen, noch hat es einen nach Mose auftretenden Mann als
seinen exklusiven und normativen Lehrer deklariert, wie es die Urkirche im Hinblick auf Jesus von Nazareth getan hat (dazu Näheres weiter
unten).

---

4 Vgl. ebd. XXI f.
5 Ebd. XII.
6 ThWbzNT IV, 857.
7 Ebd., Anm. 73.

Auch vom »Lehrer der Gerechtigkeit« der Qumranessener gilt das nicht[8]. G. Jeremias bemerkt[9]: »An die Stelle Israels und seiner Gelehrten ist die Gemeinde getreten, an den Platz des Mose trat der Gesetzgeber der Gemeinde, der Lehrer der Gerechtigkeit.« Der klassische Beleg dafür findet sich in der Damaskusschrift VI, 2—7 (nach der Übersetzung von Jeremias):

2 »Da gedachte Gott des Bundes mit den Vorfahren, und er erweckte aus Aaron Verständige und aus Israel

3 Weise. Und er ließ sie hören, und sie gruben den Brunnen: ›den Brunnen, den Fürsten gruben, den ausgruben

4 die Edlen des Volkes *mit dem Stab‹* (Num 21, 18). *Der Brunnen — das ist die Tora.* Und die ihn gruben — das sind

5 die Umkehrenden Israels, die auszogen aus dem Land Juda und sich im Land Damaskus als Fremdlinge niederließen.

6 Gott nannte sie alle Fürsten, denn sie suchten ihn . . .

7 *Und der Stab — das ist der Toraforscher,* worüber

8 Jesaja sagt: ›der hervorbringt ein Gerät für sein Werk‹ (Jes 54, 16). Und die Edlen des Volkes — das

9 sind die kommen, um den Brunnen zu graben *mit den Vorschriften, die der ›Stab‹ anordnete,*

10 darin zu wandeln während der ganzen Periode des Frevels. *Und außer diesen (Vorschriften) sollen sie nichts annehmen,* bis auftritt, der am Ende der Zeit Gerechtigkeit lehrt[10].«

Es finden sich in diesem Text drei Identifizierungen:

1. »Der Brunnen« — das ist die Tora
2. »Die ihn gruben« — das sind die Umkehrenden Israels (= die essenische Gemeinde)
3. »Der Stab« — das ist der Toraforscher (identisch mit dem »Lehrer der Gerechtigkeit«).

Der »Toraforscher« ordnet als der »Stab« Gottes alle Vorschriften für die Gemeinde an (wie das einst Mose für die Israeliten getan hat) für die ganze Zeit des Frevels. Die Gemeindemitglieder dürfen außer seinen Vorschriften »nichts annehmen«, bis jener auftritt, der am Ende

---

[8] Vgl. zu ihm besonders G. *Jeremias,* Der Lehrer der Gerechtigkeit (Göttingen 1963); G. W. *Buchanan,* The priestly Teacher of Rightousness, in: RevQum VI (1969), 553—558; P. *Schulz,* Der Autoritätsanspruch des Lehrers der Gerechtigkeit in Qumran (Meisenheim 1974).
[9] A. a. O. 273.
[10] Vgl. dazu den Kommentar ebd., 270 ff.

der Zeit Gerechtigkeit lehrt. Konkret aber besteht, wie das übrige
Qumranschrifttum erkennen läßt, die Forschertätigkeit des »Tora-
forschers« in nichts anderem als in einer aktualisierenden Auslegung
der Schrift, speziell der Propheten (vgl. Habakukkommentar =
1QpHab), und in einer verschärften Toraauslegung[11]. Es gilt, so wird
dem Novizen eingeschärft, »sich zu bekehren zur Tora des Mose
entsprechend allem, was er befohlen hat, mit ganzem Herzen und mit
ganzer Seele, entsprechend allem, was von ihr (der Tora) den Sadok-
Söhnen, den Priestern ... offenbart wurde« (1QS V, 8f.). Worauf alles
ankommt, ist das »Tun«, die Erfüllung der Vorschriften der Tora, und
zwar aller Weisungen derselben. »Der Mensch gilt als verloren bereits
dann, wenn er nicht *alles* tut; das bloße Überwiegen der Gebotserfül-
lungen genügt nicht« (Braun)[12].

Fiel damit die essenische Gemeinde aus dem Rahmen des zeitgenössischen Judentums? Man könnte die Frage mit Ja beantworten, wenn
man an die exklusive Normativität der Toraauslegung durch den »Toraforscher«, den »Lehrer der Gerechtigkeit«, denkt, oder auch an die
(vorher) nicht erwähnte Trennung der Qumranessener vom Tempel
und seinem Kult aus Gründen des Festkalenders und der Herkunft der
Hohenpriester aus nicht-sadokitischem Geschlecht. Aber durch ihre
unbedingte Treue zur Tora des Mose fiel die essenische Gemeinde
grundsätzlich nicht aus dem Rahmen des zeitgenössischen Judentums.
Sie war eine Sondergruppe darin. Gruppen gibt es auch heute noch im
Judentum. Aber wer heute »Judentum« sagt (ob als Jude oder Christ),
der denkt primär an ein Judentum, das in der pharisäisch-rabbinischen
Tradition steht, wie es sich nach der Tempelzerstörung allmählich
konstituiert hat und wie es uns in seinen frühen, über das Jahr
70 n. Chr. noch zurückreichenden Anfängen vor allem in der Mischna
begegnet[13]. Dieses Judentum ist aber mehr oder weniger gekennzeichnet *durch eine Vielzahl von Lehrern.* Nennt die Mischna schon zirka 70
Lehrer, so der Talmud ungefähr 2000. Doch steht nicht der einzelne
Rabbi im Mittelpunkt des Interesses, sondern die Tora und ihre Auslegung, also ein Buch[14]. Das gläubige Judentum ist seit der Zeit der

---

[11] Vgl. dazu H. *Braun,* Spätjüdisch-häretischer und frühchristlicher Radikalismus. Jesus
von Nazareth und die essenische Qumransekte (I. Band: Das Spätjudentum) (1957);
*ders.,* Beobachtungen zur Toraverschärfung im häretischen Spätjudentum, in: ThLZ
(1954), 347—352.
[12] Radikalismus I, 29.
[13] Vgl. dazu etwa J. *Neusner,* »Pharisaic-Rabbinic« Judaism. A Clarification, in: *ders.,*
Early Rabbinic Judaism. Historical Studies in Religion, Literature and Art (Leiden
1975), 50—70.
[14] Vgl. auch B. *Gerhardsson,* Die Anfänge der Evangelientradition (Wuppertal 1977),
35.

Tempelzerstörung dadurch gekennzeichnet, daß es viele Lehrer hat, die die Tora, diese Grundurkunde des Judentums, für die jüdische Gemeinde auslegen. Wir fragen: Gilt dieses Prinzip auch für die Evangelien?

## II. Der Sachverhalt »einziger Lehrer« in den Evangelien

In Mt 23, 8 steht das Wort Jesu: »Ihr aber sollt euch nicht Rabbi nennen lassen, *denn einer ist euer Lehrer,* und ihr alle seid Brüder.« Also hat die christliche Gemeinde »kein Rabbinat, sondern in Jesus ihren einzigen Lehrer, der ihr Gottes Willen sagt« (A. Schlatter)[15]. Die Belehrung Jesu geht dann so weiter: »Und nicht sollt ihr (jemand) euren Vater nennen auf Erden, denn einer ist euer Vater, der im Himmel ist. Auch sollt ihr euch nicht Leiter nennen lassen; denn einer ist euer Leiter, Christus« (23, 9.10). E. Schweizer führt die VV. 8 und 9 auf Jesus zurück, während V. 10 eine Gemeindebildung zu sein scheint, vor allem wegen des absoluten Gebrauchs des Würdetitels »der Christus«. Wie dem auch sei, der Mt-Redaktor verweist seine Adressatengemeinden entschieden auf den Sachverhalt, daß sie nur einen einzigen Lehrer haben: *Jesus,* wie er auch den Auferstandenen im »Missionsbefehl« (Mt 28, 18—20) sagen läßt: »Lehret sie alles halten, was ich euch geboten habe«, d. h. was Jesus und nur er in seiner vorösterlichen Lehre vorgetragen hat. Also: Beschränkung auf einen einzigen Lehrer, der Jesus heißt[16]!

Der Befund in allen vier Evangelien bestätigt diese Feststellung: Überall die konsequente Beschränkung auf einen einzigen Lehrer, Jesus von Nazareth. Wie ich nachträglich gesehen habe, hat auch B. Gerhardsson diesen Sachverhalt hervorgehoben[17]: »Charakteristisch für die Bücher des Neuen Testaments ist die zentrale Rolle, die sie der Gestalt Jesus Christus zuschreiben. Besonders auffallend ist dies in den vier Evangelien; sie sind geschrieben, um Jesus allein darzustellen. Gewiß, auch andere Personen treten in den Evangelien auf: Jesus hat seine Anhänger, früh erhält er bittere Gegner, und auch die Volksmas-

---

[15] *Der Evangelist Matthäus* (Stuttgart 1948), 670.
[16] Dabei ist im Mt-Evangelium *Petrus* »Garant und Tradent der neuen Halacha. Damit ist die Lösung von der Autorität der Rabbiner erreicht, die von der Tradition, die Matth. XXIII. 2 repräsentiert, noch als gültig vorausgesetzt wird. Diese prinzipielle Entscheidung führt somit in ein relativ spätes Stadium der urchristlichen Geschichte« (Chr. *Kähler,* Zur Form- und Traditionsgeschichte von Matth. XVI. 17—19, in: NTSt 23 (1976/77), 36—58 (40). Vgl. dazu auch R. *Hummel,* Die Auseinandersetzung zwischen Kirche und Judentum im Matthäusevangelium (München ²1966), 59—64).
[17] *Die Anfänge der Evangelientradition,* 34.

se reagiert auf sein Wirken, zuerst positiv und dann ablehnend. Sowohl die Anhänger, als auch die Gegner und die Volksmasse spielen zwar Rollen, die die Evangelien im allgemeinen sehr bewußt profilieren, aber der Kegel des Scheinwerfers ist die ganze Zeit auf *Jesus* gerichtet. Die Evangelisten wollen *ihn* beschreiben und nichts anderes: sein Auftreten in Israel, was er sagte, was er tat, was mit ihm geschah. Einige Tradenten handeln von Johannes dem Täufer — das ist wahr —, aber das beruht nur darauf, daß sein Schicksal positiv mit Jesus verbunden ist.«

Doch muß noch genauer hingesehen werden. Man könnte sagen: Jesus versteht sich, angesichts des nahe bevorstehenden Hereinbruchs der eschatologischen Gottesherrschaft, als normativen Toraausleger, ja Toraverschärfer[18], ähnlich wie der »Toraforscher« der Essener, wenn freilich im Sinn einer »Toraverschärfung«, wie sie konkret vor allem in der »Bergpredigt« vorliegt. Doch gibt es da eine bedeutende Differenz: Jesus ruft nicht zu Mose zurück, er ruft auch nicht im jüdischen Sinn zur Tora zurück. Er ruft unter den Willen Gottes, wie er ihn versteht und auslegt. Ob er dabei selber der Meinung war, er würde damit aus dem Rahmen des Judentums fallen, läßt sich schwer sagen[19]. Vermutlich wollte er das gerade nicht — und die heutige jüdische Leben-Jesu-Forschung sagt: Jesus von Nazareth ist mit seinen ethischen Forderungen keineswegs aus dem Rahmen des Judentums gefallen! Und Jesus war in der Tat vor allem Ethiker. Dennoch haben wir das eigenartige Phänomen in den Evangelien: Beschränkung auf einen einzigen Lehrer, Jesus von Nazareth. Diese Beschränkung hatte naturgemäß zur Folge, daß in den Evangelien nur noch Jesus als normativer Lehrer zur Sprache kommt und sonst kein jüdischer Rabbi mehr. Die Jesustradition wird in ihnen *isoliert* überliefert, und diese Isolierung ist in der Tat, wie G. Kittel bemerkt hat, »das Konstitutivum des Evangeliums«. Diese bewußte Isolierung der Jesusüberlieferung muß sehr bald in der Urkirche eingesetzt haben, wie die frühe Sammlung von Herrenworten in der »Logienquelle« zeigt; in ihr wurden exklusiv nur Worte Jesu gesammelt! Die Urkirche hat die jüdischen Lehrautoritäten nicht in

---

[18] Vgl. dazu H. *Braun*, Spätjüdisch-häretischer und frühchristlicher Radikalismus (II: Die Synoptiker) (Tübingen 1957).

[19] Gehen die vieldiskutierten Verse in Mt 5, 17—19, speziell V. 18, auf Jesus selbst zurück und sind sie nicht eine exklusiv judenchristliche Gemeindebildung, wie manche vermuten, dann besteht nach das Gesetz mit jedem Jota und jedem Häkchen weiter, »bis alles geschehen ist«. Freilich gibt diese Zielangabe »bis alles geschehen ist« die Frage auf, was eigentlich mit der Formulierung »es vergeht nicht ein Jota oder ein Häkchen vom Gesetz« genau gemeint ist, oder was Jesus im V. 17 unter »erfüllen« (des Gesetzes oder der Propheten) verstand. Es geht offensichtlich nicht um ein nur Einhalten der Weisungen des Gesetzes, sondern um mehr: um die eschatologische »Erfüllung« des

ihre Überlieferung aufgenommen, obwohl sie ihre Ursprünge im Judentum hatte. Umgekehrt hat auch das Judentum Jesus von Nazareth keinen Raum in seiner Überlieferung gewährt; fast scheint es so, als hätte ihn das Judentum aus seinen Reihen ausgestoßen. Immerhin erstaunliche Vorgänge. Worin liegt das begründet?

Die Gründe sind einmal historischer, zum anderen christologischer Natur. Die historischen Ursachen des Auseinanderlebens Jesu und Israels bis zu seinem gewaltsamen Tod sind bekanntlich nur schwierig nachzuzeichnen. Wie kam es zu diesem Auseinanderleben? Darüber gehen die Meinungen der Forscher, ob jüdischer oder christlicher Couleur, auseinander. Es scheint sich aber ein Konsens darüber anzubahnen, daß es letztlich nicht die Gesetzesfrage war, die Israel von Jesus und Jesus von Israel trennte, auch nicht sein (historisch wahrscheinlicher) messianischer Anspruch, sondern eher ein Anspruch, der über den prophetisch-messianischen hinausging und den Jesus etwa in der Beanspruchung der Vollmacht zur Sündenvergebung angemeldet hatte (vgl. dazu besonders Mk 2, 1—12)[20]. »Der *irdische Jesus* steht damit an der Stelle Gottes, welcher der Gott der eschatologischen Sündenvergebung ist. Gottes Sündenvergebung erfolgt durch Jesus hier auf Erden« (Kertelge)[21]. Hier müßte weiter das ganze vorösterliche Material der Jesusüberlieferung vorgelegt werden, nach dem Jesu Selbstbewußtsein immer wieder ein nur prophetisch-messianisches Selbstbewußtsein transzendierte hin auf die ihm dann nach Ostern eindeutig von der christlichen Gemeinde zugesprochene Sohngotteswürde, was hier nicht weiter verfolgt werden kann[22]. Auch müßte m. E.

---

Gesetzes durch den Messias Jesus. Worin besteht aber diese »Erfüllung«, worauf bezieht sie sich? Auf die Heilsverheißungen der Schrift (»Gesetz oder Propheten«) oder die gesetzlichen Weisungen der Tora? Alles ungelöste Fragen, wie die andauernde Debatte unter den Neutestamentlern zeigt. Der Mt-Redaktor selbst scheint jedenfalls die »Erfüllung« des Gesetzes durch Jesus in den nachfolgenden Forderungen der Bergpredigt, die eine enorme Konzentration der Tora auf das Liebesgebot beinhalten, gesehen zu haben, auch hier läßt sich aber schwer sagen, ob nach der Meinung des Redaktors (und seiner Adressatengemeinde) damit Jesus aus dem Rahmen des Judentums fällt. — Aus der umfangreichen Literatur seien wenigstens folgende Werke genannt: G. *Strecker,* Der Weg der Gerechtigkeit. Untersuchung zur Theologie des Matthäus (Göttingen ²1966); H. *Hübner,* Das Gesetz in der synoptischen Tradition. Studien zur These einer progressiven Qumranisierung und Judaisierung innerhalb der synoptischen Tradition (Witten 1973); A. *Sand,* Das Gesetz und die Propheten. Untersuchungen zur Theologie des Evangeliums nach Matthäus (Regensburg 1974).

[20] Vgl. dazu K. *Kertelge,* Die Vollmacht des Menschensohnes zur Sündenvergebung (Mk 2, 10), in: P. *Hoffmann* (Hrsg.), Orientierung an Jesus (Festschr. f. J. Schmid) (Freiburg/Basel/Wien 1973), 205—213.

[21] Ebd. 210.

[22] Vgl. dazu etwa F. *Mußner,* Ursprünge und Entfaltung der neutestamentlichen Sohnes-

die vom Lukasevangelisten verarbeitete vorlukanische Passionsgeschichte und speziell darin die sogenannte Doppelfrage des Hohenpriesters an Jesus (»Bist du der Messias?«, »Bist du der Sohn Gottes?«)
nochmals traditionskritisch gründlich untersucht werden, was vielleicht
doch zu der begründeten Annahme führen würde, daß ein Anspruch
Jesu in Richtung des Würdetitels »Sohn Gottes« bei der Voruntersu-
chung durch das jüdische Synedrium eine Rolle spielte[23]. Ein solcher
Anspruch mußte notwendigerweise aus dem Judentum herausführen;
der jüdische Protest *dagegen* mußte und muß ebenso notwendigerweise
von den Glaubensüberzeugungen Israels her (Šema' Israel!) erfolgen[24].

Damit sind wir schon bei den Gründen christologischer Natur.
Nachdem die christliche Gemeinde in ihrer nachösterlichen Christusverkündigung dazu überging, Jesus von Nazareth, den Gekreuzigten
und Auferstandenen, nicht bloß als den Messias, sondern als den Sohn
Gottes zu verkündigen, brachte das zwei Konsequenzen mit sich.
Einmal den eben erwähnten Protest des Judentums gegen dieses
Kerygma[25] und das damit verbundene endgültige Auseinanderleben
der jüdischen und christlichen Gemeinde, zum anderen das auch schon
erwähnte, von den Evangelien bezeugte Faktum der Beschränkung der
christlichen Gemeinde auf einen einzigen normativen Lehrer, Jesus von
Nazareth. *Das Judentum schied Jesus aus, die Urkirche umgekehrt die
jüdischen Lehrer*[26]. In diesem christologisch bedingten Scheidungspro-

---

christologie. Versuch einer Rekonstruktion, in: L. *Scheffczyk* (Hrsg.), Grundfragen der
Christologie heute (QD 72) (Freiburg/Basel/Wien 1975), 77—113; M. *Hengel,* Der
Sohn Gottes. Die Entstehung des Christentums und die jüdisch-hellenistische Religionsgeschichte (Tübingen ²1977).
[23] Ich komme darauf in einem anderen Zusammenhang zurück.
[24] Vgl. dazu etwa H.-J. *Schoeps,* Der jüdische Protest gegen die Christologie, in: *ders.,*
Paulus. Die Theologie des Apostels im Lichte der jüdischen Religionsgeschichte (Tübingen 1959), 166—173.
[25] *Schoeps* formuliert diesen Protest so: »Wir sehen in dem υἱός-Glauben — und
nur in ihm — die einzige, allerdings entscheidende heidnische Prämisse des paulinischen
Denkens. Alles, was mit ihm zusammenhängt bzw. sich aus ihm ergibt . . ., ist unjüdisch
und führt in die Nähe heidnischer Zeitvorstellungen« (Paulus, 163). Im übrigen dürfte der
christologische Sohngottesglaube schon vorpaulinisch und sehr früh in der Urkirche
entwickelt worden sein; vgl. dazu M. *Hengel,* Christologie und neutestamentliche Chronologie. Zu einer Aporie in der Geschichte des Urkirchentums, in H. *Baltensweiler/B.
Reicke* (Hrsg.) Neues Testament und Geschichte (Festschr. f. O. Cullmann) (Zürich/
Tübingen 1972), 43—67.
[26] D. *Flusser* bemerkt in seinem Jesusbuch (Hamburg 1968, S. 70): »Man könnte aus
dem antiken jüdischen Schrifttum leicht ein ganzes Evangelium zusammenstellen, ohne
daß darin ein Wort von Jesus stammen würde.« Das mag richtig sein. Aber dieses
»Evangelium« wäre dann eine Sammlung von Sprüchen und Gleichnissen vieler jüdischer Lehrer, während wir in den urkirchlichen Evangelien nur die Stimme eines einzigen
Lehrers hören, die Stimme Jesu von Nazareth. Das ist ein entscheidender Unterschied.

zeß zwischen Kirche und Synagoge scheint sogar die Gattung »Evangelium« einen ihrer »Sitze im Leben« zu haben[27]. Selbstverständlich gab es alsbald auch in der Urkirche viele Lehrer und »Weise«, nach Jak 3, 1 allzu viele. Außerdem gibt es im neutestamentlichen Kanon neben den vier Evangelien die Briefe des Apostels Paulus und andere Briefe und andere Literatur — im ganzen 27 »Bücher«. Aber alle Apostel und Lehrer der Kirche hielten an dieser Grundentscheidung fest: Beschränkung auf Jesus von Nazareth, was freilich den Rückbezug auf die »Schrift« (des alten Bundes) nicht ausschloß. Man könnte die Schriften des neutestamentlichen Kanons als vielfältige Explikationen des einen »Jesusphänomens« bezeichnen.

*III. Ist eine Wiederaufnahme des einen Lehrers Jesus in den Chor der Lehrer Israels möglich?*

Die jüdische Leben-Jesu-Forschung hat unterdessen Jesus von Nazareth als ihren »großen Bruder« (Martin Buber) entdeckt[28]. Auch Schalom Ben-Chorin, dem dieser Beitrag gewidmet ist, ist an dieser Wiederentdeckung mitbeteiligt[29]. »Jesus war kein Christ, sondern Jude«, hat schon J. Wellhausen bemerkt[30], und R. Bultmann hat es ihm nachgesprochen: »Jesus war kein ›Christ‹, sondern ein Jude[31].« Leo Baeck versteht »das Evangelium als ein Stück jüdischer Geschichte, und kein geringes, sondern ein Zeugnis jüdischen Glaubens[32]«. Freilich bemerkt J. Klausner auch: »Trotz alledem aber war etwas in ihm, aus

---

Im übrigen bemerkt anschließend Flusser sehr richtig: Diese Zusammenstellung »könnte man aber nur darum tun, weil wir ja die Evangelien tatsächlich besitzen«, d. h. ohne Jesus käme es im Judentum gar nicht zu einer derartigen Zusammenstellung. »Die Ethik der Evangelien [aber] wird von *Einem* Mann vorgetragen, der ihr den Stempel seiner Eigenart aufdrückt« (J. *Klausner,* Jesus von Nazareth, Jerusalem ³1952, 540 f.).

[27] Vgl. dazu W. *Feneberg,* Der Markusprolog. Studien zur Formbestimmung des Evangeliums (München 1974).

[28] Vgl. zur jüdischen Leben-Jesu-Forschung die Berichte bei G. *Lindeskog,* Die Jesusfrage im neuzeitlichen Judentum (Uppsala 1938, Nachdruck Darmstadt 1973, mit umfassender Literatur); R. *Gradwohl,* Das neue Jesus-Verständnis bei jüdischen Denkern der Gegenwart, in: Freib. Zeitschr. f. Phil. u. Theol. 20 (1973), 306—323; Sch. *Ben-Chorin:* The Image of Jesus in Modern Judaism, in: Journ. of Ecum. Stud. 11 (1974), 401—430; J. *Maier,* Gewundene Rezeption. Zur neueren Jesusforschung, in: Herder-Korr. 30 (1976), 313—319; A. *Sand,* Jesus im Urteil jüdischer Autoren der Gegenwart (1930—1976), in: Catholica 31 (1977), 29—38; P. *Lapide,* Ist das nicht Josephs Sohn? Jesus im heutigen Judentum (Stuttgart/München 1976).

[29] Sch. *Ben-Chorin,* Bruder Jesus. Der Nazarener in jüdischer Sicht (München 1967).

[30] Einleitung in die drei ersten Evangelien (Berlin 1905), 113.

[31] Das Urchristentum im Rahmen der antiken Religionen (Zürich 1949), 78.

[32] Das Evangelium als Urkunde der jüdischen Glaubensgeschichte (Berlin 1938), 101.

dem sich ›Un-Judentum‹ entwickelte[33]«, und was nach Ostern in der
»Christologie« zur Sprache kam, die bis heute Judentum und Kirche
voneinander trennt und auch in Zukunft trennen wird. Aber Klausner
meint, daß dann, wenn einmal die Ethik Jesu, die er als »eine erhabene,
gewählter und originaler in der Form als jedes andere hebräische
ethische System« bezeichnet, »die Hülle ihrer mystischen und mirakel-
haften Umkleidung abgestreift« habe, das »dann . . . Jesu Buch der
Ethik einer der erlesensten Schätze der jüdischen Literatur aller Zeiten
sein« wird[34]. Zu diesem »Abstreifen« wird es zwar christlicherseits
vermutlich nie kommen, aber die Betonung und Herausarbeitung der
hohen Ethik Jesu in der jüdischen Leben-Jesu-Forschung sollte der
Christenheit wieder ins Bewußtsein bringen, daß sich das Urjüdische in
der Ethik Jesu vor allem in einem Punkt zeigt, der dem Judentum von
jeher bis zum heutigen Tag am Herzen lag, wie schon das Alte
Testament zeigt, nämlich in dem Punkt der unbedingten Forderung der
*Verwirklichung des Willens Gottes im Alltag.* Eine Vokabel spielt in
der Ethik Jesu eine besondere Rolle, worauf H. Braun hingewiesen
hat: die Vokabel ποιεῖν, »tun«, verwirklichen. »Nicht jeder, der zu mir
sagt: ›Herr, Herr‹, wird in das Reich der Himmel eingehen, sondern
wer den Willen meines Vaters *tut,* der im Himmel ist« (Mt 7, 21).
»ποιεῖν ist die so gut wie einzige Vokabel, mit welcher die Synoptiker
das dem Menschen von Gott gebotene Tun ausdrücken« (Braun);
sie entspricht dem hebräischen Verbum עשׂה: »Jesus wie die anschließende Tradition geben dem Tun vor dem Hören und vor dem
Sagen den Vorzug und bleiben auch damit auf dem Boden des offiziellen Judentums ebenso wie auf dem der [Qumran-]Sekte« (ders.).
Dieses »Tun« bezieht sich wie im Judentum auf die Erfüllung des
Willens Gottes im Alltag, wenn auch im Christentum nicht mehr nach
den Weisungen der Tora, sondern nach Weisungen des normativen
Lehrers Jesus und seiner Ausleger. Der Herrenbruder Jakobus liegt mit
seiner harten Forderung nach Verwirklichung des »Wortes« ganz auf
der Linie Jesu[36]: »Werdet Täter des Wortes, nicht bloß Hörer allein,
die sich selbst betrügen« (1, 22), wobei es freilich Jakobus nicht um die
Werke des Gesetzes geht (im Sinne jüdischer Torafrömmigkeit), son-

---

[33] A. a. O., 573.
[34] Ebd. 574.
[35] Spätjüdisch-häretischer und frühchristlicher Radikalismus (II: Die Synoptiker) (Tübingen 1957), 30 f.; *ders.,* in: ThWbzNT VI, 477.
[36] Vgl. dazu F. *Mußner,* Der Jakobusbrief (Freiburg/Basel/Wien [3]1975), 47—53. A.
*Schlatter* hat bemerkt: Die Kirchen »haben sich dadurch ernsthaft geschädigt, daß sie
Jakobus nur ganz oberflächlich Gehör gewährten« (Der Brief des Jakobus, Stuttgart
1956, 7).

dern um die Werke der Liebe³⁷. Paulus lehrt zwar, daß der Mensch
allein aus Glauben und Gnade gerechtfertigt wird, aber der Glaube
muß sich auch nach ihm in der Liebe als wirksam erweisen (Gal 5, 6),
und der Christ ist nach ihm an »das Gesetz des Christus« gehalten
(6, 2)³⁸. Es wäre verkehrt, sich auf Paulus und den »Glauben« zu
berufen, um sich auf diese Weise um die Verwirklichung des Willens
Gottes herumzudrücken. Die Christenheit lebt aber in dieser Gefahr,
und darum ist die Rückbesinnung auf die harte Forderung Jesu, den
Willen Gottes zu »tun«, für sie nur heilsam. Das wäre für die Christenheit gleichzeitig eine Rückbesinnung auf das in Jesus lebende jüdische
Erbe und auf die Väter des Judentums mit ihrer harten und unüberhör-
baren Forderung nach »Verwirklichung« der Weisungen Gottes im
Alltag. Gerade das ist ja auch das ethische Anliegen Jesu. Die Kirche
ist erfreulicherweise dabei, das jüdische Erbe in Jesus zu entdecken und
damit den *Juden* Jesus. Das Judentum ist ebenso erfreulicherweise
dabei, Jesus in die Schar seiner großen Lehrer zurückzuholen und in
ihm seinen »großen Bruder« zu sehen. Das ist bereits eine bedeutende
Frucht des jüdisch-christlichen Dialogs, an dem Schalom Ben-Chorin
maßgeblich beteiligt ist.

*Literaturergänzungen*

S. *Byrskog*, Jesus the Only Teacher. Didactic Authority and Transmission in Ancient Israel,
Ancient Judaism and the Matthean Community (CB.NT 24) (Stockholm 1994).
R. *Riesner*, Jesus als Lehrer. Eine Untersuchung zum Ursprung der Evangelien-Überlieferung
(WUNT II/7) (Tübingen ³1988).

*Zum Thema „Jesus und das Gesetz"*

I. *Broer* (Hg.), Jesus und das jüdische Gesetz (Stuttgart u. a. 1992).
G. *Dautzenberg*, Jesus und die Tora, in: Die Tora als Kanon für Juden und Christen (Freiburg
u. a. 1996) 345–378 (mit Literatur).
P. *Fiedler*, Die Tora bei Jesus und in der Jesusüberlieferung, in: K. *Kertelge* (Hg.), Das Gesetz im
Neuen Testament (QD 108) (Freiburg 1986) 71–87.
D. *Kosch*, Die eschatologische Tora des Menschensohnes. Untersuchungen zur Rezeption der
Stellung Jesu zur Tora in Q (NTOA 12) (Freiburg/Göttingen 1989).
M. *Limbeck*, Das Gesetz im Alten und Neuen Testament (Darmstadt 1997) 97–114 (Jesus und
die Tora).
F. *Vouga*, Jésus et la loi selon la Tradition Synoptique (Genève 1988).

---

³⁷ Vgl. *Mußner*, Jakobusbrief, 240—247.
³⁸ Vgl. dazu F. *Mußner*, Der Galaterbrief (Freiburg/Basel/Wien ³1977), 351—354;
398 f.; H. *Schürmann*, »Das Gesetz des Christus« (Gal 6, 2). Jesu Verhalten und Wort
als letztgültige sittliche Norm nach Paulus, in: J. *Gnilka* (Hrsg.), Neues Testament und
Kirche (Festschr. f. R. Schnackenburg) (Freiburg/Basel/Wien 1974), 282—300.

[33]

# 13. Jesu Ansage der Nähe der eschatologischen Gottesherrschaft nach Markus 1,14.15.

Ein Beitrag der modernen Sprachwissenschaft zur Exegese
(1980)

## I. Der Text

V. 14    a    καὶ μετὰ τὸ παραδοθῆναι τὸν Ἰωάννην
      b    ἦλθεν ὁ Ἰησοῦς εἰς τὴν Γαλιλαίαν
      c    κηρύσσων τὸ εὐαγγέλιον τοῦ θεοῦ

V. 15    a    καὶ λέγων
      b    ὅτι πεπλήρωται ὁ καιρὸς
      c    καὶ ἤγγικεν ἡ βασιλεία τοῦ θεοῦ
      d    μετανοεῖτε
      e    καὶ πιστεύετε ἐν τῷ εὐαγγελίῳ

## II. Segmentierung des Textes

Um zu einer überzeugenden Analyse eines Textes zu kommen, sowohl hinsichtlich der in ihm begegnenden Formen als auch hinsichtlich seines strukturalen Gefüges, ist seine Segmentierung eine unentbehrliche Voraussetzung. Auf diese Weise werden auch schon die kleinen und kleinsten Einheiten gewonnen, was auch für die nachfolgende syntagmatische Analyse eine ebenso unentbehrliche Voraussetzung ist. Die Segmentierung geht dabei am besten den Weg der grammatischen Analyse. Sie fragt also zunächst nach dem Hauptsatz; dieser lautet in unserem Text: „Jesus kam nach Galiläa". Damit haben wir wegen seiner Kürze einen geradezu idealen Hauptsatz und zugleich die erste „Kleine Einheit" in Mk 1,14.15: das wichtigste Segment (= V. 14b).

Es entsteht die Frage, wie von da aus weitersegmentiert werden soll. Man könnte gleich zurückgehen auf V. 14a, den sogenannten heilsgeschichtlichen Synchronismus („und nach der Überlieferung des Johannes"), aber die Partizipien κηρύσσων ... λέγων in V. 14c und 15a sind als Participia coniuncta zu dem Verbum des Hauptsatzes ἦλθεν die nächstliegenden Segmente. Die Schwierigkeit taucht jedoch in der Frage auf, ob es sich mit V. 14c und 15a um ein einziges, zusammengehöriges Segment handelt oder um zwei Segmente und damit auch um zwei „Kleine Einheiten". Von der Satzebene her, d. h. der Ebene der Signifikanten her, kann man zunächst für zwei Segmente plädieren: 1.V. 14c (κηρύσσων τὸ εὐαγγέλιον τοῦ θεοῦ), 2. V. 15a (καὶ λέγων). Das Problem ist jedoch, ob καὶ λέγων nicht ein Scheinsegment ist. Mit V. 14c könnte ja evtl. vom Evangelisten das ganze Evangelium gemeint sein, das Jesus in Galiläa verkündet, und mit V. 15a (καὶ λέγων) gewissermaßen der eröffnende Satz dieser ganzen Botschaft. Oder καὶ λέγων ist nur ein Füllsel, dem hebräischen *lêmor* entsprechend. So haben es auf jeden Fall jene Textzeugen verstanden, bei denen καὶ λέγων fehlt. Wir lassen die Frage zunächst offen und treffen nur eine vorläufige Entscheidung, wenn wir V. 14c und V. 15a als ein einziges Segment bestimmen. Da mit V. 15a–e eindeutig der Inhalt der Botschaft gemeint ist, die Jesus „sagt" (λέγων), soll jetzt diese Botschaft segmentiert werden.

Zunächst lassen sich auf den ersten Blick zwei Großsegmente erkennen, die Versteile 15b+c | (beide abhängig von dem ὅτι zu Beginn des V. 15b) und die Versteile 15d+e (die beiden Imperative). Aber lassen sich V. 15b+c bzw. V. 15d+e noch weiter untersegmentieren? Hier muß gesagt werden: auf der Ebene der Signifikanten ohne weiteres, nicht jedoch ohne weiteres von der „inneren Form" her gesehen. Das Werk von Kl. Beyer, Semitische Syntax im Neuen Testament I/ 1[1], hat uns bewußt gemacht, daß die Parataxe anstelle einer Hypotaxe stehen kann, so daß V. 15b+c den Sinn haben kann: „weil (nachdem) die Zeit erfüllt ist, ist unmittelbar nahegekommen die Herrschaft Gottes", und V. 15d+e: „Bekehrt euch, indem ihr an das Evangelium glaubt". Je nach dem ergeben sich in der Botschaft zwei bzw. vier Segmente, auf jeden Fall vier „Kleine Einheiten". Als letztes Segment haben wir noch die temporale Präpositionalphrase in V. 14a: καὶ μετὰ τὸ παραδοθῆναι τὸν Ἰωάννην, die ein eigenes Segment darstellt, das sogar entbehrt werden könnte. Warum es überhaupt dasteht und mit ihm die Perikope beginnt, muß später eigens reflektiert werden.

# III. Syntagmatische Analyse

1. Wir gehen aus von der zuerst segmentierten „Kleinen Einheit": ἦλθεν ὁ Ἰησοῦς εἰς τὴν Γαλιλαίαν (V. 14b). Nach der generativen Transformationsgrammatik unterscheidet man zwischen Tiefenstruktur und Oberflächenstruktur eines Satzes. Die „Tiefenstruktur" des Satzes ἦλθεν ὁ Ἰησοῦς εἰς τὴν Γαλιλαίαν würde lauten: ὁ Ἰησοῦς ἦλθεν εἰς τὴν Γαλιλαίαν (NPr + VPr + NPr);[2] in Wirklichkeit erscheint der Satz 14b in transformierter Gestalt (VPr + NPr + NPr). Diese Transformation kann drei Gründe haben: 1. Es kann sich um einen Sprachgebrauch des Evangelisten handeln, zu dessen Stilgewohnheiten die Voranstellung

---

[1] Göttingen ²1968.
[2] NPr = Nominalphrase, VPr = Verbalphrase.

des Verbums vor das Subjekt gehört. 2. Die Transformation kann geschehen sein, um die unmittelbare Aufeinanderfolge von zwei Eigennamen zu verhindern (hier: Johannes/Jesus). 3. Das Verbum ἦλθεν kann einen betont epiphanischen Sinn haben in bewußter Wiederaufnahme des ἔρχεται von 1,7 (vgl. auch 1,9). Nach der taxonomischen Theorie in der Linguistik „bestehen zwischen sprachlichen Einheiten nur zwei Arten von Beziehungen:

*1. syntagmatische Beziehungen*
*2. paradigmatische Beziehungen*
   Syntagmatisch sind die Beziehungen, die zwischen den Elementen einer komplexen sprachlichen Einheit (eines Syntagmas) bestehen … Paradigmatisch sind die Beziehungen, die zwischen sprachlichen Einheiten bestehen, welche an der gleichen Stelle eines Syntagmas eingesetzt werden können, also zur gleichen Klasse gehören".[3]

In unserem Fall (V. 14b) besteht eine syntagmatische Beziehung zwischen dem Artikel ὁ und der NPr Ἰησοῦς, zwischen dem Artikel τὴν und der NPr Γαλιλαίαν, ferner zwischen der Präposition εἰς und τὴν Γαλιλαίαν, zwischen der NPr ὁ Ἰησοῦς und der VPr ἦλθεν, zu dem Jesus das Subjekt ist, und schließlich zwischen dem Syntagma ἦλθεν ὁ Ἰησοῦς und dem Syntagma εἰς τὴν Γαλιλαίαν. Paradigmatisch sind dagegen in V. 14b der Eigenname Ἰησοῦς und der Landschaftsname Γαλιλαία; denn beide sind auswechselbar. Wir haben damit wieder einen Oberflächenstruktursatz, der in seiner Tiefenstruktur etwa lauten könnte: „Ein Mensch kam in ein Land". Für „Mensch" wird paradigmatisch eingesetzt ὁ Ἰησοῦς, und für „in ein Land" wird paradigmatisch eingesetzt εἰς τὴν Γαλιλαίαν. Es entsteht aber eine Frage. Sind die Paradigmen auswechselbar oder (in der Terminologie der generativen Transformationsgrammatik): Ist die Oberflächenstruktur des V. 14b auf eine (dann nicht mehr paradigmatisierte) Tiefenstruktur reduzierbar? Der Evangelist würde die Frage sicher mit einem energischen Nein beantworten, weil sonst das Evangelium verlorenginge. ὁ Ἰησοῦς ist nicht durch einen x-beliebigen anderen auswechselbar. Auswechselbar dagegen könnte, wenigstens auf den ersten Blick, τὴν Γαλιλαίαν sein, etwa durch Ἰουδαίαν, Σαμαρίαν, oder Ῥώμην. Ist es wirklich auswechselbar, ohne die Absicht des Evangelisten zu zerstören? Es muß die Frage überlegt | werden: Welche Funktion im Ganzen der markinischen Vita Jesu hat hier die Landschaftsangabe εἰς τὴν Γαλιλαίαν? Kommen wir aber mit dieser Frage nicht bereits über die syntagmatische und auch die semantische Analyse hinaus und hinein in hermeneutische Überlegungen, wenn wir den Satz des Mk in V. 14b wirklich in der richtigen Weise decodieren wollen, die seinem Code entspricht? Das alles nur einmal als Frage gestellt.

2. Wir gehen weiter zur nächsten „Kleinen Einheit": κηρύσσων τὸ εὐαγγέλιον τοῦ θεοῦ (καὶ λέγων). Wir dürfen hier kein Morphem vernachlässigen.[4] Wir

---

[3] O. *Werner/F. Hundsnurscher* (Hg.), Linguistik I (Tübingen ²1971) 73. Vgl. auch das Schaubild mit Analyse bei *K.-D. Bünting*, Einführung in die Linguistik (Frankfurt 1971) 36f.

[4] Nach *K.D. Bünting* definiert man Morpheme „als kleinste *bedeutungstragende* Einheiten des Sprachsystems im Gegensatz zu den Phonemen als kleinsten *bedeutungsunterscheidenden*

haben zunächst das affixierte Morphem εὐαγγέλιον, zusammengesetzt aus dem Stamm αγγελ(λ), der Endung -ιον (auf die wir nicht näher eingehen) und dem Präfix εὐ-; dieses Präfix modifiziert das Morph αγγέλιον in bedeutender Weise, es verleiht ihm einen positiven Wert. Das Morphem εὐαγγέλιον ist zudem verbunden mit dem Morphem τὸ, was sicher nicht verursacht ist durch das artikulierte (τοῦ) θεοῦ, das wir sofort berücksichtigen müssen, wenn wir den Grund erkennen wollen, warum εὐαγγέλιον vom Evangelisten artikuliert wurde. Jesus verkündigt nach Mk nicht irgendeine Botschaft in Galiläa, sondern eine bestimmte: „das Evangelium Gottes"; er könnte auch irgendeine „Nachricht Gottes" verkündigen, aber das artikulierte εὐαγγέλιον verweist auf eine ganz bestimmte Botschaft, die nur so und so lauten kann und nicht anders. Mag der Ausdruck „Evangelium Gottes" auch ein Term der nachösterlichen Missionssprache sein, den Mk kennt, so erlaubt es der Kontext nicht, hier an etwas anderes zu denken als an die im V. 15 formulierte Botschaft vom nahen Anbruch der Gottesherrschaft. Es wäre methodisch falsch, hier Aussagegehalte einzutragen von den Stellen her, in denen Mk sonst das Morphem τὸ εὐαγγέλιον verwendet (etwa von Mk 1,1 her). Der Kontext zwingt hier eindeutig zur synchronen Auslegung, d. h. wir müssen auf der Redaktionsebene bleiben, die der Evangelist mit V. 14 betreten hat. Wir sind noch nicht auf der Ebene des historischen Jesus, sondern auf der Erzählebene des Evangelisten. Der Aorist ἦλθεν in V. 14b (im Hauptsatz) gehört zunächst (wir sagen „zunächst") zur Erzählzeit, noch nicht zur erzählten Zeit. Wir arbeiten zunächst ausschließlich synchron und d. h. vom Kontext, vom Syntagma, her.

In V. 14c ist das abgeleitete Morphem κηρύσσων grammatisch als Participium coniunctum zu bestimmen. Außerdem haben wir einen Oberflächenstruktursatz, der in seiner Tiefenstruktur etwa lauten würde: „Er verkündigte eine Botschaft". Die Transformation in einen Oberflächenstruktursatz muß einen besonderen Sinn haben, nämlich den – soviel soll jetzt schon gesagt sein –, die Ausrufung der Botschaft durch Jesus in einen unlösbaren Zusammenhang mit seinem Auftreten in Galiläa zu bringen. „Die Verkündigung" Jesu ist auch in ihrer Thematik nicht frei, sondern verkündigt wird von ihm „das Evangelium Gottes": κηρύσσων verbindet sich mit dem Syntagma τὸ εὐαγγέλιον τοῦ θεοῦ.

3. Von da zu dem schwierigen Problem von V. 15a (καὶ λέγων). Wir haben schon kurz die Frage erörtert: Handelt es sich dabei um ein eigenes Segment oder nur um ein Epexegeticum zu dem Syntagma von V. 14c? Schon bisher sprach eine gewisse Wahrscheinlichkeit für die letztere Annahme. Dazu kommt, daß es sich hier wieder um eine Parataxe anstelle einer Hypotaxe handeln kann, so daß übersetzt werden kann: „verkündigend das Evangelium Gottes, *indem er sagte*".

---

Einheiten", oder anders: Morpheme sind „die kleinsten Vollzeichen des Zeichensystems Sprache" (Einführung in die Linguistik 89). Und „Morphologie erfaßt und beschreibt demnach die kleinsten vollwertigen Sprachelemente, ihre syntagmatischen und paradigmatischen Relationen, ihre Funktionen und Verteilungen sowohl im Hinblick auf die empirisch gegebenen Wörter und die … Sätze einer Sprache als auch im Hinblick auf die Darstellungsfunktion (Umweltreferenz) der Sprachzeichen" (a.a.O. 89f.). Vgl. auch noch a.a.O. 93–95.

Zudem scheint bei dem καὶ λέγων ein Semitismus vorzuliegen, dem hebräischen *lêmor* entsprechend.[5] Und schließlich – und das ist wahrscheinlich das durchschlagendste Argument – steht, wie M. Zerwick festgestellt hat, 35mal bei Mk „vor der direkten Rede ein einleitendes Partizip von λέγειν."[6] Man kann καὶ λέγων also auch übersetzen: „und zwar mit den Worten".

*4. Zu V. 15b* (ὅτι πεπλήρωται ὁ καιρός): Eindeutig ein Oberflächenstruktursatz, der in seiner Tiefenstruktur lauten würde: ὁ καιρὸς πεπλήρωται. Die NPr καιρός geht ein Syntagma ein mit dem Artikel ὁ, so daß mit καιρός wieder nicht irgendeine Zeit gemeint sein kann, sondern eine bestimmte Zeit; welche, ergibt sich aus den weiteren Syntagmen. Zunächst syntagmatisiert | sich das Morphem ὁ καιρός mit dem abgeleiteten Morphem und der VPr πεπλήρωται. Die Transformation in den vorliegenden Oberflächenstruktursatz πεπλήρωται ὁ καιρός bedingt zugleich deutlich, daß wir einen Emphasesatz vor uns haben, d. h. der Ton liegt nicht auf ὁ καιρός, sondern auf der VPr πεπλήρωται. Außerdem ist dieser Emphasesatz nochmals transformiert in einen von λέγων abhängigen ὅτι-Satz, wobei es sich eindeutig um ein deklaratives ὅτι handelt, das bei der Übersetzung auch unberücksichtigt bleiben kann (Ersatz für den Doppelpunkt).

Das Syntagma, das das Morphem ὁ καιρός mit der VPr πεπλήρωται eingeht, ist zudem auch von semantischer Relevanz, so daß wir hier wieder auf das Thema Syntax und Semantik stoßen, das zu den Grundproblemen der modernen Sprachwissenschaft gehört. Im Grunde sind die meisten Lexeme „Leerbegriffe". καιρός bedeutet zwar „Zeit", aber was heißt „Zeit" oder auch „die Zeit"? Wir brauchen jetzt gar nicht in die Philosophie der „Zeit" einzusteigen, sondern wir bleiben im Bereich der Sprachwissenschaft. „Zeit" ist in sich ein unbestimmter Term, der seine semantische Festlegung erst durch die Syntagmen bekommt, die er eingeht, hier durch das Syntagma mit der VPr πεπλήρωται, die in ihrer Bedeutung „ist erfüllt" die NPr ὁ καιρός erst semantisch einigermaßen festlegt; denn der eigentliche Bedeutungsträger ist hier πεπλήρωται. Ich sage „einigermaßen", weil nun wenigstens erkannt werden kann: ὁ καιρός kann nicht „Zeitpunkt" bedeuten, sondern „Zeitspanne", eine gedehnte Zeit. Welche, ist damit noch keineswegs entschieden; das ergibt sich erst aus den weiteren Syntagmen, die der Satz πεπλήρωται ὁ καιρός mit seinen Nachbarsyntagmen eingeht. Davon später.

*5. Zu V. 15c* (καὶ ἤγγικεν ἡ βασιλεία τοῦ θεοῦ). In diesem Satz haben wir ein Musterbeispiel vor uns, in dem das Verhältnis von Syntagma[7] und Semantik vorexerziert werden kann. Das Morphem ἡ βασιλεία geht zwei Syntagmen ein, einmal mit der NPr und dem Genitivattribut τοῦ θεοῦ und mit der VPr und dem Perfekt ἤγγικεν. Was bringt das für semantische Konsequenzen für das Morphem ἡ βασιλεία mit sich? βασιλεία heißt „Königsherrschaft", „Königtum", „Königreich". Syntagmiert mit θεός wird ἡ βασιλεία zunächst weiter nichts als spezifi-

5 Vgl. die Belege zu Mt 3,2 bei *A. Schlatter*, Der Evangelist Matthäus (Stuttgart 1948).
6 *M. Zerwick*, Untersuchungen zum Markusstil (Rom 1937) 35. Vgl. schon Mk 1,7 (über den Täufer gesagt): καὶ ἐκήρυσσεν λέγων.
7 „Ein Syntagma kann ein Wort sein, das aus mehr als einem Morphem besteht, eine Wortgruppe oder ein ganzer Satz" (O. *Werner/F. Hundschnurscher*, Linguistik I,75).

ziert: ἡ βασιλεία τοῦ θεοῦ ist einfach „die Königsherrschaft Gottes" und ist die griechische Übersetzung des frühjüdischen Abstraktums *malkut Jahwe*. Man muß sich hüten, in das Syntagma ἡ βασιλεία τοῦ θεοῦ in Mk 1,15c gleich spezifisch Jesuanisches oder „Christliches" einzutragen.

*Eine semantische Selektierung* des Syntagmas ἡ βασιλεία τοῦ θεοῦ kann das ins Bewußtsein bringen:

βασιλεία
___
Herrschaft
Königsherrschaft
Reich
Macht
politisch
spirituell („Reich der Ideen")
übertragen („Reich der Tiere")

ἡ βασιλεία
___
bestimmte Herrschaft

τοῦ θεοῦ
___
welcher Gott? |

ἡ βασιλεία τοῦ θεοῦ
___
alttestamentlich
frühjüdisch (sadduzäisch; pharisäisch; essenisch; apokalyptisch; zelotisch)
jesuanisch
christlich
- - - - - - - - - - - - - - - - - - - - - - - - - - - -
himmlisch
himmlisch-irdisch (universal)
dualistisch
überzeitlich
vergangen
gegenwärtig
zukünftig
eschatologisch
- - - - - - - - - - - - - - - - - - - - - - - - - - - -
politisch
messianisch
gesetzlich
Gerichts-(Straf-)Herrschaft
Gnadenherrschaft
- - - - - - - - - - - - - - - - - - - - - - - - - - - -
statisch
dynamisch

Der Leser des Evangeliums weiß zunächst noch nichts über Jüdisches hinaus, wenn er hier dem Syntagma ἡ βασιλεία τοῦ θεοῦ begegnet. Seine Aufmerksamkeit kann jedoch schon erregt werden, wenn er das weitere Syntagma liest mit dem Term ἐγγίζειν, besonders mit dem Perfekt ἤγγικεν, das bedeutet: etwas „hat sich unmittelbar genaht". Jetzt kann der Hörer (und Leser) merken, daß die Herrschaft Gottes etwas Dynamisches sein muß, keine statisch unbewegliche Größe. J. Jeremias macht darauf aufmerksam, „daß sich in den von der Basileia handelnden Worten Jesu eine Fülle von Wendungen findet, die in der Ausdrucksweise der Zeitgenossen Jesu *keine* (auch keine profanen) *Parallelen* haben"; zu den neu auftauchenden Wendungen gehört nach Jeremias auch diese: ἤγγικεν ἡ βασιλεία τοῦ θεοῦ,[8] d. h. das Syntagma „Herrschaft Gottes" mit dem Verbum ἐγγίζειν. Ein derartiges Syntagma verändert den semantischen Gehalt des Morphems ἡ βασιλεία τοῦ θεοῦ. Denn der eigentliche Bedeutungsträger in dem Syntagma ἤγγικεν ἡ βασιλεία τοῦ θεοῦ ist das Verbum ἤγγικεν, ähnlich wie im vorausgehenden das Verbum πεπλήρωται. Die Verbalphrase ἤγγικεν tritt als etwas Neues zu der Nominalphrase ἡ βασιλεία τοῦ θεοῦ hinzu; m. a. W.: das Verbum ἐγγίζειν verträgt sich zwar mit der Nominalphrase ἡ βασιλεία τοῦ θεοῦ, aber die letztere erzwingt sie nicht; ἐγγίζειν ist kein notwendiger „Feldnachbar" zu „Reich Gottes".[9] Wieso ἐγγίζειν dennoch faktisch zum „Feldnachbar" von ἡ βασιλεία τοῦ θεοῦ in Mk 1,15c gemacht wird, muß darum seine besonderen Gründe haben, die uns noch beschäftigen werden. Grundsätzlich bedeutet das auch: Die Semantik, die es mit den Signifikaten zu tun hat, kann vom Syntagma, das von den Signifikanten konstituiert wird, nicht absehen. (Ob allerdings das Verhältnis von Syntagma und Semantik, von Signifikant und Signifikat überhaupt formalisierbar ist, ist eine schwierige Aufgabe der Sprachwissenschaft, wozu es an Versuchen nicht fehlt; speziell geht es in unserem Fall um die semantische Verträglichkeit zwischen Substantiven und Verben)[10]. Etwas erkennt aber der Hörer bzw. der Leser von Mk 1,15c immer noch nicht, nämlich dies: Ob die VPr ἤγγικεν lokal oder temporal gemeint ist; denn beide Bedeutungen kann bekanntlich das Verbum ἐγγίζειν | haben. Zunächst bleibt die Ansage, die V. 15c enthält, rätselhaft; sie läßt Fragen aufkommen, aber gibt darauf aus sich selbst keine Antwort. Das Rätsel löst sich erst vom Großsyntagma von Mk 1 bzw. von der ganzen markinischen Vita Jesu her. Wir kommen darauf zurück.

*6. Zu V. 15d.e* (μετανοεῖτε καὶ πιστεύετε ἐν τῷ εὐαγγελίῳ): Diese als Imperative abgeleiteten und transformierten Morpheme, asyndetisch an die Ansage 15b+c angeschlossen, sind ebenso wie diese abhängig von καὶ λέγων ὅτι. Auch hier entsteht die oben schon kurz angeschnittene Frage, ob die Parataxe, die die

---

8 *J. Jeremias*, Neutestamentliche Theologie I. Die Verkündigung Jesu (Göttingen 1971) 41.

9 Die sogenannte Dependenzgrammatik betont die zentrale Position des Verbum finitum (vgl. *Bünting*, Einführung in die Linguistik 124 ff.).

10 Vgl. dazu etwa *F. Hundsnurscher*, Neuere Methoden der Semantik (Tübingen 1970), besonders 77–98. Es geht insbesondere um die Beschreibung von „Verträglichkeitsregeln" (z. B.: Verträgt sich die Verbindung von ἡ βασιλεία τ. θ. mit dem Verbum βιάζειν? Wenn ja, was ergibt sich daraus für die Kompetenz des Sprechers?).

beiden Imperative verbindet, nicht anstelle einer Hypotaxe fungiert, so daß übersetzt werden darf: „Kehrt um, indem ihr an das Evangelium glaubt"; dann bestünde die Umkehr im Glauben an das Evangelium, das auf Grund des Kontextes nicht die christliche Verkündigung und auch nicht die Predigt Jesu als Ganzes, sondern nur die von Jesus in Galiläa angesagte „Nachricht Gottes" sein kann: „Erfüllt ist die Zeit und unmittelbar nahegekommen die Herrschaft Gottes".

Eigenartig ist das Syntagma πιστεύετε ἐν τῷ εὐαγγελίῳ, weil entweder zu erwarten wäre πιστεύετε εἰς τὸ εὐαγγέλιον („glaubt an das Evangelium") oder πιστεύετε τῷ εὐαγγελίῳ (Dativ). Es liegt ein Hebraismus vor (vgl. Ps 105,12 LXX: ἐπίστευσαν ἐν τοῖς λόγοις αὐτοῦ; Jer 12,6 LXX: μὴ πιστεύσῃς ἐν αὐτοῖς: in beiden Fällen entspricht ἐν einem hebr. ב).

*7. Zu V. 14a* (καὶ μετὰ τὸ παραδοθῆναι τὸν Ἰωάννην). Darauf wird nicht mehr näher eingegangen.

## IV. Das „Großsyntagma" von Mk 1,14.15

Nach der syntagmatischen Analyse der einzelnen Segmente von Mk 1,14.15, bei der freilich einige semantische Überlegungen schon unvermeidbar waren, wird nun das „Großsyntagma" von Mk 1,14.15 ins Auge gefaßt, d. h. die syntagmatische Verbindung der Segmente.

Wir gehen von der wichtigen Feststellung aus, daß wir in dem ganzen Großsyntagma von Mk 1,14.15 nur einen einzigen Hauptsatz haben: ἦλθεν ὁ Ἰησοῦς εἰς τὴν Γαλιλαίαν. Wie bauen sich um dieses als Hauptsatz fungierende Segment die übrigen Segmente syntagmatisch herum? Nach rückwärts (→ 14a) haben wir ein temporal gemeintes Präpositionalmorphem (μετὰ τὸ παραδοθῆναι τὸν Ἰωάννην), mit dessen Hilfe das Kommen Jesu nach Galiläa zeitlich vom Wirken des Täufers distanziert wird. Ob diese zeitliche Distanzierung als „heilsgeschichtlicher Synchronismus" bezeichnet werden kann, wie es viele Exegeten tun, ist zu bezweifeln. Denn aus den Signifikanten, ohne deren Berücksichtigung von einem Signifikat keine Rede sein kann (außer man läßt der semantischen Phantasie freien Lauf), ergibt sich die Absicht eines vom Evangelisten anvisierten „heilsgeschichtlichen Synchronismus" nicht. Was sich aus den Signifikanten einzig und allein ergibt, ist die temporale Distanzierung: Jesus tritt erst in Galiläa auf, nachdem der Täufer in den Kerker geworfen ist. Mehr gibt der Text nicht her.

Im folgenden Kontext syntagmatisiert sich der Hauptsatz grundsätzlich nur mit zwei abgeleiteten Morphemen, nämlich den beiden Participia coniuncta κηρύσσων und λέγων (wobei wir von dem zweiten Partizip sogar noch absehen können). Alle folgenden Syntagmen sind von κηρύσσων (und λέγων) abhängig. D. h. aber: Das Zentrum von Mk 1,14.15, um das alles kreist, bildet die Aussage: *„es kam Jesus nach Galiläa, verkündigend das Evangelium Gottes"*. Nur wenn das beachtet wird, kann die Theologie von Mk 1,14.15 richtig erhoben werden, anders nicht. Sie kann also nicht richtig erhoben werden, wenn man bei der theologischen Analyse von dem Teilinhalt der Botschaft ausgeht, wie es häufig geschieht: ἤγγικεν ἡ βασιλεία τοῦ θεοῦ. Versucht man das dennoch, versündigt man sich gegen die syntagmatische Struktur von Mk 1,14.15.

Erst jetzt schauen wir in einem zweiten Schritt auf das „Großsyntagma" der Botschaft Jesu | selbst (15b–e). Kommen wir auch hier zu einem „Zentrum"? Das Schlußsegment (15d+e) scheidet von vornherein als „Zentrum" aus, da es ganz offensichtlich eine Folgerung aus der Ansage von 15b+c ist. Es bleibt also die Ansage selbst. Der „inneren Form" nach liegt nur scheinbar ein Parallelismus membrorum vor; denn das 1. Glied der Ansage πεπλήρωται ὁ καιρός und das 2. Glied καὶ ἤγγικεν ἡ βασιλεία τοῦ θεοῦ sind keine Parallelaussagen, weder im Sinn eines synthetischen noch eines antithetischen oder klimaktischen Parallelismus membrorum. Eher liegt eine Parataxe anstelle einer Hypotaxe vor, die so aufgelöst werden kann: Erfüllt ist die Zeit, weil die Gottesherrschaft jetzt unmittelbar nahegekommen ist. Da also das 2. Glied der Ansage (ἤγγικεν ἡ βασιλεία τοῦ θεοῦ) die Begründung für das 1. Glied abgibt (πεπλήρωται ὁ καιρός), scheint der Hauptton auf dem 2. Glied zu liegen: „Unmittelbar nahegekommen ist die Herrschaft Gottes". Dann hätten wir in diesem Teil das Zentrum der Ansage Jesu zu sehen.

# V. „Formen" und „Gattungen" in Mk 1,14.15

Ich halte mich bei der Bestimmung von „Form" und „Gattung" und ihrer Unterscheidung im wesentlichen an das, was W. Richter dazu sagt.[11] „Form" und „Gattung" ist nicht dasselbe. Ich verstehe mit Richter unter „Form" einfach die Struktur eines Satzes, und Formanalyse ist dann nichts anderes als die syntagmatische Analyse der Signifikanten eines Satzes. Stoße ich bei der Formanalyse eines ganzen Werkes und besonders mehrerer, von verschiedenen Autoren stammender Werke auf dieselbe Form in einem Satz oder einem größeren Satzgebilde, dann habe ich eine *Gattung* vor mir. „Gattung" ist also, kurz gesagt, *typisierte* Form. Deshalb kann man eigentlich auch, wenn man sich einer wissenschaftlich sauberen Terminologie bedienen will, nicht von „Formgeschichte" reden (wie es M. Dibelius getan hat), sondern höchstens von „Formengeschichte" (wie E. Norden getan hat), bei der es sich dann „einzig um das diachrone Verhältnis der synchron erarbeiteten Formen" (W. Richter)[12] handelt. Von „Formgeschichte" kann ich höchstens reden mit Blick auf die Verwendung *einer* Form in relativer Chronologie, während die „Formengeschichte" die Geschichte der Abwandlung der Formen ist.[13] Stoße ich bei der Analyse von kleinen Einheiten in mehreren Literaturwerken auf eine ganze Gruppe von Formen mit einem gemeinsamen Strukturmuster, so haben

---

[11] *W. Richter*, Exegese als Literaturwissenschaft. Entwurf einer atl. Literaturtheorie und Methodologie (Göttingen 1971) 72–152.
[12] Ebd. 120.
[13] Vgl. ebd. 122–125.

wir wiederum eine „Gattung" vor uns, deren diachrone Verwendung eine „Gattungsgeschichte" ermöglicht. Wir gehen also bei den Fragen, welche „Formen" und „Gattungen" in Mk 1,14.15 verwendet sind, von der Unterscheidung von „Form" und „Gattung" aus. Wir beschränken uns bei der Analyse dabei auf den Hauptsatz (14b) und die Hauptansage in der Botschaft Jesu (15c).

*1. Zu V. 14b:* Die syntagmatische Morphemanalyse ergab die Struktur: VPr + NPr + (abgeleitete) NPr, grammatisch formuliert: Prädikat (Aorist ἦλθεν) + Subjekt (ὁ Ἰησοῦς) + Präpositionalattribut (die Lokalangabe εἰς τὴν Γαλιλαίαν). Es bedarf nun keines weiteren Beweises, daß wir hier die Gattung „Erzählung" vor uns haben; denn der Evangelist erzählt hier. Bei der Bestimmung des „Sitzes" im Leben müssen wir uns daran erinnern, daß man zwischen einem „literarischen" und einem „historischen" „Sitz im Leben" unterscheiden muß. Der „literarische Sitz im Leben" liegt in den schriftstellerischen Absichten des Verfassers. Warum strukturiert er den Satz so, und warum verwendet er dabei diese oder jene Gattung? Er will eine Aussage mit Hilfe der Gattung „Erzählung" machen, woraus zunächst aber noch keine historischen Schlüsse gezogen werden dürfen; denn die Erzählzeit (hier der Aorist ἦλθεν) ist nicht identisch mit der erzählten Zeit![14] Die Erzählzeit verwendet auch das Märchen, also etwa ein griechischer Märchendichter den Aorist ἦλθεν. Ob Mk Geschichte, Geschehenes aus dem wirklichen Leben Jesu berichten („erzählen") will, muß mit Hilfe anderer Kriterien festgestellt werden, auf keinen Fall aber auf Grund seines Tempusgebrauchs (man denke nur an die häufige Verwendung des | sogenannten historischen Präsens bei Mk!). Es läßt sich also zunächst nur soviel sagen: Mk verwendet in V. 14b die Gattung „Erzählung". Offensichtlich hat er also die Absicht, auf den literarischen Sitz dieser Gattung im Leben hingefragt, von Jesus in der Weise einer Erzählung zu schreiben. Die historische Frage muß zunächst völlig offengelassen werden.

*2. Zu V. 15c* (καὶ ἤγγικεν ἡ βασιλεία τοῦ θεοῦ). Hier gibt es einen alten Streit unter den Exegeten. Viele sagen, hier liege ein „Summarium" vor, also eine Zusammenfassung der galiläischen Predigt Jesu.[15] Sie wollen damit offensichtlich eine Gattungsbestimmung geben, eben „Summarium" als Gattung. Nun verwendet Mk in der Tat die Gattung „Summarium" in seinem Evangelium zur rechten Zeit[16] (1,32–34; 1,39 [„er zog dann in ganz Galiläa umher, predigte in den

---

[14] Vgl. zu dieser Unterscheidung *H. Weinrich,* Tempus. Besprochene und erzählte Welt (Stuttgart 1964).

[15] So z. B. *J. Jeremias,* Theologie (Anm. 8) 50.159; *H. Schürmann,* Jesu Abendmahlshandlung als Zeichen für die Welt (Leipzig 1970) 86: „Markus bringt die Verkündigung Jesu auf den Generalnenner. ‚Erfüllt ist die Zeit und nahe herangekommen die Basileia Gottes' (Mk 1,15)"; *W. Egger,* Frohbotschaft und Lehre. Die Sammelberichte des Wirkens Jesu im Markusevangelium (Frankfurt a. M. 1976) 43–46; *R. Pesch,* Das Markusevangelium I (HThK.NT II/1) (Freiburg/Basel/Wien [5]1989) 100.

[16] Vgl. dazu vor allem die in der vorausgehenden Anm. erwähnte Arbeit von *W. Egger.* Egger glaubt dreizehn Sammelberichte im Markusevangelium finden zu können. Ist aber z. B. Mk 6,30–34 wirklich ein Summarium? Ferner *K. Kertelge,* Die Wunder Jesu im Markusevangelium.

Synagogen und trieb die bösen Geister aus"]; 3,10–12; 4,33; 6,6b [„er zog in den umliegenden Dörfern umher und lehrte"]; 6,54–56). Diese Summarien beziehen sich ausschließlich auf das Handeln Jesu einschließlich seiner Lehrtätigkeit, *ohne die Lehre inhaltlich wiederzugeben*, gehören darum zur Großgattung „Erzählung". „Gattung" ist typisierte Form – so haben wir oben gesagt. Eine Gattung für den Ruf Jesu „nahegekommen ist die Herrschaft Gottes" zu bestimmen, ist nur möglich, wenn wir ähnlich strukturierte Rufe in anderen Literaturwerken finden. Ähnlich aufgebaute Heils- und Unheilsrufe finden wir in der Tat in ziemlich reicher Zahl schon im Alten Testament; vgl. Jes 56,1: „So spricht der Herr: Wahret Recht und übt Gerechtigkeit!" ἤγγικεν γὰρ τὸ σωτήριόν μου παραγίνεσθαι; Ez 7,3: ἥκει τὸ πέρας..., ἥκει ὁ καιρός ἤγγικεν ἡ ἡμέρα; 7,12: ἥκει ὁ καιρός, ἰδοὺ ἡμέρα; 9,1 „Und [Jahwe] schrie mit lauter Stimme in mein Ohr: Nahe gekommen (ἤγγικεν) ist die Rache über die Stadt"; Klgl 4,18: Die Priester in der belagerten Stadt klagen angesichts der nahen Katastrophe: ἤγγικεν ὁ καιρός ἡμῶν, ἐπληρώθησαν αἱ ἡμέραι ἡμῶν, πάρεστιν ὁ καιρός ἡμῶν. Die syntagmatische Struktur all dieser Rufe ist immer gleich: VPr + NPr, genau wie in Mk 1,15c, wobei wir sogar bei der VPr wiederholt dasselbe Lexem ἐγγίζ(ειν) antreffen.[17] Wir haben also eindeutig eine Gattung vor uns, die man „Ruf", besser vielleicht „Ansage" nennen kann. Die Stellung dieser „Ansage" in der ganzen Akoluthie des Markusevangeliums läßt sie vielleicht noch näher als „Eröffnungsruf", „Eröffnungsansage" bezeichnen (was durch Mt 3,2; 4,17; 10,7 bestätigt wird). Wenn wir die Gattung von Mk 1,15c als „Ansage" („Eröffnungsruf") bestimmen, ist damit noch nicht das Geringste in historischer Hinsicht entschieden (ob Jesus wirklich sein Wirken in Galiläa mit diesem Ruf eröffnet hat – das ist eine andere Frage); einstweilen bleiben wir ausschließlich auf der Redaktionsebene und zwar, linguistisch gesprochen, auf der Ebene der Signifikanten. Wenn Mk 1,15b+c von der Gattungsbestimmung her als „Ansage" oder „Eröffnungsruf" zu bezeichnen ist – und von der syntagmatischen Struktur her geht es gar nicht anders –, dann scheidet „Summarium" als Gattung aus. Die Funktion eines „Eröffnungstextes" ist eine völlig andere als jene des „Summariums". Ein Eröffnungstext hat die Funktion, eine hermeneutische Isotopie zu schaffen.[18] Im Fall von Mk 1,15 diese, das ganze Heilshandeln Jesu als eschatologisches „Reichsgeschehen" verstehen zu lassen; denn Jesus eröffnet mit

---

Eine redaktionsgeschichtliche Untersuchung (München 1970) 30–39 („Die Wunder Jesu in den Sammelberichten").

[17] Vgl. dazu auch noch *U. Engel*, Regeln zur Wortstellung, in: Forschungsberichte des IDS 5 (Mannheim 1970).

[18] Vgl. zu Wesen und Funktion eines „Eröffnungstextes" in einem Literaturwerk *S. J. Schmidt*, „Text" und „Geschichte" als Fundierungskategorien, in: *W.-D. Stempel* (Hg.), Beiträge zur Textlinguistik (München 1971) 31–52 (48: „Der Eröffnungstext eines Textes und die in ihm auf der Ebene des Satzes dominanten bzw. zentrierenden Bedeutungswerte bestimmen die Isotopiebene und die damit konstituierte Erwartungs- bzw. Verstehensebene des Textes. Polyseme und Metaphern etwa können nur dann monosemiert bzw. aufgelöst werden, wenn die Isotopieebene als relevante Bezugsebene erkannt und alle informativen Valenzen darauf zentriert werden. Verstanden wird ein Text dann, wenn die für ihn/in ihm verbindliche Isotopieebene identifiziert und die jeweils maßgebliche Beziehung der Bedeutungswerte in ihm realisiert werden kann").

der Ansage von Mk 1,15 das dynamische βασιλεία-Geschehen und führt es dann durch.[19]

## VI. Die „innere Form" von Mk 1,14.15

Von der syntagmatischen Form („Struktur") ist die „innere Form" zu unterscheiden. Zu ihr gehört z.B. der Parallelismus membrorum, oder innerhalb einer „Kleinen Einheit" auch der Wechsel von Handlung und Rede bzw. von Rede und Handlung.[20] Wir treffen in Mk 1,14f. deutlich auf Lexeme des Handelns und des Redens, nämlich ἔρχεσθαι bzw. κηρύσσειν (λέγειν). Zur „inneren Form" von Mk 1,14f. gehört die Abfolge Handeln/Rede. Jesus handelt zuerst (er kommt nach Galiläa); er redet dort (er sagt etwas an). Die Schlüsse aus dieser „inneren Form" werden uns gleich noch beschäftigen. |

## VII. Vorläufiger Rückblick

Im Rückblick auf die bisherige analytische Arbeit könnte die Frage entstehen: Wozu das Ganze? Wir wollen doch in der Exegese nicht im Formalen steckenbleiben, sondern eine biblische Theologie aufbauen. So klagte man früher: Wir sind lange genug mit einer bloß textgeschichtlich und textkritisch orientierten Exegese geplagt worden. Seit K. Barths „Römerbrief" wandte man sich endlich wieder dem Kerygma und der biblischen Theologie zu. Jetzt fallen wir wieder in den alten Zustand zurück, den wir doch überwunden zu haben glaubten, und begeben uns wieder auf das Gebiet bloßer Formalia. Ob dem wirklich so ist, wird sich zeigen. Der Linguistik wirft man vor, sie formalisiere oder „mathematisiere" die Sprache, die uns doch M. Heidegger und viele Hermeneutiker als ein Mysterium erkennen ließen. Ob der Vorwurf berechtigt ist oder nicht, sei jetzt nicht geprüft. Jetzt sei nur gesagt (oder zunächst behauptet), daß die strukturallinguistische Methode gerade beim Aufbau biblischer Theologie eine wichtige Rolle spielen kann, besonders bei der Erarbeitung einwandfreier Ergebnisse, die auf formgeschichtlichen Weg allein nicht gewonnen werden können.

---

[19] Dabei entsteht aber eine Spannung zum „Eröffnungstext" von Mk 1,1 („Evangelium von Jesus Christus, *dem Sohn Gottes"* – die Textbezeugung für υἱοῦ θεοῦ ist sehr gut, s. dazu *Nestle-Aland*, NT Graece [27]1993) –; denn hier haben wir einen eindeutig christologischen Eröffnungstext, der die folgende Vita Jesu als Manifestation des Sohnes verstehen läßt. Wie löst Mk diese Spannung zwischen Sohnes- und βασιλεία-Theologie, also zwischen einer nachösterlichen und vorösterlichen Thematik? Er löst sie, indem er das „Reichsgeschehen" in Jesus als Sohnesmanifestation interpretiert. So überwindet er zugleich den Zeitendualismus „vor Ostern"/„nach Ostern". Der zweifache „Eröffnungstext" in Mk 1 bringt eine enorme Spannung in die markinische Vita Jesu, bestimmt ihre innere Struktur und stellt, was die Lösung dieser Spannung angeht, die große theologische Leistung des Evangelisten Markus dar.

[20] Vgl. dazu W. *Richter* a.a.O. (Anm. 11) 92; E. *Lämmert*, Bauformen des Erzählens (Stuttgart 1955) 195 ff.

Die formgeschichtliche Arbeit an den Evangelien hat jedoch grundsätzlich zu der Unterscheidung von drei Ebenen geführt: Die historische Ebene, die Traditionsebene, die Redaktionsebene. Das Vaticanum II hat in der Konstitution „Dei Verbum" V, 19 diese Unterscheidung bei der Arbeit an der Leben-Jesu-Forschung als notwendig erklärt.[21] Aber vielfach war es so, daß die drei Ebenen nicht immer sauber auseinandergehalten wurden, ineinander vermischt wurden, daß man vor allem allzu früh von der synchronen Ebene auf die diachrone übersprang und das Augenmerk sofort auf das Signifikat richtete, ohne zuvor die Ebene der Signifikanten analysiert zu haben.

Die moderne Linguistik sollte uns nun ein für allemal ins Bewußtsein gebracht haben, daß es methodisch falsch ist, sofort auf der historischen Ebene zu operieren und es ebenso falsch ist, traditionsgeschichtliche Überlegungen anzustellen, bevor nicht die Ebene der Redaktion in jeder Hinsicht, formal und inhaltlich, analysiert ist. Wir haben uns im vorausgehenden Teil dieses Beitrags auf dieser Ebene bewegt und die Diachronie nur dort herangezogen, wo es unbedingt nötig war, etwa bei der Bestimmung einer Gattung. Wir bleiben auch im folgenden Punkt VIII immer noch auf der Ebene der Redaktion, aber wenden uns nun ihrer Theologie zu.

## VIII.  Die Theologie von Mk 1,14.15 auf der Redaktionsebene

### 1. Vorbemerkungen zum Begriff „Redaktion"

Was ist eigentlich „Redaktion"? „Redaktion" könnte, nur vom technischen Verfahren her gesehen, identisch sein mit „Komposition" (die Evangelisten redigieren = komponieren das vorausliegende Material aus der Zeit des Evangeliums vor den Evangelien zusammen, der eine so der andere so). Viele Exegeten denken bei „Redaktion", im Anschluß an K. L. Schmidts klassisches Werk „Der Rahmen der Geschichte Jesu" (Berlin 1919), vor allem an die sogenannte Rahmung, die der einzelne Evangelist dem Traditionsmaterial in seinem Werk gegeben hat, etwa hinsichtlich des Einzelmaterials (Logien, Gleichnisse, Wundererzählungen usw.), oder hinsichtlich des Ganzen seiner Vita Jesu. Die redaktionsgeschichtliche Arbeit ging bis in die jüngste Zeit vor allem dieser Rahmung nach, um etwa das je Spezifische eines synoptischen Evangeliums erfassen zu können. Dem hat E. Güttgemanns heftig widersprochen und zwar von den Erkenntnissen der modernen Sprachwissenschaft her.[22] Er fragt: Was geschieht eigentlich bei der Redaktion? Zunächst: die totale Auflösung der Diachronie und ihre Trans-

---

[21] Vgl. dazu Näheres bei O. *Semmelroth/M. Zerwick*, Vaticanum II über das Wort Gottes. Die Konstitution „Dei Verbum": Einführung und Kommentar, Text und Übersetzung (SBS 16) (Stuttgart 1966) 44–50.

[22] *E. Güttgemanns*, Offene Fragen zur Formgeschichte des Evangeliums. Eine methodologische Skizze der Grundlagenproblematik der Form- und Redaktionsgeschichte (München ²1971), dazu meine Rezension „Grenzen der Formgeschichte" in BZ. NF 15 (1971) 267–271.

formierung in Synchronie. Der Evangelist schafft ja einen „neuen Text", der als solcher abgelöst ist vom historischen Geschehen und auch von den vorausliegenden Erzählungen („Traditionen") über dieses Geschehen. Der Text (etwa des Mk-Evangeliums) ist grundsätzlich etwas Neues, | ein synchrones „System", das vorher so nicht da war. In dieses synchrone System ist das gesamte Material, soweit es überhaupt verarbeitet wird, aufgenommen, und damit auch in ein neues „Großsyntagma" gestellt. „Redaktion" ist also ein literarischer Totalprozeß, durch den auch ein neues Sinngefüge, ein neues Strukturganzes entsteht. Der „neue Sinn" zeigt sich nicht bloß in der Komposition oder in der Rahmung, sondern im Ganzen des Entwurfes. Das hat z. B. zur Folge, daß die früheren „Sitze im Leben" der aus der Tradition stammenden „Kleinen Einheiten" verschwinden und vielfach nur noch hypothetisch rekonstruiert werden können, wobei viele Exegeten ihrer Phantasie ziemlich freien Lauf lassen. Güttgemanns sagt im Hinblick auf das Ganze eines Evangeliums:[23] „Die Form des Evangeliums ist als sprachliche ‚Gestalt' eine unlösbare dialektische Einheit von traditionsgeschichtlich überkommenem ‚Material' und intentional-akthafter Gestaltung der sprachlichen ‚Form', die das Material ‚aufhebt', indem sie es als Darstellungsmittel des mit dem neuen ‚Sinn'-Horizont gesetzten Bedeutungsgefüges der Form des Evangeliums dienen läßt und so auch den sprachlichen Zusammenhang des ‚Materials' („Sitz im Leben") verändert". Das Evangelium ist als Ganzes mehr als nur ein zusammengewachsenes Mosaik von Einzelbausteinen (vgl. 84), es ist „kein bloßes Aggregat, sondern eine gestalthafte Einheit … Dabei wird deutlich, daß die Form des Evangeliums wegen ihrer ‚Übersummativität' … nicht als Addition oder Summation von einzelnen Elementen (‚Kleinen Einheiten') erklärt oder genetisch abgeleitet werden kann, weil so kein einheitlicher ‚Gestalt'-Sinn zustandekommt" (257). Eine traditions-*geschichtliche* Genealogie der sog. Endredaktion erweist sich als zu einseitig und unreflektiert. Nach der „Redaktion" des Materials durch den Evangelisten sind vielmehr die „Kleinen Einheiten" in ein neues Strukturganzes aufgenommen und damit auch herausgenommen aus ihren bisherigen „Sitzen im Leben". Jetzt gilt: „Geblieben ist die Kontinuität gewisser Mikrostrukturen, aber geändert hat sich die Makrostruktur, die die Mikrostruktur jeweils funktional ‚rahmt'" (148), weil der ‚Rahmen' „etwas grundsätzlich anderes (ist) als bloß die schriftliche Fixierung des mündlich längst Bestehenden" (90). Das Evolutionsschema ist aufgrund der Erkenntnisse der modernen Literaturwissenschaft aus den formgeschichtlichen Überlegungen zu entfernen. Durch diese Feststellungen werden der Evangelist als Schriftsteller und seine individuelle Leistung rehabilitiert, während M. Dibelius noch formuliert hat: Die Verfasser der Evangelien „sind nur zum geringsten Teil Schriftsteller, in der Hauptsache Sammler, Tradenten, Redaktoren".[24] Dieser Meinung von M. Dibelius liegt eine überholte Anschauung von dem, was man „Redaktion" nennt, zugrunde. „Redaktion" ist vielmehr die Aufnahme des

---

[23] Ebd. 257.
[24] *M. Dibelius*, Die Formgeschichte des Evangeliums (Tübingen ⁶1971) 2.

gesamten Materials in ein neues Strukturganzes, in ein neues Sinngefüge. Nicht bloß der „Rahmen" gehört zur Theologie des Mk oder des Lk, sondern auch das von ihm rezipierte Material. In der Konsequenz bedeutet das dann auch: Nach der sog. Abhebung der „Redaktionsdecke" ist das Ganze „abgehoben". Zum mindesten muß man unterscheiden zwischen der „äußeren" und der „inneren" Redaktion: die „äußere" hat einfach die „technische" Komposition des Materials im Auge (bei Mk nicht allzugut gelungen!), die „innere" das theologische Ziel, von dem der Verfasser bei seiner Arbeit geleitet ist (bei Mk sehr gut gelungen!). Die „innere" Redaktion überrundet die „äußere", so daß diese vielfach gar nicht ins Bewußtsein des Lesers kommt.

Angewendet auf Mk 1,14.15 bedeutet das: Auch wenn wir in diesen zwei Versen Traditionsmaterial feststellen können, so darf dieses Material nicht eingeklammert werden, wenn wir nach der theologischen Intention suchen, die Mk mit diesen zwei Versen verfolgt hat. Diese Intention erkennen wir vielmehr nur aus dem synchronen Strukturganzen dieser Verse. Dieser Intention wenden wir uns jetzt zu.

## 2. Syntagma und Aussageziel

W. Richter sagt[25]: „Der Autor hat sicher nicht rein zufällig und absichtslos die Elemente ausgewählt und zu einer bestimmten Struktur zusammengestellt. Die Wahl der Struktur wird davon abhängen, was der Autor mit seiner Einheit beabsichtigt. Trifft das zu, dann läßt sich aus | der Struktur das Ziel der Einheit erschließen; es kann in der Aussage oder in der Intention der Einheit liegen. Die Erarbeitung der Struktur hat also die Funktion, das Ziel, nämlich die Aussage oder die Intention der Einheit zu erkennen".

Angewendet auf Mk 1,14.15: Wir müssen von der bei der vorausgehenden Strukturanalyse gemachten Feststellung ausgehen, daß wir in diesem Abschnitt nur einen einzigen kurzen Hauptsatz haben: ἦλθεν ὁ Ἰησοῦς εἰς τὴν Γαλιλαίαν (V. 14b). Alles andere steht in einem grammatischen und syntagmatischen Abhängigkeitsverhältnis zu diesem Hauptsatz. Daraus darf nicht bloß, sondern muß der Schluß gezogen werden: Markus legt auf diese Information „Jesus kam nach Galiläa" den größten Wert. Das „Paradigma" Jesus ist für Markus nicht auswechselbar, da er ja nach seiner eigenen Zielangabe in Mk 1,1 ein „Evangelium von Jesus Christus (oder: Jesu Christi)"[26] schreiben will. Ob auch die Lokalangabe „nach Galiläa" für Mk ein unauswechselbares „Paradigma" ist, ist nicht ganz sicher zu sagen, aber wahrscheinlich. Wir müssen fragen: Welchen Sinn hat die Lokalangabe im Ganzen der markinischen Vita Jesu? Wird Galiläa nur eingeführt, weil Mk aus der Tradition weiß, daß Galiläa das Heimatland Jesu ist (vgl. 1,9: „Es kam Jesus aus Nazareth in Galiläa"), oder führt er es deswegen ein, weil

---

25 *W. Richter*, a.a.O. (Anm. 11) 114.
26 Beides kann der Gen. Ἰησοῦ Χριστοῦ in Mk 1,1 bedeuten.

der folgende Großabschnitt bis 9,50 im wesentlichen sich in Galiläa abspielt (NB: immer auf der Ebene der Redaktion!), oder sah Mk theologisch in Galiläa, um eine Formulierung E. Lohmeyers zu gebrauchen, „das klassische Land des Evangeliums", so daß „Galiläa" einen gewissen Symbolwert besitzt?[27] Wahrscheinlich verbirgt sich kein besonderes Geheimnis hinter der Lokalangabe; Markus braucht sie einfach, um Jesus vom Jordan weg wieder in sein Heimatland zurückzuversetzen, weil die folgenden Perikopen von ihm geographisch in Galiläa angesiedelt werden. Informativen Charakter besitzt für den Leser des Evangeliums die geographische Angabe aber auf jeden Fall.

Jesus tritt nach Mk als Sprecher in Galiläa auf; er hat dort eine „gute Nachricht Gottes" auszurichten, mit dem Inhalt: „Erfüllt ist die Zeit und unmittelbar nahegekommen die Herrschaft Gottes!" Wir haben für den zweiten Teil dieser Botschaft (ἤγγικεν ἡ βασιλεία τοῦ θεοῦ) eine Gattung nachweisen können, die wir „Ansage" („Eröffnungsruf") nannten. Nach W. Richter verweist die ausgeprägte Form „auf die Funktion des Weckens von Aufmerksamkeit, Anteilnahme, gegebenenfalls Nachahmung",[28] hier ganz eindeutig auf das erste: Wecken von Aufmerksamkeit. Jesus will (immer nach Mk) auf ein sich jetzt ereignendes „heilsgeschichtliches" Geschehen aufmerksam machen: die bisherige Epoche geht zu Ende; eine neue bricht an: die „Epoche" der eschatologischen Gottesherrschaft. Warum das Jesus ansagen kann, sagt uns Markus erstaunlicherweise nicht. Er wird es zwar wissen, warum Jesus von Nazareth dazu in der Lage ist; hat er doch in 1,11 berichtet, daß bei der Taufe Jesu eine Stimme aus dem Himmel erscholl: „Du bist mein geliebter Sohn". Aber wir wollen jetzt noch nicht in die Christologie einsteigen, sondern noch in der Linguistik bleiben. Die Linguistik geht bei ihren Überlegungen über die Implikationen eines generativ-transformationellen Sprachmodells von der Theorie aus, „daß der Sprecher … über ein internes Programm verfügt, das ihm die Bildung von Sätzen entsprechend seiner Mitteilungsabsicht ermöglicht".[29] Dieses interne Programm kann man auch „die Kompetenz des Sprechers" nennen, d.h. ein Sprecher muß für die Generierung von Sätzen entsprechend seiner Mitteilungsabsicht zuständig sein. Fundierte Aussagen über die „Kompetenz" eines Sprechers sind aber nur auf dem Umweg über die „Performanz", d.h. die konkrete Äußerung, möglich.[30] Wir haben schon gesagt: Eine Syntagmatisierung von βασιλεία τοῦ θεοῦ mit dem Verbum ἐγγίζειν läßt sich in der jüdischen Sprachtradition nicht nachweisen; sie begegnet jedoch im Mund Jesu. Jesus verfügt also, jedenfalls nach der Meinung des Mk, über eine sprachliche Kompetenz, die ihm eine bisher nicht belegbare Perfor-

---

[27] Vgl. auch _H.-W. Kuhn,_ Ältere Sammlungen im Markusevangelium (Göttingen 1971) 220, Anm. 25.

[28] _W. Richter,_ a.a.O. (Anm. 11) 114.

[29] _H. Bühler_ u.a., Linguistik I (Tübingen ²1971) 102f.

[30] Vgl. ebd. 103f. Man versteht in der Linguistik unter „Kompetenz", kurz gesagt, die Fähigkeit eines Sprechers, aus einem vorliegenden Inventar von Sprachzeichen und Verknüpfungsregeln sinnvolle Sätze bilden zu können; unter „Performanz" die konkrete Sprechäußerung, die freilich an viele Voraussetzungen gebunden ist (z.B. an die Begabung eines Sprechers).

manz erlaubt. Er „erzeugt" mit seiner Ansage ἤγγικεν ἡ βασιλεία τοῦ θεοῦ ein neues Satzsyntagma. Dieses neue Syntagma ist zugleich ein sogenannter Emphasesatz, wie die vorangestellte, tontragende VPr ἤγγικεν erkennen läßt. Der Inhalt der Ansage ist kein belangloser, x-beliebig wiederholbarer, sondern steht, wie die syntagmatische Struktur von | Mk 1,14.15 erkennen läßt, in einem Zusammenhang mit der Aussage des Hauptsatzes: „Es kam Jesus nach Galiläa". Handlung und Rede, erkannt als „innere Form" von Mk 1,14.15, gehören zusammen, weil der Handelnde und der Sprechende dieselbe Person sind: Jesus von Nazareth.

Es läßt sich deshalb jetzt soviel sagen: *Der Evangelist Mk traut Jesus von Nazareth zu, in Galiläa als gute Nachricht von Gott anzusagen: „Erfüllt ist die Zeit und unmittelbar nahegekommen die Herrschaft Gottes".* Warum traut er ihm das zu? Diese Frage kann aus Mk 1,14.15 allein nicht beantwortet werden. Zur Beantwortung muß der weitere Kontext der markinischen Vita Jesu herangezogen werden. Jedenfalls will die Performanz, geboren aus der Kompetenz des Sprechers Jesu, aufhorchen lassen. Das ergibt sich aus der in der Performanz verwendeten Gattung, wie wir schon ausführten.

Wen aber läßt sie aufhorchen? Das sagt Mk in 1,14 nicht, sowenig er sagt, wer die Adressaten sind, an die sich die Imperative Jesu in 1,15d und 15e richten. Mk nennt hier keine Adressaten; denn die Lokalangabe εἰς τὴν Γαλιλαίαν ist geographisch, nicht „personal" gemeint. Adressaten der Predigt Jesu erwähnt Mk erst in 1,21 ff.: die Besucher des Synagogengottesdienstes in Kapharnaum. Mk abstrahiert also in 1,14.15 in gewisser Hinsicht, nämlich im Hinblick auf die Adressaten der Ansage Jesu, von der historischen Situation. Was erreicht er damit? M. E. dies: Die Ansage Jesu erhält dadurch programmatischen Charakter – Jesus kündigt mit seiner Ansage zugleich ein „heilsgeschichtliches" Programm an, das durchzuführen er sich gesandt weiß.

Noch etwas ist in der Botschaft Jesu zu beachten, und zwar auf der semantischen Ebene. Jesus macht die Ansage: ἤγγικεν ἡ βασιλεία τοῦ θεοῦ. Das Morphem ἐγγίζειν ist aber von semantischer Ambivalenz: es kann nämlich sowohl in lokalem als auch in temporalem Sinn verstanden werden (etwas „nähert sich" entweder zeitlich oder örtlich). Läßt sich eine Entscheidung für Mk 1,15 treffen? Zunächst scheint es möglich zu sein, ἤγγικεν auf einen zeitlichen Sinn festzulegen, und zwar im Zusammenhang mit dem ersten Teil der Ansage: „Erfüllt ist die Zeit" (eindeutiger Zeitbegriff ὁ καιρός). Aber gesehen im Zusammenhang des Großsyntagmas von Mk 1,14.15 mit dem einzigen Hauptsatz „Jesus kam nach Galiläa" scheint sich ἤγγικεν semantisch eher zu nuancieren in Richtung eines „lokal" gemeinten Sinnes: Die Performanz „unmittelbar nahegekommen ist die Herrschaft Gottes" wird aus der Kompetenz *Jesu* heraus gesprochen. Also scheint das βασιλεία-Geschehen, das mit dem Verbum ἐγγίζειν signalisiert ist, mit dem Auftreten Jesu in Galiläa zusammenzuhängen; d. h. ἐγγίζειν bekommt eine semantische Nuance, die die temporale Bedeutung transzendiert, und zwar von der Person Jesu her. Vielleicht ist *er* in Person für Mk die sich nahende Gottesherrschaft? Das sei nur als Frage gestellt.

## IX. Die Ebene der Tradition

Wir versuchen nun von der Ebene der Redaktion auf die Ebene der Tradition zu gelangen, d.h. also konkret: Wo findet sich in Mk 1,14.15 Vormarkinisches, in der Zeit des Evangeliums vor den Evangelien Entstandenes? Grundsätzlich liegt die große Schwierigkeit der Traditionsgeschichte darin, daß sich Redaktion und Tradition oft gar nicht säuberlich voneinander unterscheiden lassen. Der redaktionelle Wille erhebt häufig einen Totalanspruch, am meisten wohl innerhalb der gesamten Bibel beobachtbar im Johannesevangelium, in dem auch Sprache und Stil an diesem Totalanspruch partizipieren. Auch Mk bedient sich eines ausgeprägten Stils und einer ausgeprägten Sprache. Um die Redaktionsebene und die Traditionsebene voneinander scheiden zu können, bedient man sich gewöhnlich der Wortstatistik. Aber man muß gerade hinsichtlich Mk sehr beherzigen, was Güttgemanns so formuliert hat:[31] „Es ist merkwürdig, wie schnell von einer traditionellen langue auf Unmarkinisches geschlossen wird, obwohl Markus selbst geprägte und eigenständige Formulierungen undifferenziert nebeneinandersetzt. Ist er selbst sich des Unterschiedes überhaupt *bewußt* geworden?".[32] |

Unter diesem Vorbehalt wenden wir uns kurz der Traditionsgeschichte von Mk 1,14.15 zu.[33] Was ist darin vormarkinisch?

*V. 14:* Vormarkinisch ist hier sicher der Hinweis auf die „Übergabe des Johannes" des Täufers, weil diese nicht bloß in den anderen Evangelien (z.B. Lk 3,19; Mt 14,3), sondern auch in einer von den Evangelien unabhängigen Quelle, nämlich von Flavius Josephus bezeugt wird. Schwierig ist jedoch die Frage zu beantworten, ob der sogenannte heilsgeschichtliche Synchronismus (also der Ansatz des Auftretens Jesu in Galiläa „nach" der Einkerkerung des Täufers) vormarkinisch ist. Vormarkinisch ist sicher die Notiz, aber nicht in ihrer sprachlichen Formulierung, daß Jesus in Galiläa aufgetreten ist, denn auch das wird durch andere Schriften bestätigt (Evangelien; Apostelgeschichte). Vormarkinisch (wahrscheinlich jedoch von Mk nicht bewußt verwendet) ist die Wendung: „Das Evangelium verkündigen", die der urchristlichen Missionsprache entstammt.

*V. 15:* Ist die Ansage Jesu einschließlich der Imperative vormarkinisch oder geht sie auf das schriftstellerische Konto des Mk? Die „Gattung", in der die Ansage gemacht wird, ist selbstverständlich vormarkinisch, wie wir gesehen haben (wenigstens im Hinblick auf V. 15c). Aber der Inhalt? Es gibt vier Möglichkeiten: Entweder hat den Inhalt der Ansage erst Mk formuliert oder die Formulierung geht auf die nachösterliche Gemeinde zurück oder sie geht auf Jesus selbst zurück (wenigstens teilweise); und evtl. könnte auch eine Täufertra-

---

[31] E. *Güttgemanns*, a.a.O. (Anm. 22) 220, Anm. 249.
[32] Vgl. dazu auch F. *Mußner* und Mitarbeiter, Methodologie der Frage nach dem historischen Jesus (= Nr. 1 in diesem Band).
[33] Vgl. zu ihr auch R. *Pesch*, Anfang des Evangeliums Jesu Christi. Eine Studie zum Prolog des Markusevangeliums (Mk 1,1–15) in: Die Zeit Jesu (FS H. Schlier) (Freiburg/Basel/Wien 1970) 108–144 (134–136); *ders.*, Das Markusevangelium I (Anm. 15) 100–104.

dition vorliegen (vgl. Mt 3,2 [im Mund des Täufers]: μετανοεῖτε· ἤγγικεν γὰρ ἡ βασιλεία τῶν οὐρανῶν). Es gibt keine absolut sichere Antwort; wir können nur einige Überlegungen anstellen; die Wortstatistik führt hier überhaupt zu keinem Ziel. Die Summariumshypothese scheidet m. E. als falsch aus. Wir fragen also: Wer verfügt über die Kompetenz, um zu einer solchen Performanz zu kommen, wie sie in Mk 1,15 vorliegt?

   *1. Möglichkeit:* Mk selbst, um zunächst von der Redaktionsebene aus zu operieren? Wenn ja, dann würde er, wie wir ausführten, damit Jesus von Nazareth die Kompetenz zu solcher Performanz zusprechen, weil er sie ihm in den Mund legt. Über die sprachliche Kompetenz zu solcher Performanz könnte Mk an und für sich selbst verfügt haben, d. h. er konnte im Anschluß an die vorgegebene Gattung diese mit einem solchen Inhalt füllen, weil er aus der Tradition weiß, daß es Jesus um die Gottesherrschaft gegangen ist und weil es seine Glaubensüberzeugung ist, daß diese mit Jesus schon mächtig in die Welt hereingebrochen ist.

   *2. Möglichkeit:* Die nachösterliche Gemeinde verfügte über die Kompetenz, um von sich aus zu einer derartigen Performanz zu gelangen. Verfügte sie wirklich darüber? Das kann nicht von vornherein verneint werden. Jedoch tauchen da Schwierigkeiten auf. Wenn wir die kerygmatischen Formeln, die im Zusammenhang mit der anfänglichen Homologese entstanden sind, anschauen, sind sie ausnahmslos christologisch orientiert. In der nachösterlichen Mission ging es primär um die Christusverkündigung. Ich vermag in der nachösterlichen Gemeinde und ihrer Performanz keinen „Sitz im Leben" für eine solche Ansage zu finden: ἤγγικεν ἡ βασιλεία τοῦ θεοῦ. Wohl kann man sich nachösterlich einen literarischen „Sitz im Leben" für eine solche Ansage denken, etwa in der schriftstellerischen Intention eines Evangelisten, der eine Vita Jesu vorlegt, in der er Jesus sprechen läßt.

   *3. Möglichkeit:* Die Ansage geht, wenn auch vielleicht nur in ihrem Kern – und dazu kann man 15c+d, also die Ansage der Nähe der Gottesherrschaft und den Ruf zur Umkehr, rechnen –, auf Jesus zurück. Sie würde auf jeden Fall gedeckt sein durch Aussagen Jesu, die in eine ähnliche Richtung gehen, wie etwa durch den Spruch aus der Logienquelle, der sicher jesuanisch ist: „Wenn ich mit dem Finger [Geist] Gottes die Dämonen austreibe, ist folglich die Herrschaft Gottes bei euch angelangt" (Mt 12,28 = Lk 11,20). Außerdem kann, wie die Formulierung der Ansage verrät (ἤγγικεν!), ihr Sprecher nur ein Vertreter der Nächsterwartung sein; Jesus aber war Vertreter der Nächsterwartung, oder besser gesagt: Er verstand sich als den unmittelbaren Bringer des jetzt anbrechenden Heils der Gottesherrschaft. Die Heilsansage bestimmte den Inhalt seiner anfänglichen Predigt, wie A. Polag in seinem Buch „Die Christolo|gie der Logienquelle" gezeigt hat.[34] In dieser anfänglichen Heilsansage findet auch der Ruf ἤγγικεν ἡ βασιλεία zusammen mit dem Ruf zur Umkehr seinen besten „Sitz im Leben". Mk dagegen ist kein Vertreter der Nächsterwartung mehr. Daß Mk von sich aus

---

[34] Neukirchen-Vluyn 1977.

die Ansage gerade so formuliert hat, wie in Mk 1,14c zu lesen ist, ist zu bezweifeln. Mk geht es ja primär um Christologie, wie schon Mk 1,1 erkennen läßt, und
nach W. Marxsen soll der christologische Gehalt der Ansage Jesu in Mk 1,15 der
sein. „Ich komme bald".[35] Hätte Mk freilich ein derartiges christologisches
Implikat in 1,15 im Auge gehabt, ist nicht einzusehen, warum er sie dann nicht
auch in direkter Weise Jesus in den Mund gelegt hätte, etwa mit Hilfe einer
Epiphanieformel, die dann m.E. so lauten müßte: „Ich bin da!"; diese würde
dann sogar in unmittelbarer Korrespondenz zur Himmelsstimme bei der Taufe
Jesu stehen. Es ist deshalb nur schwer einzusehen, daß die Ansage der sprachlichen Kompetenz des Mk entsprungen sei.[36]

*4. Möglichkeit:* Geht die Ansage auf den Täufer zurück? Wie wir schon
erwähnten, legt sie Mt auch dem Täufer in den Mund (Mt 3,2), läßt sie von Jesus
wiederholen (4,17) und in seinem Auftrag auch von den Jüngern in Galiläa
ausrufen (10,7). Es läßt sich nicht völlig abweisen, daß die Ansage ἤγγικεν ἡ
βασιλεία τοῦ θεοῦ auf den Täufer zurückgeht und dann auch auf Jesus übertragen
wurde. Es bestehen dieser Erklärung gegenüber freilich zwei Schwierigkeiten: 1.
Wir stoßen im übrigen in der Predigt des Täufers auf das Thema „Reich Gottes"
überhaupt nicht – seine Predigt ist entschieden messianologisch orientiert; und 2.
es besteht der begründete Verdacht, daß Mt die Ansage von der Nähe der
Gottesherrschaft in den im übrigen aus Mk entnommenen Täuferstoff sekundär
eingeschoben hat, um die Aufforderung des Täufers zur „Umkehr" noch stärker
fundieren zu können.

Eine endgültige, absolut sichere Lösung der Frage scheint es nicht zu geben.

# X. Die Ebene der Historie

Dazu ist nach den Überlegungen des Punktes IX nicht mehr viel zu sagen. Als
historisch sicher, wenn auch dem Mk über die Tradition zugeflossen, darf gelten,
daß Johannes der Täufer eingekerkert worden ist; ferner, daß Jesus von Nazareth
in seinem Heimatland Galiläa aufgetreten ist; daß in seiner Predigt das Thema
„Gottesherrschaft" und ihr Jetzt-Anbruch eine zentrale Rolle gespielt hat und
daß er wie der Täufer die Menschen zur Umkehr aufgerufen hat. Diese historischen Daten stehen im Hintergrund von Mk 1,14.15. Aber erst Mk bringt diese
Daten in ein geschlossenes Syntagma ein.

---

[35] W. *Marxsen*, Der Evangelist Markus. Studien zur Redaktionsgeschichte des Evangeliums
(Göttingen 1956) 88.

[36] J. *Jeremias* interpretiert die Ansage Jesu in Mk 1,15 ἤγγικεν ἡ βασιλεία τοῦ θεοῦ so: „Gott ist
nahe. So haben die Menschen den Ruf Jesu gehört: Gott kommt, er steht vor der Tür, ja
(ἔφθασεν): er ist schon da" (Theologie, a.a.O. [Anm. 8] 105). Muß man aber nicht besser sagen:
Gott ist *in Jesus* nahe, er ist *in Jesus* da?

## XI. Die „Christologie" von Mk 1,14.15

Damit betreten wir wieder ganz und gar die Redaktionsebene. Wir fragen: Wie sieht Mk Jesus von Nazareth in dem kleinen Abschnitt von 1,14.15? Ich erinnere noch einmal daran, was die grammatisch-syntagmatische Analyse ergeben hat: Wir haben einen einzigen Hauptsatz, in dem Jesus das Subjekt ist. Jesus kommt nach Mk nach Galiläa und ruft dort als gute Nachricht Gottes die Botschaft aus: „Erfüllt ist die Zeit und unmittelbar nahegekommen die Herrschaft Gottes! Kehrt um und glaubt dem Evangelium!" Jesus sagt also in seiner Botschaft das Ende einer Epoche und den nahen Anbruch der eschatologischen Gottesherrschaft an, fordert zur Umkehr und zum Glauben an seine Botschaft auf. So lautet die Performanz aus seiner sprachlichen Kompetenz. Dürfen Schlüsse aus der sprachlichen Kompetenz und dem Inhalt der Performanz auf seine „ontologische" Kompetenz gezogen werden, und wenn ja, welche, natürlich zunächst immer gefragt auf der Redaktionsebene? Nach Mk kommt Jesus nach Galiläa als Bringer einer guten Nachricht von Gott; freilich fehlt – und das zu beachten, scheint wichtig zu sein – die sogenannte Botenformel.[37] Weil diese fehlt, scheint Mk Jesus aus eigener Vollmacht | sprechen zu lassen, so daß erst recht die Frage nach seiner Kompetenz entsteht. Die Botschaft, die ihn Mk in Galiläa ausrufen läßt, ist unerhört und ihrem Wesen nach eine Heilsbotschaft – von Gericht ist keine Rede. So könnte man vielleicht formulieren: *Mk sieht Jesus in 1,14.15 als aus eigener Vollmacht Sprechenden und die unmittelbare Nähe der Gottesherrschaft Ansagenden.*

Eine Frage sei am Schluß dieser Ausführungen doch noch gestellt: Ergibt sich aus Mk 1,14.15 etwas über das Selbstverständnis Jesu, in Rückfrage von der Ebene der Redaktion auf die Ebene der Historie? Natürlich mit aller Vorsicht und unter vielen Vorbehalten gefragt. Wenn überhaupt etwas sich für das Selbstbewußtsein Jesu aus Mk 1,14.15 ergeben soll, dann nur vom Inhalt der Botschaft aus, speziell von der Ansage ἤγγικεν ἡ βασιλεία aus, immer vorausgesetzt, daß diese auf Jesus selbst zurückgeht, was nicht mit absoluter Sicherheit gesagt werden kann, wenn es auch wahrscheinlich ist. Geht diese Ansage, wenigstens ihrer Intention nach, auf Jesus selbst zurück, dann läßt sich für die Frage nach dem Selbstverständnis Jesu vielleicht Folgendes eruieren: *Jesus von Nazareth hat sich als den Ansager der unmittelbaren Nähe der eschatologischen Gottesherrschaft verstanden.* Jesus verfügte also nach Mk über eine Kompetenz, die ihn solche Sätze generieren ließ.[38] Woher hat er sie? Warum verfügt er über sie? Die

---

[37] Vgl. zur sog. Botenformel etwa *R. Rendtorff*, Botenformel und Botenspruch, in: ZAW 74 (1962) 165–177.

[38] Wir „ontologisieren" damit bewußt den linguistischen Begriff „Kompetenz". Das Recht dazu gibt die Sprecher-Satz-Relation, wie sie auch in Mk 1,14.15 vorliegt. Ein Satz fällt nicht vom Himmel, sondern wird von einem Sprecher (einem Subjekt) generiert, im Fall von Mk 1,14.15 von Jesus. Von diesem Sprecher, von seinem ἐγώ, kann nicht abgesehen werden, auch wenn sein ἐγώ im geleisteten Satz selber dann nicht auftaucht. Nicht irgend jemand generiert den Eröffnungsruf von Mk 1,15, sondern Jesus von Nazareth. Er ist hier die Rede-Instanz, und es bleibt zu fragen, wie er überhaupt zu seiner Ansage gekommen ist. Dieser Frage kann nicht aus

Antwort des Markusevangelisten lautet: Weil Jesus der Messias und geliebte Sohn Gottes ist, auf den bei seiner Taufe im Jordan das Pneuma herabgekommen war (vgl. Mk 1,1.10.11).[39]

---

dem Weg gegangen werden. Die Rede-Instanz, der Sprecher, ist sogar mitbestimmend für die Semantik des geleisteten Satzes. Der Satz verrät zudem das „interne Programm" des Sprechers, wie wir weiter oben schon sagten. Vgl. dazu die wichtigen Überlegungen des französischen Philosophen *P. Ricoeur,* Hermeneutik und Strukturalismus. Der Konflikt der Interpretationen I (deutsch München 1973) 137–173 („Die Frage nach dem Subjekt angesichts der Herausforderung der Semiologie").

[39] Mit diesem Beitrag führen wir die Überlegungen weiter, die wir schon in einem früher erschienen Aufsatz vorgelegt haben: Gottesherrschaft und Sendung Jesu nach Mk 1,14f. Zugleich ein Beitrag über die innere Struktur des Markusevangeliums, in: *F. Mußner,* PRAESENTIA SALUTIS. Gesammelte Studien zu Fragen und Themen des Neuen Testamentes (Düsseldorf 1967) 81–98.

## 14. Die Gemeinde des Lukasprologs

Ein Beitrag auf kommunikationstheoretischer Grundlage[1]

(1981/82)

Es geht im folgenden um die Frage, ob aus den synoptischen Evangelien, speziell ihrem Traditionsmaterial und der redaktionellen Verarbeitung desselben, Rückschlüsse auf die theologische und kirchliche Situation der Adressatengemeinden des Lukasevangelisten gezogen werden können. Formgeschichtliche Analysen des Materials, besonders hinsichtlich der Frage nach dem nachösterlichen „Sitz im Leben" für das Einzelmaterial, haben längst brauchbare Ergebnisse gezeigt, etwa im Hinblick auf Mt 18. Kommunikationstheoretische und hermeneutische Überlegungen, wie wir sie miteinbringen werden, werden uns auch von da her noch die Legitimität solcher Versuche bestätigen; denn der Adressat und die Situation, in der er sich befindet, können die Intentionen des Verfassers eines Briefes oder eines Literaturwerkes, also auch eines Evangeliums, beeinflussen. Da Lukas in seinem Evangelienprolog ausdrücklich auf die Zielsetzung seines Unternehmens zu sprechen kommt, soll der Versuch unternommen werden, vom Prolog aus Rückschlüsse auf die theologische und kirchliche Situation der Adressatengemeinden zu ziehen: *Mit welchen Problemen waren nach dem Prolog diese Gemeinden zur Zeit der Abfassung des dritten Evangliums befaßt? Wie kommt ihnen der Evangelist dabei zu Hilfe?*

---

[1] Eine umfassende Literaturzusammenstellung zu Lk 1,1–4 bietet *H. Schürmann* in seinem Kommentar: Das Lukasevangelium (HThK.NT III/1) (Freiburg/Basel/Wien [4]1990) 1, Anm. 1; dazu noch *R. Glöckner*, Die Verkündigung des Heils beim Evangelisten Lukas, (Mainz 1976) 3–41; *S. Brown*, The Prologues of Luke-Acts in their Relation to the Purpose of the Author, in: SBL.SP 2 (1975) 1–14. – Mein Beitrag wurde zuerst auf der Tagung deutschsprachiger katholischer Neutestamentler Ende März 1977 in Chur (Schweiz) als Referat vorgetragen, auf der es um das Gesamtthema „Die Gemeinden der Synoptiker" ging. Der Wirrwar der Meinungen in der Diskussion gab keine Veranlaßung, an meinen Auffassungen viel zu ändern, die sich vor allem auf Beobachtungen am Text stützen.

# I. Vorbemerkung zum Programm des Lukas nach dem Prolog seines Evangeliums[2]

Lk gibt innerhalb seines Evangelienprologs in 1,4 erfreulicherweise selbst in einem ἵνα-Satz das Ziel seiner Arbeit an: „*Damit* | du die Zuverlässigkeit betreffs der λόγοι erkennst, in denen du unterrichtet worden bist". Der ἵνα-Satz hat seinen Bezug nicht allein zum γράψαι am Ende des V. 3, sondern zum ganzen V. 3: „habe auch ich mich entschlossen, nachdem ich erneut allem genau nachgegangen bin, es lückenlos für dich aufzuschreiben". Da nicht bloß vom ἵνα-Satz des V. 4 her Rückschlüsse auf die Gemeindesituation gezogen werden können, sondern gerade auch vom V. 3 her, in dem Lk seinen „Entschluß" bekannt gibt, müssen für unsere Themenstellung beide Verse ins Auge gefaßt werden, und da Lk selbst mit den kontrahierten κἀμοί zu Beginn des V. bewußt zurückblendet zu den Diegesen der πολλοί-Leute, muß das Relationsgefüge des ganzen Prologs zur Sprache gebracht werden. Nur auf diese Weise lassen sich dann brauchbare Antworten auf die Frage nach der theologischen und kirchlichen Situation der Adressatengemeinden finden.

Was nimmt sich Lk vor? Zunächst dies: Eine Schrift für Theophilus zu verfassen; denn unmittelbar abhängig von der griechischen Phrase ἔδοξε κἀμοί ist der Infinitiv γράψαι. Aber bevor er die endgültige Niederschrift macht, tut er etwas anderes: er geht zuerst erneut allem genau nach; denn das Partizip Perfekt παρηκολουθηκότι, rückbezogen auf das ἐμοί in dem kontrahierten κἀμοί, eindeutig dem Infinitiv γράψαι vorzeitig: Zuerst wird „allem" nachgegangen, dann wird es aufgeschrieben. Ich habe jetzt schon ständig den Begriff ἄνωθεν mit „erneut" und nicht mit „von Anfang an" wiedergegeben. Unter Verweis auf Apg 26,4f. („Wie ich mein Leben von Jugend auf führte, das sich *von Anfang an* [ἀπ᾿ ἀρχῆς] in meinem Volk und in Jerusalem abspielte, wissen alle Juden, da sie mich von Anbeginn [ἄνωθεν] kennen ...": hier hat ἄνωθεν dieselbe Bedeutung wie die Präpositionalphrase ἀπ᾿ ἀρχῆς)[3] übersetzen manche Ausleger ἄνωθεν auch in Lk 1,3 mit „von Anfang an": Ich bin den Ereignissen darüber „von Anfang an" genau nachgegangen, entweder „von Anfang" des Lebens Jesu an oder von seiner Taufe an. Doch ist zu beachten, daß Lk mit dem ἔδοξε κἀμοί, speziell mit der Partikel καί in dem kontrahierten κἀμοί, seine eigene Arbeit in Relation stellt zu den πολλοί-Leuten und ihren Diegesen: Jene verfaßten eine διήγησις über die πράγματα des Lebens Jesu entsprechend den Überlieferungen „der Augenzeugen und Diener des Wortes"; auch Lk tut nun „erneut" Ähnliches. Das ἄνωθεν muß also von der Relation zu den πολλοί-Diegesen her

---

[2] Zum „Programm" des Lk gemäß seinem Prolog ist in der in Anm. 1 aufgeführten Literatur schon viel gesagt worden, vgl. etwa G. *Klein*, Lukas 1,1–4 als theologisches Programm, in: *ders.*, Rekonstruktion und Interpretation. Gesammelte Aufsätze zum Neuen Testament (BEvTh 50) (München 1969) 237–261. Dieser hat das lk Programm bekanntlich als ein „dogmatisches" bezeichnet.

[3] Vgl. auch H. *Conzelmann*, Die Apostelgeschichte (HNT 7) (Tübingen ²1972) z. St.

interpretiert | werden: Was diese schon zu tun „versuchten", will auch Lk nun seinerseits „erneut" tun.

Aber warum will er das tun? War er unzufrieden mit der Leistung der πολλοί-Leute? Arbeitet er seinen eigenen Bericht über das Leben Jesu in Opposition gegen sie aus? Daß das nicht der Fall ist, scheint eindeutig aus dem καί in der Kontraktion κἀμοί hervorzugehen; denn mit dem καί ordnet sich Lk selbst in die Schar der πολλοί-Leute ein – κἀμοί steht ja in klarer Relation zu πολλοί. Damit ist noch keineswegs behauptet, daß er sich in seiner „nachgehenden" Arbeit an den πολλοί-Diegesen orientiert. Woran sich Lk eigentlich orientiert, auf welchen Wegen er die „Zuverlässigkeit" der katechetischen λόγοι über das Leben Jesu gewinnen will, ist eine ungemein schwierige Frage. Beachtet man das grammatisch-strukturelle Gefüge des Prologs genau, so zeigen sich deutlich zwei Textglieder: Die VV. 1 und 2, die sich auf die πολλοί-Diegesen beziehen, und die VV. 3 und 4, die sich auf die Arbeit des Lk beziehen. Eine Verbindung zwischen diesen beiden Textgliedern wird zwar hergestellt und zwar einmal durch das καί in der Kontraktion κἀμοί, ferner durch das ἄνωθεν (s. o.) und schließlich durch das zweifache ἡμῖν in der ersten Textgruppe – denn in dieses ἡμῖν bzw. ἐν ἡμῖν schließt sich Lk sowohl mit den πολλοί-Leuten als auch mit den Adressatengemeinden zusammen. Dieses doppelte ἡμῖν wird uns später noch beschäftigen. Vor allem ist zu beachten, daß der καθώς-Satz des V. 2 („wie uns überliefert haben die, die von Anfang an Augenzeugen und Diener des Wortes geworden sind") sich zunächst auf die πολλοί-Diesgesen bezieht und erst über das in ihm auftauchende ἡμῖν evtl. auch auf die Materialsammlung des Lk.

Was will Lk eigentlich erreichen? Er will nach seiner eigenen Aussage im Prolog die ἀσφάλεια der katechtischen λόγοι über das Leben Jesu, in denen Theophilus unterrichtet worden ist, dadurch kräftigen, daß er allem erneut genau nachgeht, wobei wir noch offenlassen, worauf sich πᾶσιν bezieht. Es steht keine Silbe da, daß er selbst an dieser Zweifel ἀσφάλεια bekommen hätte.[4] Sind aber etwa Theophilus bzw. die Adressatengemeinden hinsichtlich der ἀσφάλεια der katechetischen λόγοι verunsichert worden? Diese Frage wird uns später noch beschäftigen.[5] Lk selbst jedenfalls nicht. Aber um die ἀσφάλεια *wiederherzustellen*, entschließt er sich zu seiner Arbeit, die konkret in der Erstellung eines Evangeliums besteht. Zu diesem Zweck geht er „allem erneut" nach. Es entsteht die Frage: | Wozu steht πᾶσιν in Relation? Die Meinung früher Kirchenväter, πᾶσιν bezöge sich zurück auf die „Augenzeugen und Diener des Wortes", ist angesichts des περὶ πάντων in Apg 1,1 wenig wahrscheinlich, womit ja die πράγματα des Lebens Jesu, näherhin sein „Tun" und „Lehren", gemeint sind. Auch auf die διηγήσεις der πολλοί-Leute kann sich πᾶσιν nicht gut rückbeziehen, da es dann im Griechischen πάσαις heißen müßte. Es bleibt wahrscheinlich nur die Möglichkeit, πᾶσιν auf das neutrische πραγμάτων am Ende des V. 1 rückzu-

---

[4] Vgl. auch *Schürmann*, Lk 14: „Die Schrift des Luk soll die ἀσφάλεια aufdecken, die den katechetischen λόγος ... durch den λόγος des Luk nicht erst gegeben werden muß, die ihnen vielmehr in sich eignet".

[5] Vgl. dazu *Schürmann*, Lk, 10, Anm. 61.

beziehen. Dann ist also Lk den πράγματα des Lebens Jesu „erneut" nachgegangen. Da er sich aber in das ἡμῖν im καθώς-Satz miteinschließt, geht auch *er* jenen „Ereignissen" des Lebens Jesu nach, wie sie in den Überlieferungen der „Augenzeugen und Diener des Wortes" eingegangen waren. Natürlich wäre es denkbar, daß er sich auf direkte Weise in der Form von Interviews mit noch lebenden Augenzeugen des Lebens Jesu Wissen über Jesus verschafft hat, z. B. mit den von ihm ausdrücklich als Augenzeugen deklarierten Frauen aus der Begleitung Jesu (vgl. Lk 23,49 [καὶ γυναῖκες αἱ συνακολουθοῦσαι αὐτῷ ἀπὸ τῆς Γαλιλαίας, ὁρῶσαι ταῦτα]; 23,55 [... αἱ γυναῖκες, αἵτινες ἦσαν συνεληλυθυῖαι ἐκ τῆς Γαλιλαίας αὐτῷ, ἐθεάσαντοτὸ μνημεῖον καὶ ὡσ ἐτέθη τὸ σῶμα αὐτοῦ]; dazu auch Apg 1,14 [σὺν γυναιξὶν καὶ Μαριὰμ τῇ μητρὶ Ἰησοῦ])[6] oder mit Leuten aus der Verwandtschaft Jesu (vgl. nochmals Apg 1,14 [καὶ σὺν τοῖς ἀδελφοῖς αὐτοῦ]) oder mit Apostelschülern (ähnlich wie Papias). Doch scheint diese Möglichkeit wegen Einbeziehung seiner eigenen Person in das ἡμῖν des καθώς-Satzes auszuscheiden, obwohl sie gar nicht so phantastisch klingt, wie manche Exegeten meinen.[7] Lk greift ähnlich wie die πολλοί-Leute in ihren Diegesen auf die auf die Augenzeugen und Diener des Wortes zurückgehenden, also auch bereits versprachlichten Überlieferungen über die πράγματα des Lebens Jesu zurück, wobei wir wissen, daß Lk das Mk-Evangelium und die Logienquelle als derartige legitime Überlieferungsniederschläge betrachtet und benutzt hat. Freilich fällt bei Lk ein Doppeltes auf: einmal das umfangreiche Sondergut, das über die Hälfte seines Evangeliums ausmacht, und darüber hinaus die zu beobachtende Tatsache, daß er älteren Überlieferungsformen da und dort den Vorzug vor der Mk-Überlieferungsform gibt. Lk ist an der Anciennität von Überlieferungsmaterial stark interessiert: er | gibt dem, was ihm älter erscheint, den Vorzug, was möglicherweise mit dem im ἵνα-Satz des V. 4 angesprochenen Ziel seiner Arbeit zusammenhängt. Das Vertrauen in die „Zuverlässigkeit" der katechetischen λόγοι über das Leben Jesu soll in den Adressatengemeinden durch diesen Rekurs auf besonders alte Überlieferungen wiederhergestellt werden. Im übrigen ist es einfach nicht mehr auszumachen, auf welchen Wegen Lk an das Material seines Sondergutes herangekommen ist, worin also konkret das neue „Nachgehen" bestand. Möglicherweise haben dabei die Diegesen der πολλοί-Leute eine Rolle mitgespielt, obwohl sich das m. E. aus dem Prolog selbst nicht erweisen läßt.

Diese Vorbemerkungen zum Programm des Lk nach dem Prolog seines Evangeliums waren notwendig, wenn nach der „Gemeinde des Lukasprologs" erfolgreich gefragt werden soll. Dabei wird noch einiges im Teil III nachgeholt werden müssen (z. B. das mit καθεξῆς verbundene Problem). Vielleicht sind aber auch noch einige weitere Vorüberlegungen hermeneutischer und kommunikationstheoretischer Art notwendig.

---

[6] Vgl. dazu auch *M. Hengel*, Maria Magdalena und die Frauen als Zeugen, in: Abraham unser Vater (FS O. Michel) (AGSU 5) (Leiden-Köln 1963) 243–256.

[7] Um das Jahr 80 n. Chr. herum konnten durchaus noch Augen- und Ohrenzeugen Jesu leben.

## II. Kommunikationstheoretische und hermeneutische Überlegungen

### 1. Kommunikationstheoretische Überlegungen

Die „Kommunikationstheorie" beschäftigt sich, kurz gesagt, mit der Sprecher-Hörer-Relation.[8] Sie beruht auf dem Grundmodell:[9] |

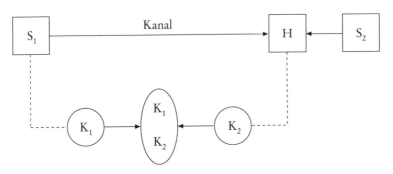

Erst wenn $K_1$ und $K_2$ zur vollen Deckung im Kommunikationsprozeß kommen, kommt auch, hermeneutisch gesprochen, volles Verstehen zustande, und kommt, soziolinguistisch gesprochen, „Gruppensprache" zustande. $S_1$ bezieht das eigene Wissen aus verschiedenen Informationsquellen und vermittelt sein Wissen an H. Solange H dieses ihm von $S_1$ vermittelte Wissen voll akzeptiert, kann ein störungsfreies Verstehen zwar nicht garantiert, wohl aber möglich sein. Es ist ja auch schon beim ersten Vermittlungsvorgang mit Verstehensbarrieren zu rechnen, worauf ich jetzt nicht weiter eingehe. Nun kann es aber auch passieren, daß neue Sprecher ($S_2$) auftreten und der H-Gruppe neues Informationsmaterial aus anderen Quellen vermitteln, so daß der Informationsfluß zwischen $S_1$ und H eine Ergänzung des bisherigen Informationsstandes oder auch eine empfindliche Störung desselben zur Folge haben kann. $K_1$ und $K_2$ fallen im letzteren Fall aus ihrer bisherigen Kongruenz.

Aus dem Lukasprolog können mehrer Kommunikationsvorgänge bzw. Kommunikationsreihen entnommen werden:

### 1. Im Hinblick auf die VV. 1 und 2:

Jesus → Augenzeugen u. Diener des Wortes → πολλοί
↓              ↓             ↓
πράγματα → παραδόσεις → διηγήσεις

---

[8] Vgl. dazu etwa die Einführung in die Kommunikationstheorie von *W. Herrlitz*, in: Funk-Kolleg Sprache. Eine Einführung in die moderne Linguistik, I (Frankfurt 1973) 27–56.

[9] Zeichenerklärung: S = Sprecher, H= Hörer (Empfänger), K = Kode.

*2. Im Hinblick auf den V. 4:*

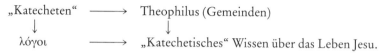

Dabei zeigt sich hier schon ein Problem, das anhand des Prologs nicht gelöst werden kann, die Frage nämlich: Woher haben die „Katecheten" ihr Wissen über die πϱάγματα des Lebens Jesu bezogen? Aus den παϱαδόσεις der Augenzeugen und Diener des Wortes oder aus den Diegesen der πολλοί-Leute?

*3. Im Hinblick auf die VV. 3 und 4:*

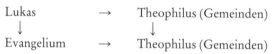

Dabei wird die Frage zunächst nicht berücksichtigt, woher Lk selbst sein Material (sein Informationswissen) bezogen hat. |

## 2. Hermeneutische Überlegungen

Eine rein textimmanent orientierte Hermeneutik übersieht nach P. Ricoeur die Rolle des Subjekts bei der Entstehung eines Textes.[10] Nach Ricoeur rührt der Gegensatz zwischen Hermeneutik und (strukturaler) Linguistik davon her, daß die Hermeneutik „keine Abgeschlossenheit der Zeichenwelt" zu kennen scheint, während die Linguistik mit einem in sich geschlossenen, autarken Universum der Zeichenwelt rechnet und arbeitet. Ricoeur zeigt mit Hilfe der strukturalen Semantik A. J. Greimas' die Möglichkeit einer Versöhnung von Hermeneutik und Linguistik auf, worauf ich nicht näher eingehe.[11] Was aber Ricoeur in diesem Zusammenhang gegenüber den linguistischen Positivisten betont, für die ein Text ein radikal in sich geschlossenes Zeichensystem ist, ist dies – und das ist für unseren Zusammenhang wichtig, weil es sich mit den vorausgegangenen kommunikationstheoretischen Überlegungen aufs beste verbinden läßt –: Kein Satz ist vom Himmel gefallen, auch das Evangelium des Lukas nicht, sondern ist das Produkt eines Sprechers bzw. Schreibers. Ricoeur wendet sich deshalb entschlossen dem „Ich" des Sprechers zu, untersucht die Relationen zwischen Satz und Sprecher und legt den Entwurf einer Hermeneutik des „Ich bin" vor, bewegt von der Frage, „wie das sprechende Subjekt zu seiner eigenen Rede kommt".[12]

---

[10] Vgl. dazu *P. Ricoeur*, Die Frage nach dem Subjekt angesichts der Herausforderung der Semiologie, in: *ders.*, Hermeneutik und Strukturalismus (München 1973) 137–173.

[11] Vgl. dazu *F. Mußner*, Geschichte der Hermeneutik von Schleiermacher bis zur Gegenwart (Freiburg/Basel/Wien ²1976) 36 f.

[12] *P. Ricoeur*, a.a.O. 158.

Dazu wieder ein Schaubild:

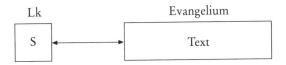

Wie kommt das sprechende (oder schreibende) Subjekt zu seiner eigenen Rede? Einmal mit Hilfe seiner Quellen, zum andern aber besonders durch seine eigenen Sprechintentionen; diese aber sind mitbedingt durch die Situation des „Hörers", d. h. der Adressaten des Sprechers bzw. des Schreibers. Texte können „Appellstruktur" haben,[13] speziell für die biblischen gilt das. Die Sprache der Bibel ist eine „Zielsprache"; sie zielt auf den Hörer. Damit beschäftigt | sich die sogenannte Textpramatik.[14] Der Hörer ist kein abstraktes Wesen, sondern eine konkrete, historische Person, bzw. sind die Hörer konkrete Gemeinden wie die Adressatengemeinden des Lk-Evangeliums. *Ihre* Situation bestimmt die Intention und die Arbeit des Verfassers. Lk sagt das ausdrücklich in seinem Evangelienprolog: Ich schreibe mein Werk „für dich, verehrtester Theophilus, *damit* du erkennst die Zuverlässigkeit betreffs der Worte, in denen du unterrichtet worden bist". Das Werk ist aber konkret das Evangelium, das Lk schreibt. Er legt den Adressatengemeinden eine Vita Jesu vor, und diese Vorlage hängt zusammen mit dem Ziel, für die Gemeinden ἀσφάλεια hinsichtlich der katechetischen λόγοι über das Leben Jesu zu schaffen. Von dieser Zielsetzung her ist nun die Frage nach der Gemeinde des Lukasprologs einer Antwort entgegenzuführen. Zuvor aber soll das Ergebnis unserer hermeneutischen Überlegungen nochmals in einem Schaubild festgehalten werden:

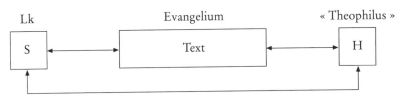

Es ereignet sich in diesem Fall „der hermeneutische Zirkel" zwischen S und H.

---

[13] Vgl. dazu *W. Iser*, Die Appellstruktuer der Texte (Konstanz 1970).
[14] Vgl dazu etwa *D. Wunderlich*, Linguistische Pragmatik (Frankfurt 1972); *D. Breuer*, Einführung in die pragmatische Texttheorie (München 1974); ferner *W. Iser*, Der Akt des Lesens. Theorie ästhetischer Wirkung (München 1976). Nach Iser erweist sich das Theorem von Sender/Empfänger als untauglich, da ein literarischer Text nicht in gleicher Weise wie ein Gesprächspartner (S) antwortet. Erst im Akt des Lesens entsteht vielleicht Einverständnis. Jedenfalls hofft Lukas auf dieses Einverständnis bei seinen Lesern.

# III. Die Gemeinde des Lukasprologs

## 1. „Theophilus", der Repräsentant der Adressatengemeinden

Über Theophilus, den unmittelbaren Adressaten des lukanischen Doppelwerkes, hat A. Vögtle einen erhellenden Aufsatz geschrieben.[15] A. Vögtle zeigt mit überzeugenden Gründen, daß im Hinblick auf die Widmung des Evangeliums an „Theophilus" mit der „Bü|chermarkt"-Hypothese nicht weiter zu arbeiten ist. Ja, die „Meinung, die lukanischen Schriften seinen überhaupt nicht auf dem Büchermarkt erschienen, dürfte sich durchaus als begründet erweisen ... Im günstigsten Fall, für den immerhin eine gewisse Wahrscheinlichkeit spricht, hat Theophilus als hochgestellter und vermögender Gönner über seine ideelle Gunst hinaus auch erhebliche finanzielle Opfer zur Verbreitung des Buches gebracht"[16]. Angesichts der neuen Arbeiten zur neutestamentlichen Pseudepigraphie, vor allem jener von N. Brox[17] und W. Strenger,[18] halte ich es für den „günstigsten Fall", in dem Widmungsnamen Theophilus einen pseudepigraphischen Repräsentanten der Adressatengemeinden zu sehen, die ja im Prolog in dem doppelten ἡμῖν ausdrücklich angesprochen sind. Die hellenistischen Buchwidmungen scheinen zwar „stets eine historische Persönlichkeit vorauszusetzen" (A. Vögtle),[19] aber ein solcher Brauch kann ja ohne weiteres pseudepigraphisch immitiert werden. H. Schürmann möchte zwar beim Theophilus auch „an eine konkrete Person denken", bemerkt aber dann: „Als kirchlich Unterwiesener kann Theophilus dann aber als Empfänger der Evangelienschrift stellvertretend stehen für die Christen seiner Zeit, deren Treue zur kirchlichen Unterweisung in den unsicheren nachapostolischen Zeiten vom apostolischen Kerygma her neu gefestigt werden mußte".[20] Ob aber nun unser Theophilus eine historische Person war oder nicht, das Evangelium des Lukas ist auf jeden Fall für einen größeren Kirchenkreis geschrieben, möglicherweise an heidenchristliche Gemeinden in Griechenland.

---

[15] *A. Vögtle*, Was hatte die Widmung des lukanischen Doppelwerks an Theophilus zu bedeuten?, in: *ders.*, Das Evangelium und die Evangelien. Beiträge zur Evangelienforschung (Düsseldorf 1971) 31–42.

[16] Ebd. 40f..

[17] *N. Brox*, Zum Problemstand in der Erforschung der altchristlichen Pseudepigraphie, in: Kairos 15 (1973) 10–23; *ders.*, Falsche Verfasserangaben. Zur Erklärung der frühchristlichen Pseudepigraphie (SBS 79) (Stuttgart 1975) (mit weiterer Literatur); *ders.* (Hg.), Pseudepigraphie in der heidnischen und jüdisch-christlichen Antike (Darmstadt 1977).

[18] *W. Stenger*, Timotheus und Titus als literarische Gestalten (Beobachtungen zur Form und Funktion der Pastoralbriefe), in: Kairos 16 (1974) 252–267. Vgl. auch noch *P. Trummer*, „Mantel und Schriften" (2 Tim 4,13). Zur Interpretation einer persönlichen Notiz in den Pastoralbriefen, in: BZ.NF 18 (1974) 193–207.

[19] *A. Vögtle*, a.a.O. 32.

[20] *H. Schürmann*, Lk, 13f.

## 2. Die theologische und kirchliche Situation der Gemeinden

Da zwischen S und H ein Zirkelgeschehen herrscht, können aus dieser Relation Rückschlüsse auf die Absicht von S und die Fragestellungen von H gezogen werden. Die Absicht von S kommt im Fall des Prologs, wie schon betont, in dem ἵνα-Satz des V. 4 | zur Sprache. Es geht um die Wiedergewinnung der ἀσφάλεια hinsichtlich der katechetischen λόγοι, die den Adressaten verloren gegangen ist oder die sie zu verlieren drohen. Daraus lassen sich folgende Aussagen über die theologische und kirchliche Situation der Adressatengemeinden des Lukaspolgs machen:

a) *Diese Gemeinde ist eine Gemeinde, die bereits in der Vita Jesu unterwiesen wird.* Das ergibt sich daraus, daß Lukas die gefährdete ἀσφάλεια hinsichtlich der katechetischen λόγοι dadurch wieder für die Gemeinden herstellen will, daß er erneut und genau allen πράγματα des Lebens Jesu „nachgehen" will, um sie für „Theophilus" aufzuschreiben. Und er beginnt ja mit V. 5 die Vita Jesu zu erzählen, was J. Kürzinger bekanntlich dazu veranlaßt hat, den Begriff καθεξῆς in V. 3 mit „im folgenden (wie folgt)" wiederzugeben,[21] was mir nicht richtig zu sein scheint. Es ging im übrigen bei der Wiedergewinnung der ἀσφάλεια nicht um die „kirchliche Unterweisung" im allgemeinen, sondern speziell um die Unterweisung über das Leben und die Lehre Jesu (vgl. auch Apg 1,1). Diese Unterweisung gehörte also um das Jahr 80 herum in den Adressatengemeinden zum festen Bestandteil der kirchlichen prä- und postbaptismalen Unterweisung. Darauf könnte im Prolog in 1,4 auch der Term κατηχεῖν hinweisen; vielleicht gab es in den Gemeinden sogar einen eigenen Stand von „Katecheten" oder „Lehrern", die mit dieser Aufgabe betraut waren. Im übrigen gibt Lukas selbst in seinem zweiten Werk, in Apg 10,37–43, „in der Unterweisung für die Taufwilligen im Hause des Kornelius ein Musterbeispiel solcher präbaptismalen Unterweisung" (H. Schürmann),[22] eben in der Form einer embryonalen Vita Jesu.

b) *Diese Gemeinde ist eine Gemeinde, die anscheinend hinsichtlich der ἀσφάλεια der katechetischen Jesusunterweisung verunsichert worden ist.* Wie war solche Verunsicherung um das Jahr 80 herum möglich geworden? Grundsätzlich dadurch, daß „die erste Generation" um diese Zeit herum ausgestorben ist, das heißt die Generation der Primärzeugen, auf die Lukas wohl mit der Formulierung „Augenzeugen und Diener des Wortes" (im V. 2) abzielt; vermutlich z. T. auch die Generation der Zweitzeugen, d. h. die unmittelbaren Schüler der Primärzeugen. Wir befinden uns ja mit dem Lk-Evangelium | schon in der dritten Generation – W. G. Kümmel spricht in seiner „Einleitung in das NT" von Lukas als von einem Mann „der 3. Periode der christlichen Überlieferung".[23] Kommu-

---

21 *J. Kürzinger*, Lk 1,3: … ἀκριβῶς καθεξῆς σοι γράψαι, in: BZ. NF 18 (1974) 249–255. In Papyri hat ἑξῆς (καθεξῆς, ἐφεξῆς) in der Tat die Bedeutung „darauf, darnach, demnächst" (vgl. *F. Preisigke*, Wörterbuch der griechischen Papyrusurkunden [Berlin 1925–31]) I, 515.
22 Lk I, 16. Über Existenz und Gestalt der Taufunterweisung zur Zeit des Lukas vgl. die Überlegungen *Schürmanns*, Lk, 180f.
23 Vgl. *W. G. Kümmel*, Einleitung in das Neue Testament (Heidelberg [18]1976) 99.

nikationstheoretisch gesprochen: der „Kanal", der vom „Erstsprecher" (Jesu) zu den Dritthörern führt, wird immer länger; es können von irgendwoher Seitenkanäle trübes Wasser in den Hauptkanal führen. Kode 1 und Kode 2 decken sich deshalb nicht mehr. Längst ist darauf hingewiesen worden, z.B. von H. Schürmann[24], daß Lukas selbst in seinem zweiten Werk in der sogenannten Abschiedsrede des Paulus in Milet vor den Presbytern aus Ephesus seinen Paulus in Apg 20,29 f. von den „reißenden Wölfen" sprechen läßt, die in die Gemeinden „eindringen werden", ja „aus eurer eigenen Mitte werden sich Männer erheben, welche Verkehrtes reden, um die Jünger hinter sich zu ziehen", und in 20,35b ermahnt derselbe Paulus, „der Worte (Plural!) des Herrn Jesus eingedenk zu sein", d.h. doch deutlich: diese nicht zu vergessen![25] Hängt speziell diese Mahnung zusammen mit der Warnung vor jenen, die „Verkehrtes" in den Gemeinden reden? Worin bestand dann das „Verkehrte" ihrer verwirrenden Rede? Vom Lukasprolog her gesehen möglicherweise in einer anderen Auslegung des „Jesusphänomens" und im besonderen in der Bereitstellung „fremden" Jesusmaterials, das nicht auf dem einzig legitimen „Kanal", der über die Primär- und Sekundärzeugen zum Erstsprecher Jesus zurückführte, sondern durch dunkle Kanäle in die Adressatengemeinden gebracht wurde. Dadurch wurde die ἀσφάλεια hinsichtlich der katechetischen λόγοι über Leben und Lehre Jesu in den Gemeinden erschüttert. Es ist bekanntlich ver|mutet worden, daß dieses „fremde" Jesusmaterial doketisch-gnostischer Provenienz war[26] und zur Verfälschung der „kanonischen" Jesusüberlieferung führte.[27] Wir kommen unter c) nochmals auf Apg 20 zurück.

---

[24] Vgl. *H. Schürmann*, Das Testament des Paulus für die Kirche. Apg 20,18–35, in: *ders.*, Traditionsgeschichtliche Untersuchungen zu den synoptischen Evangelien (Düsseldorf 1968) 310–340; dazu noch *J. Dupont*, Paulus an die Seelsorger. Das Vermächtnis von Milet (Apg 20,18–36) (Düsseldorf 1966); *H.-J. Michel*, Die Abschiedsrede des Paulus an die Kirche Apg 20,17–38 (StANTS, 35) (München 1973); *C.K. Barret*, Paul's Address to the Ephesian Elders, in: God's Christ and His People (FS N.A. Dahl) (Oslo-Bergen-Tromsö 1977) 107–121; *F. Prast*; Presbyter und Evangelium in nachapostolischer Zeit. Die Abschiedsrede des Paulus in Milet (Apg 20,17–38) im Rahmen der lukanischen Konzeption der Evangeliumsverkündigung (FzB 29) (Stuttgart 1979).

[25] Ein ähnliches Anliegen begegnet auch in Lk 24,44 in dem Satz Jesu: „Dies sind meine Worte, die ich zu euch geredet habe, als ich noch mit euch zusammen war: es muß erfüllt werden alles, was geschrieben steht in dem Gesetz des Mose und in den Propheten und in Psalmen über mich". *W. Grundmann* bemerkt dazu in seinem Kommentar (Berlin [10]1984): Jesus „erinnert an die Worte, die er während seines irdischen Daseins zu ihnen gesprochen hat. Sie sind heiliges Vermächtnis und Gegenstand steter Erinnerung der Gemeinde".

[26] Vgl. etwa *Ch. H. Talbert*, An Anti-gnostic Tendency in Lucan Christology, in: NTS 14 (1967–68) 259–271.

[27] Vgl. auch Eusebius, H.E. III, 32,8 (unter Berufung auf Hegesipp): „Als der heilige Chor der Apostel auf verschiedene Weise sein Ende gefunden hatte und jenes Geschlecht, welches das Glück hatte, mit eigenen Ohren der göttlichen Weisheit zu lauschen, abgetreten war, erhob sich zum ersten Mal der gottlose Irrtum durch die Schuld lügenhafter fremder Lehrer. Diese wagten nun, da keiner der Apostel mehr am Leben war, mit frecher Stirn der Lehre der Wahrheit eine falsche sogenannte Gnosis entgegenzusetzen" (Übersetzung nach Ph. Häuser in BKV). Und von Papias behauptet Eusebius ebd. II, 39,11, er habe „anderes

c) *Diese Gemeinde ist eine Gemeinde, die der Hilfe des Evangelisten bedarf, um die* ἀσφάλεια *wiederzugewinnen.* Lukas spricht zwar nicht von einem „wiedergewinnen", sondern von ἐπιγινώσκειν, einem „erkennen" oder von einem „genau erkennen", wenn man das Kompositum pressen will. Daß es dem Evangelisten um „Genauigkeit" geht, läßt er selbst im V. 3 durch das Adverb ἀκριβῶς erkennen. Aus dem eigenen Programm des Lukas, wie er es in V. 3 vorlegt, gesehen in Verbindung mit der Zielangabe des V. 4, ergibt sich, daß das „erkennen" zugleich die Wiedergewinnung der ἀσφάλεια meint. Der Evangelist fühlt sich dafür verantwortlich. *Wie tätigt er aber seine Verantwortlichkeit?* Er sagt es selbst: Indem er allen πράγματα des Lebens Jesu erneut und genau nachgeht (παρηκολουθηκότι ἄνωθεν πᾶσιν ἀκριβῶς). Alle Begriffe dieser Partizipalphrase sind für die Erfassung des lukanischen Programms wichtig. Teilweise habe ich mich über sie w. o. schon geäußert. Bevor Lukas an die endgültige Aufzeichnung des Evangeliums geht, an das γράψαι, geht er allen Ereignissen des Lebens Jesu erneut nach: „vorzeitiges" Partizip Perfekt παρηκολουθηκότι. Worin bestand aber konkret dieses παρακολουθεῖν des Lukas? Der Term wird im NT nur in übertragenem Sinn gebraucht:[28] so in Mk 16,17 (dem Glauben folgen Wunder), in 1 Tim 4,6 und 2 Tim 3,10 („der Lehre folgen" = sich anschließen). Eusebius/Papias gebrauchen das Lexem in dem Sinn: dem Herrn bzw. den Aposteln (Petrus) „folgen" = „sich | anschließen", wobei es im Kontext speziell auch um die Stemmata der Jesusberichte geht.[29] Aber Lukas verbindet das Verbum nicht mit dem Dativ der Person, wie Eusebius/Papias, sondern mit dem Neutrum πᾶσιν, das seinen Bezugspunkt in den πράγματα des V. 2 hat. Wie ist aber Lukas dabei an die πράγματα des Lebens Jesu herangekommen? Seine literarische Benutzung des Mk-Evangeliums und der Einbau der Logienquelle in sein Evangelium lassen erkennen, daß er schon vorliegende Quellen benutzt hat. Woher aber hat er sein umfangreiches Sondergut? Wenn man nicht auf die umstrittene Hypothese von einem „Protolukas" zurückgreifen will, bleiben nur zwei Möglichkeiten: er übernimmt dieses Material aus den Diegesen der πολλοί-Leute oder er interviewt ähnlich wie Papias vertrauenswürdige Leute, die mit den Primär- oder wenigstens mit den Sekundärzeugen noch in persönlicher Beziehung standen. Wie das ἡμῖν in dem καθώς-Satz des V. 2 erkennen läßt, scheint er überzeugt zu sein, daß das Material, das ihm bei seinem „nachgehen" in die Hand kommt, letztlich Anspruch erheben kann, Material zu sein, das auf die „Augenzeugen und Diener des Wortes" zurückgeht, ähnlich wie das Überlieferungsmaterial, das die πολλοί-Leute in ihre Diegesen eingearbeitet haben. Die Annahme dagegen,

---

gleichsam aus ungeschriebener Überlieferung auf ihn Gekommenes hinzugefügt, dazu einige fremde (ξένας) Gleichnisse des Erlösers und Lehrern von ihm und einiges anderes zur Fabelgeschichte Gehöriges (τινα ἄλλα μυθικωτερα)"; danach hat Papias nach der Überzeugung des Eusebius die genuine apostolische Jesusüberlieferung mit fremder Überlieferung angereichert, nämlich in seinem Werk „Auslegungen von Herrenworten". Vielleicht gab es auch zur Zeit der Abfassung des Lk-Evangeliums schon Ähnliches.

[28] Vgl. *Bauer*, Wb s. v.
[29] H. E. III, 39,4.7.15.

daß er sein eigenes Material, speziell das reiche Sondergut, diesen Diegesen entnommen habe, könnte zu einem circulus vitiosus in seinem Vorgehen führen. Denn vermutlich stammen die katechetischen λόγοι über das Leben Jesu, wie sie im Taufunterricht verwendet worden sind, selbst aus den Diegesen der πολλοί-Leute (woher sonst?). Wenn Lukas also durch sein „nachgehen" die ἀσφάλεια hinsichtlich der Jesusunterweisung in den Gemeinden wiederherstellen will, kann er sich nicht auf dieselben Quellen berufen, aus denen die „Katecheten" ihr Wissen über Jesus bezogen haben. Wenn er sein Ziel erreichen will, muß er das Material der katechetischen λόγοι über das Leben Jesu einer *kritischen Nachprüfung* unterzogen haben; das scheint mir geradezu der Sinn des Adverbs ἀκριβῶς in Verbindung mit dem Verbum παρακολουθεῖν im V. 3 zu sein. Natürlich sind das alles Reflexionen, die über Hypothesen nicht hinauskommen. Aber soviel läßt sich sagen, daß Lukas zur Wiedergewinnung der ἀσφάλεια für die Gemeinden „historisch-kritische" Arbeit geleistet hat.

In diese Reflexion über die Arbeit des Lk sind auch das πᾶσιν, das καθεξῆς und das γράψαι miteinzubeziehen. Warum geht er *„allem"* nach? Was steckt dahinter für eine Tendenz? Wir haben w. o. schon, zusammen mit anderen Forschern, die Vermutung | ausgesprochen, daß zur Zeit der Abfassung des Lk-Evangeliums zwei Gefahren in den Gemeinden sich zeigten: einmal das Auftauchen von „Fremdmaterial" hinsichtlich der Jesusüberlieferung und zum anderen die Gefahr der theologischen Verfälschung des „Jesusphänomens". Beide Gefahren konnten zu einer einzigen werden: denn das apokryphe, evtl. gnostisch orientierte Fremdmaterial führte von selbst zur theologischen Verfremdung Jesu. Es kommt zu einem „verkehrten" Reden über ihn (vgl. Apg 20,30). Da war es der beste Schutz, das Jesusmaterial *mit dem Anspruch auf Vollständigkeit* vorzulegen. Nach Apg 1,1 beansprucht Lukas in der Tat, in seinem „ersten λόγος" „über *alles*" berichtet zu haben, „was Jesus anfing zu tun und zu lehren". Nach Apg 20,27 hat „Paulus" „den *ganzen* Ratschluß Gottes" den Gemeinden verkündet; er hat *„nichts* verschwiegen"* (20,20). Es gibt also keine Sonderüberlieferungen neben jenen der Augenzeugen und Diener des Wortes! Dies zu betonen, trägt zweifellos entscheidend dazu bei, die ἀσφάλεια hinsichtlich der Jesusüberlieferung in den Gemeinden wiederzugewinnen. Diesem selben Ziel dient das Adverb καθεξῆς, das m. E. keinen Sinn hat als den, das πάντα-Programm zu unterstreichen: Lukas ist allen genuin überlieferten πράγματα des Lebens Jesu „erneut nachgegangen" und schreibt sie „lückenlos" für „Theophilus" auf, d. h. ohne etwas von dem Material auszulassen, das er bei seinem „nachgehen", vielleicht mühsam, gesammelt hat. Denn diesen Sinn: „lückenlos" scheint mir καθεξῆς im Lukasprolog zu haben, worauf auch der übrige Sprachgebrauch des Lukas hinweist.[30] Auch die „Lückenlosigkeit" des Materials trägt nach der Überzeugung des Lukas zur Wiedergewinnung der ἀσφάλεια in den Adressatengemein-

---

[30] Vgl. dazu *F. Mußner*, καθεξῆς im Lukasprolog, in: Jesus und Paulus (FS W. G. Kümmel) (Göttingen 1975) 253–255. Daß καθεξῆς in Lk 1,3; Apg 3,24; 11,4 mit dem heilsgeschichtlichen Schema Verheißung/Erfüllung zu tun habe, wie *G. Schneider* meint (Zur Bedeutung von καθεξῆς im lukanischen Doppelwerk, in: ZNW 68 [1977] 128–131), vermag ich nicht zu sehen.

den entscheidend bei! Mag er sich auch dabei getäuscht haben, wenn man etwa an das Joh-Evangelium mit seinem reichen Sondermaterial denkt, vermutlich war er doch persönlich überzeugt, daß er das ihm noch erreichbare Material der Jesusüberlieferung „lückenlos" erfaßt hat und darum auch „lückenlos aufschreiben" konnte, wobei besonders auch dem Akt des γϱάφαι eine große Bedeutung zukommt. Denn das „Aufschreiben" des Materials war vielleicht der beste Schutz vor der illegitimen „Anreicherung" der Jesusüberlieferung durch apokryphes oder unkontrolliertes Fremdmaterial. Vielleicht | war die Verunsicherung auch dadurch bedingt gewesen, daß man bisher in den Adressatengemeinden neben der mündlichen Belehrung über Jesus zwar auch schon schriftlich fixiertes Material besaß (πολλοί-Berichte!), aber eben von vielfältiger Art, zurückgehend auf die „vielen" Autoren, von denen im V. 1 des Prologs die Rede ist. An die Stelle des vielfältigen und gerade dadurch verwirrenden Jesusmaterials soll jetzt die *eine* Vita Jesu des Lukas in den Adressatengemeinden treten. Vielleicht will also Lukas doch mit seinem Evangelium die πολλοί-Berichte aus dem Gemeindegebrauch verdrängen, auf daß so die Gemeinden wieder die alte ἀσφάλεια zurückerhalten.[31]

d) *Diese Gemeinde ist eine Gemeinde, die sich eingebunden weiß (oder wissen soll) in das eschatologische und ekklesiale „Wir".*

Die Erstempfänger der auf jene zurückgehenden Jesusüberlieferungen, „die von Anfang an Augenzeugen und Diener des Wortes waren", waren nach VV. 1 und 2 des Prologs die πολλοί-Leute. Wie das ἡμῖν in dem καθώς-Satz des V. 2 erkennen läßt, schließt sich Lukas in dieses ἡμῖν ein, d. h. er ist überzeugt, daß die Überlieferungen der Primärzeugen über Jesus eine weiterreichende und weitergeltende Wirkung haben. Er selbst steht also im Strom dieser Überlieferung drin. Die Leser des Prologs, speziell die Adressatengemeinden, können gar nicht anders, als sich ebenfalls in diese ἡμῖν eingeschlossen zu sehen. Dieses ἡμῖν stellt die Brücke zwischen der Generation der Primärzeugen und allen späteren Generationen der Kirche dar. Man hat dieses „Wir" darum mit Recht als ein „ekklesiales Wir" bezeichnet.

Ein solcher Tradierungsprozeß, wie er im καθώς-Satz angesprochen ist, hat aber eine weitere Folge. Schleiermacher hat in seinen hermeneutischen Entwürfen einmal die Bemerkung gemacht: „Das Christentum hat Sprache gemacht. Es

---

[31] Aus der Formulierung der Papiasnotiz über die Entstehung des Mk-Evangeliums: „auf eines gab (Markus) acht: nichts von dem, was er gehört hatte, *auszulassen* oder etwas davon zu *verfälschen*" (Eusebius, H. E. III,39,292) geht hervor, daß man wenige Jahrzehnte später noch von demselben Anliegen wie zuvor Lukas bewegt war: Vollständigkeit zu erreichen und keine Verfälschungen zu dulden. Natürlich darf man nicht meinen, Lk habe, historisch gesehen, alles „lückenlos" erreicht, was Jesus je gesagt und getan hat. Wovon er eventuell überzeugt war, war dies, daß es ihm gelungen sei, das zu *seiner Zeit* noch erreichbare, genuine Überlieferungsmaterial über Jesus „lückenlos" zu sammeln und aufzuschreiben. Mit dieser Zielsetzung vermag er auch ἀσφάλεια für seine Leser zu schaffen, auch wenn diese ihrerseits nicht in der Lage waren, das Vorgehen des Lukas kritisch nachzuprüfen, so wenig wie die Adressaten der anderen kanonischen Evangelien. Was Lukas an Sondermaterial über Mk und Q hinaus sammelte, ist bekanntlich nicht wenig und von stärkster kerygmatischer Relevanz.

ist ein potenzierender Sprach|geist von Anfang an gewesen und noch".[32] A.
Deißmann hat uns zwar in seinem Werk „Licht vom Osten"[33] das Neue Testament „als Denkmal der spätgriechischen Umgangssprache" sehen gelehrt, dennoch kann man nicht dabei stehenbleiben, weil es unterdessen die „Soziolingu-
istik" gibt, die uns ein anderes Phänomen ins Bewußtsein brachte, nämlich das
der „Gruppensprache" oder des „Soziolekts". Während man unter einem
„Idiolekt" nach H. Glinz „das Gesamt von Sprachbesitz und Sprachverhalten
eines gegebenen Individuums" versteht, versteht man nach demselben Forscher
unter „Soziolekt" eine „Gruppensprache", die „aus der Zugehörigkeit zu einer
Gruppe entsteht",[34] also z. B. aus der Zugehörigkeit zur christlichen Gemeinde.
Der Soziolekt ist getragen von dem „Kollektivbewußtsein" all jener, die ihn
sprechen und verstehen. In Th. Lewandowski's „Linguistisches Wörterbuch"[35]
wird „Soziolekt" folgendermaßen beschrieben: „Konventioneller, für eine
Gruppe von Individuen einer Sprachgemeinschaft charakteristischer Gebrauch
des überindividuellen Sprachsystems ... Dabei schafft die Gruppenzugehörig-
keit sprachliche Übereinstimmung, die wiederum rückwirkend die Gruppenbildung festigt". Schon längst ist aufgefallen, daß Lukas nach der in hochliterari-
schem Griechisch verfaßten Periode des Prologs in die „synoptische Sprache",
wenn ich so sagen darf, „zurückfällt", was F. Overbeck bekanntlich als großen
Dilletantismus des Lukas betrachtet hat.[36] In Wirklichkeit hat das nichts mit
schriftstellerischem Dilletantismus zu tun, sondern läßt die Gebundenheit des
Lukas an den in den christlichen Gemeinden schon längst festgelegten Soziolekt
erkennen, wie er sich gerade in der Weitergabe der Jesusüberlieferung entwik-
kelt hat.[37] Vermutlich steht hinter der „Kluft" zwischen Form und Stoff, die
Overbeck im Hinblick auf das Lk-Evangelium ab 1,5 entdeckte und die seinen
Zorn erregte, bewußte Absicht des Evangelisten: *Der vertraute Soziolekt soll
zur zusammengehörenden „Gruppe" führen,* | *die ekklesiale Wir-Gemeinschaft
der Adressatengemeinden wieder festigen.* Vergleicht man mit dem Lk-Evangelium und überhaupt mit den Evangelien gnostische Werke, so bemerkt man
alsbald die Andersartigkeit des lexematischen und speziell des semantischen
Universums der Gnostiker. Das ist eine andere Gruppensprache und ein anderes Gruppenbewußtsein. Die Wiedergewinnung der ἀσφάλεια hinsichtlich der
Jesusüberlieferung in den Adressatengemeinden durch Lukas hat also auch diesen Zweck: Die Gemeinden sollen in ihrem ekklesialen „Wir"-Bewußtsein auch

[32] *F. D. E. Schleiermacher*, Hermeneutik. Nach den Handschriften neu herausgegeben und
eingeleitet von *H. Kimmerle* (Heidelberg ²1974) 38.
[33] *A. Deißmann*, Licht vom Osten (Tübingen ⁴1923).
[34] *H. Glinz*, Linguistische Grundbegriffe und Methodenüberblick (Bad Homburg 1970)
74 f.
[35] *Th. Lewandowski*, Linguistisches Wörterbuch 3 (Heidelberg 1975) 617.
[36] Vgl. *F. Overbeck*, Christentum und Kultur. Gedanken und Anmerkungen zur modernen
Theologie, hg. von *C. A. Bernoulli* (Darmstadt ²1963 [= Basel 1919]) 80–82.
[37] Vgl. auch *H. Schürmann*, Die Überwältigung der antiken Stilregel durch die Geschichte
Christi, in: *ders.*, Ursprung und Gestalt. Erörterungen und Besinnungen zum Neuen Testament (Düsseldorf 1970) 326–332.

durch den vertrauten Soziolekt der Überlieferung gestärkt werden. Sie begegnen im Evangelium des Lukas „geprägter Jesustradition", um eine Formulierung von G. Delling zu gebrauchen.[38]

Das „Wir" begegnet aber bereits im 1. Vers des Prologs als Präpsitionalphrase in dem Versstück περὶ τῶν πεπληροφορημένων ἐν ἡμῖν πραγμάτων. Niemand zweifelt, daß es sich bei den πράγματα um jene des Lebens Jesu handelt (vgl. auch Apg 1,1: „was Jesus getan und gelehrt hat"). Wieso kann Lukas formulieren, daß sich diese πράγματα des Lebens Jesu „unter *uns*" ereignet haben? Auch auf diese Frage ist von der Forschung längst die richtige Antwort gefunden worden: Weil diese Ereignisse eine weiterdauernde Heilswirkung haben, grammatisch angedeutet in dem passiven Perfekt πεπληροφορημένων (Perfekt als Zeitform der Vergangenheit mit weitergehender Wirkung).[39] Man nennt dieses „Wir" im Unterschied vom „Wir" des καθώς-Satzes mit Recht ein „eschatologisches Wir". Die Gemeinden des Lukasprologs sollen sich also nicht bloß in das „ekklesiale Wir" der christlichen Gemeinschaft mit ihrem schon weithin geprägten Soziolekt eingebunden fühlen. Die Wiedergewinnung der ἀσφάλεια für die Adressatengemeinden ist vielmehr zugleich *Schaffung von Vertrauen auf die Heilsereignisse des Lebens Jesu, wie sie sich in der Überlieferung versprachlicht haben.* Die Gemeinden sind in das eschatologische Heilsgeschehen in Christus mithineingenommen. Die Gemeinde gewinnt so durch die „Zielsprache" des Lukas wieder ihre Identität; die Verfremdung ist aufgehoben; die Kommunikation mit dem Primärsprecher Jesus und den Primärzeugen wiederhergestellt. |

Unsere vier Sätze über die Gemeinde des Lukasprologs und unsere Ausführungen überhaupt brachten keineswegs viel Neues, aber sie ließen uns den Prolog des Lukas als „Zielsprache" erkennen, die uns Rückschlüsse auf die kirchliche und theologische Situation der Adressatengemeinden zur Zeit der Abfassung des dritten Evangeliums ziehen läßt. Lukas selbst erwies sich dabei als „Kirchenmann" im besten Sinn des Wortes; er weiß sich für seine Gemeinden verantwortlich.

---

[38] G. *Delling*, Geprägte Jesus-Tradition im Urchristentum, in: *ders.*, Studien zum Neuen Testament und zum hellenistischen Judentum (Göttingen 1970) 160–175. Vielleicht hängt damit auch zusammen, daß Lukas da und dort die Mk-Form seines Überlieferungsmaterials zugunsten eines ihm offensichtlich sprachlich älter erscheinenden Materials verwirft. Lukas ist der „konservativste" unter den Synoptikern.

[39] Vgl. dazu etwa E. *Mayser*, Grammatik der griechischen Papyri aus der Ptolemäerzeit, II/1 (Berlin-Leipzig 1926) 177.

# 15. Die „semantische Achse" des Johannesevangeliums

Ein Versuch

(1989)

## 1. „Semantische Achse"

In der modernen Semantik, d. h. in der Lehre von der „Bedeutung" der Lexeme und Sätze eines Literaturwerks, spielt der Begriff „semantische Achse" eine nicht unwichtige Rolle. Nach Algirdas Julien Greimas[1] ist die „semantische Achse" der gemeinsame Nenner zweier oppositioneller Terme, z. B. weiß vs. schwarz; groß vs. klein. Dabei ist von Bedeutung „das Vorhandensein eines einheitlichen Gesichtspunktes, einer Dimension, innerhalb derer sich die Opposition, die sich in Form von zwei extremen Polen einer gleichen Achse präsentiert, manifestiert"[2].

So ist z. B. die gemeinsame Dimension der oppositionellen Terme „weiß/schwarz": „Farbe". Im menschlichen Verhaltensbereich zeigen sich vielfältige Oppositionen, z. B. Freund/Feind; lieben/hassen. Diesen Grundoppositionen lassen sich jeweils weitere Oppositionen zuordnen, so daß sich um eine Grundopposition ein dazugehöriges „Wortfeld" aufbauen läßt, dessen semantische Kohärenz ins Auge fällt. Paul-Gerhard Müller definiert in seinem „Lexikon exegetischer Fachbegriffe"[3] den Begriff „Wortfeld" so: „Gruppe von unterschiedlichen, nicht vom selben Stamm abgeleiteten Wörter mit inhaltlicher Zusammengehörigkeit, die ein Inhaltsfeld, einen Sinnbezirk umgrenzen."[4] Um also die „semanti-

---

* Zuerst vorgetragen beim Treffen der in Bayern lehrenden Neutestamentler in Passau am 4. Juli 1987. Ich danke der Kollegenschaft für manche Anregung in der Diskussion meines „Versuchs".

[1] *A. J. Greimas*, Strukturale Semantik. Methodologische Untersuchungen, Braunschweig 1971.

[2] Ebd. 15.

[3] Stuttgart/Kevelaer 1985.

[4] Ebd. 254 (mit wichtiger Literatur zur Wortfeldlehre). Nach *E. Corseriu* ist ein „Wortfeld" „in struktureller Hinsicht ein lexikalisches Paradigma, das durch die Aufteilung eines lexikalischen Inhaltskontinuums unter verschiedene in der Sprache als Wörter gegebene Einheiten entsteht, die durch einfache inhaltsunterscheidende Züge in unmittelbarer Opposi-

sche Achse" eines Literaturwerkes zu finden, müssen oppositionelle Wortfelder aufgesucht werden, die zur jeweiligen Grundopposition in semantischer Relation und Kohärenz stehen. Die semantische Achse eines Literaturwerkes, um die sich die oppositionellen Wortfelder drehen, kann zunächst nur durch experimentierende Lektüre gefunden werden, d. h., es müssen sprachliche Oppositionen in einem Literaturwerk so lange durchgeprüft werden, bis man auf die Grundopposition stößt, der jene Lexeme zugeordnet werden können, die in semantischer Kohäranz mit ihr stehen; auf diese Weise zeigt sich das jeweils zusammengehörige Wortfeld.

Die Fruchtbarkeit der Suche nach der semantischen Grundachse mit ihren dazugehörigen oppositionellen Wortfeldern liegt darin, daß sich auf diese Weise das strukturelle Ganze eines Literaturwerkes weithin erschließt. Auf die semantische Achse muß möglichst alles in einem Literaturwerk beziehbar sein[5]. Verbindet man mit der Suche nach der semantischen Achse eine „Aktantenanalyse", dann stößt man zunächst auf die handelnden „Akteure" in der Gestalt von „Adjuvanten" bzw. „Opponenten". Die „Akteure" lassen sich (nach Greimas) im weiteren Vorgehen auf „Aktanten" reduzieren, die dann gewöhnlich als abstrakte Begriffe erscheinen.

## 2. Die „semantische Achse" des Johannesevangeliums

Der eigentliche „Akteur" im Johannesevangelium ist, wie in der ganzen Heilsgeschichte, Gott, und zwar im 4. Evangelium als der Vater, der den Sohn als den Retter der Welt sendet (vgl. Joh 3, 16 f). Diese Aktion Gottes, sich manifestierend im „Christusereignis", ruft eine positive und negative Reaktion der Menschen hervor. Es bringt nach dem Verständnis des Johannesevangeliums eine Krisis in die Welt. εἰς κρίμα ἐγὼ εἰς τὸν κόσμον τοῦτον ἦλθον, ἵνα οἱ μὴ βλέποντες βλέπωσιν καὶ οἱ βλέποντες τυφλοὶ γένωνται (Joh 9, 39): Das Lexem κρίμα hat ganz eindeutig die Bedeutung

---

tion zueinander stehen" (Lexikalische Solidaritäten. Poetica 1 [1967] 294; zitiert bei *Th. Lewandowski,* Linguistisches Wörterbuch 3 [UTB 300], Heidelberg 1975, 817 f).
[5] Ich habe das bereits zu zeigen versucht am Beispiel von Röm 9–11 in meinem Beitrag: Israels „Verstockung" und Rettung nach Röm 9–11, in: *F. Mußner,* Die Kraft der Wurzel. Judentum – Jesus – Kirche, Freiburg/Basel/Wien 1987, 39–54 (46–48), zuerst erschienen in: E. Haag /F.-L. Hossfeld (Hrsg.), Freude an der Weisung des Herrn. Beiträge zur Theologie der Psalmen, FS Heinrich Groß, Stuttgart ²1987, 243–263 (unter dem Titel: Die Psalmen im Gedankengang des Paulus in Röm 9–11).

„Scheidung"[6]. An Christus findet in der Menschheit eine Scheidung statt: die einen entscheiden sich für ihn, die anderen gegen ihn (vgl. 3,18–21), obwohl Christus nicht gekommen ist, den κόσμος zu richten, sondern zu retten (12,47b; vgl. auch 3,17). Dieser Gedanke, daß der Logos-Christus die Menschheit in die Entscheidung für oder gegen ihn ruft, kommt bereits im Prolog des Johannesevangeliums zur Sprache, und zwar hier mit den Lexemen „annehmen"/„nicht annehmen" (λαμβάνειν/ οὐ παραλαμβάνειν), wobei zwischen dem Simplex und dem Kompositum kein semantischer Unterschied besteht. Damit ist aber eindeutig eine Opposition anvisiert, besser gesagt: ein oppositionelles Verhalten der Menschen dem Logos-Christus gegenüber. Mit der Opposition „annehmen" vs. „nicht annehmen" scheint die „semantische Achse" des vierten Evangeliums ins Blickfeld zu kommen. Um sie herum lassen sich die oppositionellen Wortfelder aufbauen, die aus den jeweilig dazugehörigen, semantisch kohärenten Lexemen bestehen. Die gemeinsame „Dimension" (Greimas) der oppositionellen Wortfelder, versammelt um die Grundopposition „annehmen" vs. „nicht annehmen", läßt sich auf den Nenner bringen: *Verhalten* (der Menschen) dem Logos-Christus gegenüber[7].

Wir bauen im folgenden die mit der semantischen Grundachse des Johannesevangeliums kohärenten oppositionellen Wortfelder auf, indem wir das, durchgehend in Zeitwörtern zur Sprache gebrachte, gegensätzliche Verhalten der Menschen, ihre Reaktion dem Logos-Christus gegenüber, der als das göttliche „Licht" in der „Finsternis" der Welt erschienen ist, durch das ganze Evangelium hindurch ins Auge fassen. Dadurch soll sich der strukturelle Gesamtbau, die theologische „Organisation" des Johannesevangeliums für den Leser erhellen. Er soll erkennen, worum es geht; er wird zur Entscheidung gedrängt.

---

[6] Vgl. M. *Rissi,* in: EWNT II, 785. Zum Ganzen noch J. *Blank,* Krisis. Untersuchungen zur johanneischen Christologie und Eschatologie, Freiburg 1964.
[7] Man könnte statt vom „Verhalten" auch von „Reaktion" sprechen, nämlich von der Reaktion dem Logos-Christus gegenüber.

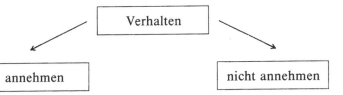

| annehmen | nicht annehmen |
|---|---|
| erkennen (wissen) | nicht erkennen |
| glauben[8] | nicht glauben |
| Zeugnis ablegen | nicht Zeugnis ablegen[9] |
| bekennen | nicht bekennen (leugnen)[10] |
| „sehen"[11] | nicht „sehen" |
| folgen[12] | nicht folgen |
| kommen zu | nicht kommen zu |
| gehorchen | nicht gehorchen |
| hören | nicht hören |
| mitziehen | nicht mitziehen (weggehen)[13] |
| bewahren[14] | nicht bewahren |
| bleiben | nicht bleiben |
| lieben | nicht lieben (hassen) |
| nicht verwerfen | verwerfen[15] |
| nicht verfolgen | verfolgen[16] |
| nicht töten | töten[17] |
| „sehen und glauben"[18] | nicht „sehen und glauben" |

Es zeigt sich jetzt, daß die Opposition „annehmen"/„nicht annehmen", die bereits im Prolog bedeutsam auftaucht, mit der semantischen Grundachse – Verhalten der Menschen dem Logos-Christus gegenüber – entscheidend zu tun hat. Mit der Grundopposition „annehmen" / „nicht annehmen" stehen die angeführten Lexeme in semantischer Relation und Kohärenz. Die Grundopposition „annehmen" / „nicht annehmen" fungiert als Supernym, die beiden mit den oppositionellen Zeitwörtern erarbeiteten Wortfelder fungieren als Hyponyme des Supernyms. Theolo-

---

8 In 17,8 sind „annehmen", „erkennen", „glauben" in einem Atemzug genannt.
9 Im Sinn von: das Zeugnis ablehnen.
10 ὁμολογεῖν vs. ἀρνεῖσθαι.
11 Deshalb in Anführungszeichen, weil das leibliche „sehen" in ein geistig-geistliches „sehen" transzendiert.
12 ἀκολουθεῖν.   13 Vgl. 6,66.   14 Vgl. 15,20; 17,6.
15 ἀθετεῖν, zusammen mit „nicht annehmen".
16 Vgl. 15,20.   17 Vgl. 7,1; 8,40; 11,53.   18 Vgl. 20,8.

gisch gesehen zeigt sich so, daß das Erscheinen des Logos-Christus in der
Welt ein gegensätzliches Verhalten ihm gegenüber mit sich brachte und
bringt: die einen nehmen ihn an, die anderen nehmen ihn nicht an. Die
Annahme führt zur Freundschaft (vgl. 15,15: „ich habe euch Freunde genannt"), die Nichtannahme zur tödlichen Feindschaft. So ruft das Erscheinen des Logos-Christus in der Welt die Menschheit in die
Entscheidung, in die „Krisis".

Hinter dem gegensätzlichen Verhalten der Menschen dem Logos-Christus gegenüber, zur Sprache gebracht in Zeitwörtern, stehen menschliche
Subjekte, von Greimas „Akteure" genannt. Auch sie sollen in einem
Schaubild vorgestellt werden, und zwar als „Adjuvanten" bzw. als „Opponenten" des Logos-Christus.

| Adjuvanten | CHRISTUS | Opponenten |
|---|---|---|

| Adjuvanten | Opponenten |
|---|---|
| Der Vater (Gott) | der „κόσμος"[22] |
| Das Pneuma (Paraklet) | „die Juden"[23] |
| Die Jünger (Apostel) | „die Pharisäer"[24] |
| Johannes d. T. | „die Schriftgelehrten"[25] |
| Maria | „die Brüder" Jesu[26] |
| Nikodemus (?)[19] | Judas Iskariot |
| Joseph von Arimathäa | „die Hohenpriester" |
| Maria Magdalena | das Synedrium |
| Der „Lieblingsjünger"[20] | Annas |
| „meine Schafe" | Kajaphas |
| „die aus Gott Geborenen" | Pilatus |
| Die Samaritaner | Soldaten |
| Maria und Martha | „der Fürst dieser Welt" |
| „die Schrift" (AT) | |
| (Abraham) | |
| (Mose) | |
| der Evangelist[21] | |

---

[19] Ist Nikodemus Repräsentant der in 2,23f Genannten, denen sich Jesus „nicht anver-
traute"? Aber nach 19,39 hilft er beim Begräbnis Jesu mit und bringt dazu „eine Mischung
aus Myrrhe und Aloe, etwa hundert Pfund". Zur Gestalt des Nikodemus im Johannesevangelium vgl. auch *M. de Jonge,* Jesus: Stranger from Heaven and Son of God. Jesus Christ
and the Christians in Johannine Perspective, Missoula, Montana 1977. *R. Schnackenburg*
bemerkt zu Joh 19,39, es dränge sich „der Eindruck auf, daß auch Nikodemus ähnlich wie
Josef von Arimatäa als ein Mann gezeichnet werden soll, bei dem der Tod Jesu zum Durch-

Reduziert man im Sinn von Greimas die „Akteure" auf „Aktanten", so stößt man in diesem Reduktionsverfahren auf die typisch johanneischen dualistischen „Abstrakta" Tod und Leben, Licht und Finsternis, die aber erkennen lassen, daß es bei der Auseinandersetzung zwischen Jesus und „den Juden" nach dem Johannesevangelisten um einen „Weltprozeß" geht, nämlich der Weltfinsternis gegen den Gottgesandten überhaupt[27].

---

bruch einer entschiedeneren Glaubenshaltung führt" (Das Johannesevangelium III, Freiburg/Basel/Wien [3]1979, 348).

[20] Vgl. zu seiner geheimnisvollen Gestalt zuletzt E. *Ruckstuhl, Der Jünger, den Jesus liebte,* in: SNTU 11 (1986) 131–167; nach Ruckstuhl war der „Lieblingsjünger" „wahrscheinlich essenischer Priester", der „zugleich Verbindung zum Kreis der saddukäischen Hohenpriester hatte". Wird sich diese Auffassung durchsetzen?

[21] Vgl. Joh 21,24.

[22] Der johanneische κόσμος-Begriff ist semantisch differenziert; dennoch kann κόσμος nicht in die Adjuvanten-Reihe aufgenommen werden; er steht, „anthropologisch" begriffen, in der Angebots- und Entscheidungssituation und begibt sich zusehends in eine kritische Distanz zu Christus. Vgl. dazu etwa F. *Mußner,* ZΩH. Die Anschauung vom „Leben" im vierten Evangelium unter Berücksichtigung der Johannesbriefe, München 1952, 57–70; N. H. *Cassem,* A Grammatical and Contextual Inventory of the Use of κόσμος in the Johannine Corpus with some Implications for a Johannine Cosmic Theology, in: NTS 19 (1972/73) 81–91. Eine ausgezeichnete „Definition" des joh. „Welt"-Begriffs bietet K. *Berger* in seinem Buch: Exegese und Philosophie (SBS 123/124), Suttgart 1986, 155: „,Welt' ist sowohl das Gegenüber des schöpferischen, liebenden und richtenden Handelns Gottes und seines Gesandten als auch das Gegenüber zur Gemeinde der Jünger". Vgl. auch noch A. *Lindemann,* Gemeinde und Welt im Johannesevangelium, in: D. Lührmann/G. Strecker (Hrsg.), Kirche, FS Günther Bornkamm, Tübingen 1980, 133–161.

[23] Vgl. dazu Anm. 27.

[24] Zum harten Pharisäerbild des Johannesevangeliums vgl. F. *Mußner,* Traktat über die Juden, München [2]1988, 268–272.

[25] Die Schriftgelehrten (γραμματεῖς) tauchen im Johannesevangelium nur einmal auf, und zwar in der, traditionskritisch gesehen, problematischen Perikope in 8,1–11 (Jesus und die Ehebrecherin); vgl. V. 2: „die Schriftgelehrten und die Pharisäer".

[26] Vgl. 7,5 („Denn nicht einmal seine Brüder glaubten an ihn"). Vgl. dazu den Kommentar von R. *Bultmann,* Das Evangelium des Johannes, Göttingen [16]1959, 218f.

[27] Man muß deshalb das Johannesevangelium im Licht seines kosmischen Horizonts lesen, der sich schon im Prolog in der πάντα-Formel und im Begriff κόσμος auftut, um seinen „Antijudaismus", wie er sich besonders in dem formelhaften „οἱ Ἰουδαῖοι" zeigt, richtig beurteilen zu können. Die Legitimierung dazu, den Prozeß gegen Jesus als „Weltprozeß" zu sehen, liegt vor allem in dem historischen Umstand, daß an ihm der heidnische Römer Pontius Pilatus maßgeblich beteiligt war. „Jetzt ... gewinnt der Prozeß der Welt gegen Jesus seine Öffentlichkeit; er wird vor das Forum des Staates gebracht" (R. *Bultmann,* Das Evangelium des Johannes [s. Anm. 26] 504). Bultmann lotet überhaupt die Tiefendimensionen der johanneischen Erzählung über den Prozeß Jesu aus: „In der Erwartung eines messianischen Königs spricht sich die eschatologische Hoffnung des Volkes aus; und insofern die Juden [im Johannesevangelium] die Welt vertreten, bedeutet ihr Verhalten: die Welt ist in ihrem Haß gegen die Offenbarung imstande, ihre Hoffnung preiszugeben, die sie auch als gottfeindliche Welt im Innersten bewegt in dem vielleicht uneingestandenen, aber doch nicht vertilgbaren Wissen um ihre eigene Unzulänglichkeit, Vergänglichkeit, Unerfülltheit. Die Welt macht sich selbst zum Inferno, wenn sie dieses Wissen erstickt und bewußt ihre

## 3. „Johanneische Sehweise" und die „semantische Achse" des Johannesevangeliums

Mit der „Sehweise" des vierten Evangelisten habe ich mich in meiner QD „Die johanneische Sehweise und die Frage nach dem historischen Jesus"[28] eingehend beschäftigt. Wie hängen die johanneische „Sehweise" und die „semantische Achse" des Johannesevangeliums zusammen? Haben beide einen gemeinsamen Grund? Der gemeinsame Grund scheint in der Reflexion geschichtlicher Prozesse durch den Evangelisten (und seine Schule) zu liegen: Er reflektiert die Jesusgeschichte als Glaubens- und Entscheidungsgeschichte und bringt das gegensätzliche Verhalten dem Logos-Christus gegenüber durch Opponenten und Adjuvanten auf die sprachliche Grundopposition „annehmen"/ „nicht annehmen", zu der die oppositionellen Wortfelder in semantischer Relation und Kohärenz stehen, und mit deren Hilfe das Verhalten der Opponenten und Adjuvanten zur Sprache gebracht wird, und zwar durchgehend verbal, d. h. in Zeitwörtern. Das kann gar nicht anders sein; denn das Verhalten des Menschen manifestiert sich primär in seinem Handeln (zu dem auch seine Rede gehört), das darum vor allem in Verben seinen sprachlichen Ausdruck findet. Auch die johanneische „Sehweise" konstituiert sich sprachlich in einer Terminologie, die aus Verben besteht: „sehen" (ὁρᾶν, θεωρεῖν, θεᾶσθαι, βλέπειν), „hören" (ἀκούειν), „erkennen" (γινώσκειν), „wissen" (εἰδέναι), „bezeugen" (μαρτυρεῖν), „(sich) erinnern" (μιμνῄσκεσθαι, μνημονεύειν, ὑπομιμνῄσκειν)[29].

Der Evangelist schaut in einem zeitlichen Abstand von etwa 60 bis 70 Jahren zurück auf das historische Jesusgeschehen und das historische Jesusgeschick. Er versteht dieses Geschehen und dieses Geschick, wie schon bemerkt, als einen „Weltprozeß"[30]. In diesem Verstehen spielt der

---

Hoffnung abschneidet" (ebd. 515). Es zeigt sich im übrigen, daß die Erkundung der „semantischen Achse" im Johannesevangelium (Annahme vs. Nichtannahme des Logos-Christus) die *christologische* Begründung des johanneischen Dualismus deutlich sichtbar macht, auch wenn dieser sich „weltbildlich" darstellt („oben" vs. „unten"; vgl. dazu, mit Blick auf den johanneischen ζωή-Begriff, *F. Mußner*, ZΩH [s. Anm. 22] 52–56, und hier auch 53 die Zusammenstellung der den johanneischen Dualismus charakterisierenden antithetischen Begriffe). Zum johanneischen Dualismus vgl. jetzt auch noch *T. Onuki*, Gemeinde und Welt im Johannesevangelium. Ein Beitrag zur Frage nach der theologischen und pragmatischen Funktion des johanneischen „Dualismus", Neukirchen-Vluyn 1984.
[28] Freiburg/Basel/Wien 1965.
[29] Näheres bei *F. Mußner*, Die johanneische Sehweise, 18–42. Deshalb ist die „Linguistik des Verbums" von größter Bedeutung.
[30] Vgl. dazu Anm. 27.

Zeitenabstand eine wichtige Rolle; denn der „Zeitenabstand" übt eine hermeneutische Funktion aus, wie uns Hans-Georg Gadamer gelehrt hat[31]. Der Johannesevangelist versetzt sich im Geist zurück in das historische Jesusgeschehen. Gadamer bemerkt: „Solches Sichversetzen ist weder Einfühlung einer Individualität in eine andere noch eine Unterwerfung des anderen unter die eigenen Maßstäbe, sondern bedeutet immer die Erhebung zu einer höheren Allgemeinheit ..."[32] Die „Tiefendimension" des reflektierten Geschehens kommt dabei ins Bewußtsein und zur Sprache. Dabei kann ein wahrhaft historisches Bewußtsein von der eigenen Gegenwart und ihren Fragestellungen und Erfahrungen gar nicht absehen. Diese spiegeln sich in der Weise wider, mit der der Evangelist seinen historischen Gegenstand, das Jesusgeschick und Jesusphänomen, anvisiert. Dabei erkennt er, daß der Einbruch des Logos-Christus in die Welt diese in eine zuvor nie in solcher Schärfe gegebene Entscheidungssituation führte und führt, die er geradezu als „Weltprozeß" versteht, in dem die Geister sich scheiden: die einen nehmen den Logos-Christus an, die anderen nehmen ihn nicht an. Daß dabei „die Juden" zu Repräsentanten des κόσμος (im johanneischen Sinne) werden, hat dabei wohl einen zweifachen historischen Grund: Der Evangelist weiß aus der Überlieferung, daß „die Juden" den Prozeß gegen Jesus von Nazareth vor dem heidnischen Römer Pontius Pilatus angestrengt haben, zum anderen weiß er möglicherweise um die Beschlüsse der rabbinischen Synode von Jabne, durch die die Christen zu ἀποσυνάγωγοι (vgl. Joh 9,22; 12,42; 16,2) wurden – und manche vermuten heute, daß die sogenannte „Syn-

---

[31] In seinem Werk: Wahrheit und Methode. Grundzüge einer philosophischen Hermeneutik, Tübingen ⁴1975, 275–283; dazu *F. Mußner*, Die johanneische Sehweise, 14–17.
[32] *Gadamer*, Wahrheit und Methode (s. Anm. 31) 288. Wenn man den Johannesevangelisten mit dem Apostel Johannes als Augen- und Ohrenzeugen in Zusammenhang bringt, wie ich es in meiner QD „Die johanneische Sehweise" tue, dann könnte, meint *T. Onuki* in seinem Buch „Gemeinde und Welt im Johannesevangelium" (s. Anm. 27) vom „„Zeitabstand' im Sinne der Hermeneutik Gadamers – streng genommen – keine Rede mehr sein" (ebd. 13 Anm. 50); denn es handle sich dann „um den Zeitabstand zwischen der Gegenwart und der fernen Vergangenheit ein und derselben Person Johannes". Ich würde den „Bruch zwischen dem historischen Horizont der vorgegebenen Überlieferung und dem Gegenwartshorizont des Johannes als des Interpreten sehr gering" einschätzen, „während die Kontinuität der beiden Horizonte um so stärker hervorgehoben wird" (ebd.). Von einem „Bruch" zu reden, halte ich für Unsinn. Der Evangelist schaut zurück auf das historische Jesusgeschehen und interpretiert es im Licht seiner Erfahrungen, so daß es zu einer echten „Horizontverschmelzung" kommt, bei der aber die *ipsissima intentio Jesu* nicht untergeht. Außerdem schreibt er nicht als isoliertes Individuum, vielmehr bewußt als Mitglied des Wir-Kreises, wie seine „Wir-Formeln" zeigen, und verarbeitet dabei auch vorgegebene Traditionen. Das schafft echte Kontinuität und bewahrt ihn vor einem „Bruch".

ode von Jabne" (besser sagt man: die „Periode von Jabne")[33], die sich nach der Katastrophe des Jahres 70 n. Chr. in Jabne konstituierte (zunächst unter der Führung des Rabban Jochanan ben Zakkaj, dann unter der des Patriarchen Gamliel II.)[34], mit ihren Beschlüssen dazu geführt habe, daß das Judentum sich endgültig von der Gemeinschaft der Urkirche trennte, was dann auch in dem scharfen „Antijudaismus" des Johannesevangeliums seinen bitteren Niederschlag gefunden habe, ja vielleicht überhaupt erst den Johannesevangelisten veranlaßt habe, sein Evangelium zu schreiben[35]. Wie dem auch sei, der Johannesevangelist sieht im Christusereignis den Beginn des eschatologischen „Weltprozesses", in dem die „Finsternis" einen Prozeß gegen das „Licht" von oben führt und bei dem die Menschen in ein σχίσμα (vgl. Joh 7, 43; 9, 16; 10, 19) geraten, in dem sich Annahme bzw. Nicht-Annahme des gottgesandten Logos-Christus manifestierten und bis heute manifestieren. Auf diese Grundopposition Annahme/Nicht-Annahme hat der Johannesevangelist die Stellungnahme der Menschheit zu Jesus Christus, dem Gottgesandten, gebracht; ihr verschiedenes Verhalten bildet die „semantische Achse" des vierten Evangeliums, um die sich alles dreht[36]. Sie erschließt das Strukturganze des Johannesevangeliums für den Leser, was ja das Ziel der Su-

---

[33] Vgl. *J. Maier / P. Schäfer,* Kleines Lexikon des Judentums, Stuttgart 1981, 151 (s. v. Jabne).

[34] Zum historischen Problem der „Synode von Jabne" s. vor allem *P. Schäfer,* Die sog. Synode von Jabne. Zur Trennung von Juden und Christen im 1./2. Jh. n. Chr., in: ders., Studien zur Geschichte und Theologie des rabbinischen Judentums, Leiden 1978, 45–64; *ders.,* Die Flucht Johannan b. Zakkais aus Jerusalem und die Gründung des „Lehrhauses" in Jabne, in: ANRW II.19.2, Berlin/New York 1979, 43–101.

[35] Vgl. dazu *K. C. Caroll,* The Fourth Gospel and the Exclusion of Christians from the Synagogues, in: BJRL 40 (1957) 19–32; *W. Wiefel,* Die Scheidung von Gemeinde und Welt im Johannesevangelium auf dem Hintergrund der Trennung von Kirche und Synagoge, in: ThZ 35 (1979) 213–227; *F. Manns,* L'Évangile de Jean, réponse chrétienne aux décisions de Jabne, in: SBFLA XXX (1980) 47–92; *K. Wengst,* Bedrängte Gemeinde und verherrlichter Christus. Der historische Ort des Johannesevangeliums als Schlüssel zu seiner Interpretation, Neukirchen-Vluyn 1981; *D. Moody Smith,* Johannine Christianity. Essays on its Setting, Sources, and Theology, Columbia 1984; *G. Reim,* Zur Lokalisierung der johanneischen Gemeinde, in: BZ NF 32 (1988) 72–86.

[36] Die Grundopposition „annehmen/nicht annehmen", die mit der „semantischen Achse" des Johannesevangeliums wesentlich zu tun hat, findet sich bereits in seinem Prolog und entfaltet sich in den weiteren Oppositionen des jeweilig dazugehörigen Wortfeldes, wie sich zeigte. Das läßt die unlösbare Zusammengehörigkeit des Prologs mit dem nachfolgenden Corpus der johanneischen Vita Jesu erkennen. Vgl. zu diesem Problem jetzt auch *M. Theobald,* Die Fleischwerdung des Logos. Studien zum Verhältnis des Johannesprologs zum Corpus des Evangeliums und zu 1 Joh (NTA NF 20), Münster 1988.

che nach der „semantischen Achse" eines Literaturwerkes ist[37]. Das Ganze muß für den Leser durchsichtig werden, so daß er erkennt, worum es eigentlich geht[38].

---

[37] Gerade auch darin berühren sich strukturale Semantik und Hermeneutik; denn „Übereinstimmung aller Einzelheiten zum Ganzen ist das jeweilige Kriterium des Verstehens" (*Gadamer*, Wahrheit und Methode [s. Anm. 31] 275). Eine traditions- und redaktionskritische Analyse des vierten Evangeliums erfaßt dagegen keineswegs das Strukturganze desselben.

[38] Unser Versuch orientierte sich ausschließlich an der „Endausgabe" des Johannesevangeliums. Es wäre zu überlegen, inwieweit die Grundopposition „annehmen vs. nicht-annehmen" mit ihren dazugehörigen Wortfeldern bereits in der vorjohanneischen Tradition („Johannes-Schule") versprachlicht worden ist. Vgl. dazu auch *E. Ruckstuhl*, Zur Antithese Idiolekt-Soziolekt im johanneischen Schrifttum, in: SNTU 12 (1987) 141–181.

# V. Christliche Ökumene und Israel

# 16. Rückbesinnung der Kirchen auf das Jüdische
## Impulse aus dem Jakobusbrief*
## (1998)

## I. Die Grundschrifthypothese

Diese Hypothese besagt, daß der Jakobusbrief „ein jüdisches Schriftstück" ist, dem ursprünglich *jeder christlicher Zug gefehlt habe* und daß der zweimal vorkommende Name Jesu Christi offenbare Interpolation sei"; der Brief „sei überhaupt kein Erzeugnis des Christentums".[1] Zum Erweis für den ursprünglich rein jüdischen Charakter des Briefs bringt Spitta in seinem Kommentar ein riesiges Material aus dem Alten Testament und dem frühjüdischen Schrifttum; er schließt bewußt „jede zur Erklärung herangezogene Parallele aus der christlichen Literatur" aus, weil er zeigen will, daß ausschließlich in der vorchristlichen Literatur „und nicht in den neutestamentlichen Gedankengängen die Parallelen für die Ausführungen des Jakobus liegen".[2]

Dieselbe Ansicht vertrat der Franzose L. Massebieau unabhängig von Spitta in seinem Beitrag „L' Épître de Jacques est-elle l'oeuvre d'un chretien?"[3] Nach M. konnte der Verfasser der ursprünglichen Schrift „nur ein hellenistischer Jude" sein, der vom essenischen Frömmigkeitsideal erfüllt war. Diese Grundschrift sei schon im 1. Jh. v. Chr. entstanden und ein christlicher Kopist habe sie dann dem Herrenbruder Jakobus zugeschrieben und in 1,1 und 2,1 den Namen Jesu Christi eingefügt.[4]

## II. Martin Luther

Luther hat sich bekanntlich sehr kritisch über den Jakobusbrief geäußert.[5] In seinen „Tischreden" bemerkt er: „Epistolam Jacobi ejiciemus ex hac schola, denn sie soll nichts, nullam syllabam habet de Christo. Er nennt auch Christum nicht

---

* Zur Überschrift sei vorweg angemerkt, daß das Wort „Rückbesinnung" nicht „Rückkehr" bedeutet, vielmehr ein An-Denken der „Wurzel" meint, die nach Röm 11,18 die Kirche „trägt".
[1] So F. Spitta in seinem Kommentar „Der Brief des Jakobus" (Göttingen 1896) III; 8; 11.
[2] Ebd., 10.
[3] Revue d'histoire des religions XVI (t. 22) (1895) 249–283.
[4] Vgl. dazu meinen Kommentar zum Jakobusbrief (Freiburg-Basel-Wien ⁵1987) 24f.
[5] Dazu mein Kommentar, 42–46.

eins, nisi in principio. Ich halt, daß sie irgendein Jude gemacht hab, welcher wol hat hören von Christo läuten aber nicht zusammenschlagen.

Und weil er hat ge|höret, daß die Christen so sehr auf den Glauben an Christum dringen, hat er gedacht: Herr, du willst ihnen begegnen und schlecht die opera treiben, wie er denn tut."[6] Und noch einmal: „Jeckel wollen wir schier aus der Bibel stoßen hier in Wittenberg, denn er redet nichts von Christo, ne una quidem syllaba nisi in principio et praeludio. Videtur contradicere Paulo nec de evangelio nec de lege recte loquitur. Ich halt es sei ein Jud gewest …"[7]

Sowohl Spitta als auch Massebieau und M. Luther haben etwas Richtiges gesehen, nämlich dies, daß im Jakobusbrief viel genuin „Jüdisches" zur Sprache gebracht ist, auch wenn Luther darüber sehr kritisch geurteilt hat.

## III. Das „Jüdische" im Jakobusbrief

H. Frankemölle bemerkt in seinem bedeutenden Kommentar zum Jak-Brief:[8] „Dieser Brief könnte … ein Prüfstein sein, wie ernst es Christen mit der jüdisch-christlichen Identität nehmen, da dieser Brief ganz aus frühjüdisch-hellenistisch geprägter Frömmigkeit lebt, ohne den Glauben an Gott in Jesus Christus zu verleugnen …" Im Brief findet sich ein reiches Traditionserbe, wie man längst erkannt hat, das insbesondere aus der weisheitlichen Überlieferung Israels stammt.[9] Vor allem scheint sich der Brief „als eine relecture von Jesus Sirach" zu präsentieren (so Frankemölle),[10] aber dann doch in sehr selbständiger Verarbeitung und mit eigener Akzentsetzung. Der Brief „lehret Christum" auf seine Weise,[11] während nach JesSir 24,23 „Letzte Station des umfassenden Wohnungnehmens der Weisheit … die Tora des Mose" ist (E. Zenger).[12] Das ist im Jak-Brief nicht der Fall.[13] Nach Frankemölle ist der Jak-Brief „eine neutestamentliche Weisheitsschrift in Briefform";[14] es sollte vielleicht besser gesagt werden: eine prophetische Schrift in Briefform. In meinem Beitrag „Die ethische Motiva-

---

[6] WA.TR 5,157.

[7] WA.TR 5,414.

[8] Der Brief des Jakobus: Ökumenischer Taschenbuchkommentar zum Neuen Testament 17/1 und 17/2 (Gütersloh-Würzburg 1994) 119.

[9] Vgl. dazu etwa außer den Kommentaren R. Hoppe, Der theologische Hintergrund des Jakobusbriefes (Würzburg ²1985) 33–40; H. v. Lips, Weisheitliche Traditionen im Neuen Testament (Neukirchen 1990) 409–437; H. Frankemölle, Der Jakobusbrief als Weisheitsschrift im Kontext frühjüdischer Weisheit: rhs 33 (1990) 305–313.

[10] Der Brief des Jakobus (s. Anm. 8) 85.

[11] Vgl. dazu meinen Kommentar (s. Anm. 4) 52f.

[12] E. Zenger u. a., Einleitung in das Alte Testament = KStTh 1,1 (Stuttgart-Berlin-Köln 1995) 291.

[13] Wenn man zudem an JesSir 19,20 denkt („Das Ganze der Weisheit ist Furcht des Herrn, und in jeglicher Weisheit liegt Erfüllung des Gesetzes"), so fällt auf, daß im Jak-Brief die Lexeme φόβος (Furcht) und φοβεῖσθαι (sich fürchten) fehlen!

[14] A.a.O., 87.

tion im Jakobusbrief"[15] habe ich in der Anm. 35 bemerkt: „Man sollte den Jakobusbrief auch einmal im Lichte der prophetischen Mahnrede des Alten Testaments lesen. Vgl. zu ihr K. A. Tångberg, Die prophetische Mahnrede. Form- und traditionsgeschichtli|che Studien zum prophetischen Umkehrruf = FRLANT 143 (Göttingen 1987); man lese hier nur einmal das ‚Zwischenergebnis' (140 f.), und man sieht sofort, in welchem Überlieferungsstrom der Jakobusbrief sich findet." Aber wie es auch um die Gattung des Briefs, die Herkunft des Traditionsmaterials in ihm und seinen Verfasser bestellt sein mag, es stellt sich die Frage nach der Verifizierung der Meinung Luthers: „Ich halt es sei ein Jud gewest", der den Brief geschrieben hat, weil in ihm wie sonst in keinem anderen Brief des Neuen Testaments „Jüdisches" zur Geltung gebracht ist. Worin zeigt es sich?

## 1. In der Idee der Vollkommenheit

Nach J. Zmijewski wird der Brief „offensichtlich von einem *einheitlichen Thema* geprägt: dem Thema ‚Christliche Vollkommenheit'. Zwar begegnet dieses Thema auch anderswo in den Schriften des Neuen Testaments; aber im Jakobusbrief wird die Idee der ‚Vollkommenheit' nicht nur umfassender, sondern auch durchaus *eigenständig* vorgetragen."[16] Das Streben der christlichen Gemeinde soll nach dem Brief auf ὁλοκλμεία („Ganzheit") vs. διψυχία („Zweiseeligkeit", Gespaltenheit) (vgl. 1,4–8) zielen. So begegnet bereits im Proömium des Briefs das ihn zusammenhaltende einheitliche Thema, es lautet nach Frankemölle: „Zusammengehalten durch ein in sich stimmiges Wortfeld von Synonymen und Antonymen/Oppositionen …: Die angeredeten Christen sollen vollkommen/ganz, nicht gespalten/unbeständig sein!"[17] Dabei hat für Frankemölle zu gelten: „Ohne Gottes Sein und Handeln als unaufgebbare Voraussetzungen sind für Jakobus anthropologische Aussagen undenkbar."[18] Die Ethik und die ethische Motivation des Briefs gründen primär in der Theo-logie (vgl. Jak 1,5.13.17.18.27;

---

[15] H. Merklein (Hg.), Neues Testament und Ethik. FS für Rudolf Schnackenburg. (Freiburg-Basel-Wien 1989) 416–423.

[16] J. Zmijewski, Christliche „Vollkommenheit". Erwägungen zur Theologie des Jakobusbriefes: ders., Das Neue Testament – Quelle christlicher Theologie und Glaubenspraxis. Aufsätze zum Neuen Testament und seiner Auslegung (Stuttgart 1986) 293–323 (320 f.).

[17] H. Frankemölle, Gespalten oder ganz. Zur Pragmatik der theologischen Anthropologie des Jakobusbriefes: H. U. v. Brachel/N. Mette (Hg.), Kommunikation und Solidarität (Freiburg-Münster 1985) 160–178 (163). Zur Idee der Vollkommenheit vs. Gespaltenheit im Jakobusbrief vgl. auch noch R. Hoppe, Der theologische Hintergrund (s. Anm. 9) 18–43; M. Klein, „Ein vollkommenes Werk". Vollkommenheit, Gesetz und Gericht als theologische Themen des Jakobusbriefes (Stuttgart-Berlin-Köln 1995) 43–81 (mit umfassendem Literaturverzeichnis); G. Schille, Wider die Gespaltenheit des Glaubens – Beobachtungen im Jakobusbrief: ThV 9 (1977) 71–89; P. J. Hartin, Call to Be Perfect through Suffering (James 1,2–4). The Concept of Perfection in the Epistle of James and the Sermon on the Mount: Bib. 77 (1996) 477–492.

[18] A. a. O. (s. Anm. 17) 166. Vgl. auch ders., Der Brief des Jakobus (s. Anm. 8) 305–320 (Exkurs 5: Anthropologie und Theo-logie).

2,5.11.24 [„theol. Passiv"]; 3,9.15.17 [„Weisheit von oben"]; 4,4.6.7.10.12; 5,4.11.15), und diese Gründung ist „gut jüdisch" (Frankemölle).[19] Denn die Korrelation von Anthropologie/Theologie, die gerade auch in der Idee der Vollkommenheit im Brief begegnet,[20] findet sich ebenso bereits im Alten Testament, nach dem jener | Mensch vollkommen ist, „der mit Gott bzw. auf seinen Wegen wandert und keine Wege geht, die als sündig von Gott wegführen" (A. Deißler),[21] wobei zu den „Wesensforderungen, die Jahwe an den Bundespartner stellt", neben dem Glauben (als einem „Akt von Person zu Person") als Grundhaltung das „gelebte Ja zum göttlichen Bundesherrn und Bundespartner" gehört wie auch das „Ja zum Bundesgott als Ja zum Mitmenschen".[22] Diese Ganzheitsforderung bestimmt auch das frühjüdische Frömmigkeitsideal, besonders auch in esoterischen Kreisen der Apokalyptik und in Qumran, aber ebenso bei Philo von Alexandrien und im Rabbinismus, hier vor allem mit Blick auf den „Zaddik".[23] Wenn also etwa nach Jak 1,4 „die Standhaftigkeit" der christlichen Gemeinde „ein vollendetes Werk besitzen (soll), damit ihr vollkommen und ohne Fehl seid, in keinem Punkt zurückbleibend", so vertritt damit der Brief die biblisch-jüdische Ganzheitsidee, die mit der Idee der Vollkommenheit identisch ist.

## 2. Im Thema: Hören und Tun

„Werdet ferner Worttäter, nicht bloß Hörer allein, die sich selbst betrügen. Denn wenn einer (nur) Worthörer und nicht Täter ist, gleicht dieser einem Mann, der sein natürliches (äußerliches) Gesicht im Spiegel betrachtet. Denn er betrachtet sich und ging weg, und sogleich vergaß er, wie er aussah. Wenn er aber, nachdem er hineingeschaut hat in das vollkommene Gesetz der Freiheit, darin auch verharrt, (und) nicht ein vergeßlicher Hörer geworden ist, sondern ein Werktäter, dieser wird selig sein durch sein *Tun*" (Jak 1,22–25). Das klingt wiederum „gut jüdisch". Denn dem gläubigen Juden geht es um das „Tun", die Verwirklichung der Weisungen der Tora (und der Halacha).[24] Die Tora drängt auf das „Tun" des Willens Gottes, auf Erfüllung. „Wer sie (meine Gesetze und Gebote) *tut*, hat

---

[19] A.a.O. (s. Anm. 17) 165.

[20] Dazu Näheres vor allem bei Frankemölle, Der Brief des Jakobus (s. Anm. 8) 495–499 (Exkurs 9: „Vollkommen" nach Jakobus; mit Literatur).

[21] Art. Vollkommenheit (AT): BThW[4], 565–568 (566).

[22] Ebd., 566f.

[23] Dazu Näheres bei F. Mußner, Art. Vollkommenheit (NT), ebd., 568–570 (568) (mit Literatur).

[24] Zum Verhältnis von Tora und Halacha im Judentum vgl. besonders K. Müller, Gesetz und Gesetzeserfüllung im Frühjudentum: K. Kertelge (Hg.), Das Gesetz im Neuen Testament = QD 108 (Freiburg-Basel-Wien 1986) 11–27; ders., Beobachtungen zum Verhältnis von Tora und Halacha in frühjüdischen Quellen: I. Broer (Hg.), Jesus und das jüdische Gesetz (Stuttgart-Berlin-Köln 1992) 105–134. Zum Sinn und zur Rolle der Halacha im jüdischen Leben vgl. etwa D. Vetter, Die Wurzel des Ölbaums. Das Judentum (Freiburg-Basel-Wien 1996) 71–73; 78f. (ein wichtiges Buch).

durch sie das Leben" (Lev 18,5); „alle die Worte, die der Herr gesprochen hat, werden wir *tun* und *hören*" (Ex 24,3). Und so wichtig dem rabbinischen Judentum das Studium, das „lernen" der Tora ist, so heißt es doch: „Nicht das Lernen ist die Hauptsache, vielmehr das *Tun*" (MAbot I,17; vgl. auch III,9b.17b; V,14; VI,4b); vgl. auch Josephus, Ant XX § 44 („denn nicht nur lesen mußt du sie [die Weisungen der Tora], vielmehr und zuvor das Verordnete *tun*". Und Paulus schreibt in Röm 2,13: „... nicht die das Gesetz hören, sind bei Gott gerecht, vielmehr die es *tun*, werden gerecht gesprochen werden." Und wie ist es bei Jesus? Nach seiner Predigt ist es eine Selbstverständlichkeit, daß der Wille Gottes „getan" werden muß, ein bloßes „hören" ist vor Gott wertlos (vgl. etwa Mt 5,19; 7,26 f.). Das | Zeitwort „tun" (ποιεῖν) spielt in der synoptischen Tradition eine ganz bedeutende Rolle; es „ist die so gut wie einzige Vokabel, mit welcher die Synoptiker das dem Menschen von Gott gebotene Tun ausdrücken" (H. Braun).[25] Auch der joh. Christus fordert das „Tun" des Willens Gottes, wie er ihn selbst „tut" (4,34; 7,17; 9,31; 15,14). Jakobus lebt mit seiner Forderung, das Wort zu „*tun*" und nicht bloß zu „hören", ganz und gar in dieser Tradition: wer „nicht ein vergeßlicher Hörer [des vollkommenen Gesetzes der Freiheit][26] geworden ist, sondern ein Werktäter, dieser wird selig sein durch sein *Tun*" (1,25), wobei das „Tun" sich nach dem Brief konkret realisiert vor allem in der Hilfe für Witwen und Waisen (1,27); in der Ehrung der Armen in der Gemeinde (2,2–5); in der Erfüllung des Liebesgebots, das der Verfasser in 2,8 wörtlich aus Lev 19,18 zitiert und das für ihn „königlichen" Rang besitzt; im Gehorsam gegen die II. Tafel des Dekalogs (vgl. 2,11); in der Beherrschung der Zunge (3,1 ff.), usw. Zu beachten ist dabei auch die atl.-jüdische Überzeugung eines Tun-Ergehens-Zusammenhangs im Jak-Brief mit seiner Aufforderung, als solche zu reden und zu „tun", „die durch das Gesetz der Freiheit *gerichtet* werden". „Denn das *Gericht* (ist) unbarmherzig gegen den, der (z.B.) kein Erbarmen übt. Es rühmt sich Erbarmen gegen *Gericht*" (2,12 f.; vgl. auch 5,9.12). Wer also nur „hört", ohne das Gehörte auch zu „tun", verfällt dem Gericht Gottes: Tun-Ergehen! Es muß uns immer bewußt sein: JHWH, der Gott Israels, ist der Gott der Ethik! Der jüdische Philosoph E. Lévinas hat darauf aufmerksam gemacht, daß in der Bundeslade lediglich die Tafeln der „Zehn Worte" aufbewahrt worden sind.[27] Würde die Christenheit sich auf das *sola fide* ohne „Werke" der Liebe und des Gehorsams gegen Gottes Gebot zurückziehen, so wäre ihr Glaube „tot", wie der Jakobusbrief mit Recht bemerkt (vgl. 2,26). Mit Hinweis auf das gehorsame Glaubenshandeln „unseres Vaters" Abraham bemerkt der Brief: „Ihr seht, daß

---

[25] Spätjüdisch-häretischer und frühchristlicher Radikalismus, 2 Bde. (Tübingen 1957) II, 30, Anm. 1 (mit vielen Belegen); ders., Art. ποιέω: ThWNT VI, 456–483.

[26] Zu diesem Syntagma vgl. etwa F. Mußner, Der Jakobusbrief (s. Anm. 4) 107–109; H. Frankemölle, Der Brief des Jakobus (s. Anm. 8) 344–357 (mit Literatur); M. Klein, „Ein vollkommenes Werk" (s. Anm. 17) 137–144; H. Meisinger, Liebesgebot und Altruismusforschung. Ein exegetischer Beitrag zum Dialog zwischen Theologie und Naturwissenschaften (Freiburg [Schweiz]-Göttingen 1996) 138–141 (Anm. 54: „Ein Konsens über das ‚[vollkomme-ne] Gesetz der Freiheit' ist noch nicht erreicht").

[27] Schwierige Freiheit. Versuch über das Judentum (Frankfurt 1992) 29.

aus Werken – womit exklusiv Werke der Liebe und des Gehorsams gegen Gottes
Befehle gemeint sind und nicht „die Werke des Gesetzes" im paulinischen Sinn[28]
– gerechtfertigt wird ein Mensch und nicht aus Glauben *allein"* (2,24). Es geht um
die tägliche „Verwirklichung" – ein Lieblingsbegriff Martin Bubers – des Willens
Gottes im konkreten „Tun". Das ist wieder genuin jüdisches Erbe im Jakobus-
brief. |

## 3. In der Heiligung des Alltags

Die Tora und mit ihr die Halacha beanspruchen *alle* Lebensäußerungen des
Menschen. „In ihr (der Tora) ist alles" (MAbot V,22). Ihr Ziel ist die Heiligung
des Lebens im Alltag Israels, wie es dem Willen und Wesen JHWHs, des
„Heiligen Israels", entspricht: „Rede zur ganzen Gemeinde der Israeliten, und
sag zu ihnen: Seid heilig, denn ich, der Herr, euer Gott, bin heilig" (Lev 19,2; vgl.
auch 20,26; 21,8). „Die Heiligkeit JHWHs bestimmt das Dasein und Sosein
seines Volkes ..." (H. D. Preuß),[29] bestimmt seinen Alltag.

Im Jak-Brief findet sich ein umfassendes Repertoire menschlichen und christli-
chen Handelns und Verhaltens in den vielfältigen Situationen des Alltags des
Einzelnen und der Gemeinden. Worauf kommt Jakobus dabei zu sprechen?[30]
Der Brief gibt Auskunft über:

die mannigfaltigen Anfechtungen und Prüfungen im menschlichen Leben,
das Gebetsleben,
die Ruhmsucht,
Zorn und Sanftmut,
die Zungensünden,
die Sorge für Witwen und Waisen,
die Befleckung durch die „Welt",
den Personenkult in den Gemeinden,
die Hilfe für die Armen und Notleidenden,
den in den „Werken" der Liebe und des Gehorsams gegen Gottes Gebot sich
vollendenden Glauben,
weisheitliches und verständiges Handeln,
Zwietracht und Streit in den Gemeinden,
weltlichen Sinn („Freundschaft mit der Welt"),
Leidenschaften und Begierden,
Trauer und Freude,

---

[28] Vgl. dazu F. Mußner, Der Jakobusbrief (s. Anm. 4) 152–157; 240–250; H. Frankemölle,
Gesetz im Jakobusbrief. Zur Tradition, kontextuellen Verwendung und Rezeption eines bela-
steten Begriffes: K. Kertelge (Hg.), Das Gesetz im Neuen Testament (s. Anm. 24) 175–221 (mit
viel Literatur).
[29] Theologie des Alten Testaments, Bd. 1 (Stuttgart-Berlin-Köln 1991) 276.
[30] Vgl. dazu die Zusammenstellung bei F. Mußner, Die ethische Motivation im Jakobusbrief:
Neues Testament und Ethik (s. Anm. 15) 420.

selbstmächtige Plänemacherei,
falsche Selbstsicherheit,
die Unterdrückung der Armen und Lohnarbeiter,
Verurteilung und Ermordung des „Gerechten", d. h. des Armen,
geduldiges Warten auf den Herrn,
schwören
die geistliche Hilfe an Kranken und Sündern.
Auf diese Weise versucht der Brief, das Leben der Gemeinden total zu ordnen,
ähnlich wie die Halacha das jüdische Leben total ordnen will.
Die Bewältigung, verstanden als „Tun", der im Brief mit diesen Themen ange-
sprochenen Aufgaben hat zum Ziel die ὁλοκληρία, die Ganzheit, die Vollkommenheit, die Heiligung vs. διψυχία. Dabei geht es überdeutlich nicht bloß um die
| individuelle Vervollkommnung, sondern um Schaffung von Solidargemein-
schaft in den Adressatengemeinden, die der Verfasser des Briefs offensichtlich
gefährdet sieht. Und die damit gegebene Spannungseinheit von Theo-logie und
Anthropologie kommt im Brief exemplarisch etwa in 4,6—8 zur Sprache: „Größere Gnade aber gibt er; deshalb sagt sie (die Schrift): Gott widersteht den
Hochmütigen, den Demütigen aber gibt er Gnade. Unterwerft euch also Gott;
widersteht aber dem Teufel, und fliehen wird er von euch; naht euch Gott, und
nahen wird er sich euch. Reinigt (eure) Hände, Sünder, und *heiligt* (eure) Herzen,
ihr Zwiespältigen!" Jakobus schont die Leser seines Briefes nicht; er nennt sie
„Ehebrecher" (4,4a), „Sünder" (4,8), „Zwiespältige" (4,8), die versuchen, Freunde der Welt zu sein: „Wer also immer ein Freund der Welt sein will, als ein Feind
Gottes erweist er sich" (4,4b). „Ohne die theozentrische Basis (vgl. 4,5—6.12; …)
wären die Imperative theologische Vermessenheit. Weil der Jakobusbrief aber ein
durch und durch theozentrisches Schreiben ist, steht nach Jakobus für die Adressaten alles auf dem Spiel, sich zwischen Welt und Gott zu entscheiden sowie
welthaftes Sein und Handeln beim einzelnen Christen und in der christlichen
Gemeinde zu überwinden" (H. Frankemölle).[31] Nach K. Backhaus ist unser
Brief „eine als Brief publizierte Weisheitsschrift, die die Leser paränetisch vor die
Alternative zwischen einer theonomen Alltagsethik und einer 'weltlichen', d. h.
gottvergessenen Lebensgestaltung stellt und sie an die umfassende Bindung ihrer
Existenz an den göttlichen Willen erinnert".[32] Der „Heilige Israels" verlangt
Entscheidung zwischen Gott und Welt; darauf drängt der Brief zusammen mit
der Tora Israels. JHWH, *der Gott der Ethik*, spricht sowohl in der Tora Israels
als auch in der Predigt Jesu als auch im Jakobusbrief! M. Luther tat dem Brief
unrecht, als er ihn als eine „stroherne Epistel" bezeichnete. In ihm begegnet
bestes jüdisches Erbe, das es wahrzunehmen gilt.

---

[31] Der Brief des Jakobus (s. Anm. 8) 601.
[32] K. Backhaus, Condicio Jakobaea. Jüdische Weisheitstradition und christliche Alltagsethik
nach Jak 4,13–17: K. Backhaus/F. G. Untergaßmair (Hg.), Schrift und Tradition. FS für Josef
Ernst. (Paderborn-München-Wien-Zürich 1996) 135–158 (141) (mit reicher Literatur).

## 4. In der „Armenfrömmigkeit"[33]

In Israel ist nach dem Zeugnis des Alten Testaments schon früh der Arme im sozialen Netz des Volkes in den Blick gekommen. Es wurden Rechtssätze zugunsten der Armen entwickelt, so besonders in den Büchern Levitikus und Deuteronomium. „Wenn bei dir ein Armer lebt, irgendeiner deiner Brüder in irgendeinem deiner Stadtbezirke in dem Land, das Herr, dein Gott, dir gibt, dann sollst du nicht hartherzig sein und sollst deinem armen Bruder deine Hand nicht verschließen. Du sollst ihm deine Hand öffnen und ihm gegen Pfand leihen, was der Not, die ihn bedrückt, abhilft" (Deut 15,7f.). „Die Armen werden niemals ganz aus | deinem Land verschwinden. Darum mach ich dir zur Pflicht: Du sollst deinem notleidenden und armen Bruder, der in deinem Land lebt, deine Hand öffnen" (15,11). „Du sollst das Recht nicht beugen. Du sollst kein Ansehen der Person kennen ... Gerechtigkeit, Gerechtigkeit – ihr sollt du nachjagen, damit du Leben hast ..." (16,19f.). „Du sollst den Lohn eines Notleidenden und Armen unter deinen Brüdern oder unter den Fremden, die in deinem Land innerhalb deiner Stadtbereiche wohnen, nicht zurückhalten. An dem Tag, an dem er arbeitet, sollst du ihm auch seinen Lohn geben. Die Sonne soll darüber nicht untergehen; denn er ist in Not und lechzt danach" (24,14f.).

Die Propheten Israels kämpfen mit harten Worten für das Recht der Armen, der Witwen und Waisen und rufen den Reichen und Mächtigen ihr „Wehe" zu: „Wehe denen, die Haus an Haus reihen und Feld an Feld fügen, bis kein Platz mehr da ist und ihr allein Besitzer im Land geworden seid!" (Jes 5,8). „Wehe denen, die Gesetze voll Unheil erlassen ..., um den Geringen vom Gericht zu verdrängen und den Armen meines Volkes das Recht zu rauben, daß sie Witwen ausbeuten und die Waisen ausplündern" (10,1f.). „Man bekämpft den Gerechten, nimmt Lösegeld an, drängt weg die Armen im Tor" (Am 5,12).

In den Psalmen nimmt der Begriff „arm" religiöse Färbung an, insofern der Arme mit dem Demütigen vor Gott identifiziert wird. Er sucht seine Zuflucht bei JHWH. „Denn ein Bluträcher ist (Gott), und er denkt an sie; nicht vergißt er den Schrei der Armen. JHWH war mir gnädig, sah mein Elend, und er, der mich aufhob, erhöht aus den Pforten des Todes ... Denn nicht für immer wird der Arme vergessen, entschwindet der Elenden Hoffnung auf ewig" (Ps 9,13.14.19; vgl. auch noch Ps 10,2.9.12.17.18). Die Klagelieder der Armen sind deutlich nach dem Schema Erniedrigung-Erhöhung aufgebaut: Gott wird den Reichen und Mächtigen erniedrigen und den Armen erhöhen (vgl. z.B. Pss 37; 49 und 73f.; und im Neuen Testament, vom Jak-Brief zunächst abgesehen, das Magnifikat: „er stürzt die Mächtigen vom Thron und erhöht die Niedrigen, die Hungernden erfüllt er mit Gütern und die Reichen läßt er leer ausgehen"). Das ist deutliche Sprache der „Armenfrömmigkeit", wie sie jetzt besonders auch in den Qumran-

---

[33] Vgl. dazu F. Mußner, Der Jakobusbrief (s. Anm. 4) 76–84; H. Frankemölle, Der Brief des Jakobus (s. Anm. 8) 251–259. Jeweils mit reicher Literatur. Dazu noch R. Hoppe, Jesus. Von der Krippe an den Galgen (Stuttgart 1996) 107–109.

texten begegnet.[34] Und Jesus, der Jude, hat sich der Armen angenommen, sie
seliggepriesen („Selig ihr Armen; denn euch gehört das Reich Gottes") und den
Reichen sein „Wehe" entgegengeworfen („Aber wehe euch Reichen, denn ihr
habt schon weg euren Trost!"); es sei auch erinnert an das Gleichnis vom reichen
Prasser und dem armen Lazarus (Lk 16,19–31).

In diesen Traditionen der „Armenfrömmigkeit", wie sie in Israel entwickelt
und auch von Jesus vertreten wurde, steht auch der Jakobusbrief. Vgl. 1,9: „Es
rühme sich aber der Bruder, der ohne Ansehen (arm) ist, seiner Höhe (die er vor
Gott hat), der Reiche aber seiner Niedrigkeit, weil er wie die Blume des Grases
vergehen wird" (Schema Erhöhung-Erniedrigung). 1,27: „Reine und unbefleckte
Frömmigkeit bei Gott, dem Vater, besteht darin, aufzusuchen Waisen und
Witwen in ihrer Bedrängnis …" 2,5f.: „Hört, meine geliebten Brüder: Hat Gott
nicht die | Armen im Sinn der Welt erwählt als Reiche im Glauben und als Erben
des Reiches, das er verheißen hat denen, die ihn lieben? Ihr aber habt dem Armen
die Ehre genommen (weil ihr bei euren Versammlungen dem goldberingten und
prächtig gekleideten Reichen den Vorzug gebt und damit „Personenkult" treibt,
vgl. 2,2–4). Sind es nicht die Reichen, die euch gewalttätig behandeln, und sind es
nicht sie, die euch vor Gerichtshöfe schleppen?" Das ist Prophetensprache!
2,14–17: „Was (ist) der Nutzen, meine Brüder, wenn einer sagt: Glauben habe
ich, Werke jedoch nicht hat? Kann der Glaube ihn retten? Wenn da (z.B.) ein
Bruder oder eine Schwester sind, schlecht bekleidet und ohne die tägliche Nah-
rung, einer aber von euch zu ihnen sagen würde: Zieht hin in Frieden, wärmt und
sättigt euch, nicht gebt aber ihnen den Bedarf für den Leib, was (wäre) der
Nutzen? So ist auch der Glaube, wenn er keine Werke aufweist, tot, für sich allein
(gesehen)." Das ist Aufruf zur Hilfe in konkreter Not. 5,1–6: „Wohlan jetzt, ihr
Reichen, weint und klagt über das Unheil, das über euch kommt. Euer Reichtum
ist vermodert, und eure Kleider wurden von Motten zerfressen, euer Gold und
das Silber sind verrottet, und ihr Rost wird zum Zeugnis gegen euch sein
(nämlich beim Gericht Gottes) und euer Fleisch wie Feuer verzehren. Schätze
habt ihr gesammelt in letzten Tagen. Seht, der Lohn der Arbeiter, die eure Felder
abgemäht haben, der von euch vorenthalten wurde, schreit, und die Rufe der
Erntearbeiter sind zu den Ohren des Herrn Zebaoth gedrungen. Geschwelgt
habt ihr auf Erden und üppig gelebt (wie der reiche Prasser im Gleichnis Jesu),
habt eure Herzen gefüttert am Schlachttag. Verurteilt habt ihr, habt getötet den
Gerechten. Nicht leistet er euch Widerstand" (weil er dazu gar nicht die Macht
besitzt).

Diese heftigen Invektiven gegen die Reichen sind aus der Überzeugung des
Jakobus vom Tun-Ergehens-Zusammenhang heraus formuliert, wie er sich
schon im Alten Testament findet, und zwar deutlich mit eschatologischer Ausrichtung auf das nahe bevorstehende (Welt-)Gericht hin – Jakobus ist entschiedener Vertreter der „Nächsterwartung", vgl. 5,8.9: „(So) harret auch ihr aus, festigt
eure Herzen, weil die Ankunft des Herrn nahegekommen ist! Murrt nicht,

---

[34] Dazu F. Mußner, Der Jakobusbrief, 79f.

Brüder, gegeneinander, damit ihr nicht gerichtet werdet; seht, der Richter
steht vor der Tür!" Bald wird er erscheinen.

## 5. Im „Gottesbegriff"[35]

Ich wiederhole hier zunächst wörtlich den Exkurs über das „Gottesbild" des
Briefs (Teil 2) in meinem Kommentar (97 f.):
    Eine Selbstverständlichkeit für Jak ist der Monotheismus, den er selbst den
Dämonen zuspricht (vgl. 2,19). Aber obwohl Gott der Schöpfer („Vater") des
Alls ist (1,17) und insofern ein Urgegensatz zwischen Gott und der Welt für
Jak nicht denkbar ist und obwohl der Mensch nach Gottes Bild erschaffen ist
und Gott sein Pneuma in ihm wohnen läßt (vgl. 3,9; 4,6), besteht für den
wirklich Gläubigen „Feindschaft zur Welt" (4,5; vgl. 1,27), wobei aber „Welt-
liebe", wie aus 4,1–4 | deutlich hervorgeht, in der ungeordneten Hinneigung
und amoralischen Verfallenheit an die Welt und ihre Begierden besteht. Das
hat mit gnostischer, dualistischer Weltbetrachtung nichts zu tun.
    Gottes Wesen ist frei von jeglicher Dämonie; Gott ist vielmehr in seinem
Wesen und Wirken lauter und „eindeutig": er gibt ohne Berechnung (ἁπλῶς:
1,5). Er versucht niemanden zum Bösen, weil das Böse selbst an ihn nicht
heranreicht (ἀπείραστος: 1,13); er ist nicht launenhaft und „wetterwendisch"
wie die heidnischen Götter, von ihm kommen nur gute Gaben (1,17).
    In freier Souveränität erschafft Gott auch die neue, eschatologische Schöp-
fung, und zwar durch sein mächtiges Wort (1,18). Weil er der Herr ist, darum
soll der Gläubige sich ihm freudig „unterwerfen" und „nahen" (4,7) und ihn
auch in seinen Lebensplänen ganz über sich Herr sein lassen (4,13 f.). Den
Demütigen gibt Gott seine Gnade, und zwar noch „größere Gnade", als es die
Schöpfungsgnade war (4,6). Gott ist den Seinen der „nahe Gott" (vgl. 4,7b),
der das vertrauensvolle Gebet erhört (1,5; 5,15–17), barmherzig und gütig ist
(5,11) und die Sünden vergibt (5,15).
    Gott liebt die soziale Gerechtigkeit (vgl. 1,27), haßt und rächt soziales Un-
recht (5,4–6). Deshalb erwählte er auch die Armen zu Erben seines Reiches
(2,5) und verlangt Ehre und Sorge für den Armen in seiner Gemeinde
(2,3–5.15 f.).
    In seiner Hand liegt die Zukunft des irdischen (4,15) und des kommenden
Lebens (4,12). Wie er der Gesetzgeber ist, so ist er auch der Richter (4,12).
Sein strenges Gericht richtet sich vor allem gegen die unsozial eingestellten
und dem gewissenlosen Lebensgenuß verfallenen Reichen (5,1–6), ferner gegen jenen Scheinglauben, der meint, auf die Werke der Liebe verzichten zu
können (2,14), und gegen jegliche Art von Lieblosigkeit gegen den Nächsten

---

[35] Vgl. dazu F. Mußner, Der Jakobusbrief, 97 f. (Exkurs: Das Gottesbild des Briefes, Teil
2); H. Frankemölle, Der Brief des Jakobus, 305–320 (Exkurs: Anthropologie und Theologie, mit Literatur).

(2,9–12; 5,9). Jenen aber, die sich in den Anfechtungen und Prüfungen des Lebens bewähren und Gott lieben, schenkt er einst den Kranz des Lebens (1,12). So ist Gott nach dem Jak-Brief vornehmlich der Herr, der Vater, der Richter, und damit der lebendige Gott, der nicht „jenseits" seines Werkes steht, sondern an ihm lebhaft „beteiligt" ist. Dieser Gott ist kein anderer als der Gott Israels; er ist der „Heilige Israels". Dabei fällt die Christologie des Briefs keineswegs aus dem Rahmen seiner Theo-logie. Dies hat überzeugend H. Frankemölle gezeigt. Dieses bestimmte Gottesbild entspricht dem Gottesbild der Propheten und Jesu.

## 6. In der Weisheitslehre

Auch in der weisheitlichen Ausrichtung des Briefs findet sich ein reiches Erbe aus der weisheitlichen Überlieferung Israels, des Judentums. In ihr findet sich ein enger Zusammenhang von Weisheit und Vollkommenheit: „Denn selbst wenn einer als vollkommen gälte unter den Menschensöhnen, wenn deine Weisheit mangelt, wird er für nichts erachtet werden" (Weish 9,6). Wem sie fehlt, der soll sie nach Jak 1,5 von Gott erbitten. Denn sie stammt „von oben", im Unterschied von der „irdischen, psychischen, dämonischen" Weisheit (vgl. 3,15). Der wirklich Weise und wohl Unterrichtete soll seine Weisheit „aus dem guten Wandel" erwei|sen, in dem sich „seine Werke in weiser Gelassenheit" manifestieren, nicht als „bittere Eifersucht und Parteienbuhlerei … denn wo immer Eifersucht und Parteienbuhlerei (herrschen), da ist auch Unruhe und jegliches schlechte Ding. Die Weisheit aber, die von oben stammt, ist erstens zurückhaltend, dann friedfertig, nachgiebig, willig, voll von Erbarmen und guter Früchte, unparteiisch, ohne Heuchelei" (3,13.16f.). Das ist ein ganz und gar praktischer, auf das Tun im Alltag bezogener „Weisheitsbegriff", wie er sich auch in der Weisheitsliteratur des Alten Testaments findet.[36] Weisheit ohne Taten ist für Jakobus in Wirklichkeit keine Weisheit. So lehrt auch R. Chanina: „Wessen Taten seine Weisheit überragen, dessen Weisheit ist dauerhaft; aber wessen Weisheit seine Taten überragt, dessen Weisheit ist nicht dauerhaft" (MAbot III,9b). So sehr aber auch der „Weisheitsbegriff" des Jakobusbriefs aus der Weisheitstradition des Judentums gespeist sein mag, Weisheit ist „international", wie die Religionsgeschichte weiß.

---

[36] Vgl. zur Weisheit im Judentum (Israel) besonders G. v. Rad, Weisheit in Israel (Neukirchen/Vluyn 1970); K.-G. Sandelin, Wisdom as Nourisher. A Study of an Old Testament Theme, its development within Early Judaism and its impact on Early Christianity (Abo 1986/87); C. Westermann, Wurzeln der Weisheit. Die ältesten Sprüche Israels und anderer Völker (Göttingen 1990); J. Marböck, Gottes Weisheit unter uns. Zur Theologie des Buches Sirach = Herders Biblische Studien 6 (Freiburg 1995). Dazu auch das Material in den Kommentaren des Jakobusbriefs und in den Monographien von R. Hoppe und M. Klein. Zur Weisheitsidee in den Qumranschriften vgl. D. Harrington, Wisdom Texts from Qumran (London 1996); in einem Appendix behandelt H. auch die Ben Sira-Rolle von Masada.

IV. Schlußüberlegung

„Ich halt es sei ein Jud gewest": so hat M. Luther über den Verfasser des Jakobusbriefs bemerkt; er verstand das freilich in einem abwertenden Sinn. Nach unserer Erkundungsfahrt durch den Brief hindurch mit dem Ergebnis, daß sich in ihm ein reiches biblisch-jüdisches Erbe findet, kann man der Meinung Luthers durchaus zustimmen, der Verfasser „sei ein Jud gewest", dies aber in einem ganz und gar positiven Sinn. Nach meiner Überzeugung war dieser „Jud" niemand anderer als der Herrenbruder Jakobus.[37] „Ein Bruder Jesu spricht hier" (A. Schlatter).[38] Jakobus, „dieser angeblich flache Moralist trug die Verheißung und das Gebot Jesu als die ihn bewegende Kraft in sich" (ders.).[39] Die engen Berührungen des Briefs | mit der ethischen Lebenslehre Jesu[40] lassen sich nicht bestreiten. M. Klein meint zwar in seinem Buch „Ein vollkommenes Werk":[41] „Immerhin bleibt zu bedenken, daß er kein einziges mutmaßliches Jesus-Wort als solches kennzeichnet."[42] Das muß aber auch nicht sein. B. S. Childs hat richtig bemerkt: „Weil die Traditionen bereits als religiös autoritativ übernommen wurden, wurden sie so weitergegeben, daß sie ihre normative Funktion für nachfolgende Generationen von Gläubigen innerhalb einer Glaubensgemeinschaft beibehalten. Dieser Prozeß des theologischen Weitergebens des Traditionsgutes beinhaltet zahllose verschiedene kompositorische Techniken, mit deren Hilfe die Tradition aktualisiert wurde."[43] So hat auch der Herrenbruder Jakobus die ihm bekannte ethische Jesustradition (wenn auch nicht bloß sie) auf seine Weise für seine Adressaten aktualisiert.

„Was Jakobus sagt, steht weit über dem, was bisher befestigter und wirksamer Besitz unserer Kirchen, auch unserer evangelischen, geworden ist. Sie haben sich dadurch ernsthaft geschädigt, daß sie Jakobus nur ganz oberflächlich Gehör gewährten" (A. Schlatter).[44] Dem kann man nur zustimmen. Und mit Blick auf

---

[37] Vgl. dazu F. Mußner, Der Jakobusbrief, 1–8; 237–240. Meine Argumente für den Herrenbruder als Verfasser des Briefs finde ich bis jetzt nicht widerlegt. Vor allem sollte man aufhören, den Herrenbruder als einen Vertreter jüdisch-ritueller Gesetzlichkeit hinzustellen; weder aus der Apostelgeschichte noch aus dem Galaterbrief läßt sich diese Behauptung verifizieren. Auch M. Hengel plädiert für den Herrenbruder Jakobus als den Verfasser des Briefs, vgl. ders., Der Jakobusbrief als antipaulinische Polemik: G. F. Hawthorne/O. Betz (Hg.), Tradition and Interpretation in the New Testament. Essays in Honor of E. Earle Ellis (Tübingen 1987) 248–278; M. Tsuji, Glaube zwischen Vollkommenheit und Verweltlichung. Eine Untersuchung zur literarischen Gestalt und zur inhaltlichen Kohärenz des Jakobusbriefes = WUNT 2/93 (Tübingen 1997).

[38] Der Brief des Jakobus (Stuttgart ³1985, mit einem Geleitwort von F. Mußner) 7.

[39] Ebd., 92.

[40] Vgl. dazu die Übersicht in meinem Kommentar, 47–52.

[41] S. unsere Anm. 17.

[42] Ebd., 24.

[43] Die Theologie der einen Bibel, Bd. 1: Grundstrukturen (Freiburg-Basel-Wien 1994) 93. Vgl. dazu auch die wichtigen Ausführungen von Chr. Dohmen über „Intertextualität" in seinem Beitrag „Wenn Texte Texte verändern": E. Zenger (Hg.), Die Tora als Kanon für Juden und Christen (Freiburg-Basel-Wien 1996) 35–60 (38–42).

[44] Der Brief des Jakobus (s. Anm. 38) 7.

das reiche jüdische Erbe, auf das wir in unserem Beitrag wieder aufmerksam machten, könnte gerade der Jakobusbrief eine wichtige Hilfe im christlich-jüdischen Gespräch sein, zumal nach Auschwitz, wo das Antlitz des „Nächsten", lies: des Juden, in einer Weise geschändet worden ist wie nie zuvor. „Oder meint ihr, umsonst sagt die Schrift: Eifersüchtig verlangte (Gott) nach dem Geist, den er in uns wohnen ließ" (Jak 4,5). Auch im Juden wohnt sein Geist, nach dem Gott eifersüchtig verlangt. Dies sollten die Kirchen wissen, belehrt von den heiligen Schriften Israels.[45]

Der Jakobusbrief bietet, wie gezeigt werden konnte, in der Tat mächtige und hilfreiche Impulse zur Rückbesinnung der Kirchen auf das „Jüdische", zu der im katholischen Bereich das Zweite Vatikanische Konzil mit seinem Dekret „Nostra Aetate" (Nr. 4) den entscheidenden Anstoß gab; es spricht ausdrücklich von dem „Erbe, das sie (die Kirche) mit den Juden gemeinsam hat" und das uns besonders im Jakobusbrief begegnet. Dies suchte ich wieder ins Bewußtsein zu rufen, auch in Erinnerung an den Satz des Apostels Paulus in Röm 11,18: „Nicht du (die Kirche) trägst die Wurzel, vielmehr die Wurzel (trägt) dich!"[46] Der Jakobusbrief weiß um diese „Wurzel".

---

[45] Vgl. auch noch F. Mußner, Der Jakobusbrief, Nachwort zur 5. Auflage: „Der Andere" (um den es dem Jakobusbrief insbesondere geht). Ders., Was haben die Juden mit der christlichen Ökumene zu tun? (= Nr. 17 in diesem Band).

[46] Näheres bei F. Mußner, Traktat über die Juden (München ²1988) 68–74.

# 17. Was haben die Juden mit der christlichen Ökumene zu tun?
## (1995)

Die Ökumene scheint aufs erste ein innerchristliches Thema zu sein. Doch Karl Barth, der große reformierte Theologe, hat bemerkt: „Die ökumenische Bewegung wird deutlich vom Geiste des Herrn getrieben. Aber wir sollen nicht vergessen, daß es schließlich nur eine tatsächlich große ökumenische Frage gibt: unsere Beziehung zum Judentum."[1]
Die Beziehung der Kirchen zum Judentum war jahrhundertelang weithin vom Antijudaismus geprägt.[2] Auch seit dem Aufbuch der ökumenischen Bewegung war es lange Zeit noch keine Selbstverständlichkeit, das Judentum in die ökumenischen Überlegungen miteinzubeziehen. Das gilt sowohl für den Bereich der katholischen Kirche – man denke nur an die heftigen Auseinandersetzungen um eine Erklärung zur „Judenfrage" auf dem II. Vatikanischen Konzil[3] – als auch für den Bereich der Kirchen der Reformation – darüber instruiert eingehend Silke-Petra Bergjan in ihrem Erfahrungsbericht „Keine Ökumene ohne Israel? Die Erneuerung des Verhältnisses zu den Juden und die Verpflichtung zur Solidarität der Christen untereinander".[4] Oder man denke an die heftigen Auseinandersetzungen um das Judenpapier der Evangelischen Kirche im Rheinland „Zur Erneuerung des Verhältnisses von Christen und Juden" vom 11. Januar 1980.
Unterdessen aber herrscht erfreulicherweise große positive Übereinstimmung der Kirchen in der Judenfrage. Darüber berichtet Wilhelm Breuning in seinem Beitrag „Evangelisch-Katholische Übereinstimmung im Verhältnis zu den Ju-

---

[1] *K. Barth* sagte dies nach einem Augenzeugen bei seinem Besuch im Vatikanischen Einheitssekretariat während eines sechstägigen Aufenthaltes in Rom im Herbst 1966.
[2] Vgl. dazu besonders *K.H. Rengstorf/S. von Kortzfleisch* (Hg.), Kirche und Synagoge. Handbuch zur Geschichte von Christen und Juden. Darstellung und Quellen, 2 Bde. (Stuttgart 1968); *H. Schreckenberg*, Die christlichen Adversus-Judaeos-Texte und ihr literarisches und historisches Umfeld, Bd. 1 (1.–11.Jh.) (Frankfurt/Bern ²1990); Bd. 2 (11.–13 Jh.) (Frankfurt/Bern ²1991); Bd. 3 (13.–20 Jh.) (Frankfurt/Bern 1994).
[3] Vgl. zum Dekret „Nostra Aetate" (Nr. 4) die ausführliche kommentierende Einleitung von *J. Oestereicher* in LThK² -Erg.-Bd. 2 (Freiburg/Basel/Wien 1967) 406–478. Ferner *Augustin Kardinal Bea*, Die Kirche und das jüdische Volk (Freiburg/Basel/Wien 1966), dazu *F. Mußner*, Kardinal Bea und das jüdische Volk, in: StdZ 107 (1982) 205–208; *St. Schmidt*, Augustin Bea. Der Kardinal der Einheit (Graz/Wien/Köln 1989) 640–689.
[4] In: KuI 10 (1995) 58–74; vgl. auch noch *S. Hermle*, Evangelische Kirche und Judentum – Stationen nach 1945 (Göttingen 1990).

den?"[5] Er bemerkt: „Überblickt man Entwicklung, Rang und Konsequenzen der jeweiligen Aussagen im evangelischen und katholischen Raum, so fallen formale Unterschiede auf, die mit den unterschiedlichen Organen der jeweiligen Kirche zusammenhängen. Was den Inhalt angeht, fallen sie jedoch nicht so sehr ins Gewicht. Die Umkehr und Neuorientierung dem Judentum gegenüber ist in jedem Fall tiefergehend, als daß nur eine Art neuer ‚Politik' angewandt werden soll. Sie hat ihre Verwurzelung im Glaubensbewußtsein. Sie deckt dort etwas auf, was bisher so nicht erkannt war. Die Änderung gegenüber dem Judentum ist vom Glauben gefordert."[6]

Ich frage: Was ist es, was durch die Neubesinnung der Kirchen auf das Judentum aufgedeckt werden soll, „was bisher so nicht bekannt war"?

Welche Impulse könnten von dieser Neubesinnung speziell auch für die ökumenische Arbeit der Kirchen ausgehen?

Natürlich kann das Judentum nicht so in den ökumenischen Dialog der Kirchen miteinbezogen werden, wie das die Kirchen untereinander tun; das sähe ja nach „Juden-Mission" aus, was Juden auch vom christlich-jüdischen Dialog fernhalten würde. Ich trage nun meine Gedanken zum Thema in Form von kommentierten Thesen vor, ohne den Anspruch auf Vollständigkeit und absolute Novität.[7] |

---

[5] In: Cath 48 (1994) 1–26.

[6] Ebd. 26.

[7] Die Literatur zu Thema Christentum und Judentum ist kaum noch zu übersehen. Hingewiesen sei hier wenigstens auf *H. H. Henrix/M. Stöhr* (Hg.), Exodus und Kreuz im ökumenischen Dialog zwischen Juden und Christen (Aachen 1978) (vgl. darin vor allem *R. Schaeffler*, Das Gespräch zwischen Christen und Juden als Herausforderung an die Ökumene, und *H. H. Henrix*, Ökumene aus Juden und Christen. Ein theologischer Versuch); *K. Müller*, Rückbesinnung auf die Zukunft. Von der Notwendigkeit einer jüdisch-christlichen Ökumene, in: *J. Schreiner/K. Wittstadt* (Hg.), Communio Sanctorum. Einheit der Christen – Einheit der Kirche (Würzburg 1988) 231–245; *H.-J. Kraus*, Rückkehr zu Israel. Beiträge zum christlich-jüdischen Dialog (Neukirchen/Vluyn 1991); *Cl. Thoma*, Das Messiasprojekt. Theologie jüdisch-christlicher Begegnung (Augsburg 1994); *H. Ucko*, Vom Judentum lernen. Gemeinsame Wurzeln – Neue Wege (deutsch Frankfurt/M. 1995); *U. H. J. Körtner*, Volk Gottes – Kirche – Israel. Das Verhältnis der Kirchen zum Judentum als Thema ökumenischer Kirchenkunde und ökumenischer Theologie, in: ZThK 91 (1994) 51–79 (mit Literatur); *K.-J. Kuschel*, Die Kirchen und das Judentum. Konsens- und Dissensanalyse auf der Basis neuerer kirchlicher Dokumente, in: StdZ 117 (1992) 147–162; *A. Lohrbächer* (Hg.), Was Christen vom Judentum lernen können. Modelle und Materialien für den Unterricht (Freiburg/Basel/Wien 1994). Unter jüdischen Stimmen sei besonders hingewiesen auf *D. Flusser*, Bemerkungen eines Juden zur christlichen Theologie (München 1984); *ders.*, Das Christentum – eine jüdische Religion (München 1990). Vgl. auch noch *F. Rosenzweig*, Der Stern der Erlösung (Haag [4]1976); *L. Baeck*, Das Evangelium als Urkunde der jüdischen Glaubengeschichte (Berlin 1938); *ders.*, Das Wesen des Judentums (Köln [6]1960); *J.J. Petuchowski/Cl. Thoma*, Lexikon der jüdisch-christlichen Begegnung (Freiburg/Basel/Wien 1989); *H. Kremers/J.H. Schoeps* (Hg.), Das jüdisch-christliche Religionsgespräch (Stuttgart/Bonn 1988).

## I. Die Gottesfrage ist ohne Blick auf den Gott Israels nicht wirklich beantwortbar

Eine fatale These, mit der es vielleicht auch die Ökumene zu tun hat, lautet: Der Gott der Christen ist nicht identisch mit JHWH, dem Gott Israels, in radikalster Form einst vorgetragen im 2. Jh. n. Chr. von Marcion. Die Kirche hat Marcion zurückgewiesen, aber ihr ist vielleicht selber nicht genügend im Bewußtsein, was in Ps 76,2 f zu lesen ist – „Gott gab sich zu erkennen in Juda, sein Name ist groß in Israel. Sein Zelt erstand in Salem, seine Wohnung auf dem Zion."

Sicher ist JHWH der „eine und einzige Gott" im Sinn des Monotheismus, aber primär ist er der Gott Israels, der Israel erwählt und zu seinem Eigentumsvolk bestimmt hat. „Was sagt die Stimme Israels, und wie läßt sie sich in wenigen Sätzen wiedergeben? Vielleicht sagt sie nichts anderes als den Monotheismus, zu dem die jüdische Bibel die Menschheit geführt hat" (E. Lévinas).[8] Mit Blick auf das furchtbare Geschehen der Schoah erwachte die leidenschaftlich diskutierte Frage: „Wo war Gott in Auschwitz?" – damit ist kein anderer Gott als der Gott Israels gemeint –, und im Zusammenhang mit dieser Frage wurde das Theodizee-Problem erneut akut. Es war aber gerade die Schoah, die den Blick der christlichen Ökumene auf die Juden richten und die Frage aufkommen ließ: Was haben die Juden mit der Ökumene zu tun? Die ökumenische Theologie kann sich der durch die Schoah mit Vehemenz aufgebrochenen Frage nach Gott, nach dem „Gottesbild", nicht entziehen und muß zusammen mit den Juden die Frage zu beantworten versuchen: „Wo war Gott in Auschwitz?" Dazu gibt es bedeutende Versuche einer Antwort sowohl von jüdischer als auch von christlicher Seite.[9] Angesichts dieser Frage treten die konfessionellen Gegensätze zurück. Denn keine Kirche kann an der durch Auschwitz erneut akut gewordenen „Gottesfrage" vorbei, ohne ihr vielleicht harmlos gewordenes Gottesbild zu revidieren und das Theodizee-Problem neu zu überdenken.[10]

Diese Revision hängt auch mit der Frage zusammen, die der Apostel Paulus in Römer 11,1 stellt: „Hat Gott sein Volk verstoßen?", nämlich wegen seiner „Verstockung" Jesus und dem Evangelium gegenüber. In 11,8 nennt Paulus den eigentlichen Grund der „Verstockung" Israels mit Hilfe von Schriftzitaten aus dem Alten Testament (Dtn 29,3; Jes 6,9 f.): „Es gab ihnen Gott einen Geist des Tiefschlafs, Augen zum Nicht-Sehen und Ohren zum Nicht-Hören bis zum heutigen Tag". Das Subjekt in diesem Satz ist Gott! Und wenn der Apostel dann

---

[8] *E. Lévinas,* Schwierige Freiheit. Versuch über das Judentum (Frankfurt/M. 1992) 40.

[9] Vgl. dazu etwa *A. H. Friedlander,* Das Ende der Nacht. Jüdische und christliche Denker nach dem Holocaust (deutsch Gütersloh 1995); *Chr. Münz,* Der Welt ein Gedächtnis geben. Geschichtstheologisches Denken im Judentum nach Auschwitz (München/Gütersloh 1995); *V. Lenzen,* Jüdisches Leben und Sterben im Namen Gottes. Studien über die Heiligung des göttlichen Namens (Kiddusch HaSchem) (München/Zürich 1995) 133–147; *Cl. Thoma,* Jüdische Versuche, Auschwitz zu deuten, in: IKaZ 24 (1995) 249–258 (mit weiterer Literatur).

[10] Vgl. dazu auch das bedeutende Werk von *P. Petzel,* Was uns an Gott fehlt, wenn uns die Juden fehlen. Eine erkenntnistheologische Studie (Mainz 1994); *J. B. Metz* (Hg.) „Landschaft aus Schreien". Zur Dramatik der Theodizeefrage (Mainz 1995).

auch Folgen der vorläufigen „Verstockung" Israels nennt – das Heil kam dadurch
zunächst zu den Heiden, vgl. 11,11 f. – und in 11,26 prophetisch die definitive
Rettung „ganz Israels" durch den Retter aus Sion ansagt[11], so bemerkt er doch
und zwar mit Blick auf die rätselhaften Wege und Umwege, die Gott mit seinem
Volk Israel geht, in 11,33b: „Wie unerforschlich (sind) seine Entscheidungen und
wie unergründlich seine Wege!", und stellt dann in 11,34 zwei Fragen: Wer hat
den *nous* (die „Logik") des Herrn erkannt? Oder wer ist sein Ratgeber gewesen?"
Auf beide Fragen gibt es nur die Antwort: „Niemand!" Die „Logik" JHWHs,
des Gottes Israels, ist nicht identisch mit der Logik Hegels, der meinte, endlich
hinter die dialektisch verlaufende Logik des absoluten Geistes auf seinen verschlungenen Wegen durch die Geschichte gekommen zu sein.[12] Dem widerstrei-
tet der Gott Israels, dessen „Logik" nicht die der Sterblichen ist; und die
christliche Theologie jedweden Couleurs täte gut daran, gerade im Blick auf die
geheimnisvollen Wege Gottes mit seinem erwählten Volk Israel, alle Versuche zu
unterlassen, Gott auf glatte Formeln zu bringen. Der Jude warnt die christliche
Theologie vor solchen Versuchen, besonders nach Auschwitz! |

## II. Die Christologie ist ohne Blick auf den Juden Jesus defizient

Die christologische Formel von Chalkedon lautet bekanntlich: wahrhaft Gott
und wahrhaft Mensch. Es sei aber daran erinnert, daß Jesus von Nazareth Jude
war. Er ist nicht als Universalmensch aus dem Schoß der Jungfrau Maria hervorgegangen, sondern eben als Jude und Messias Israels in der Thronfolge Davids
(vgl. Lk 1,32b.33). Die Aufschrift über dem Haupt des Gekreuzigten lautet:
„Dieser ist Jesus, der König der Juden" (so nach Mt 27,37). Deshalb sage ich: die
Formel von Chalkedon ist ergänzungsbedürftig: wahrhaft Gott und wahrhaft
jüdischer Mensch. Ohne dieses Attribut „jüdisch" bleibt die Christologie defizient!
    Aber war denn der Jude Jesus von Nazareth der Messias? Juden bestreiten das
bekanntlich; sie sagen: Jesus von Nazareth hat die großen prophetischen Verheißungen in Wirklichkeit nicht erfüllt; er hat ja den völkerumspannenden *schalom*
und die umfassende Gerechtigkeit für alle nicht gebracht, die doch für die
messianische Heilszeit angesagt sind, etwa in Ps 72,7: „ Die Gerechtigkeit blühe
auf in seinen Tagen und großer Friede, bis der Mond nicht mehr da ist".[13] Der
jüdische Einwand muß von der christlichen Theologie ernstgenommen werden;
er stellt die Kirchen vor das Problem des „Verheißungsüberschusses", was

---

[11] Vgl. dazu *F. Mußner*, Israels „Verstockung" und Rettung nach Röm 9–11, in: *ders.*, Die
Kraft der Wurzel. Judentum – Jesus – Kirche (Freiburg/Basel/Wien ²1989) 39–54 (mit Literatur).
[12] Vgl. dazu *F. Mußner*. Die „Logik" Gottes nach Röm 9–11, in: *ders.*, Dieses Geschlecht
wird nicht vergehen. Judentum und Kirche (Freiburg/Basel/Wien 1991) 61–63; *E. Lévinas*,
Hegel und die Juden, in: *ders.*, Schwierige Freiheit (Anm. 8) 177–181.
[13] Vgl. dazu *H.-J. Kraus*, Psalmen I (BK.AT 15,1) (Neukirchen ⁶1989) 499f.

besagen will, daß die Erfüllung großer prophetischer Verheißungen des Alten Testaments noch aussteht. Der jüdische Einwand sollte allen Kirchen der christlichen Ökumene ins Bewußtsein bringen, daß sie noch keineswegs der Welt die eschatologische Fülle des Heils anzubieten vermögen; m. a. W.: daß die Kirchen nicht einfach identisch sind mit dem kommenden Reich Gottes.

Diese christologischen Reflexionen könnten die Kirchen auch veranlassen, eine Christologie aufzubauen, die frei von jeglichem Antijudaismus ist.[14] Der Impuls dazu geht vom christlich-jüdischen Dialog nach Auschwitz aus. Vor allem sollte es Gemeingut aller Kirchen werden, was im Dekret „Nostra Aetate" (Nr. 4) des II. Vatikanischen Konzils zu lesen ist: „Obgleich die jüdischen Obrigkeiten mit ihren Anhängern auf den Tod Christi gedrungen haben, kann man dennoch die Ereignisse seines Leidens weder allen damals lebenden Juden ohne Unterschied noch den heutigen Juden zur Last legen." Die Juden sind keine „Gottesmörder".

## III. Die Ekklesiologie ist ohne Besinnung auf die „Wurzel" Israel ebenfalls defizient

Ich gehe von der Formulierung des Apostels Paulus in Römer 11,18b aus: „ Nicht du trägst die Wurzel, vielmehr die Wurzel dich!" Wie ich in einem anderen Zusammenhang gezeigt habe[15], sind mit der „Wurzel", die die Kirche(n) trägt, weder die Judenchristen noch ausschließlich die sog. Patriarchen Israels gemeint, vielmehr das Volk Israel, das Volk der Juden. Das ergibt sich m. E. mit Stringenz aus den Formulierungen des Kontexts (vgl. vor allem 11,17b: „Du, der du Wildölbaum bist, wurdest unter sie eingepfropft" – „unter sie" bezieht sich zurück auf „die Zweige" von 11,17a! Diese Einpfropfung des Wildölbaums (der Heidenchristen) „unter sie" hat nach dem Apostel die Folge, daß die (heidenchristliche) Kirche „Mitteilhaberin an der Wurzel des fettspendenden Ölbaums" wurde (11,17c), allein aus Gnade, „an der Natur vorbei" (11,14).[16] Die gnadenhafte „Mitteilhaberschaft" der Kirche(n) an der „Wurzel" Israel bedeutet aber einmal, daß die Kirchen für immer unlösbar mit Israel verbunden sind, zum anderen, daß die christliche Theologie lange Zeit beherrschende „Substitutionstheorie", nach der die Kirche an die Stelle Israels getreten sei und das Judentum

---

[14] Vgl. dazu etwa den beachtlichen Versuch von *W. Breuning,* Grundzüge einer nicht antijüdischen Christologie, in: JBTh 8 (1993) 293–311 (mit wichtiger Literatur); ferner *Fr.-W. Marquardt,* Das christliche Bekenntnis zu Jesus, dem Juden. Eine Christologie, Bd. 1 (München 1990); Bd. 2 (München 1991); dazu *B. Klappert,* Jesus als König, Priester und Prophet. Eine Wiederholung der Wege und des Berufs Israels. Versuch einer Würdigung der Christologie F.-W. Marquardts, in: BThZ 11 (1994) 25–41; *G. Niekamp,* Christologie „nach Auschwitz". Kritische Bilanz (Freiburg/Basel/Wien 1994).

[15] *F. Mußner,* „Mitteilhaberin an der Wurzel". Zur Ekklesiologie von Röm 9–11, in: *ders.,* Die Kraft der Wurzel (Anm. 11) 153–159.

[16] Dazu Näheres bei *F. Mußner,* Israels „Verstockung" und Rettung nach Röm 9–11 (Anm. 11).

infolgedessen eigentlich nur noch einen Anachronismus darstelle oder zu reiner
Profa|nität verurteilt sei, falsch ist und durch das sog. Partizipationsmodell
ersetzt werden muß[17] – die Kirche „partizipiert" als „Mitteilhaberin an der
Wurzel" an der Fettigkeit des Ölbaums Israel. Der griechische Begriff für das
deutsche „Mitteilhaberin" lautet *synkoinonos*, was erlaubt, von einer schicksal-
haften „Mitgemeinschaft" *(synkoinonia)* der Kirche mit dem Judentum zu sprechen. Den Kirchen der Ökumene sollte das seit Auschwitz endlich ins Bewußtsein kommen. Dabei haben sie stets die Mahnung des Apostels in 11,20b zu
beachten: „Denke nicht hochmütig (über die „verstockten" Juden), vielmehr
fürchte dich!" Denn auch du kannst jederzeit von Gott wieder „ausgehauen"
werden. Solches Wissen um die gnadenhafte „Mitteilhaberschaft" der Kirche(n)
am fetten Ölbaum Israel ist für die Gewinnung eines wahren ekklesiologischen
Selbstverständnisses der Ökumene unerläßlich. Ohne den Blick auf die Juden
verstehen sich die Kirchen selber nicht richtig.

Hierher gehört auch das Thema „Bund". Es besteht heute weithin Überein-
kunft darüber, daß der Bund Gottes mit Israel nie von Gott gekündigt worden
ist.[18] Der Papst sprach in seiner Rede vor dem Zentralrat der Juden in Deutschland und der Rabbinerkonferenz am 17. November 1980 in Mainz ausdrücklich
von dem „von Gott nie gekündigten Alten Bund". Erich Zenger hat bemerkt[19]:
„Daß Israel das Volk des von Gott nie gekündigten Bundes ist, ist die von den
Kirchen endlich wiederentdeckte biblische Wahrheit. Wie die Kirche(n) von da
aus sich selbst und ihr Verhältnis zu Israel sachgemäß, d. h. schriftgemäß (neu)
beschreiben soll(en), ist eine der vordringlichsten Aufgaben einer christlichen
Theologie nach Auschwitz." Kontrovers ist, ob man mit der Landessynode der
Evangelischen Kirche im Rheinland (Synodalbeschluß „Zur Erneuerung des
Verhältnisses von Christen und Juden vom 1. Januar 1980") sagen kann, „daß die
Kirche durch Jesus Christus in den Bund Gottes mit seinem Volk hineingenom-
men ist". E. Zenger fragt mit Recht,[20] ob diese Formulierung „die je unterschiedliche Identität von Israel und Kirche hinreichend ausdrückt"; die Formel „Bund
Gottes mit seinem Volk" insinuiere einen ‚engen' Bundesbegriff und sei deshalb
„insofern mißverständlich, als sie Israels Prärogative in Frage stellen könnte",
und sie sei „andererseits unzureichend, weil sie den spezifischen Auftrag der
Kirche, inmitten der Völkerwelt im Geiste Jesu und seiner Halacha dem Gottesreich die Wege zu bereiten, nicht mitformuliert". E. Zenger macht auf die
zusammengehörigen JHWH-König-Psalmen 93–100 aufmerksam, in denen es

---

[17] Vgl. dazu *B. Klappert*, Israel und die Kirche. Erwägungen zur Israellehre Karl Barths (TEH 207) (München 1980) 14–37.

[18] Vgl. dazu *F. Mußner*, „Der von Gott nie gekündigte Bund". Fragen an Röm 11,27, in: *ders.*, Dieses Geschlecht wird nicht vergehen (Anm. 12) 39–49; *N. Lohfink*, Der niemals gekündigte Bund. Exegetische Gedanken zum christlich-jüdischen Gespräch (Freiburg/Basel/ Wien 1989); *H. H. Henrix*, Der nie gekündigte Bund – Basis des christlich-jüdischen Verhältnis- ses, in: EuA 66 (1990) 193–208.

[19] *E. Zenger*, Juden und Christen doch nicht im gemeinsamen Gottesbund? Antwort auf Frank Crüsemann, in: KuI 9 (1994) 39–52 (39).

[20] Ebd. 43.

um das universale Königtum JHWHs geht, in das die Völker hineingezogen werden, wobei der „Schlußpsalm" 100 „Israel und die Völker zur gemeinsamen Anerkenntnis der Weltherrschaft JHWHs" auffordert. Ps 100 bietet nach dem Urteil E. Zengers²¹ „eine der spektakulärsten theologischen Aussagen der hebräischen Bibel, insofern er die Bundesformel²², die traditionell die Sonderstellung Israels ausdrückt, nun den Völkern als Bekenntnis über ihr eigenes Gottesverhältnis in den Mund legt ... Die Komposition (der Pss 93–100) entwirft die Vision, daß das ‚vor den Augen der Völker' offenbar werdende Rettungshandeln JHWHs an Israel die Völker dazu führt, daß sie sich dem ‚Dienst' Israels unter und an der universalen Gottesherrschaft des Gottes JHWH anschließen."

„Jauchzt JHWH zu, alle Erde!
Dienet JHWH mit Freude!
Geht hinein vor sein Angesicht mit Jubel!
Erkennet: ‚Ja, JHWH, (nur) er ist Gott;
er hat uns gemacht, wir sind sein:
sein Volk und Herde seiner Weide'." (Ps 100,1–3) |

Die Kirchen führen in ihrer Mission und Verkündigung die Heidenvölker (hebräisch: *gojim*) hin nicht zu irgendeinem Gott, auch nicht sogleich zu dem einen Gott, sondern zu JHWH, dem Gott, der sich „in Juda zu erkennen gab". So werden sie zusammen mit Israel „sein Volk". Die nächste Vollversammlung des Ökumenischen Rates der Kirchen wird 1998 in Harare (Zimbabwe) stattfinden und sich unter dem Motto „Kehrt um zu Gott – seid fröhlich in der Hoffnung" dem Thema „Volk Gottes" widmen. Dabei wird sie notgedrungen Israel in ihre Überlegungen einbeziehen müssen. Denn ohne den Blick auf Israel bleibt jede Ekklesiologie defizient.

Von da nochmals zurück zur Ölbaum-Metapher in Römer 11. Klaus Berger schreibt in seinem Buch „Betrachtungen zum Römerbrief", das den Obertitel trägt: „Gottes einziger Ölbaum"²³: „Ganz sicher: Das Bild des Ölbaums ist für Paulus der Schlüssel überhaupt, um das Verhältnis von Israel und Heidenchristen zu denken. Nichts als ein einziger Ölbaum" (a.a.O. 219): das ist in metaphorischer Sprechweise das Heilsziel Gottes. Es geht nach Berger „überhaupt nicht, daß wir in einem Anfall von seichtem Ökumenismus Frieden mit anderen Religionen schließen, ohne zu bedenken, daß wir selbst nur sekundär Hinzugenommene, nicht Herr im eigenen Haus sind, daß wir dergleichen überhaupt nur im Zeichen des Bildes des Ölbaums bedenken dürfen" (a.a.O. 223 f.).

---

²¹ Ebd. 49.
²² Vgl. zu ihr R. *Rendtorff*, Die „Bundesformel". Eine exegetisch-theologische Untersuchung (SBS 160) (Stuttgart 1995).
²³ (Stuttgart ²1997).

## IV. Auch die christliche Eschatologie ist ohne den Einbezug Israels defizient

Auch hier ist ein Blick auf Röm 11 unentbehrlich. Denn der Apostel bringt hier das Endheil Israels, des guten Ölbaums, in Relation zum Heil der Heiden, der dem guten Ölbaum „an der Natur vorbei" allein aus Gnade Eingepfropften. Er schreibt in Römer 11,11 f.15: „Ich frage nun: Sind sie etwa gestrauchelt, damit sie (für immer) hinfielen? Keineswegs! Vielmehr (wurde) infolge ihres Hinfalls das Heil den Heiden zuteil, um sie (die Juden) eifersüchtig zu machen. Wenn nun (schon) ihr Fall Reichtum für die Welt (bedeutet) und ihre Minderung (ihr an Zahl Zurückbleiben infolge der Verstockung dem Evangelium gegenüber) Reichtum für die Heiden, um wieviel mehr (erst) ihre Auffüllung (ihre Vollzahl gegenüber ihrer einstweiligen Minderzahl)… Denn wenn (schon) ihr Wegwurf Versöhnung für die Welt (bedeutet), was wird (erst) ihre Hinzunahme (sein), wenn nicht Leben aus den Toten?" Diese Texte sind nicht leicht zu verstehen, und es ist im Rahmen dieses Beitrags auch nicht möglich, einen ausführlichen Kommentar zu liefern.[24] Aber soviel läßt sich dennoch in Kürze sagen:

- Der „Fall" der „verstockten" Juden ist nicht endgültig.
- Durch ihren „Fall" kommt einstweilen das Heil zu den Heiden – die Missionserfahrung des Apostels bestätigt es (vgl. Apostelgeschichte).
- Israel soll durch die christliche Mission „eifersüchtig" auf die Heiden gemacht werden, weil sich Gott jetzt auch den Heiden zuwendet, nicht mehr bloß Israel, wie es bisher zu sein schien.
- Die Heilszuwendung Gottes zu den *Gojim* bedeutet für diese geistlichen „Reichtum", weil sie an den messianischen Heilsgütern Anteil erhalten, und bedeutet für sie „Versöhnung", weil sie nun ihre bisherige Feindschaft gegen JHWH aufgeben, da sie in ihm den allein rettenden Gott erkennen. Sie werden Versöhnte.
- Gott hat „Israel ‚vermindert'…, er wird Israel dereinst auch wieder zu der von ihm bestimmten ‚Vollzahl' auffüllen" (M. Theobald)[25], dann nämlich, wenn er „ganz Israel" (bestehend aus den schon Geretteten, den Judenchristen, und den verstockten „übrigen", vgl. 11,7b) durch den „Retter aus Sion" retten wird (11,26).|
- Die „Hinzunahme" der („verstockten") Juden zu den durch das Erbarmen Gottes Gerretteten (vgl. dazu 1,32: „Zusammengeschlossen hat Gott alle [Juden und Heiden] unter Ungehorsam, damit er sich aller [der Juden und der Heiden] erbarme") bedeutet für beide „Leben aus den Toten". Damit dürfte hier nicht die endzeitliche Auferstehung von den Toten gemeint sein, sondern die eschatologische Fülle des Heils. Die ökumenische Theologie muß von dieser „Verquickung" des Heils für die Gojim mit dem Endheil

---

[24] Vgl. dazu die Kommentare zum Römerbrief.
[25] *M. Theobald*, Römerbrief. Kapitel 1–11 (SKK.NT 6/1) (Stuttgart ²1998) 297.

Israels Kenntnis nehmen, wenn ihre Eschatologie nicht defizient sein soll. Israel gehört in die christliche Eschatologie hinein![26]

Dazu noch drei Stimmen von bedeutenden Kommentatoren des Römerbriefs:

„Für den Gott Abrahams und Jesu von Nazareth bleibt Israel, so anstößig das für eine heidenchristlich geprägte und sich in Weltdimensionen begreifende Kirche auch sein mag, Anfang und Ende seiner Wege" (M. Theobald).[27]

„Es gibt für den Apostel kein Heil, bei welchem von der Geschichte Israels abgesehen werden könnte" (E. Käsemann).[28]

„Der Weg zur Heilsvollendung für die ‚Welt', für die ‚Völker' führt nur über Israels endgültige Rettung" (F. W. Maier).[29]

Nach Auschwitz wird es endlich für die Kirchen höchste Zeit, davon Kenntnis zu nehmen.

## V. Die Ethik erhält entscheidende Impulse vom Judentum

Ins Zentrum der Tora gehört der Dekalog. Und wenn man „Tora" sagt, so bedenke man, was der Alttestamentler Frank Crüsemann dazu schreibt[30]: Die Tora „ist nicht für die Menschheit, sondern für Israel formuliert. Der eine Wille des einen Gottes hat unauflöslich Israel als menschlichen Partner. Weder ist eine Entfernung Israels aus der Tora möglich, noch kann die Christenheit sich an die Stelle Israels setzen. Das damit gegebene Dilemma kann seine Lösung nur in einer christlichen Torarezeption finden, die sich auf die nicht für die Kirche, sondern für Israel formulierte Torarezeption einläßt, von der alle konkrete Auslegung ausgeht". Die Tora drängt auf das „Tun" des Willens Gottes. Christliches Prinzip ist: Glauben und Tun, jüdisches Prinzip ist: Lernen und Tun. Aber „nicht das Studieren ist die Hauptsache, sondern das Tun" (Mischna Abot 1,17). „Mehr, als du lernst, tue!" (Mischna Abot VI,4b). Auch Jesus ging es um das „Tun", die tägliche Verwirklichung des Willens Gottes – kein Zeitwort spielt in der Predigt Jesu eine solch zentrale Rolle wie „tun"! Darin war Jesus ganz und gar Jude.

Im Neuen Testament ist es vor allem der Jakobusbrief, der bekanntlich mit großer Entschiedenheit auf das „Tun" drängt: „Seid aber Täter das Wortes und nicht bloß Hörer, die sich selbst betrügen!" (Jak 1,22). Der Jakobusbrief liegt mit seiner Forderung ganz auf der Linie der Tora und Jesu; er liegt ganz auf der Linie des Judentums, das eine Religion der Praxis ist. Die Kritik Martin Luthers am

---

[26] Vgl. dazu besonders *Fr.-W. Marquardt*, Was dürfen wir hoffen, wenn wir hoffen dürften? Eine Eschatologie, Bd. 2 (Gütersloh 1994) 187–285; 372–392.

[27] *M. Theobald*, Römerbrief (Anm. 25) 300.

[28] *E. Käsemann*, An die Römer (HNT 8a) (Tübingen ³1980) 300.

[29] *F. W. Maier*, Israel in der Heilsgeschichte nach Röm 9–11 (Münster 1929) 124.

[30] *F. Crüsemann*, Die Tora. Theologie und Sozialgeschichte des alttestamentlichen Gesetzes (München 1992) 425.

Jakobusbrief[31] war nicht berechtigt. Dies sollte heute auch von evangelischer Seite anerkannt werden, gerade im ökumenischen Zeitalter. Viele Beschlüsse des Ökumenischen Rates der Kirchen drängen auf die Praxis, z. B. kirchliche Entwicklungshilfe. JHWH, der „Heilige Israels", ist der Gott der Ethik. Darauf macht der große jüdische Philosoph Emmanuel Lévinas in seinem umfangreichen Werk immer wieder aufmerksam. Ein Rückzug der Christenheit auf das allein aus Gnade, ohne Werke der Liebe und des Gehorsams gegen Gott macht den Glauben tot, wie der Jakobusbrief mit Recht lehrt (vgl. Jak 2,26). Unter Hinweis | auf das gehorsame Glaubenshandeln „unseres Vaters" Abraham bemerkt der Brief: Ihr seht, daß aus Werken (womit exklusiv Werke der Liebe und des Gehorsams gegen Gottes Befehl gemeint sind und nicht die Werke des Gesetzes im paulinischen Sinn[32]) gerechtfertigt wird ein Mensch und nicht aus Glauben allein" (Jak 2,24). – Auf diesem „allein" liegt ein wichtiger Ton! Es geht um die tägliche „Verwirklichung" – ein Lieblingsterminus von Martin Buber – des Willens Gottes im konkreten „Tun", z. B. in der Hilfe „für Waisen und Witwen" (Jak 1,27). Daran soll sich die christliche Ökumene ständig vom Judentum erinnern lassen.[33]

Das Stichwort „Abraham" führt uns zum letzten Punkt unserer Überlegungen.

## VI.  „Jegliches Heil wird immer nur Erfüllung der an Abraham ergangenen Verheißung sein und sonst nichts" (Klaus Berger)[34]

Was wurde Abraham von Gott verheißen? Nach Gen 17,5 dies: Zum Stammvater einer Menge von Völkern habe ich dich bestimmt". Die Verheißung hat sich erfüllt, insofern Juden, Christen und Muslime in Abraham „den Vater aller Glaubenden", wie ihn der Apostel Paulus in Röm 4,11b nennt, erkennen. Der „ganze Same", von dem Paulus in Römer 4,16 spricht, umschließt aufgrund des Kontextes Juden, Judenchristen und Heidenchristen.[35] Aber zu der „Menge der Völker", die in Abraham ihren „Vater" erkennen, gehören auch die Nachkommen des Abrahamssohnes Ismael. Es heißt in Gen 17,20a: Gott sagt zu Abraham: „Auch was Ismael angeht, erhöre ich dich. Ja, ich segne ihn, ich lasse ihn fruchtbar und sehr zahlreich werden … und ich mache ihn zu einem großen Volk"; und auch Ismael wird beschnitten (vgl. 17,25). Karl Josef Kuschel schreibt in seinem Buch „Streit um Abraham. Was Juden, Christen und Muslime trennt –

---

[31] Vgl. die Zusammenstellung seiner kritischen Äußerungen bei *F. Mußner*, Der Jakobusbrief (HThK.NT XIII/1) (Freiburg/Basel/Wien ⁵1987) 42–46.

[32] Vgl. dazu *E. Levinas*, Schwierige Freiheit (Anm. 8) 152–157; 240–250.

[33] Vgl. zu meiner These V auch noch *F. Mußner*, Gemeinsame Aufgaben und Ziele von Juden und Christen gegenüber der modernen Welt, in: *ders.*, Dieses Geschlecht wird nicht vergehen (Anm. 12) 121–130.

[34] K. Berger, Gottes einziger Ölbaum (Anm. 23) 219.

[35] Vgl. *F. Mußner*, Wer ist „der ganze Same" in Röm 4,16?, in: *ders.*, Die Kraft der Wurzel (Anm. 11) 160–163.

und was sie eint"[36]: „Das alles heißt: Die Ismael-Traditionen der Genesis sind für Juden und Christen noch heute eine theologische Herausforderung, haben beide doch auf diesen Abraham-Sohn und auf den Glauben seiner Nachkommenschaft bisher meist mit theologischer Verlegenheit oder Verwerfung reagiert. Doch bei unvoreingenommener Betrachtung läßt die Schrift keinen Zweifel daran, daß mit der Figur Ismaels jedes dualistische Denken in Heils- und Unheilsgeschichte bereits aufgehoben ist" (a.a.O. 255). Die Araber, die „Wüstensöhne", führen ihre Abstammung auf Ismael zurück. Und weil also auch sie Söhne Abrahams sind, dürfen die Muslime nicht aus den ökumenischen Überlegungen der Kirchen ausgeschlossen werden.

Und wie ist es mit den Heidenchristen? Sind auch sie Söhne Abrahams? Paulus lehrt darüber in Gal 3,6–9 folgendes: „Wie Abraham: er glaubte Gott, und es wurde ihm zur Gerechtigkeit angerechnet. Erkennt also: die aus Glauben, diese sind Söhne Abrahams. Die Schrift aber, die voraussah, daß aus Glauben gerecht macht die Völker Gott, verkündete im voraus dem Abraham: Gesegnet werden in dir sein alle Völker. Also werden die aus Glauben zusammen mit dem gläubigen Abraham gesegnet." Auch dieser Text bedürfte einer näheren Kommentierung, was hier nicht geschehen kann.[37] Jedenfalls lehrt der Apostel, daß auch die Heidenchristen, wie es die Galater waren, durch den Glauben nach der Weise Abrahams dessen (geistliche) Kinder werden. Auf diese Weise zeigt sich die „Familie" Abrahams als eine Gemeinschaft von weltweiter Größe, was für die ökumenische Arbeit der Kirchen zweifellos von wegweisender Bedeutung ist.

Abschließend möchte ich sagen: Die ökumenische Arbeit der Kirchen darf sich nicht auf ihren Binnenraum beschränken. Sie muß auch die Juden und die Muslime in ihre | Überlegungen miteinbeziehen. Was speziell das Judentum angeht, so dürfte sich gezeigt haben, wie recht Karl Barth mit seiner Meinung hatte, „daß es schließlich nur eine tatsächlich große ökumenische Frage gibt: unsere Beziehung zum Judentum."[38] Und K. Müller hat vollkommen recht, wenn er bemerkt: „Das Verhältnis von Juden und Christen ist nicht mehr nur eine Frage des Philosemitismus oder der bloßen Abwesenheit von Antisemitismus. Sondern die Christen sind durch die an zentraler Stelle jüdisch veranlagten Wurzeln ihres Glaubens ein für allemal daran gehalten, stabile Brücken zum Judentum und zu seiner Überlieferung zu schlagen."[39]

---

[36] (München/Zürich 1994).

[37] Dazu *F. Mußner*, Der Galaterbrief (HThK.NT IX) (Freiburg/Basel/Wien ⁵1988) 212–223.

[38] Vgl. zu meinen Ausführungen auch *F. Mußner*, „Theologie nach Auschwitz". Eine Programmskizze, in: KuI 10 (1995) 8–2, (mit reichen Literaturangaben).

[39] *K. Müller*, Rückbesinnung auf die Zukunft (Anm. 7) 238.

# 18. Die Schoa und der Jude Jesus
## Ein Beitrag zu „Christologie nach Auschwitz"
## (1998)


„Seit Auschwitz gewinnt die christliche Glaubenserkenntnis an Bedeutung, daß Jesus ein jüdisches Holocaust-Opfer des heidnischen Anti-Judaismus war und eher in die Reihen der modernen jüdischen Holocaust-Opfer hineingehört."(Cl. Thoma)[1].

Mit dieser „Glaubenserkenntnis" hängt ein Dreifaches zusammen, das allmählich ins Bewußtsein vordringt: Jesus von Nazareth war Jude[2] ; Jesus von Nazareth wird in das Judentum zurückgeholt (heimgeholt); Jesus von Nazareth stieg mit hinab in die Hölle von Auschwitz.

Bewegt von der Frage „Wo war Gott in Auschwitz?" sind sowohl von jüdischer als auch christlicher Seite Versuche angestellt worden, „Auschwitz" irgendeinen „Sinn" abzugewinnen, häufig mit dem Ergebnis: Da ist kein Sinn zu finden![3] Und wenn wir im Folgenden versuchen, die Schoa in einen Zusammenhang mit dem Juden Jesus zu bringen und damit einen Baustein zur „Christologie nach Auschwitz" zu liefern, so ist das Ziel unseres Versuches keineswegs der, „Auschwitz" einen Sinn zu geben.

Ich gehe aus von der Frage: Wer ist der Inkarnierte?

Die Lehre der Kirche antwortet mit dem Neuen Testament: Der Inkarnierte ist der menschgewordene Sohn Gottes, „geworden aus einer Frau, gestellt unter das Gesetz" (Gal 4,4); geboren von der Jüdin Maria aus Nazareth und darum selbst

---

[1] In: *J.J. Petuchowski/Cl. Thoma*, Lexikon der jüdisch-christlichen Begegnung (Freiburg/Basel/Wien 1989) 157.

[2] Auf einer Sitzung der Ökumenekommission der Deutschen Bischofskonferenz gebrauchte ich den Ausdruck „der Jude Jesus". Ein Bischof bemerkte daraufhin: vom Juden Jesus dürfe man nicht sprechen. Unterdessen hat es der Papst in seiner bedeutsamen Ansprache zur Eröffnung des Schoa-Symposiums in Rom im Herbst 1997 selber getan!

[3] Aus der umfangreichen Literatur über solche Versuche seien wenigstens folgende Beiträge genannt: *S. Schreiner*, Jüdisch-theologisches Denken nach Auschwitz – ein Versuch seiner Darstellung, in: Judaica 36 (1980) 1–14.49–56; *A.H. Friedlander*, Das Ende der Nacht. Jüdische und christliche Denker nach dem Holocaust (deutsch München/Gütersloh 1995, S. 326–328 weitere Literatur); *C. Münz*, Der Welt ein Gedächtnis geben. Geschichtstheologisches Denken im Judentum nach Auschwitz (München/Gütersloh1995; weitere Literatur); *Cl. Thoma*, Das Messiasprojekt. Theologie jüdisch-christlicher Begegnung (Augsburg 1994) 391–397; *ders.*, Jüdische Versuche, Auschwitz zu deuten, in: IKZ 24 (1995) 249–258.

298 Christliche Ökumene und Israel

ein Jude, vere homo Judaeus, in der Geschlechterfolge Abrahams stehend (Mt, 1,2–16), als Messias „Sohn Davids"; „der Löwe aus dem Stamm Juda" (Apk 5,5), „der König der Juden" (Mt 2,2; 27,37). Wenn etwas in der Biographie Jesu von Nazareth als historisch-kritisch gesichert betrachtet werden darf, dann dies, daß er ein Jude war. Aber ebenso kann nicht ernsthaft bestritten werden, daß dieser Jude Jesus von Nazareth sein irdisches Leben am Kreuz beendete. Der Jude Jesus ist seitdem der Gekreuzigte!

Jesus starb am Kreuz nach Mk 15,34 mit einem Schrei der Gottverlassenheit: „„Eloi, Eloi, lema sabachthani!', das heißt übersetzt: ‚Mein Gott, mein Gott, warum hast du mich verlassen?'" Der Ruf stammt aus dem Ps 22 (22,2a), und da Jesus nur diesen Halbvers aus Ps 22 in die Welt hinausschreit, muß er m.E. als wahrer Verzweiflungsschrei verstanden werden. Mit ihm kommt die bittere *Erfahrung* äußerster Gottverlassenheit zur Sprache. Doch darf man mit J. Gnilka[4] sagen: „Jesus, von allen Menschen verlassen, mußte auch in dieses letzte Verlassensein von Gott hinein, um an Gott festhalten zu können": *„mein Gott"*! Und wohl gewiß auch in dem Vertrauen, daß „sein" Gott an ihm festhalten werde, so daß der Ruf Jesu zugleich ein Ruf zu Gott um Hilfe sein konnte. Aber zunächst besagt der Schrei: Warum hilfst du mir nicht, in dieser Stunde äußerster Not? „Du hast mich verlassen"! „Warum?" … Jesus erhält keine Antwort auf dieses „Warum". Auch seine Auferstehung von den Toten „am dritten Tag" ist keine Antwort auf dieses „Warum". Dieses „Warum" erhält wie alle Leidens-Warum keine Antwort in dieser Zeit, erst in der Ewigkeit. Das Kreuz ist und bleibt ein Mysterium.

Im Christushymnus des Phil-Briefs kommt das Jesusgeschick auch eindrücklich zur Sprache, aber in völlig anderen Vorstellungen und in einem ganz anderen Sprachkleid, das fast mythologisch klingt.[5] In unserem Zusammenhang geht es um den 1. Teil des Hymnus (2,6–8), der in Übersetzung (nach J. Gnilka[6]) so lautet:

> „Der in der Daseinsweise Gottes sich befand,
> hielt nicht gierig daran fest, Gott gleich zu sein,
> sondern er entäußerte sich selbst, Sklavendasein annehmend,
> ein Gleichbild der Menschen wurde er;
> und im Äußern erfunden als Mensch,
> erniedrigte er sich selbst (und) wurde gehorsam
> bis zum Tod, ja zum Kreuzestod"

---

[4] Das Evangelium nach Markus (EKK II/2) (Zürich/Neukirchen ²1986) 322.
[5] Vgl. dazu *Th. Söding*, Erniedrigung und Erhöhung. Erwägungen zum Verhältnis von Christologie und Mythos am Beispiel des Philipperhymnus (Phil 2, 6–11), in: ThPh 67 (1992) 1–28. „Die alttestamentliche Präformation" des Hymnus erarbeitet vor allem *O. Hofius* in seinem Buch: Der Christushymnus Philipper 2,6–11. Untersuchungen zu Gestalt und Aussage eines urchristlichen Psalms (WUNT 17) (Tübingen ²1991) 67–74. Vgl. auch noch *L. Krinetzki*, Der Einfluß von Is 52, 13–53, 12 par auf Phil 2,6–11, in: ThQ 139 (1959) 157–193; 291–336.
[6] Der Philipperbrief (HThK.NT X/3) (Freiburg/Basel/Wien ⁴1987) 111.

Es geht uns jetzt nicht um einen Kommentar dieses Textes oder um die (z. T. sehr kontrovers verlaufende) Analyse einzelner Begriffe in ihm, vielmehr um das in ihm zur Sprache gebrachte Jesusgeschick, das als Kenosis des Gott-Gleichen ins irdische „Sklavendasein" und ins „Gleichbild des Menschen" bis hin „zum Tod, ja zum Kreuzestod" begriffen ist. Der Sklave ist der Rechtlose, der Willkür seines Herrn Ausgesetzte, der über Leben und Tod des Sklaven entscheiden kann. Der Tod gehört zum Menschen – auch Jesus starb. Was aber nicht zum Menschen gehört, das ist der Kreuzestod. Dabei müssen wir uns erinnern, daß Jesus ein Jude ist und als „König der Juden" am Kreuz hing und starb. Der Gott-Gleiche entäußerte sich nicht in das „Gleichbild" irgendeines Menschen, sondern in das „Gleichbild" eines Juden, „im Äußern erfunden" als Jude, der er war.

Er endete am Kreuz, gekreuzigt von Römerhand, wie damals viele Juden, besonders während der Belagerung Jerusalems, von Römerhand gekreuzigt wurden; so viele, daß „es bald an Raum für die Kreuze und an Kreuzen für die Leiber gebrach" (Josephus, Geschichte des Jüdischen Krieges, V,11,1). Jesus teilte zuvor schon ihr Geschick. Teilt er es auch mit dem Sklavendasein der Opfer der Schoa? Diese Frage stellt sich nach Auschwitz unwillkürlich ein.

Im inkarnierten Gekreuzigten realisiert sich das alttestamentliche Bilderverbot in radikalster Weise.[7] Das mag ungewöhnlich klingen. Nach Kol 1,15 ist der Sohn „das Bild des unsichtbaren Gottes". Wo und wann offenbarte sich der Sohn als dieses „Bild"? Im charismatischen Wanderprediger, im Wundertäter, in seinem Umgang „mit Zöllnern und Sündern"? Oder gar im Gekreuzigten? In dem am Kreuz Hängenden war nichts mehr zu sehen von einem strahlenden „Bild des unsichtbaren Gottes". Da war jegliches Gottes-„Bild" total verschwunden! Hier realisierte sich in der Tat das Bilderverbot in letzter Schärfe. Da ist von der Herrlichkeit Gottes nichts mehr zu schauen. „Er hatte keine schöne und edle Gestalt, so daß wir ihn *anschauen* mochten. *Er sah nicht so aus*, daß wir Gefallen fanden an ihm. Er wurde verachtet und von den Menschen gemieden, ein Mann voller Schmerzen, mit Krankheit vertraut. Wie einer, *vor dem man das Gesicht verhüllt*, war er verachtet; wir schätzten ihn nicht": so heißt es in Jes 53,2f vom „Gottesknecht". Jesus verstand sich als den vom Propheten geschauten Gottesknecht und wurde als solcher in der Urkirche verkündet.[8] Im zweiten Gottes-

---

[7] Zum atl. Bilderverbot vgl. *Chr. Link*, Das Bilderverbot als Kriterium theologischen Redens von Gott, in: ZThK 74 (1997) 58–85; *Chr. Dohmen*, Das Bilderverbot. Seine Entstehung und seine Entwicklung im Alten Testament (BBB 62) (Frankfurt ²1987); *F.-L. Hossfeld*, Du sollst dir kein Bild machen! Die Funktion des alttestamentlichen Bilderverbots, in: TThZ 98 (1989) 81–94; *E. Zenger*, Am Fuß des Sinai (Düsseldorf 1993) 87–101.

[8] Vgl. dazu *J. Jeremias*, παῖς θεοῦ im Neuen Testament, in: *ders.*, ABBA. Studien zur neutestamentlichen Theologie und Zeitgeschichte (Göttingen 1966) 191–216; *F. Mußner*, Knecht Gottes (NT), in: Bibeltheolog. WB (Graz ⁴1994) 370f. (mit Literatur); *ders.*, Traktat über die Juden (München ²1988) 74–78 (Israel und der „Gottesknecht"); *E. Kränkl*, Jesus der Knecht Gottes. Die heilsgeschichtliche Stellung Jesu in der Apostelgeschichte (BU 8) (Regensburg 1972); *D. Michel/H. Frankemölle*, Art. Gottesknecht, in: Neues Bibel-Lexikon, 932–936 (mit weiterer Literatur). Was die Deutung der geheimnisvollen Gestalt des Gottesknechts in den

knechtslied (Jes 49,1–9c) wird zu *Israel* gesagt: „Du bist mein Knecht, Israel"
(49,3a), und nach dem „Magnifikat" (Lk 1,46–55) nimmt sich Gott (durch seinen
Messias Jesus) „seines Knechtes Israel" an, womit nur das jüdische Volk gemeint
sein kann. So darf Jesus, der am Kreuz kein Herrlichkeitsbild Gottes mehr
repräsentiert, zusammen mit den Juden als der „Gottesknecht" identifiziert
werden, was in der Schoa schreckliche Wirklichkeit wurde. „Die etwa 6 Millionen in Auschwitz und anderswo umgebrachten Juden lenken seine (des Christen)
Gedanken zunächst auf Christus, dem diese jüdischen Massen in Leid und Tod
gleich geworden sind. Auschwitz ist das hervorragendste moderne Zeichen der
innigsten Verbundenheit und Einheit jüdischer Martyrer – stellvertretend für das
gesamte Judentum – mit dem gekreuzigten Christus, obwohl dies den betroffenen Juden nicht bewußt werden konnte. Das Holocaust ist für den gläubigen
Christen also ein wichtiges Zeichen der unverbrüchlichen, im gekreuzigten
Christus begründeten Einheit von Judentum und Christentum trotz aller Spal-
tungen, Eigenwege und Unverständnisse" (Cl. Thoma).[9] Das führt zum folgenden Punkt.

*Der Jude Jesus als Israel.*[10] Zwischen dem Gottesknecht Jesus und dem Gottesknecht Israel besteht nicht bloß Vergleichbarkeit, vielmehr „Identität", allein
schon deswegen, weil Jesus Jude war. Aber worin zeigt sich näherhin „Identität"
Jesu mit Israel und Israels mit Jesus? Dafür seien folgende Punkte genannt:

– Israel ist das erwählte Volk Gottes – auch Jesus ist der Erwählte Gottes (vgl. Lk
  23,35; Joh 1,34, nach sekundären Lesarten)
– Israel bekennt sich zum Gott Abrahams, zum Gott Isaaks und zum Gott
  Jakobs – auch Jesus (vgl. Mk 12,26 parr.)
– Israel bekennt sich zur „Vaterschaft" Gottes[11] – auch Jesus, und dies noch
  intensiver und intimer im „Abba"-Ruf (vgl. Mk 14,36)
– Israel ist seit Moses Zeiten der Tora unterstellt – auch Jesus (vgl. Gal 4,4:
  „gestellt unter die Tora")
– Israel ist der oft zu Tode Geschundene – auch Jesus ist der am Kreuz zu Tode
  Geschundene schlechthin.

---

Gottesknechtsliedern des Dt-Jes angeht, so läßt sie sich nach D. Michel (ebd. 934) „grob in drei
Größen einteilen: a) kollektiv, b) individuell und c) partiell kollektiv". Vgl. dazu auch noch *H.
Haag*, Der „Gottesknecht" bei Deuterojesaja im Verständnis des Judentums, in: Judaica 41
(1985) 23–36; *K. Hruby*, Jesaja 53 im Lichte der rabbinischen Exegese, in: *ders.*, Aufsätze zum
nachbiblischen Judentum und zum jüdischen Erbe der frühen Kirche (Berlin 1996) 298–308
(zuerst erschienen in: Judaica 21, 1965, 100–122).
  [9] Christliche Theologie des Judentums (Aschaffenburg 1978) 242f.
  [10] Dazu *F. Mußner*, Traktat über die Juden (Anm. 8) 208–211.
  [11] Vgl. dazu *F. Mußner*, Traktat über die Juden (Anm. 8) 202–208; *A. Strotmann*, „Mein
Vater bist du!" (Sir 51,10). Zur Bedeutung der Vaterschaft Gottes in kanonischen und nichtka-
nonischen frühjüdischen Schriften (FrThSt 39) (Frankfurt 1991); *G. Vanoni*, „Du bist doch
unser Vater" (Jes. 63,16). Zur Gottesvorstellung des Ersten Testaments (SBS 159) (Stuttgart
1995).

– Israel (der Jude) „bleibt"[12] – auch Jesus bleibt als der zu Gott erhöhte „ewige Jude"[13]

Diese „Identifizierung" Jesu mit Israel und Israels mit Jesus erlaubt es nicht nur, auch das schreckliche Geschehen der Schoa mit dem Leidensgeschick Jesu in Verbindung zu setzen, vielmehr auch, Jesus von Nazareth in eins zu sehen mit den Opfern von Auschwitz. Er ist die Identifikationsfigur schlechthin. Nimmt man Jesu Jude-Sein radikal, wie wir es oben versuchten, dann wird Jesus *als Israel* sichtbar. Er kehrt heim in seinen irdischen Ursprung.

Im Folgenden seien zwei bedeutende Juden genannt, die ihn gerade mit Blick auf die Schoa heimgeholt haben.

Der eine Jude ist *Marc Chagall*. Er, der weltberühmte Maler, hat in seinen über dreißig Kreuzesgemälden den leidenden, geschundenen und getöteten Juden mit dem gekreuzigten Juden Jesus identifiziert, besonders deutlich in der „Weißen Kreuzigung"[14]: Der am Kreuz Hängende ist eindeutig Jesus; denn Chagall schrieb als „titulus crucis" über seinem Haupt in hebräischer Schrift: „Jesus, der Nazoräer, der König der Juden", und als Lendenschutz trägt er den jüdischen Gebetsschal mit den herunterhängenden Fransen. Den Gekreuzigten umgeben oben klagende jüdische Gestalten, links vom Kreuz (vom Betrachter aus) sieht man brennende Häuser, rechts eine hell brennende Synagoge; vor dem Kreuz steht der siebenarmige Leuchter und links und rechts von diesem fliehende Juden – einer von ihnen schleppt die Torarolle; u. a. m. Auf einem 1940 entstandenen Gemälde, von Chagall „Martyrium" genannt, hängt ein Jude am Kreuz, mit Stricken gebunden, rechts von ihm brennende Häuser, zu seinen Füßen eine trauernde Frau.[15] Auf einer farbigen Gouache sind auf der Straße eines verschneiten russischen Dorfes hintereinander drei Kreuze aufgerichtet, an denen Juden hängen.[16] Das Kreuz ist also für Chagall „hier zu einem Sinnbild für das Leiden des jüdischen Menschen, des jüdischen Volkes geworden. Hier ist dieser Gekreuzigte mit Jesaja 53 verstanden als der ‚leidende Gottesknecht'" (Rotermund)[17]. Chagall sieht also den gekreuzigten Christus, der sich selbst als den vom Propheten geschauten Gottesknecht verstand, ganz in eins mit den in Pogromen und in der Schoa leidenden und ermordeten Juden. Das ist die äußer-

---

[12] „Die jüdische Geschichte ist, aller weltlichen Geschichte zum Trotz, Geschichte dieses Rests, von dem immer das Wort der Propheten gilt, daß er ‚bleiben wird'" (*F. Rosenzweig*, Der Stern der Erlösung, Den Haag ⁴1976) 450; *F. Mußner*, Warum muß es den Juden post Christum noch geben?, in: *ders.*, Dieses Geschlecht wird nicht vergehen (Freiburg/Basel/Wien 1991) 51–56.

[13] Vgl. dazu *F. Mußner*, Durch Jesus von Nazareth wird die Welt „jüdisch", in: AnzSS 101 (1992) 145–150.

[14] Vgl. dazu *H.-M. Rotermund*, Marc Chagall und die Bibel (Lahr 1970) 110–138; 122f.

[15] Ebd. 124.

[16] Ebd. 126.

[17] Ebd.

ste Konsequenz des Jude-Seins Jesu! Auf diese tragische Weise kehrt Jesus von Nazareth in sein Volk heim.

Der andere Jude ist *Paul Celan*.[18] „Celans Gesamtwerk ist in besonderer Weise vom Kontinuitätsbruch *Shoah* bestimmt und an den Bruchstellen der deutschen Geistesgeschichte nach 1945 angesiedelt ... Die Schoah ist nicht der Ausgangspunkt von Celans Dichtung, sondern die im eigenen Leben durchlittene historische Erfahrung eines Bruchs, der seinem Dichten eine andere Richtung gegeben hat ..."[19] „Seine Verse gehen mit den zum Schweigen Gebrachten, den Verfolgten und Ermordeten ins Schweigen, sie sind die legitimen Bewohner der Welt seiner Gedichte ... die Welt seiner Dichtung im Ganzen bekennt sich zur Gemeinschaft der Verfolgten"(Chr. Perels).[20] Alle „Ästhetik" geht in Celans Gedichten der Spätzeit verloren; es bleiben vielfach nur Metaphernfetzen, aber vielfach inspiriert von jüdischen Traditionen. Koelle geht ihnen nach, so daß es ihr gelingt, die Dunkelheiten vieler Verse des späten Celan zu entziffern. „In den Jerusalem-Gedichten konvergieren Vergangenheit, Gegenwart und Zukunft, Realität und Mystik, heilsgeschichtliche und weltgeschichtliche Daten. Autobiographische Ereignisse und Wahrnehmungen werden mit theologischen oder literarischen Anspielungen aufgeladen und universalisiert, ohne den individuellen Kern preiszugeben."[21] Im Spätwerk tritt auch Jesus Christus vor das Auge Celans. Koelle bemerkt dazu[22]: „Wenn Celan eine Gestalt des Glaubens bemühte, die das Leiden des jüdischen Volkes darstellte, dann war dies der leidende Gottesknecht als der gekreuzigte Jude Jesus", ähnlich wie bei Chagall. „In Celans Werk findet sich eine deutliche Affinität zum enthöhten Nazarener; ob nun in seinen Gedichten *Tenebrae*, *Treckschutenzeit* bis hin zum ‚umgangenen' Gethsemane aus dem Israel-Gedicht *Die Glut*, oder dann im Jahr 1970, kurz vor seinem eigenen Tod, vor der Kreuzigungsgruppe des Isenheimer Altars im Unterlindenmuseum in Colmar – in diesem Einen schaute er die Vielen, ihre Gottverlassenheit, ihren Todeskampf, ‚als wär/der Leib eines jeden von uns/dein Leib, Herr' (*Tenebrae*). Gerade *weil* er Jude war, hat Celan sich nicht von Jesus distanzieren können. Ohne sich dem christlichen Glauben anzunähern, war der Jude Jesus seine Projektionsgestalt, an der er die *jüdischen* Wunden wiedererkannte." Jesus Christus am Kreuz war für Celan der „enthöhte" Jude!

Auch der Jude J. Isaac hat geschrieben[23]: „Der Schein des Krematoriumofens von Auschwitz ist für mich der Leuchtturm, der alle meine Gedanken lenkt. O meine jüdischen Brüder, glaubt ihr nicht, daß er sich mit einem anderen Schein, mit dem des Kreuzes vermengt?"

---

[18] Vgl. dazu die gelehrte Bonner Dissertation von *L. Koelle*, Paul Celans pneumatisches Judentum. Gott – Rede und menschliche Existenz nach der Shoah (Mainz 1997), die das „Geheimnis" Paul Celan wohl mehr erschließt, als es bisher in der umfangreichen Celan-Literatur gelungen ist (zusammengestellt ebd. 410–419).

[19] Ebd. 338f.

[20] Zitiert ebd. 151.

[21] Ebd. 332.

[22] Ebd. 356f.

[23] Jesus und Israel (Wien/Zürich 1968) 463.

Die Christologie blickt aber nicht bloß auf den Gekreuzigten, sondern auch auf den von den Toten Auferweckten, auf das Ostergeschehen. Darf auch „Christologie nach Auschwitz" nach einem Ostern Ausschau halten? Gerade wenn man das Kreuzesgeschick Jesu mit der Schoa zusammenschaut, wie es Chagall und Celan tun, darf auch das Ostergeschehen mit ihr zusammengeschaut werden:

Auch der von den Toten auferweckte Jude Jesus darf ineinsgesehen werden mit den Opfern der Schoa.

> EINEN STIEFEL VOLL Hirn
> in den Regen gestellt:
>
> es wird ein Gehn sein, ein großes
> weit über die Grenzen,
> die sie uns ziehn.

Die grausige Metapher „Stiefel voll Hirn" bezieht Celan auf die Opfer der Schoa, aber verbindet damit eine positive Zukunft: „es wird ein Gehn sein, ein großes", freilich bezogen von ihm auf die Entstehung des Staates Israel, geschaut von ihm in der Heimkehr der Juden in das Land der Väter, verstärkt in ihm durch seine Reisebegegnung mit Jerusalem und dem Land Israel nach dem Sechstagekrieg.[24] „sag, daß Jersualem *ist*" (Gedicht *Die Pole*). „Wie stark ausgeprägt Celans geistige Israel-Koordinate war, zeigt sich gerade darin, daß er in Jerusalem auf die Wiederbelebung der Toten der Shoah insistiert und so ein Element der Konstruktion israelischer Erinnerung in seine Gedichte hineinnimmt."[25]

An die Wiederbelebung der Opfer der Schoa denkt man unwillkürlich, wenn einem in Ez 37 die Vision des Propheten von der Auferweckung Israels und im Text die Sätze begegnen: „So spricht Gott, der Herr: Geist, komm herbei von den vier Winden! Hauch diese Erschlagenen an, damit sie lebendig werden. Da sprach ich als Prophet, wie er mir befohlen hatte, und es kam der Geist in sie. Sie wurden lebendig und standen auf – ein großes, gewaltiges Heer. Er sagte zu mir: Menschensohn, diese Gebeine sind das ganze Haus Israel. Jetzt sagt Israel: Ausgetrocknet sind unsere Gebeine, unsere Hoffnung ist untergegangen, wir sind verloren. Deshalb tritt als Prophet auf, und sag zu ihnen: Ich öffne eure Gräber und hole euch, mein Volk aus euren Gräbern herauf. Ich bringe euch zurück in das Land Israel. Wenn ich eure Gräber öffne und euch, mein Volk, aus euren Gräbern heraufhole, dann werdet ihr erkennen, daß ich der Herr bin. Ich hauche euch meinen Geist ein, dann werdet ihr lebendig, und ich bringe euch wieder in euer Land. Dann werdet ihr erkennen, daß ich der Herr bin. Ich habe gesprochen, und ich führe es aus – Spruch des Herrn"(Ez 37,9–14).

Wer das Münster Unserer Lieben Frau in Zwiefalten besucht, sieht in ihm die Vision des Propheten plastisch dargestellt: Am nordwestlichen Vierungspfeiler steht die gewaltige Gestalt des Propheten Ezechiel und in den Gebärden seiner

---

[24] Näheres dazu bei *L. Koelle*, a.a.O (Anm. 18) 290–295; 321–335.
[25] Ebd. 330.

Arme und Hände kommt sein Ruf über die Totengebeine plastisch zur Darstellung; diese selbst erheben sich auf dem gegenüberliegenden Kanzelkorb aus ihren Gräbern, ebenso plastisch und eindrucksvoll dargestellt. Der Künstler dachte dabei sicherlich nicht nur an die visionäre „Wiederbelebung" des Hauses Israel in der Heimkehr aus dem babylonischen Exil, sondern gewiß auch an die totenerweckende Kraft des Gottesgeistes überhaupt. So ist es dem bibelgläubigen Christen, der an die Auferstehung Jesu und der Toten glaubt, nicht zu verwehren, wenn er die große Vision des Propheten Ezechiel auch auf die Opfer der Schoa bezieht. Mit dieser Hoffnung, die sie zu schenken vermag, ist freilich die Frage nach dem Sinn der Schoa nicht gelöst. Hier bleibt nur das Schweigen, zusammen mit dem schweigenden Gott.[26] Aber eine „eingedenkende" Christologie nach Auschwitz dürfte möglich sein, die das Geschick Jesu in Zusammenschau mit den Opfern der Schoa bringt, wie es Chagall und Celan getan haben, indem sie den Gekreuzigten in ihr Volk heimholten.

---

[26] Vgl. dazu *F. Mußner*, JHWH, der sub contrario handelnde Gott Israels (= Nr. 21 in diesem Band).

# VI. Der kommende Christus und die Zukunft der Welt

# 19. „Weltherrschaft" als eschatologisches Thema der Johannesapokalypse
## (1985)

### I. Weltherrschaft als Thema im Alten Testament

»Weltherrschaft ist ein Wesensmerkmal der ›Königsherrschaft Gottes‹, oder besser, in ihr nimmt die Gottes-Herrschaft erkennbare Gestalt an«; sie stellt »einen Teilaspekt der Frage nach Ursprung und Wesen der Eschatologie überhaupt« dar (H. Groß)[1]. Deshalb ist zu erwarten, daß der Rückblick auf das Alte Testament den Verstehenshorizont für das, was in Apk 11,15 ausdrücklich als »Weltherrschaft« (ἡ βασιλεία τοῦ κόσμου) bezeichnet wird, enorm erweitert.

Träger der Weltherrschaft ist nach dem Alten Testament primär Jahwe selbst, der »Schöpfer des Himmels und der Erde« (Gen 14,19.22) und der »Herr der ganzen Erde« (Mi 4,13; Sach 4,14; 6,5; Ps 97,5; Jos 3,11.13). Bei Dt-Jes »ist die Schöpfung einer der großen Erweise Jahwes, welcher die Nichtigkeit der Götter und die Herrschaft Jahwes vor aller Augen erweist« (W. Zimmerli)[2]. Der »Gott des Himmels und der Erde« (Gen 24,3) ist nach Jes 37,16 »der Herr der Heere, der Gott Israels, . . . allein der Gott aller Reiche der Erde. Du hast den Himmel und die Erde gemacht«. »Dein, Herr, sind Größe und Kraft, Ruhm und Glanz und Hoheit; dein ist alles im Himmel und auf Erden. Herr, dein ist das Königtum. Du erhebst dich als Haupt über alles. Reichtum und Ehre kommen von dir; du bist der Herrscher über das All« (1 Chron 29,11 f.). Aus dem Gebet Joschafats nach 2 Chron 20,6: »Herr, Gott unserer Väter, bist nicht du Gott im Himmel und Herrscher über alle Reiche der Völker?« Aus dem Gebet des Hiskija nach 2 Kön 19,15: »Herr, Gott Israels, der über den Kerubim thront, du allein bist der Gott aller Reiche der Erde. Du hast den Himmel und die Erde gemacht«; vgl. auch Pss 47;

---

[1] Weltherrschaft als religiöse Idee im Alten Testament, BBB 6, 1963, 9. Vgl. auch DERS., Weltherrschaft als Gottesherrschaft nach Genesis 11,1–9 und Dan 7, in: J. Auer/F. Mußner/G. Schwaiger (Hg.), Gottesherrschaft – Weltherrschaft, FS Bischof Rudolf Graber, 1980, 15–22; TH. BLATTER, Macht und Herrschaft Gottes. Eine bibeltheologische Studie, StFr, NF 29, 1962.

[2] Grundriß der atl. Theologie, 1972, 29.

74,12–17; 89,10–13; dazu die Thronbesteigungspsalmen 93; 95; 96. Dabei hat die Idee der Weltherrschaft (Weltmacht) bei den Propheten deutlich eine Entwicklung durchgemacht, die mit dem Geschick Israels zusammenhängt[3]. Die politischen Erfahrungen mit den umgebenden Weltmächten ließen Israel das Phänomen »Weltherrschaft« immer deutlicher erkennen, jedoch nicht bloß als Weltherrschaft Jahwes, vielmehr auch deren Gegenmacht, als die Weltherrschaft des »Anti-Jahwe«, so schon in der Zeit des Exodus bis hin zu den Zeiten der Weltherrschaft Roms. Weltherrschaft wird zu einem eschatologischen Phänomen. Der ntl. »Antichrist« hat seinen Vorläufer im atl. »Anti-Jahwe«![4] Zu verweisen ist hier schon auf die Gestalt des Auszugs-Pharao, der als Widersacher Jahwes die göttlichen Pläne zu durchkreuzen sucht. Der Pharao nimmt im Buch Exodus übergeschichtliche Züge an; er wird schon zu einer »apokalyptischen« Gestalt. »Die erste grundsätzliche Auseinandersetzung mit dem Problem der heidnischen politischen Weltmacht, die als Gegner Jahwes und seines Planes mit Israel auftritt, hat Isaias beim Zusammenstoß Israels mit Assur vollzogen« (E. Haag)[5]. Vgl. Jes 10,5–34 mit folgender Charakterisierung der heidnischen Weltmacht[6]: Vernichtungstrieb (10,7), unwiderstehliche und gewissenlose Machtentfaltung verbunden mit Ruhmsucht (10,13.14), totaler Herrschaftsanspruch, auch über Jerusalem und seinen Gott Jahwe, der doch der Herr der ganzen Welt ist (vgl. 10,10f.). »Der Feind des Gottesvolkes wird als Widersacher Jahwes zu einer eschatologischen Größe« (E. Haag)[7]. Vgl. ferner Hab 1,12–17; Sach 12–14; Jes 14,3–21 und besonders die Weissagung des Propheten Ezechiel über Gog und Magog (Ez 38; 39). »Gog zeigt sich klar als Gegenspieler Jahwes und seines Planes mit Israel« (ders.)[8]. Immer stärker nimmt der Gegner Jahwes und seines Volkes »metahistorische« Züge an, so besonders auch in Dan 2; 7[9]. Im Buch Judith (entst. um 150 v. Chr. herum) nehmen die Gestalt und das Unternehmen des »Nabuchodonosor« geradezu apokalyptische Züge an. Die Geographie des Buches ist nur z. T. empirisch

---

[3] Vgl. dazu L. Rost, Das Problem der Weltmacht in der Prophetie, in: ThLZ 90, 1965, 241–250; H. Gross, Weltherrschaft (Anm. 1), 139–145.

[4] Vgl. dazu etwa B. Rigaux, L'Antéchrist et l'Opposition au Royaume Messianique dans l'Ancien et le Nouveau Testament, 1932, 1–204; E. Haag, Studien zum Buche Judith. Seine theologische Bedeutung und literarische Eigenart, TrThSt 16, 1963; E. Zenger, Der Juditroman als Traditionsmodell des Jahweglaubens, in: TrThZ 83, 1974, 65–80; J. Ernst, Die eschatologischen Gegenspieler in den Schriften des Neuen Testaments, BU 3, 1967, 179–240).

[5] AaO., 63.

[6] Dazu Näheres ebd., 64–67.

[7] Ebd., 68. Vgl. auch 3Makk 6,2–5.

[8] Ebd., 73.

[9] Vgl. dazu besonders H. Gross, Weltherrschaft als Gottesherrschaft (Anm. 1), 18–21.

verifizierbar[10] – »Betulia ist theologisches Kryptogramm für Jerusalem« (E. Zenger)[11] –, in Wirklichkeit ist sie eine »apokalyptische«, die ganze Welt umspannende. Das zeigt sich auch im Weltherrschaftsanspruch des Nabuchodonosor, den sein Feldherr Holophernes so zum Ausdruck bringt: »…und es war ihm gegeben, alle Götter der Erde auszurotten, damit alle Völker der Erde allein den Nabuchodonosor anbeten und alle Zungen und alle Stämme ihn als Gott anrufen sollten« (Jdt 3,8). In einer seiner gotteslästerlichen Reden spricht er: »Und wer ist Gott außer Nabuchodonosor? Dieser wird seine Macht aussenden und sie von der Erde vertilgen, und ihr Gott wird sie nicht retten können…« (6,2f.). Die Gestalt des Königs, der in der Erinnerung Israels als Zerstörer der Heiligen Stadt und seines Tempels fortlebte, nimmt im Buch Judith überdeutlich die Züge des Anti-Jahwe an; sein usurpatorischer Anspruch geht auf die Weltherrschaft.

Im Rahmen dieses Beitrags ist es nicht möglich, alle Aspekte der atl. Idee der Weltherrschaft zur Sprache zu bringen, so etwa das Verhältnis von Weltherrschaft zum Weltgericht, die Funktion und Stellung Israels und seiner Könige in ihr, die Weltherrschaft Jahwes als Friedensherrschaft[12]. Doch auf die Rolle des *Messias* beim Aufbau der Weltherrschaft Jahwes muß unbedingt hingewiesen werden[13], weil sie auch in der Joh-Apk wieder begegnet. Im Alten Testament begegnet die Idee der messianischen Weltherrschaft in den Pss 2; 72 und 110, deren messianischer Aussagegehalt allerdings in der Forschung umstritten ist[14]. Groß bemerkt etwa zu Ps 2, in diesem Psalm sei der Messias »der vom Weltherrn Gott eingesetzte Zukunftsherrscher universalen Ausmaßes, der die kommende Gottesherrschaft herbeiführen wird«[15]. Im Neuen Testament spielen die Pss 2 und 110 eine wichtige Rolle, gerade mit Blick auf die Erhöhung Jesu zum Herrn und Richter der Welt[16]. Auch der Horizont von Sach 9–14 ist ein weltumspannender[17]; die Herrschaft des kommenden Friedenskönigs »reicht von Meer zu Meer und vom Eufrat bis an die Enden der Erde« (9,10b). Die Völker, die »gegen Jerusalem« ziehen, werden vom Herrn geschlagen werden. »Dann wird der Herr König sein über die ganze Erde« (14,9). Weltherrschaftsträger

---

[10] Vgl. zu ihr etwa F. STUMMER, Geographie des Buches Judith, 1947.

[11] AaO. (Anm. 4), 69.

[12] Vgl. dazu vor allem H. GROSS, Weltherrschaft (Anm. 1), 45–75.

[13] Vgl. ebd., 75–110.

[14] Vgl. dazu außer den Kommentaren zu den Psalmen vor allem H. GROSS, Weltherrschaft (Anm. 1), 86–95.

[15] H. GROSS/H. REINELT, Das Buch der Psalmen, Teil I, Geistl. Schriftlesung 9/1, 1978, 30.

[16] Vgl. dazu H.-J. KRAUS, Theologie der Psalmen, BKAT 15/3, 1979, 226–237.

[17] Vgl. dazu H. GROSS, Weltherrschaft (Anm. 1), 96; H. GESE, Anfang und Ende der Apokalyptik, dargestellt am Sacharjabuch, in: ZThK 70, 1973, 20–49.

ist auch der danielische »Menschensohn« (vgl. vor allem Dan 7), eine
himmlische Gestalt, geschaut in der Vision[18]. Auf ihn wird »der Weltherrschaftsanspruch in der neuen Form eines betont religiös gestalteten, universalen Gottesreiches . . . übertragen« (Groß), wobei man es für unseren Zusammenhang offen lassen kann, wer der »Menschensohn« eigentlich ist: eine
individuelle Person (Messias) oder eine Kollektiv-(Repräsentations-)Gestalt
für das eschatologische »Volk der Heiligen des Höchsten« (= Israel) oder gar
ein Engel (Gabriel?). P. Weimar vermutet, daß das Traumgesicht von Dan 7
in der Zeit des Seleukiden Antiochus III. entstanden sei und »in makkabäi-
scher Zeit unter dem Eindruck der Geschehnisse unter Antiochus IV. Epiphanes (175–164) eine Neuinterpretation und Aktualisierung erfahren«
hat[19], wodurch die Opposition der durch Tiergestalten symbolisierten gottlosen Weltreiche gegen den vom »Alten der Tage« mit ewiger, unvergängli-
cher Herrschaft betrauten himmlischen »Menschensohn«, dem Herrschaft,
Würde und Königtum gegeben werden, erst ganz in das Bewußtsein kam.
Bedacht muß jedoch werden, daß die Deutung der Gestalt des vierten Tieres
durch den Angelus Interpres in 7,23 weit über ein Einzelreich hinausgeht:
»Ein viertes Reich wird sich auf der Erde erheben, ganz anders als alle
anderen Reiche. Es wird die ganze Erde verschlingen, sie zertreten und
zermalmen«. Nach dem Gericht über ihn »werden die Herrschaft und Macht
und die Herrlichkeit aller Reiche unter dem ganzen Himmel dem Volk der
Heiligen des Höchsten gegeben. Sein Reich ist ein ewiges Reich, und alle
Mächte werden ihm dienen und gehorchen« (7,27). Der Horizont ist ein
Himmel und Erde umspannender; die zeitgeschichtliche Erfahrung wird
total transzendiert. Die eschatologische Sicht tritt deutlich zutage. Eschatologie und Apokalyptik lassen sich nun nicht mehr voneinander trennen[20],

---

[18] Vgl. dazu H. GROSS, Weltherrschaft (Anm. 1), 101–105; ferner U. B. MÜLLER, Messias
und Menschensohn in jüdischen Apokalypsen und in der Offenbarung des Johannes, StzNT 6,
1972, 19–36; P. WEIMAR, Daniel 7. Eine Textanalyse, in: R. Pesch/R. Schnackenburg (Hg.),
Jesus und der Menschensohn, FS A. Vögtle, 1974, 11–36; K. MÜLLER, Der Menschensohn im
Danielzyklus, ebd., 37–80; A. DEISSLER, Der »Menschensohn« und »das Volk der Heiligen des
Höchsten« in Dan 7, ebd., 81–99; H. S. KVANVIG, Struktur und Geschichte in Dan 7,1–14, in:
StTh 32, 1978, 95–117; H. GESE, Die Bedeutung der Krise unter Antiochus IV. Epiphanes für
die Apokalyptik des Danielbuches, in: ZThK 80, 1983, 373–388 (für unser Thema besonders
wichtig).
[19] AaO., 35. Anders H. GESE, Die Bedeutung der Krise (Anm. 18), 377.
[20] Vgl. dazu etwa O. PLÖGER, Theokratie und Eschatologie, WMANT 2, 1959, 37–68. P.
versucht das neue Bewußtsein so zu charakterisieren: »In der apokalyptischen Eschatologie . . .
äußerte sich die Zukunftshoffnung einer Gemeinde, die sich als eine religiöse Gemeinschaft in
absoluter Weise geschieden wußte von den völkischen und auch von den religiösen Lebensfor-
men der übrigen Menschheit und deshalb als eine Größe sui generis nur in dem Sichtbarwerden
ihrer andersartigen Existenz einer Zukunftshoffnung Ausdruck verleihen konnte, während sie
des Glaubens lebte, daß zur gleichen Zeit ›das Wesen dieser Welt vergeht‹« (64). An die Stelle

gerade auch nicht im Blick auf das Thema »Weltherrschaft«. Gerade Dan 7 hat »für die weitere apokalyptische Entwicklung eine grundlegende Bedeutung« (H. Gese)²¹.

## II. Weltherrschaft als Thema der jüdischen Apokalyptik

»Der Begriff der Welt, der Begriff des einheitlichen Weltreichs, des in der Geschichte wirkenden Reichs des Bösen: sie gehören zur Apokalyptik« (P. Volz)²². Volz unterscheidet zunächst zwar im Blick auf die Objekte des »Endakts« »das Weltreich« (im politischen Sinn) von dem »Reich der Welt« (im dualistischen Sinn), aber diese Unterscheidung läßt sich nicht durchhalten, wie Volz selbst bemerkt²³. Zwar sind für die nationale Eschatologie der jüdischen Apokalyptik zunächst das Seleukidenreich, dann das römische Reich die feindlichen Weltmächte (»die Apokalypsen Daniel und Henoch [89 f.], Esra und Baruch, die Sibyllinen III und V, das apokryphe Buch Baruch«), aber das »Weltreich wird nicht bloß mit politisch-nationalen Namen und Decknamen… bezeichnet, und diese Namen zeigen, daß die Betrachtung über den rein nationalen Gegensatz hinausschreitet; es ist nicht bloß der Gegensatz zwischen Israel und Weltmacht, sondern zwischen Gottesvolk und Heidenmacht, die Gegnerin ist eine ›heidnische‹ Weltmacht. Sie ist ja die Feindin Gottes; und zwar nicht bloß, weil Israel und Gott so eng zusammengehören, sondern vor allem, weil sie selbst nach ihrem Wesen böse ist, gottlos und satanisch. Wie Israel das Reich Gottes ist, so ist das heidnische Reich der Sitz des Bösen, und diese Gottesfeindlichkeit steigert sich immer mehr bis zum höchsten Ausmaß unmittelbar vor dem Ende«²⁴. Dabei spielt der Begriff »Völker« eine wichtige Rolle. Die Völker sind (nach Volz)²⁵ die Feinde Israels; gottlos, weil gesetzlos lebend; sittenlos; »Sünder« (Jub 24,28: die »sündigen Völker«); sie stehen unter der Macht von Dämonen (vgl. Dan 10; Hen 89 f.); die Völker sind »Heiden«, wobei sie als Heiden »eine Gesamtheit« (sind), »die gesamte Völkerwelt ist die Heidenschaft, die

---

der Hoffnung auf eine eschatologische Restitution (Apokatastasis) früherer Zustände in Israel tritt in der Apokalyptik ein geschichtstheologischer Dualismus (gottlose Welt vs. himmlische Welt und umgekehrt). Das führt schon zum johanneischen Denken hin. Der Umschlag vollzog sich im wesentlichen in den 200 Jahren »von der Gründung der jüdischen Theokratie bis zur makkabäischen Erhebung« (Plöger, 138). Dabei werden aber wichtige Einzelzüge der »restaurativen Eschatologie« durchaus beibehalten (ebd., 141).

²¹ Die Bedeutung der Krise (Anm. 18), 384.
²² Die Eschatologie der jüdischen Gemeinde im ntl. Zeitalter, ²1934. 6.
²³ Ebd., 83.
²⁴ Ebd.
²⁵ Ebd., 84 f. Hier auch die Belege.

der Judenschaft (dem Gottesvolke) gegenübersteht« (Volz)[26], also die ausserisraelitische Menschheit. Der Hauptfeind ist der Satan (»Belial«) (vgl. Zwölfertestamente, Henochschriften, Jubiläen, Damaskusschrift)[27].

Dies soll hier näher an 1QMilch verifiziert werden, weil Volz diese Qumranschrift noch nicht berücksichtigen konnte, besonders hinsichtlich der Begriffe »Herrschaft«, »Israel«, »Völker«, »Belial«[28]. Wenn die »Könige des Nordens« in feindlicher Absicht heranziehen, so kommt »die Zeit des Heils für das Volk Gottes und die Zeit der Herrschaft für alle Männer seines Loses, aber ewige Vernichtung für das ganze Los Belials« (I,4f.). »Die Herrschaft der Kittäer weicht« (I,6), womit vermutlich die Römer gemeint sind. Nach dem Sieg über sie werden Erkenntnis und Gerechtigkeit »alle Enden des Erdkreises« erleuchten; »alle Zeiten der Finsternis« werden ein Ende nehmen; »die Zeit Gottes« bricht an (I,8). Zuvor kommt aber noch »der Tag«, an dem »zu einem großen Gemetzel die Gemeinde der Göttlichen und die Versammlung der Menschen« kämpfen (I,10f.). Der Horizont ist also ein weltweiter; vgl. auch II,7 (»alle Länder der Völker«). Der »Gott Israels« ist ja der Gott »im Himmel und auf Erden« (X,8), der »die Erde erschaffen hat« (X,12), der furchtbar ist »in der Herrlichkeit seiner Königsherrschaft« (XII,7). Die Gemeinde betet: »Zerschmettere Völker, deine Feinde... Und ihre Könige sollen dir dienen« (XII,11.14; vgl. auch XIX,3–6), und Israel soll »herrschen auf ewig« (XII,15; vgl auch XIII,9: »das ewige Volk«). Belial aber »sei verflucht«, »und verwünscht sei er in der Herrschaft seiner Schuld« (XIII,4). In »die Hand der Armen« werden »die Feinde aller Länder« ausgeliefert und »die Helden der Völker erniedrigt« (XI,13); »das Gericht deiner Wahrheit« wird sich erweisen »an allen Söhnen der Menschen«. Die himmlischen Wesen sind besonders in diesem Endkampf bei den »Erwählten des heiligen Volkes« (XII,1). Der Gott Israels wird gepriesen, »der Hilfe dem Volk seiner Erlösung bringt«, »aber das Aufgebot der Völker versammelt er zur Vernichtung ohne Rest« (XIV,4f.). Gott ist »der Gott der Götter«, »König der Könige« (XIV,16). Wenn Gott sich endgültig erhebt, so ist das »die Zeit der Drangsal für Israel und der Kundmachung des Krieges unter allen Völkern« (XV,1); Gott ruft ein Schwert »über alle Völker«. Dieser Tag ist das »Heute«, in dem Gott »den Fürsten der Herrschaft des Frevels«, Belial, vernichtet (vgl. XVII,5f.; XVIII,1), mit dem Ziel: »um unter den Göttlichen (den Engeln) die Herrschaft Michaels zu erhöhen und die Herrschaft Israels unter allem Fleisch« (XVII,7f.).

---

[26] Edb., 84.
[27] Dazu VOLZ, ebd., 86.
[28] Übersetzung nach E. LOHSE, Die Texte aus Qumran. Hebräisch und deutsch, 1964, 181–225.

Folgende Beobachtungen lassen sich machen, die auch mit Blick auf die Johannesapokalypse wichtig sind:

1. Der Horizont ist ein weltumspannender
2. Gott kämpft gegen Belial und seine Herrschaft; er wird den Sieg erringen
3. Die Völker stehen unter der Herrschaft Belials
4. Die Völker und ihre Könige versammeln sich zum Kampf gegen das Volk Gottes = Israel
5. Die himmlischen Mächte beteiligen sich an dem Endkampf
6. Die Gemeinde Gottes bricht in Siegesjubel aus
7. Das eschatologisch-apokalyptische Erbe des Alten Testaments zeigt seine Wirkungsgeschichte
8. Den konkreten Hintergrund bilden zeitgeschichtlich-politische Erfahrungen (»Kittäer«!)
9. Die zeitgeschichtliche Erfahrung wird in die überlieferte Bildwelt der Apokalyptik transponiert, was für die gesamte Apokalyptik gilt[29].

Was in 1QMilch auffällt, ist das Fehlen der Messiasgestalt als des Trägers der eschatologischen Weltherrschaft. Aber in anderen Werken der Apokalyptik spielt er durchaus eine entscheidende Rolle[30], wie z. T. auch schon im Alten Testament[31]. Volz stellt das einschlägige Material kurz zusammen und belegt die Rolle der messianischen Heilsperson im eschatologischen Drama aus den Quellen[32]. Exemplarisch soll seine Funktion an Hand von PsSal 17 dargestellt werden[33]. Die Frommen hoffen »auf Gott unseren Retter«, dessen »Königtum... in Ewigkeit über den Heiden mit Gericht« ist (17,3). Zu ihm betet die Gemeinde: »Du, Herr, erwähltest David zum König über Israel, und du schworst ihm für seinen Samen in Ewigkeit, daß sein Königtum vor dir nicht aufhöre« (17,4). Die »Sünder« aber (vermutlich die Römer unter Pompejus) errichteten »ein Königtum aufgrund ihres Hochmuts, sie verwüsteten Davids Thron in lärmendem Übermut« (17,5f.). »Der Gesetzlose«, identisch mit dem »Menschen« aus fremdem Geschlecht (vgl. 17,7b), »entblößte unser Land von seinen Bewohnern« (17,11a). »Über die ganze

---

[29] Vgl. auch A. N. WILDER, Eschatological imagery and earthly circumstance, in: NTS 5, 1958/59, 229–245.
[30] Vgl. dazu besonders P. VOLZ, Eschatologie der jüdischen Gemeinde (Anm. 22), 203–228; U. B. MÜLLER, Messias und Menschensohn (Anm. 18), 61–155; J. SCHREINER, Alttestamentlich-jüdische Apokalyptik. Eine Einführung, 1969, 141–159. Vgl. etwa äth. Henoch 62,2–7.
[31] Vgl. H. GROSS, Weltherrschaft (Anm. 1), 75–110.
[32] Eschatologie (Anm. 22), 211 f.
[33] Übersetzung nach S. HOLM-NIELSEN, Die Psalmen Salomos, in: W. G. Kümmel (Hg.), Jüdische Schriften aus der hellenistisch-römischen Zeit, Bd. IV, 97–109. Vgl. auch J. SCHÜPPHAUS, Die Psalmen Salomos, 1977.

Erde erfolgte ihre Zerstreuung durch die Gesetzlosen« (17,18) (unter Antiochus IV. Epiphanes?). Jetzt ruft die Gemeinde: »Sieh zu, Herr, und richte ihnen auf ihren König, den Sohn Davids (den Messias), zu der Zeit, die du ausersehen, o Gott, um über Israel, deinen Knecht, zu herrschen, und umgürte ihn mit Stärke, zu zermalmen ungerechte Fürsten, zu reinigen Jerusalem von Heidenfürsten (17,21 f.) . . . mit eisernem Stab zu zerschlagen all ihren Bestand, zu vernichten gesetzlose Völkerschaften durch das Wort seines Mundes« (17,24). Gott »wird Heidenvölker ihm fronen lassen unter seinem Joch (vgl. Zeph 3,9; Pss 2,8; 72,11; Dan 7,13 f.) und den Herrn wird er verherrlichen vor den Augen der ganzen Welt . . . so daß Heiden kommen von den Enden der Welt, um seine Herrlichkeit zu sehen« (17,30 f.). Der Messias ist »ein gerechter, von Gott gelehrter König über sie . . . und ihr König ist der Gesalbte des Herrn« (17,32). Aber der messianische König ist kein Kriegsheld; vielmehr: ». . . er wird nicht auf Pferd und Wagen und Bogen hoffen, noch wird er sich aufhäufen Gold oder Silber zum Krieg, und er wird (seine) Hoffnung für den Tag des Krieges nicht auf die vielen sammeln« (17,33; vgl. Pss 20,9; 44,7; Jes 2,7; 11,4 f.; 36,9). Vielmehr wird er »die Erde schlagen durch das Wort seines Mundes in Ewigkeit« (17,35a; vgl. Jes 11,4); er züchtigt die Fürsten und rottet die Sünder aus »durch die Macht seines Wortes« (17,36b). Das ist ein großer Unterschied zu 1QMilch, aber berührt sich mit der Joh-Apk.

Der Horizont in PsSal 17 ist ein weltumspannender, in dessen Zentrum Israel steht, ferner ein politisch-herrschaftlicher, ein zeitgeschichtlicher, ein apokalyptischer, aber alles verwoben mit einem religiösen Weltbild. Religion und Politik fallen in eins. Das gilt für die gesamte Apokalyptik, so auch für die Joh-Apk. Es geht ja um die endzeitliche Weltherrschaft. Es geht um das ungeschmälerte Königtum Gottes in seiner Schöpfung[34].

## III. Weltherrschaft als eschatologisches Thema der Joh-Apk

### 1. Apk 11,15 (Text und Kontext)

A. Wikenhauser gibt dem Abschnitt 11,15–20,15 die Überschrift: »Zweiter Akt: Der Entscheidungskampf zwischen Gott und Satan um den Besitz der ›Herrschaft über die Welt‹ (11,15)«[35]. Ganz zurecht! Denn die Joh-Apk

---

[34] Vgl. auch J. Schreiner, Alttestamentlich-jüdische Apokalyptik (Anm. 30), 195–198; E. Stauffer, Das theologische Weltbild der Apokalyptik, in: ZSTh 8, 1931, 203–215.

[35] Die Offenbarung des Johannes, RNT 9, ³1959, 89. Auch W. Thüsing bezeichnet die »Herrschaftsübernahme Gottes als die ›theologische Mitte‹ der Apokalypse«, in: TrThZ 77, 1968, 1–16 (6; vgl. auch 8: »Dieser Gott ergreift jetzt seine Macht und seine Herrschaft, jetzt

gibt die Antwort auf die »apokalyptische« Frage schlechthin: Wem wird am Ende die Weltherrschaft gehören? Die Antwort wird aus der Glaubenszuversicht des Joh-Apokalyptikers gleich zu Beginn des Abschnitts in 11,15 in einem himmlischen Siegeslied vorweggenommen: »*Die Herrschaft über die Welt* ist unserem Herrn und seinem Gesalbten (zu eigen) geworden, und er wird herrschen in alle Ewigkeit«. »Doch zugleich ist die Strophe nach rückwärts bezogen. Ein Drittel des Kosmos ist durch die vorausgegangenen Plagen der Posaunenvisionen bereits zerstört. Der Herrschaftsantritt Gottes hat schon begonnen. Es stehen also Teilrealisierung und Vorgriff auf die Vollendung nebeneinander« (K.-P. Jörns)[36]. Der Messias Jesus ist nach dem Siegeslied von 11,15 an der Weltherrschaft Gottes beteiligt (»und seinem Gesalbten«). Wie er daran beteiligt wird, schildert der Apokalyptiker in dem Abschnitt, der bis Kap. 20 reicht.

## 2. Der Welthorizont der Joh-Apk

Sowohl das Syntagma »Weltherrschaft« in 11,15 als auch die Gottesprädikationen »Herr; Gott; Pantokrator« in 11,17 verweisen auf den »Welthorizont« der Joh-Apk, der jetzt an Hand des ganzen Buches abgetastet werden soll. Jesus Christus ist der »Herrscher über die Könige der Erde« (1,5), Gott »der Pantokrator« (1,8; vgl. auch 4,8; 11,17; 15,3; 16,7; 19,6; 21,22). Diese Prädikate bringen gleich am Anfang der Apk dem Leser ins Bewußtsein, daß Gott und sein Christus die wahren Herren der Welt sind, und Gott als jener, der das »Alpha und O« ist, und als der, »der ist und der war und der kommt«[37], auch der Herr der Geschichte ist[38]. In den Selbstprädikationen des himmlischen Menschensohnes in 1,17b.18 (»Ich bin der Erste und der Letzte und der Lebendige, und ich war tot und ich lebe nun in alle Ewigkeit, und ich habe die Schlüssel des Todes und der Unterwelt«) kommt die kosmisch-universale Herrenstellung des Christus zur Geltung, die auch die Totenwelt umfaßt und die in seinem Tod und seiner Auferstehung ihren

---

erweist er sich offenkundig vor aller Welt als den, der er ist. Genau dies ist das eigentliche Anliegen des Apokalyptikers...: daß Gott offenbar wird und herrscht«).

[36] Das hymnische Evangelium. Untersuchungen zu Aufbau, Funktion und Herkunft der hymnischen Stücke in der Johannesoffenbarung, StNT 5, 1971, 92.

[37] Vgl. zu dieser Gottesprädikation Näheres bei G. DELLING, Zum gottesdienstlichen Stil der Johannes-Apokalypse, in: DERS., Studien zum Neuen Testament und zum hellenistischen Judentum. Gesammelte Aufsätze 1950–1968, 1970, 425–450, 439–442.

[38] Zum »Gottesbegriff« der Joh-Apk vgl. A. VÖGTLE, Der Gott der Apokalypse, in: J. Coppens (Hg.), La notion biblique de Dieu, BETL 41, 1976, 377–398; T. HOLTZ, Gott in der Apokalypse, in: J. Lambrecht (Hg.), L'Apocalypse johannique et l'Apocalyptique dans le Nouveau Testament, 1980, 247–265. Vgl. auch noch W. THÜSING, Die theologische Mitte (Anm. 35), passim.

Grund besitzt[39]. Die »Prüfung«, die nach 3,10 »über die ganze Ökumene« und über »die Bewohner der Erde« kommen wird, umfaßt die ganze Heidenwelt; denn »die Bewohner der Erde« sind in der Apk die (ungläubigen) Heiden (vgl. 6,10; 8,13; 11,10; 12,12; 13,8.12.14; 17,2.8). Wenn Christus in 3,14 als »der Anfang der Schöpfung Gottes« prädiziert wird, so impliziert das auch einen weltumspannenden Aspekt. Nach 4,11 ist »der Allherrscher« (vgl. 11,8) »unser Herr und Gott«, durch den »alles« geschaffen wurde. Der Himmel und Erde umspannende Horizont begegnet auch in der *1. Siegel-Vision* (5,1–8,1): Thron Gottes im Himmel (5,1), »die ganze Erde« (5,6), alle Stämme, Sprachen, Völker und Nationen (5,9), »jedes Geschöpf im Himmel und auf der Erde und unter der Erde und auf dem Meer« (5,13); vgl. weiter 6,10 (»die Bewohner der Erde«); 6,12–17 (Erschütterung des ganzen Weltgebäudes); 7,1–3 (Welthorizont); 7,9 (»die große Schar ... aus allen Nationen und Stämmen und Völkern und Sprachen«). *Posaunen-Vision* (8,2– 11,14): »die Erde« (8,4); »die Bewohner der Erde« (8,13; vgl. auch 9,1.3.4.6 »die Menschen«); 10,2.5.8 (Meer und Land).11 (Völker, Nationen, Sprachen und Könige); 11,9 (»die Bewohner der Erde«). *Entscheidungskampf* zwischen Gott und dem Satan um die Weltherrschaft (11,15–20,15): »die Herrschaft über die Welt« (11,15); Verderber der Erde (11,18; vgl. auch 19,2); 12,5 (»alle Völker«); 12,9 (»die ganze Ökumene«); 12,12 (Erde und Meer); 13,3.7 (»die ganze Erde« folgt staunend dem »Tier aus dem Meer«, dem »Gewalt gegeben ist über alle Stämme und Völker und Sprachen und Nationen«); 13,8 (»alle Bewohner der Erde« beten das Tier an); 13,12 (»die Erde und ihre Bewohner«; vgl. auch 13,14); 13,16 (»alle, die Kleinen und die Großen und die Reichen und die Armen und die Freien und die Sklaven«); 14,6 (»Bewohner der Erde« = »alle Nationen und Stämme und Sprachen und Völker«); 14,16.19; 15,3.4 (Lobpreis auf Gott, den »König der Völker«); 16,1–9 (Zornesschalen über die Erde, das Festland, das Meer und die Sonne); 16,14 (das Tier sammelt »die Könige der ganzen Erde zum Kampf am großen Tag Gottes, des Allherrschers«); 16,17–21 (umfassende Weltkatastrophe); 17,2 (»Könige der Erde«, »Bewohner der Erde«); 17,3–5 (»das große Babylon« als »die Hauptstadt des antichristlichen Weltreiches« [A. Wikenhauser])[40]; 17,14 (»das Lamm« [Christus] ist »der Herr der Herren und der König der Könige«); 17,15.18 (die Wasser, an denen die Welthure Babylon sitzt, »sind die Völker und Scharen und Nationen und Sprachen«, und die Welthure »ist die große Stadt, die die Herrschaft über die Könige der Erde besitzt«, von deren Unzuchtswein nach 18,3 »alle Völker getrunken

---

[39] Vgl. dazu T. HOLTZ, Die Christologie der Apokalypse des Johannes, TU 85, 1962, 80–88.
[40] Die Offenbarung des Johannes (Anm. 35), 126.

[haben], und die Könige der Erde haben mit ihr Unzucht getrieben«; vgl.
auch 18,9.23; 19,2); 19,15.16 (der Messias schlägt die Völker mit scharfem
Schwert und regiert sie mit eisernem Stab; sein Name ist: »König der Könige
und Herr der Herren«); 19,19–21 (Gericht über »das Tier«, seinen falschen
Propheten und die mit ihm verbündeten »Könige der Erde«); 20,8 (Verfüh-
rung der »Völker an den vier Ecken der Erde« durch den Satan); 20,11 (»die
Erde und der Himmel«); 20,13 (Auferweckung aller Toten). *Der neue Himmel und die neue Erde* (21,1–22,5): Gott bei den Menschen (21,3); Gott, »der
Allherrscher« selbst, »und das Lamm« sind der Tempel im vom Himmel
herabgekommenen neuen Jerusalem, das mit der neuen Erde identisch ist
(21,22); Himmel und Erde bilden in der neuen Schöpfung eine Einheit. Die
Völker werden geheilt (vgl. 22,2).

Der Horizont der Apk ist ganz und gar ein kosmisch-universaler; er
umspannt Himmel und Erde, weil Gott als ihr Schöpfer (vgl. 4,11) der
»Allherrscher« ist, und Christus der messianische »Herr der Herren und der
König der Könige«, der Herr der Welt. Dieser Horizont geht eindeutig über
das römische Imperium hinaus; es geht um die endzeitliche und definitive
Weltherrschaft. Aber die Erfahrungen der Abfassungszeit der Apk gingen in
sie ein und wurden in die Bildwelt der überlieferten Apokalyptik transformiert. Die zeitgeschichtliche Erfahrungswelt kommt besonders in der Chri-
stusfigur der Apk zu Gesicht (vgl. unten 4a).

3. (Politische) Herrschaftsbegriffe in der Joh-Apk[41]

Es geht im folgenden um eine Zusammenstellung jener Begriffe der Apk,
die einen politisch-herrschaftlichen Klang haben.

a) Politische *Gottesprädikate:* »Kyrios«, »Pantokrator«, »König der
Völker«.

b) Politische *Christusprädikate:* »Herrscher der Könige der Erde«; »Herr
der Herren und König der Könige« (vgl. auch noch: »die Wurzel Davids«,
»der Löwe aus dem Stamm Juda«). Dazu kommen die aus dem Kaiserkult
stammenden Prädikate und Embleme des Christus (dazu Näheres unter III,
4a).

c) Politische *Begriffe:* »Herrschaft (Reich)«, »Weltherrschaft«, »herrschen«, »Thron«, »Macht«, »Könige«, »Würdenträger der Erde«.(μεγιστᾶ-
νες), »Obersten« (χιλίαρχοι), »Frieden«.

d) *Kriegsbegriffe:* »Krieg«, »Krieg führen«, »Kampf«, »kämpfen«, »Heer

41 Für das Alte Testament vgl. Th. BLATTER, Macht und Herrschaft Gottes (Anm. 1). 22–29.

(Heere)«, »siegen[42] (besiegen)«, »Schwert«, »Trompete« (vgl. auch
1QMilch), die »apokalyptischen Reiter« und ihre Ausstattung, »Rosse (ge-
rüstet zum Krieg)«, »(eiserne) Panzer«, »Dröhnen von Wagen mit vielen
Rossen, die in den Kampf rennen«, »Krieger des Reiterheeres«, »Rosse und
Reiter«.

Das Ganze läßt erkennen, daß man die Joh-Apk geradezu als ein »politisches Buch« bezeichnen kann. Und die »Kriegsbegriffe« weisen darauf hin,
daß es um ein Kampfgeschehen geht, um den eschatologischen Kampf um
die Weltherrschaft, wenn dieser Kampf auch weithin ein Kampf der Geister
ist, die »Kriegsbegriffe« also vielfach metaphorisch zu verstehen sind.

## 4. Der Kampf um die Weltherrschaft

### a) *Christus Imperator*

Es ist schon längst beobachtet worden, daß Christus in der Apk mit
Prädikaten und Emblemen ausgestattet ist, die auch im römischen Kaiserkult begegnen, besonders in dem dem Kaiser Domitian, speziell in Kleina-
sien, dargebrachten Kult[43]. Sueton erzählt in seinen Kaiserbiographien von
Domitian, der Kaiser habe ein Rundschreiben, das er im Namen seiner
Steuerbeamten diktierte, so begonnen: »Unser Herr und Gott befiehlt folgendes«, und bemerkt dazu: »Daher wurde es Brauch, ihn schriftlich und
mündlich nie anders anzureden«[44]. Schütz schreibt: »Gerade *weil* der Seher
scharf *eschatologisch* schreibt, ist er leidenschaftlich gegen den Weltherrscher
und seinen Kult aufgetreten. Die Eschatologie war seine Waffe gegen den

---

[42] »Siegen« hat freilich oft auch die Bedeutung: in der Drangsal standhalten (z. B. 2,26; 3,5).
[43] Vgl. dazu besonders R. Schütz, Die Offenbarung des Johannes und Kaiser Domitian,
FRLANT 50, 1933; E. Peterson, Christus als Imperator, in: ders., Theologische Traktate,
1951, 149–164; L. Koep, Antikes Kaisertum und Christusbekenntnis im Widerspruch, in: JAC
4, 1961, 58–76, wiederabgedruckt in R. Klein (Hg.), Das frühe Christentum im römischen
Staat, WdF CLXVII, 1971, 302–336. Zum Kaiserkult vgl. ferner A. Wlosok (Hg.), Römischer
Kaiserkult, WdF CCLXXII, 1978; K. Prümm, Herrscherkult und Neues Testament, in: Bibl 9,
1928, 3–25, 129–142, 289–301; St. Lösch, Deitas Jesu und antike Apotheose, 1933; P. Touil-
leux, L'Apocalypse et les Cultes de Domitien et de Cybèle, 1935; E. Stauffer, Christus und
die Caesaren, ⁵1968; A. Deissmann, Licht vom Osten, ⁴1923, 240ff., 287–324; H. Kruse,
Studien zur offiziellen Geltung des Kaiserbildes im römischen Reich, 1934; A. Alföldi,
Ausgestaltung des monarchischen Zeremoniells am römischen Kaiserhofe, in: RömMitt 49,
1934, 65f. (Bilder!); L. Cerfaux/J. Tondriau, Un concurrent du Christianisme, le culte des
souverains dans la civilisation gréco-romaine, 1957; F. Taeger, Charisma I, 1957, II, 1960. St.
Giet, L'Apocalypse et l'histoire. Étude historique sur l'Apocalypse johannique, 1957. Vgl.
auch noch H. Wildberger, Die Thronnamen des Messias, in: ThZ 16, 1960, 314–332.
[44] Übersetzung A. Lambert, BAW 1955, 462.

Gott dieser Welt, der *im Kaiser verehrt* wurde«[45]. In diesem Festschriftsbeitrag braucht das ohnehin schon oft in der in der Anm. 43 angeführten Literatur vorgelegte Material nicht noch einmal vorgelegt zu werden. Wir weisen nur kurz auf den »konträren Begriffsparallelismus im Kaiserkult und Christuskult« hin, auf den Schütz aufmerksam gemacht hat[46], vor allem aus den Werken der beiden Hofdichter Domitians Martial und Statius u. a.:

| | | |
|---|---|---|
| παντωκράτωρ | → | potens terrarum Dominus |
| κύριος τῆς γῆς | → | terrarum Dominus |
| ἅγιος (ὅσιος) | → | sacer |
| δόξα | → | terrarum gloria |
| σωτηρία | → | salus |
| ἐξουσία | → | potestas (potens) |
| σὺ ἔκτισας τὰ πάντα | → | parens orbis |
| ἄξιος λαβεῖν τὴν δύναμιν | → | quo non dignior has subit habenas |
| δύναμις | → | θεῖα δύναμις |

Natürlich machen bei der Applikation der im Kaiserkult anzutreffenden Titulaturen und Embleme auf den Imperator Christus diese eine semantische Verschiebung durch, aber E. Peterson bemerkt mit Recht[47], »daß in der Parallelisierung Christi mit dem Imperator keine zeitlose Symbolik, sondern eine Kampfsymbolik vorliegt« (s. auch die oben zusammengestellten »Kriegsbegriffe«!). Der himmlische Menschensohn Christus wird in oppositioneller Analogie zum irdischen Imperator gesehen[48]. Dabei nimmt aber der Imperator in den Augen des Verfassers der Apk aufgrund der mit

---

[45] AaO. (Anm. 43), 13.

[46] AaO. (Anm. 43), 33–36.

[47] Christus als Imperator (Anm. 43), 156.

[48] E. PETERSON bringt dazu auch ausgezeichnete Belege aus altchristlichen Märtyrerakten. Man sollte auch nicht übersehen, daß Jesus schon nach der Verkündigungsperikope in die »politische« Welt eintritt: »und geben wird ihm Gott, der Herr, den Thron seines Vaters David und herrschen wird er über das Haus Jakob in die Äonen, und seines Reiches wird kein Ende sein« (Lk 1,32f.). Im Prozeß gegen Jesus vor dem Vertreter des römischen Kaisers, Pontius Pilatus, gewinnt, gerade nach dem Johannesevangelium, »der Prozeß der Welt gegen Jesus seine Öffentlichkeit; er wird vor das Forum des Staates gebracht« (R. BULTMANN, Das Evangelium nach Johannes, [8]1963, 504; vgl. auch J. BLANK, Die Verhandlung vor Pilatus Joh 18,28–19,16 im Lichte joh. Theologie, in: BZ, NF 3, 1959, 60–81). Zum Verhältnis Joh-Apk/Joh-Ev vgl. jetzt O. BÖCHER, Das Verhältnis der Apokalypse des Johannes zum Evangelium des Johannes, in: J. Lambrecht (Hg.), L'Apocalypse johannique (Anm. 38), 289–301. Ein ganz wichtiger Vergleichspunkt ist m. E. das gespannte Verhältnis der Gemeinde zur Welt, das in beiden Büchern Ähnlichkeiten aufweist (κόσμος vs. Gemeinde). Nach Apg 17,7 klagen die Juden in Thessalonich die Christen an: »Sie alle verstoßen gegen die Gesetze des Kaisers; denn sie behaupten, *ein anderer sei König*, nämlich Jesus«! Das Christuskerygma »politisiert« – in einem tiefen Sinn – das Evangelium!

dem Kaiser gemachten Verfolgungserfahrungen die die Zeitgeschichte transzendierenden Züge des »Antichrist«[49], analog dem atl. »Anti-Jahwe«, an.

### b) Der Antichrist als endzeitlicher Weltherrscher

Viele Exegeten sind überzeugt, daß das Tier aus dem Meer in Apk 13,1–10 eine Symbolgestalt für den sogenannten »Antichrist« ist (so Lohmeyer, Hadorn, Sickenberger, Wikenhauser, Kraft, Böcher, Schlier)[50]. Der Text läßt zudem erkennen, daß es sich bei dem Tier, in dem die vier Tiere des Danielbuches (Dan 7,3–8) zu einem einzigen zusammengezogen sind[51], um die Personifikation einer gottfeindlichen Weltmacht handelt. H. Kraft bemerkt sehr gut zu 13,2: »Der Vers beschreibt die Inthronisation des Antichristen (vgl. 2 Thess 2,8 f.). Das Tier ist berufen, auf Erden das Werk des Satans zu treiben; der Antichrist ist der irdische, vor allem der politische Vertreter Satans. Indem er die Eigenschaften der früheren Weltreiche in sich vereinigt, wird sein endgeschichtlicher Charakter deutlich. Die Gestalten der Endgeschichte entstehen durch Addition oder Überbietung der geschichtlichen Gestalten«[52]. Das läßt schon erkennen, daß eine *nur* zeitgeschichtliche, auf die politischen Erfahrungen der Abfassungszeit beschränkte Auslegung von Apk 13 (Nero und Domitian) falsch ist. Ist der Horizont der Apk als ganzer ein weltumspannender, ja Himmel und Erde umfassender (vgl. oben III,2), so auch der von Apk 13. Vgl. 13,3 (»die ganze Erde sah staunend zu dem Tier auf«); 13,7 (dem Tier »wurde Gewalt gegeben über jeden Stamm und Volk und Sprache und Nation«); 13,8 (»alle Erdbewohner werden ihn anbeten«); dazu noch 13,12.13.14.16. Wenn das Tier nach 13,6 »seinen Mund zu Lästerungen gegen Gott« öffnet, »um seinen Namen zu lästern und seine Wohnung und die, die im Himmel wohnen«, so überschreitet das den zeitgeschichtlichen Erfahrungshorizont

---

[49] Vgl. dazu auch W. Bousset, Der Antichrist in der Überlieferung des Judentums, des neuen Testaments und der alten Kirche. Ein Beitrag zur Auslegung der Apokalypse, 1895; B. Rigaux, L'Antéchrist (Anm. 4); Ph. Dessauer, Die Politik des Antichrist. Eine Skizze zur Prophetie der Apokalypse, in: WW 6, 1951, 405–415; H. Schlier, Vom Antichrist – Zum 13. Kapitel der Offenbarung Johannis, in: ders., Die Zeit der Kirche. Exegetische Aufsätze und Vorträge, [1]1956, 16–29; F. Mussner, Was lehrt Jesus über das Ende der Welt? [3]1987, 40–45; B. G. Schüch, Das Bild des Antichrist nach dem Neuen Testament, Diss. Wien 1964; J. Ernst, Die eschatologischen Gegenspieler (Anm. 4), 80–167 (160–167 kurze Darstellung der Geschichte der Exegese); dazu auch O. Böcher, Die Johannesapokalypse, EdF 41, 1980, 76–87.

[50] Vgl. O. Böcher, Die Johannesapokalypse (Anm. 49), 77–83.

[51] Vgl. auch K. Hanhart, The four Beasts of Daniel's Vision in the Night in the Light of Rev. 13,2, in: NTS 27, 1980/81, 576–583.

[52] H. Kraft, Die Offenbarung des Johannes, HNT 16a, 1974, 175.

der Abfassungszeit, weil kein römischer Kaiser trotz aller Selbstapotheose[53] Gott und die Götter gelästert hat. 13,4 läßt zudem erkennen, daß die Anbetung des Tieres durch alle Welt und ihre blasphemische Frage: »Wer ist dem Tier gleich und wer vermag mit ihm zu streiten?«, nur den Sinn haben kann: Niemand ist dem Tier gleich! Kein Gott! Das ist die gotteslästerliche, usurpatorische Antwort auf die im Alten Testament auf Jahwe bezogenen Fragen, z. B. in Ex 15,11 (»Wer ist dir gleich unter den Göttern, Herr, wer ist dir gleich?«) oder in Ps 35,10 (»Alle meine Glieder rufen: Jahwe, wer ist dir gleich?«) oder in Ps 89,7 (»Denn wer in den Wolken nimmt es auf mit Jahwe, gleicht Jahwe unter den Gottessöhnen? ... Jahwe, Gott der Heerscharen, wer ist dir gleich?«). Nach Apk 13,5 erhält das Tier vom Drachen ein Maul, das Überhebliches (μεγάλα) redet und Lästerungen ausstößt. Mit den μεγάλα sind vermutlich göttliche Ansprüche gemeint und mit den »Lästerungen« freche Herausforderungen der Macht Gottes. Man vgl. dazu auch Dan 7,8 (»er hatte einen Mund, der Überhebliches redete«); 7,25f. (»Er wird sich erheben und sich großmachen über jeglichen Gott und wider den Gott der Götter wird er Überhebliches reden«). Seit Daniel sind solch freche Reden des Widersachers gegen Gott und den Himmel ein häufiger apokalyptischer Topos (vgl. 2 Thess 2,4; Sib 5,23f.; Ass. Mos. 8,5). Vgl. auch noch Jdt 3,8 (»Er zerstörte ihre Heiligtümer und ihre Haine hieb er um; und es war ihm gegeben, alle Götter der Erde auszurotten, damit alle Völker der Erde allein den Nabuchodonosor anbeten und alle Zungen und alle Stämme ihn als Gott anrufen sollten«); 6,2f. (Holophernes, der Feldherr des Königs, verkündigt aller Welt: »...Und wer ist Gott außer Nabuchodonosor? Dieser wird seine Macht aussenden und sie von der Erde vertilgen, und ihr Gott wird sie nicht retten können, sondern wir, seine Knechte, werden sie erschlagen... und sie werden der Macht unserer Rosse nicht standhalten können«). Man sieht deutlich, wo die wahren Wurzeln der Antichristvorstellung von Apk 13 zu suchen sind; sie finden sich in der atl. Anti-Jahwe-Idee und der damit verbundenen Idee der endzeitlichen Weltherrschaft. Die Erfahrungen der Kirche in der Abfassungszeit der Apk mit den römischen Kaisern, speziell mit Domitian, aktualisierten die in das genus apokalypticum transformierten Verfolgungserfahrungen Israels mit den politischen Weltmächten jeweils zu seiner Zeit[54]. Aber die Zeitgeschichte wird ständig überschritten.

---

[53] Vgl. dazu L. Koep, Art. Consecratio II (Kaiserapotheose), in: RAC III, 284–294 (Lit.).

[54] Vgl. dazu oben I und II. Die Formulierung E. Lohses scheint uns deshalb nicht genügend zu sein: »Dieses Tier repräsentiert also die Weltmacht schlechthin, das die ganze Oikumene umspannende Imperium Romanum, an dessen Spitze der Caesar steht, dem göttliche Verehrung entgegengebracht werden muß« (Die Offenbarung des Johannes = NTD 11, 1960, 70). Der Horizont der Joh-Apk überschreitet den rein zeitgeschichtlichen und weitet sich ins

Auch der Sieger über den Antichrist von Apk 13 ist nicht irgendeiner (etwa ein Gegenkaiser oder sonst ein weltlicher Herrscher), sondern der am Ende der Zeiten wiederkommende Christus, wenn der Verfasser seine Wiederkunft auch »in Bälde« erwartet haben mag[55]. Nach H. Schlier bedeutet für die Frage nach der in Apk 13 gezeichneten Gestalt des Antichrist »einmal, daß es sich bei seiner Erscheinung um ein Wesen der von Christus beherrschten Endgeschichte in der Zeit handelt. Zweitens, daß dieses ›Wesen‹ über eine geschichtliche Teilerscheinung hinausgreift, anderseits freilich in historischen Phänomenen weniger oder mehr repräsentiert wird, und zwar mit der Tendenz, sich zunehmend bis zum Rande mit konkreten geschichtlichen Erscheinungen zu decken. Drittens, daß der Antichrist in diesem Sinne jeweils ›gleichzeitig‹ ist und deshalb in der Zeit *nach* Christus die Gegenwart unaufhörlich angeht. Viertens, daß er in seiner Gestalt auch den Observanten der prophetischen Schrift (1,3; 22,7) nur in der prophetischen Perspektive nach seinen entscheidenden Grundzügen erkennbar wird. Wer Kap. 13 liest, liest von dem mehr oder minder verborgenen Wesen auch seiner eigenen Geschichte, so wie dieses sich dem prophetischen Blick von dem in Jesus Christus geschehenen Ende her enthüllt«[56]. Dem können wir nur zustimmen. Die Vorgeschichte des apokalyptischen Antichrist-Phänomens, wie es schon im Alten Testament in dem Phänomen des »Anti-Jahwe« und in der Idee der endzeitlichen »Weltherrschaft« zutagetritt, läßt den Antichrist von Apk 13 auch diachronisch als eine eminent *politische* Figur erkennen, als die stärkste politische und wirtschaftliche (vgl. 13,17: »Kaufen und verkaufen konnte nur, wer das Kennzeichen trug: den Namen des Tieres oder die Zahl seines Namens«; vgl. auch 18,3.11: »die Kaufleute der Erde«) Macht der Weltgeschichte[57].

---

Endzeitliche aus. Gerade die Beschreibung des »Tiers aus dem Meer« in Apk 13,1–8 läßt eine Gestalt erkennen, die nur z. T. mit Kaiser Domitian identifizierbar ist, genauso wenig wie der Exodus-Pharao mit dem historischen Pharao (Ramses II.?) oder der Nabuchodonosor des Buches Judith mit dem historischen Nabuchodonosor, dem Zerstörer des Salomonischen Tempels.

[55] Zur »Naherwartung« der Joh-Apk vgl. die guten Bemerkungen bei H. Schlier, Jesus Christus und die Geschichte nach der Offenbarung des Johannes (Anm. 56), 370.

[56] Vom Antichrist (Anm. 49), 20f. Vgl. auch noch DERS., Zum Verständnis der Geschichte. – Nach der Offenbarung Johannes (ebd., Anm. 49), 265–274; DERS., Jesus Christus und die Geschichte nach der Offenbarung des Johannes, in: DERS., Besinnung auf das Neue Testament. Exegetische Aufsätze und Vorträge II, ¹1964, 358–373.

[57] Vgl. dazu auch E. Stauffer, Theologie des Neuen Testaments, ⁴1948, 192–195; H. Schlier, Jesus Christus und die Geschichte (Anm. 56), 364: »Wenn wir uns ihre entscheidenden Züge ansehen, so zeigt sich, daß die Geschichte nach unserem Buch zu einem politischen Gebilde tendiert, das man als totalen Weltstaat bezeichnen könnte. Es ist das nicht mehr ein Staat im üblichen Sinn«; 365: »Wirtschaft und Politik sind ... aufs engste verflochten. Die Wirtschaft ist auch ein politisches Instrument«; 366: »Öffentliches geistiges Leben gibt es in

*c) Die »Messiasschlacht«*

Die endzeitliche Weltherrschaft des »Drachen« und seiner mächtigen Helfershelfer wird nach der Joh-Apk durch Jesus Christus zerbrochen werden. Ihn schaut der Seher als den himmlischen Menschensohn in der ersten Vision »am Tag des Herrn« (1,10–17) in seiner göttlichen Herrlichkeit als den souveränen Herrn der Welt und ihrer Geschichte. Er stellt sich dem Seher vor als »der Erste und der Letzte und der Lebendige. Ich war tot, doch nun lebe ich in alle Ewigkeit, und ich habe die Schlüssel zum Tod und zur Unterwelt« (1,17). In den Gerichtsvisionen in dem Großabschnitt 14,6–20,15 schaut der Seher wiederum den himmlischen Menschensohn, der seine Sichel auf die Erde wirft, um sie abzuernten (14,14–16). In der Siegesvision 19,11–21 erscheint Christus dem Seher als himmlischer »Logosreiter« und königliche Gestalt auf weißem Pferd, aus dessen Mund ein scharfes Schwert hervorgeht, mit dem er die Völker schlägt. »Und er herrscht über sie mit eisernem Zepter, und er tritt die Kelter des Weins, des rächenden Gottes, des Herrschers über die ganze Schöpfung. Auf seinem Gewand und auf seiner Hüfte trägt er den Namen: ›König der Könige und Herr der Herren‹« (19,15f.). Der himmlische Menschensohn und Logosreiter erscheint also eindeutig als Weltherrscher, der »das Tier« und den »falschen Propheten« und die mit ihnen verbündeten »Könige der Erde« »mit dem Schwert«, das aus seinem Mund hervorgeht, tötet (vgl. 19,19–21) und mit dieser »Messiasschlacht«, die keine wirkliche Schlacht ist, die Weltherrschaft ergreift.

So zeigt sich definitiv, daß »Weltherrschaft« ein eschatologisches Thema der Joh-Apk ist; ja, man darf sagen: *das* eschatologische Thema der Apk, wenn die Gerichtsvisionen zusammen mit den Schlußvisionen gesehen werden, in denen die »Herrschaftsbegriffe« weiter eine Rolle spielen (vgl. 20,4; 21,22; 22,1.3.5). Der Ort der göttlichen Weltherrschaft sind »der neue Himmel und die neue Erde« (21,1), in ihrem Zentrum »die heilige Stadt Jerusalem, wie sie von Gott her aus dem Himmel herabkam, erfüllt von der Herrlichkeit Gottes« (21,10f.). »Seht, die Wohnung Gottes unter den Menschen! Er wird in ihrer Mitte wohnen, und sie werden sein Volk sein; und er, Gott, wird bei ihnen sein« (21,3). Ewiges Beisammensein Gottes und des Lammes mit den Erlösten: dies ist das Ziel und das Wesen der eschatologischen Weltherrschaft Gottes und seines Christus.

Die Idee der »Weltherrschaft« ist es auch, die die Joh-Apk mit der alttesta-

---

diesem Weltstaat nur als Ideologie« (vgl. dazu Gestalt und Funktion des zweiten Tiers, das in 16,13; 19,20; 20,10 als »Pseudoprophet« charakterisiert wird, also als »Chefideologe« im Dienst des Antichrist).

mentlichen und frühjüdischen Apokalyptik in besonderer Weise verbindet; sie hat von dort die Idee bezogen, wenn diese nun auch in »christologisierter« Gestalt erscheint und mit den neuen Erfahrungsgehalten aus der Zeitgeschichte der Abfassungszeit (Verfolgungserfahrungen unter Nero und Domitian; Kaiserkult) angereichert wurde.

## IV. Bemerkungen zur Hermeneutik der Joh-Apk

Die Joh-Apk hat bis heute eine vielfältige Auslegung erfahren: die kirchengeschichtliche, die weltgeschichtliche, die chiliastische, die radikal zeitgeschichtliche, die radikal endgeschichtliche und (als Synthese der beiden letzteren) die zeitgeschichtlich-eschatologische[58]. Der in diesem Beitrag versuchte Einbezug der Idee der »Weltherrschaft« in die Erschließung der Joh-Apk läßt die Vermutung aufkommen, daß der »politischen« Hermeneutik in der Auslegung der Joh-Apk und der Apokalyptik überhaupt mehr Augenmerk geschenkt werden sollte. »Weltherrschaft« ist gewiß in der Bibel nicht nur eine politische, sondern auch eine religiös-sittliche Idee[59]. Doch läßt sich beides in der Bibel gar nicht säuberlich voneinander trennen, und zwar schon von ihrem »Gottesbegriff« her: Gott ist als der Schöpfer der Welt auch ihr Herr und Herrscher; zuletzt gibt es nur noch ihn (und das Lamm) als den Herrscher der Welt, der freilich zur Aufrichtung seiner Weltherrschaft nicht mit den »politischen« Mitteln der Welt arbeitet, wie gerade auch die Joh-Apk erkennen läßt. Aber sowohl die Geschichte der Idee »Weltherrschaft« zeigt deren politischen Erfahrungsursprung, vom Buch Exodus angefangen, als auch ihre Rezeption in der Joh-Apk, nach der die eschatologischen Gegenspieler Gottes und seines Messias *politische* Mächte sind (zeitgeschichtlich gesehen römische Kaiser) bis hin zu der eminent politischen Gestalt des Antichrist, denen zugleich kultische Verehrung (προσκυνεῖν!) dargebracht wird. Zur »Politik des Antichrist« gehören auch Kult und Ideologie. Seine Weltherrschaft trägt pseudoreligiösen Charakter. Seine Gegner sind nach seinem eigenen Selbstverständnis Gott und Christus (vgl. etwa Apk 16,13f.!). Sein Meister ist der Satan selbst, in der Apk in mythologischer Redeweise »Drache« genannt, der dem »Tier« »seine Gewalt, seinen Thron und seine große Macht übergeben hat« (13,2b). Vielleicht erschließt eine

---

[58] Vgl. dazu W. G. Kümmel, Einleitung in das Neue Testament, [19]1978, 417f.; O. Böcher, Die Johannesapokalypse (Anm. 49); U. Vanni, L'Apocalypse johannique. État de la question, in: J. Lambrecht (Hg.), L'Apocalypse johannique (Anm. 38), 21–46, und jetzt umfassend (von Papias bis heute) G. Maier, Die Johannesoffenbarung und die Kirche, WUNT 25, 1981; zu M. Luther speziell H.-U. Hofmann, Luther und die Johannes-Apokalypse, BGBE 24, 1982.

[59] Besonders H. Gross betont das in seinem in Anm. 1 genannten Buch durchgehend: die eschatologische Weltherrschaft Gottes und des Messias sei eine religiös-sittliche.

»politische« Hermeneutik in dem in diesem Beitrag entworfenen Sinn überhaupt erst den Gesamtsinn und die Botschaft der »Geheimen Offenbarung«
für die Kirche der Endzeit[60]. Das »eschatologische Drama« ist ein »politisches Drama«! Auch die Joh-Apk »treibet Christum«, und zwar »politisch«
im Sinn jener »Weltherrschaft« Gottes und seines Gesalbten, von der die
biblische Eschatologie redet.

---

[60] Vor allem die Arbeiten von H. SCHLIER zur Joh-Apk scheinen dies zu bestätigen. Vgl. auch
noch E. SCHÜSSLER FIORENZA, Religion und Politik in der Offenbarung des Johannes, in: Bibl.
Randbemerkungen, Schüler-FS R. Schnackenburg, ²1974, 261–272.

## 20. Implikate der Parusie des Herrn
### (1994)

Auf der Salzburger Tagung ging es um „Weltgericht und Weltvollendung. Zukunftsbilder im Neuen Testament". In diese Thematik hinein gehört auch die im NT angesagte Parusie des Herrn am Ende der Zeiten. Die Parusie ist nach dem NT nicht bloß mit dem „Weltgericht" verbunden, sie bringt auch die „Weltvollendung" mit sich; denn sie bringt die Weltgeschichte zu ihrem „Ende" – bekanntlich ein wichtiger Begriff der Apokalyptik[1]; vgl. auch Mt 24,3.13 f; Mk 13,7. Im Folgenden wird aber nicht das ntl. Material zur „Parusie" des Herrn ausgebreitet und analysiert, vielmehr über Implikate der Parusie nachgedacht, wozu das Studium des hervorragenden Kommentars von R. Konersmann zu den viel diskutierten Thesen Walter Benjamins „Über den Begriff der Geschichte" die Anregung gab.[2]

Welche Implikate geschichtsphilosophischer und geschichtstheologischer Natur enthält das ntl. Parusiekerygma? Wir versuchen darauf folgende Antworten zu geben, und zwar ebenfalls in Form von „Thesen".

1. Die Parusie des Herrn bedeutet den unerwarteten Abbruch der Geschichte: ihr „Ende". Auch W. Benjamin bemerkt: „Der Messias bricht die Geschichte ab; der Messias tritt nicht am Ende einer Entwicklung auf" (Werke I, 1243)[3], auch wenn für den „historischen Materialisten" Benjamin der „Messias" weder der von den gläubigen Juden noch der von den Christen erwartete Messias ist, vielmehr eher eine „Chiffre" in Übernahme der jüdisch-christlichen Sprachtradition.

2. Die Parusie des Herrn bedeutet die größte Katastrophe der Welt- und Menschheitsgeschichte, weil sie mit dem „Weltunter-

---

[1] Vgl. dazu etwa *G. Delling*, Art. τέλος, in: ThWNT VIII, 52–57; *H. Hübner*, Art. τέλος, in: EWNT III, 832–835.

[2] *R. Konersmann*, Erstarrte Unruhe. Walter Benjamins Begriff der Geschichte, Frankfurt a. M. 1991. Konersmann bietet auch den Text der achtzehn Thesen Benjamins „Über den Begriff der Geschichte".

[3] Vgl. dazu auch unseren Punkt 3.

gang" verbunden ist, also auch „kosmische" Folgen hat; vgl. Mk 13, 24–27 parr (im Anschluß an Jes 13, 10; 34, 4); Offb 6, 12–16.
   3. Die Parusie bedeutet den Einspruch Gottes gegen die Vollendbarkeit der Geschichte durch den Menschen, gegen den vom Menschen angestrebten und erträumten „vollendeten Weltzustand" (W. Benjamin) allein aus menschlicher Kraft. Die Parusie ist jener „Augenblick" (um mit Benjamin zu sprechen, s. Werke VI, 46), der die Geschichte für immer wendet, ist jener „Blitz", der „beim Aufblitzen von einem Ende bis zum anderen unter dem Himmel hinleuchtet: so wird es mit dem Menschensohn sein an seinem Tag" (Lk 17, 24; Mt 24, 27). Auf diesen „Augenblick" wartet der Christ in Nüchternheit und Wachsamkeit, die ihn vor den falschen, häufig mit Euphorie verbundenen utopischen Erwartungen der philosophischen und politischen „Fortschritts-" und Hoffnungsideologen (Ernst Bloch!) bewahren, die eine innerweltliche „Vollendung" der Geschichte proklamieren.[4] Nüchternheit und Wachsamkeit, zu denen wir Christen angesichts der Ungewißheit des Tages und der Stunde der Parusie aufgefordert sind (vgl. Mk 13, 32–37 parr), greifen so in unser „Geschichtsbewußtsein" ein; sie machen die „Naherwartung" zur „Stetserwartung" (H. Schürmann). Wir leben zwischen Ostern und Parusie. „Jesus von Nazareth hat die historische Welt anfanghaft verändert, allerdings nicht vollendet. Ihm nachfolgen heißt, apokalyptisch das Unheil zu erkennen und zu benennen, den Untergang zu ertragen und nicht zu verdrängen, die neue Welt schon jetzt zu erfahren und noch nicht endgültig zu besitzen" (D. Dormeyer).[5]
   4. Die Parusie bedeutet die Verifizierung des Satzes des Apostels in 1 Kor 7, 29: „die [der Welt noch zur Verfügung stehende] Zeit ist

---

[4] Blochs Hoffnungsphilosophie kann man jedoch nicht ineinssetzen mit dem marxistischen „Histomat" und „Diamat". Seine Hoffnungsphilosophie kennzeichnen vielmehr „Materialismus als Zutrauen in den Möglichkeitsschatz und die Möglichkeitskraft der Materie, Atheismus als Freilegung des wahren Kerns in allen Überlieferungen der Menschheit, vor allem in der Überlieferungsgeschichte der Religionen, und das Postulat, welches fordert, daß umgestürzt wird, was unter den Bedingungen ‚dieser Welt' das moralisch Notwendige faktisch unmöglich macht: diese drei Momente bestimmen Ernst Blochs Hoffnungsphilosophie im ganzen. Und sie enthalten zugleich die Grundzüge seiner Auffassung von der Geschichte. Diese Grundzüge lassen sich durch folgende Antithesen beschreiben: Appellation gegen das Wirkliche an das Mögliche; Vergöttlichung der Zukunft und Verteufelung dessen, was war und geworden ist; Auszug aus ‚dieser Welt' und revolutionäre Befreiung von ihr und von ihrem für göttlich gehaltenen Grunde als Bedingung für den Einzug in die ‚kommende Welt', in jenes ‚kommende Reich', für welches der Titel ‚Reich Gottes' nur die unangemessene Chiffre gewesen ist" (*R. Schaeffler*, Einführung in die Geschichtsphilosophie, Darmstadt [4]1991, 261).
[5] *D. Dormeyer / L. Hauser*, Weltuntergang und Gottesherrschaft (TTB 196), Mainz 1990, 98.

zusammengedrängt", vgl. auch 7,31b: „denn es vergeht die Gestalt
dieser Welt", wobei das Präsens „es vergeht" (παράγει) zu beachten
ist: die Gestalt dieser Welt ist im Begriff, zu vergehen; sie ist noch
nicht vergangen. Daß die der Welt noch zur Verfügung stehende
Zeit eine „zusammengedrängte Zeit" ist, bleibt der Welt in ihrer Ah-
nungslosigkeit einstweilen verborgen, wird sich aber bei dem unvor-
hersehbaren, nicht errechenbaren Ereignis der Parusie offenbaren.
Weil die Zeit (zwischen Ostern und Parusie) eine „zusammengedrängte" ist, besitzt diese letzte Epoche der Geschichte eine besondere, einmalige Qualität: sie ist Entscheidungszeit schlechthin. Wer
nicht Kenntnis nimmt von dieser „Zwischenzeit" zwischen Ostern
und Parusie, sondern in den Tag hineinlebt, als ob es „ewig so wei-
terginge", hat ein falsches Bewußtsein, und das ist fatal.

5. Die Parusie bedeutet die endgültige Widerlegung der ge-
schichtsphilosophischen Entwürfe von Sterblichen (Hegel; Marx/
Engels) durch Gott, wobei zuvor schon „Histomat" und „Diamat"
von der Geschichte selbst überholt werden, wie die Erfahrung des
20. Jahrhunderts bereits beweist. Der Sterbliche kennt den Gesamtplan der Geschichte nicht. „Die idealistische Geschichtsphilosophie
ist ... nicht nur in dem Sinne ‚apokalyptisch', daß sie beansprucht,
den verborgenen Plan zu kennen, nach welchem die Universalge-
schichte verläuft und dem die Menschen, ungeachtet ihrer subjekti-
ven Unwissenheit oder sogar Bosheit, durch ihre freien Handlungen
notwendig dienen. Sie ist der Apokalyptik auch darin verwandt, daß
das Auftreten dessen, der den Gesamtplan der Geschichte kennt,
selbst zu den Zeichen der bevorstehenden Vollendung gerechnet
wird" (R. Schaeffler).[6] Wir besitzen das Ganze der Geschichte nur in
Fragmenten: „Freilich fällt erst der erlösten Menschheit ihre Vergangenheit vollauf" zu (W. Benjamin, These III). „Gemessen an der
Idee der Vollendung ist alles Historische stückwerkhaft, ja die geschichtliche Welt selbst ist ein Fragment" (R. Konersmann).[7] „Wir
sind aber nicht eingeweiht in die Zwecke der ewigen Weisheit und
kennen sie nicht. Dieses kecke Antizipieren eines Weltplanes führt
zu Irrtümern, weil es von irrigen Prämissen ausgeht" (J. Burck-
hardt).[8]

6. Die Parusie bedeutet die definitive Verifizierung des Gottes-
spruchs bei Jesaja: „Meine Gedanken sind nicht eure Gedanken
und eure Wege nicht meine Wege" (Jes 55,8). Es wird sich bestätigen, daß niemand „den Gedanken (die Logik) des Herrn erkannt

---

[6] Einführung in die Geschichtsphilosophie (s. Anm. 4) 188.
[7] Erstarrte Unruhe (s. Anm. 2) 180.
[8] Weltgeschichtliche Betrachtungen, Bern 1941, 44.

hat" und kein Sterblicher „sein Ratgeber geworden ist" (vgl. Jes 40,13; Röm 11,34; vgl. auch 1 Kor 1,20; 3,19.20).[9]

> „JHWH zerbricht den Rat der Heiden,
> vereitelt die Pläne der Völker.
> Doch JHWHs Rat hat ewig Bestand,
> seines Herzens Pläne (gelten) für und für"
> (Ps 33,10f).

7. Die Parusie wird der Augenblick der Selbstrechtfertigung Gottes angesichts des Theodizee-Problems sein, das durch Auschwitz seine volle Schärfe erreicht hat.[10]
8. Die Parusie bringt die endgültige Erlösung und Rehabilitierung der Unterdrückten, der Opfer der Herrschenden und der Armen in aller Welt, mit denen sich der wiederkommende Herr nach Mt 25,31–40 identifiziert. Das gibt den Christen den Impuls und das Recht, „die Geschichte gegen den Strich zu bürsten" (W. Benjamin, These VII), d. h. die Geschichte nicht als kontinuierliche Siegesgeschichte der Mächtigen dieser Welt, vielmehr als kontinuierliche Geschichte der Niederlagen der Armen und Leidenden bis hin nach Auschwitz und darüber hinaus zu interpretieren. „Das Leben des vergessenen, des unbekannten individuellen Menschen; seine Trauer, seine Freude, seine Leiden und sein Tod – sie sind der wirkliche Gehalt der menschlichen Erfahrung durch alle Zeiten" (K.R. Popper).[11]
9. Die Parusie bedeutet den endgültigen Sieg über Haß und Gewalt in der Welt.
10. Die Parusie bringt die Befreiung der ganzen Schöpfung von ihrer Nichtigkeit und Verderbtheit zur herrlichen Freiheit der Kinder Gottes (vgl. Röm 8,19–22; Offb 11,18c: Gekommen ist der Kairos, „die zu verderben, die die Erde verderben") in einem „neuen Himmel und einer neuen Erde" (Jes 65,17; 66,22; 2 Petr 3,13; Offb 21,1).
11. Die Parusie bringt die „Erlösung unseres Leibes" (Röm 8,23) in der Auferweckung der Toten, bei der Christus „den Leib unserer Niedrigkeit verwandeln wird, gleich gestaltet dem Leib seiner Herrlichkeit" (Phil 3,21). „Als letzter Feind wird der Tod vernichtet"

---

[9] Vgl. dazu auch *F. Mußner*, Die „Logik" Gottes nach Röm 9–11, in: Ders., Dieses Geschlecht wird nicht vergehen. Judentum und Kirche, Freiburg i. Br. 1991, 61–63.
[10] Vgl. dazu vor allem *R. Ammicht-Quinn*, Von Lissabon bis Auschwitz. Zum Paradigmenwechsel in der Theodizeefrage, Freiburg i.Ue. / Freiburg i. Br. 1992 (mit umfassender Literatur).
[11] Die offene Gesellschaft und ihre Feinde. Bd. 2: Faische Propheten. Hegel, Marx und die Folgen (UTB 1725), Tübingen [7]1992, 319.

(1 Kor 15,26), der gewiß (nach E. Bloch) die „stärkste Nicht-Utopie" des Daseins, die härteste „Gegen-Utopie ... in realitate" darstellt.[12]

12. Die Parusie bringt die Rettung ganz Israels durch den Retter aus Zion (Röm 11,26).[13] Der Jude ist keine „Nebenfigur" in der Geschichte; Israel ist vielmehr „gleichsam das A und O der ganzen Heilsgeschichte ... Der Weg zur Heilsvollendung für die ‚Welt', für die ‚Völker' führt nur über Israels endgültige Rettung" (F.W. Maier).[14] „Durch alle Irrungen und Wirrungen der Zeit leuchtet am Horizont der Zukunft der Glanz der ewigen Bestimmung des Volkes Abrahams" (ders.).[15] „Für den Gott Abrahams und Jesus von Nazareth bleibt Israel, so anstößig das für eine heidenchristlich geprägte und sich in Weltdimensionen begreifende Kirche auch sein mag, Anfang *und* Ende seiner Wege" (M. Theobald).[16]

13. Die Parusie bringt den Triumph des „Löwen aus Juda" über den Antichrist (vgl. 2 Thess 2,8; Offb 19,11–21). „Der Messias kommt ja nicht nur als der Erlöser, er kommt als der Überwinder des Antichrist" (W. Benjamin, These VI).[17]

14. Mit der Parusie bricht endgültig die „Weltherrschaft unseres Herrn und seines Gesalbten" (Offb 11,15) an.[18]

15. Wer die Parusie des Herrn auf die persönliche Begegnung Jesu beim individuellen Tod beschränkt, nimmt dem ntl. Parusiekerygma

---

[12] Das Prinzip Hoffnung (Wissenschaftliche Sonderausgabe), Frankfurt a. M. 1967, 1297.1386. Dazu *F. Mußner*, Die Auferstehung Jesu, München 1969, 89–100 („Gespräch mit Ernst Bloch über den Tod"), 101–120 („Auferstehungsleiblichkeit"); *H. Breit*, Die Sinndeutung des Todes im Alten Testament und bei Karl Marx, in: Werden und Wirken des Alten Testaments (FS C. Westermann), Göttingen / Neukirchen – Vluyn 1980, 460–470.

[13] Dazu *F. Mußner*, Traktat über die Juden, München ²1988, 52–67; *Ders.*, Die Kraft der Wurzel. Judentum – Jesus – Kirche, Freiburg i. Br. ²1989, 39–54 („Israels ‚Verstockung' und Rettung nach Röm 9–11"); jeweils mit umfassender Literatur.

[14] Israel in der Heilsgeschichte nach Röm 9–11 (BZfr XII/11.12), Münster 1929, 123 f (bei Maier gesperrt).

[15] Ebd. 146.

[16] Römerbrief. Kapitel 1–11 (SKK.NT 6/1), Stuttgart 1992, 300.

[17] Zu dem eigenartigen Versuch W. Benjamins (und auch E. Blochs), „jüdische Kategorien" mit marxistischen zu vermitteln (und umgekehrt) vgl. die kritischen Bemerkungen seines Freundes Gershom Scholem in zwei Briefen an W. Benjamin, abgedruckt bei *G. Scholem*, Walter Benjamin – Die Geschichte einer Freundschaft, Frankfurt a. M. ²1976, 283–287.291 f. Vgl. auch noch *H. Günther*, Walter Benjamin und der humane Marxismus, Olten / Freiburg i. Br. 1974; *P. Bulthaup* (Hrsg.), Materialien zu Benjamins Thesen „Über den Begriff der Geschichte", Frankfurt a. M. 1975 (mit durchgehend wichtigen Beiträgen, z. B. vom Herausgeber selber unter dem Titel „Parusie. Zur Geschichtstheorie Walter Benjamins", ebd. 122–148).

[18] Vgl. dazu Näheres bei *F. Mußner*, „Weltherrschaft" als eschatologisches Thema der Johannesapokalypse, (= Nr. 19 in diesem Band).

die „Welthaltigkeit", ihren Bezug auf die Welt- und Menschheitsgeschichte; die Parusie besitzt dann, entgegen der ntl. Verkündigung, keinen Öffentlichkeitscharakter mehr! Sie gehört dann nur zur „Privatreligion".

16. Die Parusie gehört zu den großen Inhalten der christlichen Hoffnung. „Wenn aber dies zu geschehen anfängt, dann richtet euch auf und erhebt euer Haupt; denn eure Erlösung naht" (Lk 21,28).

### Literaturhinweise

*R. Ammicht-Quinn,* Von Lissabon bis Auschwitz. Zum Paradigmawechsel in der Theodizeefrage, Freiburg i. Br. 1992.

*E. Arens / O. John / P. Rottländer,* Erinnerung, Befreiung, Solidarität: Benjamin, Marcuse, Habermas und die politische Theologie, Düsseldorf 1991.

*H. U. v. Balthasar,* Das Ganze im Fragment. Aspekte der Geschichtstheologie, Einsiedeln 1963.

*P. Bulthaup* (Hrsg.), Materialien zu Benjamins Thesen „Über den Begriff der Geschichte". Beiträge und Interpretationen, Frankfurt a. M. 1975.

*G. Delling,* Zeit und Endzeit, Neukirchen – Vluyn 1970.

*P. Dessauer,* Der Anfang und das Ende. Eine religiöse und theologische Betrachtung zur Heilsgeschichte, Leipzig 1938.

*D. Dormeyer / L. Hauser,* Weltuntergang und Gottesherrschaft (TTB 196), Mainz 1990 (mit umfassender Literatur).

*J. Ebach,* Der Blick des Engels. Für eine „Benjaminische" Lektüre der Bibel, in: N. W. Bolz / R. Faber (Hrsg.), Walter Benjamin. Profane Erleuchtung und rettende Kritik, Würzburg [2]1985.

–, Vergangene Zeit und Jetztzeit. Walter Benjamins Reflexionen als Anfragen an die biblische Exegese und Hermeneutik, in: EvTh 52 (1992) 288–309.

*J. Fest,* Der zerstörte Traum. Vom Ende des utopischen Zeitalters, Berlin 1991.

*H. Freyer,* Theorie des gegenwärtigen Zeitalters, Stuttgart [2]1956.

*W. Groß / K.-J. Kuschel,* „Ich schaffe Finsternis und Unheil!" Ist Gott verantwortlich für das Übel? Mainz 1992.

*G. W. F. Hegel,* Die Vernunft in der Geschichte, Hamburg [5]1955.

*U. Hommes / J. Ratzinger,* Das Heil des Menschen. Innerweltlich – Christlich, München 1975.

*G. Kaiser,* Benjamin. Adorno. Zwei Studien, Frankfurt a. M. 1974.

*R. Konersmann,* Erstarrte Unruhe. Walter Benjamins Begriff der Geschichte, Frankfurt a. M. 1991.

*K. Löwith,* Weltgeschichte und Heilsgeschehen, Stuttgart [2]1953.

*H. Merklein,* Untergang und Neuschöpfung. Zur theologischen Bedeutung neutestamentlicher Texte vom „Ende der Welt", in: Biblische Randbemerkungen (Schülerfestschrift für R. Schnackenburg), Würzburg 1974, 349–360.

*J. B. Metz*, Glaube in Geschichte und Gesellschaft. Studien zu einer praktischen Fundamentaltheologie, Mainz 1992.

*M. Meyer,* Ende der Geschichte? (Edition Akzente), München 1993.

*F. Mußner,* Was lehrt Jesus über das Ende der Welt? Freiburg i. Br. ³1987.

–, Kennzeichen des nahen Endes nach dem Neuen Testament, in: Weisheit Gottes – Weisheit der Welt (FS J. Ratzinger), St. Ottilien 1987, 1295–1308.

–, „Weltherrschaft" als eschatologisches Thema der Johannesapokalypse, (= Nr. 19 in diesem Band).

*J. Pieper,* Über das Ende der Zeit. Eine geschichtsphilosophische Betrachtung, München ³1980.

*K. R. Popper,* Die offene Gesellschaft und ihre Feinde II (Falsche Propheten. Hegel, Marx und die Folgen) (UTB 1725), Tübingen ⁷1992.

*J. Ratzinger,* Eschatologie und Utopie, in: IKaZ 6 (1977) 97–110.

*T. Ruster,* Auslegung vergangener Hoffnung. Versuche einer benjaminischen Lektüre der Bibel, in: Orient. 55 (1991) 265–267.

*R. Schaeffler,* Einführung in die Geschichtsphilosophie, Darmstadt ⁴1991.

*H. Schlier,* Jesus Christus und die Geschichte nach der Offenbarung des Johannes, in: *Ders.,* Besinnung auf das Neue Testament, Freiburg i. Br. 1964, 358–373.

–, Das Ende der Zeit, in: *Ders.,* Das Ende der Zeit, Freiburg i. Br. 1971, 67–84.

*K. Vondung,* Die Apokalypse in Deutschland (dtv), München 1988.

# VII. Die Gottesfrage – die gemeinsame Leidenschaft Israels und der Kirche

## 21. JHWH, der sub contrario
## handelnde Gott Israels
### (1996)

Die Rede vom Handeln Gottes *„sub contrario"* spielt bekanntlich in der Theologie Martin Luthers eine zentrale Rolle. So schreibt der Lutherkenner *Otto Hermann Pesch:* „Der Kerngedanke in Luthers Anschauung über das Heilshandeln Gottes ist der Hinweis auf seine ‚Verborgenheit unter dem Gegensatz' (‚*absconditas sub contrario'*) ... Gott – in seinem Handeln – verbirgt sich unter dem Gegenteil dessen, was der Mensch von Gott erwartet und für die Anzeichen göttlichen Handelns hält ... Diese Verborgenheit Gottes im Gegensatz ... gehört zum Wesen des Handelns Gottes; nicht zu seinem ‚metaphysischen' Wesen, aber zum Wesen seines Handelns."[1] Und „der eigentliche Grund der Verborgenheit Gottes im Gegensatz (liegt) im Kreuz Christi – das den Menschen immer Unsinn oder Skandal ist".[2] Luthers Theologie des Kreuzes „spricht davon, daß Gott seine heilvolle Nähe dem Sünder nie direkt, nie in enthüllter Eindeutigkeit erweist, sondern immer nur in der Verhüllung, d. h. immer unter der Gegensatzgestalt des Kreuzes ... Die Verborgenheit von Gottes Allmacht ist für Luther ..., von der Passion Jesu Christi her verstanden, allen Ernstes Verborgenheit ‚*sub contrario'*, d. h. – innerhalb der Welt – Ausgeliefertsein Gottes und seiner Geschöpfe an den Gegensatz, Preisgabe unter das Wüten des losgebundenen Satans und seiner Mächte der Selbstsucht, der Gewalt, der Zerstörung und des Todes."[3]

[1] Hinführung zu Luther, Mainz 1982, 241f.250.
[2] Ebd. 253. Vgl. zur Kreuzestheologie M. Luthers besonders *W. von Loewenich,* Luthers Theologia crucis, Bielefeld [6]1982. – Kurze Zusammenfassung derselben bei *B. Hamm,* Schuld und Verstrickung der Kirche, in: W. Stegemann (Hg.), Kirche und Nationalsozialismus, Stuttgart u. a. [2]1992, 13–47: 42ff; *W. v. Loewenich – K. Rahner,* Theologia crucis: LThK[2] 10 (1965) 60f; *H. Blaumeiser,* Martin Luthers Kreuzestheologie Schlüssel zu seiner Deutung von Mensch und Wirklichkeit. Eine Untersuchung anhand der *Operationes in Psalmos* (1519–1521) (Konfessionskundliche und kontroverstheologische Studien LX), Paderborn 1995 (ein wichtiges Werk mit umfassender Literatur). Zum Thema „Verborgenheit Gottes" vgl. besonders *R. Weier,* Das Thema vom verborgenen Gott von Nikolaus von Kues zu Martin Luther, Münster 1967; *L. Perlitt,* Die Verborgenheit Gottes, in: H. W. Wolff (Hg.), Probleme biblischer Theologie. FS G. v. Rad, München 1971, 367–382; *F. Mußner,* Seminare in Jerusalem über Röm 9–11, in: F. Hahn u. a. (Hg.), Zion – Ort der Begegnung. FS L. Klein (BBB 90), Bodenheim 1993, 217–225: 220–223.
[3] *B. Hamm,* a.a.O. 42.44.

Ich sage nun: Die Verborgenheit Gottes *sub contrario* zeigt sich nicht erst in der Knechtsgestalt Jesu und in seiner Erniedrigung am Kreuz, sondern zuvor schon am Handeln des Gottes, der Israel zu seinem Volk „erwählt" hat, aus dem auch der Messias Jesus seiner menschlichen Natur nach hervorgegangen ist. JHWH ist der *sub contrario* handelnde Gott Israels: das ist meine These, die es zu verifizieren gilt.

### 1. Die Erwählung Israels

JHWH hat Israel erwählt, und so wurde es JHWHs Volk, Eigentum und Erbteil.[4] Mit der Erwählung Israels, die mit der Berufung Abrahams begann, setzt JHWH die Geschichte Israels in Gang, und zwar, wie ich meine, bis zum heutigen Tag. Und diese Erwählung eines bestimmten Volkes durch Gott bildet „ein Novum innerhalb der Religionsgeschichte des Alten Orients"[5] Der bedeutendste Zeuge für den alttestamentlichen Erwählungsgedanken ist das Buch Deuteronomium. Dtn 7,6f:

> *Ein für JHWH, deinen Gott, geheiligtes Volk bist du. Dich hat JHWH, dein Gott, erwählt, um ihm als Volk des Eigentums anzugehören unter allen Völkern, die auf dem Erdboden wohnen. Nicht weil ihr zahlreicher seid als alle Völker, hat sich JHWH zu euch herabgeneigt und euch erwählt; denn ihr seid das kleinste von allen Völkern; vielmehr weil JHWH euch liebte und weil er den Schwur hielt, den er euren Vätern geschworen hat, hat euch JHWH mit starker Hand herausgeführt und dich losgekauft aus dem Sklavenhaus, aus der Hand des Pharao, des Königs von Ägypten.*

Der Alttestamentler *Georg Braulik* bemerkt zu Vers 7 in diesem Text: Der Vers „wehrt allen Versuchen, die Besonderheit Israels, das heißt: die Liebes- und Erwählungsgeschichte Jahwes mit diesem Volk, aus natürlichen Vorzügen, etwa imponierender Größe . . ., zu erklären".[6] Dtn 10,14f:

> *Siehe, JHWH, deinem Gott, gehört der Himmel und der Himmel des Himmels, die Erde und was darüber ist. Nur deinen Vätern hat sich JHWH zugeneigt, indem er sie liebte, und er erwählte ihre Nachkommen nach ihnen, nämlich euch, aus allen Völkern, wie es heute der Fall ist.*

---

[4] Vgl. dazu *F. Mußner,* Traktat über die Juden, München ²1988, 18–26 (Lit.); *H. D. Preuß,* Theologie des Alten Testaments, Bd. 1: JHWHs erwählendes und verpflichtendes Handeln, Stuttgart u. a. 1991 (31, Anm. 1: Literatur zum Thema „Erwählung"); Bd. 2: Israels Weg mit JHWH, Stuttgart u. a. 1992. Preuß baut seine „Theologie des Alten Testaments" ganz vom Erwählungsgedanken her auf, m. E. völlig zu recht.
[5] *H. Wildberger,* Art. „erwählen": THAT I (1971) 275–300: 283.
[6] Deuteronomium 1–16,17 (NEB.AT), Würzburg 1986, z. St.

Dtn.14,2:

*Denn ein heiliges Volk bist du für JHWH, deinen Gott, und dich hat JHWH er-*
*wählt, daß du als Volk sein besonderes Eigentum seiest unter den Völkern auf dem*
*Erdboden.*

## a) Die Unwiderruflichkeit der Erwählung

Diese Erwählung Israels ist unwiderruflich; *„denn* (schreibt Paulus
in Röm 11,29) *unreuig (sind) die Gnadengaben und der Ruf Gottes".* Mit
dem „Ruf" ist der einst mit der Erwählung Israels unlösbar zusammenhängende „Ruf" an die Väter Israels gemeint, wobei unter den „Gnadengaben" „die κλῆσις die wichtigste" ist[7]. Mein „Doktorvater" *Friedrich*
*Wilhelm Maier* schrieb: „Nachdem Gott einmal seinen vorzeitlichen Ratschluß, aus der Menge der Völker eines, das Volk Abrahams, sich als
Eigentums-, Bundes-, Gottes-Volk zu erwählen, gefaßt und in der Berufung der Väter wie in der gnädigen Führung und Behütung des Volkes
verwirklicht hatte, bleibt es dabei (11,1f.16) ... Durch alle Irrungen
und Wirrungen der Zeit leuchtet am Horizont der Zukunft der Glanz
der ewigen Bestimmung des Volkes Abrahams."[8]

## b) Die „Sonderexistenz" des Volkes Israel

Die Konsequenz dieser Erwählung ist die „Sonderexistenz" des Volkes Israel (der Juden).
Num 23,9 (Orakelspruch des Bileam):

*Dort, ein Volk, es wohnt für sich, es zählt sich nicht zu den Völkern.*

Vgl. auch Dtn 4,34:

*Oder hat je ein Gott versucht, sich ein Volk aus einem anderen Volk herauszuholen?*

2 Sam 7,23a:

*Welches andere Volk auf der Erde ist wie dein Volk Israel?*

2 Sam 7,24:

*Du hast Israel auf ewig zu deinem Volk bestimmt, und du, Herr, bist sein Gott*
*geworden.*

Dazu vgl. auch Ez 20,32:

*Niemals soll geschehen, was euch eingefallen ist, als ihr sagtet: Wir wollen wie die*
*anderen Völker sein, wie die Völkerstämme in anderen Ländern, und wollen Holz*
*und Stein verehren.*[9]

---

[7] *O. Michel,* Der Brief an die Römer (KEK 5), Göttingen ⁵1978, z. St.
[8] Israel in der Heilsgeschichte nach Röm 9–11, Münster 1929, 146.
[9] Vgl. dazu den Kommentar von *H. F. Fuhs,* Ezechiel 1–24 (NEB.AT), Würzburg 1984, z.
St.

„Die jüdische Geschichte ist, aller weltlichen Geschichte zum Trotz, Geschichte dieses Rests, von dem immer das Wort des Propheten gilt, daß er ‚bleiben wird‘“, schreibt *Franz Rosenzweig.*[10] Der Jude bleibt, auch nach Auschwitz! Er bleibt als Zeuge für die Konkretheit der Heilsgeschichte.[11] *Franz Rosenzweig:* Israel ist „mehr ... als eine Idee ... Denn wir leben. Wir sind ewig, nicht wie eine Idee ewig sein mag, sondern wir sind es, wenn wirs sind, in voller Wirklichkeit.“[12] Aber: „In der Welt der Völker steht Israel in einer abgründigen Einsamkeit, nur Jahwe zugehörig ... Die Existenz und der Weg Israels in der Völkerwelt ist das große Mysterium, von dem auch die Psalmen als dem geheimnisvollen Wunder sprechen.“[13] Und so kann der Christ am Juden nicht vorbeigehen und vorbeisehen.

c) Die Erwählung Israels aus Liebe

Nicht Israel hat JHWH erwählt, sondern JHWH hat Israel erwählt und in Pflicht genommen. Aber warum hat JHWH gerade Israel (die Juden) zu seinem Volk erwählt? Das Deuteronomium antwortet: *„weil er euch liebte ...“* (7,8). Warum JHWH gerade dieses Volk liebt und erwählt, bleibt sein absolutes Geheimnis, zumal Israel ein „widerspenstiges“ Volk ist, das sich gegen seinen Gott JHWH wehrt und sein Heil lieber bei Baal und anderen Göttern und Götzen sucht. Das Alte Testament kommt wiederholt auf den Widerstand Israels gegen seinen Gott JHWH zu sprechen.[14]
So z. B. in Num 25,1f:

*Als sich Israel in Schittin aufhielt, begann das Volk mit den Moabiterinnen Unzucht zu treiben. Sie luden das Volk zu den Opferfesten ihrer Götter ein, das Volk aß mit ihnen und fiel vor ihren Göttern nieder.*

Ri 6,25–32: Zerstörung des Baal-Altars durch Gideon;
Hos 2; 11,7:

*Mein Volk verharrt in der Treulosigkeit, sie rufen zu Baal ...*

[10] Der Stern der Erlösung, Den Haag ⁴1976, 450.
[11] Vgl. dazu *F. Mußner,* Hat Israel post Christum noch eine Heilsfunktion?, in: *ders.,* Traktat über die Juden (s. Anm. 4) 78–87: 80–82; *ders.,* Warum muß es den Juden post Christum noch geben? Reflexionen im Anschluß an Röm 9–11, in: *ders.,* Dieses Geschlecht wird nicht vergehen. Judentum und Kirche, Freiburg – Basel – Wien 1991, 51–59.
[12] Der Stern der Erlösung 450.
[13] *H.-J. Kraus,* Theologie der Psalmen (BK.AT 15/3), Neukirchen-Vluyn 1979, 71.
[14] Vgl. dazu *F. Mußner,* Die Auslegung des Alten Testaments im Neuen Testament und die Frage nach der Einheit und Ganzheit der Bibel, in: Chr. Dohmen – F. Mußner, Nur die halbe Wahrheit? Für die Einheit der ganzen Bibel, Freiburg – Basel – Wien 1993, 75–121: 106–108. Ich folge meinen dortigen Ausführungen.

Hos 13,2:

*Nun sündigen sie weiter und machen sich aus ihrem Silber gegossene Bilder, kunstfertig stellen sie Götzen her – alles nur ein Machwerk von Schmieden. Ihnen, so sagen sie [die Ephraimiten], müßt ihr opfern. Menschen küssen Kälber.*

Jer 2,5:

*So spricht der Herr: Was fanden eure Väter Unrechtes an mir, daß sie sich von mir entfernten, nichtigen Göttern nachliefen und so selber zunichte wurden?*

Jer 2,8:

*Die Hüter des Gesetzes kannten mich nicht, die Hirten des Volkes wurden mir untreu. Die Propheten traten im Dienst des Baal auf und liefen unnützen Götzen nach.*

Jer 2,11:

*Hat je ein Volk seine Götter gewechselt? Dabei sind es gar keine Götter. Mein Volk aber hat seinen Ruhm gegen unnütze Götzen vertauscht.*

Jer 2,20:

*Von jeher hast du dein Joch zerbrochen, deine Stricke zerrissen und gesagt: Ich will nicht dienen. Auf jedem hohen Hügel unter jedem üppigen Baum hast du dich als Dirne hingestreckt.*

Jer 44; Ez 8,5–18; Jes 65,1ff:

*Ich sagte zu einem Volk, das meinen Namen nicht anrief: Hier bin ich, hier bin ich. Den ganzen Tag streckte ich meine Hände aus nach einem abtrünnigen Volk* (vgl. auch Röm 10,21)*, das einen Weg ging, der nicht gut war, nach seinen eigenen Plänen; nach einem Volk, das in seinem Trotz mich ständig ärgert. Sie bringen Schlachtopfer dar in Gärten und Rauchopfer auf Ziegeln* (nämlich den Götzen)*.*

Ps 78; Ps 81,9–12:

*Höre, mein Volk, ich will dich mahnen! Israel, wolltest du doch auf mich hören! Für dich gibt es keinen anderen Gott. Du sollst keine fremden Götter anbeten. Ich bin der Herr, dein Gott, der dich heraufgeführt hat aus Ägypten. Tu deinen Mund auf! Ich will ihn füllen. Doch mein Volk hat nicht auf meine Stimme gehört; Israel hat mich nicht gewollt.*

Das alles bedeutet: JHWH war für Israel eher ein Oktroi! Der „Jahwismus" war keine „Idee" Israels; er wurde nicht aus der „Judenseele" geboren. Er war und ist keine Projektion der menschlichen Sehnsüchte, wie etwa *Ludwig Feuerbach* meinte.[15]

---

[15] „Jahwismus" ist nicht einfach identisch mit „Monotheismus". Dazu als oberster Satz: Der Grund des „Jahwismus" ist JHWH, und zwar
– als der Gott, der „spricht"
– als „der Gott Israels", der Israel erwählt hat
– als der Gott Abrahams, Isaaks und Jakobs

d) Die Erwählung Israels und Gottes Selbsterniedrigung

Aber JHWH hat gerade dieses „widerspenstige" Volk zu seinem Volk erwählt, aus letztlich unbegreiflichen Gründen, die sich rationaler Erkundung und menschlicher Logik entziehen, zum Ärger etwa des Philosophen *Hegel*, der bemerkte: „Der Löwe hat nicht Raum in einer Nuß, der unendliche Geist nicht Raum in dem Kerker einer Judenseele."[16] Diese Selbsteinkerkerung JHWHs im Volk Israel, seine Selbsterniedrigung und Selbstbeschränkung[17] sollten die Richtigkeit meiner These erkennen lassen, nach der JHWH durch seine unbegreifliche Wahl des Volkes Israel, des jüdischen Volkes, als der *sub contrario* handelnde Gott sich offenbart. Denn bis heute leuchtet dieses seltsame Handeln Gottes den Gojim und auch vielen Christen nicht ein; sie nehmen Ärgernis daran, wie etwa die „Deutschen Christen" in der Zeit des Nazi-Regimes. Wie mir scheint, ist dieses *sub contrario* Handeln JHWHs an seinem erwählten Volk Israel, am Volk der Juden, dem er die Treue hält, mit ein Grund für den weltweiten Antijudaismus. Warum sollen denn gerade die Juden die bleibenden *„Geliebten"* (Röm 11,28) Gottes sein? Das will der Welt nicht einleuchten, und deshalb ihr Haß

- als der Gott, der „sich in Juda bekannt gemacht hat"
- als der Gott, der für Israel ein „Oktroi" ist
- als „der Eifersüchtige", der keine anderen Götter neben sich duldet
- als „der Heilige Israels", der Israel seinen Willen in der Tora kundtut
- als der Widersprechende
- als der Gott des Exodus
- als der Bundesgott
- als der Gott, dessen „Logik" nicht identisch ist mit der Logik Hegels
- als der Gott, der Israel die Treue hält
- als der Gott, durch den „ganz Israel gerettet werden wird"
- als der Gott, der die Toten erweckt und das Nichtseiende ins Dasein ruft
- als der Gott, der „den Gottlosen rechtfertigt"
- als der Gott, der zuerst in den Propheten, zuletzt in seinem Sohn gesprochen hat
- als der Gott, der in Auschwitz sein Antlitz verborgen hat
- als der Gott, der sub contrario handelt
- als der Gott, der das Heil aller will
- als der Gott, der alle Welt richten wird

Diese Beschreibung des „Jahwismus" ist nur ein unzulänglicher Versuch, sein Wesen zu „definieren".

[16] Der Geist des Christentums und sein Schicksal (ed. Nohl) 312. Zum Judentumsbild Hegels vgl. etwa *H. Liebeschütz*, Das Judentum im deutschen Geschichtsbild von Hegel bis Max Weber, Tübingen 1967, 1–42; *F. Mußner*, Israel in der „Logik" Gottes nach Röm 9–11 und im Denkgebirge Hegels, in: W. Neidl (Hg.), Person und Funktion (Gedenkschrift für den Philosophen Jakob Hommes) (Regensburg 1998) (mit weiterer Lit.).

[17] Vgl. dazu auch *P. Kuhn*, Gottes Selbsterniedrigung in der Theologie der Rabbinen (StANT XVII), München 1968, darin besonders auch das 4. Kapitel („Die rabbinischen Aussagen über die Selbsterniedrigung Gottes und das Alte Testament"); *B. Ego*, Im Himmel wie auf Erden. Studien zum Verhältnis zwischen himmlischer und irdischer Welt im rabbinischen Judentum (WUNT II/34), Tübingen 1989, 143–168 („Gottes Leiden mit dem Geschick seines Volkes").

gegen die Juden und bei vielen auch der Haß gegen JHWH, den „verborgenen" Gott Israels. Warum soll denn der „Judengott" der Herr und Richter der Welt sein? In Ps 44,23 heißt es:

*Ja, um deinetwillen werden wir immerzu getötet, sind wie Schlachtschafe geachtet.*

Dazu habe ich geschrieben[18]: „Letztlich ist auch das furchtbare Geschehen der Schoah nicht zu verstehen ohne den Blick auf dieses ‚um deinetwillen', von dem in dem Psalm die Rede ist ... Und das heißt doch: um JHWH willen! Die sechs Millionen Juden, die an den Orten der Schoah, wie in Auschwitz, ums Leben kamen, wurden ‚um deinetwillen getötet Tag für Tag' und ‚behandelt wie Schafe, die man zum Schlachten bestimmt hat'. Wäre das Volk der Juden nicht das erwählte Volk JHWHs, dann wäre es auch nicht jenes einmalige ‚Sondervolk', das aus dem Rahmen der Gojim fällt, was diese dem Juden nie verzeihen können. Hier liegen die eigentlichen Wurzeln des Antijudaismus bis zum heutigen Tag. Wenn sich zum ‚Sinn' der Schoah etwas sagen läßt, dann nur von diesem ‚um deinetwillen' her. ‚Das Leiden trifft die Volksgemeinde, weil sie zu JHWH gehört' (H. J. Kraus[19])."

## 2. In Geschick und Kreuz Jesu

JHWHs erwählendes Handeln *sub contrario* setzte sich in Jesus von Nazareth fort: in dem „Wickelkind" von Bethlehem; in dem Handwerker aus dem Dorf Nazareth in Galiläa, an dem seine Landsleute Ärgernis nehmen, Mk 6,3:

*Ist das nicht der Zimmermann, der Sohn der Maria und der Bruder des Jakobus und Joses, des Judas und Simon? Leben nicht seine Schwestern hier unter uns?*

Und doch ist dieser Jesus, bezeichnet von Pontius Pilatus als *„der König der Juden", „der Christus Gottes, der Erwählte"* (Lk 23,35), *„der Erwählte Gottes"* (Joh 1,34, nach sekundären Lesarten). Das ist selbst und gerade auch für Juden ein Ärgernis, wie auch nach 1 Kor 1,23 *„das Wort vom Kreuz"*. In dieser Verborgenheit JHWHs in dem gekreuzigten Handwerker aus Nazareth und in dem Evangelium von dem rettenden Kreuz Jesu, das nicht *„nach Menschengeschmack ist"* (Gal 1,11), tritt das *sub contrario* des Handelns JHWHs besonders eindringlich zutage, wie *Martin Luther* richtig erkannt hat. So zeigt sich aber auch die Kontinuität im Handeln JHWHs: Der Gott, der schon in der Erwählung Israels *sub contrario* gehandelt hat, handelt weiterhin *sub contrario* in seinem menschgewordenen Sohn, dem Juden Jesus, in dessen Kreuz und im

[18] *F. Mußner*, Dieses Geschlecht wird nicht vergehen (s. Anm. 11) 183f.
[19] Psalmen I (BK.AT 15/1), Neukirchen-Vluyn ²1961, 328.

weltweit erklingenden „Wort vom Kreuz". Die seit Marcion immer wieder bestrittene Identität des Gottes Israels und des Gottes Jesu zeigt sich gerade auch in dem *sub contrario* Handeln JHWHs. Gott bleibt sich selber treu.

### 3. Auschwitz

Zeigte sich das Handeln Gott *sub contrario* auch in dem furchtbaren Geschehen von Auschwitz? „Wo war Gott in Auschwitz?": diese Frage wird bekanntlich gestellt, und sie hat verschiedene Antworten erfahren.[20] „Die Verborgenheit Gottes erreichte in diesem Kreuz des Judentums eine bis dahin unvorstellbare Dimension des Entsetzens und des Verstummens."[21] Die Theodizee steht nach Auschwitz unter dem Zeichen des *sub contrario;* nochmals sei dazu *Berndt Hamm* zitiert[22]: „Ausgeliefertsein Gottes und seiner Geschöpfe an den Gegensatz, Preisgabe unter das Wüten des losgebundenen Satans und seiner Mächte der Selbstsucht, der Gewalt, der Zerstörung und des Todes." Vielleicht läßt sich auf die Frage: „Wo war Gott in Auschwitz?" eine Antwort mit Blick auf das *sub contrario* erahnen, aber dann nur in dem bitteren Sinn: Gott selbst verbarg sich in Auschwitz unter dem *sub contrario* seines Handelns, noch besser, auch wenn es fast ungeheuerlich klingen mag: *Gott wurde in Auschwitz selbst das sub contrario. Das sub contrario wurde in Auschwitz die Gestalt Gottes,* ein geheimnisvolles „Sichselbstzunichtewerden" Gottes[23], und das bedeutet: absolutes Schweigen und absolute Verborgenheit Gottes. JHWHs Liebe zu seinem Volk Israel ist so groß, daß er mit Israel in die Hölle von Auschwitz hinunterstieg und das Schweigen der Toten teilt, bis er es bei ihrer Auferweckung bre-

---

[20] Vgl. dazu das instruktive Buch von *A. H. Friedlander,* Das Ende der Nacht. Jüdische und christliche Denker nach dem Holocaust, Gütersloh 1995, ferner *Chr. Münz,* Der Welt ein Gedächtnis geben. Geschichtstheologisches Denken im Judentum nach Auschwitz, München – Gütersloh 1995; *V. Lenzen,* Jüdisches Leben und Sterben im Namen Gottes. Studien über die Heiligung des göttlichen Namens (Kiddusch Ha-Schem), München – Zürich 1995, 133–147; *Cl. Thoma,* Jüdische Versuche, Auschwitz zu deuten: IkaZ 24 (1995) 249–258 (Lit.); „Ich habe keine Antwort". Gespräch mit Kardinal Jean-Marie Lustiger: FrRu NF 4 (1995) 257–266.

[21] *B. Hamm,* Schuld und Verstrickung der Kirche (s. Anm. 2) 45.

[22] Ebd. 44. Zum Theodizeeproblem nach Auschwitz vgl. vor allem *R. Ammicht-Quinn,* Von Lissabon bis Auschwitz. Zum Paradigmawechsel in der Theodizeefrage, Freiburg (Schw.) – Freiburg i. Br. 1992 (mit umfassender Literatur); *W. Groß – K. J. Kuschel,* „Ich schaffe Finsternis und Unheil!" Ist Gott verantwortlich für das Übel?, Mainz 1992; *J. B. Metz,* Theodizee – empfindliche Gottesrede, in: ders. (Hg.), „Landschaft aus Schreien". Zur Dramatik der Theodizeefrage, Mainz 1995, 81–102; dazu die in Anm. 20 genannten Werke von *A. H. Friedlander* und *Chr. Münz.*

[23] Eine Formulierung von *H. Blaumeiser* in seinem in Anm. 2 genannten Werk über Martin Luthers Kreuzestheologie (537).

chen wird. Dann werden ihre Nummern, die ihnen im KZ eintätowiert wurden, wieder in Namen verwandelt sein. Jes 56,5:

*(. . .) ich gebe ihnen einen Namen,*
*der mehr wert ist als Söhne und Töchter:*
*Einen ewigen Namen gebe ich ihnen,*
*der niemals ausgetilgt wird.*

## 4. Ausblick

*Wilhelm Thüsing,* dem diese Festschrift gewidmet ist, hat sich in seiner Arbeit auch um das „Gottesbild" bemüht.[24] Ich würde mich freuen, wenn er meinen Beitrag als einen stammelnden Versuch verstehen könnte, das biblische Gottesbild um einen Aspekt zu erweitern, der ungewohnt sein mag, aber durch Auschwitz unabweisbar in das Blickfeld gerückt ist, und der die Einheit und Ganzheit der Bibel Alten und Neuen Testaments[25] von einem speziellen Gesichtspunkt her ins Bewußtsein bringen will.[26]

---

[24] Vgl. Das Gottesbild des Neuen Testaments ([1]1972; [4]1978), in: ders., Studien zur neutestamentlichen Theologie (WUNT 82), hg. v. Th. Söding, Tübingen 1995, 59–86. Vgl. auch die „überarbeitete und stark erweiterte Fassung dieses Beitrages": Zugangswege zu einer transzendental-dialogischen Christologie, in: K. Rahner – W. Thüsing, Christologie – systematisch und exegetisch (QD 55), Freiburg – Basel – Wien 1972, 79–315.

[25] Dazu: *Chr. Dohmen – F. Mußner,* Nur die halbe Wahrheit? (s. Anm. 14).

[26] Was ich in diesem Beitrag für die Festschrift Thüsing vorgelegt habe, führt das weiter, was ich in meinem Aufsatz „Theologie nach Auschwitz. Eine Programmskizze" (in: Kirche und Israel 10 [1995] 8–23) über die Gottesfrage nach Auschwitz zu sagen versuchte (vgl. ebd. 15f). – Weiter führen vor allem die Bonner Dissertation von *P. Petzel* (Was uns an Gott fehlt, wenn uns die Juden fehlen. Eine erkenntnistheologische Studie. Mit einem Vorwort von H. Waldenfels, Mainz 1994) und die Bonner Habilitationsschrift von *V. Lenzen* (Jüdisches Leben und Sterben im Namen Gottes [s. Anm. 20]). *K. Rahner* hat bemerkt: „Auch die Theologie muß sich bewußt bleiben, daß sie vom sündigen Menschen betrieben wird, daß sie auch die dogmat. Wahrheit sündig („gesetzlich", „lieblos", sich in ihrer jeweil. Gestalt verabsolutierend usw.) mißbrauchen kann, daß sie alle positive Aussage sterbend übereignen muß in das je größere, unumfaßbare Geheimnis Gottes, erst selbst zu ihrer Wahrheit kommt, wo sie sich aufhebt in jene Liebe, die durch den Tod hindurchmuß" (Art. Theologia crucis [s. Anm. 2]).

# Autobiographische Nachschrift

## 22. Mein theologischer Weg

1. In den Weihnachtsferien während des Schuljahrs 1932/33 – ich war in der 6. Klasse des Gymnasiums nach damaliger Zählung – besuchte ich den Kaplan meiner Heimatpfarrei Feichten (Obb.), Alois Winklhofer (später Dogmatikprofessor in Passau). Er arbeitete gerade an seiner Dissertation über die Gnadenlehre des Johannes vom Kreuz bei dem berühmten Scholastikforscher Martin Grabmann. Er sagte bei dieser Gelegenheit zu mir: „Geh zu meinem Bücherregal. Dort steht die Summa Theologica des Thomas von Aquin. Schlag im Band sowieso die quaestio sowieso und in ihr den articulus sowieso auf." Ich tat es, von Ehrfurcht ergriffen, da ich vom Hörensagen wußte, daß Thomas von Aquin als der größte Theologe des Mittelalters gilt. Und in diesem Augenblick schlug der theologische „Blitz" bei mir ein. Ich war von da an entschlossen, nicht bloß Priester, sondern Theologe zu werden, was ich auch geworden bin.

2. Eine weitere wichtige Begegnung war die mit Pfarrer DDr. Max Schwarz. Er hatte seine philosophisch-theologischen Studien in Rom an der Gregoriana gemacht und darüber hinaus in München Kunstgeschichte studiert, aber soviel, „daß ich dabei das Schöne nicht vergaß". Er baute sich eine eigene Theologie auf, bewegt von der Frage: Unter welchen Voraussetzungen ist das Zusammensein von Personen eine dauernde Quelle des Glücks? In der Trinität und bei den Menschen. Seine Inspiratoren waren nicht die großen Philosophen und Theologen der Scholastik, vielmehr F. Dostojewski, G. Keller, A. Stifter, M. Scheler, S. Kierkegaard und vor allem Fr. Hölderlin. Er eröffnete auch mir den Zugang zu diesen Gestalten und ihren Werken, was dazu führte, daß ich eine ganze Weile meine Schwierigkeiten mit der „Schultheologie" hatte. Vor allem Hölderlin tat es mir an. Ich kannte den Dichter lange Zeit besser als das Neue Testament, gewiß jede Zeile von ihm. Ich übte mich mehrere Jahre in der Hölderlin-Exegese und schrieb als Soldat in Rußland mein opus primum über den Dichter, aber ohne es zu veröffentlichen.

3. Nach zwei Jahren Seelsorgearbeit beurlaubte mich zum SS 1947 mein Bischof DDr. Simon Konrad Landersdorfer OSB zum Weiterstudium. Ursprünglich wollte ich Dogmatiker werden, aber durch die Zeitumstände kam ich zur Exegese des Neuen Testaments, was die richtige Entscheidung war. Ich dachte zunächst an Tübingen, ging aber dann nach München zu Friedrich Wilhelm Maier, angeregt dazu von dem Oratorianer Dr. Klemens Tilmann. Maier war ein Vertreter der biblischen Theologie, und gerade das suchte ich. Maier war ein hervorragender Dozent, der mit großem Pathos seine Vorlesungen vor einer großen Schar von Hörern hielt. Er war ein „gebranntes Kind", er hatte als Privatdozent in Straßburg – es war vor dem 1. Weltkrieg – für die neu

erscheinende „Bonner Bibel" die Kommentierung der synoptischen Evangelien übernommen und dabei gewagt, als erster katholischer Exeget, die „Zweiquellentheorie" mit Markuspriorität zu vertreten. Er wurde nach dem Erscheinen des ersten Faszikels in Rom „hingehängt", und sein Unternehmen mußte eingestellt werden. Das war 1909. Maier verließ seine Dozentur, meldete sich zur Armee und war Feldgeistlicher bis zur Demobilisierung 1919. Anschließend war er bis 1922 Zuchthauspfarrer in Siegen/Lahn, habilitierte sich nach Bonn um und nahm „nebenbei" seine Vorlesungstätigkeit dort wieder auf. 1922 erreichte ihn ein Ruf nach Breslau – Kardinal Bertram hielt ihm die Stange („Ob Maier nach Breslau kommt, bestimmt nicht Rom, sondern der Kardinal von Breslau") – als Nachfolger von J. Sickenberger, der nach München ging. Als Breslau im 2. Weltkrieg zur „Festung" erklärt wurde, mußten die älteren Leute, unter ihnen auch Maier, die Stadt verlassen. Seine riesige Bibliothek und seine zahlreichen Manuskripte blieben zurück. Maier landete mit seiner Schwester und mit einem Köfferchen in Oberbayern und wurde Nachfolger Sickenbergers auf dessen Lehrstuhl in München. Dort wurde er mein „Doktorvater".

Maier hat die bitteren Erfahrungen seines Lebens, besonders das Unrecht, das ihm in Straßburg widerfahren war, nie verwunden; die Wunde schwärte in ihm bis zu seinem Lebensende, aber sie hinderte ihn nicht, bis zu seiner Emeritierung mit Feuereifer zu dozieren. Zu seinen Schülern gehörten außer mir Otto Kuss, Josef Gewieß, F. J. Schierse und R. Schnackenburg[1].

Maier bestimmte als Thema für meine Dissertation: ZΩH. Die Anschauung vom „Leben" im vierten Evangelium unter Berücksichtigung der Johannesbriefe. Ein Beitrag zur biblischen Theologie (erschienen München 1952). Ich hatte gedacht, aufgrund meiner mehrjährigen Beschäftigung mit dem dichterischen Werk Hölderlins von Textanalyse schon viel zu verstehen, aber erst in der harten Schule Maiers, diesem Großmeister der Textanalyse, lernte ich endlich zu sehen, was der Text eigentlich sagt. Zwischen Promotion und Habilitation ging ich auf Wunsch meines Bischofs, aber zum Verdruß Maiers, für ein Studienjahr (1951/52) an das päpstliche Bibelinstitut in Rom zum Erwerb des Lizentiatengrades in Bibelwissenschaft. Zu meinen Lehrern dort gehörte auch der nachmalige Kardinal Augustin Bea, bei dem ich drei Prüfungen ablegen mußte: Über das Buch Qohelet, über das ich Vorlesungen bei ihm gehört hatte, und über biblische Geographie und Archäologie nach lateinischen Skripten von Bea, wofür ich heute noch dankbar bin; denn dadurch erwachte mein Interesse an diesen beiden Fächern.

4. Gegen Ende des SS 1952 habilitierte ich mich in München bei Josef Schmid, dem Nachfolger Maiers, für das Fach „Wissenschaft des Neuen Testaments" mit der Arbeit: Christus, das All und die Kirche. Studien zur Theologie des Epheserbriefes (erschienen Trier 1955, [2]1968). Zunächst hatte ich geplant, inspiriert von

---

[1] Zu F.W. Maier vgl. auch die schöne biographische Skizze von G. *Stachel*, Friedrich Wilhelm Maier, in: H.J. Schultz (Hg.), Tendenzen in der Theologie des 20. Jahrhunderts, Stuttgart-Olten 1966, 212–218; sowie die Notizen von J. *Kardinal Ratzinger* in seiner Biographie „Aus meinem Leben: Erinnerungen" (Stuttgart 1998) 55–58.

den beiden Bultmannschülern E. Käsemann und H. Schlier, die Theologie des Epheserbriefs von der Gnosis her zu erarbeiten, kam aber während der Arbeit immer mehr zu der Überzeugung, damit auf eine falsche Spur geraten zu sein; vor allem auch durch die Erkenntnis, daß das Frühere nicht durch das Spätere, hier von den Werken der Gnostiker her, ausgelegt werden kann, wozu dann auch noch das allmähliche Bekanntwerden der Qumrantexte kam, von denen ich schon einen Teil berücksichtigen konnte – später veröffentlichte ich „Beiträge aus Qumran zum Verständnis des Epheserbriefes" in der Festschrift für Josef Schmid: Neutestamentliche Aufsätze, hg. von J. Blinzler – O. Kuss – F. Mußner (Regensburg 1963) 185–198, und in meinem Kommentar zum Epheserbrief im ÖTK (Würzburg-Gütersloh 1982) brachte ich viel Qumranmaterial. So gedieh meine Habilitationsschrift zu einer kritischen Auseinandersetzung mit der Bultmannschule und führte mich schließlich als einen der ersten katholischen Exegeten zur Kritik an Bultmanns Entmythologisierungsprogramm in meiner Trierer Antrittsvorlesung, erschienen in der TThZ 62 (1953) 1–18 (wieder abgedruckt in F. Mußner, PRAESENTIA SALUTIS. Gesammelte Studien zu Fragen und Themen des Neuen Testamentes, Düsseldorf 1967, 20–34; dazu auch ders., Thomas von Aquin über die „Entmythologisierung", ebd. 35–41, mit „Elf Thesen über den Mythos").

5. In den ersten Jahren meiner Lehrtätigkeit an der Theologischen Fakultät Trier, an die ich zum WS 1952 berufen worden war, begann alsbald auch die Diskussion über das Verhältnis des „historischen Jesus" zum „Christus des Glaubens", in die ich mich mit den folgenden Beiträgen einschaltete:
Der historische Jesus und der Christus des Glaubens, in: BZ.NF 1 (1957) 224–252; Der „historische" Jesus (= Nr. 2 im vorliegenden Band); Die johanneische Sehweise und die Frage nach dem historischen Jesus (QD 28, Freiburg 1965); Methodologie der Frage nach dem historischen Jesus (= Nr. 1 im vorliegenden Band). Das Thema lag „in der Luft", was dazu führte, daß die Kath.-Theol. Fakultät der Universität Tübingen bei mir anfragte, ob ich bereit wäre, auf den Lehrstuhl für Fundamentaltheologie in ihrer Fakultät zu gehen. Gott sei Dank wurde daraus nichts.

Die Frage, auf welchen methodischen Wegen wir zurück zum „historischen Jesus" gelangen, führte wie von selbst zu jener: Wie ging es nach Ostern weiter? Wie verlief der Weg von der „Jesulogie" zur „Christologie"? Diese Frage war nicht zu umgehen, zumal sich eine Tendenz bemerkbar machte, der Jesulogie den Vorzug vor der Christologie zu geben. Dieser eben genannte „Weg" war aber der Weg, den die apostolischen Augen- und Ohrenzeugen des Lebens Jesu selbst gingen, vor und nach Ostern. Wie verlief ihr Weg, theologisch gesehen? Mit dieser Frage habe ich mich vor allem in meinem Beitrag „Ursprünge und Entfaltung der neutestamentlichen Sohneschristologie. Versuch einer Rekonstruktion" beschäftigt (= Nr. 9 im vorliegenden Band).

6. Und noch etwas lag „in der Luft". Bultmanns Entmythologisierungsprogramm führte von sich aus zu der Frage: Was ist Hermeneutik? In der Hermeneutik geht es um die verstehende Aneignung eines Textes, in unserem Fall

speziell des biblischen Textes. Auch in die Behandlung dieses Themas habe ich mich eingeschaltet, vor allem mit den folgenden Beiträgen: Aufgaben und Ziele der biblischen Hermeneutik (PRAESENTIA SALUTIS, 9–19), und ausführlich in meinem Faszikel „Geschichte der Hermeneutik von Schleiermacher bis zur Gegenwart" (Freiburg [2]1976, erweitert) im „Handbuch der Dogmengeschichte"; und noch einmal in einem Beitrag „Caro cardo salutis. Entwurf einer somatologischen Hermeneutik mit Blick auf das Ostergeschehen" in der Festschrift für Erzbischof Johannes Joachim Degenhardt, hg. von J. Ernst und St. Leimgruber (Paderborn 1996, 117–126).

7. In zeitlichem Anschluß an die Hermeneutikdiskussion wurde für mich die Begegnung mit der modernen Sprach- und Literaturwissenschaft einschließlich des Strukturalismus wichtig, mit der ich mich vor allem in meinem einzigen „Sabbatsemester" beschäftigte. Hier seien wenigstens einige Namen genannt, deren Werke für mich besondere Hilfen wurden: R. Barthes, K.-D. Bünting, N. Chomsky, E. Coseriu, U. Eco, H. Glinz, A.J. Greimas, E. Güttgemanns, F. Hundsnurscher, R. Koselleck, W.-D. Stengel, E. Lämmert, E. Leibfried, J. Lyons, A. Martinet, F. de Saussure (der „Vater" der modernen Sprachwissenschaft!), G. Schiwy, St. Ullmann, H. Weinrich, U. Winfried. Besonders hilfreich wurden mir die zwei Bände im „Fischer Taschenbuch": Funk-Kolleg-Sprache. Eine Einführung in die moderne Linguistik (Frankfurt a.M. 1973). Ich wurde gefragt, was ich mir denn von der modernen Linguistik für die Exegese Besonderes erwarte, und antwortete: Größere Aufmerksamkeit gegenüber dem Text! Wichtigste Erkenntnis: Strenge Unterscheidung zwischen Syntax und Semantik, wobei immer die Syntax der Semantik vorausgehen muß. Und was die Semantik angeht: Die Bedeutung des Mikro- und Makrokontextes für semantische Entscheidungen. Früchte brachte diese Begegnung etwa in folgenden Beiträgen aus meiner Feder: Methodologie der Frage nach dem historischen Jesus (= Nr. 1 im vorliegenden Band); dann: Petrus und Paulus – Pole der Einheit. Eine Hilfe für die Kirchen (QD 76, Freiburg 1976); Jesu Ansage der Nähe der eschatologischen Gottesherrschaft nach Markus 1,14.15. Ein Beitrag der modernen Sprachwissenschaft zur Exegese (= Nr. 13 im vorliegenden Band); Die „semantische Achse" des Johannesevangeliums. Ein Versuch (= Nr. 15 im vorliegenden Band); NOOYMENA. Bemerkungen zum „Offenbarungsbegriff" in Röm 1,20, in: M. Kessler u.a. (Hg.), Fides quaerens intellectum. Beiträge zur Fundamentaltheologie (FS M. Seckler) (Tübingen/Basel 1992) 137–148.

8. Ich komme zur meiner Kommentararbeit, erwähne aber hier nur meine zwei großen Kommentare in „Herders theologischer Kommentar zum Neuen Testament", die für meinen weiteren theologischen Weg besondere Bedeutung gewannen: Der Jakobusbrief (Freiburg [1]1964, [5]1987), und: Der Galaterbrief (Freiburg [1]1973, [5]1988). Einmal war es lehrreich und interessant, auf die Auslegung des Jakobusbriefs eine Auslegung des Galaterbriefs folgen zu lassen, der seit der Reformationszeit gewissermaßen als das theologische Pendant zum Jakobusbrief gilt. Zum anderen: Die Auslegung der beiden Briefe ließ mir deutlicher als zuvor das Phänomen „Israel" (Judentum) in den Blick kommen, speziell die Auslegung

des Jakobusbriefs, in dem mir das große geistliche Erbe Israels, besonders in der harten Forderung, nicht bloß „Hörer", sondern „Täter" des Worts zu sein, ins Bewußtsein rückte, das ich dann auch in der Predigt Jesu entdeckte. Und so spurte mir gerade der Jakobusbrief den Weg zurück zum Judentum (vgl. auch die Nr. 16 im vorliegenden Band). Und was die Auslegung des Galaterbriefes angeht, so lieferte mir erst die Erkenntnis, daß sich der Apostel in diesem Brief nicht mit den Juden, vielmehr mit judaisierenden Christen, evtl. Judenchristen, auseinandersetzt, den hermeneutischen Zugang zu ihm.

Die Entdeckung des Judentums besitzt geradezu den Rang einer „Zäsur" auf meinem theologischen Weg. Es war die Entdeckung der „Wurzel". Natürlich ließ mich nicht allein die Kommentierung des Jakobusbriefs das Phänomen „Judentum" sichten, sondern darüber hinaus die unterdessen bekannt gewordenen furchtbaren Verbrechen des Holocaust, dem sechs Millionen Juden zum Opfer fielen, und die endlich gewonnenen Einsichten der Katholischen Kirche auf dem II. Vatikanischen Konzil, die zum Dekret „Nostra Aetate" (Nr. 4) führten, mit dem ein neues Verhältnis der Kirche zum Judentum eröffnet wurde. Seine wichtigsten Lehren: Die Kirche ist „mit dem Stamm Abrahams geistlich verbunden". Die Kirche hat „durch jenes Volk, mit dem Gott aus unsagbarem Erbarmen den Alten Bund geschlossen hat, die Offenbarung des Alten Testaments (empfangen) und (wird) genährt ... von der Wurzel des guten Ölbaums, in den die Heiden als wilde Schößlinge eingepfropft sind". Die Kirche anerkennt die „Privilegien" Israels, wie sie von Paulus im Röm 9,4–5 aufgezählt sind. Die Juden sind „nach dem Zeugnis des Apostels immer noch von Gott geliebt um der Väter willen; sind doch seine Gnadengaben und seine Berufung unwiderruflich". Die Ereignisse des Leidens Jesu darf man „weder allen damals lebenden Juden ohne Unterschied noch den heutigen Juden zur Last legen". Man darf „die Juden nicht als von Gott verworfen oder verflucht darstellen, als wäre dies aus der Heiligen Schrift zu folgern." „Im Bewußtsein des Erbes, das sie mit den Juden gemeinsam hat, beklagt die Kirche, die alle Verfolgungen gegen irgendwelche Menschen verwirft, nicht aus politischen Gründen, sondern auf Antrieb der religiösen Liebe des Evangeliums alle Haßausbrüche, Verfolgungen und Manifestationen des Antisemitismus, die sich zu irgendeiner Zeit und von irgend jemandem gegen die Juden gerichtet haben".

All das zusammen löste bei mir einen Lernprozeß aus, dessen erste Frucht vor allem der „Traktat über die Juden" war, der unterdessen in sechs Weltsprachen übersetzt ist und der mir 1985 die Buber-Rosenzweig-Medaille einbrachte. Vgl. dazu auch F. Mußner, Warum ich mich als Christ für die Juden interessiere, in der Festschrift für Reinhold Mayer „Wie gut sind Deine Zelte, Jaacow ..." (Gerlingen 1986), 191–195. Dem „Traktat" folgten die Bände „Die Kraft der Wurzel. Jesus – Judentum – Kirche" (Freiburg ²1989) und „Dieses Geschlecht wird nicht vergehen. Judentum und Kirche" (Freiburg 1991). Damit lag eine Trilogie vor. „Denk daran, mein Gott, und laß mir all das zugute kommen, was ich für dieses Volk getan habe" (Neh 5,19). Vor allem war es immer wieder Röm 9–11, was mir die Impulse und Inspirationen für meine Arbeit einbrachte, diese drei Kapitel des

Römerbriefs, in denen es um das Endheil der Juden geht und zu denen mein Doktorvater F.W. Maier den vielleicht besten Kommentar geschrieben hat (F.W. Maier, Israel in der Heilsgeschichte nach Röm 9–11 [Münster 1929]; vgl. auch F. Mußner, Seminare in Jerusalem über Röm 9–11, in: F. Hahn u.a. [Hg.], Zion. Ort der Begegnung [FS L. Klein, Bodenheim 1993] 217–225). Als langjähriger Berater in der Ökumenekommission der Deutschen Bischofskonferenz konnte ich auch in maßgeblicher Weise an der „Erklärung über das Verhältnis der Kirche zum Judentum" der Deutschen Bischöfe vom 28. April 1980 mitarbeiten.

9. Bei diesem Lernprozeß entdeckte ich den Juden Jesus, was mich auch zu der Überzeugung führte, daß die christologische Formel von Chalcedon „vere deus – vere homo" ergänzungsbedürftig sei, in dem Sinn: vere deus – vere homo judaeus; vgl. dazu F. Mußner, Was haben die Juden mit der christlichen Ökumene zu tun? (= Nr. 17 im vorliegenden Band).

Erkannt wurde auch, aber keineswegs nur von mir, der notwendige Aufbau einer „Theologie nach Auschwitz", zu der ich in der Zeitschrift „Kirche und Israel" 10 (1995) 8–23 eine „Programmskizze" lieferte, in der Erkenntnis, daß die Theologie nach Auschwitz nicht identisch sein kann mit der Theologie vor Auschwitz, etwa im Hinblick auf die Gottesfrage – vgl. dazu den Beitrag: JHWH, der sub contrario handelnde Gott Israels (= Nr. 21 im vorliegenden Band) –, auf die Christologie, Ethik und Katechese – zu letzterem vgl. F. Mußner, Katechese nach Auschwitz, in: H.-F. Angel/U. Hemel (Hg.), Basiskurse im Christsein (FS W. Nastainczyk) (Franfurt/M. 1992) 434–439.

10. Auschwitz führte mich auch zur Auseinandersetzung mit Hegel, der glaubte, endlich hinter die Logik in der Selbstexplikation des absoluten Geistes mit Hilfe der Geschichte gekommen zu sein. Dem widersteht der Gott Israels mit seiner geheimnisvollen, der menschlichen ratio nicht zugänglichen Führung seines erwählten Volkes Israel, da seine „Entscheidungen unerforschlich und seine Wege unergründlich" sind (Röm 11,33) und den „Gedanken (die Logik) des Herrn" niemand „erkannt hat" (11,34), primär bezogen vom Apostel auf die geheimnisvollen und manchmal rätselhaft dünkenden Wege Gottes mit den Juden. Vgl. dazu F. Mußner, Israel in der „Logik" Gottes nach Röm 9–11 und im Denkgebirge Hegels, in: W.M. Neidl/F. Hartl (Hg.), Person und Funktion (Gedenkschrift zum 100. Geburtstag von Jakob Hommes) (Regensburg 1998) 63–78.

11. Hat Gott den Bund, den er einst mit dem Stammvater Abraham und seinen Nachkommen nach Gen 17 geschlossen hat, jemals gekündigt, etwa wegen der Ablehnung Jesu und des Evangeliums durch einen Großteil der Juden bis zum heutigen Tag? Nach Paulus ist das gewiß nicht der Fall; er fragt: „Hat Gott sein Volk verstoßen?", und antwortet: „Auf keinen Fall!" (Röm 11,1). Und wenn einst durch „den Retter aus Sion" „ganz Israel gerettet werden wird", dann bringt das die Hinwegnahme aller Gottlosigkeiten von Jakob mit sich und zeigt sich der einst mit Abraham geschlossene Bund als ein nie von Gott gekündigter Bund mit dem Volk der Juden. Vgl. dazu F. Mußner, „Der von Gott nie gekündigte Bund". Fragen an Röm 11,27, in: ders., Dieses Geschlecht wird nicht vergehen. Juden-

tum und Kirche (Freiburg/Basel/Wien 1991) 39–49; und ders., Gottes „Bund"
mit Israel nach Röm 11,27, in: H. Frankemölle (Hg.), Der ungekündigte Bund?
Antworten des Neuen Testaments (QD 172) (Freiburg/Basel/Wien 1998)
157–170.

Das war im wesentlichen mein theologischer Weg. Als Zweiundachtzigjähri-
ger schaue ich mit Dank gegen Gott, den Gott Israels, auf ihn zurück.[2]

[2] Ich danke Martin Hengel und Otfried Hofius für ihre Bereitschaft, gesammelte Aufsätze
von mir in die angesehene Reihe „Wissenschaftliche Untersuchungen zum Neuen Testament"
aufzunehmen, und meinem ehemaligen Assistenten Michael Theobald für die gute Betreuung als
Herausgeber.

# Bibliographische Nachweise

1. Methodologie der Frage nach dem historischen Jesus,
   in: K. *Kertelge* (Hg.), Rückfrage nach Jesus (QD 63) (Freiburg/Basel/Wien 1974) 118–147.

2. Der „historische" Jesus,
   in: TThZ 69 (1960) 321–337,
   wieder abgedruckt in: K. *Schubert* (Hg.), Der historische Jesus und der Christus unseres Glaubens. Eine katholische Auseinandersetzung mit den Folgen der Entmythologisierungstheorie (Wien 1962) 103–128.

3. Wege zum Selbstbewußtsein Jesu. Ein Versuch,
   in: BZ. NF 12 (1968) 161–172.

4. Gab es eine „galiläische Krise"?,
   in: Orientierung an Jesus. Zur Theologie der Synoptiker (FS J. Schmid) (Freiburg/Basel/ Wien 1973) 238–252.

5. Der „Jude" Jesus,
   in: FrRu XXIII (1971) 3–7.

6. Fiel Jesus von Nazareth aus dem Rahmen des Judentums?
   Ein Beitrag zur „Jesusfrage" in der neutestamentlichen Jesustradition,
   in: Schrift und Tradition (FS J. Ernst) (Paderborn 1996) 35–55.

7. War Jesus von Nazareth für Israel erkennbar?,
   überarbeitete Fassung von: F. *Mußner*, Traktat über die Juden (München 1979; [2]1988) 310–335.

8. Christologische Homologese und evangelische Vita Jesu,
   in: B. *Welte* (Hg.), Zur Frühgeschichte der Christologie. Ihre biblischen Anfänge und die Lehrformel von Nikaia (QD 51) (Freiburg/Basel/Wien 1970) 59–73.

9. Ursprünge und Entfaltung der neutestamentlichen Sohneschristologie.
   Versuch einer Rekonstruktion,
   in: L. *Scheffczyk* (Hg.), Grundfragen der Christologie heute (QD 72) (Freiburg/Basel/ Wien [2]1978) 77–113.

10. Zur stilistischen und semantischen Struktur der Formel 1 Kor 15,3–5,
    in: Die Kirche des Anfangs (FS H. Schürmann) (Leipzig 1977) 405–416.

11. Israel und die Entstehung der Evangelien,
    überarbeitete Fassung von: F. *Mußner*, Traktat über die Juden (München 1979; [2]1988) 242–253.

12. Die Beschränkung auf einen einzigen Lehrer,
    in: Israel hat dennoch Gott zum Trost (FS S. Ben-Chorin) (Trier 1978) 33–43.

13. Jesu Ansage der Nähe der eschatologischen Gottesherrschaft nach Markus
    1,14.15,
    in: Gottesherrschaft-Weltherrschaft (FS Bischof R. Graber) (Regensburg 1980) 33–49.

14. Die Gemeinde des Lukasprologs,
    in: SNTU.A 6/7 (1981/82) 113–131.

15. Die „semantische Achse" des Johannesevangeliums,
    in: Vom Urchristentum zu Jesus (FS J. Gnilka) (Freiburg/Basel/Wien 1989) 246–255.

16. Rückbesinnung der Kirchen auf das Jüdische,
    in: Cath 52 (1998) 67–78.

17. Was haben die Juden mit der christlichen Ökumene zu tun?,
    in: US 50 (1995) 331–339.

18. Die Schoa und der Jude Jesus,
    in der vorliegenden Form unveröffentlicht.

19. „Weltherrschaft" als eschatologisches Thema der Johannesapokalypse,
    in: Glaube und Eschatologie (FS W. G. Kümmel) (Tübingen 1985) 209–227.

20. Implikate der Parusie des Herrn,
    in: *H.-J. Klauck* (Hg.), Weltgericht und Weltvollendung. Zukunftsbilder im Neuen Testament (QD 150) (Freiburg/Basel/Wien 1994) 225–231.

21. JHWH, der sub contrario handelnde Gott Israels,
    in: Der lebendige Gott. Studien zur Theologie des Neuen Testaments (FS W. Thüsing), (Münster 1996) 25–33.

22. Mein theologischer Weg,
    bisher unveröffentlicht.

# Stellenregister

## I. Altes Testament

.

## II. Literatur des antiken Judentums

## III. Neues Testament

# Namenregister

# Sachregister

# Wissenschaftliche Untersuchungen zum Neuen Testament

*Alphabetische Übersicht der ersten und zweiten Reihe*

*Anderson, Paul N.:* The Christology of the Fourth Gospel. 1996. *Band II/78.*

*Appold, Mark L.:* The Oneness Motif in the Fourth Gospel. 1976. *Band II/1.*

*Arnold, Clinton E.:* The Colossian Syncretism. 1995. *Band II/77.*

*Avemarie, Friedrich* und *Hermann Lichtenberger* (Hrsg.): Bund und Tora. 1996. *Band 92.*

*Bachmann, Michael:* Sünder oder Übertreter. 1992. *Band 59.*

*Baker, William R.:* Personal Speech-Ethics in the Epistle of James. 1995. *Band II/68.*

*Balla, Peter:* Challenges to New Testament Theology. 1997. *Band II/95.*

*Bammel, Ernst:* Judaica. Band I 1986. *Band 37* – Band II 1997. *Band 91.*

*Bash, Anthony:* Ambassadors for Christ. 1997. *Band II/92.*

*Bauernfeind, Otto:* Kommentar und Studien zur Apostelgeschichte. 1980. *Band 22.*

*Bayer, Hans Friedrich:* Jesus' Predictions of Vindication and Resurrection. 1986. *Band II/20.*

*Bell, Richard H.:* Provoked to Jealousy. 1994. *Band II/63.*

– No One Seeks for God. 1998. *Band 106.*

*Bergman, Jan:* siehe *Kieffer, René*

*Betz, Otto:* Jesus, der Messias Israels. 1987. *Band 42.*

– Jesus, der Herr der Kirche. 1990. *Band 52.*

*Beyschlag, Karlmann:* Simon Magus und die christliche Gnosis. 1974. *Band 16.*

*Bittner, Wolfgang J.:* Jesu Zeichen im Johannesevangelium. 1987. *Band II/26.*

*Bjerkelund, Carl J.:* Tauta Egeneto. 1987. *Band 40.*

*Blackburn, Barry Lee:* Theios Anēr and the Markan Miracle Traditions. 1991. *Band II/40.*

*Bock, Darrell L.:* Blasphemy and Exaltation in Judaism and the Final Examination of Jesus. 1998. *Band II/106.*

*Bockmuehl, Markus N.A.:* Revelation and Mystery in Ancient Judaism and Pauline Christianity. 1990. *Band II/36.*

*Böhlig, Alexander:* Gnosis und Synkretismus. Teil 1 1989. *Band 47* – Teil 2 1989. *Band 48.*

*Böttrich, Christfried:* Weltweisheit – Menschheitsethik – Urkult. 1992. *Band II/50.*

*Bolyki, János:* Jesu Tischgemeinschaften. 1997. *Band II/96.*

*Büchli, Jörg:* Der Poimandres – ein paganisiertes Evangelium. 1987. *Band II/27.*

*Bühner, Jan A.:* Der Gesandte und sein Weg im 4. Evangelium. 1977. *Band II/2.*

*Burchard, Christoph:* Untersuchungen zu Joseph und Aseneth. 1965. *Band 8.*

– Studien zur Theologie, Sprache und Umwelt des Neuen Testaments. Hrsg. von D. Sänger. 1998. *Band 107.*

*Cancik, Hubert* (Hrsg.): Markus-Philologie. 1984. *Band 33.*

*Capes, David B.:* Old Testament Yaweh Texts in Paul's Christology. 1992. *Band II/47.*

*Caragounis, Chrys C.:* The Son of Man. 1986. *Band 38.*

– siehe *Fridrichsen, Anton.*

*Carleton Paget, James:* The Epistle of Barnabas. 1994. *Band II/64.*

*Ciampa, Roy E.:* The Presence and Function of Scripture in Galatians 1 and 2. 1998. *Band II/102.*

*Crump, David:* Jesus the Intercessor. 1992. *Band II/49.*

*Deines, Roland:* Jüdische Steingefäße und pharisäische Frömmigkeit. 1993. *Band II/52.*

– Die Pharisäer. 1997. *Band 101.*

*Dietzfelbinger, Christian:* Der Abschied des Kommenden. 1997. *Band 95.*

*Dobbeler, Axel von:* Glaube als Teilhabe. 1987. *Band II/22.*

*Du Toit, David S.:* Theios Anthropos. 1997. *Band II/91*

*Dunn, James D.G.* (Hrsg.): Jews and Christians. 1992. *Band 66.*

– Paul and the Mosaic Law. 1996. *Band 89.*

*Ebertz, Michael N.:* Das Charisma des Gekreuzigten. 1987. *Band 45.*

*Eckstein, Hans-Joachim:* Der Begriff Syneidesis bei Paulus. 1983. *Band II/10.*

– Verheißung und Gesetz. 1996. *Band 86.*

*Ego, Beate:* Im Himmel wie auf Erden. 1989. *Band II/34.*

*Eisen, Ute E.:* siehe *Paulsen, Henning.*

*Ellis, E. Earle:* Prophecy and Hermeneutic in Early Christianity. 1978. *Band 18.*

– The Old Testament in Early Christianity. 1991. *Band 54.*

*Ennulat, Andreas:* Die ›Minor Agreements‹. 1994. *Band II/62.*

*Ensor, Peter W.:* Jesus and His ›Works‹. 1996. *Band II/85.*

*Eskola, Timo:* Theodicy and Predestination in Pauline Soteriology. 1998. *Band II/100.*

*Feldmeier, Reinhard:* Die Krisis des Gottes-
sohnes. 1987. *Band II/21.*
– Die Christen als Fremde. 1992. *Band 64.*
*Feldmeier, Reinhard* und *Ulrich Heckel*
(Hrsg.): Die Heiden. 1994. *Band 70.*
*Fletcher-Louis, Crispin H.T.:* Luke-Acts:
Angels, Christology and Soteriology.
1997. *Band II/94.*
*Forbes, Christopher Brian:* Prophecy and In-
spired Speech in Early Christianity and
its Hellenistic Environment. 1995.
*Band II/75.*
*Fornberg, Tord:* siehe *Fridrichsen, Anton.*
*Fossum, Jarl E.:* The Name of God and the
Angel of the Lord. 1985. *Band 36.*
*Frenschkowski, Marco:* Offenbarung und
Epiphanie. Band 1 1995. *Band II/79 –*
Band 2 1997. *Band II/80.*
*Frey, Jörg:* Eugen Drewermann und die
biblische Exegese. 1995. *Band II/71.*
– Die johanneische Eschatologie. Band I.
1997. *Band 96.* – Band II. 1998. *Band 110.*
*Fridrichsen, Anton:* Exegetical Writings.
Hrsg. von C.C. Caragounis und T. Forn-
berg. 1994. *Band 76.*
*Garlington, Don B.:* ›The Obedience of
Faith‹. 1991. *Band II/38.*
– Faith, Obedience, and Perseverance.
1994. *Band 79.*
*Garnet, Paul:* Salvation and Atonement in
the Qumran Scrolls. 1977. *Band II/3.*
*Gese, Michael:* Das Vermächtnis des
Apostels. 1997. *Band II/99.*
*Gräßer, Erich:* Der Alte Bund im Neuen.
1985. *Band 35.*
*Green, Joel B.:* The Death of Jesus. 1988.
*Band II/33.*
*Gundry Volf, Judith M.:* Paul and
Perseverance. 1990. *Band II/37.*
*Hafemann, Scott J.:* Suffering and the Spirit.
1986. *Band II/19.*
– Paul, Moses, and the History of Israel.
1995. *Band 81.*
*Hartman, Lars:* Text-Centered New
Testament Studies. Hrsg. von D. Hell-
holm. 1997. *Band 102.*
*Heckel, Theo K.:* Der Innere Mensch. 1993.
*Band II/53.*
*Heckel, Ulrich:* Kraft in Schwachheit. 1993.
*Band II/56.*
– siehe *Feldmeier, Reinhard.*
– siehe *Hengel, Martin.*
*Heiligenthal, Roman:* Werke als Zeichen.
1983. *Band II/9.*
*Hellholm, D.:* siehe *Hartman, Lars.*
*Hemer, Colin J.:* The Book of Acts in the
Setting of Hellenistic History. 1989.
*Band 49.*
*Hengel, Martin:* Judentum und Hellenismus.
1969, ³1988. *Band 10.*

– Die johanneische Frage. 1993. *Band 67.*
– Judaica et Hellenistica. Band 1. 1996.
*Band 90.* – Band 2. 1999. *Band 109.*
*Hengel, Martin* und *Ulrich Heckel* (Hrsg.):
Paulus und das antike Judentum. 1991.
*Band 58.*
*Hengel, Martin* und *Hermut Löhr* (Hrsg.):
Schriftauslegung im antiken Judentum
und im Urchristentum. 1994. *Band 73.*
*Hengel, Martin* und *Anna Maria Schwemer:*
Paulus zwischen Damaskus und
Antiochien. 1998. *Band 108.*
*Hengel, Martin* und *Anna Maria Schwemer*
(Hrsg.): Königsherrschaft Gottes und
himmlischer Kult. 1991. *Band 55.*
– Die Septuaginta. 1994. *Band 72.*
*Herrenbrück, Fritz:* Jesus und die Zöllner.
1990. *Band II/41.*
*Herzer, Jens:* Paulus oder Petrus? 1998.
*Band 103.*
*Hoegen-Rohls, Christina:* Der nachösterliche
Johannes. 1996. *Band II/84.*
*Hofius, Otfried:* Katapausis. 1970. *Band 11.*
– Der Vorhang vor dem Thron Gottes.
1972. *Band 14.*
– Der Christushymnus Philipper 2,6–11.
1976, ²1991. *Band 17.*
– Paulusstudien. 1989, ²1994. *Band 51.*
*Hofius, Otfried* und *Hans-Christian Kamm-
ler:* Johannesstudien. 1996. *Band 88.*
*Holtz, Traugott:* Geschichte und Theologie
des Urchristentums. 1991. *Band 57.*
*Hommel, Hildebrecht:* Sebasmata. Band 1
1983. *Band 31* – Band 2 1984.
*Band 32.*
*Hvalvik, Reidar:* The Struggle for Scripture
and Covenant. 1996. *Band II/82.*
*Kähler, Christoph:* Jesu Gleichnisse als
Poesie und Therapie. 1995. *Band 78.*
*Kammler, Hans-Christian:* siehe *Hofius,
Otfried.*
*Kamlah, Ehrhard:* Die Form der katalogi-
schen Paränese im Neuen Testament.
1964. *Band 7.*
*Kieffer, René* und *Jan Bergman (Hrsg.):*
La Main de Dieu / Die Hand Gottes.
1997. *Band 94.*
*Kim, Seyoon:* The Origin of Paul's Gospel.
1981, ²1984. *Band II/4.*
– »The ›Son of Man‹« as the Son of God.
1983. *Band 30.*
*Kleinknecht, Karl Th.:* Der leidende
Gerechtfertigte. 1984, ²1988. *Band II/13.*
*Klinghardt, Matthias:* Gesetz und Volk
Gottes. 1988. *Band II/32.*
*Köhler, Wolf-Dietrich:* Rezeption des
Matthäusevangeliums in der Zeit vor
Irenäus. 1987. *Band II/24.*
*Korn, Manfred:* Die Geschichte Jesu in ver-
änderter Zeit. 1993. *Band II/51.*

*Koskenniemi, Erkki:* Apollonios von Tyana in der neutestamentl. Exegese. 1994. *Band II/61.*

*Kraus, Wolfgang:* Das Volk Gottes. 1996. *Band 85.*
- siehe *Walter, Nikolaus.*

*Kuhn, Karl G.:* Achtzehngebet und Vaterunser und der Reim. 1950. *Band 1.*

*Laansma, Jon:* I Will Give You Rest. 1997. *Band II/98.*

*Lampe, Peter:* Die stadtrömischen Christen in den ersten beiden Jahrhunderten. 1987, ²1989. *Band II/18.*

*Lau, Andrew:* Manifest in Flesh. 1996. *Band II/86.*

*Lichtenberger, Hermann:* siehe *Avemarie, Friedrich.*

*Lieu, Samuel N.C.:* Manichaeism in the Later Roman Empire and Medieval China. ²1992. *Band 63.*

*Loader, William R.G.:* Jesus' Attitude Towards the Law. 1997. *Band II/97.*

*Löhr, Gebhard:* Verherrlichung Gottes durch Philosophie. 1997. *Band 97.*

*Löhr, Hermut:* siehe *Hengel, Martin.*

*Löhr, Winrich Alfried:* Basilides und seine Schule. 1995. *Band 83.*

*Luomanen, Petri:* Entering the Kingdom of Heaven. 1998. *Band II/101.*

*Maier, Gerhard:* Mensch und freier Wille. 1971. *Band 12.*
- Die Johannesoffenbarung und die Kirche. 1981. *Band 25.*

*Markschies, Christoph:* Valentinus Gnosticus? 1992. *Band 65.*

*Marshall, Peter:* Enmity in Corinth: Social Conventions in Paul's Relations with the Corinthians. 1987. *Band II/23.*

*McDonough, Sean M.:* YHWH at Patmos: Rev. 1:4 in its Hellenistic and Early Jewish Setting. 1999. *Band II/107.*

*Meade, David G.:* Pseudonymity and Canon. 1986. *Band 39.*

*Meadors, Edward P.:* Jesus the Messianic Herald of Salvation. 1995. *Band II/72.*

*Meißner, Stefan:* Die Heimholung des Ketzers. 1996. *Band II/87.*

*Mell, Ulrich:* Die »anderen« Winzer. 1994. *Band 77.*

*Mengel, Berthold:* Studien zum Philipperbrief. 1982. *Band II/8.*

*Merkel, Helmut:* Die Widersprüche zwischen den Evangelien. 1971. *Band 13.*

*Merklein, Helmut:* Studien zu Jesus und Paulus. Band 1 1987. *Band 43.* – Band 2 1998. *Band 105.*

*Metzler, Karin:* Der griechische Begriff des Verzeihens. 1991. *Band II/44.*

*Metzner, Rainer:* Die Rezeption des Matthäusevangeliums im 1. Petrusbrief. 1995. *Band II/74.*

*Mittmann-Richert, Ulrike:* Magnifikat und Benediktus. 1996. *Band II/90.*

*Mußner, Franz:* Jesus von Nazareth im Umfeld Israels und der Urkirche. Hrsg. von M. Theobald. 1998. *Band 111.*

*Niebuhr, Karl-Wilhelm:* Gesetz und Paränese. 1987. *Band II/28.*
- Heidenapostel aus Israel. 1992. *Band 62.*

*Nissen, Andreas:* Gott und der Nächste im antiken Judentum. 1974. *Band 15.*

*Noormann, Rolf:* Irenäus als Paulusinterpret. 1994. *Band II/66.*

*Obermann, Andreas:* Die christologische Erfüllung der Schrift im Johannesevangelium. 1996. *Band II/83.*

*Okure, Teresa:* The Johannine Approach to Mission. 1988. *Band II/31.*

*Paulsen, Henning:* Studien zur Literatur und Geschichte des frühen Christentums. Hrsg. von Ute E. Eisen. 1997. *Band 99.*

*Park, Eung Chun:* The Mission Discourse in Matthew's Interpretation. 1995. *Band II/81.*

*Philonenko, Marc* (Hrsg.): Le Trône de Dieu. 1993. *Band 69.*

*Pilhofer, Peter:* Presbyteron Kreitton. 1990. *Band II/39.*
- Philippi. Band 1 1995. *Band 87.*

*Pöhlmann, Wolfgang:* Der Verlorene Sohn und das Haus. 1993. *Band 68.*

*Pokorný, Petr* und *Josef B. Souček:* Bibelauslegung als Theologie. 1997. *Band 100.*

*Prieur, Alexander:* Die Verkündigung der Gottesherrschaft. 1996. *Band II/89.*

*Probst, Hermann:* Paulus und der Brief. 1991. *Band II/45.*

*Räisänen, Heikki:* Paul and the Law. 1983, ²1987. *Band 29.*

*Rehkopf, Friedrich:* Die lukanische Sonderquelle. 1959. *Band 5.*

*Rein, Matthias:* Die Heilung des Blindgeborenen (Joh 9). 1995. *Band II/73.*

*Reinmuth, Eckart:* Pseudo-Philo und Lukas. 1994. *Band 74.*

*Reiser, Marius:* Syntax und Stil des Markusevangeliums. 1984. *Band II/11.*

*Richards, E. Randolph:* The Secretary in the Letters of Paul. 1991. *Band II/42.*

*Riesner, Rainer:* Jesus als Lehrer. 1981, ³1988. *Band II/7.*
- Die Frühzeit des Apostels Paulus. 1994. *Band 71.*

*Rissi, Mathias:* Die Theologie des Hebräerbriefs. 1987. *Band 41.*

*Röhser, Günter:* Metaphorik und Personifikation der Sünde. 1987. *Band II/25.*

*Rose, Christian:* Die Wolke der Zeugen. 1994. *Band II/60.*

*Rüger, Hans Peter:* Die Weisheitsschrift aus der Kairoer Geniza. 1991. *Band 53.*

*Sänger, Dieter:* Antikes Judentum und die Mysterien. 1980. *Band II/5.*
- Die Verkündigung des Gekreuzigten und Israel. 1994. *Band 75.*
- siehe *Burchard, Chr.*
*Salzmann, Jorg Christian:* Lehren und Ermahnen. 1994. *Band II/59.*
*Sandnes, Karl Olav:* Paul – One of the Prophets? 1991. *Band II/43.*
*Sato, Migaku:* Q und Prophetie. 1988. *Band II/29.*
*Schaper, Joachim:* Eschatology in the Greek Psalter. 1995. *Band II/76.*
*Schimanowski, Gottfried:* Weisheit und Messias. 1985. *Band II/17.*
*Schlichting, Günter:* Ein jüdisches Leben Jesu. 1982. *Band 24.*
*Schnabel, Eckhard J.:* Law and Wisdom from Ben Sira to Paul. 1985. *Band II/16.*
*Schutter, William L.:* Hermeneutic and Composition in I Peter. 1989. *Band II/30.*
*Schwartz, Daniel R.:* Studies in the Jewish Background of Christianity. 1992. *Band 60.*
*Schwemer, Anna Maria:* siehe *Hengel, Martin*
*Scott, James M.:* Adoption as Sons of God. 1992. *Band II/48.*
- Paul and the Nations. 1995. *Band 84.*
*Siegert, Folker:* Drei hellenistisch-jüdische Predigten. Teil I 1980. *Band 20* – Teil II 1992. *Band 61.*
- Nag-Hammadi-Register. 1982. *Band 26.*
- Argumentation bei Paulus. 1985. *Band 34.*
- Philon von Alexandrien. 1988. *Band 46.*
*Simon, Marcel:* Le christianisme antique et son contexte religieux I/II. 1981. *Band 23.*
*Snodgrass, Klyne:* The Parable of the Wicked Tenants. 1983. *Band 27.*
*Söding, Thomas:* Das Wort vom Kreuz. 1997. *Band 93.*
- siehe *Thüsing, Wilhelm.*
*Sommer, Urs:* Die Passionsgeschichte des Markusevangeliums. 1993. *Band II/58.*
*Souček, Josef B.:* siehe *Pokorný, Petr.*
*Spangenberg, Volker:* Herrlichkeit des Neuen Bundes. 1993. *Band II/55.*
*Speyer, Wolfgang:* Frühes Christentum im antiken Strahlungsfeld. 1989. *Band 50.*
*Stadelmann, Helge:* Ben Sira als Schriftgelehrter. 1980. *Band II/6.*
*Stettler, Hanna:* Die Christologie der Pastoralbriefe. 1998. *Band II/105.*

*Strobel, August:* Die Stunde der Wahrheit. 1980. *Band 21.*
*Stroumsa, Guy G.:* Barbarian Philosophy. 1999. *Band 112.*
*Stuckenbruck, Loren T.:* Angel Veneration and Christology. 1995. *Band II/70.*
*Stuhlmacher, Peter* (Hrsg.): Das Evangelium und die Evangelien. 1983. *Band 28.*
*Sung, Chong-Hyon:* Vergebung der Sünden. 1993. *Band II/57.*
*Tajra, Harry W.:* The Trial of St. Paul. 1989. *Band II/35.*
- The Martyrdom of St. Paul. 1994. *Band II/67.*
*Theißen, Gerd:* Studien zur Soziologie des Urchristentums. 1979, ³1989. *Band 19.*
*Theobald, Michael:* siehe *Mußner, Franz.*
*Thornton, Claus-Jürgen:* Der Zeuge des Zeugen. 1991. *Band 56.*
*Thüsing, Wilhelm:* Studien zur neutestamentlichen Theologie. Hrsg. von Thomas Söding. 1995. *Band 82.*
*Treloar, Geoffrey R.:* Lightfoot the Historian. 1998. *Band II/103.*
*Tsuji, Manabu:* Glaube zwischen Vollkommenheit und Verweltlichung. 1997. *Band II/93*
*Twelftree, Graham H.:* Jesus the Exorcist. 1993. *Band II/54.*
*Visotzky, Burton L.:* Fathers of the World. 1995. *Band 80.*
*Wagener, Ulrike:* Die Ordnung des »Hauses Gottes«. 1994. *Band II/65.*
*Walter, Nikolaus:* Praeparatio Evangelica. Hrsg. von Wolfgang Kraus und Florian Wilk. 1997. *Band 98.*
*Wander, Bernd:* Gottesfürchtige und Sympathisanten. 1998. *Band 104.*
*Watts, Rikki:* Isaiah's New Exodus and Mark. 1997. *Band II/88.*
*Wedderburn, A.J.M.:* Baptism and Resurrection. 1987. *Band 44.*
*Wegner, Uwe:* Der Hauptmann von Kafarnaum. 1985. *Band II/14.*
*Welck, Christian:* Erzählte ›Zeichen‹. 1994. *Band II/69.*
*Wilk, Florian:* siehe *Walter, Nikolaus.*
*Wilson, Walter T.:* Love without Pretense. 1991. *Band II/46.*
*Zimmermann, Alfred E.:* Die urchristlichen Lehrer. 1984, ²1988. *Band II/12.*
*Zimmermann, Johannes:* Messianische Texte aus Qumran. 1998. *Band II/104.*

*Einen Gesamtkatalog erhalten Sie gerne vom Verlag*
*Mohr Siebeck · Postfach 2040 · D–72010 Tübingen.*
*Neueste Informationen im Internet: http://www.mohr.de*